BIBLIOTHÈQUE BRETONNE ARMORICAINE

PUBLIÉE PAR LA FACULTÉ DES LETTRES DE RENNES

FASCICULE II

LA TRÈS ANCIENNE COUTUME DE BRETAGNE

AVEC LES

Assises, Constitutions de Parlement et Ordonnances ducales

suivies

D'UN RECUEIL DE **TEXTES DIVERS** ANTÉRIEURS A 1491

ÉDITION CRITIQUE

Accompagnée de **Notices** historiques et bibliographiques

PAR

Marcel PLANIOL

PROFESSEUR A LA FACULTÉ DE DROIT DE PARIS,
ANCIEN AGRÉGÉ DE LA FACULTÉ DE DROIT DE RENNES

RENNES

J. PLIHON ET L. HERVÉ, LIBRAIRES-ÉDITEURS

5, rue Motte-Fablet, 5

1896

LA TRÈS ANCIENNE

COUTUME DE BRETAGNE

BIBLIOTHÈQUE BRETONNE ARMORICAINE
PUBLIÉE PAR LA FACULTÉ DES LETTRES DE RENNES

FASCICULE II

LA TRÈS ANCIENNE COUTUME DE BRETAGNE

AVEC LES

Assises, Constitutions de Parlement et Ordonnances ducales

suivies

D'UN RECUEIL DE TEXTES DIVERS ANTÉRIEURS A 1491

ÉDITION CRITIQUE

Accompagnée de **Notices** historiques et bibliographiques

PAR

Marcel PLANIOL

PROFESSEUR A LA FACULTÉ DE DROIT DE PARIS,
ANCIEN AGRÉGÉ DE LA FACULTÉ DE DROIT DE RENNES

RENNES
J. PLIHON ET L. HERVÉ, LIBRAIRES-ÉDITEURS
5, rue Motte-Fablet, 5

1896

TABLE DES MATIÈRES

PREMIÈRE PARTIE

LA COUTUME

INTRODUCTION

I. — Histoire de la Très Ancienne Coutume.

II. — Les Manuscrits.

III. — Les anciennes Éditions.

IV. — Établissement du Texte.

Méthode employée pour préparer la présente édition, p. 48.

TEXTE

Prologue primitif, p. 51. — Liste des chapitres, p. 53. — Sommaire des principales matières, p. 72. — La Coutume, p. 73.

DEUXIÈME PARTIE

ASSISES, ORDONNANCES DUCALES ET CONSTITUTIONS DE PARLEMENT

Notice.

L'ancien recueil d'ordonnances ducales, p. 313. — Ses transformations, p. 314. — Réimpression moderne, p. 316. — Le *Catalogue* de L. P. Abeille, p. 316.

Catalogue.

Liste générale des anciennes assises, constitutions de Parlement et ordonnances ducales par ordre chronologique, p. 319 et suiv.

Textes.

TROISIÈME PARTIE

TEXTES DIVERS

ADDITION

(P. 44-45). — Au cours de l'impression, MM. Plihon et Hervé m'ont communiqué un exemplaire de l'édition *g* (Rouen, 1502), que je n'avais pu trouver dans aucune bibliothèque publique. Le folio 1 r° porte en titre : « Le Coustumier *de Bretaigne* avec les *Coustumes* de la mer, nouvellement visitées, corrigées *et imprimées.* » Les mots en italique sont en rouge. Au-dessous une vignette sur bois représentant le duc assis sur un trône dont le dossier est semé d'hermines, comme les tentures de la salle; il tient à la main une ordonnance et est entouré de ses conseillers, tous debout, au nombre de huit. La date se lit à la dernière ligne du recto du dernier feuillet de la table. Au verso du même feuillet, se voit la marque du libraire : Mélusine, sur un fond semé d'étoiles, tenant un peigne de la main droite et soutenant une ancre de la main gauche. En exergue : *Ung Dieu, ung roy, une foy, une loy;* écus aux quatre angles. — J'apprends, d'autre part, que M. Henri Van Iseghem a fait don à la Bibliothèque de Nantes, dans le premier trimestre de 1896, de l'exemplaire signalé à la p. 45.

CORRECTIONS

P. 54, l. 25,	*au lieu de*	femme,	*lisez*	famme.
P. 58, l. 11,	—	sous,	—	soubz.
P. 59, l. 27,	—	être,	—	estre.
P. 62, l. 33,	—	prisonniers,	—	prinsonniers.
P. 64, l. 32,	—	femme,	—	famme.
P. 66, l. 15,	—	denaier,	—	devaier.
P. 79, l. 5,	—	tiendra,	—	tèndra.
P. 95, l. 13,	—	conviendroit,	—	convendroit.
P. 147, l. 26,	—	reponse,	—	response.
P. 177, l. 25,	—	entend,	—	entent.
P. 323, l. 18,	—	au,	—	aus.

INTRODUCTION

I

HISTOIRE DE LA TRÈS ANCIENNE COUTUME

ÉPOQUE DE SA RÉDACTION. — Comme presque tous nos anciens Coutumiers français, la Coutume de Bretagne ne porte pas sa date. Les manuscrits qui circulaient se renouvelaient et se rajeunissaient sans cesse, de telle sorte que dès le XVe siècle on ne savait plus du tout à quel moment elle avait été rédigée; on en était venu à s'imaginer qu'elle avait existé de toute ancienneté [1].

Bertrand d'Argentré est le premier qui ait cherché à deviner l'époque de la rédaction; il la plaçait « environ l'an 1450 [2]. » Il était dans l'erreur, ainsi qu'Hévin l'a très bien montré [3]. Il y en a une preuve directe, meilleure que tous les raisonnements : c'est l'âge des manuscrits. Hévin en avait vu un daté de 1437 [4], et il en possédait un autre qu'il croyait beaucoup plus ancien [5]. Actuellement, nos Bibliothèques

1. Ainsi on lit dans l'enquête de 1455 sur les droits royaux du duc : « Item a esté de tout temps cedit païs de Bretaigne reglé et gouverné selon les loix et establissemens... que l'on appelle encore aujourd'huy *coustumes escrites de Bretaigne.* » (Mor., *Pr.*, II, 1655).

2. *Advis et consultation sur les Partages des Nobles*, préface aux lecteurs, et sur l'art. V°XLVI.

3. *Consultations*, pp. 530 et 531; *Annotations sur les arrests et plaidoyers de Sébastien Frain*, t. II, p. 559.

4. Il est aujourd'hui à la Bibliothèque de l'Arsenal.

5. La comparaison des notes manuscrites d'Hévin aux archives d'Ille-et-Vilaine avec les mentions marginales d'un manuscrit du British Museum me fait croire que le manuscrit coté *T* dans la Notice donnée plus loin est celui d'Hévin. Il est de la fin du XIVe siècle.

publiques conservent trois manuscrits du XIVe siècle, qu'Hévin n'a pas connus [1]; l'un d'eux passe pour avoir été écrit vers 1380, mais je le crois antérieur [2]; les deux autres sont considérés par les juges les plus compétents, MM. de la Borderie et Vétault, comme étant de 1350 environ [3]. Voilà donc des témoins irrécusables qui, par leur écriture et leur orthographe, reculent la rédaction de la Coutume bien au delà de la date indiquée par d'Argentré. Le manuscrit *E* nous oblige même à remonter assez loin dans le XIVe siècle, car il donne un texte très altéré, et, pour arriver à cet état de corruption, la Coutume avait dû déjà passer par les mains d'un certain nombre de copistes.

Un fait particulier va nous fournir une date précise : la Coutume écrite fut citée publiquement en 1341, devant la Cour des Pairs, dans le procès qui se plaida à Conflans, entre Charles de Blois et Jean de Montfort, pour la succession à la couronne. Les documents publiés par dom Lobineau et dom Morice ne contiennent pas un mot qui ait pu faire deviner cet emploi de la Coutume, mais les textes donnés par les Bénédictins sont souvent fort écourtés et, lorsqu'on peut retrouver les originaux, on y découvre plus d'un renseignement utile dédaigné par eux. C'est ce qui est arrivé pour les documents du procès de Conflans. Au milieu d'un interminable rouleau produit au nom de Jean de Montfort, qui existe en double aux Archives nationales et aux Archives de la Loire-Inférieure, j'ai trouvé le passage suivant, qui est inédit : « Respond le dit Conte que la coustume dessus alleguée [il s'agit de la représentation successorale] ne puet estre dicte coustume en Bretaigne ne avoir force de coustume; et ce puet apparoir, car les coustumes dont les subgez usent generalment en force de

1. Ces trois manuscrits, cotés ci-dessous *A E H*, sont, avec *T*, les seuls qui remontent au XIVe siècle; tous les autres sont du XVe et la plupart sont manifestement postérieurs à 1450.

2. C'est le manuscrit *A*. En général on le considère comme ayant été écrit à la fin du XIVe siècle. Cependant, son identité presque absolue avec *H* me fait penser que les deux manuscrits ont été fabriqués en même temps. En outre, un grand nombre de pièces d'archives datées du premier tiers du XIVe siècle, ont une écriture semblable à la sienne. Tels sont un règlement de police de l'évêque de Nantes, de 1347 (Arch. Loire-Inf., G. 1), une sentence de 1331 ou 1333 (même liasse), des aveux de 1308 et de 1338 (Arch. Morbihan, abb. de la Joie), quelques pièces des titres de Colin de Tours, vers 1330 (Arch. Loire-Inf., E. 226), un vidimus du Châtelet de Paris, de 1322 (*ibid.*, E. 59).

3. Ce sont les manuscrits cotés *E* et *H* dans la Notice donnée plus loin.

coustume sont escriptes, et ceste-ci n'est pas escripte [1]. » L'existence de la Coutume rédigée était donc notoire dès 1341.

Jusqu'où faut-il remonter? Il est vraisemblable que la Coutume est antérieure d'un certain nombre d'années au procès de Conflans, puisqu'elle avait eu le temps de se répandre et qu'un avocat la citait comme une œuvre déjà connue; ce n'était plus une nouveauté. Elle ne peut cependant pas avoir été rédigée avant 1305, année de l'avènement d'Arthur II. En effet, ayant à parler d'une correction faite à l'Assise de 1185, la Coutume s'exprime ainsi : « en tant comme le duc Jehan père au duc Artur la corrigea [2]. » Ce duc Jean, père du duc Artur, est Jean II, qui mourut en 1305; son fils Artur régna de 1305 à 1312. Artur II était donc déjà duc au moment où ce passage a été écrit; je croirais même volontiers qu'il était déjà mort. Si Artur II avait été encore vivant, on aurait dit pour parler de son père « le duc derroin decedé, » ou bien « le duc Jehan, pere de Mgr qui ores est, » ou quelque autre formule analogue. Tel est le style constant en Bretagne [3]. Jamais on n'a dit « le duc Artur, » tout court, pour désigner le prince régnant. On peut donc tenir pour certain que la Coutume a été rédigée après 1305 et très probablement après 1312.

En plaçant la rédaction de la Coutume entre 1312 et 1325 environ, on a de grandes chances d'être dans la vérité [4].

Chose remarquable : Hévin, qui n'avait aucun argument précis à son service (tous ceux qui viennent d'être exposés me sont personnels),

1. Arch. nation., Trésor des Chartes, J. 241 B., n° 44. — Arch. de la Loire-Inf., Trésor des Chartes, E. 6.

2. T. A. C., chap. 210.

3. « Monseigneur qui ores est » (Inventaire des biens de Jean II, 1306, Mor., *Pr.*, I, 1203). « Ledit duc Jahan, ayeul du duc qui ores est, » dans un rouleau du procès de Marie de Bretagne, comtesse de Saint-Paul, sous Jean III (Arch. nation., K. 1152, n° 49); « dou duc qui ores est » (1346, Mor., *Pr.*, I, 1458); « Monsieur le duc qui à present est » (à deux reprises dans une enquête de 1391. Mor., *Pr.*, II, 596); « le duc Jehan derrain decedé » (enquête de 1455, Mor., *Pr.*, II, 1654); « le duc Jehan ayeul du duc de present » (*ibid.*).

4. Je signale, à titre de simple rapprochement, un acte curieux passé en 1313 entre le prieur de la Trinité de Fougères et la comtesse de la Marche, baronne de Fougères (*Cartul. de Fougères*, f[lis] 37 v° à 41 r°). Il a été publié par l'Association bretonne (*Bulletin*, 1853, t. III, p. 245, d'après l'original des archives). Cet acte traite de différents points dont il est également parlé dans la Coutume : l'exécution par la justice laie des gens condamnés à mort par la justice d'Eglise, les contredits, les moulins, etc. Son style rappelle d'une façon singulière les passages similaires de la Coutume.

était déjà arrivé à une conclusion analogue. Ayant constaté par l'inspection d'un certain nombre de manuscrits que la Coutume était du XIVe siècle, il expose ainsi les raisons qui lui font choisir le règne de Jean III : « Le temps du duc Iean 4. s'estant passé en guerres continuelles, pendant lesquelles on songeoit à autre chose qu'à rediger les coustumes, on ne peut assigner à ceste redaction autre temps que celui de Iean III, qui joüit d'une paix profonde et qui s'employa à policer son Estat [1]. » La raison n'était pas très bonne en elle-même, car on a vu aux époques les plus troublées les hommes d'étude se livrer à des travaux de longue haleine. De plus, Hévin a le tort de se fonder sur la croyance répandue de son temps que la Coutume avait été l'œuvre du gouvernement ducal. Il y a donc là une conjecture heureuse, presque fortuite, plutôt qu'un jugement solide appuyé sur de bonnes raisons. Hévin a été bien servi par un flair naturel qui lui avait fait remarquer certains tours de phrases et certaines formes orthographiques très rapprochées du XIIIe siècle.

Hévin a voulu, mais sans raison, préciser davantage. Il a proposé, toujours d'une façon conjecturale, la date de 1330. Sa conjecture a été acceptée par tout le monde, et même cette année 1330, qui n'était pour lui qu'une indication approximative [2], a été prise souvent pour une date précise. Elle ne repose sur rien et doit être abandonnée.

LES AUTEURS DE LA COUTUME. — Une ancienne tradition attribue la rédaction de la Coutume à trois personnages : Copu le Sage, Mahé le Léal et Tréal le Fier. Cette tradition est discréditée depuis qu'Hévin a déclaré qu'elle était « un conte de M. Noël du Fail [3], » faisant par là allusion aux *Contes d'Eutrapel*, fantaisie satirique du magistrat rennais, qui jouirent longtemps d'une grande vogue et qui, de nos jours encore, ont eu plusieurs fois l'honneur de la réimpression. Sous la plume d'Hévin un pareil mot valait une condamnation, et depuis lors personne n'a plus songé à ces trois personnages. On a eu tort, et cette exécution sommaire n'est pas justifiée. Noël du Fail ne nous a

1. Hévin sur Frain, p. 559.

2. « Elle a été redigee environ 1330, sous Iean III. » (*Consultations*, p. 332). Il dit ailleurs « que cette coutume estoit redigee des environ l'an 1300 ou peu après » (*ibid.*, p. 440).

3. Hévin sur Frain, p. 558.

nullement fait un « Conte » de sa façon. Voici comment il s'exprime : « Les coustumes furent rédigées et arrestées en escrit par trois hommes notables d'icelle saison, qui furent appellez, ainsi qu'il se void en quelques vieilles coustumes, Copu le Sage, Treal le fier et Mahé le Loyal [1]. » Neuf ans avant lui, d'Argentré disait déjà : « Par une tradition venue de main en autre l'on dit qu'elle fut escrite par trois praticiens, hommes de justice, gentilshommes [2]. » Noël du Fail n'inventait donc rien ; il répétait, comme d'Argentré et après lui, une tradition qui était déjà vieille de leur temps.

L'ancienneté de cette tradition nous est encore confirmée par une autre source. Il existe à la Bibliothèque nationale, dans le fonds des Blancs-Manteaux, un grand volume manuscrit du XVIIIe siècle, qui contient la Coutume et un certain nombre d'ordonnances ducales [3]. L'auteur inconnu de cette compilation a mis en marge, en tête de la Coutume, la mention suivante : « Au commencement d'une édition de la très ancienne coustume de Bretagne, qui a esté au premier Président de Cucé, est escrit à la main d'escriture qui paroit de l'an 1500 : Copu le saige, Mahé le léal et Treal le fier sont ceux qui firent la coustume du pays. » Bien que j'aie examiné un grand nombre d'exemplaires anciens de la Coutume, je n'ai pas retrouvé celui qui portait cette mention. Peut-être est-ce une indication de ce genre, inscrite sur un incunable, qu'avait vue Noël du Fail.

Il n'y a donc pas de raisons pour rejeter sans examen une tradition qui paraît sérieuse et qui est beaucoup plus ancienne qu'Hévin ne le supposait. J'ai essayé de la vérifier directement, en recherchant dans les actes de Bretagne, tant inédits qu'imprimés, si je ne découvrirais pas trois personnages, nommés Copu, Mahé et Tréal, vivant à la même époque, dans l'entourage du duc ou dans ses cours de justice, et répondant au signalement qu'en a donné d'Argentré, sans les nommer, à la fois chevaliers et praticiens, hommes de justice et gentilshommes. Pour Mahé, on ne peut rien trouver ; ce nom est

1. *Memoires recueillis et extraicts des plus notables et solemnels arrests du Parlement de Bretaigne*, par Noël du Fail, Rennes, 1579 (rare). — Le passage cité au texte se trouve dans l'épître dédicatoire, adressée « à hault et puissant messire Loys de Rohan, » qui n'a pas été reproduite dans les éditions du recueil données au XVIIe et au XVIIIe siècles par les deux Sauvageau.

2. *Advis sur les Partages des Nobles, loc. cit.*

3. Bibliothèque nationale, ms. fr. 22316.

comme *Macé*, une forme bretonne du prénom *Mathieu*, et il a été très répandu. La famille de Tréal est, au contraire, très connue [1]; l'ancienne seigneurie de Tréal est à présent une petite commune du Morbihan, entre Ploërmel et Redon. Parmi ses représentants vivants à l'époque de Jean III, j'ai relevé les suivants : Nicolas de Tréal, abbé de Saint-Melaine, vicaire général de Rennes, en 1329 [2]; Eon de Tréal, priseur en 1316 dans un échange entre le duc et Brient de Châteaugiron [3], alloué de Nantes en 1321 [4], sénéchal de Rennes en 1337 [5], et Guillaume de Tréal, « chevalier bon, prouz et leal, » mort en 1341 [6]. C'est évidemment Eon de Tréal, qui remplit le mieux les conditions requises. Quant à Copu, je crois l'avoir retrouvé en la personne de Pierre Copu, personnage qui n'a jamais été signalé jusqu'ici, mais qui était « seneschal en Cornouaille pour le Duc » en 1347 [7]. Il fait partie de toute une lignée de Copu, qui fournit au duc plusieurs conseillers et magistrats [8] et dont l'un finit par devenir président du Parlement [9]. La persistance de ces deux familles consolide encore la tradition qui attribue à deux de leurs membres la rédaction de la Coutume, car elle rend plus difficile à admettre une erreur de personnes.

1. Voyez le *Nobiliaire* de M. de Courcy, au mot *Tréal*.
2. Guillotin de Corson, *Pouillé de Rennes*, t. I, p. 134.
3. Mor., *Pr.*, I, 1267-1268.
4. « Yvo de Treal, allocatus nannetensis » (Arch. nation., K. 1151, nº 26).
5. « En nostre court de Regnes..., Eon de Treal, seneschal pour le temps de ladicte court » (*Anc. évêchés*, t. III, p. 317).
6. Sa pierre tombale est à Redon; il était frère de l'abbé de Redon, Jean de Tréal, qui fut un des premiers à traiter avec le vainqueur, au lendemain de la bataille d'Auray (G. de Corson, *Pouillé*, t. II, p. 190).
7. Arch. Finistère, Prieuré de Locmaria, G. 313. — Ce Pierre Copu ne figure pas dans les *Preuves* des Bénédictins.
8. Berthelot Copu, et un autre Pierre Copu, son frère, escuyers, qui étaient probablement le père et l'oncle du nôtre, sont nommés, en 1280, comme vassaux du seigneur de Montauban (Mor., *Pr.*, I, 1057). Un autre Copu, qui était sans doute son fils ou son petit-fils, et qui s'appelait Guillaume, vécut à la Cour de Jean IV et est nommé dans les actes entre 1374 et 1400 (Mor., *Pr.*, II, 101, 102, 103, 172, 203, 204, 274, 275, 557, 587 et 670; Lob., II, 688 et 762; Arch. Loire-Inf., G. 142).
9. On trouve Bertrand de la Copuaye, président de Bretagne, en 1398 (Mor., *Pr.*, II, 686). Quand on sait comment les noms de famille se sont formés dans la Haute-Bretagne, on ne peut pas douter que *Copuaie* ne dérive de *Copu*, comme *Hardouin de la Hardouinaye*, *Provost de la Provotaye*, et tant d'autres qu'on relèverait par centaines.

La question a été abordée récemment par M. Esmein, dans la seconde édition de son *Cours d'histoire du droit français*. M. Esmein ne croit pas que la Coutume soit le fruit de la collaboration de plusieurs auteurs. La tradition, qui nous donne les noms de trois personnages, lui paraît « se rapporter à l'idée qui fait rentrer dans le vieux fonds celtique la Très Ancienne Coutume; » il y voit « le pendant des quatre sages qui auraient rédigé la loi salique. » D'autre part, l'ouvrage lui paraît « présenter une unité et attester une personnalité qui exclut l'hypothèse de plusieurs collaborateurs [1]. » — Les textes que j'ai rapportés plus haut prouvent que les trois auteurs présumés ont une existence plus authentique que les quatre sages de la loi salique : s'il n'est pas établi d'une façon directe qu'ils ont rédigé le coutumier de leur pays, il est du moins prouvé que deux d'entre eux vivaient dans le premier tiers du XIVe siècle et remplissaient des fonctions judiciaires qui les préparaient tout naturellement à ce travail. C'est bien quelque chose. Quant à l'unité que présente l'œuvre écrite, elle est souvent un signe trompeur. Qui pourrait discerner la part des deux auteurs dans les romans d'Erkmann et Chatrian ou dans ceux de MM. de Goncourt? Parmi les ouvrages de science juridique, n'avons-nous pas le livre de MM. Aubry et Rau, chef-d'œuvre de méthode, de synthèse et d'unité? L'histoire littéraire fourmille d'exemples de collaborations qui seraient restées ignorées, si la pluralité d'auteurs n'avait été directement connue. Enfin, le prologue et la façon dont les auteurs parlent d'eux-mêmes annoncent une œuvre collective. L'emploi du pluriel [*nous* au lieu de *je*] n'est peut-être pas un indice sûr [2], mais celui qui tient la plume dit qu'il n'a pas travaillé seul et qu'il a fait appel à la science des gens employés par le duc dans l'administration du duché [3]. Y a-t-il eu seulement collaboration

1. A. Esmein, *Cours d'histoire du droit français*, 2e édit., p. 737, note 2.

2. Le *Grand Coutumier de Normandie* qui débute ainsi : « Pour ce que *notre* intention est de declarer au mieux que nous pourrons les droits et establissemens de Normandie... » est certainement l'œuvre d'un auteur unique.

3. « Nous avons commancé à escripvre, non pas par l'escience de nous seulement que par ce que nous avons entendu et aprins o les Sages qui approuvez estoient en la Duchié generalment, et par les opinions qu'ils montroient et confortoient par resons efficaces... » L'auteur veut-il dire par là qu'il a beaucoup acquis par ses relations avec les gens de justice et d'administration? ou bien leur a-t-il soumis des questions pour les discuter avec eux?

indirecte, ou participation effective à la rédaction? Il serait difficile de le dire. Toutefois voici une remarque qui m'a dès longtemps frappé : ayant extrait méthodiquement de la Coutume tous les passages dans lesquels l'auteur se livre lui-même et révèle son esprit, j'ai constaté que le premier tiers ne fournit presque rien et indique une grande impassibilité; que le second tiers est surtout remarquable par un sentiment d'orgueil nobiliaire, et que le troisième tiers est seul (avec le prologue) à contenir les passages empreints de cet esprit de charité et de bienveillance qui est le trait le plus caractéristique de la Coutume bretonne. Est-ce l'effet du hasard? Est-ce la trace d'une répartition du travail entre plusieurs collaborateurs, de sorte que chacun a laissé sa marque sur la partie qu'il a rédigée? La chose peut être discutée, mais la seconde explication est fort défendable.

Valeur et esprit de la coutume. — La Coutume de Bretagne n'est pas un aride assemblage de décisions juridiques, comme nos Codes modernes, qui sont des séries d'articles brefs et secs; c'est un *livre*, et même un livre qui n'est pas dénué de mérite littéraire. Elle a été composée selon un plan méthodique, bien conçu et fidèlement suivi. En tête se trouvent des règles sur le fonctionnement de la justice, sur les juges et les formes extérieures de la procédure; puis viennent les principales actions (douaire, possession immobilière, retraits, théorie générale des actions); puis tout ce qui concerne les mineurs (tutelles et curatelles). Ensuite le droit pénal avec la procédure criminelle, puis diverses procédures spéciales (celles du fin-porter, des montres, des défailles, etc.). Les successions et la condition des gens mariés, spécialement l'incapacité des femmes, occupent ensuite un certain nombre de chapitres. L'étude des règles successorales ayant amené le discours sur les fiefs, on passe tout naturellement au droit féodal et aux relations de vassal à seigneur, ainsi qu'aux droits seigneuriaux (moulins, aides, ventes, etc.). Quelques chapitres sont ensuite consacrés aux bâtards, parce que le point principal est le droit de bâtardise au profit du seigneur; puis vient tout un petit code rural, sur les bestiaux, le temps du guerb, la police des champs. Enfin le « pouvoir des justiciers, » c'est-à-dire les voies d'exécution forcée, nous font passer en revue, avec les saisies, de nombreuses questions sur les contrats, les hypothèques, les incapacités, les nullités, etc. — Cet ordre n'est pas celui que nous suivrions aujourd'hui, mais étant donné l'état du droit, de la procédure et de l'enseignement au XIVe siècle, il est logique et naturel, et chaque chose vient à sa place, autant qu'on peut mettre de l'ordre dans une matière aussi complexe que les institutions juridiques.

Ce simple exposé montre que le cadre de la Coutume est un style de procédure civile et criminelle; c'était la forme habituelle en ce temps-là, car c'est toujours par la procédure que le droit commence à s'affirmer. De l'aveu de M. Esmein, qui a fait de notre ancien droit criminel une étude approfondie [1], aucun livre ancien n'en contient un exposé aussi complet et aussi bien fait que la Coutume de Bretagne.

Le mérite littéraire de la forme est égal au mérite technique du fond. Tous ceux qui se sont occupés de la *Coutume de Bretagne* ont éprouvé le charme de son style [2]. Et pourtant le texte qu'on a eu en mains jusqu'ici est rempli de fautes qui, souvent, dénaturent la pensée ou la rendent inintelligible, et qui presque à chaque ligne embarrassent ou modifient la marche de la phrase. J'espère que désormais, comme on possédera enfin un texte à peu près pur, on rendra pleine justice à ces premiers écrivains bretons, dignes précurseurs des d'Argentré, des Hévin et des Lobineau [3].

Si intéressant qu'il soit, le côté littéraire n'est pas le seul à envisager; la Coutume de Bretagne a aussi une valeur morale. Elle n'est point banale; ses auteurs se livrent volontiers; ils se font connaître au lecteur comme dans une causerie familière. On peut déterminer leurs sentiments, leurs croyances, leurs caractères, d'après leur œuvre, et ce que nous en voyons ne peut que nous inspirer l'estime et la sympathie pour leurs personnes autant que pour leur talent. On sent qu'on a affaire à de braves gens, pleins de bons sentiments et surtout animés d'une vive commisération pour les faibles et les petits. La Coutume de Bretagne est presque un catéchisme et un livre de

1. M. Esmein a publié une *Histoire de la procédure criminelle en France*, couronnée par l'Académie des Sciences morales et politiques, en 1881.

2. M. Viollet, *Précis de l'histoire du droit français*, 2e édit., pp. 189-190; M. Esmein, *Cours d'histoire du droit français*, 2e édit., p. 737.

3. L'allure littéraire est très marquée dans certains passages. Je signalerai particulièrement la description vive et animée du duel judiciaire, où l'on voit, pris sur le vif, l'entrée des combattants dans la lice, leurs serments, les paroles qu'ils échangent, jusqu'aux cris du héraut invitant la foule au silence « sur peine de la hart » (Chap. 134). On peut remarquer aussi l'emploi assez fréquent du dialogue entre personnes imaginaires prises comme exemples.

morale en même temps qu'un traité de droit; cette province ne pouvait désirer un coutumier mieux approprié à son esprit et à son tempérament.

J'ai ailleurs rendu à ce vieux livre l'hommage qu'il mérite et j'ai groupé par séries les extraits qui le font le mieux connaître [1]. Je me borne à rappeler ici les traits essentiels. Les idées religieuses et les idées morales annoncent des gens pieux, respectueux pour l'Église, attachés aux sentiments de famille. Dans le prologue et dans plus d'un chapitre, ils se livrent à une véritable satire des « mauveses gienz » et des débauchés, et leur rappellent sans cesse qu'ils finissent toujours mal et qu'en ce monde même ils sont frappés de réprobation. En revanche, ils exaltent les « bons et léaulx gienz, » qui sont dignes de respect, et même d'indulgence pour les quelques fautes qu'ils peuvent commettre, « quar il n'est nul si digne qui ne se soit aucune fois mesprins. » La charité envers les pauvres les préoccupe au-dessus de tout : « Justice fut establie pour charité; » ils sont pleins de ménagements pour les « povres mesnagiers; » ils ont le sentiment très profond de la solidarité humaine : ils ne peuvent pas parler d'incendies, de cultures, de bêtes ou de charrues laissées en pleins champs, de maisons à construire, sans rappeler aux hommes leur devoir mutuel d'assistance. On ne trouverait peut-être pas, dans toute la littérature de ce temps, un autre livre qui ait parlé en termes aussi élevés du rôle social de la justice et des devoirs des seigneurs justiciers et de leurs officiers. La justice, disent-ils, ne doit avoir « point de soustenance ne de favour, haine ne convoitise, ainczois doit estre léal et droicte plus que le cordel quand il est tendu, si plus droite pout estre, sans cliver nulle part. » Le spectacle des abus, des iniquités, des actes de cupidité ou de violence qu'ils ont sous les yeux, leur fait écrire contre les mauvais seigneurs et leurs exactions un véritable réquisitoire qui atteint à l'éloquence et qui se termine par une condamnation en règle [2].

1. L'*Esprit de la Coutume de Bretagne*, étude parue dans la *Revue de Bretagne, de Vendée et d'Anjou*, numéro de janvier 1891. Tirage à part, Vannes, Lafolye, 1891, 17 pages in-8°.

2. « Et tieulx justiciers sont pires que les larrons qui guetent les chemins pour rober les genz, et ont mieulx desservi à estre puniz que ceulx larrons, quar ils doivent garder le pouple et tenir en paix, et ce sont ceux qui font les extorsions et les meschieffs. »

Presque tous ces passages si curieux se trouvent accumulés dans le prologue et dans le dernier tiers de la Coutume (Chap. 222, 268, 269, 278, 293, 334, 335).

Caractère privé du texte. — Beaucoup d'erreurs ont eu cours en Bretagne sur la Coutume, et quelques-unes persistent encore. Ainsi, on croit que sa rédaction première a été une œuvre officielle [1]. Cette erreur est fort ancienne, car on la rencontre déjà dans l'enquête de 1455 [2]; elle figure également dans une annotation manuscrite mise au XVe siècle à la suite du chapitre III de la Coutume [3], et se reproduit encore dans la partie finale du prologue de 1502 [4].

La Coutume est une œuvre purement privée, rédigée, comme tous les livres coutumiers du XIIIe siècle, par des gens de justice qui voulaient faire connaître aux praticiens les règles suivies devant les tribunaux et éviter aux autres les incertitudes et les embarras dont ils avaient eux-mêmes souffert. Ses auteurs nous ont fait part, dans le prologue, des raisons qui les ont déterminés à écrire; ils ne font point allusion à une initiative autre que la leur [5]. Enfin ils invitent le lecteur à compléter et à corriger leur œuvre, formule de modestie

1. C'est ce que suppose M. André dans son *Étude sur le serment promissoire*. — Cf. Quellien : « On doit à Jean II (1286-1305) la rédaction de la Coutume écrite de Bretagne. Les usages particuliers, qui régissaient encore chaque coin du pays furent remplacés par une série d'ordonnances rendues dans un sens tout à fait général. » (*Grande Encyclopédie*, v° Bretagne, p. 1150, col. 2). Le même dit plus loin : « Jean III contribua à d'utiles réformes et le pays lui dut un Code nouveau, sous le nom d'Ancienne Coutume, promulgué en 1330. » Voilà où l'on en est ! Il est difficile d'accumuler plus d'erreurs en si peu de mots.

2. « Item a esté de tout temps cedit pays de Bretagne réglé et gouverné selon les loix et establissements faits et privilégiés par les princes de Bretagne, que on appelle encore aujourd'hui coustumes escrites de Bretagne... Item dit que le pays de Bretagne est réglé et gouverné selon les loys et coustumes de Bretagne que l'on dit notoirement avoir esté faites et promulguées par les princes d'icely pays » (Mor., *Pr.*, II, 1655 et 1662).

3. Les manuscrits *D U* et les incunables *a c e i* ajoutent : « Car coustume est une chose qui fut faite et extroicte des droiz par l'establissement du prince de la terre... »

4. On trouvera plus loin des renseignements sur ce prologue.

5. « Combien que il ait eu en Bretaigne pluseurs saiges bons coustumiers... et pour ce que pluseurs seigneurs et pluseurs juges qui avoient justice à gouverner, et ne la gouvernoint pas touz generalment selon les coustumes qui sont establies en Bretaigne,... pour ce que ils ne les savoint... Donc nous avons commencé à escripre... » (T. A. C., prologue primitif).

très naturelle sous la plume d'un particulier, mais qui ne se comprendrait pas si l'œuvre émanait du gouvernement ducal [1].

On se méprend également sur le contenu de la Coutume qu'on s'imagine être une sorte de codification des Ordonnances ducales. Par exemple, dom Lobineau considère les constitutions de Jean II comme les sources de la Coutume [2]. La Coutume est avant tout un style de procédure civile et criminelle, dans lequel sont encadrés des renseignements de fond sur les douaires, les tutelles et curatelles, les retraits, les successions, les fiefs, les contrats. C'est un tableau pratique du droit breton, et les éléments empruntés à la législation ducale n'y entrent que pour une part infime. Au moment où la Coutume fut rédigée, il n'y avait encore eu qu'un petit nombre d'ordonnances, les anciennes *assises* du XIIe et du XIIIe siècles. Parmi elles, deux seulement avaient de l'importance et touchaient aux matières dont il est parlé dans la Coutume : ce sont les assises de 1185 et de 1276 sur les fiefs. Mais les auteurs ne s'occupent que de la première; ils font à la seconde une allusion douteuse en parlant du duc Jean qui « corrigea » l'Assise au comte Geffroy; ils ne traitent nulle part de l'ancien bail seigneurial et de sa transformation en rachat; ils parlent incidemment du rachat exigé des roturiers acquéreurs de fiefs nobles, et paraissent ignorer les assises sur les plédéours. Ce ne sont donc pas les constitutions ducales qui leur ont fourni leur matière; tout ce qui n'est pas pour eux souvenirs de pratique judiciaire vient de l'enseignement des universités.

LE PETIT VOLUME. — La Coutume est-elle le premier livre coutumier qui ait circulé en Bretagne? Hévin dit : « Nous avons deux tres » vieilles coûtumes, la premiere peu connuë aujourd'huy et qui » couroit il y a plus de 300 ans sous le nom de *petit volume*, dont » parle l'anonyme sur l'art. 271 de la tres anc., du temps duquel » il y a deux siecles elle estoit deja rare. M. d'Argentré en parle dans » sa question 42 du Partage des Nobles; elle contenoit les constitu-

1. « Et pour ce que par nous ne puet estre tout accompli, plaise à touz qui verront et orront ceste matere la amender en ce que ils verront que devra estre amendé et y adjoustent ce que ils verront que devra estre et acompligent de raison » (T. A. C., prologue primitif).

2. D. Lobineau, *Hist. de Bretagne*, p. 289. L'erreur de Lobineau s'explique parce que la prétendue constitution de Jean II, dont il parle, est une compilation coutumière qui concorde sur beaucoup de points avec la Coutume.

» tions de Iean I, Iean II, Artur II et Iean III mises en un petit » recueïl [1]. » Hévin nous donne donc à la fois le nom et le contenu d'un recueil plus ancien que la Coutume. Ce nom, il a cru le trouver dans une note de la glose anonyme qui se termine ainsi : «... Si le décédé n'estoit issu de bastardie, et de ce y a texte formel au petit volume » (Sous 273, T. A. C.). Sur la foi d'Hévin, Sauvageau reproduisant cette note met en marge : « C'est la Coutume la plus ancienne [2]. » Pour moi, je croirais volontiers que l'auteur de la glose, en parlant du petit volume, a voulu désigner le *volumen parvum*, nom sous lequel on connaissait au Moyen-Age une section du Digeste. Ceci me paraît d'autant plus probable que la glose anonyme de la Coutume est presque tout entière tirée du droit romain.

Quant au fond, je ne crois pas à l'existence de ce livre mystérieux que personne n'a jamais vu. C'est une imagination de B. d'Argentré, qui se montre en toute occasion fort mal renseigné sur les origines du droit breton. La façon dont s'est formée la légende d'une Coutume encore plus vieille que la Très Ancienne peut être reconstituée à l'aide de ses ouvrages. La cause première est l'erreur de date qu'il commettait sur la rédaction de la Coutume; comme il croyait cette rédaction de 1450, il ne pouvait s'expliquer les allusions qu'il trouvait avant cette époque à l'existence d'une Coutume écrite, dont il est parlé notamment dans les constitutions de 1405, de 1420 et de 1425 qui modifièrent certaines de ses dispositions sur la procédure. Ceci devait faire naître dans son esprit la croyance à l'existence d'une Coutume encore plus vieille que celle qu'il connaissait sous le nom d'ancienne [3]. D'autre part, il s'est mépris sur le sens de ces mots : « Selon la coustume du pays, » qu'on trouve souvent dans les vieux actes; il y voyait une référence à un texte écrit, alors qu'il s'agit simplement de l'usage suivi dans le pays [4]. Dans cette idée, il devait non seulement

1. Hévin sur Frain, p. 558.
2. Sauvageau, *La Très Ancienne Coutume*, p. 215.
3. D'Argentré écrivait entre les deux réformations de 1539 et de 1580. Il appelle donc *Ancienne Coutume* celle qui a pris le nom de *Très Ancienne* à partir de 1580.
4. Voici un exemple de ce genre d'erreur sous la plume de d'Argentré. Il dit, dans son *Histoire de Bretagne*, en parlant du partage donné par Artur II à son puîné Pierre : « Le duc se deffendoit par la coustume escrite du païs qui estoit que nul puisné n'estoit fondé à demander son partage par héritage » (Liv. IV, chap. XXXVI, f° 264 v°). Or ceci se passait en 1311, époque où il est certain que la Coutume n'était pas encore rédigée.

croire à l'existence de ce livre chimérique, mais même le faire remonter très haut dans le passé. Il n'y a pas manqué, et le fait durer du XIIe siècle au XVe : « Depuis ladite Assise [celle de 1185] le païs de Bretagne fut commandé et iusticié sous une ancienne coustume escrite, laquelle aucuns ont encore, qui dura iusques enuiron l'an 1450 [1]. » — « Il y a eu en Bretagne une ancienne coustume escrite du temps de trois ou quatre cens, laquelle on gardoit auparavant la vieille qui fut reformée en 1539, et peu de gens ont veu lad. ancienne [2]. » C'est de là qu'Hévin a tiré son affirmation pour le fond. Il aurait dû flair[er] l'erreur, lui qui avait relevé avec tant de soin l'invraisemblance de la date de 1450 proposée par d'Argentré et qui avait su deviner la véritable époque de la rédaction de la Coutume.

Altération progressive du texte. — Tant que dura la période des manuscrits, le texte alla en s'altérant de plus en plus. Ce ne furent d'abord que des fautes de copie. Le manuscrit *E*, quoique l'un des plus anciens, est déjà très mauvais. Si *A* et *H* ne sont pas tout près de la première rédaction, ils doivent certainement leur pureté à un hasard, qui les aura fait copier sur un bon manuscrit et par des scribes soigneux.

Vers le milieu du XVe siècle, la cause des altérations changea. Comme on sentait le besoin de rectifier un texte chargé de fautes, on se livra à des corrections arbitraires et sans nombre. La plupart des manuscrits conservés appartiennent à cette période finale : ils représentent l'ère des retouches ; *L* est remarquable entre tous par le nombre et la hardiesse de celles qu'il contient ; c'est aussi celui qui a la moindre valeur pour l'établissement du texte.

Ce n'était pas toujours au moment de la confection des manuscrits que ces corrections se faisaient ; souvent aussi le possesseur, à l'aide d'un grattage ou d'un lavage, en modifiait le texte à sa façon. *G* et *P*

1. *Aduis sur les Partages des Nobles*, préface. — On doit sans doute expliquer ce membre de phrase, « laquelle aucuns ont encore, » par l'avis qui aura pu être donné à d'Argentré de l'existence de manuscrits plus anciens que 1450 ; il en parle par ouï-dire et ne les avait pas vus lui-même, car il dit dans le second fragment que « peu de gens l'ont vue. »

2. *Aduis sur les Partages des Nobles*, question XLII. — La rédaction que d'Argentré appelle ici « la vieille » est celle que nous appelons la Très Ancienne, car son Advis sur les partages a été écrit en 1570, à une époque où la rédaction de 1539 (aujourd'hui l'Ancienne Coutume) était encore en vigueur.

en offrent des exemples. Même quand elles donnent un sens satisfaisant à la lecture, ces corrections ne sont que des altérations nouvelles ; leur fausseté éclate, quand on retrouve la phrase ancienne exactement copiée dans un manuscrit d'une autre famille.

Cette période des manuscrits dura environ 160 ans pour la Coutume de Bretagne. En 1480 parut à Paris la première édition imprimée ; cinq ans plus tard on commença à en imprimer d'autres en Bretagne; néanmoins, la fabrication des manuscrits ne s'arrêta pas immédiatement, puisqu'il en existe deux postérieurs à 1494 [1]. A cette date, la Coutume avait déjà été imprimée six fois.

L'emploi de l'imprimerie fut pour la Coutume de Bretagne un grand bienfait : il mit fin à la décomposition croissante du texte. Ce qui frappe le plus, quand on collationne les éditions successives, c'est la fixité du texte : dès la troisième, il devient immuable. On s'explique aisément pourquoi. Dans un manuscrit les fautes de copie sont irréparables; il est rare que le scribe se décide à exponctuer un mot écrit en trop ou à surajouter un mot omis ou mal mis; ratures et interlignes nuiraient à son œuvre. Avec l'imprimerie, la correction des épreuves permettait d'arriver à une fidélité plus grande. La fidélité de ces vieilles impressions est même remarquable, si l'on songe combien l'abus des abréviations facilitait les fautes de lecture.

Revision imaginaire de 1450. — D'après une opinion assez répandue, la Coutume aurait été revisée au milieu du XVe siècle, vers 1450 [2]. Cette revision est purement imaginaire : après comme avant 1450 les manuscrits donnent toujours le même texte, et on n'y remarque d'autres différences que les corrections de détail qui se firent à toute époque, sur chaque exemplaire, suivant le caprice de chacun. L'erreur vient encore de d'Argentré et de sa fausse chronologie. On a déjà vu le passage où il affirme que « le païs de Bretagne fut commandé et iusticié sous une ancienne coustume escrite qui dura iusques environ l'an 1450 » (*Aduis sur les Partages des Nobles*, préface aux lecteurs). Ceux qui savent que la Très Ancienne Coutume

1. Mss. *D P*[2].

2. P. Viollet, *Précis de l'histoire du droit français*, 1re édit., p. 161 ; 2e édit., p. 190. — Chénon, *Hist. des Alleux*, pp. 105 et 113.

est antérieure à 1450 ont mis à cette date une revision alors que d'Argentré y plaçait la rédaction première.

CONFECTION D'ABRÉGÉS, DE TABLES ET DE RÉPERTOIRES. — La Coutume de Bretagne étant fort longue, on éprouva le besoin de la rendre plus maniable pour les recherches. On en fit des abrégés, où chaque chapitre n'est plus représenté que par un ou plusieurs extraits. Hévin en a eu un en sa possession [1]. La bibliothèque de Nantes en possède un, qui est probablement celui d'Hévin [2]. Ce travail est une œuvre privée, souvent maladroite, qui ne pouvait guère rendre de services, étant donnée l'absence de tout choix entre les passages conservés et les passages supprimés, et il est peu probable qu'on ait fait beaucoup d'exemplaires de ce genre [3].

La confection des tables fut plus heureuse. On en dressa deux dès le XVe siècle, qui circulèrent en manuscrit avant d'être imprimées. L'une est une simple liste de mots suivis de renvois; elle figure dans *F P R W²*. On l'a imprimée dans l'édition de Tréguier *c* et dans l'édition *e*, avec ce titre : *Extraict de la quotacion des Rubriques de la Coutume de Bretagne par l'ordre de l'A. B. C.* Sauvageau l'a réimprimée en 1710 avec la Coutume. Elle était précédée dans *P R* d'un prologue spécial, qui est inédit et qui est, du reste, insignifiant, sauf un passage du commencement sur le pouvoir législatif des Ducs : « Le Seigneur des seigneurs, de touz princes le souverain, Dieu tout » puissant voulant diriger humaine creature à beatitude, sa benoiste » fin, et en la dirigeant la conserver, a establi cza bas seigneurs spi- » rituelx et temporelx, et par leurs organes promulgé et promulgue » journelment droitz, establissements et coustumes qui pour l'abillité » de mémoire sont redigés par escript en diverses regions, ainsi que » es faitz, personnes et lieux a semblé convenable, et entre les autres » les coustumes et establissements par les Roys et Ducs de Bretaigne, » o le conseill et avis des prelatz et barons, très raisonnablement » ordonnées... » L'auteur explique ensuite pourquoi il a dressé ce répertoire : c'est que les coutumes de Bretagne, « pour la grandeur » de la compillacion, à gents mains pourveus d'estudes sont difficiles

1. *Consultations*, pp. 532 et 533.
2. C'est le seul manuscrit de la Coutume que possède la ville de Nantes.
3. Voyez aussi, dans la liste ci-dessous, les manuscrits coté *G³* et *Y*.

» à promptement appliquer aux faitz occurantz, par quoy suys meu » à chouaisir par l'ordre de l'A. B. C. dictions communes et fameuses » en pratique, et à chascune mettre le numbre d'aucuns chappitres » des dictes coustumes servantz à ceste matière... » La suite est sans intérêt.

L'autre table, beaucoup plus complète, et connue sous le nom de *Répertoire*, indique la nature du renseignement auquel elle renvoie. Elle circula à l'état de copie isolée comme *Y* ou jointe à la Coutume comme dans *D J*. Elle fut imprimée à Nantes vers 1500 par Étienne Larcher [1]. On trouva ce répertoire si commode que, dans l'édition de 1502 et dans les éditions suivantes, on le mit à la place de l'ancienne liste des chapitres. Celle-ci ne reparut plus qu'une seule fois, dans l'édition de 1521. Sauvageau a réimprimé le *Répertoire alphabétique*, mais d'une façon incomplète; il s'est arrêté au mot *Seigneur*, parce qu'il se servait d'un exemplaire mutilé qui avait perdu quelques feuillets.

Le nouveau prologue. — Les éditeurs de Rennes, imités en cela par ceux de Bréhant-Loudéac et de Rouen, avaient rejeté à la fin de la Coutume le prologue et la liste des chapitres que les manuscrits plaçaient toujours en tête. La Coutume se trouvait ainsi privée de préface. Pour remplir ce vide, on rédigea un nouveau prologue qui parut en 1502 [2] et qui fut toujours conservé depuis. Emphatique et surchargé de citations latines dans le goût du XVIe siècle, il fait un singulier contraste avec le ton naïf de l'ancien. Sauvageau l'a réimprimé en entier malgré sa longueur. Comme il est étranger à la

1. In-8°, 44 ff. sans date; deux éditions différentes. Sur cette plaquette rarissime, voyez Émile Péhant, *Catalogue de la Bibliothèque de Nantes*; le comte Corbière, *Bibliothèque de jurisprudence bretonne*, à la suite des *Études sur quelques ouvrages rares et peu connus écrits par des Bretons*, de M. Ropartz (Nantes, 1879); Brunet, *Manuel du libraire*, IVe édit., t. I, p. 793; V^{e} édit., t. II, p. 362; M. A. de la Borderie, *l'Imprimerie en Bretagne au XVe siècle*, p. 115. — Il en existe un exemplaire à la Bibliothèque nationale, Réserve F. 1703; un autre à Nantes dans le cabinet de M. van Iseghem, avocat; un troisième, appartenant au baron Jérôme Pichon, a figuré à l'exposition des Beaux Arts de Nantes en 1872; un quatrième appartient à M. de la Borderie (*Bulletin de la Société archéologique d'Ille-et-Vilaine*, 1887, t. XVII, seconde partie, p. XLVI).

2. Il se trouve également dans le ms. P^{2}, ce qui me fait croire que ce manuscrit est postérieur à 1502.

rédaction primitive, je me borne à en donner en notes quelques fragments à titre d'échantillons [1].

Les notes de l'Anonyme. — Dans les manuscrits, le texte de la Coutume est souvent accompagné de notules marginales, ordinairement insignifiantes.

1. En voici le début : « Le Philosophe [c'est Aristote que l'auteur désigne ainsi] parlant de l'estat de ce monde, considerant l'ardeur de convoitise dont les cœurs humains sont embrasez, Quinto Politicorum, dit : Minores, ut æquales fiant, seditiones faciunt; æquales vero, ut majores. » Le goût du paganisme y domine : « Justice a la bouche d'or si lumineuse que la belle estoille occidentale Hesperus, qui apparoist à l'asserant, ne la planette Venus, la Lune ne le Soleil, qui sont dits Lucifer pour leur grande lumière au regard des autres planettes, ne sont point si merveilleux... » — En voici la fin : « Toutes loix sont à referer au profit de la chose publique, pour ce que, tout ainsi que medecine profite au corps humain, profitent les lois à la chose publique. Jacobus Magnus dit ainsi lib. 3, cap. 19 : Veteres legibus policias regularunt, les anciens ont reglé et mis ordre à leurs polices par loix, et principalement Solon, Lycurgus et Phoroneus, lesquels il met, lib. 1, cap. 2, premiers inventeurs des loix. Et Augustinus, I *de Civitate Dei*, cap. 16, et Gelius lib. 2, cap. 11, recitent que les loix de Solon estoient gravées en ays de bois, afin qu'ils durassent éternellement et perpetuellement. Car, comme dit Chrysostomus super Joannem, *Homilia* 36 : Leges sunt sicut capistrum vel frenum equo, les loix sont comme un chevestre ou le frain par lequel on maine un cheval. Policratus etiam dit lib. 6, cap. 12 : Romani suis legibus suam politiam sublimarunt, les Romains ont elevé et exalté leur police par leurs loix. Et pour ce que les loix humaines sont recitées en plusieurs et differens volumes si confusement que ce seroit comme impossible ou chose trop difficile à la vie d'ung homme qui se voudroit arrester à les voir, combien qu'il n'y ait loi o sa raison qui ne soit de grant utilité. Toutefois en ont esté aucunes particulierement faites et instituées par Princes et gens de grande autorité selon les mœurs de leurs sujets, pays et provinces, lesquelles bien observées sont suffisantes pour garder justice entre eux. Entre lesquelles la très noble Duché de Bretaigne, abondante en tous biens et grandement doüée et embellie de loix et constitutions, que leurs très nobles devanciers et progeniteurs, princes d'icelle terre, zelateurs de justice et florissans en toute vertu ont discretement et juridiquement ordonnées et établies par le conseil et commun assentement des Prélats, Comtes, Barons et autres saiges personnes du pays, lesquels en sont dignes de regratiations et louanges à perpétuelle mémoire, quar par icelles non seulement les habitants dudit pays, mais aussi tous autres étrangers conversans avec eux, sont doucement et en tout ordre de justice traités, et leurs questions et leurs différens decidés sans confusion ne trop grand prolixité ou involution de procès. Et combien qu'elles soient de grant antiquité, toutefois à la faveur ou contemplation d'aucuns dudit pays, desirans pour le bien de justice l'instruction des autres, et afin qu'ils soient de fresche memoire à ung chacun, ont esté puis n'a gueres visitées et redigées meurement et à grand labeur par plusieurs venerables docteurs et gens expers en tel cas, ainsi que on pourra plus amplement veoir à la prosecution de ce present livre intitulé : *Le Coutumier de Bretaigne*, lequel est mis par divisions, et chacune division par chapitres, bien ordonnement, suppliant aux lecteurs, s'il y a aucune chose qui requiere correction, soit par vice d'escrire ou autrement, qui leur plaise l'amender. »

En 1521, pour une édition qui parut à Paris, on se servit d'un manuscrit qui était revêtu d'une glose plus riche et qu'on dut sacrifier pour l'impression, car il ne s'est jamais retrouvé. On imprima cette glose en encadrement du texte, et elle fut reproduite par les éditions de 1528, 1531 et 1538, ainsi que par Sauvageau en 1710. Elle devint rapidement célèbre sous cette qualification impersonnelle : l'*Anonyme*. Brodeau traite l'Anonyme d'*excellent praticien* [1]. Anciennement on attribuait cette glose à un auteur unique, mais il est visible qu'elle est de plusieurs mains [2]; ce sont des notes accumulées sur les marges d'un manuscrit par ses possesseurs successifs. Quant à leur date, Brodeau les croyait de 1492 [3]. Il est possible que certaines d'entre elles remontent au temps des ducs, car on y cite Olivier du Breil, qui fut sénéchal de Rennes et procureur général sous François II, de 1464 à 1476; d'autres sont beaucoup plus récentes puisqu'on y trouve le nom d'Alain Marec, sénéchal de Rennes en 1504-1512. On y voit même (sous le chap. 170), une contestation qui eut lieu en 1518 entre la chancellerie de Bretagne et le parlement de Paris.

FILIATION DES INCUNABLES. — Les éditions imprimées forment de véritables séries qu'il est facile de reconstituer. La première édition (Paris 1480) a servi indirectement de modèle à la plupart des autres, sauf les modifications suivantes. L'édition de Rennes (Bellesculée, 1485) s'en écarte notablement dans les premières pages. Les différences sont surtout sensibles dans les chapitres ij, iij, iiij, vj, xxxviij et xl. Dans la suite elles deviennent de plus en plus rares. On ne trouve plus que de loin en loin un mot changé, *tuteur* pour *teneur* dans le chap. l; *sur troys choses* pour *sur toutes choses* dans le chap. liij. Il semble qu'arrivés à un certain point de leur impression les éditeurs de Rennes aient abandonné le manuscrit qu'ils avaient suivi d'abord pour prendre le texte de Paris, tant les deux éditions se ressemblent. Le nombre des chapitres est le même, 334; l'invocation finale est identique.

1. Cité par Hévin sur Frain, t. I, p. 385.
2. Hévin l'avait deviné, car il dit : « J'estime toutefois qu'elles sont de plusieurs. »
3. « In antiquissimas consuetudines Britanniæ anno 1492 notas scripsit auctor anonymus » (Note de Julien Brodeau, dans le *Coutumier général*, t. IV, p. 199).

Presque en même temps que l'édition de Rennes parut celle de Tréguier, qui a une marche différente. Les premiers chapitres donnent un texte voisin de celui de Paris, mais la fin s'en éloigne de plus en plus et la Coutume compte 336 chapitres.

Depuis lors, l'édition de Paris ne fut plus jamais reproduite directement, mais les éditions bretonnes de Rennes et de Tréguier donnèrent naissance à deux séries bien nettes, qu'on pourrait appeler la série rennaise et la série trécoroise. La première est de beaucoup la plus nombreuse; l'édition de Tréguier n'a en effet été copiée que deux fois par des libraires inconnus (éditions cotées *e* et *k*).

Le grand succès de l'édition de Rennes s'explique probablement par l'espèce de certificat qui l'accompagne. Il y est dit qu'elle a été « meurement visitee et correctee » par trois personnages dont on donne les noms : Nicolas Dalier [1], Guillaume Racine [2] et Thomas du Tertre [3]. M. de la Borderie a pensé qu'ils avaient reçu pour cela une mission officielle [4]. D'autres ont vu dans leur œuvre une sorte de revision de la Coutume [5]. Mais les variantes que présente cette édition sont beaucoup moins nombreuses et moins importantes que celles de certains manuscrits; le travail des trois avocats paraît s'être borné à la surveillance de l'impression et à la correction des épreuves. Ils remplirent le même office pour l'édition de Bréhant-Loudéac, contem-

1. Nicolas Dalier fut d'abord lieutenant de la Cour de Rennes au moins depuis 1472 (Rennes, arch. munic., 2) jusqu'en 1477 (Arch. Loire-Inf. B. 8, ci-devant 1170, f° 56 v°). Il fut ensuite procureur du duc au même siège (Arch. Loire-Inf., B. 11, ci-devant 1173, f° 197 v°) et devint sénéchal en 1488 (*Ibid.*). Il occupait encore ce poste en 1490 (Arch. Loire-Inf., B. 12, ci-devant 1174, f° 77 r°) et en 1492 (Rennes, arch. munic., 46).

2. Guillaume Racine plaidait déjà en 1452 (Mor., *Pr.*, II, 1580); il était procureur à Rennes en 1482 (Rennes, arch. munic., 64). Un Nicolas Racine, probablement parent du précédent, était conseiller du duc avant 1490 (Arch. Loire-Inf. B. 12, ci-devant 1174, f° 92 r°).

3. Plusieurs personnages appelés du Tertre ont rempli des charges de justice au XIV° siècle et au commencement du XV°. En 1459, les députés de Rennes aux États de Vannes reçurent à dîner quelques Rennais de passage dans la ville, entre autres Thomas du Tertre : « Item le mercredi... furent à disner Jehan Boullaye, *Thomas du Tertre*, Robert Boullaye et Maistre Patry Mauvy et pluseurs autres... fut despancé xlij ˢ vj ᵈ » (Arch. munic. Rennes, 238).

4. M. de la Borderie, *La première édition de la Coutume de Bretagne* (*Revue de Bretagne et de Vendée*, t. XLIV, p. 399).

5. M. Viollet, *Précis de l'histoire du droit français*, p. 161. — *Etabl. de Saint-Louis*, t. I, p. 306.

poraine de celle de Rennes. Depuis lors la plupart des éditeurs imitèrent cet exemple. Martin Morin, éditeur de Rouen, reproduisit même la suscription entière de l'édition de Rennes, avec les noms des imprimeurs bretons, ce qui a fait traiter son édition de contrefaçon par M. de la Borderie. Les autres supprimèrent les noms des trois avocats, mais conservèrent l'avis de leur intervention comme une bonne recommandation, et disent que leur publication a été surveillée par « plusieurs discrets et venerables juristes de cette province. »

Éditions glosées. — En 1521 parut une édition glosée qui pour la Coutume donne un texte mixte : le premier cahier, qui ne contient que les trois premiers chapitres, donne le texte de Tréguier ; tout le reste appartient à la série rennaise. Quant à la glose elle eut probablement un grand succès, car les éditions suivantes reproduisirent celle de 1521 et formèrent ainsi une série nouvelle, *l m n p*. Une seule édition, du reste très défectueuse, publiée à Nantes en 1532 par les Papolins, n'appartient pas à cette série.

Edition de Sauvageau. — Depuis la réformation de 1539, la rédaction primitive de la Coutume de Bretagne n'a plus d'intérêt que pour les historiens et les curieux. Elle a eu cependant une réimpression. Michel Sauvageau, sieur des Burons, avocat au Parlement, qui fut procureur du Roi au Présidial de Vannes, publia la *Très Ancienne Coustume*, à Nantes, en 1710 [1]. Les exemplaires restant furent remis en vente en 1737, avec un titre réimprimé et un nouveau privilège. Cette édition a été faite sans soin et sans critique d'après les incunables. Sauvageau a certainement employé plusieurs éditions apparnant à des séries différentes, et dont l'une au moins était glosée ; mais je doute qu'il ait connu les plus anciennes ; en tout cas, il n'a utilisé aucun manuscrit.

Edition du Coutumier général. — Quand Bourdot de Richebourg prépara son *Coutumier général*, il y inséra le texte de la *Très Ancienne Coutume de Bretagne*, d'après l'édition de Sauvageau, en supprimant les notes et les ordonnances. Il conserva seulement le Prologue, la Table des chapitres et l'Assise de Geffroy.

1. Nantes, Jacques Mareschal, 1 vol. in-4°.

Le manuscrit des Blancs-Manteaux. — Aucune autre réimpression n'a eu lieu. C'est donc uniquement sur un texte sans valeur qu'on étudie la Coutume bretonne depuis près de deux siècles. Cependant, quelqu'un avait entrepris, peu de temps après l'édition de Sauvageau, l'œuvre de restauration que j'achève aujourd'hui. Cet inconnu a cherché à reconstituer le texte primitif par la comparaison de quelques manuscrits. Mais, à cette époque, les grands dépôts publics, qui ont recueilli tant de richesses, n'étaient pas encore formés ; il n'avait à sa disposition que trois manuscrits (*B D L*) qui sont loin d'être bons, et deux éditions (*a b*) qui ne valent pas mieux. Son travail est aujourd'hui à la Bibliothèque nationale [1]. Il décèle une certaine compétence dans les matières juridiques, mais beaucoup d'incertitude dans le choix des corrections.

II

LES MANUSCRITS

Rennes, Bibliothèque de la Ville.

[Le numérotage actuel est celui qu'a donné M. Vétault, dans le *Catalogue général des manuscrits des Bibliothèques de France*, en 1894.]

A = Ms. 72, ci-devant 182, catal. Maillet, n° 70. Parchemin fortement rogné. 80 ff. Hauteur 0m266 ; largeur 0m207. Ecriture à longues lignes du XIVe siècle. Reliure en veau du XVIIIe siècle. Provenance : Bibliothèque des avocats de Rennes.

Contenu : L'ancien prologue, la table des chapitres, le sommaire, la Coutume ; recettes de médecine (3 ff.).

Texte excellent, identique à celui de *H*, mais sans lacunes. — Au f° 46 r° : *O de Lanvaulx, xxe jour de decembre 1488*. La baronnie de Lanvaux, confisquée en 1238 par Jean Le Roux, avait été donnée par François II à André de Laval, en 1463 (Mor., *Pr.*, I, 480). Olivier de Lanvaulx était conseiller et maître des requêtes à la chancellerie de Bretagne, en 1498 et en 1507 (Mor., *Hist.*, t. I, p. 997 ; H. de

1. Ci-dessous ms. *Z*.

Fourmont, *Hist. de la Chambre des comptes de Bretagne*, p. 295). — Au v° du dernier feuillet, nombreuses écritures grattées et illisibles, où l'on distingue les noms de *De la Tousche* et de *Geffroy le Normant*, avec la date de 1491.

B = Ms. 73, ci-devant 183, catal. Maillet, n° 71. Parchemin non rogné. 140 ff. Hauteur 0m257; largeur 0m208. Seconde moitié du XVe siècle. Couverture en parchemin. Provenance : Couvent des Capucins de Rennes.

CONTENU : La Coutume seule. Il devait y avoir à la fin un recueil de constitutions ducales, mais il ne reste que le commencement de celles de 1405, ce qui a fait quelquefois attribuer cette date au manuscrit lui-même, bien qu'il soit de beaucoup postérieur.

Manuscrit en mauvais état; nombreuses lacunes. Beaucoup de feuillets en partie détruits ont été remplacés par des feuillets de papier et le texte a été complété, au XVIIe siècle probablement. Nombreux sommaires et notes marginales.

C = Ms. 599, ci-devant 388. Parchemin, 154 ff. Hauteur 0m161; largeur 0m120. Milieu du XVe siècle. Reliure ancienne à ais de bois recouverts de cuir gaufré; fermoir perdu.

CONTENU : La table des chapitres; pas de prologue ni de sommaire; la Coutume; la Lettre de mutacion du bail en rachat (1276); l'Assise au comte Geffroy (texte latin); constitutions de 1420, de 1405, de 1451; l'Advisement des poinz de l'Assise; l'ordonnance de 1462.

L'ordonnance de 1462 a été écrite d'une autre main que le reste, ce qui permet de croire que le manuscrit est antérieur à cette date.— Au second feuillet : *Ex libris magistri Juliani..., advocati in suprema curia.* Le nom a été gratté.

D = Ms. 74, ci-devant 184, catal. Maillet, n° 72. Parchemin. 218 ff. Hauteur 0m224; largeur 0m161. Fin du XVe siècle. Reliure ancienne à ais de bois recouverts de cuir gaufré, avec clous de cuivre à tête ronde; deux fermoirs de cuivre perdus. Provenance : A peut-être appartenu à B. d'Argentré, car il porte le monogramme DRGN sur un carré de papier collé au v° du f° 158.

CONTENU : Lettres dominicales et nombres d'or pour les années 1460 à 1600; le répertoire alphabétique, la Coutume, sans table des chapitres, ni sommaire, ni prologue; les Notas et textes divers; l'Assise au comte Geffroy (texte latin et traduction); la Lettre de mutation du bail en rachat; constitutions de 1405; les points de l'Assise; constitutions de 1420, 1425, 1451, 1455, 1456, 1457, 1462 et 1494; Concordat sur le neume de 1305; textes sur la transaction et sur les brefs de mer; les Roles d'Oléron; fin des Notas; notes d'une écriture postérieure; formule de compromis.

Manuscrit soigné, doré sur tranches et orné d'initiales en or sur fond rouge ou sur fond bleu. L'ordonnance de 1494 est écrite de la même main que le reste, ce qui prouve que ce manuscrit est très récent; en 1494 la Coutume avait déjà eu six éditions imprimées. — Vers latins au 2e feuillet : « *Nobilitas hominis deitatis imago* || *Nobilitas hominis virtutum clara propago* || *Nobilitas hominis humilem relevare jacentem* || *Nobilitas hominis mentem refrenare ferventem* (Restituez *frĕmentem*) || *Nobilitas hominis nisi turpia nulla timere* || *Nobilitas hominis nature jura tenere.* || — *Avant que homme se puisse dire noble, fault qu'il ait en soy les choses qui s'ensuyvent.* Suit une pièce assez longue dont je donne seulement le commencement :

Il doit estre bon catholique,
Sans vanterie, sans deception,
Estre envers Dieu oboïssant,
Avoir crainte, honneur, et bonne devocion,
Vergonne et honte de mefait et de vice.
Qui quiert noblesse en autre opinion
Fait à Dieu tort, à son sang prejudice,
car à ce Dieu forma noble condition
pour foy garder et pour vivre en justice.
Item doit avoir loyauté,
Car les hauts hommes ne sont mye donnez
pour rappiner et user de la force ou puissance que l'on a,
Mès est tenu de droit et par raison
Servir le prince et deffendre les subgitz,
Et si autrement fait celui qui se dit noble
ou s'il y varie, il est desordonné,
cest à dire mis hors de l'ordre de noblesse,
Et doit estre dit plus villain devenu

que le bouvier qui sa rente vient rendre,
et qui poye pour cielx qui sont venuz
servir le prince et les subgetz deffendre.
Auxi doit avoir honneur :
Car le tresor de noblesse est honneur
Et ce qu'ung noble cueur doit desirer
C'est son reconfort, son plaisir, sa liesse,
et le myrouer où il se doit myrer;
Rien ne pourroit ung bon cueur empirer
S'il ame honneur. etc.

E = Ms. 71. Parchemin. Hauteur 0m200; largeur 0m149. XIVe siècle. Ecriture à longues lignes. Cartonnage moderne. Provenance : Acheté par la Ville, en 1887, à M. Prudhomme, de Saint-Brieuc.

Contenu : Le prologue, la table des chapitres, le sommaire, la Coutume. La fin du chapitre dernier manque.

Manuscrit ancien, copié avec peu de soin, rempli de fautes et d'omissions. Lacune considérable du chapitre 21 au chapitre 54. — En tête du premier feuillet : *Cucé*. Henri de Bourgneuf, seigneur de Cucé, avait épousé la petite-fille de Bertrand d'Argentré et par elle avait hérité de la bibliothèque de l'ancien sénéchal. — Au f° 160 r° : *Guillaume Davi a vendu ce libvre de coustume à Pierres de la Fontaine pour la somme de vigt solz qu'il a receuz en nostre presence et le gréa recoupvrer rendant icelx vigt solz dedanz ung moys. Fait le xxije jour de may l'an mil quatre cens saixante quinze.* [Signé] *Guillaume Davy*. — C'est ce manuscrit qui est cité dans le *Dictionnaire* de Godefroy, sous le nom de manuscrit de Saint-Brieuc.

Nantes, Bibliothèque de la Ville.

F = Ms. 92; catalogue général, n° 260. Parchemin. Hauteur 0m157; largeur 0m111. Milieu du XVe siècle, postérieur à 1451. Belle reliure moderne en veau.

Contenu : L'Extrait de la quotacion des rubriques (incomplet); la Coutume en abrégé; l'Assise au comte Geffroy (traduction française); la pseudo-ordonnance de Jean III; l'Assise des rachaz; l'ordonnance de 1301 sur les plédéours; la constitution de Jean III; la petite

Coutume; les constitutions de 1405, 1420, 1425; arrêt de 1431; constitutions des ducs Pierre II et François II, ces dernières ajoutées après coup, ce qui permet de croire que le manuscrit a été fait vers 1460. Le texte des constitutions est souvent abrégé, comme celui de la Coutume.

Hévin semble avoir possédé ce manuscrit. Il parle d'un exemplaire qui « dans le chapitre 209, qu'il cote 208, affecte de ne faire aucune mention de l'Assise » (*Consultations*, p. 533). Voyez aussi sur ce manuscrit : Viollet, *Etablissement de Saint-Louis*, t. I, p. 303, note, et p. 432.

Vitré, Bibliothèque de M. A. de la Borderie.

G = Manuscrit sur vélin. Hauteur 0m160; largeur 0m110. Ecrit vers 1460. Quatre feuillets perdus, huit mutilés. Ecriture soignée, avec initiales dorées sur fond rouge et bleu. Reliure ancienne à ais de bois, restaurée; cuir gaufré à petits fers; tranches dorées.

Contenu : La fin du prologue (le 1er feuillet manque), la table des chapitres, la Coutume, le sommaire; les Points de l'Assise; texte sur la transaction; l'Assise au comte Geffroy (texte latin et traduction); l'Assise des rachaz; la pseudo-ordonnance de Jean II; quelques feuillets blancs; puis un recueil d'ordonnances incomplet allant de 1405 à 1456.

Signature de divers possesseurs que M. de la Borderie range dans l'ordre suivant : 1° *Jullian Gaultier de Medrignac; 2° Robert Gaultier de Medrignac*; 3° *Jacques Pinochet*, qui y a inscrit, en 1580 et en 1586, la naissance de deux de ses enfants; 4° *Me Guillaume Peschart, sieur de la Haulterais*, notaire royal et greffier civil à Ploërmel; 5° *Le sieur du Tertre Charpintier*, advocat en la court, qui acheta le livre à la vente des meubles du précédent. — Dans le texte de la Coutume, plusieurs passages et un assez grand nombre de mots ont été grattés et corrigés; les remaniements sont surtout sensibles dans les chapitres 250 à 300.

Saint-Brieuc, Bibliothèque de la Ville.

G^2 = Ms. n° 11. Parchemin. Hauteur 0m340; largeur 0m265. Écriture de la fin du XVe siècle; initiales ornées. Reliure à ais de bois recouverts de cuir. Manuscrit très beau, mais incomplet.

CONTENU : L'ancien prologue; la table des chapitres; la Coutume (XVIxxXII chapitres); le résumé divisé en 6 parties; les points de l'Assise; la traduction française (exemplaire de Dinan) de l'Assise au comte Geffroy, f° 133 v°; les constitutions de 1405, de 1420, de 1425 et de 1451. La fin de celle-ci manque.

Sur le feuillet de garde : *Pour le secrétaire du Chesne et auparavant au sieur alloué de Rennes, Me Yves du Chesne, son frère aisné.*

*G*3 = Ms. n° 12. Parchemin et papier mélangés. 230 ff. Hauteur 0m200, largeur 0m145. Reliure moderne en veau. Écriture de la fin du XVe siècle ou peut-être du commencement du XVIe.

CONTENU : La table alphabétique; la table des chapitres (XVIxxIX); la Coutume en abrégé; la petite Coutume; résumé très bref de la constitution de Jean III; constitutions de 1420, de 1451, de 1462, de 1425; ordonnances de Pierre Ferré (fos 214 r° et 216 v°); ordonnance touchant les fouages; ordonnance de 1307 (1301); mesure de la lieue; traduction de l'Assise au comte Geffroy; pseudo-ordonnance de Jean II; tableau généalogique des ducs; doctrine et enseignement de Pierre de l'Hôpital.

Mention : *Ces presentes coustumes sont et appartiennent à Jullien Cauchart, sieur de la Viconté. Ce dixme Juign 1574. Julien Cauchart.*

Châteaulin, Bibliothèque de M. Yves Raison du Cleuziou.

*G*4 = Parchemin. Hauteur 0m247 à 0m250; largeur 0m195. 117 ff. non numérotés, plus un feuillet blanc à la fin. Il manque le second feuillet qui contenait la fin du prologue et le commencement de la table et un autre feuillet entre les chap. 36 et 40. Seconde moitié du XVe siècle. Écriture à longues lignes, assez soignée, sauf dans les derniers feuillets. Initiales rouges, ainsi que les titres; quelques majuscules sont teintées en jaune. Reliure en veau du XVIIIe siècle. Provenance : Ce manuscrit se trouvait naguère à Saint-Brieuc, chez M. Hipp. Raison du Cleuziou, aujourd'hui décédé.

CONTENU : Le prologue; la table des chapitres; le sommaire; la Coutume en 334 chapitres, avec des erreurs dans le numérotage; les constitutions des 25 et 27 mai 1451 et celles de 1462.

Nombreuses notules marginales; beaucoup de gloses, qui devaient se trouver sur un manuscrit ayant servi de modèle, ont passé dans le texte et ont été soulignées en rouge. — Sur le dernier feuillet : *Cest coustumes sont à Jehan Maupetit, escuier, sieur du Bignon,* et au-dessous : *Je suis qui fait meis* [?] *bon homme suis qui garde à l'huis.* — Le texte de la Coutume est assez correct et paraît avoir été copié sur un manuscrit ancien.

Paris, Bibliothèque nationale.

H = Fonds français, ms. 11541. Hauteur 0m271 ; largeur 0m213. Écriture du XIVe siècle sur deux colonnes. Reliure moderne en veau.

Contenu : La table des chapitres, le sommaire, le prologue et la Coutume.

Manuscrit identique à *A*, dont il diffère à peine par quelques formes orthographiques. Lacunes entre les chap. 47 et 51 et entre les chap. 239 et 259. — Sur le premier feuillet : *Le xije jour d'ottobre mil iiijccxlviij en celi an deceda humble abbé frere Macé Bertran. Dieu le pardoint! — Ou dit an le xiiije jour dudit mais fut receu abbé frere Mathelin Leonnais. Dieu lidoint bien faire!* Le serment prêté par cet abbé est dans dom Morice (*Preuves*, t. II, col. 1437). Au même feuillet, on lit les vers suivants :

Amour a bien fait son debvoir
et s'est acquittée envers moy.
El m'a mis hors de tout esmoy.
Ge l'en mercye à mon povair.
Qui amour sert est bien servi
en la fin et guerredonné;
Chascun en a son desservi
sellon qu'il s'est abandonné
à servir de léal vouloir.
Prendre a gré soucy et esmoy
secrettement, sans nul effroy,
qui bien ame le doit savoir.
Je scoy bien qu'amour est puissante
et que nul ne la peut servir
que sa chose ne soit bien issante;
auxi tout bien en peut venir
Et ne peut hom nul bien avoir.
Quand est pour moy ainxi le croy,
quar c'est l'usement de la loy
qui le nous dit matin et soir.

Puis diverses mentions de naissances :

Matheline Duboais fut nee le semadi, entre vj et vij houres, *xxij^e jour de novembre l'an mil iiij^{c}xlix, et la nomma frere Mathelin Leonnais, abbé de S. Melaine.*[Signé] *Duboays. El ne vesquit guere.*

Gilles Duboais fut né le dimanche vj^e jour de janvier et fut la nuit entre le dimanche et le lundi, environ menuyt, et le nomma Gillet Lotodé, seigneur de la Viseulle, retour [*recteur*] *de Mordelle, en l'an mil iiij^c cinquante et trois. Bonne avanture li doint Dieu!*

[D'une autre main] : *Gilles Duboais, fils dudit Gilles, fut né le second jour de juillet l'an mil iiij^{c}iiij^{xx}ij ans. En celle année*... [La suite a été tranchée par le relieur].

En travers on lit une autre mention, presque effacée, avec la signature *Dub*[*oais*] et la date de 1529.

Au dernier feuillet on lit plusieurs distiques latins, entre autres ceux-ci : *Non est in speculo res quæ speculatur in illo.* || *Eminet et non est in muliere fides, — Flagrantes vicina rosas urtica perurit* || *et Justos semper turbat inicus homo*, ainsi que cette mention : *Cestes coustumes sont à tres noble et prudent escuier Guillerme du Boys, à qui Dieu doint bonne vie et longue et à tous ses amys!* — Un Guillaume du Boys figure comme écuyer en 1371 dans une montre de B. du Guesclin (Mor., *Pr.*, I, 1651).

Cette famille Du Boays descend évidemment de l'écuyer Guillaume qui fut le premier possesseur du manuscrit et qui y inscrivit son nom. Quant au Du Boays qui, en 1448, mentionnait sur son livre la mutation d'abbé et qui, en 1449, donnait à son enfant l'abbé de Saint-Melaine pour parrain, ne serait-ce pas Jean du Boys qui fut procureur des bourgeois de Rennes de 1440 à 1465? En tout cas, il y avait là une grande famille de Rennes qui conserva ce manuscrit pendant un siècle et demi au moins. C'est probablement à elle qu'appartenait une terre noble sise en Mordelles et appelée la Ville-Dubois (Ogée, t. II, p. 58), car Gillet Lotodé, qui fut choisi comme parrain en 1453, était recteur de Mordelles.

I = Fonds français ms. 1938. Parchemin. Hauteur 0^{m}208; largeur 0^{m}148. Écriture du XVe siècle. Reliure en maroquin rouge aux armes du roi. Provenance : A. Faure.

Contenu : Le prologue, la table des chapitres; pas de sommaire; la Coutume; l'Assise au comte Geffroy (texte latin).

La fin de la Coutume paraît écrite d'une autre main que le commencement. Au f° 109 r° : *Je suis à maistre Olivier Martin, procureur es parlement, chancelerie et conseil de Bretaigne.* — Au f° 108 r° : *Tu qui suxisti de Virgine virgineum lac || Regni celestis Lastornec participem fac.*

J = Fonds français ms. 14396. Parchemin non rogné. Hauteur 0m152; largeur 0m127. Seconde moitié du XVe siècle.

Contenu : Calendrier breton; livre d'heures; la Coutume de Bretagne; ni prologue, ni table des chapitres; les Rôles d'Oléron datés de 1286 et précédés de l'intitulé des constitutions de 1420; le répertoire alphabétique; l'Assise au comte Geffroy (traduction française); l'Assise des rachats; l'ordonnance sur les plédéours de 1301; quelques articles de l'ordonnance de Jean III et de la Petite Coutume; le recueil des ordonnances de 1405 à 1462; règles diverses sur les derniers feuillets.

Manuscrit très épais et mal relié. Nombreuses notes marginales.

K = Fonds français ms. 14397. Parchemin. Hauteur 0m140; largeur 0m095. Joli manuscrit du milieu du XVe siècle orné de miniatures. Reliure moderne en maroquin vert.

Contenu : En tête le commencement des quatre évangiles avec des peintures représentant les évangélistes. Autre peinture : le duc en son parlement; le prologue; la table des chapitres; peinture : un docteur faisant une lecture à ses élèves; la Coutume; l'Assise au comte Geffroy (traduction française); les constitutions de 1420 et de 1405; les points de l'Assise.

Sur le dernier feuillet, note d'un possesseur, l'abbé Rive, datée de Paris, 21 janvier 1786, qui attribue au manuscrit la valeur de 6 louis.

L = Fonds français ms. 14398. Papier, avec feuillets de parchemin entremêlés. Hauteur 0m257; largeur 0m195. Écrit en 1454. Reliure moderne en veau.

Contenu : Le prologue, la table des chapitres, le sommaire, la Coutume; les anciennes Assises avec la pseudo-ordonnance de Jean II et les Rôles d'Oléron, puis les ordonnances ducales de 1405 à 1451.

Manuscrit intéressant par ses appendices, car le texte de la Coutume y a été fortement retouché. — Sur le dernier feuillet : *Cestes coustumes, constitucions, statuz, editz, establissementz et deffanses sont et appartiennent à Pierres de Toulbadou, à qui Dieu doint joye et lyesce. Amen. Et sont escriptes par Yves le Borngne ou moys de septembre l'an mil cccc cinquante quatre. Et pour ce tu autem miserere nostri. Deo gracias. — Cestes coustumes furent achatées de Mador Dilland, bideau et biblioteque de la universe cité de Nantes, par Jehan Robin, demorant à la Fousse dudit lieu, le sebmadi onzieme jour de mars l'an mil iiij^c^ seixante ouict.* Le nom de *Pierres de Toulbadou*, inscrit dans cet endroit et au f° 138, a été effacé et remplacé par celui de *Gacien Robin.*

M = Nouvelles acquisitions françaises ms. 4173. Parchemin. Hauteur 0^m^135; largeur 0^m^100. XVe siècle.

Contenu : Calendrier et livre d'heures; la table des chapitres; la Coutume, dont la fin manque. Nombreuses lacunes. Ni prologue, ni sommaire; aucun autre texte.

N = Nouvelles acquisitions françaises ms. 4174. Parchemin. Hauteur 0^m^160; largeur 0^m^113. XVe siècle.

Contenu : La table des chapitres; le sommaire. Miniature : le Duc sous un dais; la Coutume; ni prologue, ni ordonnances. Aucune mention de provenance.

Nombreuses notules marginales. L'*explicit* est suivi d'une longue prière en latin, à l'encre rouge, presque illisible.

Observation. La Bibliothèque nationale possède encore quatre manuscrits qui se trouvent rejetés à la fin de cette Notice pour des raisons diverses : Deux, *X* et *Y*, ne sont pas des manuscrits de la Coutume; — un autre est moderne, *Z*; — *W* vient d'être acquis tout nouvellement; — *W*² ne contient que les ordonnances.

Paris, Bibliothèque de l'Arsenal.

O = Ms. 2570; autrefois Jurisprudence française, n° 55. Parchemin. 139 feuillets. Hauteur 0^m^202; largeur 0^m^150. Ecrit sur deux colonnes et daté de 1437. Initiales rouges. Reliure moderne en veau marbré.

CONTENU : La Coutume précédée de son prologue, du sommaire et de la table des chapitres; Divisio armorum (texte français); l'Assise au comte Geffroy; la pseudo-ordonnance de Jean II; l'Assise des rachaz; les Rôles d'Oléron; Noblesses du duc; Sceaux du vicomte de Léon; texte sur l'arpent; Constitutions de 1405, et trois articles intitulés : *Membrance des hommenages.*

Au f° 1 : *Consuetudines Britanniæ per Guillielmum de Toulbadou.* Au v° du f° 118 on lit : *In mense junii anno do^{i} millesimo quat. cent° xxx° vii°*, avec le nom de *Guillaume de Toulbadou*, qui a été ensuite effacé. — Au f° 139 v° on lit : *Pour servir à mon maistre le sieur de Querduel, seneschal de Guemenee.* — Dans la seconde moitié du XVIIe siècle, Hévin vit ce manuscrit dans la bibliothèque de M. Gaignard. Il a aussi appartenu à M. de Paulmy (notes aux feuillets 116 v° et 133 v°) et en 1618 à Desfontaines-Berthou.

Paris, Bibliothèque du Sénat.

P = Ms. 8966. Parchemin. Hauteur $0^{m}275$; largeur $0^{m}200$. Ecriture à longues lignes du XVe siècle. Reliure ancienne fatiguée; fers analogues à ceux de *D*.

CONTENU : Le Répertoire, précédé d'un prologue spécial inédit; la Coutume en 334 chapitres. Ni prologue, ni table des chapitres, ni sommaire; aucune ordonnance.

Belles marges couvertes de notes. Beaucoup de passages grattés et remaniés. Au premier feuillet le nom de BELORDEAU; à la fin *ex libris : J. R. REY.* — Au v° du premier feuillet une liste des ducs de Bretagne depuis Geffroy Plantagenet jusqu'à François II.

Paris, Bibliothèque de M. X...

P^{2} = Beau manuscrit sur parchemin formant un fort volume, bien conservé. Reliure moderne. mis en vente à Amsterdam (Déc. 190

CONTENU : Le nouveau prologue, la Coutume; ordonnances de 1405, 1420, 1425, etc., jusqu'en 1456; l'Assise au comte Geffroy (texte latin); l'Assise des rachaz; constitutions de 1462; bulle sur le neume;

texte sur la transaction; Rôles d'Oléron; constitutions de 1494; liste des chapitres.

Ce manuscrit est de date très récente et a pu être copié sur une édition imprimée, car il reproduit la mention de la correction par plusieurs vénérables et discrets juristes [non dénommés] qui semble empruntée à un exemplaire imprimé. En tête et à la fin on lit le nom de M. du Boberil de Cherville, procureur général syndic des Etats de Bretagne, avec la date de 1788.

Londres, British Museum.

Q = Harleian collection, ms. 4398. Parchemin. Hauteur 0m290; largeur 0m211. Ecriture du XVe siècle sur deux colonnes. Reliure en maroquin rouge; armoiries sur les plats.

CONTENU : Ni prologue, ni tables; la Coutume, à la fin de laquelle on lit : « *Ad istam constitutionem fuerunt multi, primo dominus dux Guillermus Britannie, barones, episcopi et alii multi,* » mention qui semble provenir d'un résumé latin de l'Assise au comte Geffroy. Suivent : l'Assise au comte Geffroy (texte latin); la pseudo-ordonnance de Jean II; l'Assise des rachats; les Rôles d'Oléron; les Noblesses des seigneurs de Léon et des ducs de Bretagne.

Bon manuscrit assez soigné. Lacunes importantes entre les chap. 22 et 38 et entre les chap. 86 et 134.

R = Additionnal manuscripts, n° 8876. Parchemin. Hauteur 0m162; largeur 0m129. Manuscrit très épais, avec reliure ancienne réparée, ayant encore les attaches de deux fermoirs en cuivre. Seconde moitié du XVe siècle.

CONTENU : L'Extrait des quotacions, précédé de son prologue; le prologue de la Coutume; la table des chapitres, non numérotée, mais divisée en neuf *libri;* le sommaire; la Coutume, où les chapitres ne sont pas numérotés et les rubriques manquent souvent, surtout vers la fin; marges couvertes de notes; l'Assise au comte Geffroy (texte latin); l'Assise des rachats; la traduction française de l'Assise de Geffroy; textes sur l'arpent et sur la banlieue; diverses ordonnances ducales de 1405 à 1455.

Deux feuillets du chapitre sur les actions sont transposés dans le chapitre 208.

S = Additionnal manuscripts, n° 15550. Parchemin. Hauteur 0m240; largeur 0m171. Ecriture à longues lignes du XVe siècle. Reliure en maroquin rouge. Acquisitions de 1845, p. 18.

CONTENU : Le prologue; la table des chapitres; le sommaire; la Coutume; aucune ordonnance.

En tête du manuscrit on lit : *Cy commancent les coustumes et les establissemenz au comte Geffroy establiz par le conseil et par l'assentement de touz les barons et de touz les evesques de Bretagne.* A la fin, ces deux vers de l'Enéïde : *Per varios casus, per tot discrimina rerum* || *tendimus in Latium, sedes ubi fata quietas...* — Ex libris : *Du Cabinet de Monsieur* || *le comte de Mauron* || *au chateau de Mauron.*

T = Additionnal manuscripts, n° 23968. Parchemin. Hauteur 0m313; largeur 0m217. Ecriture sur deux colonnes, peu soignée. Fin du XIVe siècle. Belle reliure moderne en maroquin vert.

CONTENU : Le feuillet qui contenait le prologue est perdu; on lit seulement les trois dernières lignes en tête du premier feuillet actuel. Suivent : la table des chapitres avec un numérotage simplifié; la Coutume avec de nombreuses omissions et transpositions et un numérotage moderne inexact; *ci s'ensuyt l'assise au comte Geffroy :* sous cette rubrique on lit l'Assise de 1276 qui est de Jean le Roux; la pseudo-ordonnance de Jean II; les Coutumes de la mer, dont la fin manque.

Au f° 92 on lit deux fois la mention : *Le vije jour de mars l'an mil iiijc xliiij fut nacqui Jouhan de saint Lourans le filz.* Et ce distique : *Primum scriptori tradetur de meliori.* || *Complevi totum : pro χpisto da michi potum.* Dans les marges de la table et de l'ordonnance de Jean II, quelques indications du XVIIe siècle qui paraissent être de la main d'Hévin. Ses notes manuscrites aux Archives d'Ille-et-Vilaine donnent également lieu de penser que ce manuscrit lui a appartenu.

U = Additionnal manuscripts, n° 27461. Parchemin. Hauteur 0m269; largeur 0m200. Ecriture à longues lignes. Seconde moitié du XVe siècle. Reliure moderne en veau.

CONTENU : Le prologue; la table des chapitres; la Coutume; les ordonnances de 1405 à 1451; les Noblesses du duc et du seigneur de Léon; les Coutumes de la mer.

Cheltenham, Collection de Sir Thomas Phillips.

V = Cette collection appartient actuellement à M. Fenwick, gendre de sir Phillips, à Thirlestaine House. Elle renferme de nombreux manuscrits d'origine française. Voir : *Une visite à Cheltenham*, par M. Viollet, dans la Bibliothèque de l'École des chartes, 1880, t. XLI, pp. 150 et 669, et une note de M. H. Omont, sur les *Manuscrits relatifs à l'histoire de France conservés dans la Bibliothèque de sir Thomas Phillips*, dans le même recueil, 1889, t. L, p. 68.

Le manuscrit de la Coutume de Bretagne porte le n° 21859. Il est du XVe siècle. Le catalogue imprimé le donne à tort comme étant du XVIIe. Je dois ce dernier renseignement à l'obligeance de M. Viollet. Ce manuscrit est le seul que je n'ai pas vu.

Paris, Bibliothèque nationale, manuscrits divers.

X = Fonds français ms. 1936. Papier. Hauteur 0m199; largeur 0m146. Ecriture du XVIe siècle. Reliure en maroquin rouge, avec ce titre : *Devoirs en français*. Armes sur les plats. Provenance : Béthune.

CONTENU : Commentaires sur la Coutume, chapitre par chapitre, presque toujours en latin.

Au f° 133, on lit : « *A l'hermitage de Saincte Katerine de Lermont pres la ville de Bordeaulx le xij[e] jour de janvier l'an mil cinq centz xxj.* »

Y = Fonds français ms. 5984 (Bigot). Vélin. Hauteur 0m155; largeur 0m110. Ecriture du XVe siècle. Reliure aux armes du Roi. Ce manuscrit ne contient qu'un répertoire alphabétique très développé qui dans certains endroits reproduit des passages entiers, si bien que le catalogue l'indique comme un abrégé de la Coutume. *Explicit : « ci finissent les Coustumes de Bertaigne abergez. »*

Z = Fonds français ms. 22316. Papier. Ecriture du XVIIIe siècle.

Ce gros volume, qui vient des Blancs-Manteaux, porte en tête : *Ex libris Monasterii Sancti Melanii Redonensis.*

Contenu : Diverses assises et règles coutumières; puis la Coutume, le tout compilé à l'aide des manuscrits *B D L* et des éditions *a* et *b*. Provient des papiers de D. Lobineau (La Borderie, *Correspondance historique des Bénédictins bretons*, p. 229, n° 10), mais n'est pas de sa main.

W = Nouvelles acquisitions françaises ms. 4465 (Fonds Desnoyers). Fragments d'un manuscrit qui contenait la Coutume de Bretagne. 48 feuillets de parchemin. Hauteur 0m162; largeur 0m116. Ecriture du XVe siècle très soignée; postérieur à 1462.

Contenu · La Coutume manque presque entièrement; il reste seulement le dernier chapitre. Suivent : l'Assise au comte Geffroy (texte latin); l'Assise des rachats; les constitutions de 1420 et de 1425; les points de l'Assise; la pseudo-ordonnance de Jean II; les constitutions de 1405, de 1451 et de 1462; les Coutumes de la mer. Sur les derniers feuillets une liste des ducs de Bretagne, écrite le 15 mai 1499.

*W*2 = Quelques feuillets de parchemin reliés avec un incunable de 1480 (Réserve, F, 2188), contenant la table alphabétique et un recueil de constitutions ducales.

On pourra reconnaître parmi ces manuscrits la plupart de ceux qui ont été anciennement employés ou signalés. Hévin en a possédé plusieurs; il dit que parmi ses Coutumes manuscrites quatre contenaient l'ordonnance de Jean II, ce qui suppose qu'il en avait au moins cinq. D'après ses ouvrages imprimés et ses notes inédites aux archives d'Ille-et-Vilaine il est facile de reconnaître qu'il possédait *C F L T*. Il a aussi connu *O* dont il nomme le possesseur. Les Bénédictins ont connu *B D L* et un manuscrit de 1510 (Dom Morice, *Preuves*, t. II, col. 761) que je n'ai pas retrouvé, à moins que ce ne soit *P*2.

III

LES ANCIENNES ÉDITIONS

a. — Paris, 1480.

Petit in-8° gothique. 27 longues lignes à la page. Hauteur du texte 0^{m}099; largeur 0^{m}066. Ni chiffres ni réclames. Signatures A-Z; initiales coloriées en rouge et en bleu. Aucun des exemplaires connus n'a de titre. Suscription : « *Cy finent les coustumes et establissemens de bretaigne imprimees à paris par moy Guillaume le feure le vingt troisieme iour de septembre Lan de grace mil quatre cens quatre vings. Deo gracias.* » Contenu : le prologue, la table des chapitres, le sommaire, la Coutume, l'ordonnance de 1259 sur les plédéours, l'Assise des rachats, l'ordonnance de 1301 sur les plédéours datée de 1307, la constitution de Jean III, la Petite Coutume confondue sans titre et sans séparation avec la précédente. — L'existence de cette édition, qu'Hévin et Poullain du Parc avaient vue, a été mise en doute par Brunet, qui ne l'avait jamais rencontrée. En 1859, M. Emile Péhant en a donné, pour la première fois, la description dans son *Catalogue de la Bibliothèque de Nantes* (t. I, p. 371, n° 6942, reproduit par Brunet, 5e édition), d'après un exemplaire appartenant à M. Hippolyte Thibeaud. Cet exemplaire, légué à la ville, est encore entre les mains de M. Thibeaud-Nicollière, avocat à Nantes. Un autre exemplaire, ayant appartenu à M. de Rosmadec, puis aux avocats de Rennes, a été cédé par la ville de Rennes à la Bibliothèque nationale (Réserve, F, 2188). En 1878, un troisième exemplaire a été acquis par la ville de Rennes (Bibliothèque de la Ville, $\frac{45}{I, 1}$), et il a été décrit par M. de la Borderie (*La première édition de la Coutume de Bretagne*, dans la *Revue de Bretagne et de Vendée*, 1878, t. XLIV, p. 399). Un quatrième fut présenté par M. Plihon à la Société archéologique d'Ille-et-Vilaine, dans sa séance du 11 décembre 1883 (*Bulletin*, t. XVI, p. LVIII). Enfin des fragments d'un cinquième exemplaire ont été donnés à la Bibliothèque nationale, par M. Claudin, en 1884 (Réserve, F, 2189). Les exemplaires de Rennes et de Paris ont la même reliure ancienne en maroquin brun gaufré avec fermoir de cuivre.

b. — Rennes, mars 1485 n. s.

Petit in-8° gothique. 26 longues lignes. Hauteur de page 0m090; justification 0m065. Les 29 premiers cahiers signés d'une lettre ou d'un sigle. Deux cahiers sans signatures pour le prologue et la table. Au f° 2, vignette sur bois : l'écu de Bretagne à 6 mouchetures d'hermine (3. 2. 1.), surmonté de la couronne ducale et supporté par deux lions. Au f° 236 r° : « *L'an de grace mil iiiic iiii vingtz iiii le xxvi ior de mars deuant pasques... A este paracheué d'imprimer ce present volume de coustumes correctees et meurement visitees par maistre nycolas dalier, maistre guillaume racine et thomas du tertre aduocaz.* » Certains exemplaires ajoutent : « *Cy finissent les coustumes et constitucions imprimees et faites à la requeste et despence de Ihan hus.* » — Au f° 236 v° : « *Avecques les constitucions pareillement visites et correctees par Iacques bouchart greffier de parlement, et par lidustrie de Maistres pierres bellesculee et Iosses. Et fut en la ville de rennes pres leglise de Sainct Germain.* » Sur P. Bellesculée et Josse voir M. de la Borderie, *Archives du Bibliophile breton*, et Dom Plaine, *Essai sur l'imprimerie en Bretagne*, dans *Revue de Bretagne et de Vendée*, 1875, t. XXXVIII, p. 247. — Contenu : la Coutume (le prologue et la table sont rejetés à la fin), constitution de 1405, les points de l'Assise, constitutions de 1420 à 1456, l'Assise au comte Geffroy, l'Assise des rachats, l'ordonnance de 1462. — Exemplaires : Paris, Bibl. nation., Réserve, F, 1770 et 1771. Rennes, Biblioth. de la Ville, $\frac{45}{L\ 2}$. — Décrite par M. de la Borderie, *l'Imprimerie en Bretagne au XVe siècle*, p. 67.

c. — Tréguier, juin 1485.

Petit in-8° gothique. 320 feuillets non chiffrés. 25 longues lignes. Hauteur de page 0m100; justification 0m065. 25 cahiers signés de petites lettres gothiques; le dernier et le premier de capitales gothiques. On lit à la fin de la Coutume : « *Cy finissent les Coustumes o les constitucions establissemens de bretaingne corrigees et adiustees deuers pluseurs leaulx et bons exemplaires. Impremees en la cite de lantreguer par Ia. P. le iiij*[e] *ior de iung Lan de grace mil iiij*[c] *iiij*[xx] *et v. Deo gracias.* » Contenu : l'extrait de la quotacion des rubriques; le prologue, la table et le sommaire; la Coutume (336 chapitres); l'Assise au comte Geffroy (traduction française); l'ordonnance sur les plédéours de 1259; l'Assise des rachaz; l'ordonnance sur les plédéours de 1301; les constitutions de 1405, de 1420 et de 1424; le texte sur l'arpent; la pseudo-ordonnance de Jean II; la constitution de Jean III; la Petite Coutume; les constitutions de Pierre II et de François II; le concordat sur le neume; le texte sur la transaction; les Noblesses du duc et les Coutumes de la mer. — Exemplaires connus : Paris, Bibliothèque nationale, Réserve, F, 2187 (acquis par échange de la ville de Rennes, en 1884); Morlaix, Bibliothèque de la Ville. Un autre exemplaire a été décrit par Brunet, *Manuel*, 5e édition, t. II, col. 361. Cf. M. de la Borderie, *l'Imprimerie en Bretagne*, p. 83.

d. — Bréhant-Loudéac, 1485.

In-4° gothique. 27 longues lignes. Hauteur de page 0[m]133; justification 0[m]090. Initiales en rouge. 236 feuillets non chiffrés. 29 cahiers avec signatures (lettres, chiffres et points). Au f° 1 v° grande vignette sur bois assez grossière : l'écusson de Bretagne à huit mouchetures d'hermine (3. 2. 3) surmonté d'une couronne et supporté par deux lions dans un encadrement architectural. — Mêmes suscriptions que l'édition de Rennes, avec les noms des avocats et greffiers qui revirent le texte. On a changé seulement la date : *l'an de grace mil iiij*[c] *iiij*[xx] *et cinq, le iij*[e] *iour de iuillet,* et les noms des libraires qui sont ici *Robin Fouquet* et *Jehan Cres.* — Même texte que *b.* — Un exemplaire à Paris, Bibl. nat., réserve, F, 956; un autre à Rennes, $\frac{45}{I, 3}$. Un troisième appartenait à M. Dugast Matifeux, de Montaigu, mort récemment après avoir légué sa bibliothèque à la ville de Nantes. — Décrite par M. de la Borderie, *l'Imprimerie en Bretagne*, pp. 56 à 59 et p. 132. — D'après Brunet et Deschamps (*Manuel*, suppl., t. I, p. 329) un exemplaire s'est vendu 43 l. st. à Londres, en 1863, et l'acquéreur, M. Tross, l'a rétrocédé pour 1,500 francs.

e. — Sans lieu ni date.

Petit in-8°, caractères gothiques, petits, allongés et émoussés; jambages gras. 30 longues lignes. Hauteur du texte 0m096; justification 0m065. Les chiffres des chapitres sont en majuscules romaines, les I barrés au milieu. Initiales réservées en blanc. 216 feuillets non chiffrés. Signatures : AB... YZ. ABC. — Répétition de *c* avec quelques changements dans l'ordre des ordonnances. Un seul exemplaire connu : Rennes, Bibliothèque de la Ville, $\frac{45}{1,4}$, sans indication de provenance.

f. — Rouen, date inconnue.

Petit in-8° gothique. 24 longues lignes. Vignette en tête du volume, portant les mots : *Imprimé à Rouen devant Saint-Lo*, avec les initiales M. M. (Martin Morin). Hauteur du texte 0m097; justification 0m065. Signatures : minuscules et capitales gothiques. Initiales rouges. — Répétition de *b*, dont il reproduit même les suscriptions. — Deux exemplaires à la Bibliothèque nationale, Réserve, F, 1596 et 1703 (Falconet). Le n° 1596 contient, entre le titre et le prologue, sur deux feuillets signés AB, les Noblesses de Bretagne et les Coutumes de la mer avec la mention : « *Imprimé à Rouen devant sainct Lo pour Jehan Alexandre libraire general de luniuersité Dangiers... lan Mil cccc quattre vingtz et douze. le dixieme iour de ianvier.* » — Le n° 1703 renferme en double les feuillets qui contiennent les constitutions.

g. — Rouen, 1502.

Je n'en connais aucun exemplaire. Elle est ainsi décrite, par M. Péhant, dans le *Catalogue de la Bibliothèque de Nantes* (t. I, n° 6942), d'après un exemplaire dont le propriétaire n'est pas nommé : « Petit in-8° gothique à longues lignes, 32 à la page, signatures : » Az, CLXXV feuillets chiffrés et IX ff. non chiffrés, impr. rouge et » noir, initiales ornées. — Au v° du dernier feuillet : « *Qui en aura » a besongner en trouvera a bon marchié chiez Jehan Mace libraire » demourant à Rennes à lymaige saint Jehan levangeliste.* » — D'après la marque de l'imprimeur où l'on voit un R et un M, M. Péhant conjecture que ce volume a été imprimé à Rouen, par Robinet Macé, qui le faisait vendre à Rennes, par Jean Macé, son parent, dépositaire habituel de ses publications. Voir cette marque dans Brunet, *Manuel*, 4e édition, t. II, p. 114; 5e édit., t. II, p. 364. Cet exemplaire est sans doute celui que M. van Iseghem, avocat à Nantes, présenta à l'Association bretonne, en 1851 (Congrès de Nantes, *Bulletin*, t. IV, 1re partie, p. 67), comme imprimé à Nantes, par Etienne Larcher. Il est probable qu'Etienne Larcher n'avait imprimé que le répertoire alphabétique joint à cet exemplaire.

h. — Paris, 1507.

In-8e gothique. Le premier cahier imprimé en rouge et noir. Majuscules teintées en jaune. Hauteur du texte 0m122; justification 0m074. 192 feuillets chiffrés, plus 24 ff. non chiffrés, avec signatures AC pour le répertoire. Imprimé par Philippe Pigouchet, pour Jehan Massé, libraire, demeurant à Rennes, auprès de la porte Saint-Michel. — Un exemplaire à Paris, Bibl. nat., Réserve, F, 1767; un autre à Rennes, $\frac{45}{L\ 6}$.

h *bis*. — Paris, date inconnue.

Petite édition gothique, sans nom d'imprimeur, mais présentant la plus grande ressemblance avec l'édition Pigouchet (*h*). Titre en rouge et noir n'occupant que la partie supérieure de la page. 202 ff., plus 19 ff. pour le répertoire. 31 lignes à la page. Hauteur du texte 0m106; justification 0m075. — Le seul exemplaire connu appartient à la Bibliothèque de la ville de Quimper.

i. — Nantes, 1513.

Mentionnée, sans aucune autre indication, par le comte Corbière, dans sa *Bibliothèque de jurisprudence bretonne* (imprimée à la suite des *Études sur quelques ouvrages rares et peu connus écrits par des Bretons*, par S. Ropartz, Nantes, 1879). Je n'en connais aucun exemplaire.

j. — Origine inconnue, 1514.

Mentionnée en ces termes par le comte Corbière : « Pour Jehan Macé, à Rennes, et pour Michel Augier, à Caen, 1514, petit in-8° gothique, avec les anciennes constitutions et les établissements. » La *Bibliothèque de jurisprudence bretonne*, de Corbière, ayant été imprimée d'une façon fort défectueuse, il y a peut-être une faute de copie dans la date et cette édition doit se confondre avec la suivante.

k. — Origine inconnue, 1517.

Petit in-8° gothique. 32 longues lignes. 226 feuillets chiffrés, plus 24 feuillets non chiffrés. Le premier titre disposé en triangle et imprimé en rouge et noir. Le premier cahier imprimé en rouge et noir. Initiales grises. Hauteur du texte 0m098; justification 0m066. — Au recto du dernier feuillet : « *Et furent acheuees le xii iour de Iuing. Mil cinq cens et dix sept. Pour Iehan mace libraire demourant à rennes pres la porte sainct Michel. et Michel Angier libraire de luniuersite de Caen demourant au dit lieu pres le pont sainct Pierrs* [sic]. » Au verso gravure, un homme et une femme tenant un écusson aux initiales I. M. avec une ancre. Dans les angles les armes de France et de Bretagne. — Un exemplaire à Paris, Bibl. nat., Réserve, F, 1564.

l. — Paris, 1521.

Petit in-8° gothique. 258 feuillets chiffrés, non compris la table. Hauteur du texte 0m123; justification 0m079. Initiales ornées. Le prologue et le répertoire sont imprimés en caractères plus petits. — Un exemplaire à Paris, à la bibliothèque des avocats; un autre à Rennes, bibliothèque de la Ville, $\frac{45}{I, 5}$. Cet exemplaire, sans titre et sans suscription, a été collationné sur un autre compris dans la vente Prudhomme en 1888, qui portait : « Nouvellement imprimees à Paris et acheveees le vij° jour de decembre cccccxxi » (Catalogue de la vente Prudhomme, n° 25). La *Bibliothèque de jurisprudence bretonne* du comte Corbière, publiée par M. Ropartz, cite sous les n°s 8 et 9 deux éditions de 1521 qui semblent bien n'en faire qu'une et se confondre avec celle-ci. — C'est la première édition glosée; cependant Brodeau dit avoir vu une édition de 1494 contenant cette glose (Hévin, *Consultations*, p. 492). Il a sans doute fait erreur.

m. — Rennes, 1528.

In-8° gothique. Titre de 23 lignes alternativement rouges et noires. Beaucoup de grandes lettres ornées. Hauteur du texte 0^{m}121; justification 0^{m}080. 36 longues lignes; 40 pour la glose marginale. 199 feuillets chiffrés (et non pas 209), avec une erreur entre clxxx et ccxxi; plus 20 feuillets non chiffrés avec signatures AC pour le répertoire. Au v° du f° 219 vignette : l'Adoration des mages. Imprimée *ex carracteribus parrhisiis* par Jehan Baudouyn. Voyez M. de la Borderie, *Archives du Bibliophile breton*, t. II, pp. 46 à 48 et p. 53. Cf. Brunet et Deschamps, *Manuel du libraire*, supplément, 1878, t. I, p. 329. Un exemplaire à Paris, Bibl. nat., Réserve, F, 1666; un autre à Rennes, $\frac{45}{I, 7}$. Glosée.

n. — Rennes, 1531.

In-8° gothique. Un feuillet non chiffré pour le titre; 202 feuillets chiffrés avec une erreur entre clxxxvii et cxcvi. Même vignette que dans l'édition de 1528. Plus 20 feuillets non chiffrés. En tout 224 ff. Imprimé *ex carracteribus parrhisiis* par Jean Baudouyn. C'est une réimpression de la précédente; les lettres ornées, les titres, les abréviations sont souvent différentes. Un exemplaire à Paris, Bibl. nat., Réserve, F, 1769. Voyez M. de la Borderie, *Archives du Bibliophile breton*, t. II, p. 47. Glosée.

o. — Nantes, 1532, v. s.

Publiée par Anthoine et Michel les Papolins. Voy. M. de la Borderie, *Archives du Bibliophile breton*, t. I, pp. 50 et 65. Mentionnée par erreur au Catalogue de la Bibliothèque de Rennes et dans la *Bibliothèque de jurisprudence bretonne*, du comte Corbière (n° 9 *bis*), avec la date de 1527. Le titre et le premier cahier imprimés en rouge et noir. Au v° du premier folio gravure sur bois : Hommage d'un livre au roi. Caractère gothique cursif. Quelques initiales grises ornées; quelques vedettes en gros caractères. 26 et 27 longues lignes. Hauteur du texte 0m120; justification 0m070 à 0m073. 336 ff. dont 188 chiffrés irrégulièrement. Signatures a-z, aa-pp, et A-D. — Un exemplaire à Rennes, $\frac{45}{I, 8}$; un autre appartenait à M. Hue, professeur à la Faculté de droit de Rennes.

p. — Rouen, 1538.

Petit in-4° gothique. 37 longues lignes pour le texte, 49 pour la glose, 228 feuillets, dont 207 chiffrés. Initiales grises ornées. Hauteur du texte 0m130; justification 0m085 à 0m087. Titre très développé, en partie sur deux colonnes. Au bas du titre : *Mense decembri M. D. xxxviij.* Publiée par Nicolas le Roux pour *Girard Anger, libraire, demeurant à Caen pres le colege du Boys, et fut acheve d'imprimer le xij*e *jour de decembre mil cinq cens xxxviii.* — Un exemplaire à Paris, Bibl. nat., Réserve, F, 1667; un autre à la bibliothèque de Rennes, $\frac{45}{I, 9}$. Glosée.

IV

ÉTABLISSEMENT DU TEXTE

Dans le nombre considérable de manuscrits et d'incunables que j'avais à ma disposition [1], mon choix fut vite fait. La plus grande partie des manuscrits est postérieure à 1450 et le texte de la Coutume y est profondément altéré, autant par les retouches et les essais de restauration partielle que par les fautes de lecture ou de copie. Les incunables ne représentent que trois ou quatre manuscrits de médiocre valeur, puisque, sauf les premières, toutes les éditions se reproduisent les unes les autres.

Quatre manuscrits seulement, *AEHT*, remontent au XIVe siècle.

1. Je suis très reconnaissant à M. A. de la Borderie et à M. Raison du Cleuziou qui ont bien voulu me confier les manuscrits qui leur appartiennent.

E et *T* ont été faits sans soin et sans intelligence et ne contiennent qu'un texte corrompu. Seuls *A* et *H* se recommandent par leurs qualités : l'état de pureté de la Coutume s'y révèle tout de suite à la lecture. Il est évident que ces deux manuscrits sont tout près de la source, sinon par leur date, du moins par le petit nombre d'intermédiaires qui les séparent de l'original.

Au premier aspect, leurs différences matérielles sont assez grandes : *A* est écrit à longues lignes et *H* sur deux colonnes; l'écriture n'est pas du tout la même; l'orthographe offre des variantes constantes dans certaines syllabes, comme *pout* au lieu de *puet*, *doit* au lieu de *debt*, qui indiquent une différence de terroir entre les deux scribes. Mais la dissemblance est toute extérieure : au fond, le texte est le même. A peine remarque-t-on entre ces deux manuscrits une douzaine de mots qui diffèrent, ou qui figurent dans l'un et non dans l'autre. Presque partout leurs fautes sont aux mêmes endroits et pareilles; à moins de posséder deux exemplaires imprimés du même tirage, on ne pourrait souhaiter deux livres plus semblables. Ils n'ont pas été copiés l'un sur l'autre, mais ils dérivent certainement d'une source commune, car un mot resté illisible dans le manuscrit qu'ils copiaient [1] a beaucoup embarrassé les deux scribes, qui se sont tirés d'affaire de la même façon : ils ont tracé autant de petits bâtons qu'ils voyaient de jambages dans l'original, et ces bâtons sont en même nombre dans les deux manuscrits.

J'ai donc pris pour base de mon travail le texte commun à *A* et à *H*. C'est lui que je publie, en suivant l'orthographe du manuscrit de Rennes, pour deux raisons : d'abord ce manuscrit n'a pas les lacunes importantes qui déparent celui de Paris; en outre je l'avais sous la main en permanence dans la ville que j'habitais à l'époque où j'ai entrepris ce travail (1886). Mais, malgré la bonne qualité de ce texte, il a fallu rectifier les passages défectueux, restituer les mots sautés ou mal écrits qui sont encore assez fréquents. Tous les changements et toutes les additions viennent des autres manuscrits ou des incunables, et sont indiqués par des crochets; je me suis borné à l'indispensable, et toutes les fois que la chose en valait la peine, j'ai averti le lecteur de leur provenance. Quant aux variantes que j'avais relevées dans les

1. C'est le mot *juenesce* dans le chap. 83.

manuscrits et dans les incunables et qui étaient au nombre de plus de dix mille, je les ai presque toutes sacrifiées; il m'a paru inutile de reproduire, à côté du bon texte, les bévues des scribes et des imprimeurs, et de fatiguer le lecteur par des renvois incessants qui dispersent l'attention.

Je n'ai pas donné en entier la glose de l'Anonyme. Beaucoup de ces notes ne sont que des renvois au droit romain, sans importance et même souvent sans rapport aucun avec le texte qu'elles sont censées commenter. J'ai donc fait un triage et retenu seulement celles qui m'ont paru offrir quelque intérêt. Du reste, je les ai prises dans les incunables, et non dans l'édition Sauvageau où fourmillent les fautes de lecture.

En revanche, j'ai donné un assez grand nombre de notes inédites extraites de différents manuscrits.

Les passages pour lesquels la comparaison des manuscrits laisse subsister de l'incertitude sont très peu nombreux; on n'en compterait peut-être pas dix, et ces passages ne créent presque jamais de doute sur le sens et sur le développement de l'idée. La plus grande difficulté que j'ai rencontrée est la ponctuation. Le style de la Coutume a quelque chose de fluide; on ne sait où le couper. A chaque instant la phrase repart au moment où on croit qu'elle va finir, et s'allonge sans fin jusqu'à faire perdre de vue son commencement. Autant que possible j'ai divisé ces périodes interminables; en pareille matière on doit laisser une large part aux appréciations personnelles.

Dans les notes, les manuscrits sont indiqués par des majuscules, les incunables par des minuscules; la glose anonyme, imprimée en 1521, par les lettres *L'A*.

AUCUNE foiz est advenu en povres terres, landes, marfoilleiz, qui ne portoient que poay de prouffit, ne les fonz n'en avoient valu que poay, et pluseurs en avoient esté seigneurs qui sages, puissanz et bons mesnagiers avoient esté tenuz, et uncques ceulx ne se estoient avisiez d'entendre à edffier; depuis venoient celles terres à aucunes personnes qui commençoient à y edifier, les uns planter boais, vignes, et les autres le marfoilleiz essiever et faire mannovres [et autres choses], chescun comme il véoit que bien estoit. Et aucune foiz est advenu que quant aucun commançoit à celles ouvres que pluseurs s'en gabaient et en parlaient despiteusement, ou par haine ou par envie, disanz telles parolles ou semblables: *Vaiez celui qui commance à batre l'esve, car il commance à faire ceules besoignes que plus sage et plus riche de lui ne fist unques.* Et aucuns en y avoit qui pour telles parolles lessoient à faire leurs ouvres; et autres qui les commançaint et ne les poaient achever, aucune foiz par mort et auttreffoiz par deffaut de mise, et les autres accomplissoient ce que ert commançé qui n'ert acompli. Et quant il ert achevé et acompli, ce que ne valoit ne ne avoit valu oncques pour ce que poay de prouffit portot, portoit de prouffit et de value plus en un an que il n'avoit en vingt anz [1]. Et pour ce ne doit nul avoir honte de faire et prouffit et bien, et le faire vault moult, car de bien faire vient tout bien,

1. *O* il portoit plus de profit en un an que il n'avoit valu en vingt ans. — *L* faisoit plus de value en un an que il n'avoit fait en vingt ans de par avant.

et les genvres gienz y devroient metre paine et aprendre, et non pas es folies ne es mauvès mestiers. Car qui aprent à mauvès mestier chescun s'en devroit gaber, et les devroit l'en fuster, comme ceulx qui aprennent à mentir et à celer verité ou cas que besoign n'est, à renoier Dieu, la benoiste vierge Marie, les sainz et les saintes, et avoer le deable et à si donner, à moquer et à degenner autres, et à jouer au jeu des diz et de bouclier, à resnours, batours, menaçeurs de gienz, despiteux, orgueilloux, pareçoux, luxurioux, envieux, glotonneux, convoitoux d'autruy biens sans bonne cause et de toute autre mauvese estude et vie, car par les mauvès mestiers aprendre la fin en est mauvese, et en est meschief et tribul en païs, et espicialment à iceulx et à leurs amis. Et pour ce doit chescun et chescune se payner de bienffaire, et non pas du contraire, et se y avisier au commancement, quar l'en dit en reprouver : *Qui bien fait le retrouve*, et auxi : *De mauvès servige [mauvès] guerredon;* auxi dimes nous semblablement.

Combien que il ait eu pluseurs saiges en Bretaigne bons coustumiers, et auxi pour ceules chouses, et pour ce que pluseurs seigneurs et pluseurs juges qui avoint justice à gouverner et ne la gouvernoint pas touz generalment selon les coustumes qui sont establies en Bretaigne, et selon que droit et justice doivent estre faictes, pour ce que ils ne les savoint; et ceulx divisoint les coustumes tout autrement que ils ne doivent estre, et bailloint le tort à celui qui devroit avoir le droit et le droit à ceul qui devroit avoir le tort et qui deust estre puni; et pluseurs fois avenoit, et ce fesoient pluseurs, les uns par non savance et les autres par soustenance. Donc nous avons commançé à escripvre et à divisier en ceste maniere, non pas par l'escience de nous soulement [que] pour ce que nous avons entendu et aprins o les sages qui approuvez estoient en la Duchié generalment, et par les opinions que ils monstroient et confortoient par resons efficaces, et qui appellez estoient de Monseigneur le Duc de Bretaigne, des evesques, des barons, des uns et des autres à gouverner la

Duchié en leur temps par le sens d'iceulx. Et pour ce que par nous ne puet estre tout acompli, plaise à touz qui verront et orront ceste matere la amender en ce que ils verront que devra estre amendé, et y adjoustent ce que ils verront que devra estre et acompligent de reison, car nous entendons à en faire le mieulz que nous pourrons; affin que contempz puissent estre ostez et querelles abregiées, et baillié à chescun son droit, et biens faiz et maulx lessiés, et paiz faicte et prinse entre gienz es temps avenir. Et si aucunes chouses ne sont esclardies, ou par faute d'entendre ou par vice de escripvaign, auxi lour plaise les esclardir en la meillour entente que ils verront que il sera à faire. Pour ce voulons enseigner et assigner les cas et les chapitres qui sont contenuz en nombre affin que quant l'en en aura à faire que l'en puisse plus planierement trouver de ceulx dont nous divison. Premierement :

I. De ceulx qui voulent vivre honestement et justice estre faicte (Épigraphe).

II. De voulenté de justice (1).

III. De qui voulst vivre honestement pour avoir l'amour de Dieu et dou monde (2).

IIII. De coustume qui est sur reson (3).

V. De ceulx qui voulent mouvoir plet (4).

VI. Quant à faire jugement (5).

VII. Comment l'en est tenu se delivrer (6).

VIII. Quant adjournement est fait coment l'en se doit delivrer (7).

IX. Comment doit estre fait adjournement (8).

X. Que suffist donner pleges en adjournement (9).

XI. Comment l'en doit retraire sa court de court suseraine (10).

XII. Comment terme de parler et exoine siéent (11).

XIII. Comment et de quoy l'en doit mander exoine (12).

XIIII. Comment exoine doit estre affermée (13).

CXV. De quoy l'en doit faire jurée et enqueste à instance de partie (116).

CXVI. Les quelx cas de larrecin chiéent en paine de mort et les quelx en infameté (117).

CXVII. En quoy doivent estre hoirs les hoirs de la char es condampnez (118).

CXVIII. Comment ceulx chiéent en coupe qui achatent chouses qui ont esté emblées (119).

CXIX. Comment justice doit estre faicte des chouses qui ont esté emblées, qui sont trouvées en la possession de qui que ce soit, ou personne privilegiée ou non, quant elles ont esté emblées (120).

VI^{xx}. De ceulx qui meffont et ont autres à gouverner (121).

$\text{VI}^{\text{xx}}\text{I}$. Des bestes qui feraint les meffaiz (122).

$\text{VI}^{\text{xx}}\text{II}$. De ceulx qui devroient avoir l'amende du meffait à celuy qui est mort (123).

$\text{VI}^{\text{xx}}\text{III}$. De ceulx qui sont semons à oïr parler le prinson que ils tiennent (124).

$\text{VI}^{\text{xx}}\text{IIII}$. De ceulx qui refusent à donner seurté (125).

$\text{VI}^{\text{xx}}\text{V}$. Dou meffait que l'en fait au deffié (126).

$\text{VI}^{\text{xx}}\text{VI}$. Dou meffait que l'en a fait à ceul qui a autre deffié (127).

$\text{VI}^{\text{xx}}\text{VII}$. Comment seurté doit estre donnée (128).

$\text{VI}^{\text{xx}}\text{VIII}$. De ceulx qui accusent autres depuis seurté donnée (129).

$\text{VI}^{\text{xx}}\text{IX}$. Comment l'en doit lere d'armes et lecte d'armes doit estre faite quant bataille est jugiée (130).

$\text{VI}^{\text{xx}}\text{X}$. Comment l'en doit faire requeste de fin porter quant bataille est jugiée pour autruy fait (131).

$\text{VI}^{\text{xx}}\text{XI}$. Pour quanz cas bataille doit estre jugiée (132).

$\text{VI}^{\text{xx}}\text{XII}$. De ceulx qui accusent autres de crime et les ont approuvez à bon de celuy cas (133).

$\text{VI}^{\text{xx}}\text{XIII}$. De bataille qui est sur titre de heritage (134).

XIII^{xx}IIII. Des heritages aux bastarz [que] ils s'efforcent de conquerre en la ligne du pere ou de la mere (266).

XIII^{xx}V. Des testamenz aux bastarz (267).

XIII^{xx}VI. Comment enffanz qui ne se povent pourvoirs doivent estre pourveuz (268).

XIII^{xx}VII. Des heritages soubz qui les bastarz se acquierent (269).

XIII^{xx}VIII. Des donnaisons que le bastart fait de son heritage, et auxi le avoestre (270).

XIII^{xx}IX. Des bastarz qui n'ont reséantise propre, à qui leurs meubles doivent eschoirs et venir (271).

XIII^{xx}X. De ceulx qui doivent estre hoirs es enffanz es bastarz, quant ils n'ont hoirs de leurs corps en mariage (272).

XIII^{xx}XI. Dou justicement des domaines qui sont en deffensse touz les jours de l'an (273).

XIII^{xx}XII. Combien de temps guerb dure et des bestes qui vont à guerb (274).

XIII^{xx}XIII. Des terres où amendes et assises courent touz les jours de l'an (275).

XIII^{xx}XIIII. Des gaingneries qui courent en amende ou en assise (276).

XIII^{xx}XV. Des nobles qui mettent forestiers en leurs demaines (277).

XIII^{xx}XVI. En quel temps l'en ne doit pas lessier aler à jou ses bestes (278).

XIII^{xx}XVII. En quel temps gienz de basse condicion povent mettre lour fié en deffensse (279).

XIII^{xx}XVIII. Des terres qui ne courent en assise, ne en amende, ne en desdomage (280).

XIII^{xx}XIX. Des chouses qui chiéent en desdomage sanz amende et sanz assise (281).

XIIII^{xx}. De ceulx qui escoent leurs avairs qui sont prinz par parchage (282).

CI COMANCENT LES CHAPPITRES DE CESTE MATERE

Qui vouldroit vivre honestement et que justice soit faite, l'en pout aprendre en cest livre qui nous enseigne des COUSTUMES, *des* STILLES *et des* ESTABLISSEMENS *de* BRETAIGNE *qui doivent estre tenuz selon ce que reison et droit donnent et justice estre faite* [1].

[1] **De voulenté de justice.** — Justice est une voulenté establie certoine qui doit donner droit à chescun, et le comman[d]ement de droit est tel : *Vivre honestement, et ne doit nul autre despire; ainz doit l'en faire à chescun reson selon droit.* Et il est de droit escript et enseigné et aresté ou commancement de l'Institute qui parle de ceste matere.

[2] **De qui voult vivre honestement pour avoir l'amour de Dieu et dou monde.** — Qui vouldroit vivre honestement pour avoir l'amour de Dieu et dou monde doit avoir en soi [2] et en user et non pas du contraire, de verité, de léauté, de abstinance, de diligence et de humilité. Car nature ne pourforce nul ne nulle que il ne soit léal, humiliable et veritable, mès nature

1. *La plupart des manuscrits, y compris A H, et toutes les éditions font à tort de l'épigraphe un premier chapitre avec le titre :* De ceulx qui voulent vivre honestement et justice estre faicte. *Seuls J M P lui conservent son caractère. Dans M, il est écrit à l'encre rouge. — Dans les premières éditions, la Coutume ne porte pas de titre. Celle de Bréhant-Loudéac a seulement, au milieu du premier feuillet :* Les constumes et consti || tutions de Bretaigue. || *L'édition Pigouchet, de 1507, a un titre plus développé :* Les louables coustumes du pais et Duché de Bretaigne visitées et corrigées par plusieurs discretz et venerables juristes, avec les Coustumes de la mer, et avec les constitutions et establissemens faitz et ordonnez en Parlement general à Vennes, nouvellement corrigées et amendées.

2. *Presque tous les manuscrits intercalent ici un ou deux mots qui varient beaucoup. Exemples : C* raison. — *D U* sens et vérité. — *G*[1] san et foy. — *M P* san et raison. — *R* vérité, etc. — *Seuls A H n'ont rien.*

pourforce aucune fois abstinence. Et pour ce doit chescun et chescune user de verité, de léauté, de diligence et de humilité, car pour user de ces cas nature n'est point pourforciée et l'en pout bien avoir abstinance. Et pour ce se pout l'en donner regart, car quiconques use du contraire est tenu mauvès, et nul mauvès n'ouse estre en nule bonne compaignie, car chescun le refuse, et si fait Dex. Et pour ce est tout le bon san à user de verité, de léauté, de diligence, de abstinence et de humilité, et toute folie lessier. Bon est user dou bien et le faire, car pour neant sceit le bien qui n'en use. Et pour ce que chescun n'a pas san naturel, doit il mettre paine d'avoir l'acquisitif et touz autres, car tant comme l'en sceit plus de bien et l'en vault plus, et pour neant a Dieu donné à homme seignourie, se il n'a en lui, comme il est dit, movemenz de bien et de cognoestre les sages veritables et léaux, car riens ne li prouffite ou secle ne à l'arme. Et pour ce se pout chescun et chescune donner regart, car il pout estre sage se il y vioult mettre paine.

[3] **De coustume qui est sur reison.** — Coustume qui est joste reison doit estre gardée, car qui ne la garderoit il seroit trop de contenz entre les gienz, et justice n'y doit pas mettre contenz, mès la paiz. Et quant extorcions sont faites, justice en doit faire adrecement au prouffit et au mains endommageoux des parties, et ne faire pas comme l'en souloit avant que les droiz fussent faiz, comme droit montre que l'en fesoit. Car quant une personne eust coupé le braz à un autre ou [fait] autres meffaiz, l'en li disoit que en prenist venjance en telle maniere. Et pour ce fut regardé de droit que ce n'estoit pas bien, car ce estoit faire meschief sur meschief sans ce que il y eust prouffit à nul. Et pour ce le doit l'en faire en autre maniere, dont nous montreron pluseurs cas, comment il doit estre fait plus reisonnablement par coustume ou par reison [1].

1. *D U a c e i add.* : Car coustume est une chose qui fut faicte et extroicte des droiz par l'establissement du prince et des seigneurs de la terre, pour ce que les droiz se divisent en plusieurs parties et chacun ne les pouvoit pas savoir ne entendre. Et droitz furent faitz et ordonnez contre ceulx qui usent ou pensent

[4] **De ceulx qui voulent commancier plet.** — Nul ne nule ne doit commancier plet ne autres contenz se il n'entend à avoir droit et reson, et doit savoir la cause, là où et davant quel juge, et au commancement comment il le emprent et en quelle maniere [1], et avoir consseil et atrempement, et vairs si c'est son prouffit et son honnour, car se il est departi d'aucun de ces poinz il doit faire adrecement par coustume et par droit. Droit a besoin aucune fois de aide, et pour ce se doit l'en avisier o quelle partie l'en a à faire. Et pour ce se aucun fait largece ou hardiece sanz aray, et il n'entenge avoir cause pour quoy il en puisse venir à bon chief, tout y vienge il, il ne li doit pas estre tenu en bien, comme ceulx qui meffont à autres ou qui [veulent passer] la mer et n'ont pas [attenance] de attendre le gué, ou qui mettent lours corps ou le lour en autre perill, ou gastent ou donnent le lour sans avoir entente de y avoir los ne prouffit : En cas semblable il semble que ils soient foulz et despourveuz de san, et que ils ne adjoutent pas bonne foy en eulx meismes. Et pour ce ne la y doivent pas autres adjouter, ne ne lour doit l'en pas bailler office tant que l'en vaige que ils aient ferme san, quar ce seroit folie.

[5] **Quant à faire jugement.** — Quant à faire jugement il convient estre trois personnes, c'est assavoir l'auctour, le deffenssour et le juge, l'auctour pour faire sa demande, le deffenssour pour faire sa deffensse et le juge pour faire droit entr'eulx et raison. Et pour ce que raisons sont gavillouses, et en usent pluseurs en destourbant justice et reson estre faite, doit tout juge soustenir [léauté] [2] au contraire, par quoy il puisse faire justice et droit sans faire tort, quar justice ne doit faire tort

user contre ce que deust estre de raison par fortunes ou par falaces. Et pour ce doivent tous obeir es coustumes qui sont fondées sur raison (*Addition du XVe siècle*).

1. *L'A :* Nota bene quod in practica si une partie excepte par dire qu'il a pere vif, l'acteur en doit respondre à certain. Et idem en toutes exceptions declinatoires, fors de clericature que l'acteur peut ignorer, mais de la position il respondra à certain.

2. *Sic J M T.* — *A H* tous autres.

à nul ne avoir riens de l'autruy, si ce n'est en raison et pour punir les meffaisanz qui seront desobeïssanz, pour donner exemple es autres à se garder de se mesprendre [1]. Et quant aucun a empris à propouser le propoux à l'auctour et aussi autre la deffensse au deffenssour, nul ne se doit embatre sur les paroles d'iceulx tant comme ils digent riens, quar celui qui le feroit feroit vilainie et sembleroit que ce fust envie, quar quant aucun vioult monstrer et que l'en sache son escience, il doit atendre à monstrer son oppinion es pledéours et es sages, quar o les consseils oayt l'en les bonnes oppinions et les soutives, et illecques cognoest l'en les sages. Et auxi ne se doit nul embatre sur les delivrances aux juges, se ils n'y sont appelez, si ne sont ceulx à qui il doit appartenir, quar il sembleroit que ce fust faire desobeïssance, et ceulx qui desobeïssent doivent estre puniz, et s'en doit esmouvoir justice, et monstreron pluseurs cas comment chescun desobeïssant doit estre puni [2].

1. *G¹ add. en marge* : Pour ce que au temps passé plusieurs avocaz ou parties en retardant justice voulloient souventes foiz excepter de non respondre au libelle de partie ad ce que demandoit, pour ce que disoient que le libelle ne concluct pas de necessité ou qu'il estoit ineptement formé, jasoit ce qu'ilz ne disoint ne ne declaroint cause en quoy il pechoit ne ou estoit la faulte, il est ordonné que les advocaz ne les parties n'y seront receuz à le dire s'ilz ne declerent les causes et pourquoy le libelle n'est responsel, etc. (*Tiré des constitutions de* 1424).

2. *D Ua add :* par rigueur. Rigueur est une maniere de justice qui veut estre faicte et justicée aprement et scavoir la verité et toutes frivoles lesser de plet, et selon qu'elle trouvera s'en tirer sans delay, faire executer la sentence prestement et aprement sans remede. Equité est une maniere de justice qui veut justicer equitamment et justement. Et est entendu que l'officier soit personne connue et qu'il soit fondé, s'il ne l'est, et aussi les parties estre fondées, et qu'il soit regardé si la cause luy appartient, et les choses qui luy appartiennent qu'ils soient declarées et apurées, coutumes, dilations et ordre de droit gardé, et les parties de l'un coté et de l'autre conclus, avant que sentence finale doiue estre donnée et faite. Et pour ce quant extorsions sont faites sur despoillez, sur attemptat, ou sur fait appensé, sur desobeïssance, sur fait de saisine, ou mesme sur pourvéance faire à qui elle doit estre faite ou puisse apparoistre à justice, doit tout officier justicer de rigueur, et aux causes où loyauté se pourroit accorder o equité. Justicier d'equité est atremper la rigueur en cause de partie et là où doute pourroit estre. Et pour ce les barons qui ont justice à gouverner, qui ne pourroient gouverner leurs offices sans le conseil et aide d'autres gens, quant à gouverner justice doivent mettre nobles gens en telles offices, veritaux, loyaux, sages et riches, car pauvreté fait trop de maux. Et si un juge veut soutenir une

[6] **Coment l'en est tenu à se delivrer.** — Nul n'est tenu à se delivrer ne à respondre par coustume si n'est selon son adjournement [1] et si ce n'est davant son juge compectant. Celuy est juge compectant de qui la principal residance est tenue de lui, sur la personne et sur ses biens, ou cas que celui seigneur auroit la juridicion sur les lieux, si la personne n'est previlegiée, ou que le cas soit tel que la juridicion soit à autre juge, dont nous monstreron pluseurs cas comment chescun doit estre gouverné. Celui est juge sur le réel qui a la juridicion sur celuy réel. L'un n'a que voirs sur l'autre pour ce que l'un ne tienge riens de l'autre des chouses debatues. Mès il leist es parties s'en compromettre [2], et celui en qui ils seront conpromis est lour juge en ceul cas, fors à executer la sentence, si celui arbitre n'avoit les choses debatues [en sa main] [3] à la fin que il les peust bailler es quelles des parties que il voudroit. Et si aucun voit que il soit appellé devant aucun juge qui ne daye pas estre

des parties par equité ou par rigueur, lequel lui plaira, ou par choses secrètes, ou par office de cour, en chargeant la partie qu'il voudra soulager, et ne se peut la partie contre qui il useroit de telle malice se endoudre contre homme malicieux à celle fin qui ne puisse pas venir à bon chief. Pour ce seroient les seigeurs et officiers grandement en peché, qui les connoissent et soutiennent en leurs offices. Car quant à se doudre d'un juge afin que l'en en puisse venir à bon chief, il conviendroit que il y eut defaut de justice ou justice de volonté, sans garder rigueur ne equité. Et il est assez de seigneurs qui cuident gagner, et ceux tiennent en leurs offices gens de rapine, pour ce qu'ils leur font valoir leurs offices, contre un denier qu'ils en ont, iceux gens en ont quatre, et pour ce qu'ils sont de rapine leur obeit chacun plus qu'aux prudes gens. Car prudes gens ne sont pas malicieux en leurs offices, mais quanqu'ils ont d'offices sont bonnes, et adonc sont honorez et les rapineurs deshonorez. — *Ce curieux passage, qui rappelle la distinction anglaise de l'équité et de la common law, ne faisait pas partie du texte primitif de la Coutume. Il apparaît pour la première fois dans U après* 1451.

1. *L'A* : Secus de iure, ut in materia reconventionum. Attamen aliqui volunt quod de consuetudine non est reconventio. Vide cap. XXIIII in principio.

2. *G[1] add. in margina :* Il est constitué par Parlement que nul ne sera receu à alleguer compromis en retardant et dissimulant la cause commanczée et intentée, si celui qui allege le compromis ne le monstre presentement par lettre passée ou séellée, de séel portant foy à l'esgart du juge, ou par enlayement de serment de partie sans changer jour; et mesme s'aucune partie allege que son aversaire lui ait groié et octroyé remu, il ne sera pas reçu s'il ne le monstre par acte.

3. *Sic C 1. — Manque dans A H.*

son juge de droit ou de coustume, la partie en pout decliner et pout ceul juge cognoestre de la declinatoaire; et se il ne doit estre juge, il les doit envoier à celui qui les doit gouverner; et se il s'efforceit de cognoestre de la cause, la partie en pourroit decliner par applegement ou autrement [par davant] [1] ceul qui les doit gouverner [qui] leur en pourroit faire droit [2].

[7] **Coment et quant l'en doit proucedier quant adjournement est fait.** — Quant aucun fait adjourner sa partie adversse, il pout demander terre, meuble, ou torffait, ou action civile ou crime, où pout l'adjournement procedier [3]. Et s'il touche à esplet de court, la partie adverse en pout excepter en disant que respons ne li en siet, se il n'y est adjourné selon les esplez. Et se il touchoit de la cause principal et il fust tourné sur esplez, si en pourroit excepter le deffenssour contre l'auctour [4].

[8] **Comment doit estre fait adjournement.** — Il est de coustume [que] quiconques vioulst se applegier envers aucune partie ou fere adjournement, il doit aller au sergeant dou lieu et li requerre que il le face assavoir à la partie, et le sergeant est tenu le li faire assavoir, metant pleges de fournir à droit, et ne yra pas hors de la chastellenie ou de la baronnie [5], se il n'a salaire suffisant, si ce n'est de sa volenté. Et se il n'y a sergeant il pout aler au seigneur ou à ceul qui est pour le seigneur. Et quant adjournemenz sont requis à suzeraine court, il doit estre

1. *Sic Q* — *A H* et ceul.

2. *U a c e i add.* : Plegement est querre garant, et justice le deveroit garantir là où attemptat seroit trouvé, car celui ne attempte pas qui use de la saisine ou de son droit.

3. *L'A* : Nota que troys adjournemens sont peremptoires, sauf adjornement à quoy on a eu parlier à garant clamer. Vid. cap. CCI. Item tempus baillé à resonner contre l'informacion. Item pour reprouver tesmoings produyts, pour informer des signes et seaulx.

4. *L'A* : Allegando processum impeditivum.

5. *L'A* : Videtur ergo innuere quod extra territorium posset clientulus exercere officium, quod est contra jus commune. Sed responde quod aliquando potest per rogatum et ex mandato judicis in cujus juridictione fit executio. Vel dic quod potest extra castellaniam, non extra juridictionem. Ymo extra juridictionem le sergent du réel yroit adjourner au domicile du personnel, c. LIII, § action réel.

fait assavoir par les courts comme les tenues tiennent de degré en degré. Et ne suffist nul adjournement estre fait se il n'est fait par là où il doit estre fait [1], et à la personne qui doit estre adjournée ou à son procureur ou à sa menssion et à ses giens fait assavoir, et ou cas que il n'aura menssion à celui qui tiendra son [fié]; et se il est absent et n'y eust nul à qui le faire savoir, il seroit fait assavoir par bans à la parroesse juques à l'[intimacion].

[9] **Comment il suffist donner pleges en adjournement.** — Nul ne doit recepvre aplegement se il ne donne pleges de ester à droit [2]. Il suffist luy et le suen, et jurera fournir droit, tant qu'il y ait froessé son serment et il soit personne qui puisse et daye faire serment, et si doit il en tout autre adjournement. Et si doit faire tout seigneur raison et droit, et se porter bien et loiaument vers tous, et faire jurer à ses officiers en tant comme en pout à chescun appartenir à son office, car nul ne doit estre refusant de faire droit ne les adjournemenz comme il est dit, quar qui en seroit en refus il devroit perdre la juridicion, ou cas que il en seroit reprins de la suzeraine justice. Et bien se gart quelx officiers il mettra en son servige, car se ils se mesprennent ceul seigneur est tenu à leur en faire faire adrecement ou le faire de luy.

[10] **Comment l'en doit retraire sa court de court suzeraine.** — Qui se vioulst applegier se pout applegier tant par court suzeraine que par prochaine, en pluseurs manieres et en pluseurs cas, tant sur accions civiles que sur crimes, et tant sur accions réelles que personnelles. Et toutesfois que applegement ou adjournement sont faiz par suzeraine court, quant l'adjournement

1. *L'A :* Praticatur que le sergent du propre seigneur doit faire et proferer l'adjournement et non le suscrain. Secus de la menée quant les deux yroient pour eviter les couvertures, sinon ou cas que le sergeant ameneur auroit esté en refus de ce faire, quia tunc le sergeant de la menée le fait ou dit refus.

2. *G[1] add. in margina :* A faire son plegement nomine suo, il suffist caution juratoire; à le faire nomine alieno, il est expedient donner plege; et si l'en le fait comme procureur, il fault monstrer la procuracion d'antidabte, ut in IIII^xx^X.

est cognou sur principal [de querelle] qui ne touche crime ou autres demandes dont nous diron, le prochain seigneur pout demander sa court par luy ou par procureur suffisaument fondé pour luy, et il la aura; et se il y a seigneur entre dous, celui la aura se il la requiert. Et descendra de degré en degré, si les parties ne le voulent debatre ou se passer par dilacion de parler ou par exoine, quar terme de parlier [1] leur siet [2] contre chescune court qui les voudroit retraire ou l'une partie ou l'autre, et contre chescune partie, ou cas que ils seroint sur proucès. Et se ils n'estoient sur proucès ou le auctour se exoinast, le deffenssour s'en yroit sans terme de simple ajournement.

[11] **Comment terme de parlier et exoine siéent.**— Terme de parler est ottroié en toutes querelles [3], et doit garder l'estat [4] juques à tant que l'autre terme soit venu, et auxi exoine au deffensour. si n'est en cause d'arest [5] que exoine ne siet pas se il ne appiert de la maladie de l'aresté.

[12] **Comment et de quoy l'en doit mander exoine**. — Exoine pout estre mandée par homme ou par famme qui a poair de faire serment. Et pout l'en mander exoine ou se exoinier [6] en accion civile en tout simple adjournement de sa maladie, ou de la maladie sa famme, ou de son cousin germain, ou de sa cousine germaine ou dedanz, ou de la maladie son mestre ou de sa mestresse; ou pout l'en mander exoine que l'en est à l'enterrage d'iceulx, ou que l'en est es termes de mere sege, ou que l'en est tenu aillours par son serment, ou que son corps est

1. *C E G Q S add.* : et exoine. — *U P* ou exoine. — *B N* ou de exoine.

2. *L'A* : Corrigitur par la constitution, car il n'y a que delay.

3. *L'A* : Fors en l'addit de proceix et en retraict de court par la constitution.

4. *L'A* : Neantmoins parlier celuy qui l'a prins sera pourveu de conseil, se il le requiert. Infra cap. XVIII. Quin ymmo parlier est terminus pro advocato quærendo vel expectando.

5. *L'A* : Si aucun est adjourné à comparoir en personne et par arrest, l'en peut bien mander exoine, car l'arrest n'est pas encore assis sur la personne.

6. *L'A* : Nota quod aliud est mander exoine et soy exoiner, et l'en peult soy exoiner en jugement. Item habetur in pratica quod pro filio naturali exonia mandari non potest.

arresté et detenu. Et auxi se pout la famme exoinier ou mander exoine de son mari et de tous les autres exoiniemenz. Et si aucunes deffailles estoient données contre ceul qui seroit à mere sege, pour ce que il y fust par adjournement et les choses dont les deffailles fussent données fussent de la juridicion, ils ne devroient pas tenir pour ce que la partie s'en dolist.

[13] **Coment exoine doit estre affermée.** — Quiconques mande exoine ou se exoinie, il est tenu à la affermer si l'en le requiert, ou le jour li doit valoir deffaille. Et si est tenu celi qui la [dit jurer] [1] que il li a esté enchargié de celui [pour qui il la dit] [2], si n'est ou cas que l'adjournement li a esté fait assavoir que il pourroit dire à la court : *Sire, tel adjournement me fut fait assavoir que je adjournasse tel ou telle, mon mestre ou ma mestresse. Je suy prest de jurer* [3] *que je ne le vy ne ne l'oy puis l'adjournement.* Si seroit couvert par celuy [serment] [4], se il n'y avoit autre adjournement, et pourroit l'en commander que il fust adjourné comme il appartendroit de droit et de coustume, pour ce que il [5] feist le serment.

[14] **Comment l'en doit touchier des esplez de sa querelle.** — Tout auctour doit touchier des esplez [6] de sa querelle, avant que il touche de sa querelle principal, se il en vioult avoir respons par celuy adjournement, et n'a pas [7] perdu à avoir respons des esplez par un autre adjournement [8].

[15] **Des chouses dont nuls despens ne siéent [à partie] ne amende à juge.** — Pour querre terme de parler, ou pour

1. *Sic* *EMOPQSTU*. — *AH* doit dire.
2. *Sic* *DEGJPNQRST*. — *AH* qui la doit.
3. *L'A* : Nota quod in isto casu l'adjournement est continué, et ainsi l'en use. Item l'adjournement fait en la maison peult estre avenanté, posé que autrefois en la cause il n'eust esté avenanté autres adjournemens, et ita praticatur.
4. *Sic* *IL*. — *AH* adjournement.
5. *EG* ceul.
6. *L'A* : Intellige istud capitulum des explectz extrajudiciaulx comme d'infraction d'arrest et de actemptat de plegement.
7. *Uadd* : pour tant.
8. *L'A* : Puta selond proceix et expletz.

mander exoine, ou pour se exoinier affermant l'exoine, ou pour querre à vairs, ou pour terme jugié ne siéent nuls despens, se il n'y a autres proucès. Et non siet il en informacion [que] [1] l'auctour doit faire [de] [2] sa demande, ou cas que l'auctour auroit [fait] l'informacion, sauf droit des dopmages ou cas que ils y serroint. Et ou cas que despens ne siéent à partie, ne siet amende à justice pour ceul cas, si torffait n'est fait prové ou cognou.

[16] **Des chouses dom jour jugié siet.** — Jour jugié siet [en] toutes causes doubtouses, comme en fait qui est sourannel, et en cas de crime ou de infameté, car jour jugié est à s'avisier de respondre ou excepter. Et si est jour jugié au deffendour ottroié sur la demande que l'auctour li fait, quar si le deffendour bailloit excepcions ou dilatoaires ou peremptoaires, le auctour n'y auroit point de jour jugié, quar comme il est dit aillours l'auctour doit estre certoin et avisé de sa querelle.

[17] **Comment l'en doit avoir terme de parler.** — Nul ne doit avoir terme de parler se il ne sceit dire de qui. Jour de parler est pour avoir conseil. Et jurera sur les sainz [3], se il en est requis, que ceul pour qui il le quiert li est defailli depuis le derrain esplet et proucès fait en la querelle, ou autrement ne li siet pas le terme de parler [4]. Et non obstant ceste dilacion qui li auroit esté ottroiée, se il requiert consseil et il en soit despourveu, justice est tenue à l'en pourvoirs o suffisant salaire, ou [cas] que il ne seroit prins o sasine, ou à fait present, ou de pourssiouste, ou [de] mutre fait à commun de paroesse ou de faire ou de marché, dont justice diroit que il devroit prendre mort. En ceul cas ne seroit pas justice tenue à le pourvoirs de consseil, si les consseilz n'y alaint de leur volenté, et encore

1. *Sic C E.* — *A H* quant.
2. *Sic E G[4] M.* — *Manque dans A H.*
3. *B en marge :* Touchant le serment est corrigé par constitution de Parlement de l'an 1420, ou XXIIIe chapitre.
4. *B en marge :* Par constitution de Parlement à l'addit de proceix terme de parler n'appartient que pour l'advocat qui a pledoyé la cause.

devroient jurer ceulx qui le voudroint aler conseiller ou parler pour lui que il eust bonne cause et léal et que il fust sauf du fait selon lour entente, si le consseil ne avoit juré l'assise autreffois.

[18] **Des chouses dont despens doivent estre jugiez.** — Quiconques met autre debat contre autre personne que les dilacions dont est mencion faite, que droit et coustume ottroient, se il en est departi, il fera despens à la partie adversse par coustume, si la partie le requiert, ou se il n'en est departi par autre vaye, et auxi amende au juge selon le cas et l'estat de la personne.

[19] **Quantes exoines l'en pout mander ou dire en querelle et en quel cas.** — L'en pout mander trois exoines [1] ou se exoinier trois foiz là où responssal n'est jugié, et là où responssal est jugié il n'aura que une exoine. Et bien se gart qui fera le responssal jugier, quar se il n'est jugié à droit et selon la coustume, la partie adversse s'en doit aler desajournée, et l'exoine que il aura dite ne li nuyra de rien une autreffois que il ne puisse mander une autre exoine ou se exoinier comme se il ne se estoit onques exoinié ou mandé exoine. Et doit infourmer ceul qui fait jugier le responssal, l'afermement fait, se il en est requis, pour quoy il le fist jugier. Et n'est tenu qui a mandé exoine ou s'est exonié à procedier que sur tant comme il a esté jugié, se il n'y a autre adjournement. Et [se il] se exoiniait en son accion, la partie adverse s'en pourroit aler desajournée et hors d'ajournement, si procès n'y avoit comme dit est aillours [2]. Mès le plegement qui est fait doit tenir l'an et le jour, tant que il soit despecié par autre vaye, quar l'exoine affermée, pour ce que elle soit de maladie, autre gaingne n'y siet.

1. *B J en marge :* Par constitution de Parlement en quelconque cause n'a que une exoine et ainxi en ce cas la coustume est en taut corrigée. — *J add :* et fut en l'an mil iiij^{c} et cinq.

2. *C add :* Ou chapitre qui fait mention comment l'en doit retraire sa court. — *M P* ou x^{e} chap.

[20] **Comment doit estre jugié responssal et que c'est à dire.** — Responssal pout estre jugié à tortfait depuis un an a, et es erreragés et es devairs qui sont [deuz] de l'année, et à l'applegement que ceul a fait qui a mandé exoine, et à delivrer de l'obligacion faite en l'année, et auxi à delivrer du temps qui est chaist en l'année, et auxi au jugié et à la condampnacion, et es esplez et proucès faiz en l'année, et à delivrer de son serment et des plevines où il auroit autreffoiz esté mis [1], dont les pleges ou le lour seroient prinz et tenuz, et à cognoestre son scel, et à prendre la garde quand il y sera appellé pour son seigneur ou un de ses amis, et à donner seurté, et à porter son recort, et à avoir sa meignée à droit, et à rendre le prinson que il tendroit, et au partage de la descensse de l'année, et au doaire, et es requestes du finporter ou d'autres chouses de l'année, et à delivrer des chouses dont il seroit chargié ou prins le feis en l'année, et en delivrer et à venir es delivrances et y fournir.

Responsal si est jugié de venir ou de envoier, c'est à dire que il doit venir ou envoier procureur pour lui suffisaument fondé à fournir droit tant comme es cas dont mencion est faite ou prouchain cas davant. Et là où responssal n'est jugié, l'en dira à l'exoine et au droit es deux premieres exoines, et à la tierce l'en pout jugier le responssal à delivrer des trois exoines comme de esplez de court. Et si ceul qui a mandé exoine ou s'est exoinié ne venoit es prochains termes, ou procureur pour lui qui eust poair à ce par moz exprès, pour affermer l'exoine, le jour li devroit valoir deffaille, et auxi le jour que l'en li auroit assigné sur l'exoine, se il ne desavouait le exoiniours, dont il cherroit arrest entre lui et le exoiniours.

[21] **De remuer terme à malade.** — Quant aucune personne est malade en son lit, et justice en est infourmée, elle li doit remuer une foiz son terme d'office, et le li faire savoir, si la

1. *B* où il l'auroit autreffois mis.

partie le requiert, que il vienge es prochains termes, ou envait, ou face procureur pour le deffendre ou pour dire de la querelle, ou si que non l'en procedera contre lui ; et ceste requeste [1] faicte ainssi, justice n'est tenue à plus li en faire de remu.

[22] **Dou terme de parler et des exoines dont plet pendoit o les predecessours** [2]. — Terme de parler siet une fois en querelle, et auxi exoine au deffenssour, tant que responsal soit jugié, devisant de qui et faisant la loi contre chescune des parties, et puis ne siet plus en ceulle querelle ne es dependantes. Et si aucun estoit ajourné [à respondre] à aucun hoir, dont la descensse fust venue de celui dont les dilacions eussent esté quises, se il n'avait fai[illegible]encion que il fust semons et adjourné selon les esplez de so[illegible]decessour, il les auroit, et non pas se il estoit semons et adjourné selon les esplez. Et auxi le hoir en cas semblable, mès il auroit bien jour de s'enquerre, jurant que il ne fust certain des esplez de son predecessour.

[23] **De quoy infourmacion est jugiée.** — Infourmacion est jugiée quant aucun se vante d'autruy fait o qui le deffensour ne se pout enquerre, si ce n'est de [bannie] ou [d'esplez] ou de jugement de court [3], dont il siet jour d'enquerre en la maniere qui est dite aillours ou prouchain cas dessus dit. Et le terme venu, il doit respondre comme à chier respons, ou baillier raisons ou excepcions par quoy il ne soit tenu à respondre.

[24] **Dou peril où ceulx chiéent qui doivent faire l'informacion.** — Et si le cas chiet en informacion la partie adversse est

1. *Vacci* grace.

2. *L'A :* Nota que en tout cas jour jugé siet à heritier combien que son predecesseur l'ait eu. Item si aucun a eu jour jugé et l'on age contre lui en reprinse de proceix, il n'aura pas jour jugé si depuis le jour jugé il ne s'est ensuy quelque explect souranné, comme par desdict ou non savance, car jour jugé siet à l'explect souranné, et ce est selon les constitutions et usemens. Si l'heritier du decedé qui estoit crediteur, reprent par adjournement intimé l'obligation faite en forme et o les renunces entre le debteur et le decedé, le debteur ne aura pas parlier ne exoine, mais seullement jour jugé pour les deceix et hoiries.

3. *L'A :* Nota que l'on ne se peult faire non savant des expletz de court ne de bannies, quia vox preconis cunctis innotescit.

tenue à enfourmer. Et doit jurer [ceul qui] se fait non savant [1] que il n'est pas certoin du proupoux à la partie adversse, et la partie adversse est tenue à enfourmer par lettres ou par tesmoignz qui parler en devroient. Et se il ne faisoit son informacion, il seroit vaincu de son propoux et feroit les despens à la partie adversse. Et se il fesoit son informacion, les paremptoaires à l'autre partie sont sauves, et a lieu de [les] propouser. Et là où [chier] respons est donné l'en ne doit estre receu à nulles peremptoaires propouser par la coustume, si protestacion n'estoit faite de propouser ses peremptoaires par avant que chier respons fust donné, ou si demande ou responsse [2] n'estoient changiées.

[25] **Comment despens doient estre tauxés. —** Despenz doivent estre paiez de ceul qui est vaincu, tant de debaz de jugement que de avouz, que de desdit, que d'informacion qui seroit faite contre l'auctour, o atrempement de justice, au deresne [3] de ceul qui a fait sa gaingne contre la partie adversse [4]; mais se il estoit trouvé que il fust infamme, il ne feroit pas la deresne, si la partie en vioult excepter; il les doit avoir au taux du juge. Et du minour, le tutour ou ceul qui en a la garde fera la deresne; et si le minour n'est pourveu, justice le doit pourvoirs. Et auxi de tous ceux qui doivent estre gardez ou sont pourveuz [5], pour ce que ils ne aient poair de ceulx en qui garde ils sont, ou autre pour eulx, car procureur pout estre en ceul cas, puis que il est receu, à faire la deresne, et si pout il tout autre serment, quar il laist à la partie adversse, par avant

1. *L'A :* L'on est tenu respondre à certain à la position de XX ans, au parsus le respons par non savance est suffisant. Item supposé n'est recevable s'il ne prouve l'allegance principale. Item quant le juge declere que une partie informe à suffire, il doit reserver le resonné de l'autre partie expressement.

2. *C G G⁴ M O P S T a b* deffense.

3. *L'A :* In hiis que consistunt in conscientia statuitur juramento partis, per glossam singularem, § sed iste quidem act., in glos. Inst. de Act. Nul n'est tenu desrener despens sur reliques refforcées parte instante, mais le juge le peult contraindre. Si les despens sunt magni valoris, etiam parte instante. La moderation du juge doit preferer le desrene et le serment de partie.

4. *B C G J O P R S T U a b* couppable.

5. *J M* ou pourveuz. — *P* et ne sont pourveuz.

qu'il soit receu procureur, à excepter contre le procureur [1], et justice doit vairs le cas et en faire droit.

[26] **Comment l'estat dou plegement doit estre gardé et de ceux qui atemptent à l'encontre.** — Quant aplegement est fait chescun se doit garder de se mesprendre, car, se il estoit trouvé que il eust atampté contre le plegement, celui qui fera [2] l'atemptat le doit amender à court et à partie. Et est assavoir que nul plegement ne lie nul droit, et celui ne atempte pas qui use de son droit, pour ce que les chouses puissent estre mises en estat deu. Car si elle n'y estoint mises, comme si aucun se plege contre aucun seigneur que il ne pourroit justicier aucun prinsonnier que ceul seigneur tendroit, et depuis ceul mettroit ceul prinsonnier [à mort] avant que il fust declairé que [il le peut faire, il atempteroit, quar ce ne] [3] pourroit estre mis à estat deu.

[27] **De quoy l'en doit avoir retrait de aplegement de court suseraine [et] de l'atemptat.** — Nul ne doit avoir retret des esplez [4] de la court de celui davant qui l'en pledoaie, car nul subgit ne pout ne ne doit corrugier son suserain ne ses faiz, mès le suserain pout bien corrugier son subgit et ses faiz. Et auxi ne descent pas [5] de l'atemptat propousé, de l'aplegement qui a esté fait par la court [suseraine, ains demeure] davant ceul davant qui il a esté propousé, si n'est que l'atemptat enporge principal de querelle. Et ou cas qu'il [enporteroit] principal de querelle, adonques descendroit il, pour ce que le plus digne enporte le mains digne, et seroit en cest cas le subgict tenu à rapporter l'amende au seigneur suserain de là où le atemptat seroit trouvé

1. *G b d* la procuracion.
2. *D L M O P R S T U* sera prouvé de.
3. *Sic G. — Manque dans A H. Cette lacune qui semble remonter aux premiers temps a provoqué beaucoup de remaniements inutiles à reproduire.*
4. *L'A :* Intellige s'il ne demande la cause o les expletz, qui est entendu des espletz corrigibles comme une sentence. Nam des autres espletz le retraict est bien permis, comme verron checun jour les procureurs des seigneurs qui demandent la court, quelle leur est baillée.
5. *D J M P U a b add. :* la cause.

et prouvé, quar il appartient à ceul qui a la prochaine juridicion à cognoestre de ses hommes plus que à nul autre, et auxi à son seigneur suserain rendre son droit.

[28] **Comment l'en doit respondre par suseraine court d'atemptat en la basse court, et auxi en la basse de la suseraine, et comment l'en en pout excepter.** — Non obstant ce que une partie ait fait adjourner une autre par la court du prochain seigneur à qui la juridicion appartient, ou se il s'est [1] plegié, il pout ressortir selon les esplez [et] [2] l'adjournement, et pout faire adjourner par suseraine court, et en respondra le deffenssour par suseraine court de l'atemptat et des esplez, ou cas que le prochain seigneur ne voudra sa court retrere. Et se il la vouloit retraire il la auroit, si aucune des parties ne [3] oppousoit contre le seigneur de deffaut de justice ou de tortfait contre lui ou autres peremptoaires. Et ou cas que il ne seroit adjourné selon les esplez de la court son seigneur, nul n'est tenu à en respondre, si n'est de jugié apuré, ou si n'est par vaye de excepcion d'esplez, dont il doit respondre [par] quelle court que ce soit, et non pas par vaye d'accion, se il n'en est retrait. Et pousé que il fust adjourné par la court de son suzerain seigneur selon les esplez de la court au seigneur subgit, l'en ne doit pas estre receu à excepcion [4], là où il n'auroit jugié apuré, quant à despecier les esplez de la suzeraine court, ou si l'en ne disoit que il fust juré, pour ce que il appartient à toute justice faire à chescun tenir son serment. Mès ou cas que un auctour, par la court du prochain ou par la court dou souserain ou en autre court, fait semondre autre partie, si l'autour est deffailli ou il fust tourné sur esplez, il appartient au deffenssour propouser le deffaut contre l'auctour qui auroit fait les procès, ou se il les vouloit changier, davant quelxconques juges que l'auctour les eust faiz en son accion, [le

1. *C* se y est.
2. *Sic C G G⁴ L M O P S T a b.* — *A H* à.
3. *L M O P U a b add.:* soy.
4. *B C G G⁴ L M P U a b* excepter.

deffenssour a lieu de les debatre] [1], quar comme il est dit chescun auctour se doit aviser comment il esmout plet et davant quel juge, pour tant que le deffenssour face excepcion par avant autre procès, quar comme dit est le derrain fait ou procès doit aler le premier par coustume. Et pour ce, si l'auctour avoit fait convenir sa partie adversse davant le subgit, et il ressortist, combien que il le peust faire, se il ne trouvoit griés depuis l'esplet meu que l'en li eust faiz, il devroit amender au juge et faire les despens à la partie, et aussi le deffenssour, pour tant que il en fust ramené [2].

[29] **Des cas criminelx dont l'en pout avoir retrait.** — Cas de crime par court propousé ne descent pas qui est dit [de] partie contre partie, mès il descent ou cas que il n'y aura accuseurs, pour ce que il ait cognoessance des cas de crime et que il vieulge retraire sa court, car nulle subgite justice ne doit avoir retrait de court suseraine, se il ne le requiert par lui ou par procureur suffisaument fondé. Et pour tant, se il ne le retret, ne aura il pas perdu sa juridicion es autres cas, car le suzerain en pout cognoestre juques à tant que le subgit le ait requis que il li renge la cognoessance, car en cest cas nulle saisine entre seigneur et son homme [de foy] ne desapproprie l'un l'autre, se il n'y a titre certoin, et non fait il en autre cas [3].

[30] **En quelles chouses doayre est acquis à famme vouve.** — Douayre [4] est acquis à toute famme vouve qui se port[a] léaument en son mariage, en la terre son seigneur, et en doit avoir le tierz de là où il a eu sesine ou droit[ure] durant le

1. *Sic J L M P a.* — *Manque dans A H.*
2. *J b* renvoyé. — *D L U a add.* : à la subgite court.
3. *L'A* : Verum est des presumptions des seigneurs de leurs jurisdictions et droits seigneuriaulx, car presumption pourroit courre en matiere que ne toucheroit à leurs droitz seigneuriaulx. Quid dicatur cogita et vide.
4. *L'A* : Vide etiam in capitulo $\mathrm{IX}^{xx}\mathrm{XI}$ ubi cavetur que si la femme demande son douaire en l'an du deceis, l'heritier n'aura jour jugé ne autre dilation, fors parlier et exoine. Et nota que l'un douaire est conventionnal au mariage faisant, et valet, dum tamen non sit in proprio manerio et excedat terciam partem. L'aultre est coustumier. Et nichil ultra fors que differentia est in fine.

mariage [1], par reson de son [doayre], si elle n'y a renoncié par autre vaie. Et metra l'en la terre en trois loz, et puis lera le hoir principal, et esgaillera l'en les autres doux loz, et el lera emprès, ou cas que ils ne se pourront autrement acorder, excepté du fié noble que le principal manoir n'est pas compté, baillant meson avenante à la doariere. Et n'est pas tenu le hoir du deffunt, fors en tant comme y a eu sesine, li faire doaire, si le deffunt ou son hoir ne li avoient fait autre gré, ou que les chouses fussent encombrées par leurs faiz. Et si elle n'estoit herbregée avenaument, elle devroit estre endoayrée oudit menoir.

[31] **Comment el pout elere son juge.** — Toute famme vouve pout eslire son juge en cause de doaire [2], et ne descent pas, car il appartient à toute justice garder toutes léaulx fammes vouves et à lour faire avoir lour droit quant à lour doaire.

[32] **Comment el pout gaingnier son doayre.** — L'en doit presumer touz et toutes bons et loialx tant que il appierge du contraire, et famme gaingne par coustume son doaire à mettre le pié ou lit, puis qu'elle est espousée à son seigneur, tout n'eust ja son seigneur que faire de le [3], se ils ne sont despartis par sentence diffinitive de juge ordinaire et compectant, et ou cas qu'elle ne se mefferoit ou forferoit durant le mariage entr'eulx.

[33] **Comment el pout perdre son doayre** [4]. — Famme qui [5] lesse [6] son mari et s'en vait o un autre et n'est pas o son

1. *L'A* : Nota quod quamvis non habeat saesinam, uxor tamen venit dotanda, ut hic prius et infra, IIᶜXII, ubi dicitur quod uxor filii maritati cum assensu patris venit dotanda super tercia parte, quamvis filius non habuerit saesinam, et sic habebit douaire in quibus vir habuerit jus in re quo pervenit ad saesinam heredum, licet vir non habuit, sed debuit habere.

2. *L'A* : Nota que le mari peult ordonner par gré le douaire à sa femme.

3. *C G¹ I* tout n'eust il oncques eu afere o elle. — *B N* tout n'eust elle que fere o lui. — *U* tout n'eust ja sa compaignie son seigneur.

4. *O P add.* : le vivant de son seigneur.

5. *G¹* Femme peut perdre son douaere quant elle.

6. *L'A* : Brevi tempore reversa non videtur divertisse a marito. FF. de divortiis, l. divortium.

mari ou temps de la mort; et ainssi si el le lesse, el [1] ne fait pas son devoir de le garder, et ne [2] le pout faire [3] ou cas que son mari ne la refuseroit : elle ne devroit pas estre endoairée. Et pousé qu'elle s'en fust alée par fornication, le mari n'est pas tenu de la raquieudre, si ce n'est de la volenté au mari. Et se il la racuilloit de sa volenté [4], elle devroit estre endoairée après le descens du mari, quelque fole qu'el fust paravant [5], pour tant qu'elle face son devoir de le garder et de le servir, comme dit est qu'elle doit faire après [6].

[34] **Comment el en pout perdre la sesine après que il li a esté assis.** — Et si elle estoit endoairée, et l'en li eust baillié terres, ou mesons, ou boais qui portassent frut [7], moulins, estangs, ou autres chouses, et ceule lessast les chouses despecier [8] ou aucune d'iceules, par quoy le heritage fust malmis et empirié et mains vallant, elle devra estre dessesie dou doaire, et devroit l'en regarder le domage qui auroit esté fait, et tant cherroit comme le domage pourroit estre presagié, et du sourplus le hoir principal li feroit ou feroit faire par sa main son doaire.

[35] **De la demourance dou menoir son seigneur, et [comment el pout] relanquir es meubles et es debtes, ou ses hoirs.** — La famme n'est pas tenue, tant que le hoir li ait baillié meson suffisante, à s'en yssir du lieu où elle et son seigneur estaint [9] au temps de sa mort, et ne pout de nuls des heritages se

1. *M R b* et.
2. *G*[1] *I O R S U b* elle.
3. *G*[1] *add.* : Ja soit ce que elle ne s'en aille avecques autre.
4. *C add.* : Ou par sentence, pour ce que aucune faulte eust esté ainsi faicte de son mary par quoy compansacion eust esté faicte ainsi.
5. *L'A* : Quod mores quod quis approbavit non poterit recusare. L. Si uxor, § fin., FF. Ad legem Juliam de adulteriis.
6. *L U a add.* : et de garder léaument sa veufveté et le douaire comme dit est en après que elle le doit faire.
7. *L'A* : Douairée peut coupper tout boys s'il n'est ancien ou s'il ne porte fruict.
8. *C I* deperir.
9. *D a b add.* : demourans.

saisir [1] juques à tant que le hoir ou la justice l'ait saisie de son doaire, si ce n'est des chouses qui mouvent devers le. Et pout famme à noble homme relenquir es moubles et es debtes [2], ou les hoirs de le après la mort de le. Et pout prendre des biens de la [despense] [3] dou lieu et en user, le et ses gienz acoustumez [à] y demourer, sans en vendre ne en faire sourfet, mès tant soulement pour son estovoir, juques à tant que le hoir ou autre pour lui li ait demandé si elle voult riens prendre es moubles et es debtes. Adonc si elle fait le refus, elle doit avoir son lit, sa huge, doux paires de robes, deus paires de atourz, lesquelx que el voudra choaisir, et toutes les chouses qui li suffisent entour soy et entour son lit selon l'estat de le, que de joeaux que d'autres choses, et le sourplus el doit rendre, ou ses hoirs, et eulx excuser par leurs sermens de l'outreplus des chouses, ou cas que le hoir du deffunt voudroit avoir lours sermens, ou peust en prouver par tesmoignz, et ce que il en pourra prouver par avant le serment prins, [il l'auroit] [4]. Et ou cas que il[s] accepteroi[ent] les meubles, les biens seraint departiz entr'eulx comme nous diron amprès.

[36] **Comment nul ne doit estre empeichié qui soit hoir au deffunt de la saisine de celui, ou de ceulx qui ont eu saisine par an et par jour pacianne, et comment chescun y doit estre gardé.** — Nul ne pout venir par vaye d'aplegement contre le hoir du deffunt en li empeschant le heritage [5], car non

1. *L'A* : Femme après la mort son mary est veue estre possesseure de la tierce partie des heritaiges au mary, par quoy pourra proceder par voye d'arrest l'an passé, comme possesseure de l'an derroin. De primo infra in cap. XLI et de secundo in cap. XXXVII.

2. *L'A* : Autrement elles doivent renuncier dedens l'an et le jour après le decès son mary, si plustot ne sont requises.

3. *Sic CG1JLMPRSTUab*. — *AH* descensse.

4. *Sic C*. — *Manque dans AH*.

5. *J en marge* : Omnia jura hereditaria ad heredes transeunt hereditate adita, excepta possessione, ad quam possessionem acquirendam requiritur naturalis actus, ut l. cum heredes, ff. de Acq. et Am. poss. et l. si acq. de Rebus vendi. Et cum dicitur : Le mort saesist le viff, intellige de juribus hereditariis, non de possessione, ut percipitur per hunc textum ibi ce ne empesche que la cour, et cœt.

obstant nul debat que l'en y mege, si n'est du fait à icelui hoir, la cour [sera] [1] tenue à baillier saisine à celui hoir [2], [sauff à] venir par adjournement ou en requeste fesant ou demande envers court ou partie [3]. L'ainsné du noble doit avoir la saisine de toute la descensse de quelxconques chouses que ce soint, et sont soues, quar les heritages doivent enssuir la personne, et nul ne doit respondre [dessaisi] [4], et chescun doit avoir sa raison par vaye d'accion, si ce n'est des chouses dont il [est] dit. Nul ne pout venir par vaie d'aplegement contre celui qui a eu saisine par an et par jour pacianne en [la] li enpaichant, si n'est tant que la partie die qu'elle estoit tenue par vaie d'engage ou de loage, et que de celui temps n'y ait plus et que il soit chaist ceulle année, lors vendroit l'en bien par voie d'aplegement en ceul cas ; ou que il y eust fait gré qui fust responssal, ou jugié en l'année, ou avaluement, ou bannie, ou que la sesine deust estre transportée en l'année, ou plegement ou nom de ceul que il represente la personne.

[37] **De ceulx qui defiaillent en lour plegement.** — Quant aucune personne se plege, et elle defaut en son plegement, se il n'y a proucès faiz sur ceul plegement, la partie adversse s'en yra [hors d'] aplegement ; et ne se pout pas apleger en renovelant ne en sostenant celui aplegement ; mès pour

1. *Sic C J L a.* — *A H* que la cour ne soit.

2. *L'A :* Le mort saisist le vif. Hoc est verum : ista regula fundatur in l. In suis, ff. De libe. et postu. et in l. III secundum v. in actum quem ibi insequentur Doctores, Cod. de jure delib. In directa linea : et non pas aux aultres successeurs, et ainsi en praticque en informant la court. In collaterali linea, quod in directa linea la court n'a pas la saesine. Facit ad hoc cap. LXVII in fine.

3. *L'A :* S'il y a donnaison esgale entre mariez de leurs meubles et fruictz d'acquestz et par le contract soit dit que le moins vivant posside ou nom du plus sourvivant les choses données qui fussent certenes in quantitate, l'hoir alias n'y auroit portion, tunc le moins vivant posside nomine alieno et non suo. Ainsi le sourvivant après le deceix au moins vivant peut comme possesseur empecher l'hoir s'ensaesiner et n'est que ce chap.

4. *L'A :* Nota qu'il est dit en ce chap. : Nul ne doit respondre dessaesy. Fac. text. in C. frequens de restitutione, ubi dicit textus, nec nudi contendere nec inermes inimicis opponere nos debemus. Habet enim privilegium spoliatus ut non possit exui jam nudatus.

tant n'est il pas vaincu que il ne se puisse bien plegier[1] aussi comme se il ne se fust onques plegié, si [le] temps ne usoit contre lui de coustume[2], comme quant l'en se plege de presmece, et la partie [a tenu] tant que il puisse estre defendu par la tenue avant le derrain plegement, ou teulx cas semblables. Et puis que un auctour a fait convenir autre en jugement, se il se defaut, l'ajournement [re]cordé, il est tenu es despens à la partie adversse comme dit est aillours, et doivent estre prejudiciaulx pour ce que la somme soit esclardie. Et se ils ne sont esclardis le juge doit procedier en la accion, se il n'y a autre excepcion.

[38] **Comment l'en se pout aplegier contre le saisi de le heritage.** — Si aucune personne entendoit à avoir auccion en aucun[e] [terre], tout en fust sa partie adversse sesie par longtemps, et le tenours la vousist mettre hors de sa main à heritage, le dessesi se pourroit applegier en disant que ce ne pourroit estre tant que il fust [descleré] de son droit, [quar] par coustume si le prenour [la] povait tenir par an et par jour[3], pour ce que il fust approprié à coustume de terre de celui qui fust saisi, et l'en n'y eust point de debat mis ne si[4] oppousé, le prenour seroit deffendu. Mès pour ce n'est il pas entendu que si ceul qui tenoit la terre la avoit vendue, ou eschangiée, ou perdue, ou donnée, et il n'y eust reson, que il ne fust tenu à desdommagier sur le suen celui à qui son droit y seroit.

[39] **Quanz titres il a en la coustume à estre approprié de autrui heritage.** — L'en pout estre approprié[5] par quatre titres

1. *L P U add.* : de nouvel.
2. *B D N* si le temps de coustume ne usoit du contraire contre luy.
3. *L'A* : Ce que dit ce chap. que l'on est deffendu et approprié par an et par jour, est entendu de ceulx de hors la Duchié : car contre ceulx de la Duchié on est approprié par trois bannies viij jours après, comme appert per lecta cap. XLI.
4. *G K R* se y. — *T* soy.
5. *L'A* : Quod intellige in corporibus; secus in incorporibus, quia cessio habetur per traditionem, ut notat Bartholus in l. ad eum quem. FF. de donationibus.

du vestu et du saisi par an et par jour [1] : c'est assavoir par achat, dont il convient que bannie soit faite par la court à qui la juridicion appartient par trois sepmaines d'ottobes en ottobes, si plus n'y avoit entre les bannies selon que il est acoustumé ou terrouer. Et auxi par presage ou permutacion, par donnaison ou par feage [2]. Et auxi appartendroit il que bannie ou certification en fust faite par court [3], excepté entre bourgeois et autres gens de basse condicion, qui ne povent donner à l'un de leurs hoirs quel à l'autre [4]. Et mesmement est le quint [titre] entre frarechours, ou cas que ils ont departi par court ou par serment et tenu par an et jour, ils sont deffendus entr'oulx et leurs hoirs, si n'est ou cas que autres personnes estranges leur en ostassent; dont il conviendroit, si la partie à l'un des frareschaux li estoit ostée ou toute ou partie par le fait du predicessour, que il fust resconpassionné sur les autres; et auxi du fait de la mere, pour tant que ce ne fust par le deffaut du possessour. Et auxi seroint tenus es despens et es coustages, chescun à l'avenant que il auroit prins au partage, depuis que ceul o qui l'en pledoiroit les auroit requis ou autre pour lui par court. Et est assavoir que en tout partage ou avaluement pout l'en requerre reveue par court dedans l'an et le jour, et qui la requiert la doit avoir par autres presageours, se il n'y a gré ou autre condition entr'eulx.

1. *L'A :* Sed an requiritur quod ista saisina seu possessio precedat banna, multi dicunt quod sic. Antiquiores practici dicunt quod sufficit quod habeat postea, articulo cap. XIIII^xx^XVI, ubi dicitur que après les bannies le detriment, prisaige et assiete se feront. Sed requiritur quod auctor tenuerit per annum et diem sicut successor. Aliqui dicunt quod sic, quod est falsum, ut satis colligitur ex cap. præcedenti et sequenti, et ita fuit conclusum in Parlamento.

2. *Sic I O.* — *A H* par presage, ou par permutacion, ou par donnaison, ou par féage (*ce qui avec la vente fait cinq titres de bannies, or le texte n'en annonce que quatre*). — *L'A :* Feage et cens c'est tout ung, fors que feage proprement est es fiez nobles.

3. *P en marge :* Ce qu'il dit en cest endroit de bannie et certifficacion est contraire à ce qui est dit et escript ou chap. inf. LI° V^o^ XLV° (221), où il dit expressement qu'il n'est requis bannie, sinon en vente. Et hoc est verum et consuetum.

4. *L'A :* Ceste exception a lieu seullement en donnaison faicte à l'un des heritiers.

[40] **De quelle condicion est titre de bannie [et] de deffense de heritage ou de mouble.** — Titre de bannie des chouses dessus dites et d'autre contrat est de telle condicion, especialment de vente et de achat, que après les trais bans faiz o suffisantes intervalles et les huit jours accompliz après [le derrain ban] [1], celui qui tendroit la sesine du saisi [2] seroit deffendu de ceulx de la Duchié, et de ceulx de hors la Duchié il convendroit tenir par an et par jour hors d'empeschement. Et auxi il seroit deffendu de touz, pour tant que il n'eust ou marchié barat ne fraude ne en la bannie, et est le temps reservé de trouver la fraude juques à trente ans. Et pour ce n'est tenu le baillours garantir que le temps qui est reservé [dedans] [3] l'appropriement, car par les cinq titres qui sont divisiez est l'en deffendu par an et par jour, [excepté] [4] ceulx du partage comme il est dit; et n'est pas entendu que les rentes, cens et autres serviges qui sont paravant ne doigent demourer [5]. Et auxi [est] il excepté, ou cas que homme et famme sont conjoinz ensemble par mariage, que le mari ne pout vendre ne alienner le droit à sa famme, fors son vivant et encore li fesant pourvéance, car de reson nul ne pout vendre ne alienner la saisine d'autruy, [fors] en tant comme touche son droit, sans l'assentement de celui ou de ceule à qui ils sont. Et famme a la saisine des chouses qui mouvent devers le, et la moitié des conquez que le mari fait le mariage durant [d'entreulx], et le tierz de la terre ou mari, le cours de sa vie, [si elle ne le pert de son assentement ou par son fait] [6], comme il est dit aillours. Et pour ce dit l'en que la saisine que [aucun]

1. *Sic I.* — *Manque dans A H.*

2. *L'A :* Nota qu'il dit du saesy et ne dit pas du seigneur, quia non possum habere justam possessionem nisi a possidente. Pro hoc facit l. traditio, FF. de acqui. re. do. Nec obstat si dicatur idem de domino, nam banitio in hoc relevat. Et fit ad hoc ut si aliquis se sentiat jus habere in re banita se opponat prout juris fuerit, ut supra cap. XXXIX.

3. *Sic C G G¹ K M P T.* — *A H* dont l'appropriement est.

4. *Sic C I.* — *A H* et chescun et.

5. *L add. :* et estre poyez à celuy à qui ils estoint deuz de par avant. — *D* à paier à cil à qui *etc.*

6. *Sic C O U.* — *Manque dans A H.*

poursiet ou nom d'autre, que il [ne la] puisse pas de reson avoer à soue. Et le mari est administratour sa famme, et pour ce fut regardé par la coustume que le temps li est reservé après la mort du mari, ou es hoirs de le après la mort de le. Car aussi ne pout la famme alienner ne contrater nulles de ses chouses sans l'assentement de son mari, si n'est des chouses moubles dont il est divisié en après. Et pour ce ne doit nul contrater [o autre] en fraudant le droit de autruy, pour tant que il en soit savant. Quar se il estoit trouvé que il en fust savant il n'en devroit pas joïr [1], quar quant il voulst contrater, il doit contrater o ceul à qui le droit est, ou le y appeller, ou procureur qui ait poair à ce faire. Et auxi est il excepté entre le homme et la famme, et les hoirs de ceulx après la mort d'iceulx, à retraire les conquestz qui seroint faiz en la presmece de l'un ou de l'autre, comme ils doivent estre retrez par la coustume [2]. Et auxi est il excepté en autre contrat, quant aucune personne baille ses denrrées à autre à vendre en faire ou en marchié ou autrement, la vente en doit estre tenue selon le contrat et le divis du marchié, pour ce que il n'ait ou marchié ne ou contrat decepte oultre moitié de [juste] pris [3], ou fallace, ou sourprinse ou [contrainte ou] autre entente, et pour ce que la personne puisse apparaitre estré estable o qui l'en doit contrater. Car si celui à qui sont les denrées le desavoot, le vendour seroit tenu à desdomager le marchant et li cherroit en crime envers la justice, si le vendour ne poait monstrer deffensse envers ceul qui voudroit rappeller la vente et faire les denrées à soues, et que le vendour eust raison à faire la vente ou par l'assentement de celui ou par autre vaie. Et pourtant si ceul à qui sont les denrées [vouloit rappeller] le marchié, ne le pourroit il rappeller se il ne

1. *L'A :* Nota quod hic dicitur quod si quis scienter contractat de re aliena, non obstante banitione vel qualibet alia solennitate, non relevatur, cum ab eo posset vindicari.

2. *D Pab add. :* à savoir est dedans l'an et le jour de la mort de celi qui decedera d'eulx, o le me-denier comme dit est au IIcXVI, XVII, XIX chap.

3. *L'A :* Lege ij Cod. de rescind. ~~vend.~~ emptor potest supplere precium. La coustume est au contraire.

disoit que decepte y eust comme dit est, ou que à son desseu les denrées eussent esté amenées ou rendues [1] à place, ou en defforceant [2] et contre sa volenté; et pour ce que les marchanz ne sevent de qui achater si n'est de ceul qui tient les denrées en vente, pour ce que ils ne soient cognoessanz des chouses, devroit il tenir, et en autre cas non. Et ou cas que il soustendroit que à son desseu ou contre sa volenté les denrrées eussent esté amenées ou vendues, et voudroit faire les denrrées à soues, pourroit il chairs en crime entre lui et le vendour, et y pourroit avoir bataille jugiée, et devroit pour tant que la denrrée valist cinq soulz, si le vendour ne alleguoit raison efficace, et il y eust refus de garantie [3] de l'un cousté ou de l'autre, que il fust regardé que il y doust estre par la coustume, comme il est dit ou titre des crimes que nul ne doit attendre garantie sur soy de là où il pourroit estre trouvé traitre ou larron ou infamme par autre vaye, pour tant que il soit personne qui puisse et doaye contre garantie excepter.

[41] **Coment l'en pout donner ses meubles et le tiers de son heritage.** — Toute personne qui est pourveue de san pout donner le tierz de son heritage [4] à autre personne que à ses hoirs, ou cas que ils ne le feroint par fraude contre leurs hoirs, et si povent ils lours moubles [5], fors que la donnaison que ils feroient à la famme ou la famme au mari [6] ne se tendroit que

1 *B D I M O a* vendues.
2. *G*[1] *M O R S T U* le forçant.
3. *L'A :* Par constitution de Parlement nul n'est recevable à refuser garantie si le cas n'est capital et la conclusion à celle fin.
4. *L'A :* Fallit inter nobiles cap. II[e]XI. C'est quid mirabile.
5. *L'A :* Nota que aucuns ont voulu dire et entendre que la donnaison des meubles n'est que à viage : mais c'est mal entendu et est ainsi pratiqué.
6. *L'A :* Nota que donnaison que le mary fait à sa femme ou la femme à son mary durant le mariage ne doit durer que le cours de leur vie, si elle n'est faicte au mariage faisant ou si elle n'est mutuelle des meubles, quelle donnaison mutuelle des meubles durera in perpetuum. Item au mariage faisant ils s'entrepevent donner la tierce partie de leurs heritaiges qui durera à jamais. Item durant leur mariage ils s'entrepevent donner la tierce partie des conquestz au plus vivant qui durera seullement à viage. In testamento ils pevent faire donnaison de la tierce partie de leurs heritaiges à viage seullement. Item vir et uxor sibi ad invicem dare mobilia in partem vel in totum non possunt. Et ita praticatur.

le cours de sa vie à l'un ou à l'autre, si la donnaison n'estoit faite par la convenance du mariage, ou se ils ne s'entrefesoient donnaison commune au plus vivant d'eulx doux, qui se pourroit estendre sur leurs conquestz, tout valissent ils plus que [la tierce] partie, qui ne devroit tenir que le cours de leur vie, des donnaisons que l'un feroit à l'autre depuis le mariage fait entr'eulx [1].

[42] **Coment les meubles es bourgeois et es gienz de basse condition doivent estre departiz.** — Les meubles es bourgeois et es gienz de basse condicion sont partiz par coustume entr'eulx et leurs fammes et leurs enffanz tierz à tierz, et auront les enffanz la partie au mort, son testament et son obseque acompli[z]. Et ou cas que ils n'auront hoirs de leurs corps, leurs moubles seroient departiz moitié à moitié après la mort d'un de ceulx, selon que nous diron ou chappitre des partages.

[43] **En quantes manieres vente pout estre faicte sur heritages.** — Vente pout estre faicte sur heritages par trois vayes, c'est assavoir par marchié fait cueur à cueur entre parties, ou par obligacion, ou par jugement de court, ou par condampnacion [2].

[44] **Quant terre est achatée ou autres heritages, coment le paement en doit estre fait.** — Quiconques achate terre ou autre heritage ne doit faire paiement avant bannie qui ne soit assigné de la garantir à la coustume, pour ce que l'en ne sceit se il est obligié à nul autre, ne se il en a contraté, ne si l'en la vioulst debatre, tant que l'achatour soit approprié, car à chescun est son droit reservé [3] selon droit de[dans le] temps de la coustume. Et il est de coustume que l'en doit paier tierz à tierz par chescune bannie le paement, pour ce que chescun ne se voulst lessier desapproprier sanz estre paié, et non doit l'en [lesser]

1. *Si cette fin de phrase n'est pas une manchette passée dans le texte, il manque certainement quelques mots pour la relier à ce qui précède.*
2. *G O Q R S T* ou de comdampnacion. — *J K M P* ou condampnacion.
3. *G add.* : à le debattre. — *J M P R* de debatre.

passer bannie sans le paement. Mès ou cas que le vendour ne donrra pleges de garantir la vente, le achatour metra le paiement devers la court et aura sa bannie. Car si le vendour avoit fait la vendicion et il eust voulu que bannie en fust faite, se il ne se oppousoit dedanz ottobes du derrain ban, ou se il ne avoit assignement qui fust responssal, le achatours ne li en seroit en plus tenu ne autres pour lui.

[45] **De ceulx qui sont presmes et de ceulx à qui sont les ventes.** — Il est entendu que le vendour n'est tenu garantir de nul presme, quar presmece si est ottroiée à touz ceulx qui seront du lignage [1] dedans le neusme, du ramage du fié, et au prochain du ramage siet la presmece par le pris qu'est convenu entre le vendour et le achatours, que il en doit avoir sans fraude et sans barat. Et ont lour lieu ceulx qui sont en la Duchié dedans les huyt jours après le derrain ban, et ceulx de hors la Duchié un an et un jour. Et jureront le vendour et le achatour comment fust le marchié, se ils en sont requis. Et si le presme vouloit, ou autre à qui il appartenist, prouver paravant que il eust prins le serment, il seroit oy à le prouver, non obstant que le seigneur ou son lieutenant eust prins le serment paravant que le presme fust cognou. Quar le seignour le pout bien avoir se il voulst quant à avoir ses deuz pour les ventes, se il n'y a autre usement ou païs, et le serment que il fait contre autre ne lie le droit d'autruy. Et auxi n'est tenu le seigneur de porter fin de ceulx, [quar] il ne sceit encore qui doit estre presme. Et se il y a fraude, le presme ne paiera riens de la fraude. Et ou cas que il n'y auroit du ramage, est presmece jugiée par raison de cens, ou de seigneurie, ou de hommenage. Et si le vendour estoit absent par mort ou autrement, ou le achatour auxi, ou touz doux, avant que le presme fust cogneu, si devroit estre la maniere dou marchié sceue par

1. *L'A :* Tamen le premier a la premesse, quant plusieurs la demandent assemblement. Et n'y a premesse en usufruct, car douairiere affermant son douaire, ses parens n'auroient point de premesse en la ferme.

ceulx qui en doivent savoir à oïr [1] de la maniere dou marchié [2]. Les ventes sont à ceulx ou ceulles qui ont principaument la bannie, si les chouses ne sont tenues de lui comme jouvaignour d'ainzné; ydonques seraint les ventes à celui à qui seroit la ligence. Et se il avoit aucun seigneur qui ne [eust] pas saisine d'avoir les bannies, comme aucuns des barons ou pluseurs autres seigneurs qui ont generalment les bannies en leur juridicion, combien que ce soit ou cas où ceul seigneur auroit la juridicion sur ses hommes et tendroient de lui comme [de] seigneur, il devroit avoir les ventes et seroint soues par raison [3]. Et si le seigneur se appropriot de la terre son homme dont les ventes deussent estre soues, si en auroit le seigneur les doux parz et le suzerain le tierz par coustume, pour ce que le vendour doit paier les deux parz et le achatours le tierz, et pour [ce] le tierz que doit le seigneur, il doit aler au suzerain seigneur comme dit est aillours.

[46] **Coment l'en doit requerre sa presmece et avoir** [4]. — Qui voulst estre presme et avoir [ou] retraire sa presmece doit aler au seigneur ou à son sergeant qui a seignourie sur les lieux, ou soubzerain ou suzerain, c'est assavoir ceulx du païs dedanz le temps qui est divisié, et ceulx de hors dedanz les huit jourz [après] que ils seront venus ou païs [5]. Et diront : *Je me plege que je suy plus presme à tel achat ou presage [que] tel*

1. *Sic A H.* — *C I L U* et qui ont (*ou* auront) ouy. — *G K O Q R S* savoir et oïr. — *T* oïr et savoir. — *B N P* oyr et savoir la maniere. — *Les incunables portent* et qui furent à oïr.

2. *L'A :* Tamen il est usé que l'on age contre l'achateur comme detenteur sauf son action contre le vendeur. Quamvis de consuetudine exigatur octava pars precii, de jure tamen solum quinquagesima.

3. *L'A :* Nota que prouchain seigneur aura les ventes, posé que le suserain seigneur ait les bannies. C'est quid mirabile.

4. *L'A :* Ceul à qui premesse est adjugée sans la luy differer paye despens de la judication à l'achepteur et est casus specialis in quo actor vincitur et condemnatur in expensis. Nota ex hoc cap. que plegement jugé à tenir ne dure que an et jour à compter du temps du jugé et non du faire assavoir. Item par la premiere... [*en blanc*] le plegement est jugé tenir, par la seconde jugé en vertu; par la tierce à bon, si procès n'y a qui impesche.

5. *L'A :* Dum tamen hoc fiet infra annum et diem.

a fait, et le nommera, *de tel mon cousin* [1] *ou mon parent*, — et se il se plege par raison de sa famme ou d'autre, il le doit dire, faisant son devoir dou paiement — *et se il le voulst debatre, metez li en jour à vos termes* [2]. Et se le achatours le cognoest dedanz les huit jourz après le derrain ban, il doit faire son devoir du paement [3] ou autrement il est hors de la presmece. Et se ils ne sont cognouz dedanz ceulx huit jourz [4] après [la derraine bannie], ils auront [5] huit jourz [après la recognoessance], et non plus de coustume [6].

[47] **Coment l'en doit poursuir son aplegement.** — Quant aucun se plege contre aucune personne, et ceulle personne se deffault, l'ajournement recordé, le plegement doit demourer en vertu, si procès n'y a. Mès si ceul qui fait jugier le plegement [7] ne le pourssioust en l'année contre celui qui use de fait de la saisine, riens il n'y fait. Et ainxi doit il estre de tout plegement qui n'est poursseu en l'année par procès, ou par remu, ou par autre vaye, ou cas que la partie adversse use du contraire [8].

[48] **Coment ceul qui se plege doit garder l'estat de son plegement.** — Qui se plege doit savoir en quelle maniere et davant quel juge, quar se il se plege et il soit regardé que le plegement ne doaye tenir, celui qui se plegera doit amender au juge selon l'usement du païs et despens faire à la partie adversse contre qui le plegement fut fait. Et auxi ne doit il estre despeillié ne user du contraire. Et se il s'est plegié contre

1. *L'A* : Nota quod est una proximitas solum, et jus proximitatis non potest vendi vel cedi.

2. *L'A* : Nota que le plegeur n'est tenu ne ne doit adjourner l'achateur à aller en jugement, fors s'il vouloit debatre, car il peut consentir la premesse hors jugement.

3. *G add.* : dedans celi temps. — *C G*[1] *I* dedans les ouyt jours aprés la recognoessance.

4. *G*[1] *add.* : pour ce que il ait eu longue pledaerie.

5. *I* et si le presme n'estoit cogneu... il auroit.

6. *L'A* : Etiam desdits viij jours n'y avoit iij jours à venir lorsque l'achepteur le cogneut à presme. Quod est valde notandum.

7. *L'A* : Supple en vertu.

8. *L'A* : Toutes intimacions, revocations et oppositions n'ont effect si ne sont pourseues en jugement.

son seigneur, il chiet en plus grant paine, car oultre cestes chouses il doit amender selon le cas et à la personne l'estat. Et se il se plege contre son seigneur de non obeïr pour aucun torffait ou grief que il dit que son seigneur li ait fait ou autre pour lui, et il ait obey depuis davant le seigneur une foiz ou pluseurs de sa volunté es aucions de demandes que l'en li faisoit simplement [1], il ne pourroit venir par vaie d'aplegement, sauf à avoir droit par vaie de accion. Et se il deffaut en son accion ou en son plegement les despens seront prejudiciaulx. Et auxi ceulx qui ont congié par menée, ceulx qui se plegent contre eulx, se ils ne dient de lour plegement par avant le congié, ou se il n'y a remu ou autre adjournement, ils sont deffaillanz. Quar qui se plege se adjourne à dire les raisons de son plegement, et qui deffaut en son plegement, pour ce que l'adjournement soit recordé, est vaincu comme il est dit aillours par une deffaille de ceul [plegement], si procès n'y avoit.

[49] **Coment le presme et autres se doivent guestier d'estre prouvours, quant ils voulent refuser la prouve [2].** — Quant le presme se plege, qui est hors de la Duchié ou temps de la bannie que l'en a fait sur celui pour qui il doit estre presme, quant à guestier son plegement par la court vers la partie contre qui il s'est aplegié, il doit ainssi dire : *L'en m'a donné entendre que vous avez fait bannir*, et divisier la maniere de la bannie, si c'est par vertu de marchié ou de avenantement, et dire : *Je n'estoie pas en la Duchié, ne [n'y] fu onques puis avant les ottobes de mon plegement, et vous n'avez pas tant tenu que vous fussiez approprié de ceulx de hors que ils ne peussent avoir la presmece. Et je suy du lignage par raison du*

1. *D L a b add.* : fors en querant parlier. *Sur quoi l'Anonyme observe :* Et sic nota que parlier n'est point estimé esplect ne procès.

2. *L'A :* Caveat quilibet de poursuir son plegement durant la menée et obeissance, et loquitur hic quum gratia domini fuit et non gratia privati. Item par plegement de non soy approprier ne heriter l'en peult deduire premesse.

ramage à celui sur qui vous avez fait bannir, [s'il parle pour lui], ou si [ce estoit] autre de qui il representast la personne, auxi devroit il dire : *qui estoit mon prouchain*[1] *de lignage par raison du ramage,* ou : *je y* [*ay*] *presmece par raison de cens ou de seignourie ou de hommenage*, car presmece ne siet fors en tant comme il est seigneur ou teneurs[2], se il n'y a lignage comme dit est. Duquel lignage, seignourie, ou hommenage comme dit est doit le plegeours enfourmer, si le bannissours s'en fait nonssavant[3]. Et par ceste maniere de regret et de parler le plegeours est desdisours de la tenue et de la [presence][4], et convient que le bannissours en soit provours, ou cas que il voudroit mettre la chouse en deffensse. Quar si le plegeours avouoit par affirmative que il fust [hors] de la Duchié, il le devroit prouver, ou que il se fust plegié dedanz l'ottobe de la bannie ou de la venue. Et pour ce en cest cas ne en autre[5] ne doit nul avoer l'affirmative, se il ne la voulst prouver, ou cas que il devroit estre fait par nonssavance ou par desdit.

[50] **Quand le presme s'est plegié à tout ou à partie, coment delivrance en doit estre faite.** — Le presme se pout aplegier à toute la vendicion ou à ce que il en pourra paier. Et si le achatours ou le avenantours[6] requiert à la justice, ou cas que le presme ne voudroit paier que partie, que le presme jurege que il n'en pout plus paier sans malmetre son estat, il le doit jurer ou acomplir le paement, lui ou celui qui s'entremetra de lui. Et en ce que le presme en retreroit de[7] partie,

1. *L'A :* Hoc est verum quant plusieurs assemblement demandent la premesse; alias sufficit estre plus près que l'achapteur.

2. *L'A :* Nota verum ou teneur, ratione cujus proximitatis (*Lisez proximitas*) competit et e contra. C'est assavoir le cens tire à soy le fons par premesse, comme le fons tire la rente, secundum quosdam.

3. *L a b add. :* jurant qu'il n'en soit certain. *Sur quoi l'Anonyme observe :* In hiis que consistunt in conscientia statur juramento partis secundum glossam singularem § Sed iste, De act. in fine, Inst.

4. Sic *R b.* — *A H* abssance.

5. *L'A :* Nota exempla non astringunt regulam.

6. *a b* vendeur.

7. *Q* n'en retreroit que.

pour ce ne leroit il pas es piecces, ou cas que il n'y auroit que un marchié, lequel marchié il pourroit tout avoir se il [lui plesoit] [1]. Ils doivent aler es loz par la partie d'entr'eulx, se ils ne font autre acort. Et aussi pout avoir le contratours le serment du presme ou de son tutour, se il le requiert, que il le fait pour tenir à soy sans autre fraude. Et quant le menour se plege à estre presme, il n'a que faire d'estre pourveu de pastour, si celui contre qui il s'est applegié ne li voulst debatre la presmece, car de droit tout minour pout faire son proufit, et le contratours n'a que faire que de reson et de recepvre son deu, ou cas que il ne voudroit debatre sa presmece, pour ce que ou cas que l'en le mettroit à pourvoirs, les chouses [pendantes], un autre en pourroit porter la presmece [2]; et auxi bien en seroit endommagié [le] contratours, car le suen li demourroit à estre paié, le debat pendant. Et quant le minour est cogneu, la coustume fait contre lui comme contre les greignours [3], qui sont hors de la presmece quant ils ne font lour devoir dou paement. Nul n'a reson de presmece, se il ne l'a au temps de la bannie ou des ottobes de la bannie [4], car avaluement ne approprie pas, mès la bannie approprie : comme un enffant qui seroit enquore à nasquir à ceul temps, et puys nasquiroit après ceul temps dedanz l'an et le jour, pour ce [que] il n'y [avoit] point de presmece [quant] il n'ert pas encore nay, n'en aura il point amprès par la coustume [5].

1. *Sic C I.* — *A B* se appleigeit.
2. *L'A :* Quia vult innuere qu'il n'y a que unc premesse. Vide apostillam XLVII.
3. *L'A :* Minor et major equiparantur in prescriptione et non restituuntur, ut hic. Secus de jure.
4. *L'A :* Car après les huyt jours après la bannie derraine l'on est deffendu par la coustume.
5. *L'A :* Il a été pratiqué. Item né : que le mineur qui se plege de premesse doit estre né au temps du contract. Sed queritur si l'enfant qui ne estoit encore né au temps du contract, sed tamen nascitur post contractum et ante appropriamentum, tamen an erit recipiendus à la premesse? Dic quod sic. Secus si après l'appropriement nascatur, quia tunc nullo modo venit admittendus. Et nota hic de l'enfant dont la femme est grosse au temps de la bannie. Facit textus in lege Qui in utero est, FF. De statu hominum.

[51] **Que doit et pout requerre plegement et quantes manieres il segnifie.** — Plegement requiert seix chouses especiaulx, c'est assavoir paiz, pos, declinacion, dilacion, aucion et execucion. Quant il requiert paiz, c'est comme celui qui se plege de non troubler et justicier celui ne ses chouses ne ses saisines, ou de non prendre le suen [1], quar en cest cas ou semblable son plegement est bon qui ne le voudroit despecier. Et auxi est il plegement qui requiert pos tant que droit soit fait entr'eulx, comme qui se plegeroit de non contrater tant que il fust passé de son droit, ou tant que adrecement li fust fait d'aucuns torffaiz que il diroit li avoir esté faiz [2]. Mès combien que il quierge pos, celui qui fait le plegement doit dire resons efficaces pour quoy il s'est plegié, ou autrement la partie contre qui il s'est plegié s'en doit aler hors d'aplegement, car nul n'a reson de s'aplegier contre la saisine ou le droit d'autruy, se il ne sceit dire pour quel fait ou pour quel dit. Et il s'enssieudroit que ceul contre qui l'en se seroit plegié que il deust avoir droit, si ceul qui se seroit applegié ne trouvast cause pour quoy ce ne deust estre, ou cas que il ne feroit le desavou de toute l'obbeyssance. Et aussi il requiert accion comme paiz. Quant il requiert declinacion, c'est comme celui qui se plege que l'en ne le pout sieudre davant certoin juge, mès davant celui que il declaire en son plegement [3]. Et aussi en cest cas il doit dire resons pour quoy il s'est applegié, ou

1. *L'A :* Plegement de non contraicter par court est deffensif. Secus s'il dit : « de la maniere ou de la forme que vous efforcez à la faire ou autrement que pour ces espletz que foictes ne me prejudicient, » quar en ce cas il seroit actif et faudroit qu'il resonneroit en son plegement.

2. *L'A :* En plegement qui requiert poz fault resonner, et aliquo modo fundari debet propter illud plagiamentum. Item quand l'en dit : « Je me plege, ne esplet que font ne porte prejudice, » le plegement est actif, adeo qu'il faut dire les causes de son plegement et y resonner.

3. *L'A :* Par la constitution l'en ne se peult pleger par court suseraine de n'estre traicté par la subalterne, si le plegeur ne desavoue toute l'obeissance subalterne ou que attemptat fust irreparable. Hoc est dictum que en ce cas quant il desavoue toute l'obeissance le plegement est deffensif comme plegement de paix.

autrement son plegement ne doit pas procedier, ou desavoer le juge contre qui il s'est applegié. Et aussi cherroit ou plegement qui requiert paiz, se il faisoit le desavou. Quant il requiert dilacion, c'est comme celui qui se plege que l'en ne le pout sieudre tant que il soit passé entr'eulx ou certoine partie de certain jugement, grez ou procès, ou de despeilles ou autres chouses semblables, et en cest cas doit dire le plegeours raisons pour quoy il s'est plegié. Plegement qui requiert accion, c'est comme celui qui [se plege] comme il est dit [de] presmece ou d'autre demande, dont il demande la cause à soy par vertu de son plegement, et doit dire ses raisons par quel vaie il demande à avoir la accion que il requiert à avoir. Quant il requiert execucion, c'est comme celui qui se plege contre aucune personne qui a certoin jugié ou caupcions sur autre personne, et celui en a auxi dont il requiert que le suen soit premier executé. Et en ceul plegement ne doit avoir point de plet, mès savoir lequel contrat est le premier, et le premier doit estre le premier executé, se il ne l'est, comme dit est ou chappitre des execucions comment execucion doit estre faite. En ce que ceulx qui se plegent requierent paiz, ou declinacion, ou dilacion, les applegemenz ne s'estendent en nulle poursieuste, fors en tant comme la partie adversse voudroit dire que ils devroient chairs de leur plegement. Et [les] plegemenz de pos, de aucion, de execucion, requierent poursieuste si comme dit est.

[52] **Coment pout estre accion dicte et poursseue.** — Accion pout estre dicte et poursseue par deux manieres, c'est assavoir par personel et par réel, et povent bien estre les deux enssemble et chescune par soy si comme il est dit en après. Par accion personel pout l'en poursieudre trois chouses, c'est assavoir crime sur le personnel à estre puni comme il est dit en après comment l'en doit punir les meffesanz; la secunde si est pour moubles mouables ou non mouables[1]; la tierce si est sur

1. *L'A* : Aliqui habent in textu non meubles, et ponunt exemplum en droit convenancier.

heritages, et ainssi accion personel se pout estendre sur toutes chouses. Et aucion [réel] ne se estent que sur meubles et heritages, ou qui devroit avoir le punissement d'aucuns meffaisanz comme dit est en après [à qui] ils doivent appartenir. Par accion personel pout l'auctour atraire le réel à soy [1]; d'autre partie le réel ne atret pas le personel, se il n'y a autre accion. [En] action personel convient que l'en se vantege du fait de la personne que l'en sioulst, comme qui diroit ainssi : *Vous eustes telles chouses qui estaint maies ou à ceul de qui [je] represente la personne, ou me feistes tel meffait ou tel gré, ou fut jugié telle chose sur vous ou sur celuy de qui vous representez la personne, à moy ou à celi de qui je represente la personne,* pour ce que il devisege chescune accion et dige cause et comment [2]. Et ainssi l'accion pout procedier sur le personnel, et doit respondre de son fait et de son dit, et se il s'est establi à representer la personne, quar il pout representer la personne en pluseurs manieres, c'est assavoir comme le hoir, ou successour, ou possessour, ou executour, tutour ou curatour, ou alloué, recepvours ou procureur. Car se il ne s'est establi ou se il ne se establissoit, ou se il n'avoit eu les chouses ou autre pour lui que l'en li demanderoit, nul respons ne serroit en accion d'autruy fait, et pour ce seroit il personel en ce que respons serroit. Et action réel en mouble est une chouse qui est requise de l'actour [3], dom il dit que à lui doit appartenir de certoine cause, comme qui diroit ainssi : *Je voy [là] certaine chose qui est moye. Je requier arest que elle ne soit desvayée tant que je aye approuvé mon droit, et vous requier, Dame justice, que vous m'en saisissiez, vous infourmant de mon*

1. *L'A :* Quia actio fundi potest proponi alibi quam sit fundus. Bartholus in L. Cunctos populos, C., de Su. Tri. et fide, versic. propterea.

2. *L'A :* Nota que en chascune action personnelle fault dire la cause personnelle; autrement le libelle ne procede.

3. *B C D G M N O P Q R S T U a b add. :* à soy.

fait, se il n'y a qui vous garantege [1]. Quar comme dit est, il doit pourssieudre par l'accion de lui ou de celui pour qui il s'entremet, enfourmant du poair ou de celui de qui il represente la personne, ainssi que il doit divisier le fait comment il avoue la chouse à soue, ou par saisine ou par droiture. Et aussi quant justice pout atouchier à la chouse que l'en demande, et l'en ne touche fait d'autre personne que de soy, ou de celui pour qui l'en demande la chouse, ou de la justice, ainssi l'accion est réel. Et auxi est la accion de heritage [réel], comme qui demanderoit certaines mesons ou autres heritages où justice pourroit atouchier à la saisine, dont l'auctour demanderoit à avoir la saisine ou la droiture par la vertu de la demande. Accion qui est réel et personel pout estre poursseue et convenue par deux manieres de justice, comme qui auroit contraté de certoine[s] chouse[s], de mouble ou de heritage, ou auroit despeillé de ceulles chouses ou d'aucunes, l'auctour [le] pout pourssieudre par davant les doux justices, c'est assavoir par davant celui [à] qui les chouses seroient en [sa] juridicion, et cognoestroit celui juge quant à faire restablir la chouse qui seroit demandée davant lui. Ainssin comme dit est seroit ceste action réel. La secunde pourroit estre poursseue sur personel davant ceul qui juge seroit sur la personne qui auroit fait le contrat ou la despeille, ou de ceulx [de] qui ils representeroint la personne comme dit est en la cause [pure] personel. Et sera celui juge quant à faire execucion de la value de la chouse, [et] de la demande des despens et des dopmages, ou cas que il voudroit debatre la chouse qui seroit en autre juridicion. Et pout l'auctour pourssieudre son accion davant les doux justices de ceulle accion, et ne retardera pas l'une pour l'autre juques à la execucion, mès il n'aura pas de reson doux execucions d'un meisme

1. *b c add.* : car posé que les choses fussent en la seasine d'un prestre ou d'un abé ou d'un autre religieux, si en auroit la justice laye comme les choses seroient la cognoessance, *ce qui est une manchette maladroitement introduite dans le texte.*

fait. Et tous deux povent estre juges, et appartient à touz et à chescun à faire justice, ou cas que l'en est requis, juques à tant que acomplissement soit fait en ceul cas et en semblables. Et semblablement en pluseurs autres appartient il à pourssieudre son accion là où elle est esmeue, si l'en n'est retrait, ou si l'en ne ressort à justice suzeraine, ou desdopmagier en tant comme l'en auroit poursseu davant ceul juge qui ne li seroit juge en plus. Et si aucun a pluseurs accions contre aucune partie, il les pout pourssieudre davant touz ceulx qui li povent estre juges [1]. Ainssin de l'accion personel doit l'accion demourer davant celui davant qui elle est esmeue, pour ce que il en daye estre juge, et le debat pendant du personel, ne le doit celui actour aillours pourssieudre du personel, si n'est en ressort ou en retrait, pour ce que il puisse estre juge en toute la accion personel, exceptez les cas dom il est dit ou semblables à ceulx.

[53] **Du divis des accions.** — Action pout estre faite et divisée par pluseurs manieres, car elle chiet en pluseurs cas, c'est assavoir par fait de contrat, [par cas de torffait, par cas de succession, par cas] de requeste [2], par cas de prochaineté, par cas de delès ou de cession, par cas de aumosne ou d'autre donnée, par cas de seurté, par cas de desdomages, par cas de esplez, par cas de saisine, par cas d'office divisié en pluseurs manieres, comme mention est faite en ceste matere en pluseurs cas. [Et en action doit l'en toucher le fait de celuy à qui l'en a fait la demande, ou de celui qui le represente] [3], ou autrement l'auccion ne procede pas.

Premier de l'aucion de CONTRAT diron comment elle se divise, car contrat n'est pas [tenable] qui n'est fait à gré de parties d'un cousté et d'autre presens, ou autres pour eulx ou pour aucun d'eulx qui ait poair à ce, car en contrat doit avoir

1. *L'A :* Verum si l'un n'a jurisdition en toutes les actions, quar si l'un est capable ce seroit vexation.

2. *Énumération très maltraitée dans les manuscrits.* — *A H* par fait de contrat de court fait par succession, par titre de requeste...

3. *Sic G*[4]. — *Les mots entre crochets manquent dans A H.*

obligacion comme il est dit aillours es obligacions, ou contrat ne doit estre [...] [1]. Contrat pout estre fait par donnaison, par pr[o]messe, par recognoessance, par féage, par vente, par loage, par transaccion, par composicion, par permutacion et par engage [2]. Pour ce que contrat a pluseurs manieres dont il convient que chescun qui a [aucune] chouse à gouverner en use[ge] plus que de nule autre accion, dont les uns usent deuement et les autres autrement, [mention est faite par pluseurs cas coment] chescun doit estre gouverné en ceste matere.

TORTFAIT pout estre fait ou par fait ou par dit, ou par l'un ou par l'autre [3], sur le réel ou sur le personel, ou sur l'un ou sur l'autre, d'une partie et d'autre, ou d'un ou de pluseurs ; et en pout l'aucion procedier envers un ou pluseurs. Et si un en est condampné à l'amender, par ceulle condampnacion les autres, qui auroient esté consseilliers participanz ou aydanz, ne seroient ne ne devroient estre quictes, si ceul ou autres ne se obligeaint à faire l'amende pour chescun ou pour aucun, qui chaist en amende peccuniel civile ou par meuble ou par terre, dont ne devroient estre quictes que ceul ou ceulx qui seraient par obligacion conjoinz, et par laquelle obligacion sattisfacion fust faite à court et à partie, et autrement ne devroient estre quictes. Car si le cas chéoit en crime nul n'en pourroit autre garantir [4], car de raison ceul ou ceulx qui ont fait le meffet en doivent porter la paine, comme il est dit aillours et declairié plus planierement en

1. *Le mot final manque dans A H.* — *T add.* : fait. — *G* recepvable. — *Q R* appelé contrat. — *B G*[1] *U a b* reputé.

2. *A H J O M S add.* : par bourgage. — *B G*[3] *I P N U* par morgaige. — *L' A* : Nota quod sit mort gaige : c'est assavoir quant ung chapitre ou ung homme d'Eglise baille deniers pour avoir certain nombre de rentes chascun an, dont ne se peut approprier de sa nature. Mais toutes foys et quantes que le vendeur ou ses hoirs rendront les deniers, ils seront tenuz les recevoir. Et est le dit contraict fait par vente et les fruictz ne seront rabatuz sur le principal.

3. *G*[3] ou par l'un et l'autre.

4. *L'A* : In his que sunt de se vel per se mala, comme batre, tuer, injurier, et cetera. Secus in hiis que accidentaliter vel occasionaliter, comme rompre fossez, couper boys, et in his ultimis y a garant.

ceste matere. Pour ce se doit chescun guestier de faire tortffait, quar l'aucion en pout procedier envers chescun. Car tortffait ne semble pas à contrat, quar puys que contrat est acompli celui à qui le acomplissement est fait n'a reson de faire accion envers autres si n'est pour les dopmages; mès la accion de tortfait est reservée envers touz et chescun qui auroient esté consseillanz [et] participanz et envers les hoirs de ceulx, pour [ce que] la accion en seroit esmeue dedanz le temps qui est precis, comme il est dit aillours en ceste matere, si acomplissement n'est fait du meffesant ou autre pour lui. Et pour ce pout procedier vers touz, ainssi que de là où le predecessour devroit estre crimé, ses hoirs ne [le] seraint pas pour ceul meffait [1], si participanz ou consseillanz ne avoient esté dou meffet fere.

SUCCESSION est divisiée en doux manieres comme il est dit aillours : c'est assavoir à le hoir de sanguinité et à ceul qui est hoir d'autre vaye. Succession pout estre poursseue dou successour [à avoir] les biens de son predecessour envers celui qui les tendroit, ou en auroit esté obligié par fait ou par contrat, ou s'en seroit saisi depuis la mort ou paravant au predecessour. A celui hoir en siet respons, fesant finporter comme il est dit aillours comment finporter doit estre fait. Et auxi li siet respons à avoir les amendes et dommages esclardies on non, et les autres actions qui peussent appartenir au predecessour, pour ce qu'il doit estre son hoir en ceulles chouses. Quar il pout avoir successour par dous vayes comme il est dit, comme ceul qui est hoir de sanguinité, et qui successe les biens que son predecessour tenoit ou qui au predecessour devaint appartenir; et autre qui successe les biens à autre qui tenoit son vivant ou par reson de doayre ou de bienffait, ou de autres chouses [semblables ou] par raison de contraz, ou comme qui successe les rentes de l'Iglise. A le hoir de sanguinité appartiennent les accions personelx et les moublages et [proprietez] au predecessour, fournissant

1. *L'A :* Si l'action de tortfait a esté menée contre le predecesseur, son heritier pourra estre pourseu sans crime. Lege I, C. Ex delict. defunct.

envers les créanciers et envers ceulx à qui le predecessour seroit tenu ou par fait ou par contrat ou par aumosne ou autrement, comme il devroit estre fourni comme il est dit aillours, si le hoir n'est departi par autre vaye. A l'autre [1] n'appartient [que] [2] la succession [3] telle comme el li est deue, fors ou cas que les chouses ne seraient en deu estat, il les pourroit faire mettre à ceul qui le devroit faire, et pourroit estre son aucion comme il est dit aillours juques à la execucion, c'est assavoir envers ceulx qui les chouses auroient en garde et envers lours hoirs, ou envers celui qui les chouses auroit despeilliées, ou par qui les chouses seraint malmises ou empirées; ainssin la accion seroit double juques à la execucion comme il est dit.

REQUESTE pout estre faite envers justice et envers partie, et pout l'un o l'autre et l'un sanz l'autre, comme qui requerroit justice des chouses qui [lui] toucheraint, c'est assavoir des adjournemenz, des execucions, des doliances tant par accusement que par denonciement que autrement, comme il est plus planierement declairé aillours en ceste matere; et auxi vers partie que il ostege son trubie des chouses qui toucheraint accion réel ou y mettroi[ent] [4] empeschement; et auxi que la justice le garantege es chouses où elle seroit tenue [le] garantir comme il est dit aillours, c'est assavoir de atemptat, ou de despeille, ou d'autres chouses qui toucheraint le seigneur ou son office dont il est dit en ceste matere; et ainssi requeste touche justice et partie. Requeste en accion vers partie est de là où l'en doit faire finporter, et de aider à faire deffense où il daie le faire, et auxi en toutes autres accions, car nulles accions ne procedent pas, si l'auctour ne fait requeste en demandant en son accion ou en concluant.

1. *L'A* : Puta celuy qui obtient benefice peult demander vers les hoirs du mort qu'ils reparent les edifices ruyneux. De ista materia vide per Henricum Bohic, in cap. I, Eccle. edi.
2. *Sic L.* — *A H* pas.
3. *G G³ M O P S T U a b add.* : fors.
4. *T* en y mectent. — *U* et n'y mecte.

Action de PROCHAINETÉ touche doux chouses, quar elle pout estre en favour de celui qui la demande, ou en prejudice ou [1] en le pourssevant. En favour, comme celui qui requiert à avoir les biens de son presme fournissant ce que devroit estre. En prejudice, c'est seul qui est pourforcié d'estre garde de son prochain ou de ses biens, comme il est plus planierement declairé en ceste matere.

Action de DELÈS ou de cession, c'est [que] l'en [ait] [2] les chouses qui ont esté delessiées ou cessées, pour ce que il die que à lui daie appartenir par la vertu du lès ou de la cession, dont aucunes chouses sont declairées en ceste matere [3].

Action de AUMOSNE ou autre donnée est que l'en [ait] les chouses qui ont esté aumosnées ou autrement données [4] de ceul qui poair avoit à les donner, et en siet respons à ceul à qui ils ont esté aumosnées ou autrement données envers autres qui les tendraint [ou par qui] elles seraint occupées. Quar envers ceul qui les devroit avoir données, se ils n'estaient aumosnées ou autrement données en presence de parties et par court, ou juré, ou fiancé, ou par bonté faite, ne sierroit respons [5] dom l'aucion seroit touchée envers celui que l'en diroit qui auroit fait la aumosne ou la donne. Mès procederoit envers touz autres, pour ce que il peust monstrer par fait ou par [tesmoignz] que il eust cause de celui qui devroit avoir fait la donne ou l'aumosne, et que ceul eust poair de la faire et la vousist tenir [6], quar se il

1. *L M O Q S* et.

2. *Sic N O P S.* — *A H* quant l'en oayt.

3. *L'A :* Cessionnaire qui est acteur en instance d'action doit apparoir son causéant, alias sa... , avant proceder. Secus en instance de plegement qui ne eslige rien et conserve seulement.

4. *L'A :* En donnaison faicte pour aggreables services donatarius tenetur probare illa servicia, quia illa confessio non probat contra alium.

5. *L'A :* Nota que action de donnaison ne siet ne compete contre les donneurs si la donation n'est faicte en presence des parties, qui est contre ceulx qui font les testaments et disent : « Je donne à tel, » car cela ne vault rien.

6. *L'A :* Nota qu'ils sont deux choses requises avant que donnaison vaille riens, scavoir que le donneur eust pouoir, et qu'il la voulseist tenir. Et sic ergo est locus penitentie in contractu donationis.

aumosnoit ou donnoit les chouses qui ne seraint soues ou qui ne seraint en vente, pour ce que l'en ne les peust avoir par le suen, la aumosne ne la donne ne [tendroit et] devroit estre nulle, se il ne s'i estoit autrement lié ou obligié, par lequel lian ou obligacion il seroit ou fust tenu à resconpassionner la value.

Action de SEURTÉ est quant l'en requiert que l'en ait paiz à coul et es chouses où l'en [la] demande. Et celui qui requiert seurté et la demande la donne, pour ce que seurté li soit donnée comme il est dit aillours.

Action de DESDOMAGE chiet en pluseurs manieres : par contrat, par [delit], par succession, par requeste, par prochaineté, par lès ou par cession, par aumosne ou autre donnée, par seurté, par esplez, par saisine, par office, par chouses appartenant au seigneur ou à sa justice. Ainssin action de desdomages pout estre poursseue par reson de toutes auctions, quar nul ne nulle ne pout faire dommage à autre que il ne soit tenu à le desdommager, si n'est es cas de fortune. Quar en ignorance ne en autre chouse, si n'est des cas dont il est dit en ceste matere, ne devroit nul estre sauvé de là où il auroit fet dopmage que il ne soit tenu à desdomagier, sauf droit d'autre punissement, comme il est dit aillours en ceste matere et comment chescun doit estre plus planierement gouverné.

Action de ESPLEZ pout estre poursseue en demandant respons ou en pourssuyvant que partie poursseve ses esplez, et aussi en exceptant, comme pluseurs cas sont declairez en ceste matere.

Action de SAISINE est quant l'en requiert à avoir la saisine ou respons [1] que l'en demande tant vers court que vers partie, et aussi [de] l'office, tant sur moubles que sur heritages, que sur crimes, dont pluseurs accions sont touchiées, comme il est par pluseurs cas declairé plus planierement en ceste matere.

Action d'OFFICE signiffie justice par enqueste secrete ou denonciation de extorcion, par civile ou par crime, ou par

1. *Da b add.* : de la demande.

meffait fait à present, ou trové [et] arest de justice en pourssieuste, ou de meffait fait à commune de paroesse ou de faire ou de marchié, ou de meffait fait à seigneur ou à sa justice, ou à ceulx qui doivent estre en sa garde, ou d'autres desobeïssances, selon que pluseurs cas sont declairez en ceste matere.

Nul ne nulle ne doit faire autre adjourner si son action ne procede, quar se il le fesoit il seroit tenu es despens par [coustume]; mès il laist à chescun à se appleger. Mès se il se applege es cas qui ne toucheraint pourssieuste, il ne doit requerre adjournement, ne mès si la partie y voulst riens dire contre l'aplegement, quar ou cas que partie n'y vendra par celi adjournement il n'a que faire de venir au terme. Mès qui se aplege il se adjourne à dire les resons de son plegement. Et auxi celui qui s'est applegié, si partie ne le debat, il le pout faire jugier en vertu, et pour ceul jugié, pousé que partie vienge ou non, ne doit avoir court amende ne partie despens [1], se il n'y a autre adjournement ou atemptat, ou si la partie ne voulst faire pourssieuste. Et si la partie qui se seroit aplegiée requeroit aultre adjournement, se il ne se povait vanter que l'autre partie se efforçasi de usier contre son plegement [2], o prouve faite si elle estoit nuyée, il seroit tenu es despens à ceul [qu'il] auroit fait venir [à court] [3] ou [adjourner] [4]. Mès puys que le plegement est jugié en vertu, ceul qui le voudra despecier pout faire la partie adjourner, ou cas que il n'auroit prins assignement comme il est dit aillours que il le doit faire [5], car celui qui a fait son plegement jugier en vertu n'a que faire de venir plus à court, si partie ne atempte. Et puis que plegement est jugié en vertu

1. *L'A :* Contrarium praticatur, car il poye despens de la deffaille.

2. *L'A :* Et hoc en plegement qui requiert poursuyte, comme en pos, action et execution. Et fuit conclusio Parlamenti.

3. *Sic B L N O Q R S. — Manque dans A H.*

4. *Sic D O Q R S U. — A H* le adjournours.

5. *Je suis ici C et les incunables. Dans A H les mots* ou cas que... *jusqu'à* que il le doit faire *ont été transposés dans la phrase précédente. La correction a été faite en marge dans P. — J porte en marge :* Il y a cy interposition.

ceul contre qui il est jugié est tenu es despens, se il le voult despecier, et doivent estre prejudiciaulx, si partie le requiert, et mis les chouses dont l'en se seroit plegié en deu estat. Et quant par constumaces seroit jugié en vertu, si deffailles n'y avoit par quoy cause deust estre gaingnée, comme il est dit aillours en ceste matere par quantes deffailles querelle doit estre gaingnée, n'y serroit autre gaingne. Quar par une deffaille donnée [et trouvé record] [1] de l'ajournement, doit l'en [prendre] [2] et rendre o pleges si partie le requiert par coustume ; la secunde prendre et tenir tant que l'en ait fourni des despens à partie [des] deux deffailles et des amendes à justice, et des autres deffailles la gaingne selon la auccion, comme il est divisié es gaingnes des deffailles aillours en ceste matere.

[54] **Quelles amendes doivent avoir seigneurs pour le fait d'autruy et quelles les parties.** — Quant amendes sont jugiées pour le fait d'autruy, la partie à qui le meffait est fait en doit avoir autretant comme le seigneur, excepté des chouses qui s'enssevent : c'est assavoir des esplez de la court ou des forffaiz par raison des esplez, dont les amendes sont au seigneur et les despens à la partie. Et ou cas que l'en auroit peceyé brandon ou fait atemptat ou escousse à sergeant ou à partie pour les jugiez de la court, la partie ne auroit que la petite amende et le seigneur la grant amende [3]. Et auxi ne devroit pas avoir le seigneur les granz amendes pour les personnes qui auroient esté mehaignées, ains les devroint avoir les mehaingniez, et le seigneur ne devroit avoir que la petite amende, ou cas que villainie ne auroit esté faite au seigneur, comme qui mefferoit es gienz qui seroint en sa garde ou en son chemin ou en sa faire ou en son marchié, ou qui li doivent appartenir ; et en cas semblables à cez et dont il pout procedier sanz denonciacion de partie, il en

1. *Sic JMPT.* — *AH* trouvée et recordée.
2. *Sic MPQT.* — *AHN* premier dire.
3. *L'A :* Si autem in hoc casu aliqua persona sit vulnerata, emenda erit magna tam domino quam offenso.

pourra [lever] les granz amendes. Et pourtant si la grant amende en appartient au seigneur, ne destourbe il pas que les mehaingniez n'en doigent avoir la grant amende ou cas [que] il sera trouvé.

[55] **Coment amendes qui ne se estendent que sur torffaiz civils sans injection doivent estre tauxées au plus que l'en pout par coustume.** — Amende de simple torfait la plus petite est de sept soulz six deniers de homme de ville [1], de bourgeois de dix soulz, de gientilhomme de quinze soulz par coustume. Et si l'en escoait au seigneur ou à ceulx qui seroint pour lui, ou se il pecéot le brandon au seigneur ou son arrest [2] puys que il li aura esté fait assavoir, ou se il atemptoit contre l'aplegement de sa court, ou se il [desmentoit] le lieutenant du seigneur, ou il metroit mains ou sergent au seigneur par mal, ceul qui ce fera doit paier et paiera saixante soulz pour chescun de ces torffaiz, autretant le vilain comme le gientilhomme. Et auxi se il pecéot les trespas de la coustume sans aleguer la franchise [3], ou marchié, ou taverne, ou se il s'en aloit o les denrrées es marchanz sanz congié [hors] ville, pour ce que il ne les prenist en emble, quar se il les embloit il en cherroit en crime ou se il ravissoit les chouses il seroit criminel, et pout et doit chescun estre arrestours des meffesanz et les rendre à justice à punir comme il appartient de coustume. Et se il escoait au seigneur ou se il le desmentoit, l'amende de saixante soulz pour chescun de ces cas doit doubler, quar l'en doit au seigneur faire double honeur et non pas du contraire.

[56] **De amende qui est sourannée.** — Toute amende qui est sourannée doit estre pardonnée ou perdue, si el n'est condi-

1. *D M P R S* villaige.

2. *L'A* : S'il y a arrest entre deux parties, qui adjourne l'arresteur à y resonner, [s'il] touche dempuis aux choses arrestées, pour ce que il est à certain de l'arrest par son adjournement, il est reprochable d'infraction, affin de remplissement ou de desdommage.

3. *L'A* : Gentilhomme ne poye coustume ne paiage de ce que il achete pour son fetiz.

cionnée et respectiée [1], et encore ne doit durer le respit que une année, si elle n'est respictiée [2] de année en année ou si elle n'est conducionnée. Et aussi du tortffait qui ne seroit poursseu en l'année, il [est] estaint par la coustume. Et auxi ne doit estre amende jugiée ne levée des cas de aventure ne de fortune [3], ou cas que il n'est fait de courage de homme ou de famme.

[57] **De amende qui est deue à seigneur comment elle doit estre levée.** — Pour amende à seigneur nulle terre ne doit estre vendue à plainte de seigneur, mès il se pout saisir des fruz et des levées de son fié pour son amende, et se il y a plege donné de l'amende, le plege pout mettre en vente et en bannie [la terre] de ceul pour qui il est plege [4].

[58] **De ceulx qui sont prouvez parjures ou vaincus de cas de crime.** — Tout homme qui est prouvé parjure ou vaincu de cas de crime pert touz ses meubles et sont à celui par qui court il est ataint, pour tant que il les veille avoir et lever en l'année, et pout prendre à sa volenté ou [5] comme il est dit du respit des amendes [6].

[59] **De ceulx qui chiéent de leurs contrediz.** — Qui contredit le jugement qui est fait contre lui, et il en chiet, doit paier quinze solz d'amende, et autant le villain comme le gientilhomme, à son seigneur, et les despens à la partie adversse.

[60] **De ceulx qui mettent mains en leur seigneur et sous-**

1. *L'A* : Nota que aucuns veulent dire que les taux pour estre sourannés ne sont pas perdus. Et allegant L. Comperit cum ibi notatis, C., De prescript. XXX vel XL annorum. Quod non credo verum.

2. *L'A* : Alias repetée, et intelligunt aliqui quando fuit repetita per citationem vel libellum, quare tunc solum interrumpitur. Secus si lis contestetur, quia tunc perpetuatur.

3. *L'A* : Nam de casu fortuito, idem infra cap. CXXIII. Quod intellige nisi culpa præcesserit causam, quod potest colligi ex dicto cap. CXXIII, quem vide. L. prima, § Is quoque, FF. De action. et obligat. Et supra cap. LIII, ibi action de dedommaige, et ex Decretalium Gregorii, lib. III, tit. XV, cap. unico de commodato.

4. *E Q T* pour qui il est encouru. — *B N* encouru comme plege. — *B D G[1] L U a b add.* : s'il ne trouve ailleurs sur quoy se desdommager.

5. *D omet* ou. — *L add.* : faire.

6. *B N* ou en donner respit comme il est dit des amendes.

tiennent les meffesanz contre leur seigneur et le seigneur contre ses hommes. — Qui met mains en son seigneur par mal et le fiert, il pert ce que il tient de lui, si le seigneur ne li fesoit excès paravant [ou aucune] [1] injure, pour quoy il le [fiert] sur soy deffendant. Et se il tenoit en foy, et il fust trouvé que il le eust fait, il seroit prouvé infamme [2]. Et auxi ne devroit il faire villainie ne ledenge, comme de se couschier o sa famme ne o sa fille, si [elle] n'estoit putain publique, ne de les guestier pour villainie lour faire ou autre meffait, ne le seigneur contre son homme especialment de foy [3]; nul ne le devroit faire à l'autre ne soustenir, et auxi perdroit le seigneur son obbeïssance de ses hommes. Et ne devroit le seigneur arrester ses hommes especialment de foy pour tenir lours corps en arrest, si la cause n'estoit certaine ou se il ne entendoit que elle [le] fust. Et pour ce doit il prendre bon assignement du denoncie[ur] [4], quant par denonciacion est fait.

[61] **De ceulx qui fièrent homme ou famme en teste [juques au sang] ou qui leur font perdre aucun de leurs membres.** — Qui fiert homme ou famme en teste [5], pour ce que il soit plaié où il convienge mettre tente, ceul ou ceulle qui le fiert sanz cause le doit amender de saixante soulz, ou qui li peceye un de ses membres. Et se il est roegnié [6], des trois premiers trez, de chescun saixante soulz, et si plus en y a le parsommet est au taux du juge, selon l'estat de la personne et les dopmages de ce que il cousteroit en plet et en garison. Et si celui qui est feru pert un de ses membres pour les colées dont le corps de celui soit blecié, et il en perge son estat par quoy il ne se puisse

1. *Sic D G⁴ L U.* — *A H* en action de.
2. *D G⁴ J L U a b add.* : et perdroit ses meubles.
3. *G⁴ add.* : De cest matiere in c. XVIII et I. Des arrestz qui chéent en action XVIˣˣIII.
4. *Sic G K L M N P.* — *A H* denonciement.
5. *L'A* : Idem dicendum est de facie hominis cum ad similitudinem cœlestis pulchritudinis sit signata.
6. *L'A* : Roigner est quant l'on oste des os de la teste o ung houstil que l'en appelle rogne, secundum Pinczon, barbier de Rennes.

gaingnier [1] et en soit avillenné, ceul qui ferit les colées et [fit] ceulle malefaçon est tenu le pourvoirs tout le cours de la vie au mehaignié selon son estat, tant comme le malfettour aura de puissance, si les chouses dessur dites n'estaint faictes sur soy deffendant ou cas où il peust choirs en autretel perill ou en maire.

[62] **De ceulx qui prannent hors de leur seigneurie sanz cognoessance de cause.** — Si aucun foul prenoit hors de son fié sanz cognoessance de cause aucunes chouses ou les voulist saisir à soy, fust de terres, de rentes, de mesons ou d'autres chouses, et la partie s'en dolist, justice devroit arester celuy foul et la prinse [2], et li donner briefment terme, et ou cas où il ne pourroit monstrer o prouve faite en present ou resons efficaces, l'en respiteroit, et seroit saisi celi qui seroit dessaisi par ceul foul, et prendroit la court pleges de celui de ester à droit ou cas que les parties demourraint sur debat. Et se il estoit trouvé que il eust fet ceule mallefaçon sans cause et à tort, il feroit amende comme de chose ravie, ou cas que il n'auroit seignourie ou hommenage sur celle personne, ou autre pour qui il s'entremeist de qui il fust avoué ou eust [esté] baillé alloué, ou que celui qui auroit fait ceule malefaçon ne pourroit monstrer vers celui que il le deust garantir [et ce que il en] [3] eust fait fust de son commandement ou de son assentement. Et pousé que il eust seignourie, se il fesoit les chouses [à tort], il le devroit amender et desdomagier avant que il obbeïst pour lui, et puys que il le auroit appro[uvé], il s'en pourroit aplegier.

[63] **Comment delivrance doit estre faite de ceulx qui se plegent contre leur seigneur.** — Si aucun homme se plege contre son seigneur nul juge n'est tenu à lier main tant que les parties aient resonné l'un contre l'autre. Et se il est ainssi que la partie contre qui l'en s'est plegié tournege sur prouve, et il

1. *B J P M N* ne puisse pain gaingner.
2. *J M P U* et le prendre.
3. *Sic O S.* — *A H* que l'en li.

n'ait la prouve en present, la main li sera liée du debat, la dilacion pendant, se il ne requiert terme de parler ou se il ne se passe par exoine paravant la main liée. Quar terme de parler et exoine sont [si] prejudiciaulx que ils doivent garder l'estat [1] tant que le terme soit venu, et le terme venu l'en doit au procès aler comme l'en fist ou temps que la dilacion fut quise, si n'est ainssi que il se plegeast de non justicier. Ydonc li devroit son estat estre gardé, et ne le pourroit celui seigneur justicier, tant que il le eust [departi] par droit de son plegement, que ceul seigneur ne atemptast [2].

[64] **De ceulx qui se plegent contre ceulx à qui ils sont tenus par serment ou par jugié et de ceulx qui font passages de lettres ou autres delivrances.** — Nul ne se doit plegier contre jugié de court puis que le temps est chaist du paiement dont il est tenu par son serment, se il ne voulst dire que satisfacion en soit faite depuis le dabte du jugié, ou que le jugié soit faussement empectrié, de laquelle satisffacion pour quoy l'en voulist le jugié executer, et il ait la prouve en present, quar se il n'avoit la prouve en present l'en feroit executer le jugié, o caupcion de fournir droit et de restablir, si la prouve estoit faite. Et se il disoit que satisfacion fut faite en peccune nombrée secretement, il [y] auroit refus de garantie, se il ne se vantoit que ce fust fait par court, quar en ce que est fait par court n'a point de reffus de garantie; et le reffus siet entr'eulx pour ce que à paine pout estre une prouve faite de peccune de deniers, si n'est par la confession d'eulx doux ou de ceulx qui les oscoutent, des chouses qui sont faites secretement; et celui qui seroit vaincu seroit infamme et larron, quar il semble que il voulist embler le paiement. Et nul ne doit accusier autre se il n'y a reson, quar ils doivent estre puniz par un meisme cas. Et si celui qui porte

1. *L'A* : Qui prent parlier en deffense retarde ses demandes. Idem supra cap. XII. Tamen, nonobstant parlier, celuy qui le prent sera pourveu de conseil, s'il le requiert.

2. *L'A* : Verum est : l'homme contre son seigneur, l'attemptat seroit préalable. Secus si inter alias partes, et ita fuit decisum per magistrum Olivarium du Breil.

le jugié vouloit atendre garantie, il n'y auroit point de refus de garantie, et se il ne provoit par tesmoigns, il seroit vaincu, quar chescun se doit garder de faire paiement justement, et auxi de se plegier contre jugié pour le perill, quar justice ne doit point estre esmeue de tenir bataille [1] qu'elle puisse savoir verité par tesmoigns. Et ou cas que il diroit qu'il fust faussement impetrié, et s'en voulist combatre pour lui cuider oster son jugié, et celui qui porteroit le jugié voulist aprouver par trois tesmoignz que il eust esté grayé, il y seroit oy, et n'auroit l'autre lieu de s'en debatre, car de fais de court ne siet reffus de garantie ne bataille jugiée. Et pour ce ne doit l'en faire procès, condampnacion [2] ne autres chouses par court ne qui touchegent fait de court que celui ne soit soy tiers [3], car celui qui passe jugié ou autres chouses doit avoir et y a villainie en ce que trouvé est qui est passé non deuement, comme celui qui en use. Et [en] toute prouve d'esplez de court ne d'autre chouse qui touche fait de court qui daye estre faite par tesmoingz, il convient par coustume que il y ait trois tesmoings et ne pout l'un l'autre enleyer ne metre à serment d'esplez de court. Famme ne doit recorder [sur faiz de court] [4] ne estre juge [5]. Et ne aura que quatre productions sanz refforz, et siet refforz en toute autre prouve, là où l'en trouve favour de prouve [6], en tant comme l'en trouve, et pour ce l'en pout donner de clein de court tant de tesmoingz comme l'en vioulst. Et en autre clein l'en [ne] pout donner que quinze tesmoignz, si refforz n'y siet, et si

1. *L add.* : pour ce.

2. *L'A :* Tabelliones possunt condemnare quia sunt judices cartularii. Glossa in L. I, FF. de Jud.

3. *B D G[1] N T U a b add. :* de tesmoigns.

4. *Sic H en marge et O dans le texte. Manque dans A.*

5. *D U a b add. :* car elles sont ignorantes des droiz.

6. *L'A :* Supple par tesmoings. Secus s'il ne produict que lettres, car lors il n'aura point de reffors. Nota que après publication et la gaigne l'on peult augmenter es fins que davant, faisant prouve presentement par acte, sans jour changer et prenant droict parce que a esté besoigné paravant ou cleu, offrant desdommaige à l'esgard de justice.

refforz siet, l'en en pout donner cinq en oultre. Et ne aura [1] que doux productions en oultre le jour du refforz, et suffist trouver doux tesmoingz tant du principal que du refforz et son serment le tierz. Et si aucunes chouses sont confessées, le cler ne demourra pour [l'oscur] que execucion ne daye estre faicte, et nulle prouve ne pout estre si bien faicte comme par confession de partie en jugement qui ne touche crime, comme il est dit es crimes. Car nul n'est tenu de respondre de rien qui ait esté fait hors court, se il n'y a bonté faicte, ou boursse desliée, ou serment fait comme il est dit aillours. En action pout celui qui a donné le contrat sur entente d'avoir le prest ou la denrée [2], la demander, et y a de temps à la demander deux ans après le contrat donné par droit et plus non, si n'est que debat en pendist qui fust esmeu ou temps des doux anz.

[65] **De ceulx qui prannent sanz cognoessance de cause et n'ont justice, et puis se plegent, comment delivrance en doit estre faite.** — Si aucun faisoit aucunes violences, comme prendre sur aucune personne qui ne fust pas son homme, ou le metre hors de ses mesons ou de ses saisines, et après que il auroit fait ceule malefaçon où il peust avoir cognoessance de cause, et il eust fait ceulles chouses sanz justice ou sanz son commandement, et après la mallefaçon se plegeast que l'en ne le peust dessaisir, non obstant son plegement justice se devroit efforcer de prendre le malffatour et faire restablir celui à qui l'en auroit fait les violences, metant pleges de ester à droit, et [arester] [3] ceul qui a fait les violences, si mestier est, et li metre jour es termes à la fin de faire adrecier les chouses, quar nul ne se doit faire juge en ses causes; car il le devroit amender à court et à partie et desdomagier avant toute ouvre se il n'y a

1. *D U a b add.* : le prouvours.

2. *L'A* : Nota quod hæc exceptio non solum habet locum in pecunia non numerata, sed etiam in aliis rebus. Patet hic ex verbo denrée. Cygnus tenet contrarium in L. In contractibus, Cod., De non numerata pecunia.

3. *Sic D G¹ I L U.* — *A H* à ressesir.

justice [1], quar ce n'est pas fait deuement de dessaisir des chouses [2] où il doit avoir cognoessance de cause, pour ce que partie s'en dolist.

[66] **Comment delivrance doit estre faite des descensses venues de nouvel qui chiéent en debat et des minours comment ils doivent estre pourveuz.** — Si aucunes descensses sont venues de nouvel, où il ait debat entre parties, et aucune personne se vuille efforcer de saisir des chouses de celle descensse, et depuis se plege que l'en ne le puisse dessaisir ne le troubler, non obstant son plegement la court metra la main desur [3] et adjournera les parties es termes. Et s'enfourmera la court sommerement et de plain des chouses et baidra la saisine au prochain [4], non obstant nul autre debat, o pleges de fournir à droit et de restablir si mestier est [5]. Et se il y a minour le juge s'enfourmera o le consseil des amis et des proudes hommes du plus prouffitable des amis, et le pourverra la court de tutour ou curatour, appellez deuement ceulx qui seront à appeller; et se assignera la court du tutour ou curatour, avant qu'el li baige la saisine, de rendre léal compte [6]. Et se il y a des amis devers le pere suffisanz ils doivent avoir la garde [7]. Et puis que homme ou famme mourront ou decepderont sans hoirs de leurs corps engendrez en mariage [8], leurs chouses doivent estre en garde de justice juques à tant que les hoirs les aient retretes de court.

1. *B C N* remede de justice.
2. *B N* autre de ses chouses.
3. *L'A :* La saesine des choses venues de nouvel doit estre baillée au prochain o pleges. Cecy est pratiqué au contraire, contre Dieu et raison.
4. *L'A :* En donneson mutuë ou d'acquetz, in testamento le donateur ne peut se saesir de luy mesmes. Facit cap. XXXVII ubi la court saisist l'hoir.
5. *B D G¹ N U a b add. :* Car nul ne se doit saesir des descences qui viennent de costé, et especialment où il y ait debat, car ils chéent en main de justice, tant qu'ils soient retraictes, et justice les doit garder et bailler à chacun son droit.
6. *L'A :* Nota ad hoc ut judex possit dare tutorem minori quattuor requiruntur glossa in legem Ut proponis, Cod., De confir. tut.
7. *L'A :* Mulier debet infra quadrimestre tempus petere tutelam filiorum. Auth. Presbyteros, Cod., De episc. et cler. circa finem.
8. *L'A :* Nota que le mort saesist le vif, sinon quant il y a enfanz de mariage qui doivent succeder. Leg. Vacantia, Cod., De bonis vac.

[67] **De ceulx qui sont en pouair d'autruy comment ils povent [avoir autres en garde]** [1]. — Nul qui est en poair d'autruy ne doit avoir garde d'autre, si ce n'est homme qui soit en aage, tout [ait] il pere, il pout estre garde, mès que il soit auctorizé de son pere. Adonc pout il estre tutour ou curatour, et pout le juge pourfforcer le pere à li donner auctorité, ou cas que l'en ne trouveroit plus prouffitable.

[68] **Comment famme se pout entremetre de negociement de court.** — Nulle famme ne sera tuteresse, curateresse, procurateresse, juge, ne ne s'entremetra de nul negociement de court, si n'est pour le ou pour son seigneur espous, ou pour ses enffanz, ou pour son pere ou pour sa mere en cas de necessité, quar riens qu'elle feroit ne seroit de nulle vallue. Elle pout bien estre tuteresse de ses enffanz, juques à tant qu'elle soit es secundes noces, à ceulx qui seroint soubz l'aage de quatorze anz ou cas que plus proufitable ne seroit trouvé [2], [et nul tutour ne leur doit estre baillé d'autre que de le juques à tant qu'elle ait refusé la garde d'eulx par court] [3].

[69] **Comment tutours ou curatours doivent donner assignement avant que recepvoir riens de ceul aux minours.** — Quiconques est tutour ou curatour est tenu à jurer faire et procurer le prouffit au minour et eschiver son dopmage à son povair, et s'en plegera lui et le suen, et se il n'estoit suffisant il devroit donner autre plege avant que il recepve riens de ceul au minour [4]. Et doit faire inventoaire des biens au minour davant la justice avant que s'en saisir, affin de rendre léal compte, et se il le fait autrement il chiet en couppe.

[70] **Comment ceulx qui se saisissent d'autruy biens sanz la volenté de ceulx à qui ils sont ou de ceulx qui en ont la garde,**

1. *Sic C D.* — *A H* estre pourveuz d'autre garde.
2. *L'A :* Non autem hec dictio : ou cas... facit rem conditionalem, scilicet quod si alis inveniantur ydoneiores sunt preferendi ; sed si velit assumere et sit ydonea, prefertur omnibus ydoneioribus et ita praticatur.
3. *Sic B D G⁴ J L R U a b.* — *Manque dans A H.*
4. *L'A :* Ergo a contrario sensu, s'il est suffisant il n'est tenu donner plege, licet contra de jure.

en quel péril ils chiéent. — Il est de coustume [1] quiconques se saisit d'autruy biens sanz la voulenté de celuy à qui ils sont ou sanz le y appeller ne la justice, celui à qui sont ceulx biens sera creu de la quantité par son serment, enffourmant par gienz suffisanz que ils cuidassent et creussent que il eust fait bon serment, et tout li doit estre rendu. Et ne se pout nul saisir des biens au minour sanz ceul qui en a la garde; et justice a la garde tant que il soit pourveu, si le pere ne le pourvoit, et encore doit savoir justice la quantité des biens affin que le minour en ait raison.

[71] **Comment tutour et curatour povent vendre les heritages au minour et se comprometre de ses causes.** — Tutour ne curatour ne pout vendre ne alienner nuls des heritages au minour sans le consseil des amis des plus suffisanz et de la justice, et trouvé cause suffisante, à laquelle cause justice mege son decret. Et auxi ne pout il de nulle des chouses audit minour se compromettre ne pacifier sans le consseil et le decret dessur diz. Et a son lieu le menour à rappeller la decepte ou à se faire desdomager sur celui qui l'a en garde, et a de temps quatre anz à se avisier à rappeller la decepte après que son aage est [approuvée] de droit [2].

[72] **Comment tutour ou curatour povent rappeller la decepte au minour.** — Si le tutour ou curatour se appercevoit que il eust blecié son minour, il pout rappeller la errour par lui, ou cas que il n'y auroit fait serment de blecement; adonc seroit rappellé par un autre tutour ou curatour qui li seroit donné. Et ou cas que les procès seraint rappellez, le tutour ou le curatour seraint tenuz à desdomager la partie, quar il appartient aux tutours ou aux curatours à garder la cause au minour, non pas à partie.

[73] **Quant le minour la voult rappeller, comment il la pout rappeller.** — Quant le minour voult rappeller son blecement ou la errour de son tutour ou de son curatour, il estuet que le

1. *G¹ M O Q R T U a b add.* : que.
2. *D L a b add.* : et de coustume il a un an et un jour, et non plus.

minour se plege en disant que il a esté deceu. Se il voulst avoir autre pastour, il baudra par devers la justice les noms de ses amis, et li sera baillé un autre à vairs et à oster la decepte, et sera la partie adjournée ou blecement, quar ce que est fait par court doit tenir tant que il soit despecié auxi par court. Et bien se gart qui procedera en oultre l'aplegement, quar se il est trouvé que il le face contre l'aplegement, il atemptera [1], et sera revoqué et mis en estat deu, pour ce que il soit trouvé que le minour y fust au proucès de paravant blecié.

[74] **Comment justice se doit assigner du minour quant il se plege.** — Justice n'est tenue à recepvre de nul minour aplegement qui est soubz l'aage de quatorze ans, se il ne donne plege autre que de lui, quant à destourber ou despecier jugié ou fait de court. Ainczois sont tenus à les donner se ils voulent que la court les recepve à leur plegement [2], quar si la court recepvoit le plegement et le minour en fust vaincu, il pourroit rappeller son errour, et ainxi seroit la court deceue et seroit tenue à desdomagier la partie adversse contre qui l'en se seroit plegié.

[75] **Comment tutour ou curatour doivent faire quant ils esmouvent plet pour leurs minours.** — Bien se gart tutour ou curatour à se plegier ou à faire autre adjournement ou à plet esmouvoir dont il soit vaincu, quar se il le fait, pour ce que le minour en soit endomagié, le tutour ou curatour sont tenuz à le desdomagier sur le lour.

[76] **Comment le minour se doit faire pourvoirs ainz que il esmouve plet et aussi comment le doit faire celui qui a à faire o le minour.** — nul minour qui est en garde de pastour ne siet respons, se il n'est pourveu de son pere ou de son pastour ou temps, c'est assavoir de celui dont il est besongnié [3],

1. *L'A* : Nam sequitur hic minorem posse sequi restitutionem per viam applegiamenti, nec est opus ad principem recurrere.
2. *L'A* : Fallit en plegement qui requiert paiz et en plegement de premesse, comme appiert par le chap. LXXVII. Aussi quant court ne assigne valablement de denoncier ou cas de crime, et il est vaincu de sa denunciation, justice est tenue à desdommager partie. Supra cap. LXXII et infra cap. CXV.
3. *E* ha besoign. — *C G*[1] *I M N P Q* besoign.

et se il n'est pourveu il se doit faire pourvoirs avant que il ait respons en simple demande, et pour ce se doit guestier justice qu'elle soit assignée de plege de droit, quar si domages siéent et justice ne soit assignée elle est tenue à desdopmager partie adversse, pour ce que quant aucun ou aucune sont adjournez ils sont tenus à venir à leur terme [1]. Et auxi feroit les despens celui ou ceulle qui feroit convenir la partie sanz l'auctorité de son pastour, et se il n'avoit pastour, celui qui auroit à faire o lui l'en devroit faire pourvoirs se il n'estoit pourveu.

[77] **Comment le pere pout faire demande pour son enffant et l'enffant se appleger ou denoncier de soy.** — Le pere pout faire demande pour son enffant ou pour ses enffanz, car il est tutour naturel, et ne [doivent] avoir autre tutour pour tant que il se portege bien en ses autres besongnes, si n'est contre le fait de ceul pere, et li siet respons. Et se pout le minour appleger en tel aage [comme il est] en fait qui requiert paiz ou presmece sans donner autre plege à justice, et le doit justice faire assavoir. Et celui qui voudra le plegement despecier le fera pourvoirs de pastour [2], se il le voult despecier, et ne fera en cest cas le menour ne autre pour lui nuls despens. Et pout le menour sans pastour denuncier ou cas que extorcions lui seraint faictes, une ou pluseurs, et est tenue justice à en procedier contre partie, donnant pleges de ester à droit [3], ou cas que justice ne seroit infourmée de l'excès [4].

[78] **Coment doit estre tutour ostey pour metre autre.** — Puys que court a pourveu le minour de tutour, tant comme il vivra court n'a que faire de l'en pourvoirs d'autre, si l'en

1. *L'A :* Hoc videtur qu'il doit venir delivrer, et en sort bien souvent grosse querelle.

2. *L'A :* Si aucun veult avoir la provision du tuteur ou curateur estre baillée à son adversaire mineur ou en garde, ou que son dit adversaire soit par court auctorizé, il fault intimer l'adjournement et aussi la demande que l'on entent faire.

3. *L add. :* et s'il ne donnoit caupcion ne seroit tenue justice de proceder.

4. *D add. :* quar si elle en estoit informée elle y devroit proceder sans plege.

ne trouve cause pour quoy il ne daye estre tutour. Et si autre ou autres s'en debataint, la court doit faire droit entre les parties; ainz ne doit nul pourfforcier juques à tant que il soit veu ou trouvé reson pour quoy [1], si n'est du gré [2] des parties, es quelles chouses justice doit vairs si c'est le proufit au minour.

[79] **Comment tutour et curatour ont poair et combien chescun a de temps, et comment ils povent contrater ou negocier o le minour.** — Curatour pout estre donné en plusours querelles, quar le curatour n'a pas tant de poair comme le tutour, qui est garde de terre, de corps et de touz les biens, et le curatour n'a garde que de conseillier ou negociement. Quar nul minour ne doit avoir saisine de nul de ses biens qui est soubz l'aage de quatorze anz, mès puis que il aura passé quatorze anz il sera hors de tutelle, et le pourverra la court de curatour à la requeste du minour [3] et des amis qui orront le compte au [tutour]. Et joïra le minour de ses biens, se il n'est despourveu de sen, d'ileuc en avant, c'est assavoir bourgeais et roturiers et gienz de basse condicion, mès la noble personne, pour ce que el a plus à gouverner, atendra l'aage de vingt anz passez, si les amis et la justice ne vaiaint que il fust pourveu de san, et adonc le pout l'en lessier joïr sur l'aage de diz sept anz o le conseil de son curatour. Et est assavoir que nul minour ne se pout contrater ne negocier sans le conseil de son pastour juques à tant que il ait vingt et cinq anz passez [4], mès puis que il a quatorze anz passez il a age de faire serment, et ce que il jurera sera tenu se il n'est fait contre bonnes mours, et ne pout estre rappellé, si ce n'est

1. *D add.* : ne doye estre tutour. — *G P* il en doit estre mis hors.

2. *L'A* : Nota verbum du gré : respuit dationem tutorum, non amotionem, et sic rubrica et textus non sunt idem.

3. *L'A* : Par la constitution le mineur est tenu choisir curateur de la jurisdiction dont il est demeurant.

4. *D G[1] J M P U a b add.* : De droit, mès par la coustume puis qu'il a xx ans passez il est hors de tutelle et de curatelle.

par les prelaz ou par leurs juges, pour [ce que] nul juge seculier ne pout absoudre du serment. Et ne pout le tutour ne le curatour contrater ne negocier o celui minour, tant comme ils en aient la garde, sans autre curatour qui lour soit baillié de justice. Et doit vairs justice que ce ne soit en dopmage du minour, comme si le predecessour au minour estoit en debte dont il convensist terre vendre, celui qui le auroit en garde [la] pourroit achater, ou retraire comme dit est, ou faire semblable cas. Et se il le fait autrement que il est dit, justice en pout proucedier contre lui comme contre parjure [1], excepté du contrat de marchandie dont homme et famme, puys que il appiert que ils sont hors de tutelle, povent marchander, pour ce que les chouses saient mouvables, o autres personnes que o leur tutour ou curatour [2].

[80] **Combien de temps famme doit avoir tutour et combien curatour.** — Famme est en aage à xij anz, pour ce que toutes malices pouent [3] plus en la famme que en le homme [4], quant à estre hors de tutelle, et a la famme age de faire serment. Et doit estre en garde de curatour tant qu'elle soit en poair de

1. *L'A :* Nota que le juge seculier peult proceder contre ung parjure, qui semble contraire à ce que dessus est dit qu'ils ne pevent absouldre de serment.

2. *B D G*[1] *L U a b add. :* Et ce que ils feront en faire ou en marché sera tenu sans rapel des choses dont il est dit. Et combien que justice onayge le compte des biens au mineur, et les amys audit mineur, ils ne peuvent mye donner quictance, si n'est selon l'escript qu'ils apporteront au compte, tant de mise que de recepte, dont mencion en doit estre faicte en la lectre de la quitance, car dedans l'aage au mineur ou dedans le temps qui lui est reservé, il peut ouyr le compte de ses biens, non obstant que justice, curateur et amys l'aint ouy. Car si le tuteur, curateur ou receveur le auroint ouy pour moins qu'ilz ne auroint receu ou plus qu'ilz ne auroint mis, ilz en devroint faire adrecement, et estre pugniz, non obstant compte qu'ils eussent fait ne quitance qu'ilz en eussent. Et ainxi de touz autres comptes qui devroint estre faictz sans decepte. Et doit l'en oster la decepte là où elle pourroit estre trouvée, pour ce que la partie s'en deulge dedans le temps de droit. — *Sur quoi l'Anonyme observe :* Quod est mirabile. Qui a jamais homme en compte n'y perdra rien, quand il y a decepte seulement, sans qu'il soit outre moitié de juste prix.

3. *I* poient. — *I* croissent.

4. *L'A :* Mala herba cito crescit, et citius est subdola mulier et avara. Nota quod malitia supplet ætatem.

mari ou d'autre ordre, pour ce que son san est plus feible que ceul à le homme.

[81] **Comment quant homme et famme sont mariez ensemble et ils sont minours ils doivent estre gouvernez.** — Homme et famme [qui sont mariez ensemble, et] qui sont minours, ne sont pas hors de garde juques à tant que ils ont leur aage. C'est assavoir que autretant dure l'aage de l'homme comme de la famme, quant au negociement de leurs biens, non obstant que ils sont mariez; et si le homme est en aage il est curatour [1] sa famme [2], se il ne vouloit contrater de le heritage sa famme; ydonc auroit il un autre des amis devers sa famme. Et si le mari a pere, le pere à lui li donra auctorité, se il vouloit proucedier des chouses communes ou de ceulles au mari. Et se ils sont minours ils auront l'un et l'autre curatour ou negociement.

[82] **Comment le mari pout usier des biens moubles.** — Les biens moubles sont par coustume au mari atribuez, et en pout faire sa volenté [3], faisant providence à sa famme avenaument durant le mariage entr'oulx, juques à tant que le mari maluse de ses chouses.

[83] **Quant homme ou famme malusent de leurs biens comment administracion leur en doit estre entredite.** — Quant à prouver homme ou famme malusenz de leurs biens il convient que ils saient appelez par adjournement [à] denonciacion de partie à qui il en appartienge. Et il appartient à sa famme, ou à ses enffanz, ou à ceulx qui sont hoirs attendanz ou doivent estre, quar homme ou famme vifs n'ont point de hoir, et à nul autre n'en appartient rien. Et devroit un de ceulx, touz ou

1. *L'A :* Combien que le mari majeur soit ipso jure curateur de sa femme mineure, supple : ad negocia, tamen ad judicia il fault creation.

2. *L'A :* De jure uxor non transit in potestatem mariti, nisi quod ad debitum carnis; secus de consuetudine ut hic.

3. *L'A :* Nota rationem quare maritus est dominus rerum mobilium, quod onera matrimonii habet sustinere. L. Sed cum dotem, § Si autem, FF., Soluto mat. Quid enim tam humanum est fortuitis casibus mulierum uxorem viri esse participem?

pluseurs, dire à la justice : *Nous dimes vers tel*, et le nommer, *que il a malusié de ses biens*, et dire en quelle chouse. Et adonques se il [se] passe par dilacion ou il se deffaille, ils doivent supplier vers la justice que ils sont en tel pourchas, et qu'elle face assavoir et bannir que nul ne li baillege rien, si n'est en la aventure de le perdre. Adonc jugera l'en que ce doit estre et le fera l'en bannir à l'iglise où il sera demourant, ou es lieux où bannie appartient et est acoustumé à estre faicte de celles chouses ou païs. Et se il y a nul ne nulle qui contratege o lui depuis, ne qui li bailliege rien, et il soit malusant prouvé, il le pert et sera de nulle value. Et depuis que il sera jugié malusant, [il] li sera baillié administratour o qui l'en negociera de ses negoces. Et verra la justice o le consseil des amis à ceul malusant son fait, assavoir mon si la famme est prouffitable; lors li baidra l'en la administracion de lui et de ses biens, ou cas que la administracion li sera entredicte, [et si que non] l'en li baidra de ses autres amis des plus prouffitables o le consseil dessur dit. Et adoncq la administracion li est entredite, et fera l'en bannir que nul ne nulle ne leur bailliege rien, quar ils sont prouvez malusanz, se il ne le voulst perdre comme dit est. Et bien se gart qui le leur baidra sanz le consseil de leur administratour, quar se il le fait il le perdra par coustume, juques à tant que court et ses amis vaigent se il pourra avoir bon gouvernement en soy. Et se il a bon gouvernement en soy, il sera reconcilié, car il avient que pluseurs folaient par [juenesce] [1], depuis viennent à bon san et à bon gouvernement, et pour ce se doit il entremetre de ses chouses. Et auxi si la famme est malusante l'en li entrediroit et li devroit l'en auxi faire.

[84] **Comment minours et gienz qui sont en poair d'autruy povent contrater et negocier** [2]. — Homme et famme soubz l'aage de vingt et cinq anz sont minours. [Moynes] et gienz de relligion

1. *Orthographe de E. — Illisible dans A H.*
2. *L'A :* Il semble par le chap. LXXVIIII et CVII que ceci est corrigé et qu'il suffist avoir XX anz passez.

qui ont mestre à qui ils sont obbeïssanz et doivent obbeïr, et homme et famme qui ont pere, ne povent contrater ne negotier o nul ne o nulle qui tienge et soit de nulle value, autrement que il est dit aillours, sanz la auctorité de ceulx en qui poair ils sont, [si ce n'est contre le fait de ceulx en qui poair ils sont]. Et si l'en les fait adjourner sanz la auctorité de ceulx en qui poair ils sont, celui qui les fait adjourner est tenu es despens du terme, deparavant que il face adjourner ceulx en qui poair ils sont à leur donner auctorité [1]. Et auxi, se ils fesoient faire adjournemenz sanz monstrer de leurs poairs, ne leur serroit point de respons.

[85] **Comment ceulx povent et doivent establir procurours et allouez.** — Nul n'a poair de establir procurours ne allouez qui est en poair de autruy sanz l'auctorité de ceul en qui poair il est, si n'est contre le fait d'icelui. Et convient que la auctorité soit scellée de scel autentique, ou de son scel, ou de juge ordinaire, si n'est celui qui devroit donner la auctorité il pout prendre la procuration en son nom, et n'est mestier qu'elle soit scellée de juge ordinaire, quar el ne pourroit estre rappellée que par lui mesme, et il ne pourroit rappeller ce que il auroit fait. Procurour n'a poair de faire plus que il n'appiert que il a de poair, et se il fait plus que son poair ne s'estent et en oultre, il est de nule value et doit estre repputé faux procurours.

[86] **Comment les lettres des procureurs doivent estre divisées et scellées, et comment celui qui est obligié par son scel y doit estre contraint.** — Quant à establir procurours et allouez par lettres quant à negocier generalment, il convient que les moz qui s'enssevent y soient mis. Si elle est en [tierce] personne li esteut que elle soit scellée de scel de court ou de juge ordinaire et que le juge parlege le premier et [dige] : *Davant nous,*

1. *L'A* : Nota tamen que les marchans pevent contracter à raison de leur marchandise nonobstant estre soubz auctorité par constitution. Ung enfant de famille convenu en action de baterie peut excepter de pere vif. Femme du consentement de son mary peult ager de meuble.

tel..., ou : *Par nostre court de tel lieu...*, ou se il parle en premiere personne, il dira : *Scachent touz que je, tel, faz et establis mon alloué et procurour tout general tel, et li donne poair de faire toutes chouses que je feroie, si je present estoie, de jurer en m'arme toute maniere de serment que ordre de droit requiert,* [*et promet*] *à avoir ferme et estable quelconque chouse sera faite par lui tant pour moy que contre moy, et promet à paier le jugié pour celui mon procureur sur l'obligacion de touz mes biens, si mestier est. Et que ce soit voir, je* [*le*] *certiffie par cestes lettres scellées en mon propre scel,* ou dira, se il n'a scel : *du scel à tel gentilhomme à ma requeste,* et le nommera. Quar gientilhomme ou gientilfamme dame de soy, gientilfamme o l'auctorité de son mari, bourgeois, marchanz publiques, gienz d'office, gienz de religion [1] o l'auctorité de ceulx en qui poair ils sont, povent faire procurours et allouez par lettres scellées en leurs seaux, et seront receus et estables en jugement pour tant que elles soient faictes deuement par la coustume. Et si se po[vent] ils lier en autre chouse et se y. obligier, pour ce que ils fussent appellez en jugement à cognoestre [leurs] seaulx, et si seraient ils executez.

[87] **Comment pout ester procurour en jugement par lettres scellées à requeste de scel à gientilhomme et de scel à bourgeois ou marchant.** — Et auxi pourroit ester en jugement le procureur ou alloué qui porteroit les lettres de procuration scellées de scel à gientilhomme, pour ce que le gientilhomme eust biens par quoy il peust adrecier à court et à partie, se il estoit desavoé, et convendroit que il fust escript en la lettre que il y eust mis son scel à la requeste de l'establissant. Auxi

1. *L'A :* Que differentia sit inter monachos et fratres, vide per doctores modernos in cap. 9 Causam que vertitur Decretalium Gregorii, lib. 2, tit. 1, de judiciis. Le juge seculier a pouoir sur le meuble des clerz et l'heritaige, et ne le saulve le privilege que en crime. Par ce moyen sont subgectz à tous devoirs des princes, quintaines et autres choses. Cap. 8 ex parte vestra Decretalium Greg., lib. 3, tit. 3, de clericis conjug. Et vide infra cap. LXXXVIII in fine.

pourroit sceller bourgeois ou marchant sur leurs conpains, il est entendu sur gienz de leur conducion, ainssi toutevois que ceulx qui scelleront les procuracions jureront que l'establissant le lour requist, se ils en sont requis, et se ils sont en deffaut de le jurer ils seront prouvez faux scellours et infames. Et par cest proucès pout le procureur ou alloué requerre, demander et supplier, denoncier, faire adjourner autres et se appleger contre autres comme procureur de proceder [ou] negociement, de retrere les hommes son mestre au jugement de la court son mestre et de le deffendre en toutes ses causes, excepté de donner auctorité ou que son mestre se deust rendre en propre personne. Si le procureur n'a plus de poair ou plus especial procuracion, il n'a en outre point plus de poair, ne rien que il en face n'est de nulle value. Ceulx qui les establissent se doivent guestier quelx gienz ils establissent, quar si la personne du procurour est occupée par quoy il ne puisse ester en jugement, se il n'est generalment procurour en autre querelle [ou] office de droiz, ce seroit ou perill de ceul qui le establira. Mès ou cas que il sera generalment procurour ou officier, et il soit occupé de nouvel ou par sentence de excommunie ou par autre vaye, il [luy] devra estre enjoint que il feist assavoir à son maistre que il venist à son terme, ou que il soit en deu estat, ou que il face autre procurour par quoy il puisse procedier, ou autrement l'en donnera deffaille contre lui ou procedera l'en comme il doit appartenir.

[88] **Les quelx povent et doivent estre procureurs et alloez.** — Nul n'a poair ne ne doit estre receu à procureur se il n'a poair de faire serment, comme gienz infammes ou qui sont soubz l'aage de quatorze anz. Mès tout autre homme pout estre procurour et alloué, ou cas que il ne sera previlegié plus que l'establissant [1], quar ce que il fait n'est pas en son perill, c'est au perill de l'establissant. Et se il est previlegié, et justice seculiere ne le puisse justicier, ou cas que il seroit arresté ou desavoé,

1. *L'A* : Sed hoc solum practicatur in causis criminalibus, quia in civilibus etiam magis privilegiati admittuntur. Non clerc marié.

par corps, ou par meubles, ou par terres, il ne devroit pas estre receu procureur ne alloé par court seculiere. Et pout estre tout clerc marié procureur et alloué, là où procureur pout et doit estre receu, pour ce que il soit personne qui soit estable, quar la justice seculiere a la [cognoessance] sur ses moubles et sur ses heritages et ne le sauve le previlege que ou crime sur la personne de lui. Les chouses que procurours ou officiers feroient devroint tenir, combien que ils fussent infammes paravant que aucun occup[ast] ou excommuni[ez] de plus long temps.

[89] **De ceulx qui sont procureurs par lettres soubz scel d'Iglise.** — Allouez et procureurs qui sont [establiz] soubz scel de Yglise et n'ont autres lettres ne sont pas à estre receus en court seculiere, se il n'y a autres seaulx en leurs lettres appousez et mis à la requeste de l'establissant, pour ce que la court seculiere ne pout corrigier la court de l'Iglise [1], mais la court de l'Iglise pout corrigier la seculiere [2], et ou cas que le procurour seroit desavoé, ce seroit faire dopmage à court et à partie sans prouffit. Mès ou cas que elles seroient scellées d'autres seaux, pour le fait de l'Iglise ne devroit [il] pas estre occupé, car pour ce habundance ne pout ne ne doit nuyre de rien, et non doit nulle autre chouse qui soit en habundance faite, ainz en doit plus valoir.

[90] **De ceulx qui font aplegemenz ou adjournemenz ou nom d'autruy et ne povent monstrer de leur poair.** — Quant homme qui se appelle alloué ou procureur d'autre se plege ou fait adjourner ou nom de lui comme procureur, se il ne pout monstrer de son poair es termes que il [l]'eust paravant l'adjournement, il est tenu à desdopmagier sa partie adversse et rendre amende à la court. Et il appartient à tout sergeant prendre plege de fournir droit, et ne li appartient nulle autre delivrance,

1. *L'A :* Quia supple la court ne justiceroit pas le procureur qui seroit clerc si falsum commiserit vel etiam clericum falso sigillantem. Videtur tamen contrarium in lege Nullum, juncta glossa ubi de hoc, Cod., De testibus.

2. *L'A :* Quod est verum ubi agitur de periculo anime. Alias secus, ut in C. 2 Licet mulieres sexti Decret. libri, tit. II, De jure jurando.

se il n'a congié [ou commandement] ou autre poair de son mestre.

[91] **Des cas dont procureur ne alloué ne doit estre receu, si ce n'est par exoine.** — Nul ne pout faire procureur ne alloé qui le puisse deffendre en cas de crime puis que il a esté nottifié à court, car le procureur ne le alloué ne seraient pas panduz ne ne devroient demourer infammes pour le fait de leur maistre, ne le maistre pour son procureur, si le mestre ne le avoueit depuis le fet. Et auxi ne pout il faire procureur à donner autorité ne seurté, se il ne les donnoit soubz scel autentique ou soubz son propre scel qui deust estre creu [1]. Et auxi en nul arrest de corps ne pout ceul qui est arresté faire procureur ne alloé pour le deffendre en l'arrest, quar il convient que il se renge personelment ou que il deffaille, si ce n'est ou cas que il serait malade de son corps. Adonc pout il mander exoine de maladie, et sera receue ou cas où il apparaistra de la maladie, pour ce que Dieu est plus fort que tout le monde et nous peut donner maladie et santé quant il li plest, et auxi a l'en exoine de maladie en toute autre accion comme il est dit aillours.

[92] **Comment quant procureur est fondé et receu il pout deffendre son maistre.** — Procurour et alloué, ou cas que il est fondé et receu, pout deffendre son maistre pour la journée. Et se il y a aucun plaintif de son mestre, laquelle plainte chiege en crime ou autre arrest de corps, le procureur sera arresté juques à pleges de droit.

[93] **Comment procurour pout estre arresté pour le fait de son maistre.** — Si le procureur ou alloué se passe par dilacion, il li sera enjoint que il ait son mestre es prochains termes, et ne lessera [pas] pour tant justice à prendre son mestre si le cas le donne. Et si le mestre ne vient et il deffauge, il sera en aventure

1. *L'A* : Et nota quod licet procurator non posset constitui ut daret authoritatem vel securitatem : tamen potest citatus ad hoc nominaliter deffendi per procuratorem, ut ad habendum terme de parlier, vel ad allegandum causas absentie, non à avoir jour jugé.

de perdre la cause. Quar par la coustume qui deffault en cas de crime est vaincu à ceulle fin que il n'a jamès lieu de excepter que la garantie ne parlege sur lui, sauf droit d'autre gaigne, puis que il est adjourné personelment. Et en autre cas pout le adjournement suffire par procureur, ainssi toutevoies que il ne devroit pas estre crimé si autre procès n'y avoit.

[94] **Comment le procureur et alloué se pout lier pour son maistre ou pour son seigneur.** — Et si le procureur ou alloué estoit si foul que il feist responsse, il seroit arresté juques à tant que il eust son mestre et que il fust venu pour le avouer ou pour le desavoer. Et si le mestre le desavouait, il feroit adrecement à court et à partie, et ne auroit lieu de se combatre, si ce n'estoit pour son cousin germain ou dedanz. Mès se il estoit son cousin germain, il pourroit faire appel ou deffensse ou cas que les moz le auroient en culx, quar il y a villainnie à tous les cousins germainz ou dedanz, ou cas que il y auroit fait villainnie criminel, comme à ceul à qui elle est faite. Et si l'en l'appelloit par quoy il deust demourer larron ou traitre ou infamme, adonc leur appartendroit la deffensse, mès il devroit bien requerre celui, se il voudroit prendre la bataille sur lui ou la lessier à celui qui la auroit prinse et la requeste faite. Adonc, si le cas le avoit en soy, la bataille seroit jugiée à ceul qui la voudroit prendre ou la devroit avoir de reson, quar elle appartient plus à ceul pour qui elle est enramie que à nul autre, et puis au prouchain de lui, pour ce que il soit personne fondée à qui respons siée en present.

[95] **Comment procurour pout choirs en infameté pour le fait de son maistre.** — Et se il avient que un procureur ou alloué appellege le adversaire son mestre de crime ou de infammeté pour la cause de son mestre qui ne touchast à lui, le procureur devroit estre arresté, et ne li siet point de respons se il n'est dou lignage, ou cas que le mestre ne le voudroit avoer, et seroit vaincu de son appel et demourroit infamme. Quar comme dit est procureur ne pout ester en jugement [pour son mestre] pour le deffendre, ne nul ne pout faire procureur pour ce que

il appareust estre de value, si ce n'est en monstres, ou en enquestes, ou en commissions, qui ne sont de nulles delivrances sur principal de querelle, ou cas que la personne se devroit rendre personelment.

[96] **Les quelx povent appeller et accusier par reson d'autruy fait.** — Et auxi ne pourroit nul appeller par reison d'autruy fait, se il n'est du lignage comme dit est, que il ne deust estre jugié que nul respons li en siet. Et pour ce ne doit nul accusier ne appeller que il ne sache bien que respons li siée, quar se il est jugié que respons ne li siet, il sera vaincu de son accusement et doit estre puny [1] ou cas que [2] ceul le devroit estre se il estoit prouvé du fait. A famme siet respons du meffet que l'en a fait à son mari, comme qui le auroit tué mort ou empiré ses membres dont il ne se pout conbatre. Et si [ser]roit il à tout autre qui pourroit dire que en l'ombre de lui l'en auroit fait le meffait, tout fust la personne estrange, quar le fait lour appartient comme le lour, pour ce que ils [ne] fussent crimez ne leur membres liez de ceul fait ne d'autres.

[97] **Des quelx cas l'en ne doit prendre recréance.** — Nulle justice ne doit prendre recréance des chouses que l'en aura jugiées à autres personnes, et de celui qui est accusé de mutres, d'aguestours de chemins, de larrons, de robours, de tollours, de ravissours, d'ardours de mesons, ne de nul qui soit accusé que il ait fait autre fait dont le cas sonnast que l'en deust mettre à mort ceul qui eust fait le fait, pour ce que l'en treusse presumpcions [contre] le malfettour et accusié [3]. Et ou cas que l'en ne trouveroit riens, adonc devroit justice prendre pleges, quar le plege ne devroit pas estre pandu ne prendre mort, et justice doit savoir les droiz et les coustumes, et sevrer les bons de

1. *L'A* : Pena talionis. Cod., De accus., L. fin. Et super his Extra., De accus. Et sic ne se avance homme à accuser autre, si ne luy touche ou à son prochain.
2. *B N* du cas comme.
3. *L'A* : Idem in casibus in quibus debet fieri amputatio membri. FF. De custodia et exhib. reorum, L. Divus, et L. Si quis, cap. eodem. Et ideo nul ne doit estre detenu s'il n'est trouvé chargé par enqueste ou presumption.

avecques les mauvès et punir les mauvès là où elle trouveroit cause. Et se il y avoit partie qui les accusast de bataille qui peust et deust estre jugiée entr'eulx, adonc li seroit prinson relachiée, à la fin que son corps ne fust blecié ne ses membres, ne que il ne fust plus feible à sa combatre. Quar se il ne fesoit son devoir de la bataille, ou il peceyast prinson et justice le trouvast hors de ses bonnes et l'en le remenast, il serait vaincu [1]. Et se il y avoit pleges donnés à certaine peine pour ce et les chouses fussent faites deuement en jugement, la paine seroit en oultre commise contre les pleges, et devroient estre puniz comme le cas le auroit en soy.

[98] **Pour combien de larrecin et les quelx doivent estre panduz.** — Nul ne doit estre pandu se il n'a emblé plus de cinq soulz ou la value, ou se il n'est prins à fait present, ou o saisine, ou en compagnie de meffesanz, soustenant ou consentant, ou fesant plus granz meffaiz. Et puis que il aura emblé plus de cinq soulz ou la value, ou trové comme dit est, il doit estre pandu, se il n'y a remede de justice [2], quar il semble que il ne soit pas bon, et les mauvès sont bons à oster d'o les bons, et pour donner exemple es autres de se garder de se mesprendre, se il n'est menour soubz l'aage de quatorze anz. Quar se il est menour soubz l'aage de quatorze anz, l'aage le excuse, et n'en chiet en crime ne en infammeté [3].

[99] **Comment ils doivent estre condampnez.** — Nul juge ne doit homme ou famme condampner à mort, si justice ne trouve chouse clere et aperte. Ainczois doit estre toute justice plus esmeue d'asouldre que de condampner, quar homme et famme sont trop forz à nourrir, et ils sont tantoust destruiz; et homme vaulst plus, pour tant que il soit bon, de cent et [de] mille livres,

1. *L'A* : Quid si sponte et de se rediret infra paucos dies? Secus.
2. *L'A* : Aliqui dicunt que le juge peut moderer la peine. Alii dicunt que c'est le prince et qu'il doit ainsi estre entendu là où il dit : s'il n'y a remede de justice.
3. *L'A* : Dicitur masculus doli capax in decimo anno cum dimidio. Instit., De inut. stip., § Pupillus.

et touz doit l'en croire que ils saient bons juques à tant que il soit prouvé du contraire, mès qui ne puniroit les mauvès il en seroit trop. Et pour ce doit l'en savoir la cause clerement, quar elle doit estre plus clere que nulle autre et plus clere que estoile qui est ou ciel, dont homme est condempné à mort [1]. Et pour ce ceulx qui ont justice à gouverner, et especialment en tel cas, doivent [mettre] leurs termes en lieux suffisanz, et y appeller de ceulx qui scevent les droiz et les coustumes, par quoy l'en n'y puisse trouver malice, favour ou ygnorance, et que autre justice n'y treïsse que reprendre, quar nulle justice ne devroit autre crimer de là où partie devroit avoir respons par accion civile, si parties ne s'entr'accusaient [de cas] dont bataille peust ou deust estre jugiée entr'eulx.

[100] **Quant homme ou famme sont achesonnez de crime, coment ils doivent requerre finporter et coment il doit estre fait.** — Et se il est ainssi que il soit achesonné de mutre, ou de mesons ardre, ou de traïson, ou de aguestours de chemins, ou de robours, ou de ravissours, ou de soustenir les malfectours, ou de autres faiz dont il devroit prendre mort, quant aucun est accusé des meffaiz dessurdiz il pout requerre que fin li port, et doit le finporter estre jugié, et suffist à requerre ceulx ou ceulles à qui les meffaiz auroient esté faiz ou cas que ils ne auroient homme ou famme mutriz ou morz [2]. Mès au cas où ils auroient homme ou famme mutriz ou morz, il convendroit requerre les cousins germains et cousines ou dedanz, et la famme se il avoit famme, ou le mari pour sa famme; et seront adjournez à la court assavoir se ils voudront riens demander de la mort de celui leur parent pour qui le accusé est prins et tenu, et que ils viengent

1. *J add.* : Et pour ce l'accusé de tel crime puet faire acort ou transaction o l'accuseur, ne ne sera pas pour tant attaint du fait; mais se l'accusé faisoit acort ou transaction o l'accuseur dont homme ne doit prendre mort, il seroit ataint du fait, et est la raison, car chescun doit en toute maniere deffendre son sang.

2. *L'A* : Si la requeste de fimport est faicte hors jugement en presence du sergent soy tiers de tesmoings, est requis à appeller la partie adverse. Secus si la requeste est en jugement.

pour li en demander [droit] à la court, ou la court procedera comme estre devra. Et [yra] le sergeant de la court ou ceul à qui il sera commis soy tierz de tesmoings où il n'ait point de suspection; et convendra que il ait huit jourz de intervales entre l'adjournement et le terme, et vendront pour apporter lour recort à la court au terme, et jureront à dire voir. Et se il y a famme mariée à qui il conviengе faire requeste, le mari sera requis à li donner auctorité; et se il y a menour qui ait pere, le pere sera requis comme tutour naturel; et se il n'a pere, la court le pourverra de tutour ou de curatour [1]. Et seront requis tutour et curatour et adjournez, et touz ceulx que l'en saura en la Duchié, granz et menuz, au terme. Et le terme venu l'en regardera si l'oure du medi est passée, [et après l'oure de medy passée] l'en les appellera hommes et fammes par leurs noms, tutours et curatours [et] menours, par trois foiz, et se ils ne viennent, l'en les jugera à deffaillanz [2]. Et donc orra la court le recort des commissaires par leurs sermenz, et retournera l'en au finporter, et fera l'en bannir es trais prochaines parroaisses à l'iglise et à l'essue de la messe, où le mort ou le mutilé demourroit, que telle justice tient tel homme ou telle famme pour la mort de tel, dont l'en dit que ils sont coupables, et se il y a nul qui lour en veille riens demander, vienge à tel jour que son terme sera, l'en li en fera droit, ou si que non l'en procedera en oultre comme estre devra; et convendra que il ait huit jourz de intervales entre la bannie et le terme. Et doncques le terme venu, l'en regardera si l'oure de medi est passée, et donc jugera l'en qui n'est venu ou envoié deffaut, et sur le jugement fait l'en appellera par trais foiz : *Se il y a nul ne nulle qui veille riens demander de la mort de tel homme, vienge, l'en li en fera droit.* Et donc sara l'en que il a esté des bannies, et orra l'en... [3]

1. *L'A* : Nota que acteur ne fimporte de tuteur ou curateur present sans apparoir la dation par original.

2. *Autrefois les audiences des justices se tenaient dans la matinée et finissaient à midi.*

3. *Il manque sans doute quelques mots.* — *B N U a b add.* : le record. — *R* la relacion.

des commissaires et par ceulx qui ont esté es bans, et se ils recordent que il ait esté fait deuement, ils retourneront au finporter, ceulx ou autres à qui l'en baidra poair. Et se il n'est fait il sera fait, et bannira l'en juques [à tant que] trais bannies soient faites et passées à chescune des dites parroaisses o suffisanz intervales, et deffailles données et recordées, et fait comme dessus est dit. Et se il n'y a qui en veille riens demander, la court jugera qu'elle a assez fait du finporter et seront jugiez tous ceulx et ceulles vaincuz à qui il en pout appartenir, fournissant à la court.

[101] **Coment delivrance doit estre faicte de ceulx qui sont prins o saisine qui chiet en crime, [ou] à fait present, ou qui ont esté reprins de jurée autreffoiz.** — Adonc propousera l'office de la court, et dira envers le prinson, et regretera le fait et [sera] jugié que il doit respondre. Lors convendra que il neeyge le fait se il voulst estre sauvé, quar se il le cognoest, l'en li fera reson comme appartendra. Et se il née le fait, et il ait esté prins à fait present ou en pourssiouste, ou que le fait soit [fait notairement] à commune de paroesse [1] ou de faire ou de marchié, [il convendra] que il attenge l'enqueste, ou se il a esté autreffoiz reprins de jurée dont il se fust passé par son serment par la coustume puis cinq anz a. Et si l'en ne pout trouver planière prouve, et l'en treïsse commune renommée contre lui ou presumpcions appertes, il [devroit] prendre jous ou attendre gehine par trais foiz. Et se il s'en pout passer sans confession en la gehine [2] ou le joux le sauvast, il apparaistroit bien que Dieux li monsteroit miracles pour lui et devroit estre sauff; et jugera l'en

1. *J M P add.* : Chose notaire est qui est faite en présence de X. hommes, car X. hommes font paroesse. Commune de paroesse est notaire.

2. *L'A* : Confessus se ipsum damnat; adhuc tamen opus est sententia judicis... Hinc est quod dicitur a judicibus : « Ton faict te juge et condamne, non pas moy. » — An confessio in criminalibus sola valeat. Vide unum verbum in cap. LXIV supra et infra capit. CCXCV, ubi videtur innuere quod non; de jure autem videtur quod sic. Cod., De pœnis, leg. Qui sententiam. Nota pro communi forma. Nam si fuerit justa causa accipiendi personam detentam, exoneratur curia.

que il s[er]oit quictes et delivres. Et ne sera pas desdomagié, quar l'en li auroit ce fait par droit ou par coustume, et de là où l'en auroit trouvé presumpcions ou enqueste de fait ou commune renommée. Et auxi ne doit l'en metre homme [ne famme] en joux ou en gehine, tant que l'en ait procedié contre eulx en telle guise, et qui le feroit le devroit amender à suzeraine justice et à partie et desdopmagier: ou si la justice estoit soue et il avoast ceul qui auroit ce fait, il la devroit perdre. Et auxi des autres cas dont il devroit souffrir mort, justice en devroit autretelle delivrance faire comme de la surté et du joux ou de la gehine, quar du finporter suffiroit requerre ceul ou ceulle à qui l'en auroit fait le meffait.

[102] **De ceulx qui ne doivent actendre sur eux enqueste en cas de crime.** — Se il n'est prins au fait present ou en pourssieuste ou que ce ne fust fait notoire comme il est dit, pour ce que il fust demourant ou païs cinq anz a [1] et il soit de bon rest, comme ceul qui vait au moustier et au marchié et n'est prins ne arresté par corps de cas de crime, il pourroit dire, ou cas que justice voudroit proucedier contre lui, que il ne seroit pas tenu à attendre garantie par la coustume ou cas qu'el le pourroit metre à mort et que prouvast que il fust de bon rest. Ou cas que court ne voudroit prouver contre lui de l'assourement, il jureroit de sa bouche et de sa main que il seroit sauf du fait, [et par tant] il s'en devroit aler quicte et delivre par la coustume. Et lors jugera la court qu'elle se devra revairs de la coustume et faire droit en oultre, et devroit la court trouver la coustume telle comme elle est propousée. Et sur la coustume propousée et trouvée, ou cas que court ne voudroit prouver de la saisine ou de l'asourement comme il est dit, l'en devroit jugier que il jurast de sa main et de sa bouche que il fust sauf dou fait [2], [et ce

1. *L'A*. Adaptatur ei quod dicitur FF. De adult., L. Mariti et L. Quinquennium, in actione illius criminis. Et les coustumiers y donnent entendement quant le cas est deparavant cinq ans et non de post. Arti. Nc statuatur post quinquennium.

2. *L'A* : Hoc est qu'il ait esté asseuré dedans lesditz cinq ans.

jurant] [1] il s'en devroit aler quite et delivre de tout en tout, et ne seroit point desdomagié ou cas que il n'atendroit la garantie et se sauveroit par la coustume [2]. Et se il n'avoit demouré ou païs et il allegast la coustume et s'en voulist sauver, si devroit justice se enfourmer par les proudes gienz du païs où il auroit demouré à ses despens, quar justice n'a que faire de prendre travail se il ne les fesoit, et en oultre le [juger] [3] et le delivrer comme les autres du pays.

[103] **De ceulx qui ont attendu l'enqueste et ne trouve l'en riens sur eulx.** — Se il est ainssi que il attenge la garantie, il pourroit dire sur les tesmoings et les desmenbrer se il povait, et ceulx que il ne pourroit desmenbrer seroient tesmoings et les autres seroient mis hors. Et ou cas que l'en ne prouveroit riens contre lui, il seroit absouls du tout en tout, et après que il seroit absouls il pourroit demander desdomages vers la court ou vers ceulx qui le auroient assoré, et les devroit avoir par reson. Quar justice ne doit nul arrester pour cas de crime, se il n'y a commune renommée, ou present accusatour ou denonciatour [4]. Quar quant le cas est appert, l'en doit metre [le malfectour] en forte prinson et garder que il ne eschape, sanz recréance comme dit est. Et se il est prins par denonciatour, ou cas que il ne trove autre chouse dont il puisse faire diligence, il s'en doit aler donnant caupcion de fournir droit [5], quar il semble que le denonciatour le ait fait par haine, quar l'en ne pout faire maire villainie à homme que le prendre de cas de crime. Et pour ce se doit la court assigner dou denonciatour, se il est vaincu, ainz

1. *Sic U a b.* — *Manque dans A H.*
2. *L'A :* Et sic videtur que la coustume veult saulver seulement du procès extraordinaire comme de la question et non de la prouve ordinaire. Non est verum.
3. *Sic J.* — *A H* jugement. — *C I R S T U* fesoit oultre le jugement.
4. *L'A :* Sed tamen videtur per cap. CXIII infra quod solum deberet admitti via denunciationis ad instantiam personarum favorabilium ibi expressarum, et hoc selon la coustume. Mais selon la constitution de Parlement videtur indistincte permitti via denunciationis.
5. *L'A :* Appellatione cautionis simpliciter intelligitur nuda promissio. L. Sancimus, Cod., De verb. signif.

qu'elle face l'arrest sur ceul cas, quar le denonciatour ne pout perillier sur ceul cas fors du desdopmagement et faire adrecement par peccune.

[104] **Comment doit estre prinson faicte à ceulx qui sont prins ou arrestés par accusours.** — Se il y a accuseurs ils doivent avoir prinson l'un comme l'autre, quar ils doivent estre puniz d'un meisme cas comme dit est aillours. Et se ils sont arrestés de cas de mutre ou de autres traïsons ou de roberie, ils ne doivent avoir point de recréance, si la traïson n'est faicte à celui qui s'en douldra ou à son cousin germain ou dedanz. Pour ce que la traïson ait esté faite à l'accusours et ils s'en voulissent aler o pleges, justice les en pout bien envoier du fait qui toucheroit à l'accusours comme dit est.

[105] **Comment prinson doit estre faicte à ceulx qui sont arrestez par accusours de cas de infameté sans ce que ils dayent estre mis à mort.** — Mès si le accusours [l'accuse] de infammeté où il ne daye avoir point de mort, le deffendours pout donner pleges suffisanz de se rendre et fournir droit, non obstant que l'accusours ne voulist rien donner ou ne trouvast pleges, ou cas qu'il ne toucheroit perill de mort, et par tant s'en doit aler le deffensour.

[106] **De ceulx qui sont prins d'office et puis y a accusours.** — Et se il est ainssi que un soit prins et assouré de fait de mutre, et un des amis au mort vensist par avant que la court eust jugié que elle eust assez fait du finporter, et il deist que il eust fait le mutre et en mauvese maniere, à qui reponse seïst comme au cousin germain ou dedanz ou autres comme dit est, pour ce que il ne fust infamme, quar se il est infamme il ne pout nul autre accusier pour ce que la partie en veille excepter. Ou cas que il n'auroit excepcion, il convendroit que le accusé neast le fait et que il offrist [à faire la] deffense par lui ou par autre à la coustume, sauf ses termes et par droit, et se il ne le fesoit il convendroit que il fust prouvé du fait. Et auxi convendroit que l'accusours offrist à faire la prouve par lui ou par autre à la

coustume, [sauf] ses excepcions, dilacions et peremptoaires. Adonc devroit tarder l'office juques à tant que il soit passé de cest procès entre les parties [1].

[107] **Comment doivent estre pourveuz les minours de tutours ou de curatours qui accusent autres de cas de crime, et comment le pastour s'en pout avisier pour le minour et des esplez.** — Et se il y avoit minour qui feist l'apel de traïson, quar tout mutrier est traitre qui ne fait le fait sur soy et en soy deffendant, il convient que il ait tutour, car nulle bataille ne doit estre jugiée o nul minour tant que il ait vingt anz passez, ne ne se doit combatre. Et si le tutour disoit que il se voulist avisier, il auroit terme à pourssuir et alloer [la cause] sur la court. Et auxi siet à tout tutour ou curatour [terme] de se avisier de la querelle à son minour et de ses esplez en quelsconques cas que ce soit, et le terme venu il pout allouer la cause sur la court. Et si le tutour ne vouloit faire la deffensse, la court procederoit vers le accusé et auroit assez fait du finporter tant comme du minour. [Et si le tutour ou le curatour vouloit prendre la bataille il la auroit, mès ce seroit à son perill] [2]. Et si le tutour vouloit maintenir la bataille et dire ainssi : *Je veil que l'aage du minour soit atendue,* la justice devroit jugier que ce devroit estre et pourroit prendre bons pleges à grousse paine de se rendre au terme qui sera mis et assigné quant le minour auroit son aage pour procedier comme estre devroit, ou cas que le meffait ne seroit fait notaire et que le accusé serait de bon rest d'auttrefoiz. Et quant le minour auroit son aage [3], il le pourroit faire adjourner et dire vers la court : *Ge estoie minour, et di envers tel que il estoit assouré de la mort de tel mon cousin germain ou*

1. *L'A :* Finis hujus capituli habet locum quando aliquis privatus supervenit et se format accusatorem. Secus si se adhereret solum pro interesse civili. Vide infra cap. CXIII ex quo potest inferri que les adhesions de procureurs fiscaulx ne se doivent faire sinon en faveur des gens de feible estat. Vide etiam cap. CXV contre les adhesions.

2. *Sic BCDEJNOPRSTU. — Manque dans A H.*

3. *L'A :* Après XX ans et I jour est enfant en aage. Supra LXXIX et par ce corrigitur cap. LXXXIIII.

dedans que il avoit ocis et mutri et en mauvese maniere. Je ne m'en veil pas combatre, ainczois alloue la cause sur la court, quar je y pourroie perillier. Adonc procedera la court contre le accusié et aura assez fait celui du finporter, et pour ce ne doit pas justice tarder [1], pour le fait ou pour le dit du minour qui se pout repentir, contre ceulx qui pourroient estre trouvez coupables [2].

[108] **En quel perill pout choirs ceul qui est accusié de crime quant il deffault** [3]. — Et si le menour fesoit adjourner le accusié son aage venue, et au jour du terme l'accusé ne venist ne ne envoiast, et il fust appellé et audiencié, l'oure de medi [4] presagiée et passée, et le adjournement suffisaument recordé, en cause de crime l'en le pourroit appeller à vaincu, quar qui deffaut en crime il semble que il soit fuitif, et qui est adjourné il se doit rendre avant l'oure [de medi] à la court. Et adonc seroit il adjourné de rechief, o intimacion o trais tesmoingz, que il venist pour la court garantir ou cas de crime sur lui mis, ou l'en feroit droit et procederoit l'en contre lui. Et se il venoit es autres termes et il ne trouvast reson efficace, l'en li pourroit dire que il seroit ataint du fait et la paine commise sur lui et sur ses pleges. Et qui ne le trouveroit il seroit adjourné à ban à l'iglise où il auroit acoustumé à demourer et au principal marchié de la chastelenie tant que il fust [mis à forban] [5]. Et ou cas que

1. *L'A :* Et ideo quod dictum est supra que l'aage du mineur doit estre atendue, hoc est de bene esse et non de rigore. O. du Breil.

2. *L'A :* Nota que en delictz si plusieurs ont agé assemblement affin d'amende et l'un ne veult plus conduire le proceix, ce neant moins les autres conduiront pour leurs interestz, non obstante titulo De consortibus ejusdem litis et lege Nulli, Cod., De judic., et ainsi a esté jugé en Parlement. Secus in actione civili, si materia est connexa.

3. *L'A :* Super hoc capit. dicit magister Olivarius du Breil quod si criminosus non fuerit personaliter deprehensus, tunc proceditur ad bannum per modum contumaciarum, ut infra cap. proximo.

4. *G⁴ add. :* Deffailles ne devent estre données deparavant [*glose passée dans le texte*].

5. *L'A :* Nota ex hoc capit. in causa arresti alicujus accusati de crimine et recreati per cautionem, sufficiunt due contumacie ut ponatur ad forbannum. Ideo multo plus incarcerato.

il a esté prins et rendu o pleges, si le terme li est assigné personalment il sera mis à forban par deux deffailles, se il n'y a remede de justice, et de la volenté à ceulx qui le povent faire, enfourmant la court suseraine. Et le devroit la court [appeller] à [sa] manssion et à la paroesse par bans [et] es doux prochains marchiés assavoir se il y a que dire à l'infourmacion, et l'infourmacion faite elle devroit infourmer le grant siege dou dit [lieu] [1], — et si le marchié ne estoit à ceul seigneur qui sieudroit le prinson ou le malfectour, si seraint les banz faiz par la court à celui à qui les marchiez seraient, à la suplicacion du seigneur qui feroit la sieuste contre le malfectour, — et appeller l'accusié en autretelle maniere et à la cité, et puis donner le forban par toute la Duchié et le metre à forban par jugement comme il est en après divisié.

[109] **Comment homme et famme doivent estre mis à forban.** — Homme et famme doivent estre mis à forban d'autres cas que de prinson brisiée, et il estuet [2] que ils soient deffaillanz juques à neuf foiz par coustume par davant celui qui les vioulst metre à forban [3]. Et doivent estre faiz les adjournemenz comme il s'enssuit : c'est assavoir les trois premiers à l'oustel où le malfectour a acoustumé à demourer, o recort suffisant; et les autres trais auxi à l'oustel et à la paroesse par ban, au jour de dimanche, à l'yssue de la messe; et les autres trais auxi à l'oustel et à la paroesse par ban et es deux [prochains] [4] marchiez. Et se il n'a ou païs demouré, ils doivent estre faiz ou marchié et à la paroesse où le meffait auroit esté fait ou [5] terrouer dont l'accusé seroit appellé. Et dira l'en ainssi : *Ouez le ban au seigneur de la ville de tel lieu, à la suplicacion de*

1. *Manque dans A H.* — *I J P* du Duc.
2. *L a b* Quant homme et famme..., il estuet...
3. *L'A :* Non obstant le procureur et partie estre adherez affin de reparation et amende d'avoir batu et mutilé la partie adherée, le deffaillant par trois fois sera vaincu par la coustume. Ce est entendu en crime capital. Et combien que au premier cas l'on age civillement, toutes foys c'est crime.
4. *Sic B C J N T U.* — *A H* jours de.
5. *O P add.* au.

tel seigneur, si c'est fait par vaie de suplicacion, *l'en adjourne tel, acusé de tel meffait, que il vienge à tel jour, à tel lieu, que les termes à tel seigneur seront, pour fournir droit de tel cas à court et à partie qui li en voudra riens demander, ou si que non l'en procedera contre lui comme il appartendra.* Et se il y a nul ne nulle qui le puisse savoir ne trouver, si le prenge et le ensaignege à justice, ou levege le cri après lui, et y augent touz et toutes pour le prendre et rendre à la justice, et facent chescun son devoir sur quanques ils se povent mesprendre, soit de corps, de meubles et de toutes autres chouses, et ne le soustienge nul ne nulle. Et devroit avoir entre les adjournemenz faiz et chescun terme huit jourz au mains de intervales, si plus n'y avoit, c'est assavoir des trais premieres deffailles; et des trais secundes deffailles suffisaument recordées et jugiées, entre chescune quinze jourz de intervales; et entre les trois derraines deffailles, entre chescune un mois. Et puis les deffailles ainssi faites, données, jugiées et recordées, l'en devroit infourmer l'une justice et l'autre, comme dit est de ceul qui voudroit donner le forban, et, l'infourmacion ainsi faite, faire [le jugement]. Quant homme et famme sont mis à forban par jugement, l'en doit prendre quatre chevaistres et metre es quatre portes de la ville où le jugement aura esté fait ou es lieux où les portes devroient estre, et sera appellé à ban, et bannira l'en qui trouvera le malfectour que le rende à justice comme dit est et comme prouvé et ataint par jugement du fait et segond que droit et coustume le requierent.

[110] **De ceulx qui soustiennent le forbani.** — Bien se gart qui le soustendra depuis le forban, quar qui le soustendra depuis et justice le sceust, [et il soit] [1] acusé que il auroit soustenu le forbani, il devroit estre puni comme le forbanni, quar soustenanz et consentanz de meffesanz doivent estre puniz

1. *Sic B N.* — *Manque dans A H.* — *D* et justice le saiche et l'en accusege, et il soit trouvé que. — *J* accuser le pourroit disant que. — *P* et en fust accusé et seroit trouvé contre lui que.

comme les meffesanz, excepté cousins germains, cousines germaines et dedanz, qui ne sont pas tenuz à eulx et leur sang honnir [1], quar se ils honnissent leur cousin et leur sang dessurdiz ils honnissent eulx meismes, quar par nature ils sont une meisme char et sang par coustume quant ils sont si près de lignage. Et auxi en sont clercs exceptez, qui ne sont pas tenuz à prendre ne faire prendre les seculiers pour leur previlege ne les accusier, et auxi ne les doivent ils soustenir.

[111] **Dedanz combien de temps le forbanni se pout rendre après le forban et avoir sa delivrance par coustume.** — Et non obstant ce que l'en auroit ainssi proucedié contre lui, il se pourroit rendre dedanz quarante jourz à la justice, et aler es portes et arrachier les chevaistres et desdire le fait. Et se il n'y avoit qui s'en voulist combatre o lui, il s'en deliveroit par la coustume par son serment, ou cas que il n'auroit esté trouvé de mauveys rest depuis cinq anz derroins passez, [ou] que il n'auroit esté prins à fait present, ou [fait] le fait à commune comme il est dit, ou que il n'auroit prinson brisée. Et doit justice contre tous et toutes mauvès et mauveses des cas qui sonnent crime et dont ils doivent estre mis à mort procedier en telle guise. Et se il estoit de mauvès rest trouvé depuis les diz cinq anz encza, ou se il avoit esté prins à fait present, ou le fait fait comme il est dit, adonc devroit l'en procedier contre li comme l'en doit faire en tel cas, quar la sentence que l'en aura donnée contre lui en absence de lui ne lui devroit riens nuyre, pour tant que il se rendist de sa volenté et paravant que il fust prins; et devroit estre oy à dire ses resons contre le fait principal et contre les deffailles et touz les autres esplez. Et si les quarante jourz estoint passez après le forban et il ne se fust rendu, il n'auroit jamès lieu de excepter contre ce que justice auroit fait que il ne

1. *L'A* : Lupus alienas carnes mordet, suam vero lambit.

fust mis à execucion, si n'estoit de volenté de justice et de ceulx à qui le meffait auroit esté fait [1].

[112] **Comment les condempnez doivent estre mis à mort.** — Traitres et mutriers doivent estre trainez dès les lieux où ils sont jugiez juques aux lieux où ils doivent estre panduz ; et auxi des aguestours de chemins par roberie, des ardours de mesons par [mauvestié] [2], ravissours de fammes et d'autres biens. Les larrons ne doivent estre que panduz. Les bougres, qui sont traitres [3] et pis, doivent estre ars. Faux monnéers doivent estre boulliz et puis panduz. Gienz qui se occient à leur escient, ou qui font chouses par quoy eulx ou autres seraient perilliez à leur escient, sanz ce que ils y eussent ne peussent avoir point de prouffit fors la mauvese entente, comme aucuns qui font aucun jou pour faire perillier aucun de leurs ennemis, auxi doivent ils estre panduz. Et les clercs qui seraint faux monnéers devraint estre renduz es prelaz ou qui auroit cause des prelaz, se ils le requierent, donnant caupcion de les rendre se il estoit trouvé contre eulx que ils soient faux monnéers, quar ils sont tenuz les desgrader du previlege se il est trouvé davant eulx que ils saient faux monnéers.

[113] **Coment justice doit procedier à denonciacion de partie.** — Quiconques meffait à minour et à gient qui sont en garde de justice ou en garde de sainte Yglise, fammes et g[illegible]nz de feible estat de biens ou de corps, et à gienz qui viennent et vont au marchié, ou au moustier, ou en pelerinage, ou aux termes au seigneur, ou au fou, ou à l'eve, de fait d'Iglise, de marché ou de faire, ou de la mer, ou de chemin qui fait vaie à faire ou à marchié ou à ville marchande, de communs, ou de bonnes

1. *L'A :* L'en pourroit arguer contre, car qui default en cas de crime est vaincu à celle fin qu'il ne peult refuser garantie. Responce : Ce a lieu quant le cas est intimé à la partie ou à son procureur ; et en cest cas quod bannitus rediens audiatur. Vide Barthol. in leg. In laqueum, FF. De acq. rerum dom., ubi movet questionem.

2. *Sic 1.* — *A H* menace.

3. *L'A :* Quis scilicet sit proditor, Bartholus, in L. Nemo clericus, Cod., De summa Trinitate et fide catholica.

arrachi[ées], quiconques lour meffait ou suffre que l'en lour meffac e en tel estat, justice en pout procedier contr'eulx à denonciation de partie, et li en siet respons; et est justice tenue à en procedier et à faire faire adrecement à court et à partie des chouses qui touchent son office, comme dit est ou chappitre : *Comment les seigneurs doivent justicier leurs hommes.*

[114] **Comment justice doit procedier de grous meffaiz sans denonciacion de partie** [1]. — Quant un grous meffait est fait en un pays, comme de mutres, de arsseiz de mesons et de biens, ou de roberie, ou de peceyer chemins, ou d'iglise, ou de vesseaux sur mer qui vont ou d'autres grous meffaiz, justice est tenue à en faire jurée des gienz du païs, des hommes, fammes et enffanz, et sergeants qui poair ont de faire serment [2], et leur demander [où ils furent] la journée ou la nuytée que le meffait fut fait. Et si la justice trouve que les gienz d'un oustel saient variables, justice les pout arrester, et auxi si elle pout trouver par autres que aucun en soit souppeçonné et qu'el puisse trouver la cause de la suspeccion, elle en procedera contr'eulx comme el doit faire de coustume selon que l'en doit faire de ceulx cas. Et lour doit la justice faire interrogatoaire et leur demander coment ils estoient, et o qui chescun se coucha, et o qui il mamgea, et quelle viande ils mamgierent, et que ils burent, et autres paroles et chouses semblables, sanz faire demande ne semblant du fait juques à tant que la variableté soit trouvée.

[115] **Des chouses dont justice pout procedier sanz denonciacion** [3]. — Justice pout procedier sanz denonciacion des chouses qui sont [trouvées] par jurée ou par suspeccion, qui chiéent en crime pour la cause dont il est paravant dit. Et si

1. *L'A* : Notanter dicit de partie, car s'il y a partie, il fault faire selon elle, cap. CXVI.

2. *L'A* : Nota de tesmoignage d'enfans qui ont pouoir de faire serment.

3. *L'A* : En ce chapitre est traicté de sauvegarde enfrainte, où ceulx du conseil fondent leur jurisdiction la pluspart du temps.

pout el procedier es chouses où le seigneur seroit endopmagié ou avillenné, comme qui mefferoit ou mesdiroit es gienz de son oustel ou à ses officiers, ou qui peçaieroit son marchié ou sa faire, ou qui atempteroit contre le plegement de sa court ou contre sa garde, ou que il devroit avoir en sa garde, quar nul ne se pout joïr de garde, si n'est de la garde au prince de la terre [1], [et aussi] des cas qui pourroient estre semblables à ceulx. Et si en seroit justice tenue à en [requerre ceul] à qui le meffait serait fait, et se il vouloit pourssieudre justice y devroit voirs que il feroit, affin que la cause à l'un quel à l'autre ne fust empirée; et se il se delessoit, pour tant ne retarderoit point l'accion de la court. Et aussi pout et doit justice procedier de toute accion où il a par violence sang de homme ou de famme espandu.

[116] **De quoy l'en doit faire jurée à instance de partie.** — Et se il est ainssi que aucune personne se plainge que l'en li ait emblé aucune chose, de là où homme ou famme devroit souffrir mort se ils estoint prouvez du fait, pour ce que ceul qui se plaint veille jurer sur sainz que il ne sceit de qui se plaindre, justice en devroit faire la jurée et l'enqueste comme dit est qu'elle doit faire des groux meffaiz [2].

[117] **Les quelx cas de larrecin chiéent en paine de mort et les queulx en infameté.** — L'en ne doit pas jurée ne enqueste [faire], là où il n'a doliance faicte, pour chescune hongnerie. Quar quiconques est trouvé que il ait emblé plus de cinq soulz, ou la value, [doit] estre jugié à mort par coustume; et ou cas que il aura emblé plus de treze deniers il chiet en crime à ceulle fin que il est prouvé infamme, et pout justice faire sa volenté de ses meubles; et soubz le maindre [pris] de treze deniers l'en doit batre le meffesant et faire rusier de vaie,

1. *L'A* : Non valet securitas nisi a principe fuerit concessa in territorio suo. Quidam tamen dicunt quod potest etiam dari a judice in territorio suo.

2. *L'A* : Nota ex hoc cap. communem modum faciendi, car souvent l'on ordonne une enqueste à instance et sur doleance de partie, jaçoit qu'elle sache bien qui a fait le mal.

comme qui le voudroit celer à justice, et justice ne s'en doit esmouvoir.

[118] **De quoy doivent estre hoirs les hoirs de la chair es condampnez.** — Nul ne doit estre puni par reson pour fait de autruy, si coustume ne use dou contraire, quar par coustume nul ne pout faire autre hoir [1] que ceulx qui sont establiz par droit et par coustume quant à ses [heritages], si celui à qui les heritages sont ne les en desapproprie par les titres, ou par un ou par pluseurs, qui sont divisiez en la coustume. Et auxi ne doivent rien perdre les hoirs pour le meffet de leur predecessour, se ils ne sont participanz ou consentanz ou meffait; et auxi la famme pour le fait du mari, ne le mari pour le fait de la famme autrement que il est dit aillours. Et pour ce si aucun ou aucune a desservi mort, et il la prenge par jugement, justice n'a que vairs ne que prendre en ses heritages, ainczois doivent tourner à ses hoirs qui sont establiz de droit et de coustume, et auxi les meubles qui leur doivent appartenir de droit et de coustume. Et pour ce [qu'il] pourroit faire sa volenté de ses meubles, se il mouroit comme proudomme [2], seront ils à la justice à la fin de la desdomagier de la pourssieuste qu'elle a fait contre le m sant, [et] est ottroié à la justice son mouble, à la fin que justice soit plus esmeue de faire enquestes et de punir les meffesanz, quar qui ne les puniroit il en seroit trop, et il est moult de justices qui héent à prendre travall, se ils n'y prennent aucun prouffit. Et auxi ne devroit pas justice prendre à tort sur gienz de bon rest pour avoir le lour, quar se ils le fesoient en ceulle entente, ils devroient estre puniz en autretelle maniere et cas, et la juridicion au seigneur estre perdue à touz jours mès à

1. *L'A* : Qui Deum vult instituere et proprium filium exheredare, alium quœrat pro filio quam Augustinum, ut in glossa legis Papinianus, § Si imperator, FF. De inof. testam.

2. *L'A* : Nota verbum prudomme. Intellige secundum quosdam de medietate bonorum mobilium, si in matrimonio steterit per annum et diem adeo quod bona sunt communia inter ipsos. Et hoc si sunt nobiles. Si sint ignobiles, intellige de tertia parte, secundum quod bona dividentur.

lui et à ses hoirs. Et si la traïson est faite au seigneur, ou un mauvès [soit fuytif][1] comme il est dit aillours, et s'il est prouvé par bannie comme traitre ou autrement, et justice ne pout faire execucion de lui pour sa fuiste, en cest cas il pert moubles et heritages sa vie. Et se il est depuis robours ou mutrier et il en soit prins et mis à mort, tout en devroit estre perdu à lui et à ses hoirs et ne devroit avoir autre hoir que la justice, à la fin de donner exemple que nul ne doit faire meffait sur meffet [2].

[119] **Comment ceulx chiéent en coupe qui achatent denrrées qui ont esté emblées.** — Nul ne doit achater denrrées en lieu reboust, se il ne sceit à dire de qui, ou se il n'a bon plege de les li garantir, et especialment se il n'est marchant de telle marchandie ou se il ne se povait vanter que il la eust achatée en faire ou en marchié, et encore seroit il en doubte. Car se ils estoient emblées, et il ne peust monstrer que ils les eust achatées comme dit est, il n'en seroit pas creu pour dire : *Je les ay achatées*, ainczois devroit estre puni par coustume ou cas où il ne trouveroit son garant, ou tesmoingz ou renommée pour lui. Et pousé que il les eust achatées en marchié ou en faire, si celui qui les avoit adirées les povait prouver à soues, il les auroit et les perdroit le achatour et quanques il y auroit mis, se il ne se povait revengier sur ceul qui les auroit vendues et sur ses pleges ou sur ses hoirs.

[120] **Comment justice doit estre faite des chouses qui sont trouvées en la possession de qui que soit, previlegié ou non, qui ont esté emblées.** — Si aucunes chouses estoient emblées, et ceul à qui ils seroient les trovast en la saisine de quelconques persone, fust religieux ou clerc ou prestre ou lay, il les pourroit faire arrester par court seculiere et en cognoestroit le juge seculier quant à faire restablir la chouse [3], quar en cest cas elle

1. *Sic DEIU.* — *AH* un mauvès fait fust fet.

2. *L'A* : Et sic nota unum casum in quo convictus de crime pert ses biens, tant meubles que heritaiges.

3. *L'A* : Secus in personali ut ibi circa principium. Ibi en action personel en cas de default de droit le juge d'Eglise en peult cognoistre, et hoc est propter negligentiam judicis secularis, quod alias non potuisset.

seroit réel, et nous appellon la chouse réel qui se gouverne sans le fait de personne touchant, comme il est dit aillours es auccions. Et par tant appartient au juge seculier à cognoestre du réel, et nul n'en pourroit si bien faire execucion comme celui à qui la juridicion en appartient. Et pour ce nul autre juge ne s'en devroit entremetre si ce n'estoit en deffaut de jugier droit, et les juges de Yglise sont tenus à punir leurs clercs ou sourplus des meffaiz prouvez davant eulx.

[121] **De ceulx qui se meffont et ont autruy biens à gouverner.** — Nul ne doit estre puni pour autruy meffet, se il n'est participant ou consentant ou soustenant, comme si aucun bailloit son cheval ou sa charreste ou autres chouses à autre à gouverner, et celui qui le auroit en gouvernement se meffeist par autre vaye que par la chouse que il gouvernera, justice n'a que prendre fors en tant comme le meffesant y prendra pour son servige et pour autre chouse, ne nul autre en plus.

[122] **Des bestes ou des autres chouses qui feroint le meffait.** — Mès si les chevalx ou la charreste ou autre chouse fesoint le meffet, adrecement en seroit fait sur la value, et ne les devroit nul [avoer] ou cas où ils auroient homme ou famme ou enffanz tuez morz, quar se ils les [avouaient] ils feroient adrecement à court et à partie ou aux amis prochains au mort sur touz leurs biens, ou devroient faire.

[123] **De ceulx qui doivent avoir la amende dou meffait à celui qui est mort.** — Il est entendu que le pere ou la mere auront l'amende de leurs enffanz, ou cas où les enffanz n'auront enffanz de leur corps, et auxi les prochains amis à qui la descensse devroit aler, et n'y a justice que prendre, fors en tant comme son [labour seroit] [1], des cas qui escherroient par meschief ou par fortune.

[124] **De ceulx qui sont semons à oïr parler le prinson que ils tiennent.** — Si aucun seigneur tient aucune personne en prinson

1. *L'A* : Nota que justice peut prendre salaire pour son travail.

et il y eust qui s'en dolist à suzeraine justice, ou le prinson ou autre de ses amis requiergent que il soit semons à l'oïr parler, celui qui le tendra le doit rendre [1]; et si le prinson ne trouve reson efficace contre le seigneur pour quoy il ne le daye tenir, o prouve faite en present, il l'en remainra o lui, [sauf] [2] à faire droit entre le prinson et le seigneur ou autre à qui il en daye appartenir, quar qui le appelleroit par suzeraine court nul n'en devroit avoir le retreit.

[125] **De ceulx qui devéent à seurté donner.** — Justice doit prendre et arester tout homme qui devée à seurté donner à autre, pour ce que justice soit si forte; et si elle n'est si forte, le pourssieudre tant que [il] ait fait [adrec]ement du devéement pour le perill qui en pourroit advenir.

[126] **Dou meffait que l'en fait ou deffié.** — Et se il est ainsi que aucune personne menacege autre, et le menacié requierge seurté, et le menaçours la deveége à donner, et justice ne soit si forte qu'elle le puisse prendre ne tenir, et l'en mefface au menacié, celui qui aura deveyé à donner la seurté fera adrecement selon le meffait, se il n'estoit trouvé que autres eussent fait le meffait où [il] ne eust point de coupe.

[127] **Dou meffait que l'en fait à celui qui [a] autre deffié.** — Et se il advenoit que le menacié meffeist au menaçours à son corps, ou [cas] que il [ne] seroit assailli en son ostel, ou en taverne, ou en yglise, ou en chemin, ou en son pourprins, ou en faire, ou en marchié, ou en lieux recaiz, prouvant [la menace], il devroit estre absouls; et encore se il li meffesoit en tel cas, pour ce que il ne le meist à mort ou que il le mutilast ou ses biens [3], dont il peust choirs en crime, devroit il estre absouls, et pour ce ne doit nul devéer seurté.

[128] **Coment surté doit estre donnée.** — Et si celui qui

1. *L'A* : Neantmoins plegement d'ung tiers de non justicer, il sera justicé si l'actemptat n'estoit irreparable comme d'abatre boys ou autres choses, car il fauldroit y garder estat.
2. *Sic* ***CDJNTU a b.*** — *Manque dans* ***A H.***
3. ***G***[1] ***S*** ou ses membres. — ***O*** en ses membres. — ***CP*** ou pranseist ses biens.

requiert à son adverssaire que son adverssaire li donge seurté et que il le jurege, ceul qui donne la seurté la doit jurer, si ceul qui la requiert vioulst jurer que il se doubtege de lui. Et bien se gart de se meffaire l'une partie à l'autre, quar qui demande surté la donne, pour ce que elle li soit donnée. Seurté ne lie droit [ne] pourssieuste de justice, et ne siet respons pour cause de surté brisée, se il n'y a autre auccion.

[129] **De ceulx qui accusent autres depuis surté donnée.** — Et si aucune personne dige envers l'autre depuis la surté donnée que il l'ait assailli et feru en mauvese maniere, et le dige en court et l'autre l'en veille desmentir et geter son gage contre lui.... [1], quar se il attendoit la garantie et il fust trouvé contre lui, il seroit prouvé traitre, et pour ce y devroit bataille estre jugiée, et se ils sont d'un gré, l'un de la prouve et l'autre de la deffensse. Quar ils povent excepter l'un vers l'autre, car nul infamme prouvé par court n'a ley de se combatre, pour ce que l'autre partie en vuille excepter; et doit metre ses excepcions davant le chier respons ou en faire protestacion, quar autrement n'ont lieu. Et pour ce pout chescun la surté faire jurer à qui les chouses doivent appartenir.

[130] **Coment lecte d'armes doit estre faicte quant bataille est jugiée.** — Le deffenssour doit lere des armes. Et ne se pout l'appellour changier, si n'est homme ou famme mutillé, et ne pout prendre ne avoir autres armes que de teilles comme le deffenssour a prinses, mès il s'en pout delessier se il vioulst, et doit metre ses excepcions paravant le chier respons ou faire protestacion, quar ils n'ont lieu autrement. Et quiconques appelle autre pour autruy fait, il est tenu faire fin porter de tous ceulx de la Duchié à qui il en pout appartenir [2], c'est assavoir de cousins germains et dedanz, et de la famme [et] du mari, et

1. *Il manque ici quelques mots que certains copistes ont essayé de remplacer* : *CP* il le peust faire. — *G* bataille y devroit estre jugée. — *N a b* il y sera receu. — *G*[3] il sera receu.

2. *L'A* : Notandum est ne de delicto hominis sepius queratur.

donner pleges de ceulx de hors. Et si le deffenssour vioult mener court et partie hors de la Duchié à ses despens pour la requeste d'aucun [des] amis à celui pour qui le appel seroit fait, la court est tenue à y aler, et siet à la partie faire son devoir de la requeste, ainssi que la partie est tenue à faire leurs despens comme dit est.

[131] **Coment l'en doit faire requeste de finporter quant bataille est jugiée pour autruy fait.** — Quant à requerre finporter suffit commissaire et [dous] tesmoignz sur qui l'en ne treïsse que dire que ils ne doigent demourer à tesmoignz. Ceul qui fait le appel doit dire ou procureur pour lui envers les cousins germains ou [cousines] germaines ou dedanz, et vers tutours, curatours, minours et greignours, mariez et non mariez, et fammes [et filles], et si les menours ne sont pourveuz, ils le seront si comme dit est es autres requestes. Et dira l'appellour ou son procurour : *Je ay acusé tel,* et le nommera, *dou fait que il fist à tel mon cousin. Je vous requier que vous vuilliez alloer la cause sur moy, ou si que non venez à la court pour avisier sur [lequel la] bataille sera. Et vous requier davant cest commissaire qui m'est baillié à vairs et oïr faire la requeste.* Adonc monstrera le commissaire son poair [1]. Si celui qui est requis alloue la cause sur l'appellours, le commissaire n'a plus que faire de celui, ne mès porter son recort à la court. Et ou cas où il ne voudroit alloer la cause sur l'appellours, le commissaire le adjourneroit es termes, et se il requeroit le jour que les termes fussent, le commissaire est tenu à li dire le jour que les termes seront. Et se il ne venoit l'en le jugeroit à deffaillant, et jugeroit l'en que il auroit assez fait [2] de la requeste pour tant que le recort fut ainssi trouvé et que fourn[eist] [3] vers court et

1. *L'A* : Nota que avant que aucune bataille soit jugée, il est requis qu'il y ait quatre choses : primo que le cas soit criminel; secundo que le cas soit advenu; tertio que le cas ne se puisse autrement prouver; quarto que l'accusé soit vehementement suspeczonné du cas.

2. *E 1* assez fait fin de la requeste. — *G⁴ O S* assez fin porté de la requeste.

3. *Sic D.* — *A H* fournissant. — *E* fournissent.

vers partie comme dit est. [Quar] à ceulx qui ainssi seroient requis ne serroit ja mès autre respons [1], pour ce que les requestes fussent [ainxi] faites et les deffailles deuement données et les recorts suffisaument trouvez. Et si ceul qui doit faire le finporter disoit que il en eust fait son devoir par tant comme il en auroit [2] requis et que plus n'[en] eust en la Duchié que il seust, si le devroit jurer [3], et la partie adversse auroit terme à se avisier, jurant qu'elle n'en fust certoine [4]. Et se ils n'estaient d'un gré et chescun voulist avoir la bataille, le prochain du lignage la auroit se il la demandoit, pour ce que il fust fondé suffisaument [et que] le respons li seïst en present.

[132] **Pour quanz cas bataille doit estre jugiée.** — Bataille pout estre jugiée pour trois cas [5], c'est assavoir pour traïson, dont le vaincu doit estre pandu et trayné; pour larrecin, dont le vaincu doit estre pandu tant soulement; pour parjureté dont le vaincu sera infamme, et ne fera que desdopmagier court et partie et perdra la cause [6] vers la partie et les meubles vers la

1. *L'A* : Nota hic qualiter par le fimporter ceux qui avoient interest sont forclus.

2. *L add.* : esté. — *R* comme il l'en auroit.

3. *a b add.* : vers la court.

4. *Addition marginale dans N, passée dans le texte de G⁴ L U a b* : auxi vers la court, car les sermentz debvent estre d'office de justice, non pas de requeste de partie, car l'une partie ne l'autre ne doit prendre le serment à sa requeste tant qu'ilz soint au champ pour eulx combattre, car qui le prandra à sa requeste, il ne pourroit l'accuser par la coustume du fait qu'il avait paravant fait.

5. *L'A* : De jure secus (Cod., De act. et obl., L. Negantes), licet permissum sit de jure feud. (De pace tenenda, § finali, collatione decima). Sed quidquid sit inhibetur de jure canonico, causa secunda, quæst. V, cap. 22 Monomachiam. Et cap. I et cap. finali, Decretalium Gregorii, lib. 5, titr. 14, de clericis pugnantibus in duello. Nec sunt administranda sacramenta, ut in dicto cap. Monomachiam, quamvis per statuta regni Francie tollerantur per Joannem Fabri, Instit. De hered. que ab int. Et hodie dicit consuetudo que bataille n'est jugée regulierement sinon en cas ou y a reffus de garantie, et per illam constitutionem tesmoings doivent parler sur l'infameté et n'a lieu reffus de garantie. Ergo hodie non habet locum textus iste.

6. *L'A* : Sed quo modo potest istud habere locum, cum dicatur in cap. proxime sequenti que ceulx qui ont baillé à serment n'en pevent plus faire reproche à celuy qui a juré? Ego credo quod istud capitulum habet locum in casu du chalongement de la loy et ante prestationem juramenti, ut infra cap. VI^xxXIIII (134).

court, en oultre les despens et les desdopmages; et si les meubles ne povent suffire à desdopmagier court et partie, la terre sera vendue pour les despens et pour les dopmages et non pas pour les amendes des seigneurs. Et de touz ceulx qui sont vaincus justice en pout faire sa volenté de leurs biens [moubles] [1], et auxi des armes et des chevalx et des harnois et des autres chouses de ceulx qui seroint mis en champ pour eulx conbatre, ou cas que bataille seroit desconfitte, quar ceul qui auroit sa partie vaincu n'en devroit amende, ainczois seroit justice tenue à le faire desdomagier, si elle trouvoit de quoy sur ceul au vaincu.

[133] **De ceulx qui accusent autre de crime et l'ont approuvé à bon en ceul cas.** — Nul ne pout appeller autre de nul cas quant à se conbatre du cas dont il le aura autreffoiz approuvé à bon [2], quar nul ne pout pas dire en nulle maniere que il li daye valloir, puis que il a mise sa cause ou son proucès sur lui et à son serment et il aura prins son serment, que il soit mauvès. Et se il le fait en [sa] presence, il ne pout pas dire en maniere que il li vaille que il soit parjure de celui fait [3], ne que il soit traitre ne larron ne infame, et se il le dit il est tenu à le li amender; et se il le dit en court, il est tenu à le desdomagier et demour[ra] en la merci de la court et infame selon le cas. Et auxi ne pout nul autre appeller, puys que ses membres sont liez, es cas où bataille se pout et se doit estendre, tant que il en soit delivré à droit, et auxi ou cas où il est accusé d'autre crime comme il est dit aillours. Auxi se il le avoit appellé du cas dessur dit, et il le approuvast, comme prendre son serment, ne pourroit pas sieudre sa querelle, pour ce que la partie adversse en voulist excepter contre lui, juques à tant que les sermenz de la bataille d'un cousté et d'autre deussent estre faiz. Et auxi celui qui est appellé des cas des-

1. *L'A* : Supple si la justice les veult prendre et avoir en l'an; alias secus, comme il est dit devant ou chap. LIII.

2. *G[1] add. in margina* : Car qui prand le serment de sa partie adverse en cas de crime dempuix le plet meu l'approuve à bon.

3. *L'A* : Quod est verum a parte, sed officio judicis proceditur.

surdiz ne doit pas approuver à bon son adverssaire ne prendre son serment, le plet pendant entr'eulx. Mès ou cas que aucune des parties advoueroit [aucune] chouse dont la cause retardast. [n'est il pas à entendre] [1] que la justice ne peust bien prendre le serment que l'avou que il avoue est pour entente de ses moz prouver et que il ne le fait pas par malice ne pour la cause pourlongnier, pour ce que à toute justice appartient les causes abregier et dessavoir la verité pour baillier à chescun son droit et sa raison.

[134] **De bataille qui est sur titre de heritage.** — Bataille pout estre jugiée en cest cas comme des autres, quant aucune personne a tenu aucun heritage vingt et cinq anz [2] et aucune personne en fait demande, et le deffenssour avoue titre, et la saisine est cognoue des parties ou est prouvée, pour ce que celui qui a tenu la saisine ne soit frere ou seur à la partie adversse, quar longue tenue ne nuyst rien entre freres et seurs, et le auctour a celé [3] le titre. Adonc dira le deffenssour que il jurege de sa main et de sa bouche que les moz de son titre que il a avouez sont vroiz et que la chouse li daye demourer, ou cas où ils ne sont seurs et freres, par coustume. Si la partie ne voulst chalongier [4] la loy, le deffenssour seroit quicte fesant la loy ; et auxi se il la vioulst chalangier la bataille seroit jugiée. Quant il auroit esté jugié que il devroit estre receu à son serment, si

1. *Sic G*[4]. — *Manque dans A H.* — *B D J N P U* la justice puet.

2. *L'A* : Si en outre l'avoir tenu il auroit edifié ou planté, tunc luy suffiroit avoir tenu viij ou x ans jurant. Intra XI[xx] circa finem. (*L'Anonyme se trompe ici : le chapitre auquel il renvoie parle de la prescription de dix à vingt ans, mais dans les éditions de son temps on avait écrit* viij ou x ans *par suite d'une faute de lecture*).

3. *D* desdit. — *G*[3] allege.

4. *L'A* : Nota de hoc cap. VIII[xx]VII (168) qu'il n'y a chalongement de loy que en cas particulier, cum quis se defendit excipiendo peremptorie, quod dicit se tenuisse rem immobilem per spatium XX. annorum et allegat titulum quem probare se offert per juramentum : ille titulus debet esse talis quod eo probato per testes vel instrumenta ille qui se deffendit relevaretur et deffenderetur ab petitione petentis. Secus est in aliis prescriptionibus inductis de consuetudine qui sont de saesi à saesi es tiltres declerez par la coustume, savoir de feage, censie, donnaison et eschange.

l'auctour vouloit la loy chalongier avant que il eust fait le serment, il pourroit dire : *Vous ne le [povez] faire, quar si vous le fesiez vous seriez parjure*, et en geter un gage en court. Adonc seroit la bataille jugiée par la coustume, pour ce que il n'y ait autre excepcion. Et au jour que ils seront mis en champ pour se conbatre, le deffendour jurera que les moz de son titre que il aura avouez sont bons et vraiz, et l'auctour jurera que non sont et que il en soit parjure. Adonc commandera l'en que chescun face son devoir, et fera l'en le tiers ban, o deux qui auront esté faiz paravant : *Que touz se siegent sur paine de la hart et de perdre ses moubles, et que nul ne sonege mot ne ne face semblant de rien que il vaye*, si ne sont ceulx que justice metra à garder la bataille. Et ensourquetout doivent jurer que ils n'ont chouse qui lour puisse aider, fors les chouses de la lecte et la conscience que ils ont o Dieu. Adonc assaudra le appellours le deffenssour, et quant il avendroit que un en fust à meschief quant ils auroient hurté ensemble, ceul qui garderoit la bataille pourroit dire : *Souffrez vous et tenez l'estat sur paine de perdre la cause*. Dont devroient ils tenir l'estat et parlera l'en acort entr'eulx, et si la court ne le povait faire, ils se combatraient tant que l'un s'en rendist ou que il fust mis hors [du champ], ou cas que acort ne se pourroit faire entr'eulx. Et en toutes batailles ainsi doit il estre fait et ordené. Et doit baidre la justice à eulx se combatre champ avenant et lices apparaissantes, c'est assavoir à gienz qui se conbatent de cheval si fortes que les chevalx ne s'en puissent yssir, et à gienz de pié si appertes que ils les puissent voirs, quar ceul qui ystra hors du champ sanz congié de justice sera vaincu. Et ainxi devroient estre batailles ordenées de quelconque cas que ce soit et les sermenz prins et les bans faiz.

[135] **Coment accusacion pout estre faicte par court suseraine.** — Quant aucune personne entent à acuser autre de crime ou de autre cas de infameté, il pout faire adjourner par court suseraine son adverssaire; et ou cas que l'en accusera ou appellera par

court suseraine, nulle autre court ne aura point de retrait de celui cas. Et se il vouloit se conbatre, la cour par où ils s'entreseraient appellez jugera la bataille, et la tendra par la coustume. Et est ce ottrié en favour des petiz gientilzhommes qui ne la pourroient tenir sanz estre endopmagiez de plus que lour estat ne pourroit soustenir, et pour tant ne perdront ils pas leur droit que ils ne puissent avoir ferme droit et toute autre justice ou point de paravant.

[136] **Dou forffait qui est fait de personne estrange en autre juridicion**[1]. — Si aucun forffait est fait en la terre à un seigneur, pour ce que il le pourssieuge prestement, il en doit avoir la cognoessance, pour ce que il en daye estre juge[2], si ce n'estoint clercs qui doivent estre rendus à l'evesque en qui juridicion le forffait auroit esté fait.

[137] **Dou forffait qui n'est poursseu qui en doit avoir la cognoessance.** — Ou cas que il ne pourssievroit, celui en qui juridicion il auroit acoustumé à demourer et demourroit par heritage, fust devers lui ou devers sa famme, en auroit la cognoessance, si n'ert tant que la chouse qui auroit esté emblée ou ravie qu'elle fust menée à faire ou à marchié pour la vendre, et que il la tensist en vente. En cest cas ceul qui auroit la juridicion de la faire ou dou marchié auroit toute la cognoessance [et] la juridicion, se il n'ert clerc, et se il ert clerc l'en le devroit rendre à l'evesque.

[138] **Coment et pour quoy justice seculiere pout prendre clercs et prestres.** — Juge seculier pout prendre clerc ou prestre en cas de mutre, ou que il eust mis gienz en perill de mort, ou en [fust] souppeçonné; et auxi si l'en les trouvoit

1. *L'A :* En chaulde poursuyte le seigneur du lieu où le delict a esté faict a la cognoissance. Chaulde poursuyte quomodo dicatur, vid. L. Quod ait lex, FF. Ad leg. Juliam de adult.

2. *L'A :* Videtur dicere pour ce que il soit tel juge qui ait telle cognoissance, comme si ung de sa juridition auroit commis le dict delict, il seroit juge capable, et aussi seroit touchant les delinquans en sa juridiction, jaçoit qu'ilz seroient estagiers d'autre jurisdiction, es cas de ce present chapitre.

à fait present de larrecin, ou o couteaulx, ou o pierres, ou o bastons desmesurez [eulx mellant], ou se ils devéent seurté à donner, l'en les devroit rendre à l'evesque ou à son official, pour les cas [dessur diz] et pour chescun. Et ne les doit justice seculiere tenir plus de une nuyt et d'un jour sanz le faire assavoir à l'evesque ou à son official ou à ceulx qui s'entremettent de leurs offices, si l'en les pout trouver par messagers et [y envoier] tant que l'en les troïsse; et adonc les pout l'en garder et tenir tant que ils les requiergent par eulx ou par procureurs certains et lour faire prinson selon le cas; et qui le feroit autrement encourroit sentence de canon. Et ou cas que l'evesque ou ses gienz le retreront, ils sont tenuz rendre touz les coustages à la justice seculiere que ils ont euz pour ceulles chouses, quar le sourplus des moubles au prinsonnier seraint à l'evesque se il ert condampné.

[139] **Coment doit estre rendu le forbanni qui est trové en autre juridicion.** — Nul mauvès ne doit estre espargné de justice, et quant il est forbanni de cas de crime toute justice, puis qu'elle le sceit, ne le doit pas soustenir, ainz le doit [prendre et] rendre à la justice qui le a fait forbannir. Et est tenue ceulle justice l'en soudeier selon la paine et le travail, pour ce que il li eust esté supplié en aide de droit; et auxi ne a elle que faire de prendre travaill, si el n'estoit requise, et si el prenoit travail et fust requise de le rendre, si se pourroit elle tenir à sa prinse tant qu'elle fust desdopmagiée, non obstant que il ne li fust ja supplié.

[140] **De ceulx qui sont prins en autre juridicion et [ne sont] poursseuz.** — Si aucun mauvès est prins o saisine, et celui en qui fié il [auroit] fait le meffait ou son seigneur terrian ne le voulist retraire, et lour eust esté noctiffié, la justice qui le auroit prins le pourroit et le devroit mettre à execucion et le punir selon le meffait, se il n'estoit clerc que l'en le deust rendre à l'evesque. Et si aucun prent par raison de sergentie aucunes chouses ou se efforceast de justicier ou nom d'aucun

seigneur suserain, et il n'eust esté autreffoiz baillé ne noctiffié, se il ne poait monstrer de son poair il devroit estre rendu à ceul de qui il se avouoit qui en doit le justicement faire. Quar puis que il est sergent, nul ne le doit punir si n'est son seigneur ou suzeraine justice de ce que il fera en office fesant, tant que il soit desavoé, quar se il fait tort son seigneur est tenu à le adrecier ou faire adrecier comme il est dit aillours.

[141] **Coment croeziez doivent estre puniz des cas de crime.** — Nul croezié, se il n'est clerc, n'a point de previlege en cas de crime que se il a desservi à prendre mort que il ne soit executé par court seculiere, et n'y ont que vairs evesques ne lours officiaulx, ne le previlege ne se estent que sur biens meubles, pour ce que ils ont promis à aler en la Terre Sainte oultre mer, et ou cas que ils sont mauvès le pelerinage ne les doit ne ne les pout sauver.

[142] **Dou punissement des laiz qui sont accusiez de bougrerie.** — Quant aucune personne est accusée des comandemenz de la loy, ou quant l'en dit qu'elle est bougre, et il ne soit clerc, la justice laye le peut prendre à la supplicacion des juges de Yglise et le leur rendre, et ils le doivent delivrer ou condampner se il l'a desservi, et se il doit estre arz, la justice seculiere qui a la cognoessance du [fou] l'ardra, quar nul ne doit avoir la cognoessance du [fou] si n'est le prince ou les barons.

[143] **De cognoessance de monnaye.** — Nul n'a cognoessance de monnaye, si n'est le prince qui fait faire la monnaye en son nom. Ceul en pout cognoestre sur toutes personnes, soient clercs, prestres ou [autres gienz de] religion. Se ils ont mort desservie, ils les povent condampner et faire metre à mort, pour ce que ils soient desgradez de lour previlege comme dit est aillours et que le fait soit prouvé davant lour juge de Yglise.

[144] **De ceulx qui sont refusanz de prendre les meffesanz.** — Il appartient à touz et à toutes, quant ils trouvent mauvese

gient, les prendre et les rendre à justice, et se ils ne sont si forz ils doivent lever le cri et dire : *Véez ci qui a fait tel meffait. Aidez moy, si le rendrey à justice;* et qui en sera en refus et le malfectour eschape en defaut d'eulx, ils seront coupables et pourra l'en dire que ils sont soustenanz. Et pour ce que le malfectour fust prins il devroit estre puni et auxi ceulx qui auroient esté en deffaut, pour ce que ils fussent justiçables à la seignourie ou que ils ne fussent clercs, quar il n'appartient pas es clercs pour leur previlege prendre ceulx qui pourroient estre crimez.

[145] **De ceulx qui sont refusanz de aider au [sergent au] seigneur en justice faisant.** — Et auxi quant sergent à seigneur lieve le cri que l'en le force, chescun li aut aider à oster la force, et lui doit chescun aider pour quoy justice puisse estre faicte, pour ce que ils soient justiçables à la seignorie, et se ils en sont en deffaut, ils en doivent faire adrecement selon le meffait.

[146] **De ceulx qui sont en deffaut de justice [faire].** — Nul ne doit estre en deffaut de justice [faire], quar qui en est en deffaut pert la justice especialment de ceul cas, quar qui a justice à gouverner doit metre gienz si suffisanz par quoy il n'y ait trouvé nul deffaut, quar si deffaut y estoit trouvé le seigneur devroit desdopmagier les parties et amender à suseraine justice comme dit est aillours.

[147] **Coment l'en doit rendre les enquestes à ceulx qui ont justice sur les meffesanz.** — Quant doliances sont faites en un païs qui descendent sur crime dont il convient que l'en en face enqueste,... [1] par les jurez, et les enquestes faictes l'en les doit rendre à ceulx qui ont justice sur les souppeçonnez par quoy

1. *Il semble qu'il manque ici quelque chose dans A H.* — *B F N P* les enquestours doivent rendre les enquestes. — *C I* car les jurez et les enquestours doivent rendre les enquæstes. — *D U* les enquestes doivent estre faites par les jurez de la court. — *J M T* car chescun qui a justice à faire doit faire les jurées et les enquestes, et les enquestes rendre. — *G*[4] dont il convient que l'en face enquestes par les contrées, ceulx qui font les enquestes les doivent rendre.

justice puisse estre faicte. Et ne doit nul nommer ceulx qui ont depousé, pour le peril qu'en pourroit estre de ceulx qui en seraint souppeçonnez ou de leurs amis. Quar qui ne feroit son devoir et suseraine justice puisse prendre les meffesanz hors de prinson, si ceul à qui ils sont hommes ne les voulst retrere, et la suseraine court puisse montrer que il en soit en deffaut, se il ne pout monstrer de sa diligence, il n'aura pas le retrait, ainczois demourra à court suseraine et li pourroit bien porter prejudice en autres cas qui seraient à venir.

[148] **Coment chescun doit aler au cri quant il le oayt.** — Touz et toutes doivent aler communaulx, quant cri de fou ou de mutre advient, à aider au besoign. Se il y a meffesant il doit estre prins et rendu à justice. Et ne doit nul lever cri sanz cause, quar se il le fait il le doit amender à justice et à partie; et qui ne fait son devoir doit estre puni selon le meffait.

[149] **Les quelx ont guerb sur les choses adirées.** — Nul n'a guerb de avoir les chouses qui sont adirées, se il n'a hauste justice en ceul lieu où ils ont esté trouvées. Ceulx ont hauste justice qui tiennent en foy leur fié qui se [illegible]ouverne selon l'assise au comte Geffroy et dont les ventes so[illegible] [illegible]our, ou cas que autre seigneur ne auroit saisine de avoir l[illegible] [illegible]auste justice en ceulx lieux ou de lours appartenances, si comm[illegible] aucuns des barons qui ont hauste justice en leurs terres generalment ou cas que autres ne la ont par especialté. Et auxi s'enssuit que genz de religion qui ont tout lour ferme droit comme d'avoir [lours bans et] leurs ventes [1] et saisine de toute justice [2], quar se ils n'avaient sesine ou titre la hauste justice devroit demourer à le hoirs du fondours.

[150] **Des [ainznez] qui n'ont hauste justice ne ventes sur lours jouvaignours.** — Nul ainzné sur son jouvaignour n'a point de hauste justice, ne non a il ventes à lui demourantes, mès ou cas que il est ou païs acoustumé que les ainznez aient les bans,

1. *B en marge :* Ce chapitre veult innover, car ils ont espaves en leurs fiez, et non en leurs domaines. Ad ce propox fait le chapitre VIII^xx^XIII infra.
2. *P en marge :* auront saisine de toute justice.

ils povent recepvre les ventes et les garder quarante jours et non pas plus, quar se il ert trouvé que ils les tensissent [plus], l'en les pourroit achesonner que ils auroient celées les ventes et que ils ne garderoient pas bien leur foy, et en seraient puniz selon que le seigneur voudroit et pourroit le faire selon le cas.

[151] **Coment les chouses qui chiéent en guerb doivent estre explectiées** 1. — Quant aucunes chouses eschiéent en un pays que l'en ne sceit à qui ils sont, l'en les doit garder quarante jourz davant qu'elles soient explectiées et doivent estre bannies à la paroesse où elles sont trouvées par trois dimanches après la messe, avant que les gienz se departent et que ils [le] puissent oïr, et au marchié, selon qu'il sera acoustumé à crier. Après les bans l'en les doit garder par troys sepmaines enssuyvant, et en oultre tant que la quarantaine soit acomplie, et adonc se ils n'ont avourie, la seignourie — c'est assavoir que il ait la hauste justice — les pout explectier, et en aura les deux parz, et cil qui les aura trouvées le tierz; et si ce estoient bestes ou autres chouses qui despendissent ou qui coustassent à servir, les despens et touz les autres coustz seraient avant paiez que [un ne autre] y peussent rien prendre ne avoir.

[152] **Des chouses [adirées] à ceul à qui ils estoient, et puis les trouve ainz qu'elles soient explectiées.** — Et si celui à qui sont les bestes ou autres chouses les trouvege ainz qu'elles soient explectiées, il les auroit paiant la garde et les coustages, mès il ne seroit pas creu que ils fussent soes, se il ne enfourmoit justice deument, et l'informacion faicte n'y auroit [l'en] que prendre fors les despens et les coustages à la justice. Et si les dites chouses estoient despendues, pour ce que ils eussent esté gardées quarante jours et banni comme est dit, de coustume le seigneur ne les gardes n'en auroient que respondre à nul; et si

1. *B en note* : En ce cas desmontre que à ce que on puisse avoir espave convient que soit trouvée es fez de celui qui la veult avoir, quar on n'a justice ne juridiction en son demaine, et à ce propos fait chap. VIIIxx et VIIIxxIII et de jure scripto res sua nemini servit.

celui les trouvoit, pour ce que il les peust approuver à soes, tout fussent ils vendues et explectiées en faire ou en marchié, si les devroit il avoir, et rendraient le seigneur et les gardes ce que ils en auraient eu de argent en oultre les coustages, et se il ert trouvé que les chouses ne eussent esté faictes deument, il pourroit choirs en cas de crime.

[153] **Des trovailles d'or et d'argent et dou perill des trovailles.** — Les trovailles d'or et d'argent sont au prince, se ils n'ont sieuxte, pour ce que terre en soit effondrée, et si terre n'ert effondrée, ils devroient estre renduz à la justice dessur les lieux qui les devroit bannir et rendre se ils avoient avouerie [1]. Et si aucun estoit achesonné que il les eust et aucunes en fussent celées, se il est trouvé contre lui par plaine prouve, il devroit rendre et amender comme justice verroit que seroit affaire. Mais pour trouver par aucun tesmoign aucune chouse de prouve, au cas qu'elle ne seroit plaine, ne pour presumpcions de cas d'aventure ne de nul autre, où justice ne pourroit appercevoir que il y eust fait de panssée de courage de faire le meffait avant que le meffait fust fait, ne devroit nul ne nulle avoir juise ne gehine ne attendre mort, quar qui metroit à mort tous les convoitoux il ne demourroit nul. Et pour ce ne s'enssuit il pas que si à aucun chéoit une couroye d'argent ou autres chouses, ou qu'elles fussent adirées, et aucun les trovast, et il oïst que l'en les demandast et encore depuis il les celast, que justice ne le deust punir comme les autres larrons tant de fait comme de presumpcions, quar des autres qui n'ont avouerie comme dit est y a droit plus de remede, quar l'en dit par prouverbe : *Ce que eill ne voit à cuour ne doulst.* Et si aucuns avoient labouré le jour et ils lessassent aucunes de leurs chouses ou chief du champ ou environ les lieux où la besoigne [seroit] faicte qui apparaisist,

1. *C'est par application de cette vieille règle que la belle patère d'or du cabinet des médailles à la Bibliothèque nationale, découverte à Rennes le 26 mars 1774, dans les fondations d'une maison appartenant au chapitre, a pu être revendiquée par le roi comme duc de Bretagne. Le ministre écrivit à l'intendant pour la réclamer et le chapitre fut obligé de s'incliner.*

les uns y devroient garder [les autres], et ceulx qui prendroient ceulles chouses devroient estre puniz comme les autres larrons pour ce que ils les celassent et que il fust prouvé contre eulx.

[154] **Des chouses dont nul ne pout refusier garantie.** — Nul ne pout refuser la garantie de là où il est prins à fait present pour ce que les chouses soient desdictes, et non pout il de là où il est trouvé en saisine, et auxi de ce que est fait en jugement ne des autres chouses qui touchent accion civile, et auxi de surté ne de prinson brisiée, et auxi d'autre crime de là où la coustume ne le sauve depuis les cinq anz, et auxi de ce que est fait en commune de paroesse ou de faire ou de marchié comme il est dit aillours, si le achesonné ne se vantoit d'autre gré ou procès ou jugié depuis les chouses dessur dictes, dont respons lui seïst et par quoy il deust tarder des prouves ou estre au delivre du fait sur lui mis.

[155] **De la force que l'en fait à homme ou à famme.** — Et si aucun forceit famme, pour ce que elle ne fust putain, et il eust sa compaignie par force et oultre sa volenté comme il apparust [par le cri] [1], ou il la raveist par force, celui qui ce feroit en devroit estre puni comme d'autres crimes. Espicialment s'en devroit justice esmouvoir ou cas qu'elle seroit tenue pour pucelle paravant le forffait, ou cas où il ne seroit si grand seigneur de biens et de amis que l'estat de celle en fust amendé et relevé, pour ce que il la endoayrast ou que il la prenist à famme espouse. Et auxi ne le devroit justice soustenir contre nulle famme mariée que il ne deust estre puni sans remede. Et auxi ou cas que une nice qui soustendroit les fouls et jeunes gienz, comme aucunes qui lour font aguet et font venir plusieurs personnes appensséement pour les faire prendre à fammes et fiancier à force, ou pour lour oster le lour et les batent ou les mehaignent, ceulx et ceulles qui ce font doivent estre puniz à la guise des autres crimes à la fin de chastier les [fouls et les]

1. *Sic* G^{1}. — *A H* et à cri. — *C D I K L U* au cri.

foles et que les autres y prengent exemple, quar nul ne devroit faire [à autres] que il ne voulist que l'en li feist.

[156] **Coment l'en pout excepter tesmoingz.** — Tous ceulx et ceulles contre qui l'en admaine tesmoignz povent dire dessus avant que ils soient enquis, quar se ils sont enquis en leur presence et ils ne les debagent, ils n'ont jamès lieu de les debatre, ou se ils n'en font protestacion, pour ce que le serment du tesmoign soit fait en leur presence et puplié, ou se il n'est enquis d'office de juge. Nul infamme trouvé et prouvé ne doit estre tesmoign en nulle cause, que la partie en vuille excepter avant que il soit greyé ou jugié à tesmoign et passé en chouse jugiée ou fait delivrance comme il est dit. Nul ne doit estre repputé infamme tant que il soit trouvé et jugié par court ou se il ne s'i prouve publiquement. Toutes gienz [qui sont prouvez] de traïson ou de larrecin ou de parjureté ou d'autre infameté, et touz et toutes où bonne foy n'est pas à ajouster, mès tout le contraire, ceulx à qui il ne chaust mès de Dex [1] et mettent lours cueurs [2] en infammeté pour mains que ils ne deussent, sont infammes, et justice ne doit croire à riens que ils digent. Nul vilain ne doit estre creu de fait de court, ne sur persones de nobles·genz, ne sur fiez nobles [3].

[157] **Les quelx sont villains** [4]. — Ceulx sont villains natres de quelconque lignage que ils soient qui s'entremettent de villains mestiers, comme estre escorchours de chevalx [5] [et] de

1. *Sic A H.* — *Tous les autres manuscrits :* d'eulx.
2. *Sic A H.* — *Tous les autres manuscrits :* corps.
3. *L'A* : Gens partables sont tesmoings entre nobles de possession qui n'attribue droit, car elle est diuturnée, comme en instance de plegement ou arrest. Aussi sont tesmoings en meubles. Secus en stille ou usement de court, ou touchant heritage noble. Alias fiat s'il y a rarité. Celuy est villain roturier qui demeure soubz la taillée son seigneur ou aquevant de luy pour la taillée poyer. Et gentil homme qui a demeuré soubz la taillée d'aucun seigneur l'espace de cinq ans ne doit aussi estre tesmoing es cas cy declerez. Mais s'il n'a demeuré les dictz cinq ans sous la dicte taillée, il doit reconcilier sa noblesse et sera tesmoing esditz cas de faict de court sur personne et fiez nobles.
4. *Les anciennes tables disent à propos de ce chapitre* : L'habit fait le moine.
5. *J add. en marge* : Touchant escorcher les chevalx la coustume est corrigée en ce cas, et pour ce faire on ne sera mie infame.

villaines bestes, garçaille, truandaille, pendours de larrons, portours de plateaux en taverne, criours de vin, curours de chambres coayes, peletiers, paissonniers, gienz qui s'entremettent de baidre villaines marchandies et qui sont menesteraux [1]. Celx gienz ne sont dignes d'eulx entremettre de droiz ne [de] coustumes comme dit est, et comme l'en doit presumer que chescun soit bon tant que il appierge du contraire, auxi doit l'en presumer la noblece des gienz selon l'estat d'eulx tant que il ne soit trouvé du contraire ou qui [n'en] seroit savant.

[158] **Les quelx doivent estre appellez à tesmoignz et en quelles accions selon droit et coustume.** — Justice ne doit appeller à tesmoign ne office d'esplet de court nul villain [ne] nulles gienz de basse conducion de vilages, qui ne s'entremettent des droiz ne ne s'en doivent entremettre, et si ne les entendent; quar une conjuncion en pout porter une cause de cent livres de rente comme de traiz deniers, et auxi une disjuncion, et ceulx recorderaint auxi tost le faulx comme le voir, tout cuidassent ils bien recorder, ou pourroient plus toust estre suborgniez que ne devroient estre gientils hommes. Et pour ce doivent estre esplez de court prouvez par gientils hommes et delivrez sans autres, forz que l'en pout appeller bourgeois d'anceserie à leur aider à porter leur recort des delivrances faictes davant eulx en deffaut d'autres gientils hommes, pour la cause que les bourgeois demourent es villes où les delivrances soulent et doivent estre faictes, et povent savoir des droiz et des coustumes. Nul homme qui est justiceable à autre ne doit estre pour lui tesmoign, en cas que il seroit excepté, si n'est des esplez de sa court contre ses hommes; mès il pout bien, tout soit

1. *L'A* : Ceulx qui ensuyvent ne doivent estre tesmoings : savoir ung homme en son affaire, les compaingnons, les participans, les adversaires, leurs advocatz, leurs procureurs, familiers et domestiques; leurs hommes obeïssans au jugement de leur court; ennemy mortel; accusé de crime prouvable; le muet, le sourd, le bastard, degasteur de biens prouvé; ung excommunié; ung parjure; celuy qui a mesme cause pendente en pareil cas. Alias vide pot. in cap. in litteris, Decret. Gregorii, lib. 2, tit. 20, De testibus.

il roturier, se il n'y a autre cause, des esplez de sa court estre tesmoign contre lui, ou cas que le seigneur ne pourroit prouver qu'il eust gientils hommes suffisanz par quoy recort peust estre trouvé qu'il ne debatist pas, pour ce que quant le seigneur ajourne ses hommes ils sont tenuz à y aler, et ils ne pourroient prouver leurs avouz que par ceulx qui viennent à ses plez et qui y sont [1]. Et auxi ne pout ne ne doit estre de droit le pere contre l'enffant ne l'enffant contre le pere tesmoign, ne le homme pour la famme espouse, ne la famme espouse pour son mari, ne l'un contre l'autre tesmoignz que l'en les vuille excepter, qui ne les voudroit croire pour plaine garantie, pour ce que il a favour entr'eulx et que la cause leur doit appartenir communaument. Et auxi ne doit estre cousin germain pour son cousin germain ne dedanz tesmoign en nulle accion, se il n'appartient autretant et d'aussi près de lignage à l'un comme à l'autre, ou si la accion n'est soubz le nombre de vingt soulz [2]. En la cause de heritage nul qui soit du quart [degré] ne dedanz ne doit estre tesmoign, se il n'appartient autretant et d'aussi près à l'un comme à l'autre, si ce n'est des paroles du mariage, dont les amis doivent estre tesmoignz qui ont esté es paroles du mariage de l'un cousté et de l'autre, et entre les donnours et les prenours ou ceulx qui representent leurs personnes, pour ce que ils soient bonnes gienz et que il ne saient du consseil depuis le [plet] esmeu ou en donnant consseil de le esmouvoir de ceulles chouses. Et auxi de ordenances de testamenz, dont toutes gienz doivent estre tesmoignz se ils ne sont infammes, pour ce que le malade ne pout aler querre ses tesmoignz, et auxi doivent estre tesmoignz tous ceulx de fait appensé et de faiz de nez, quant il est jugié que garantie en doit parler, pour ce que il soit personne qui daye... [3] et où foy soit adjoustée. En cause de crime nul ne

1. *J P add.* : chescun jour.

2. *L'A* : Nota que religieux doit estre tesmoing pour son abbé et couvent touchant les deniers de l'abaye.

3. *Lacune dans A H.* — *O* parler. — *L Q* porter recort. — *S* estre creuc. — *U* faire serment.

doit estre tesmoign pour [celui qui] accuse que l'en puisse trover qui soit du lignage dedanz le neusme, se il n'est à ceul contre qui l'en diroit autretant et d'aussi près du lignage ou plus que [à] ceul qui le donrroit. Et auxi nul qui soit du conseil en nulle cause, ne qui soit du pain et du pot, ne servant à celi qui le donne, ou que il appierge eulx avoir prouffit en la cause ne au tesmoniage, ne le cousin germain ne dedanz, si la cause n'est si petite que justice vaye bien que il n'en devroit mentir et meisme [1] la personne.

[159] **Des cas dont l'en pout metire autre à [choais] de lay.** — Nul ne pout à serment mettre autre de fait ne d'esplet de court par la coustume [2], mès l'en pout bien mettre à serment de toute autre accion paravant puplication faicte de tesmoignz, ou pout l'en metre de toute accion de heritage ou d'autre accion qui se monte saixante soulz ou la value sur reliques [refforcées]. Mès il n'yront pas hors des metres de la juridicion par la coustume, si du contraire n'est acoustumé à y aler.

[160] **Que suffist à faire prouve.** — Toute prouve pout estre faicte de là où le prouvours trouve doux tesmoignz de son avou et son serment le tierz, si ce n'est de esplet de court, dont il esteut que il y ait trais tesmoignz par coustume, et ne pout l'un l'autre enlayer ne metre à serment, quar ou comancement du clein engigné, quant aucune personne fait un avou dont il estuet que la querelle retardege par la prouve que il a tendu [3] à faire, il doit jurer que il entend [4] faire pour le prouver sans autre malice. Et doit avoir quatre producions et plus non de coustume, si ce n'est en deffaut de justice, ou dou debat de la partie adversse qu'elle metra sur les tesmoignz; et doit l'en faire puplier par tant comme il a fait enquerre, les producions

1. *CIPR add.* : l'estat de. — *L* selon l'estat de. — *G*[1] veu mesme.
2. *DU add.* : pour ce que fait de court est si notoire qu'il peut bien estre prouvé par tesmoingz sans chouaix de serment.
3. *E* actendu. — *BNOQ* entent. — *G*[1] que il a prins et entend.
4. *MS add.* : le. — *OQ* à. — *G*[1] l'entend.

passées [1], quar de esplet de court il en pout donner tant comme il voudra et verra que bon sera de ceulx qui doivent estre tesmoignz. Et se il ne trouve de esplet de court trais tesmoignz de son avou, il devroit estre vaincu et ne aura point de reffors, si n'est le jour que le clein sera engendré que il por[t] croire la court pour une producion de autre esplet que du jour [2]. Et se il trouve rien de son avou, l'en li doit rendre le [recort] [3] de la court, et il li doit choirs en producions et pout propouser tant [4] que ses producions soient passées.

[161] **Combien de tesmoignz l'en pout donner en prouve et en quelle prouve.** — En principal garantie l'en pout donner quinze tesmoignz, et doit l'en faire puplier [5] comme il est dit de l'autre prouve ; et se il est trouvé... [6] des mots dont il avoue, il aura reffors si la partie adversse ne cognoest le recort à vroay et comme il aura esté trouvé ; il en donra autres cinq tesmoignz ou reffors et plus non. Et ne aura que deux producions en oultre le jour que le reffors sera jugié, si n'est par le debat [de la partie ou par deffaut de court] [7] comme dit est des autres

1. *L'A* : En reprouve, producions passées, peut l'en alleguer fait contraire pendant la restitution. Alain Marec.

2. *L'A* : Qui est sommé en son clein contraire, soit premier ou second allegant, doit publier sauf à retarder la gaigne, non obstant que la partie adverse ne soit encore sommée. Le parlement a decleré que production de lettres en information de signes ne vaut production.

3. *Sic G G[1] I J L P Q R U.* — *A E H N S T* retrait. — *K* decret.

4. *D U* et peut donner tesmoignz, les productions courantes, et poursuyvre tant. — *G[1]* et peut donner autres tesmoins, ses productions courantes et jucques à ce qu'ils soint passées.

5. *L'A* : Qui ne besogne en reffors adjugé, pour le retardement du proceix, doit desdommaiger depuis l'adjudication dud. reffors. Item en reffors n'est permis articuler ne separer affin de bailler plus de v. tesmoings, s'il n'avoit esté articulé et separé en principal. Et en reprouve, s'il y a desdit, on peut separer affin de produire plus de xv tesmoings. Item qui ne produit que lettres ne peut avoir refors. Nota que il est requis sept tesmoings entiers pour avoir refors. Et hic argumento a contrario sensu, s'il n'y a vij. tesmoings entiers n'y a refors. Ceci est pratiqué tous les jours au contraire, qui n'est pas bien fait. Et est difficile prima facie à entendre, et aussi bien aisé, car il faut qu'il ait la moitié en la principale matiere comme en refors.

6. *Lacune dans A H.* — *C R* ataint. — *G Q U* un tesmoing. — *D* et se il ne trouve que un tesmoingn.

7. *Sic D N U a b.* — *Manque dans A H.*

garanties. Et pout l'un l'autre mettre à choays de loy des moz dont reffors est jugié comme il est [dit] de la principal garantie.

[162] **De quelx moz l'en doit estre receu d'autre jour à prouve** [1]. — Nul n'est tenu à avoir terme à amener ses tesmoignz des moz dont il achesonnera le jour sa partie adversse, dont il voudra avoir jour dou procès de ceulle journée, se il ne trouve tesmoignz ou tesmoign de son avou [2], et encore doit il jurer que il le fait sur entente de ses moz prouver, si la justice ou la partie l'en requiert, et dira des quelx s'en est departi de la court par qui il entend prouver son avou, se il en est requis, ou pout faire jurer ceulx qui n'auroient juré.

[163] **De ceulx qui ont esté achesonnez de crime et ne sont infammes.** — Nul ne doit demourer infamme pour tant, se il est accusié de cas de crime ou de infammeté, de là où il seroit sauvé par coustume. Quand l'en est assouré, il y a reffus de garantie de là où il est sauvé par la coustume, et [s']il en est delivré envers la justice en la maniere que il est dit aillours, nul autre n'y auroit que prendre ne que y voirs si ce n'estoit d'autre cas. Ou cas que il ne seroit [3] assoré depuis la delivrance, si les cinq anz n'estoient passez, il ne pourroit refuser la garantie. [Et] si l'en ne [4] donnast tesmoignz contre lui et la justice ne prouvast rien contre lui, il seroit sauvé de tout crime et de infammeté.

[164] **Comment justice doit faire de ceulx qui dient injures à autres.** — Nul ne pout dire villainie ne injure à nulle personne que l'en ne soit tenu à le li faire amender, ou cas que la injure li nuyrait à li ou es siens de qui respons serroit à lui. Et ne doit estre depuis receu à prouve pour li oster sa bonne renommée, se il ne disoit contre celui que il lui feist aussi grant injure ou villainie, dont il devroit avoir amende qui fut aussi grant comme l'autre. Et quant il avient que aucuns reprannent

1. *D U a b* receu à preuve d'autres esplez que du jour.

2. *B N en note* : Par constitution de Parlement on aura terme de faire voir ses tesmoings juques au prochain terme sans jour changer en oultre.

3. *D G[1] a b* et au cas qu'il seroit.

4. Ne *manque dans D G[1] N P Q R S U a b.*

autres de lours nycetez ou de lours pechiez, ou les diffamment, et n'en appartient riens à ceulx ne à leurs amis, [et] en cuident avoir louenge, nul ne les en doit loer, ainz les blasmer, quar ils sont natres foulz. Quar en ce faisant ne povent ils riens gaingnier fors que haine, et par haine povent leurs corps, leurs biens et leurs amis en perill estre, et pour ce ne les doit justice ne autre soustenir, quar [de] despit faire et dire [parolles] de moquerie ne de ledange ne pout nul bien venir.

[165] **Coment justice doit faire de villes personnes qui font ou dient injures et villainies à nobles personnes.** — Nulle justice ne doit soustenir villes personnes à dire ne à faire villainies à nulle noble personne; ainczois quant ils l'ont fait ou dit, justice les doit mettre en ordes et villes prinsons, et les doit tant longuement tenir que ilz soient bien reffrediz et tant que le cuour du noble daye estre apaié, quar il appartient à justice tenir le monde en paiz, et il seroit trop de fouls et de mauvès qui ne les chastieroit. Et pour ce le doit l'en faire en celle maniere que les autres en soient chastiez, et meisme pour les perilz qui en povent estre, quar quant une ville personne fait ou dit villainie à une noble personne, le cuour au noble en est trop grous, à lui et à ses amis, et ne entendent pas en avoir amende par peccune, mès punissement de corps, dont il pourroit venir moult de perilz.

[166] **Coment l'en doit faire de noble personne qui le fait ou dit à ville personne.** — Et pour tant ne doit justice pas [retarder] si un noble fait ou dit villainie à une ville personne que l'en ne le daye faire amender par peccune, quar c'est ce que la ville personne demande que peccune, et ainssi le cueur de l'un et de l'autre devroit estre apayé.

[167] **Des boays qui portent crime et de celx qui portent amende civile.** — Boays mort ne porte point de crime. Non fait autre bouays, se il n'est emblé de nez, couppé ou à coupper [1], ou

1. *T* s'il n'est charpente qui est fait pour merrain, couppé ou à coupper, ou emblé de nuyt. — *La plupart des autres manuscrits reproduisent la même phrase avec des variantes.*

boays seyé ou faussement merchié, et boays qui porte fruit en herbregement, oû [bois] de couppe qui est couppey contre la volenté de celui à qui il est, l'en le doit amender de chescune arbre de saixante soulz et desdomager. Et autres boais et arbres doivent amende de telle condicion comme la gent sont qui sont prins ou trouvez couppant en oultre la volenté de ceul à qui ils sont, ou auxi dont la prouve est faite contre eulx.

[168] **De ceulx qui accusent autres de crime et en sont accusiez.** — Nul ne nulle ne pout appeller ne accuser [autre] de fait de crime, puis que il est prins par court ou assouré de crime tant que il en soit delivré par droit, ou que il est prouvé infamme, pour ce que partie la vuille excepter. Coustume est puis que une personne dit ou assoure autre par court, tout ne dige il pas que il soit traitre ou larron ou infamme, et les paroles le ayent en eulles, si doivent ils estre arrestez tant que il soit veu si le gage y siet ou non, sauf à [leur] faire delivrance comme l'en doit faire par court et sauf à les en envoier o caupcions entre termes. Et si aucune personne appelle ou accuse autre de traïson, et dige que il li ait meffait et nommege le meffait, et tout le aient les parolles en eulles, si pout l'accusé les desdire se il voulst attendre la garantie, et n'a que faire de se combatre. Mès si la partie disoit que le fait eust esté fait en aguet appansé ou de nez, si l'en trouvoit presumpcions contre lui, il en feroit adrecement comme il appartendroit du cas sur lui prouvé, sauf à la justice à le punir comme il est dit des cas de crime comment ils doivent estre puniz par presumpcions. Et auxi se il le appelloit larron ou traitre ou infamme, et le cas ne l'eust pas en soy de quoy il le appelleroit, ne lui en serroit il respons en ceulle accion. Et si celui qui se plaindroit disoit : *Venez et jurez que les moz que j'ey avouez ne soient vroiz*, *sauf à vous chalongier la loy ou à vous à me la chalongier*, il n'y auroit pas en cest cas de chalonge si la partie en vouloit excepter, quar par la coustume nulle bataille ne doit estre jugiée là où il n'a reffus de

garantie, si ce n'est des heritages dont le deffenssour offre à prouver son titre par [la] loy ou par bataille.

[169] **Des seneschaulx qui absolent de crime puis que la sentence est donnée.** — Nul seneschal ne officier n'est tenu ne ne pout absoudre de crime depuis que la sentence est donnée et acceptiée des parties, si ce n'est de la volenté au prince de la terre, comme le Duc ou aucun des evesques ou des barons qui ont bien poair d'asouldre de aucuns crimes, ou ont bien poair d'en envoier celui ou ceulie qui sont jugiez à mort, si ceulx officiers n'ont poair par moz exprès de ceulx qui ont poair de faire la absolucion. Et si aucun avoit feru autre malement, et ceul qui seroit feru peut vivre quarante jours après les colées données, il devroit estre absouls de tout crime selon reson de droit, sauf à faire amende par peccune et à desdopmagier les amis à qui il appartendroit et justice comme il devroit estre de reson et de coustume. Il n'est pas entendu que nul puisse absouldre de reson de fait qui est trouvé et appuré et confessé de celi qui est jugié à mort sanz gehine, et le meffait soit si groux que il ne daye avoir point de remede, si l'en ne presumoit cas de meschief ou de ygnorance. Ne de nul meffait dont il yst plainte l'en ne pout absouldre sans la volenté dou plaintif, si le cas n'est fait par meschief ou par ygnorance.

[170] **Coment contredit doit estre fait et rendu.** — Quant aucune sentence est donnée de quelconques juge et de quelconques cas que ce soit, il laist à la partie le contredire, si ce n'est des seneschauix de Rennes ou de Nantes dont le ressort d'eulx est par vaye d'appel, ou des subgiez de la [baillie] de Nantes qui ne font rien depuis que l'en appelle pour celui juge de ceulle cause [1], l'appel pendant [2]. Quiconques contredit doit donner pleges, non obstant nuls autres pleges que il ait donné

1. *G Q* qui ne font rien pour celui juge depuis que l'en appelle de celle cause.

2. *J en marge :* Pour l'entendement de ce il est à voir le chap. CLXXIII (174) in fine.

paravant, c'est assavoir de fournir droit [comme de port de] [1] contredit, c'est [à dire] de rendre la amende et les despens, se il est vaincu de son contredit, et s'en doit plevir lui et le suen et jurer fournir à droit, ou cas que il ne auroit froessié son serment autreffoiz en la court, ou que il ne seroit trouvé infamme. Et se il estoit ainssi il convendroit que il donnast autres pleges, s'il voloit que le juge le recepust [2] au contredit, et n'y seroit pas tenu, si n'ert tant que le juge le tenist en prinson, et donc il seroit tenu à l'oïr au premier contredit ou jugement que il auroit fait. Et se il estoit jugié en la court suseraine que il fust bien jugié en la soubzeraine, il ne le orroit en plus sans autre tenu de ceul jugé, pour ce que le jugé fust sur prouve faite du principal fait ou sur saisine trouvée, qui fust cognoue que elle eust esté emblée, ou prouvée. Et se il est accusé de crime dont il deust prendre mort et il contredeist le jugement, ne lesseroit l'en pas pour tant à le garder en forte prinson, sans le mettre en gehine ne où il deust perillier ne ses membres, ne li faire fortune ou force pour cause de renoncier à son contredit, se il n'y vouloit renoncier de sa bonne et pure volenté. Nul juge n'a que perillier en ce que l'en contredit de son jugement ou de sa sentence, tout soit il mauvès, se il n'est trouvé par sa confession que il jugeast contre sa conscience, ou par enqueste que il eust attendu, si n'est de confession de court. Quant contredit est fait et jugié et assigné des pleges, le juge leur doit rendre les moz du jugement par escrit et lere juques à trois foiz. Et se ils ont que amenbrer [ne desmenbrer], ils amenbreront ou desmenbreront au contredit. Et doit amenbrer celui qui a fait le contredit le premier, ou desmenbrer, et en respondra la partie adversse, ou se il cognoest la amenbrance elle sera mise en escript, et ovec [3] les moz du jugement ce que il en cognoestra, tout ou

1. *Sic* *CFKNRST*. — *AH* comme de pur. — *G*[1] comme de contredit.
2. *BCEGG*[1] *IJKLMOPQRSTU* si le juge le vouloit recevoir.
3. *BCEMNOPST* ostez. — *RU* et seront oustez. — *G* et oultre les moz. — *G*[1] et les motz du jugement.

partie. Et ce que l'en en desdira l'autre partie sera oye à le prouver, et ce que sera prouvé par trais tesmoignz de la amenbrance sera mis en escript, et fera l'aùtre partie les despens de la prouve faicte contre lui [1]. Et si contredit est rendu et escript les plez tenanz et la journée que il est fait, et amenbrance soit faicte d'aucun, et il ne troïsse rien de sa amenbrance, il ne aura point de terme en oultre à prouver s'entente, se il ne se passe, paravant que il soit jugié que terme ne li siet pas, par dilacion de terme de parlier ou de se exoiner [2]. Et se il se exoineit et il ne affermege la exoine au terme, le jour li doit valoir deffaille, et sur la deffaille jugiée et l'ajournement recordé le contredit devroit estre rendu et passé par tant comme la court le rendroit, o le recort de la court, sans autre terme. Et si celui qui deffaudroit après le contredit, tout ne fust il rendu par escript,... [3] il pourroit amenbrer, mès se il ne trouvoit les moz de son avou, il ne auroit point de terme en oultre à prouver, quar nul ne doit avoir prouffit en ce que il se deffaut, et il le y auroit se il avoit terme, car par la coustume nul ne doit avoir terme de prouver les procès de la journée, se il ne trouve tesmoign de son avou, et ne sera ja creu, ne mès en tant comme il trouvera. Et se il deffaut l'autre partie le pourra appeller à vaincu — pour ce que le contredit soit escript et commencié à leire — de la amenbrance, et li fera l'en assavoir que il quiert telle gaingne, et sera adjourné par le provost soy tierz de tesmoignz sans suspection. Adonc vienge ou non, se il ne trouve reson efficace, l'en le doit jugier à vaincu de sa amenbrance, et doit estre rendu par tant comme il est escript. De son cousté celui pour qui le jugement est fait y pout amenbrer ou desmenbrer, se il voit que bon soit, et il sera oy ou cas et de la maniere de sa partie. Et se ils sont

1. *B en note :* Par constitution de Parlement, sans clein créer, partie s'en ira sans despens.

2. *G[1] add. in margina :* Par constitution de Parlement pour advocat qui ait pledoyé la cause, et touchant l'exoine en ce cas elle doit estre de la maladie de celui qui la mande et qu'il en apparesse.

3. *Il faut probablement suppléer ici un verbe, par ex. :* le voult amenbrer.

contraires à leur amenbrance ou à leur desmenbrance, ceul qui trouvera le plus de tesmoignz de son avou l'en y croira, non pas au mainz. Et lors, quand le contredit sera passé, il doit estre clos et scellé du seneschal ou du seigneur, de celui qui a fait le jugement, en la presence des parties, et sera rendu et [porté] au prochain seigneur. Et se il est trouvé par la court de celui seigneur que ce soit bien jugié ou mal jugié, il doit estre escript et clos de celui qui fera le jugement qui poair y aura, et sera rendu payant douze deniers — et plus n'en ara par la coustume — au seigneur ou à son alloué qui le portera. Et adonc ajournera celui seigneur les parties davant lui à oïr la chaeste ou la levée, et le [desclorra] en la presence des parties ou de leurs allouez; adonc leur sera leu. Et ceul contre qui le jugié sera faict le puet contredire et y doit estre recepu o pleges comme dit est aillours, et se il est contredit le juge se doit assigner de l'amende au suserain seigneur, et ou cas que il ne donroit le assignement, celui ne sera pas oy ne receu et doit estre le jugié executé [1].

[171] **Des geoliers à qui les prinsonniers eschapent.** — Et si aucun mauvès eschappoit d'aucune prinson, ce est entendu, si celui qui le tendroit ou garderoit povait monstrer par reson efficace ou par autre vaye que ce ne fust par sa coupe, [que il ne] deust pas chairs en perill. Et se il eschapoit par son ygnorance, si ne fer[oit] il que amender de telle conducion comme il seroit et desdomagier court et partie. Mès se il ert trouvé que il l'en eust envoié, il seroit puni comme le mal-

1. *L'A* : Quant ung appeau est faict, le juge à qui il est appellé n'a point de cognoissance de la cause, s'il n'y a contestation devant luy, car sa jurisdicion n'est point fondée ; et pour ce l'appeau doit estre decleré desert par le premier juge, scavoir par celuy qui a baillé la sentence. Et touchant ce y eust querelle en l'an mil cinq cens dix huit entre le greffier de la chancellerie de Bretaigne et les seigneurs de Parlement de Paris pour ung appel qui avoit esté interjecté de pourseu, et par tant fut par le Parlement dudit Bretaigne decleré desert, et ceulx de Paris disoient que le Parlement dudit Bretaigne ne povoit avoir cognoissance pour raison de l'appel. De hac materia tractatur et bene in Pratica Baldi, fol. CXXJ, nº LXXV.

fectour, ou se il li fesoit soustenance par quoy il s'en fuist de prinson.

[172] **Des officiers qui se mesprennent en lours offices.** — Officiers qui ont gouvernement sur autres, quant ils se mesprennent à lour escient en lours offices es chouses que ils doivent garder, et si autres le fesoient ils devroient estre puniz, officiers qui se meffont doivent estre plus puniz que nuls autres sanz remede selon le cas et le meffait, pour donner exemple es autres officiers qui ont office, à la fin que nul ne se mesprenge en son office, ne ne la prenge qui ne la voudra bien et loyaument gouverner. Et doivent respondre du meffait sur eux mis et [des] doliances en present sans autre adjournement, toutes dilacions, plaidairies et frivoles du tout en tout cessantes et remotes, et auxi frivoles des pledéours [1], ou cas que ils seroint officiers au temps de la doliance, sans ajournement [ne] retrait d'autre court, pour ce que qui les orroit en ordinaire nul ne se oseroit plaindre pour le poair qui lour auroit esté baillé, et par ce desnuraient le peuple. Et pour ce doivent les seigneurs et chescun savoir et faire enquestes de termes en termes en segrey, ou en faire savoir par genz certains à leurs hommes combien chescun a paié de rentes et d'autres chouses, et à qui ils ont paié, et le faire mettre en escript, et faire rendre à leurs officiers compte, et vairs si les chouses et sommes se pourront respondre l'une à l'autre, à la fin que les hommes ne soient desnuez de leurs biens, les seigneurs povres et les officiers riches, quar [par celx sont ils povres] [2] et endopmagiez.

[173] **De ceulx à qui l'en ne doit bailler office de droit ne de coustume.** — Vilainailles ne fammes ne se doivent entremetre de droiz ne de coustumes, ne en estre en office ne faire delivrances, ne ne doivent estre tesmoigns de esplez de court. Ainczois doivent estre prouvez par nobles gienz ou par bourgeois de noble anceserie qui ont acoustumé à vivre honestement et à

1. *Les anciennes éditions portent :* pledoiries.
2. *Sic C. — A H et tous les autres manuscrits* : les parecoux sont pechierres.

tenir table franche comme gientils hommes. Et ce que auroit esté fait par ceulx villains et fammes devroit estre mis jus et à néant quant debat en sourdroit. Et pour ce pout l'en vairs que pluseurs qui ont terre et juridicion à gouverner et autres chouses, que ils ne povent pas gouverner sans le consseil et aide d'autres, que pluseurs gienz s'i enbatent par graerie, par flaterie et par faux loyers, et pour prometre à faire les choses valoir plus que autres gienz, aucune foiz par fermes ou autrement, et que bonnes gienz ne voudraient faire sans panssion gaingnier. Et pour ce fut il devayé de droit que nul ne eust office qui la requeist, quar en ce que ils la requierent ne le font ils pas pour le prouffit de celui à qui el est, mès pour le lour. Et en ce pout l'en bien appercevoir que ils panssent bien à faire faulx comptes et à prendre sur lours mestres et sur lours hommes, à la fin de amender lour estat; et à ce puet l'en cognoestre les sages seigneurs, quar ils y cuident gaingnier et ils y perdent par leurs officiers, et mesmement dit l'en par prouverbe : *Selon seigneur, meingnée dette.*

[174] **De ceulx qui appellent des juges.** — Puys que l'en appelle d'un juge de deffaut de droit ou d'un jugement, celui juge doit estre semons dedans le prochain parlement des causes de Bretaigne contre partie, si le parlement n'est si près que l'en ne puisse avoir temps de executer la semonsse, ou si que non le appel est hors se il ne pout monstrer de sa diligence. Et doit le juge dont l'en appelle garder l'estat juques à tant que il en soit departi o droit [1] ou par coustume. Quar [quant] l'en appelle en deffaut de droit, il appelle le juge infamme, et puis que aucune personne appelle autre infamme par court, leurs membres sont liez, affin que ils ne povent nul autre appeller de crime ne d'autre infammeté, ne par court accusier, tant que ils soient delivrés o droit du premier appel comme dit est aillours. Et celui qui appelle de defaut de droit, se il obeïst depuis son appel

1. *I* ou par droit.

de sa bonne volenté, il ne pout pourssieudre plus son appel; et se il appelloit d'aucun jugement sur aucun article des seneschalx dont le ressort est par appel, il ne lessera pour tant à obeïr des autres chouses dont il n'auroit pas appellé.

[175] **Des quas qui chiéent en infameté ou en perill de mort dont le pere ne pout rappeller les proucès** [1]. — Il est de coustume que en tout fait de traïson, ou de larrecin, ou de parjureté, ou de faussonnerie, quant aucun chiet en infammeté, il est de coustume quiconques est prouvé traitre, larron ou mauvès de cas dont l'en doit prendre mort par coustume ou par droit, le pere à icelui ne nul autre n'en pout rappeller les proucès de ce que en aura esté fait contre lui, ainczois doit estre executé pour ce que son juge competant ait donné la sentence ou le proucès fait. Ainssi il doit tenir, se il n'y a remede de justice comme dit est aillours. Et se il est ainssi que un homme qui est en aage accusege un autre de traïson ou d'autre cas dom il deust prendre mort, et la partie adverse dige que respons ne li en siege pas sanz la auctorité de son pere, et le fils requierge le pere, et le pere ne li veille donner auctorité, le filz ne sera pas oy. Et par plus forte reson non devroit le minour estre oy en cest cas. Et si l'enffant a fait tortffait, tant comme il sera ou poair du pere, le pere doit faire l'amende de la accion civile, quar il doit chastier ses enffanz.

[176] **Les cas qui chiéent en crime que le pere pout rappeller.** — Et se il en eust esté arresté et depuis jugié à departi de son appel ou accusement que il en eust fait, — quar comme dit est nul ne pout appeller ou accusier de crime par court que il ne chiée ou peril dont il accuse ou appelle par court dont la partie est prinse ou arrestée, — assavoir est si le pere se applegeot que ceulx proucès ne povent tenir et requeist que ils fussent rappellez, comme il fust en son poair et que les procès

1. *L'A* : Ung enfant de famille convenu en action de bateric peut excepter de pere vif.

ne deussent tenir, le pere ne le fils ne devroient desdopmagier [la partie adversse, ains la justice la devroit] desdopmagier. Et pour ce se doit justice avisier et se assigner [avant] de faire arrest sur corps ne sur autres chouses.

[177] **Des chouses qui n'ont vie quant ils tuent mort homme ou famme ou autres chouses.** — Moulins ou autres chouses qui ne auroint vie mouable, se ils tuent morz homme ou famme ou autres chouses, dont aucune partie en fust endopmagiée, quant gienz ou avairs ne feraient le meffait, ceulx à qui les choses seraient qui fait auroient le meffait ne auroient que faire de les desdopmagier ne de les desavoer, si les choses n'estaient sur chemin ou en ville, que ils feissent le meffait par deffaut de celui à qui les chouses seraient; adonc seroit il tenu le desdopmagier, sans autre peril de corps.

[178] **Quant fou art meson ou autruy biens sont.** — Et si fou prenoit en meson où il ne fust mis à escient, et celui qui la auroit en garde, de lui ou de ses adheranz, y ardist auxi ses biens [1], et il y eust pluseurs biens en garde à autres personnes, si celui qui auroit les biens et la meson en garde ne gardoit les suens biens et les lessast ardoir comme les autres, et encore se il metoit poz, paelles, draps et autres [mesnages] hors, et les autres chouses fussent si grousses ou si pesantes que il ne les peust garantir par un homme ou par deux, comme vin en tonneaux et blé en greniers, et le fou fust si esbrandi que nul n'y peust metre la main sans aventure de y perillier, celui qui les auroit en garde ne seroit tenu de reison à en rendre riens, si l'en n'y oppousoit autres condicions ou resons contre lui. Quant fou art une meson et la meson à une autre personne perille par celui fou, quant lui et ses adheranz ne l'y metent pour faire dopmage à celui à qui elle est ou à autres, il n'est tenu en rien rendre. Et quant un fou est esbrandi en pluseurs mesons, l'en

1. *Dans la plupart des autres manuscrits la phrase est ainsi conçue* : à escient de celui qui la auroit en garde, de lui ou de ses adherans, et elle ardeist et les biens qui y seroint.

pout abatre les mesons prochaines pour acaisier le fou, et les autres sont sauvées, tous ceulx qui povent estre sauvez ou pourroient l'app[aroir] [1] sont tenuz à desdopmagier ceulx à qui les mesons sont abatues, chescun à l'avenant que il y pourroit avoir de prouffit, à l'esgart des proudes gienz du pays.

[179] **De ceulx qui abatent boais ou autres chouses qui font dopmages.** — Si aucune personne abatoit une arbre ou autres chouses pour entente de prouffit, et les chouses que il abatroit feissent dopmages en aucunes chouses, pour tant que il ne le vaist au temps de la chaeste, ne ne les peust vairs, ne ne les peust garnir ne faire oster, il n'en devroit riens rendre de raison [2].

[180] **Que l'en doit faire quant homme ou famme y sont morz.** — Et se il y advient homme ou famme morz, justice se devroit efforcier de en savoir la verité, assavoir si celui qui abatroit les chouses avoit point de haine au temps du meffait ou paravant o lui ou o ses hoirs, et savoir se il les peust garnir paravant par quoy il se peust sauver, et ou cas que [l'en] ne trouveroit nulle cause sur lui, justice devroit prendre son serment que il n'auroit pas fait le meffait à son escient et par tant devroit estre quicte. Et ou cas que le contraire seroit trouvé contre lui il devroit estre puni, sauf à li en faire delivrance à la coustume comme dit est aillours, quar l'enqueste secrete que justice feroit ne li devroit nuyre à sa delivrance.

1. *Sic O.* — *A H* appercevoir.

2. *D U a b add.* : Mais pour le dommaige qui seroit fait devroit le juge donner sentence amoreuse et nourir amour entr'eulx, non pas haigne, car c'est chose qui est faite sur debat de parties contre une des parties, et peut estre donnée amoreuse ou haigneuse. Quant elle est donnée amoreuse, elle est donnée par composition de paix entre parties ; quand elle est donnée haigneuse c'est la sentence qui est donnée à tout quenque rigueur a voullu monstrer que l'on doit faire de chacun pour justice. Et pour ce doit tout juge se aviser à donner sentence amoureuse sans deffaut de justice, quar en sentence rigoureuse, quant peut estre donnée amoureuse, acquiert on haine de celui contre qui elle est donnée et de ses amys, et auxi bien le juge comme la partie pour qui elle est faicte. Et par haigne adviennent plusieurs cas comme quoy l'en pert le meuble, la terre, et le corps et l'ame, ou l'un ou l'autre ou tout ensemble. Juge ou celui qui tient le lieu de la justice pour gouverner les subgects les doit gouverner raisonnablement et leur faire droit selon que doit appartenir.

[181] **De ceulx qui font chouses vilaines en lours pourprins pour avilenner lours voisins et leurs chouses.** — Nul ne doit faire violences [1] en son pourprins en dopmage ne en prejudice de autruy ou [2] avilenner, [comme] aucunes gienz qui font chambres coayes ou autres violences ou vilaines chouses en lour heritage pour endopmagier lours voisins ou avillainer eulx ou lours chouses ou lour estat. Ceulx qui le font pour telle cause le doivent adrecier et amender à justice et à partie et metre à estat deu.

[182] **De ceulx qui font meffaiz quant ils sont yvres.** — Nul ne doit estre excusé de meffait que il face pour tant se il est yvre, et se il le fait pour ceulle entente l'en ne le doit pas pour ce lessier à punir, quar il avient que aucuns ont mauvès courage et le monstrent volentiers quant ils sont haictés de vin, pour ce que ils cognoegent les parties et que l'en puisse trouver que ceulx ou aucun de leurs amis ait eu à faire o ceulx ou aucun de leurs amis, et en autre cas devroit justice avoir remede.

[183] **De ceulx qui ont autruy biens en garde et perissent [3] par leur mesgarde.** — Quant aucune personne a d'un autre en garde avairs ou autres chouses, et il les laisse mamgier au lou ou perillier par autre vaye, se il ne pout monstrer que ce fust par le deffaut de ceulx qui les li avoient bailliées en garde, et que les conducions de entr'eulx ne fussent pas adcomplies, par quoy il ne les peust sauver du perill, ou par fortune de fou ou de esve, ils sont tenus les rendre à l'estimacion des chouses.

[184] **Des terres qui sont bailliées à mestairie et des avairs.** — Quant un gentilhomme ou un autre baille ses terres ou ses avairs à mestairie, se il n'y a conducions oppousées [4], l'en doit savoir comment les autres terres voisinaux ont acoustumé à estre gubernées dou soul et de la sorte, et comment les avairs ont

1. *M T* villenies. — *G*[1] villenies ne violences.
2. *U* ne pour l'. — *G*[1] ou pour le.
3. *E G N O Q U* et les laissent periller.
4. *E G*[1] *J O S T U* apposées.

acoustumé à estre gouvernez ou païs, et en telle maniere les faire gouverner, ou cas que les condicions et [usemenz] [1] ne seraient contre bonnes mours, [car ce qu'est fait contre bonnes mours] ne doit tenir de droit, si debat en estoit entre parties, quar justice ne se doit meller du droit d'autruy, en cas que il ne chiet en crime, si parties ne s'en debatent.

[185] **Du justicement que seigneur a sur son metaier.** — Le seigneur ne pout justicier son metaier à sa plainte ne à la plainte de autruy, si ce n'est par raison du contrat ou du meffait de son fié, se il n'a autre seignourie sur li, et non pout il son censier. La juridicion en appartient en autre cas à ceul à qui ils sont hommes et estaient paravant la metairie ou le censage [2], et se il n'i avoit autres choses que ceulles, le prochain seigneur de celui à qui sont les choses le justiceroit, ne ne devroit pas estre justicié par lui pour ce que ils ne doivent estre que compaignons, et pour ce que il y pourroit avoir suspection contre le seigneur que il li feist faire ceulle malice pour li oster ce que il auroit gaingnié o lui; et pour ce ne devroit il pas estre justicé par [celui] [3], se il n'estoit prince de la terre qui eust justicement sur touz ceulx du païs tout generalment.

[186] **Des cas dont finporter siet en cause de heritage** [4]. — Quant aucun fait un autre adjourner et li demande par raison d'autruy fait, dont la descensse soit à celi venue, et de quoy peust aucune chouse appartenir à autres, il est tenu à en faire finporter de touz ceulx qui sont en la Duchié et de ceulx de hors, donnant pleges suffisanz de garantir de ceulx qui y pourroient avoir auccion, si n'est tant que la descensse fust venue à iceulx communaument et que le auctour se destraignist à sa testée [5]. Et

1. *A G¹ H* sermens.
2. *G¹ add. en marge* : Nota que metacrie n'est pas manssion.
3. *G¹ add.* : seigneur.
4. *L'A* : En instance de plegement ou d'arrest qui ne font que preserver n'y a finport.
5. *L'A* : Il y a finporter en l'action de partaige d'une piece de terre de la succession de l'ayeul.

se il est nepvou ou nyepce, enffant du frere ou du cousin ou de la cousine, si ne se pourroit il destraindre à sa testée que il ne fust tenu à faire finporter de l'[ainsné] de la [souche] [1] dont il seroit essu, ad ce que celui qui [2] appelle à saisi eust deffense à faire contre le auctour par raison du predecessour à l'auctour, et ne seroit pas tenu le deffensour à faire pluseurs chiers respons en une querelle [3]. Et se il est ainsi que le deffenssour queist le finporter, il devroit promestre [4] la chouse en sa deffensse toute à son droit, et ce que il ne mettroit en sa deffensse, la justice devroit saisir l'autre partie pour tout le deffendours.

[187] **Coment l'en doit faire finporter.** — Quant à faire finporter suffiroit requerre par court ceulx à qui il en appartendroit ou davant commissaire de court; et à la requeste doit estre court ou commissaire de court, soy tierz de tesmoignz bonnes giens sans suspection, à oïr et à rapporter le recort à la court, et doit ceul qui doit faire finporter faire ceulx fonder qui ne seroient fondez en telle maniere comme dit est es cas de crime, et en autretelle maniere faire ses requestes sans faire bannies.

[188] **Du poayfet de finporter.** — Et puis que ceulx ont esté ainssi requis à qui il en pout appartenir, par court ou par davant commissaire de court, si le deffenssour se pout deffendre de l'auctour par jugement de court qui li avoit fait la demande [5], le deffenssour n'a jamès que [faire de] leur en respondre par reson de ceulle demande à nul d'iceux; et se ils y [devoient] riens avoir ne y partir, lour accion seroit vers celui qui en a la querelle portée, et n'ont pas perdu lour raison, faisant sattisfacion du demené de la demande. Et puis que finporter est jugié

1. *Sic F.* — *Correction postérieure dans P.* — *Partout ailleurs* chouse.
2. *F add.* : l'. — *P* se.
3. *G⁴ add. in margina* : Sellon les constitutions, quant en actions civiles et accusations, les principaulx hoirs des nobles personnes ou autres gens intentent ou font autres convenir, et que les deffensseurs demandent finporter, il est ordonné, posé que le finporter soit jugé, le procès ne retardera pas, sauff à faire le finporter avant deffinitive, et suffira la requeste pour finporter.
4. *C J N a b* mettre.
5. *G⁴ P U* de la demande qu'il lui auroit [*G⁴* avoit] fait.

par court contre partie, celui qui doit faire le finporter doit avoir fait ou fait faire le finporter ou les requestes comme dit est aillours, c'est assavoir dedanz les prochains termes ou davant la delivrance après le jugement du finporter [1], ou si que non il est en poayfait, et doit faire despenz pour la journée ou cas que il le feroit venir à son terme et que il ne pourroit monstrer que il en eust fait son devoir. Et n'est tenu le deffendour à procedier en ceulle querelle tant que l'auctour ait fait son devoir du finporter comme dit est, et que il ait eu les despens du poaiffet pour chescune journée du poaifet [2]. Et se il disoit que il en eust fait son devoir par tant comme il en eust requis, si devroit jurer que plus n'en sauroit en la Duchié, comme il est dit aillours es autres requestes, et la partie adversse auroit terme de avis comme dit est aillours.

[189] **Des chouses dont monstre siet et dont [elle] ne siet pas.** — Entre seurs et freres, quant aucun en fait demande de la descensse du pere ou de la mere, il n'y doit avoir point de finporter [ne] de monstre, quar ils ne demandent que leur avenant. Mès monstre [siet] en toute autre auccion de heritage qui se estent sur réel, si ce n'est des chouses qui sont divisées avant et après; et auxi bien siet monstre aucuneffoiz sur accion personel, comme en atemptat ou en despeille, ou en autres torffaiz sur terres ou sur mesons, ou sur boais à coupper, ou sur [le] torffait de la coupe. Et doit estre monstre faicte en favour de la justice comme de la partie, afin que justice sache de laquelle chouse elle deige faire enterinance ou que elle devroit faire si jugement en estoit fait, et auxi sur tout autre torffait par reson de heritage.

[190] **Coment l'en doit aler faire monstre [3].** — Le sergeant

1. *B en marge* : Par constitution de Parlement au regard des nobles en traitant des successions de leurs predecesseurs suffit finporter avant deffinitive.
2. *B en marge* : Nota que du pouaifait de finporter les despens sont prejudiciaulx.
3. *L'A* : Monstre se peut faire sur deffaille et le commissaire sera creu de son esplet par la constitution.

ou ceul qui vait pour le seigneur doit aler à la monstre soy tierz de tesmoignz où il n'ait point de suspeccion [1], et celui qui doit faire la monstre leur doit faire leurs despens, et à celui qui est admené pour la justice, et à ceulx qui sont admenez à tesmoignz, se il les demandent à avoir, et doit aler le premier. Si les parties ne sont en lours propres personnes, ils s'entredoivent faire fonder l'une l'autre, ou savoir si l'une ou l'autre se passe par exoine ou par procurour. Et si l'une des parties se passe par exoine, celui qui est pour la justice n'a plus que faire, ne mès à leur assigner leur terme à la court, et l'autre partie dira à l'exoine au terme de la court, quar se il n'a esté autreffoiz jugié de venir ou de envoier, il le doit estre et tardera la cause juques à l'autre terme. Et si le responssal avoit esté autreffoiz jugié contre lui, le jour de l'exoine li doit valoir deffaille et le jour du terme, et se il ne se pout fonder davant le sergeant, il pout donner deffaille de celi, et auxi de celui qui seroit abssent.

[191] **Coment monstre doit estre faicte.** — Quant les parties sont fondées celui qui doit faire la monstre doit aler le premier, et celui qui est pour la justice et l'autre amprès et les tesmoignz. Et doit dire celui qui doit monstrer à celui à qui il doit faire la monstre se il parle comme procurour ou comme tutour ou administratour : auxi le doit il nommer par nom et par surnom celui pour qui il parle; et doit dire envers la partie adversse et le nommer par nom et par sournom, et se il est procurour, tutour ou administratour, auxi le doit il nommer et ceul o qui il est, et dire ainssi : *Je vous monstre ceste chouse en la demande que je vous faz par court et que je entens à vous faire, et en ce que la monstre fut jugiée par la court entre vous et* [2] *les parties comme dit est, par davant celui qui est pour la justice,*

1. *J en marge* : Monstre est explect de court extrajudicialis, et n'est pas requis qu'ils soint gentilshommes comme en explet de court judiciel, ou notaires, ou bourgeois de nucessorie.

2. *G P Q add.* : moy. — *I R* entre nous les parties. — *G*[1] entre nous ou les parties.

et le nommera par nom et par sournom [1]. Et se il demande certaine chose où il n'ait herbregement, ou pré dont les chouses ne aient acoustumé à estre nommées, ou si ce n'est terre [clouse], ceul qui monstre la doit cerner ou faire cerner et faire sa monstre et la divisier comme dit est. Et se il y a herbregement il doit aler à la principal meson du lieu, et doit dire comme il est paravant dit et demander le herbregement o les appartenances ou partie d'iceulles ; il le doit dire en sa monstre fesant et faire protestacion, se il en acuelloit plus que sa demande ne se estent, de s'en delessier par léaulx divises [2], et se il en delessoit de y avoir recours. Et se il cernoit plus que le deffendour ne metroit en sa deffense, si pourroit le auctour savoir que le deffendour en metroit en sa deffensse, et decerneroit le deffendour le sourplus et seroit ajugié à l'auctour pour tout le deffenssour, et ne porteroit point de prejudice à nul autre cest jugement [3].

[192] **Coment doit faire justice [4] sur atemptat et sur autre encombrement.** — Toutes foiz que monstre est jugiée sur atemptat, ou sur despeille, ou sur encombrement de vayes, de bonnes arragiées en divises [5] ou d'autre torffait, justice doit jugier que l'en doit faire savoir la verité et le metre en estat deu, et le doit commetre à ceul qui vait pour la justice, ou cas que la partie adversse ne trouvera resons efficaces ou peremptoires ou fait; et ce que le commissaire en aura fait et trouvé, [il] li doit estre enchargié de le apporter à la court à la fin d'en faire adrecement comme il appartendra, et auxi en ceulx cas ou en semblables le devroit l'en faire. Et auxi quant famme demande

1. *D* par davant cestuy ci, et le nommer par nom et par sournom, qui est commissaire par ladite court, et nommer la court, entre vous et les parties comme dit est, et nommer toujours pour doubte de pouayfait.

2. *Sic A E H O P U.* — *C I R* deviseurs. — *G* par léal divis. — *G*[1] par léaux devises.

3. *a b add* : Et si l'acteur ne peut monstrer que le deffenseur eust saisine de la chose que l'acteur demanderoit, ou que fust encombrée par luy qui l'auroit monstrée, que le deffenseur lui delesseroit par sa desseurance, si seroit tenu l'acteur à faire despens au deffenseur.

4. *G*[1] monstre.

5. *C D E* ou de divises. — *O* ou de devisez. — *I Q R* divisions.

à estre endoairiée en la terre son seigneur [1], dont il est mort en l'année, son doaire li doit estre fait, si l'en ne trouve raisons efficaces pour quoy ce ne daye estre, puis que la partie a quis à vairs. Et pousé qu'elle ne queist pas à vairs, si ne doit il estre recepu à dilacion, si ce n'est à dilacion de terme de parler ou de exoine comme il est dit aillours, que le doayre ne li soit fait en la saisine et droitvre dou mari dou temps de sa mort.

[193] **De ceulx qui deffaillent après monstre jugiée.** — Coustume est quant monstre est faicte, si le deffensour se deffaut et le adjournement soit suffisaument trouvé, la chouse doit choir en main de court juques à pleges de droit, ou cas que il n'aura dit ou baillié resons peremptoaires ou exceptions ou fait chier respons, par quoy l'auctour ne deust riens avoir en la cause. Et quant il deffaut et la chouse est prinse en mains de court juques à pleges de droit, il li doit estre fait assavoir. Si sera adjourné es prochains termes, et se il vient, il fournira à la deffaille vers court et vers partie, et aura saisine o pleges donnant se il le requiert; et se il deffaut il doit estre jugié que la chouse qui fut autreffoiz prinse doit tenir. et sera adjourné contre la partie adversse, assavoir se il y a que debatre que la partie ne ait la chouse declairée par monstre, [et doit estre en] garde soubz main de justice juques à tant que il soit veu qui aura reson en la cause, ou que l'un d'eulx en soit departi par esplez, par acort ou par autre vaye.

[194] **Des chouses cleres metre à execucion** [2]. — Justice est tenue un fait cler metre à execucion prestement et deuement, et ne doit [le cler] demourer pour l'oscur. Mès quant un contrat ou autre jugié qui fait mencion de rentes ou d'aucuns heritages, dont le contrat ou jugié ne ait esté donné dedanz les trois anz

1. *J en marge* : Nota de la monstre en demande de douaire quod hodie non praticatur in herede seu in singulari successore. Lors l'en pourroit dire par ce chapitre que à l'action de douaire à le heritier du deffunt monstre appartient. Toutceffoiz il n'est pas ainxin pratiqué, ainz est pratiqué et se doit entendre lorsque un singulier successeur se deffant de douaire.

2. *G¹ add.* : et des monstres de heritaiges.

de la requeste, et la partie ne a eu saisine, et il n'est contenu ou jugié ou au contrat que la chouse que il demande que il en deust venir à saisine ou dit temps, comme aucunes levées qui sont attribuées à autres par certains temps, l'en ne doit pas procedier à execucion sanz adjourner celui sur qui l'en doit faire la enterinance assavoir se il a que debatre que execucion ne daye estre faicte [1]; et se il deffaut, le adjournement recordé, l'en devroit faire execuçion, donnant pleges de rendre et de restablir si mestier est, ou cas que la partie adversse ne se plegeroit que ce ne peust estre. Et si le jugié est souranné qui fust sur moble, et celui qui auroit donné le jugié fust mort ou ceul à qui il le auroit donné, l'en ne devroit pas faire execucion sanz adjourner celui sur qui la execucion devroit estre faicte [2]. Et autrement nul jugié ne doit demourer se il n'est souranné de long temps. Et si aucun est obligié à faire certaine assiete, si devroit il estre adjourné ou requis à la faire ou vairs faire, selon que mencion en seroit faite ou contrat; et si la partie adversse venoit au terme paravant la [deffaille], et elle queist à vairs, ou cas que la partie adversse montera son fait apert où ceulle partie seroit obligiée, ou pousé que la partie ne eust point de fait apert, il n'y auroit point de monstre, ou cas que il n'y auroit plus d'un contrat ou que les chouses fussent divisiées [3]. Mès il auroit jour jugié, se il n'y avoit renoncié, et les autres dilacions, comme querre terme de parler et exoine, qui sont establies par la coustume ou cas que l'en n'y a renoncié. Et se il estoit jugié que les dilacions qui sont deues de coustume ne li seïssent pas, il devroit respondre, et se il ne trouvoit bonne peremptoaire ou prouve faicte en present l'en doit faire execucion [de] ce que

1. *G⁴ add.* : Et aussi le seigneur ne peut prandre en son fié pour sa rante, s'il n'a eu pocession es trois ans prouchains d'estre poié ou de prandre. Infra iij^{c} comme prisaege doit estre fait, iij^{c}iij et supra xxxvij.

2. *D U add.* : afin de savoir s'il vouldroit alleger nulle satisfaction, et afin de savoir s'il avoit que debatre que la tenour du contrat ne fut executée.

3. *G⁴ add.* : Nota qu'il n'y a pas monstre en ce que l'en quiert enterinance de contrat ou promesse, et vide usque ad finem cap. XLI.

appiert de fait de court, o pleges de rendre et de restablir si mestier est et de fournir vers court et vers partie, et de ce que seroit confessé par court; [et] du sourplus devroit tarder tant que il apparaissist du jugié ou du gré de court [1]. Et auxi ne siet point de monstre en ce que une partie se vante que il a eu saisine de celui à qui il fait la demande par la bailliée ou par le gré de celui, ou qu'il la doit avoir, ou que il le doit garantir, que il ne responge à la saisine, ou au gré que il auroit fait, ou à la bailliée ou garantie. Mès monstre siet en toute autre accion de heritage, non obstant lettres qui devisegent bouz et coustez, quar auxi bien pout l'en querre à vairs les bonnes comme le principal, quant ce n'est de son fait, si ce n'est des cas divisez ou par avant ou par après. Quant aucune personne se plege que l'en ne le pout troubler en nulle de ses saisines, et il le dit [ainssi] [2] en general, il n'y a point de monstre de son cousté, se il ne se plege de certaine chouse; ydonc y [serroit] la monstre et seroit tenu la faire. Et ou cas que il se seroit aplegié en general, si la partie adversse vouloit dire que il le peust troubler en aucunes chouses, il seroit tenu à faire la monstre, quar comme dit est son plegement requiert poz et paiz, et il a bon plegement si la partie adversse ne le vioulst desmembrer. Il n'a point de monstre en ce que une partie demande à l'autre la meson où il maint, ou aucunes chouses de ceulle meson.

[195] **Coment l'en doit faire monstre sur desmes ou sur tenours.** — Quant aucun fait demande à une autre partie en ce que il tient en certaines paroaisses, ou tout ou partie, et il y a tenours et desmes, l'un ou l'autre, et il ne sceit pas toutes les pieces sur quoy les rentes et desmes sont deues, il pout sur aucune d'iceulles pieces aler et au pilier de l'iglise, quant monstre est jugiée, et fera sa monstre selon la demande et selon que il est divisié [que] l'en doit faire monstre, pour ce que il

1. *D U a b* fait par court.
2. *Sic B C D E G G*[1] *M N O Q R S U*. — *A H* à justice.

face [le] divis des paroles comme elles doivent estre faictes selon la demande. Par tant suffist en cest cas.

[196] **De ceulx qui deffaillent en heritage, en mouble et en crime, par quantes deffailles ils doivent estre vaincuz.** — Quiconques deffaut en cause de heritage [1] est vaincu par sept deffailles, et qui deffaut en auccion de mouble est vaincu par trais deffailles, et qui deffaut en cause criminel à plainte de partie est vaincu par une deffaille, les adjournemenz suffisaument recordez et trouvez. [Et] convient que les parties qui sont deffaillanz en chescune auction une autreffois o intimacion soient adjournez, et que ceul ait poair qui fera le adjournement de le faire, et que il soit soy tierz de tesmoignz où il n'ait point de suspection. Et si les parties qui sont deffaillies ne povent les deffailles ou aucune d'iceulles o les intimacions desmembrer, ils seront jugez à vaincuz, et fera l'en execucion de la chouse debatue à celui qui aura fait la gaingne en tant comme se doit et pout estendre, et les [2] despens que il deresnera comme dit est aillours, qui doivent estre esclardiz par une autre simple deffaille et par un autre adjournement soul, en cause de heritage [3]. Dont c'est assavoir quant les trais [premieres deffailles] sont données, que partie requer[r]oit que la chose soit prinse en main de court, et se il deffaut, elle y doit estre prinse, et ra-

1. *L'A* : Action de erreages de rentes restans, faisant conclusion pour le rest de XXX. ans seulement, est troictible entre termes et par troys deffailles on peult y avoir gaigne, sans que lad. gaigne prejudice à l'action negatoire ne à continuation faicte de lad. rente. — De l'esclardissement de la vaincue par deffaille, le defenseur se fait non savant du tout et l'acteur doit informer et produire les esplez, desquelx le deffenseur aura le double, et terme à les voir; et aud. terme led. deffenseur pourra desmenbrer lesd. deffailles ou intimations, allegant absentiam ex justa causa. — Absence probable est necessaire lors desd. deffailles, ou le juge n'avoir juridiction, ou le libelle qui doit estre certain n'estre valable pour la mutation et desdire qui n'est certain. Et trouvant quelque cause, il desmembrera lesd. deffailles affin de la vaincue, mais il doit respondre s'il a esté adjourné affin des despens pour ce que il devoit comparoir et excepter.

2. *JMPT* o les. — *S* et des.

3. *L'A* : De l'esclardissement des despens de la vaincue par deffaille le deffenseur se fait non savant du tout, et l'acteur doit informer et produire les espletz, des quels le deffenseur aura le double et terme à les veoir. Et aud. terme led. deffenseur pourra desmembrer lesd. deffailles ou intimations.

journé assavoir se il a que debatre que la partie n'ait la chouse qui est en main de court, et tant que les sept deffailles soient acomplies ; et après que ils sont deffaillis plus d'une foiz es adjournemenz lour doit estre la demande esclardie [1].

[197] **De ceulx qui donnent entendre deffailles et ne les povent soustenir.** — Et se [aucun] avoit deffailli pluseurs foiz en action de meuble ou de heritage, et il en eust fait les despens par avant la intimacion, elles ne li seroient pas comptées, mès ou cas que il seroit jugié à vaincu, il devroit faire les despens de tout le demené. Et ou cas que l'en ne pourroit trouver à plain les deffailles, par quoy vaincue deust estre jugiée, il feroit les despens en tant comme il auroit deffailli, et recourroient à leur querelle. Et si le auctours avoit donné à entendre que la partie adversse eust deffailli par quoy le deffenssour deust estre vaincu, et il ne les peust soustenir, lors il ne devroit pas joïr de ceulle gaingne, ainz seroit tenu à faire les despens à la partie, sauf droit d'autre gaingne.

[198] **De ceulx qui engignent cleins ou contrediz et ne les pourssuyvent pas.** — Quiconques engeigne cleins ou contrediz dont il estuet que la querelle principal retardege, celui qui les engigne est tenu à les pourssieudre, et ou cas que il ne les pourssieudroit, le jour que il les engigne li doit valoir deffaille. Et ou cas que il auroit engigné cleins ou contrediz, ou de uns ou de autres juques à sept, dont la partie adversse pourroit faire prouve, ou cas que celui qui les auroit engignez ne pourroit monstrer que il en fust relevé ou que querelle n'en retardast [2], se il en vouloit plus engigner l'en ne l'i devroit pas oïr ne les recepvre en oultre les sept en heritage. Quar par la coustume

1. *Les deux derniers tiers de ce chapitre ont subi une transposition dans G[1] J P T a b où le texte est ainsi conçu* : Dont est assavoir quand les trois premieres deffailles sont données en cause d'heritaige que partie requiert... leur doit estre la demande esclardie. Et si les parties qui sont deffaillantes... par un autre simple adjournement.

2. *L'A* : Qui fait allegeance retardant querelle principalle pour en faire la prouve, le terme est peremptoire et arbitraire.

comme dit est par sept deffailles [1] le heritage doit estre perdu à ceul qui deffaut, et ceul du meuble [2] par trais deffailles. Et pour ce doivent estre cleins et contrediz chescun convertiz en deffailles, et adonc jugié à vaincu par la coustume de le heritage et auxi de meuble ; et auxi par un clein ou par un contredit en crime, quant jour se remue et il en est departi, mès la justice le doit oïr juques à sept [foiz] juques à tant que il en soit departi d'un clein ou d'un contredit.

[199] **Coment doit estre acordé le procès de ceulx qui deffaillent.** — Quant aucun deffaut, la partie adversse en pout demander les despens et droit en oultre ; et se il y siet autre gaingne, pour ce que il en face protestation ou retenue, il ne la a pas perdue pour les despens, comme aucun qui fait contredit [ou autre] procès dont les moz du debat par la coustume [3] se doivent passer de la delivrance du jour par le recort de la court. Et ne doit nul estre oy à autre terme et jour engignier, se il ne trouve tesmoign de son advou qui daye demourer en tesmoign. Et est assavoir que nul ne doit avoir prouffit en deffaille que il fait, ainczois en doit estre puni vers court et vers partie. Et combien que la coustume donge que il ait terme à prouver les moz [de] la pledoairie d'autre jour, fesant le serment que le terme que il requiert que c'est pour entente de ses moz prouver, en cest cas il ne devroit pas avoir le terme par la deffaille que il auroit faicte, quar ainssi il auroit prouffit à se deffaudre et nul n'y doit avoir prouffit. Et si les parties tournoient sur debat de l'acordance du procès du jour de la deffaille, il devroit passer par le recort de la court en tant comme le deffaillant seroit avoours, quar si l'autre estoit advoours, et il voulist avoir terme, il le auroit de autre esplet que de ceul du jour, quar il li siet fesant le serment par la coustume.

1. *P add.* : la querelle de.
2. *C I R* et le meuble.
3. *E G I J O P Q S* dont les moz par la coustume du debat. — *D* dont par la coustume les motz du debat de la delivrance du jour se doivent passer par le recort de la court.

[200] [**De ceulx qui deffaillent sur chier respons et du deffaut sur chier respons.** — Coustume est qui deffaut en ce que il est adjourné du chier respons, ou de le faire ou de le prendre, doit estre vaincu [1] de la querelle, se il n'y a condition apposée ou qui soit en garde de justice ou en poair d'autre pour quoy il soit blecié, pour ce que la deffaille soit passée et donnée deuement, se il n'y a autre remede [2].]

[201] **De ceulx qui deffaillent sur prouve.** — Et aussi qui deffaut en sa prouve doit faire les despens, et li doit choirs le jour [de la] deffaille en production. Et se il deffaut à voairs donner tesmoignz que l'en donroit contre lui, il ne aura plus apens à dire dessur; ainz dira dessur comme [s'il] vaeist les li nommer, et ceulx sur qui il seroit adjourné de dire dessur seraient tesmoignz, eulx excusiez [3] du consseil et de l'office de la court, quar l'en ne doit enquerre nul tesmoign que l'en ne l'enquierge [4] du consseil et le rendre ou recort [5].

[202] **De ceulx qui deffaillent après jugement ou après garant.** — Quant aucun jugement est fait contre aucune partie et il se passe par dilacion sanz appeller ou contredire, et après il se deffaut sur celui adjournement en autre vaye que de acorder le proucès du jour, il n'a jamès lieu de le debatre; ainz devroit estre executé le jugement. Et si l'en li fesoit certaine

1 *L'A* : Terme peremptoire est après jugement quand on se passe par dilation. Item après garant clamé. Item en temps baillé à resonner contre une information que l'acteur auroit faicte. Aliqui volunt dicere quod in illo casu le terme n'est pas peremptoire et que le deffenseur aura quatre productions. Item à prouver le procéz impeditif le terme est peremptoire. Item pour fournir sur tesmoings en information de signes et seaulx.

2. *Chapitre omis dans beaucoup de manuscrits, et qui se trouve seulement dans G¹ J L M U a b. Il n'est pas douteux qu'il ait fait partie de la rédaction primitive, car dans les manuscrits où il est omis on trouve souvent son numéro sans qu'aucun chapitre y corresponde, comme dans A H, ou même son titre comme dans K.*

3. *La plupart des autres manuscrits* purgeans *ou* expurgeans.

4. *B C D E G G¹ J M N O P Q R S T U* que celui qui les enquiert n'enquierge.

5. *L'A* : S'il n'est contenu par l'enqueste les tesmoings avoir esté purgez du conseil, elle ne vaudra rien.

demande dont il eust clamé garant, et il y fust adjourné à avoir son garant, et il fust depuis jugié à deffaillant sur ceul garant, ou il ne l'eust au terme que il le devroit avoir, il devroit estre jugié à vaincu par la coustume du garantage. Un jugié qui est fait en presence de parties et en adjournement, se il n'est revoqué, ou appellé, ou contredit [1], ou si partie ne se passe par dilacion, il doit estre executé se il n'y a autre remede [2].

[203] **De ceulx qui sont adjournez à avoir leur famille à droit.** — Quant [la] famille d'aucun ostel ou aucune personne sont adjournez pour [3] celui qui en a le gouvernement ou pour [3] ceulle en chief, ou cas que mencion n'est faicte en le adjournement que ce soit en demande de heritage, celui seigneur ou dame les povent deffendre juques à la foy faire sanz autre [4] procuration [5]; et se il convenoit que ils deussent faire le serment, il lour seroit enjoint que ils les eussent aux prochains termes, et les auroit, ou ils deffaudroient, se il ne se passoit par dilacion. Et si ce estoit en cause de heritage, auxi lui seroit il enjoint que il les eust [6].

[204] **Coment il pout pourssieudre pour sa famille et la deffendre [7].** — Et auxi si l'en avoit villainie fait ou dit en son ostel à aucun de ses sergeanz, ou à touz ou à pluseurs, en tant

1. *L'A* : Sentence baillée et non appellée in continenti transit in rem judicatam, si la partie ne se passe par dilation.

2. *PUab add.* : pour ce que le jugié ou la sentence soit donnée de juge compectant. Et auxi les delivrances doivent tenir, et n'en appartient à nul cognoestre, si n'est le suserain qui le puet ou doit faire comme il est dit ailleurs.

3. *EGIJKLRSTU* par.

4. *c* avoir.

5. *IJM* procureur.

6. *G¹ add. in margine* : Par constitution de Parlement est ordonné que d'exploit du jour personne ne sera sourprinse qu'il ne puisse en celui jour paravant prouve jugée ou jugement fait corriger et augmenter à esgard du juge, en abregeant la cause et en approuchant du principal, et non autrement. Et mesmes sera partie receue à congnoestre de ses resons de droit tousjours et de fait jucques es prouchains plez et dedanz, amprès l'appointement du jugement ou les esclardir et interpretter ainsi qu'il verra l'avoir affaire, ainsi qu'il desdommagera partie à l'esgart du juge, si le jour change.

7. *G¹ add.* : et comment le pere peut emancipper son enffant.

comme ils seraient en son poair. en pourroit il faire siexte et li en serroit respons, ainssi que des gienz qui ne seraient ses enffanz ou que ce ne fust sa famme espousée il devroit faire fin porter, si l'en le requiert. Et en cest cas pourroit deffendre ou poursieudre pour la famille de son ostel, pour ce que les enffanz soient minours, sanz procuracion et sanz dilacion, et en autre cas non. Et ne pout le pere emanciper son enffant, si l'enffant ne le requiert, quar en ce que le pere le emancipe c'est en prejudice de l'enffant comme en favour, et l'enffant ne le pout requerre tant comme il soit minour. Mès puis que l'enffant est marié o l'assentement de son pere, il est emancipé par la coustume quant à joïr de ses biens, quar le pere ne le pourroit rappeller à soy, et en autres cas non, se il n'est emancipé. Quant aucun seigneur est adjourné de avoir ses hommes à droit ou sa famille de son ostel, en quelque cas que ce soit, il les pout passer par terme de parler ou par exoine de les avoir à droit, et aura l'une dilacion après l'autre, [se il la requiert, et plus n'en aura] [1].

[205] **Du contrat que famme fait sanz son seigneur.** — Nul n'est tenu à respondre par coustume de nul contrat que sa famme face ne que l'en face o le depuis qu'elle est espousée, si le contrat n'avoit esté fait paravant les espousailles et l'otray du mariage. Mès ou cas que son seigneur la soufferoit marchande[r], le contrat qu'elle feroit seroit estable des chouses dont elle useroit de marchandie, et en devroit son seigneur respondre, et se enquerroit o sa famme et en auroit jour, se il le requeroit, faisant le serment que il n'en fust certoin, et seroit la debte executée sur leurs biens communs du mariage. Et du tortfait aussi que ele feroit ou diroit, ainsi que le seigneur ne devroit pour ce estre crimé des chouses qui chiéent en crime, se il n'en est savant ou consentant, mès il en devroit choirs en tout autre perill, car il est tenu à chastier sa famme. Et auxi de ses

1. *Sic B C D E G G[1] I J M N O Q R S U.* — *Manque dans A H.*

enffanz qui seraient en son poair. A famme marchande siet respons des denrées que ele a bailliées ou achatées sanz son seigneur et sanz son auctorité. Et auxi à toute famme de la vilainie que l'en li fait ou que l'en li dit en auction civile ou criminel, ou qui crimeroit son cousin germain ou sa cousine ou dedanz, ou qui les auroit mutriz comme il est dit aillours. Et si el demandoit son heritage ou elle le deffendeist, ou se plegeast contre son seigneur et contre touz autres qui le li voudroient empescher, ou contrater, ou negocier, ainssi que el est tenue à requerre son seigneur de li donner auctorité, ou cas que son seigneur ne s'en voudroit entremetre ne rien en pourssieudre, et suffiroit le requerre sanz auctorité.

[206] **Du debat des prinses d'entre les recepvours et les créanciers, et les baillours et les achatours.** — Quant aucun prent denrrées o un autre, [et] il en est son créancier une foiz de six deniers, une autreffoiz de douze deniers, autreffoiz de trois soulz, une foiz plus, une autre mains, et il tourne debat aucune foiz sur le compte d'entr'eulx, ainssi que ceul qui prent née [aucunes] chouses de la bailliée, le baillours en sera creu dedanz le nombre de cinq soulz par la coustume par son serment, et de plus non; et ne chiet en autre perill ne vers court ne vers partie, quar l'en ne sceit se il a bien fait ou mal, mès en oultre ils s'entrepovent metre à choais de loy ou prouver comme estre devra, quar prouve pout estre faicte par tesmoignz, ou par lettres, ou par serment, ou par confession de parties. Et auxi quant aucun fait un autre son mettours ou son achatour de son ostel de menues chouses qui seraient soubz le nombre de cinq soulz, comme solers, sel ou chandelle, ou ouvr[iers] à metre à besongne, il seroit creu de chescune des dictes chouses avoir mises ou recepues, du pris et de ce que ils auroient cousté, dedanz le nombre de cinq soulz. Et se il sourdoit debat entr'eulx de la quantité des chouses, que il en eust tant mis de deniers, tant aporté de chouses au seigneur ou à son ostel, ou mis en son prouffit, si y devroit en tel cas justice voirs et se infourmer

de plain par bonnes gienz des chouses et du gouvernement. Et ou cas que le metours voudroit compter, et il ne [1] se desmesureroit, justice o ce qu'elle auroit trouvé y devroit metre atrempement, et prendre le serment du metours que les chouses que il auroit comptées seraient bonnes et vroyes et bien [et] léaument faictes dedanz le atrempement que justice metroit; et le serment fait l'en devroit faire acomplir ce que devroit estre acompli de raison à l'une partie et à l'autre. Et aussi de tous autres recepvours et metours que justice y auroit mis ou pourfforcié en ceulles offices, ou ceulx qui s'en devroient entremetre de raison comme tutours, curatours, executours de testamenz et amis qui auroient fait obsseque pour leur ami, et aussi homme pour les biens de sa famme et famme pour les biens de son mari.

[207] **Du partement des biens [2] es gienz de basse condicion.** — Les biens meubles doivent estre departiz après la mort de le homme ou de la famme, ou cas que ils ont enffanz, tierz à tierz, c'est assavoir le tierz au mort pour faire son obseque et pour acomplir son testament, et l'autre tierz à le homme ou à la famme qui demoure et l'autre tierz es enffanz d'iceulx deux. Et seront les debtes communalment paiées, et le obsseque et le testament dou mort acompli sur son tierz, et les enffanz auront le parsur des biens au mort, comme dit est aillours. Il est entendu entre bourgeois et gienz de basse conducion, car entre les nobles personnes ils sont departiz moitié à moitié, ou cas que la famme voult acceptier et prendre es moubles et es debtes, ou ses hoirs si elle est morte la premiere, ou elle ait fait reffus [3] de prendre es meubles et es debtes, quar le, ou cas qu'elle demoure, le pout faire, ou ses hoirs comme il est dit aillours. Et si ainssi est que le homme et la famme ne aient esté par an et par jour en mariage ensemble, de quelque condicion que ils saient, la famme aura ce qu'elle y apporta, ou ses hoirs, et plus

1. Ne *manque dans D G Q.*
2. *Supplendum* meubles.
3. *B G J M Q S* ou elle ne fait le reffus.

non, se il n'est donné ou aumosné, et encore devroit elle paier sa part [1] des coustages des noces et de la pourvéance du temps qu'elle auroit esté o son mari. Et si le mari demoroit il auroit le leit à la famme juques es secundes noces. Et ne chiet point en partage l'escue de joute : il doit demourer à le hoir principal des nobles, et la lecte des chevalx o son arey; et aussi à la famme ses robbes et ses joeaux comme il est dit aillours. Et les bourgeois et genz de basse condicion qui n'ont enffanz de leur char, lours biens sont departiz moitié par moitié, ou cas que ils auront esté enssemble par mariage par an et par jour, excepté entre les clers qui sont mariez que le principal leit lour mere [2] doit demourer es principaulx hoirs ou [à] un d'eulx, de quelque condicion que ils soient. Les enffanz es bourgeois ou à autres gienz de basse condicion doivent estre aussi granz les uns comme les autres tant en meubles que en heritages, et ne pout nul d'iceulx donner à nul de ses hoirs, soit pere ou mere, aieul ou aieulle, basseyeul ou besaieulle, oncle ou ante, cousin ou cousine, à l'un de ses hoirs quel à l'autre, si cause ne a en la donnaison qui soit raisonnable. Et se il advenoit que aucun en eust eu meuble ou heritage de la descensse du pere ou de la mere, ou de un d'iceulx de qui la eschaite devroit venir, il rapporteroit le meuble se il vouloit prendre en le heritage, et se il avoit eu le heritage, il [le] rapporteroit, voulist ou non, par la coustume, mès il ne seroit pas tenu à apporter les levées de le heritage par avant la demande faicte par court. Et non est frere et sour, cousin ne cousine, ne parent tenu en respondre [3]

1. *L'A* : Praticatur que le mary par an et jour peut estre convenu in solidum, sauf son recours vers les heritiers de sa femme. Et la femme qui a sourvescu le mary peult dire que l'action ne demande ne lui compete vers elle, si ce n'est à cause d'elle, ains procede vers l'heritier du mary, sauf in subsidium ager vers elle : quod nota. Tamen dicitur que le crediteur a l'option et choays de convenir l'heritier in solidum sauf son recours vers la veufve, ou de convenir la veufve pro rata de la debte.

2. *P a b* le principal cours de leurs livres.

3. *L'A* : Hoc verum est. Celles qui n'estoit pas es heritaiges au temps du deceix, quia mobilia dicuntur et ideo veniunt raportanda. Alias secus, et ita fuit decisum per magistrum Olivarium du Breil. Et quod dicunt les levées, quod secun-

de nulles des levées des terres, coustumes, desmes, ne autres trehuages que ils aient par raison des heritages à leurs frarayschaux, par avant la requeste et la demande par vertu d'ajournement fait par court de qui poair y ait. Mès si le tenours [le] tenoit depuis contre la volenté du plaintif, il seroit tenu à li rendre les erreragés depuis ladicte plainte, requeste et demande faite par court, en tant comme le plaintif se pourroit approuver ou dit heritage [1]. Et n'est nul tenu à rapporter meubles, fors ceulx que il auroit euz de ceulx de qui il demande [à] avoir le partage en le heritage, ou de ceulx de qui il represente la personne, comme l'enffant qui auroit eu le mouble du pere ou de la mere, et se le pere ou la mere mouraient avant le aioul ou besaieul, ayoulle ou besayeulle, oncle ou besoncle. Et auxi de qui [2] tendroit le heritage, se il vouloit prendre en le heritage [3], il seroit tenu à rapporter le meuble à ceulx qui seroient yssuz de la ligne de qui il auroit eu le mouble et non pas de autres.

[208] **De succession qui vient de ligne** [4]. — Succession qui vient [5] de ligne est qui vient de pere ou de mere, et de ayeul ou ayeulle et de besaieul, et de leurs predicessours, et de freres [6] ou de oncles qui tendraient par pourvéance ou par bienffait selon l'assise au compte Geffroy, et doivent estre leurs fiez partiz

dum quosdam intelligi debet des levées post obitum, secus de aliis ante obitum. Et hoc inter ignobiles; alias auroit l'un plus que l'autre, qui est expressement prohibé.

1. *L'A* : Le cousin au mort des deux costés luy succede es deux pars de son bien, et le cousin d'un costé aura l'autre tierce partie. Et l'on a premesse en telle portion que l'on succederoit.

2. *B* celx de qui. — *T* de tous ceulx qui. — *J* de ceulx autres qui. — *G*[3] de tous autres de qui tendroient...

3. *B C G G*[1] *J K M O P Q R S U a b add.* : de ceulx.

4. *L'A* : Ce chapitre dit in somma que successions directes, jaczoit qu'ils soient tenues par bienfait sont fondez freres et seurs quand ils decedent sans hoirs de leur chair, viennent en tout au principal hoir et sont appellées collatérales, et ce est en fiez d'assise. Et toutes aultres successions se departent teste à teste.

5. Qui vient *manque dans beaucoup de manuscrits.*

6. *B C D E F G G*[1] *I J K L M N O P Q R S U add.* : au pere.

comme de succession venue de ligne entre les freres et les sueurs. Et les autres successions qui se gouvernent selon l'assise au comte Geffroy entre sours et freres [si] doivent venir au principal hoir et sont appellées eschaites de costé. Et toutes les autres eschaites qui [ne] [1] se gouvernent selon l'assise sont parties testée à testée par coustume entre freres et seurs, cousins et cousines, oncles, antes, nepvoux et nyepces, selon que à chescun en appartient [es] autres fez [2], quar les enffanz du frere ou de la seur prennent autretant comme le oncle ou comme l'ante en la eschaite du frere ou de la sour à yceulx oncles ou antes, ou des cousins ou des cousines à ceulx oncles ou antes, pour ce que ils viengent et soient du ramage [3].

[209] **Des chouses que les enffanz acquierent que le pere pout avoir à soy.** — Quant [4] les enffanz acquierent [5] par marchandie ou par autre vaye, cela [6] est au pere ou cas que il les voudroit avoir et que les enffanz ne fussent emancipez du pere [7], si ceulx biens ne lour venaient par raison de mariage [et] que les enffanz fussent mariez o l'assentement du pere comme dit est, ou que ils leur eussent esté donnez ou aumosnez, ou que ils leur venissent par raison de eschaite, ou que ils les eussent conquis par servige ou par la prouëce de leurs corps [8]. Et à nul autre que au pere

1. Ne, *omis dans A H, se trouve dans B C D G J M R.*
2. *C I R add.* : qui ne sont fiefs d'assise.
3. *C I add.* : quar representation de personnes y a lieu.— *a b* : car il n'est pas entendu qui a pere ou mere, oncle ou cousins, et si ceul à qui l'eschaite est venue n'estoit autrement obligé, car comme il est dit ailleurs homme vif n'a point de hoir.
4. *C I J R T a b* Quanque.
5. *B N add.* . biens. — *K* aucunes choses.
6. *B E G G³ J M N O T a b* ils sont.
7. *L'A* : Pater an potest alienare bona filiorum in quibus habet usum fructum sine decreto judicis? Baldus in lege Præses provinciæ, Cod., De transact., dicit quod sic. Et licet Jason dicat quod durum est recedere ab illa opinione, tamen nititur recedere. Tamen tenet idem cum Baldo quum filius est in potestate patris. Alias non possit alienari sine decreto judicis. Item Jason in lege Singularia, FF, Si certum petatur. Item quicquid habet filius præsumitur ad patrem pertinere lege 2ª, Cod., De patria potestate.
8. *Il faut peut-être voir ici un souvenir des idées romaines sur le peculium castrense.*

n'en siet respons, si n'est ou rapport des freres ou des sueurs ou parenz, de tant comme des biens que ilz auroient de ceulx que ils doivent rapporter [1].

[210] **Du partage des enffanz et des fiez nobles.** — Es fiez nobles [2] qui se gouvernent selon l'assise au comte Geffroy ne doit pas estre compté le principal menoir [ne les terres] dedanz les prochaines cloaisons, pour ce que il y ait de ceul heritage si grant quantité que il valist tant par quoy advenante pourvéance en peust estre faicte entre seurs et freres. Et non devroit il estre compté entre le hoir principal et la doairiere ou les doairieres, pour tant que ils fussent suffizaument pourveu[es] de meson selon l'estat d'iceulles. Et si les heritages n'estaient de ceulle value, l'en devroit baillier [3], selon la richece de leurs biens, meson advenante à le hoir principal par le regart des sages gienz et de la justice, et seraient les autres [4] en partage comme l'en doit faire de ceulx fiez, et baidra l'en à l'ainzné enffant son [avantage], fesant tout premier le doaire à la doairiere comme il est dit aillours. Et puis doivent les jouvaignours et les sueurs, ou les enffanz des sueurs si leur mere est morte, aporter sur le grant de la terre les eschaites des oncles qui tendroaint par bienffait et des douairieres ou douairiere [5], et leur doit estre jugiée leur partie selon le grant de la terre [6] et le nombre des enffanz, et atendront chescun son advenant de l'eschaite en tant comme chescun y devra prendre, ou cas que

1. *Fin remaniée dans beaucoup de manuscrits.* — *C* de tant comme ils avoint eu de biens de cieulx qu'ilz devroint raporter. — *G*³ de tant comme de biens ils auroint de ceulx, lesquieulx ils devroint rapporter.

2. *L'A :* Baronnie ne se depart mie entre freres et seurs, si le pere ne leur fait partie. Mais l'aisné doit faire avenant bienfait es puisnez et doit les filles marier (*Extrait de la Coutume d'Anjou*).

Pater potest facere divisionem hereditatis sue inter filios suos, et sufficit divisio minus solennis que potest per judicem suppleri.

3. *L'A* : Scavoir de chascun xx. sols xij den. Et ita practicatur.

4. *CIR add. :* mesons. — *G*⁴ mis.

5. *I* les douaires.

6. *L'A* : Libelle de partaige entre nobles est recevable, sauf à alleguer l'usement et que les fiefs se gouvernent selon l'assise au conte Geffroy.

l'ainzné et les jouvaignours ne voudroient jurer l'assise au comte Geffroy, et seraient d'un gré que les jouvaignours auroint pourvéance sur le grant de la terre [1], comme dit est en l'assise [2]. Et est assavoir que toute [la] seignourie doit aler à l'ainzné des enffanz [3] es barons et es chevaliers et des ainznés qui en sont yssuz et qui noblement se sont gouvernez eulx et leurs predecessours es temps passez; et est entendu que les jouvaignours n'auront en plus que les moz de [l'assise], si ce n'est tant comme le duc Jehan pere au duc Artur la corrigea; lesquelles chouses doivent estre gardées et adcomplies et enterinées [4]. Et pour ce ne paieront les jouvaignours nulles des debtes au pere ne à la mere, ne ne prendront riens es meubles, sauf à leur en donner, ou se ilz ne les ont par le mariage que l'ainzné fust tenu à leur achater se ils l'en requierent. Et si les debtes estaint si grousses ou si grandes que le pere ou ceul ou ceulle dont l'eschaite vendroit eussent faictes, dont il convenseist que les heritages fussent venduz et perduz, adonc ne devroient pas metre les jouvaignours en rapport ce qui auroit esté perdu et vendu, mès ils devroient avoir en oultre quictes et delivres horz de tout enconbrement leur porcion, et aussi vendront ils quictes. Par ainssi que si l'ainzné y a gaingneries, il les en pout porter, paiant cens ou terrage, et son moublage que il y auroit mis, pour ce que il en face mencion en [l'assiete] [5]. Et auxi après les descens des bienfettours, pourroient les hoirs ou les execu-

1. *L'A* : Le bienfait non compté, sauf à en avoir le droit.

2. *La plupart des anciennes éditions portent* comme dit est aillours.

3. *L'A* : Adde quod illa consuetudo valet de jure secundum Baldum. Textus in capite licet universis, Decret. Gregorii, lib. III, tit. 34, de voto et voti redemptione. Et ibi glossa. Jacobus in lege Quoties duobus, Cod., De rei vindic., ubi refert pulchrum dictum, si fuisset verum quod stante tali consuetudine quod primogenitus succedat in totum, si talis primogenitus moriatur sine herede, non potest secundo genitus succedere. Sed ibi refert aliquos in hoc reprobantes.

4. *L'A* : Nota que par constitucion les puisnez et juveigneurs ont le tiers, quelle constitucion est en plusieurs livres et coustumes en Bretaigne; les autres n'en ont rien. Maistre Guillaume Macé trouva ladicte constitucion faisant la reformacion, et est par heritaige, et neantmoins est tous les jours practiquée au contraire.

5. *Sic D a b.* — *A H* la sieuste.

tours de ceulx avoir les gaingneries [ou] leur meublage que ils y auroient mis, paiant rente ou terrage. Il est en la volenté de ceulx à qui les terres sont venues de prendre rentes par le pris de bonne gient qu'ilz devront valoir par chescun an ou qu'ils auroient esté assises ou rapport comme au grant de la terre, ou avoir le terrage, ce est entendu comme les terres se [s]oulent labourer à mestairie ou à moitié, ou au tierz, ou au quart, ou au quint, selon le usement des pays où les chouses seraient. Et aussi devroient estre assis les doaires et venir comme les bienfaiz sanz autre encombrement. Les filles doivent avoir es meubles comme en le heritage, et paieront leur advenant des debtes pour ce que elles soient heritageres. Quant les filles et les jouvaignours voulent avoir avenant partage o leur ainzné, ils doivent aler à la justice de qui le principal menoir est tenu et requerre le sergeant au seigneur et li faire ses despens pour pourfforcier les hommes et les provoz de ceulx à la supplicacion d'eulx. Et ce que ne sera tenu de ceulle seignourie sera supplié d'icelle es autres seigneurs que ils le facent faire chescun en son fié. Et pour ce que chescun sera tenu de ce assavoir [1] que ils doivent de rentes et de redevances [2], et les doivent metre en escript [3], et faire presager terres gaingnables, landes, prez et moulins, et toutes autres chouses que ils verront que soient de la succession où ils doivent avoir partage, et apporter par escript à la court le pris de chescune piecce. Et si l'ainzné y voit que detraire, il doit avoir terme à detraire, ainssi que il leur fera dedanz [le terme] pourvéance de toutes les chouses que la justice verra que lour seront necessaires, selon la quantité du fié et le nombre des enffanz, dont ils seront d'un gré [4], la dila-

1. *Je suppose qu'il faut lire :* Et pour ce chescun sera tenu de faire assavoir...

2. *L'A :* L'on peut convenir le metaier pour le seigneur, lequel metaier doit respondre à certain des rentes deues sur la terre.

3. *L'A :* Et practicatur que l'aisné est tenu bailler aux juveigneurs les rolles et rentiers pour faire leur rapport. Et peut raporter les coulombz du columbier per legem Pomponius scribit. § 1, FF. Famil. ercisc.

4. *I R* s'ils ne peuvent estre d'un gré en autre maniere.

cion et le debat pendant. Et l'ainzné, se il vioulst pledoier o eulx en destourbant de avoir lour partage, juques à tant que ils en aient eu tout ou partie [il] est tenu à leur paier lour conseil, teil comme justice les en aura pourveuz, davant que ilz respongent à leur ainzné en riens, se ils [le] voulent propouser; et le grant de la terre et le nombre des enffanz regardé, quant ils n'ont que debatre entr'eulx, justice leur doit baidre à chescun son advenant par le conseil des sages par jugement. Et se il contredit le jugement, il doit dire en combien il a cogneu et en combien il a contredit, et ce que il cognoestra sera executé, et le sourplus doit demourer en paiz, tant que il soit veu du contredit pour lesquelx jugement se devra faire. Et ce que sera trouvé que il ait. . . [1] l'ainzné sera requis que il en face la assiete selon le rapport. Et pout lour ainzné lour faire lour assiete et commancer là où il vouldra, et asserra de prochain en prochain selon le rapport, se il n'y a devis entre les parties; et se il en est en deffaut, justice est tenue le faire ou faire faire prestement et sanz deloy, es despens des parties, sur tout ou sur partie. Et devroit estre en la volenté des jouvaignours et des sueurs de prandre la pourvéance ou [ce] que l'ainzné cuidroit [2] du jugement, si contredit estoit fait de partie à l'ainzné.

[211] **Du mariage que gientil homme pout donner à ses filles.** — Le pere qui est gientil homme et de noble sang pout marier ses filles et les apparagier [3] et ce que il leur donra son principal hoir ne le pout debatre, si le pere ne le grevoit en oultre sa testée si comme tout le fié estoit partable. Et auxi se il lour donnoit mains que lour droit n'en devroient elles plus avoir, pour tant que elles fussent suffisaument apparagiées. Et ce que

1. *Il y avait probablement ici un mot illisible dans le manuscrit primitif. A H portent* levé. — *J K M* cogneu. — *E* queilloit. — *N I Q* cuillet. — *G G*[1] *O R* queillet.

2. *E* queildroit. — *G* queldroit. — *N O* quieudroit. — *K L* quieuldroit. — *M* cuilliroit.— *Q* cuildroit. — *G*[1] cueildroit.

3. *L'A :* Pere qui est veuf, etiam noble, ne peut avantaiger, etiam par heritaige, aucune de ses filles. M. Alain Marec.

le pere lour donne, quant ils l'ont tenu an et jour paciannement pour leur mariage [et joï] [1] de la saisine, il n'a [2] que faire de leur en respondre à jamès, quar par la coustume ils se povent deffendre par le titre de leur donnaison et de leur tenue. Et auxi suffist en autres chouses, si un autre noble homme avoit fait donne de son fié ou de sa saisine. Et puis que aucune personne a certaines rentes promises à autre personne, ne doit il riens lever des chouses où il doit faire l'assiete, car se il en lieve riens depuis la promesse il est tenu le rendre, pour ce que les chouses saient acomplies, combien que ceul à qui les chouses ont esté données ne face pas [demande], s'il n'i a autre debat. Le pere pout faire l'assiete du mariage ses filles en ses conquestz, et ou cas que le pere mourroit ainz que la mere, le hoir principal au pere est tenu à resconpassionner la famme au pere de ce que li en pourroit appartenir, quar la famme est aussi grande par coustume en ce que son mari acquiert durant le mariage entr'eulx comme est le mari, pour tant que ils aient esté an et jour enssemble par mariage. Et si le pere et la mere mariaient leur fille d'un assentement, et la assiete fust faite en la terre à la mere, la mere devroit estre resconpassée sur la terre au pere ou sourplus de ce que il ne pourroit eschairs à la fille par partage.

[212] **Des aumosnes ou autres donnes que noble homme pout faire de ses biens meubles.** — Noble homme pout faire sa volenté de ses meubles qui sont mouvables par coustume, pour ce que il doit mieulx savoir et cognoestre reson et le bien et le mal que les autres gienz [3]; et en pout donner à ses

1. *Sic K. — Manque dans A H.*
2. *E G N O Q* n'ont ils.
3. *L'A* : Quæritur si pater fuerit confessus ante mortem suam se recepisse ab uno coheredum certam pecuniæ summam an sit standum confessioni sine aliqua præsumptione. Videtur quod non per legem Qui testamentum faciebat, FF. De probat. Dic quod illa lex loquitur inter ignobiles, qui non possunt plus dare uni filiorum quam alteri. Nobiles vero possunt disponere de rebus sive mobilibus ad libitum. Ideo statur confessioni eorum. Et ita fuit decisum per Magistrum Olivarium Dubreil. Jason tamen tenet expresse contrarium in lege Si arrogator decesserit, col. 1ª, FF. De adoptionibus, et in lege 1ª, col. 2ª, FF. De eo per quem factum erit quo minus quis judicio sistat, ubi dicitur quod non

enffanz jouvaignours, aux filz ou aux filles et autres gienz, tout ou partie, le parsommet de ses debtes et son obsseque paiez [1], et si pout il des fruz et des levées de sa terre avenaument en son testament, ou cas que il n'auroit donné ses moubles et que l'estat de son filz ainzné ne fust gregié ou paravant. Et ne le pout son ainzné debatre, car si le hoir principal aloit contre le serment du pere ou de celui de qui la succession li vendroit, pour ce que le serment ne fust contre bonnes mours fait, il perdroit la succession qui lui devroit estre venue, et devroit aler au prochain hoir après lui. Et auxi se il aloit contre son testament, puis que il seroit regardé que il deust tenir et estre testament de droit, et auroit esté jugié en la presence de ceul hoir et passé en chouse jugiée que il deust tenir le serment ou le testament, et pour ce [convient il] [2] que le hoir jurege au testament acomplir.

[213] **Des doaires d'entre les nobles, de la famme au pere et de ceulle au filz, et du mouble qui fut promis en mariage à la famme au filz.** — Et se il y a deux fammes veuves qui aient esté [mariées] l'une au pere et l'autre au filz [3], la premiere devroit estre endoairiée premierement et l'autre ou demourant en ce que devroit appartenir de le heritage au filz dont il auroit eu saisine [ou possession ou droiture au temps du mariage] [4]. Et quant noble homme a marié son filz ainzné, le filz ainzné doit

est standum illi confessioni nec debet præjudicare filiis, quia esset aperire viam ad defraudandum filios in legitima, secundum Bartolum, in lege Quam quis decedens, § Codicillis ita scripsit, FF. De legatis III, et in lege Generaliter sancimus, Cod., De non numerata pecunia.

1. *G⁴ add. in margina* : Autre chose est des genz de bas estat qui ne peuvent avantager aucun de leurs hoirs, supra in CXL et CCVI.

2. *Sic B I J M R T. — Manque dans A E G G⁴ H S.*

3. *L'A* : Nota quod si filius familias contrahit matrimonium cum indignatione et sine licentia patris, ipse non tenetur dotare uxorem filii post decessum ejusdem. Textus in cap. 1° Decret. Gregorii, lib. IV, tit. 1, De sponsalibus et matrimoniis. Quod tene menti.

4. *Restitution hypothétique d'après l'ensemble des manuscrits. — A H portent* auroit eu saisine ou mariage ou de possession ou de droiture. — *G⁴* auroit eu saisine en mariage ou pocession ou droiture.

avoir le tierz de la terre au pere [1], et le pere doit avoir le mouble qui est promis à la famme au filz. Et doivent le pere et le filz ainzné faire chescun son advenant de la pourvéance es autres enffanz, à l'aferant que chescun tendra ou daye prendre [2]. Et si le filz moroit avant le pere, la famme au filz devroit estre endoairée en la tierce partie de la terre au pere, tout n'eust onques eu le mari sesine de la terre; ainssi que le pere ou ses hoirs auroient ce que auroit esté promis de mouble à ladite famme se il n'estoit paié, excepté son troussel, c'est entendu son lit, sa huge, ses robes, ses joeaux, qui li demourraient quictes, si elle vouloit estre endoairée.

[214] **Du partage des hoirs [3] es bourgeais et es gienz de basse conducion.** — A bourgeois et gienz de basse conducion, le filz ainzné doit avoir la principal meson ou herbregerie suffisante selon la quantité de leurs biens, faisant resconpassacion es autres se il la volt avoir. Et se il ne la voult avoir, le prouchain d'emprès lui, se il voult, la doit avoir. Et se il y a des enffanz qui soient fouls et envioux, et voulissent avoir leur partie en chescune piece, ou cas que ils ne se pourroient acorder, justice devroit metre trais proudes hommes prouffitables et sanz suspection à leur faire leurs parties par les plus granz loz et les plus prouffitables que ils les pourront faire à leur conscience et par leurs sermenz. Et devroient les parties aler es loz, sauf à revoirs qui se douldroit dedanz l'an et le jour, es despens de ceul qui se douldroit, par autres gienz dignes de foy jurez à faire la reveue.

[215] **Des ediffices en fié partable que le mari fait en son heritage ou en le heritage sa famme.** — Quant homme fait ediffices en son heritage ou en ceul à sa famme, pour tant que le heritage soit fié partable, si le heritage est au mari les hoirs sa famme y devroient avoir la moitié après la mort de le ou le

1. *L'A* : Si filius moriatur ante parentes absque liberis, rediit illa tercia pars ad parentes et non ad fratres filii mortui. Glossa Instit., Quibus non est permissum facere testamentum, lib. II, tit. 12.
2. *E* ou ils devront prendre. — *P T* ou devra prendre.
3. *G*[4] des hebregemens.

après la mort de lui, ainsi que les chouses seront prisagiées comme pierres en moncel, et le boais et l'autre matere comme à enporter du lieu sanz compter façon, quar ils ne devraient pas avoir le heritage pour le moublage, et ils ne le pourroient que le enporter, et celui à qui le heritage seroit devroit avoir le meublage par le pris que il pourroit valoir à le enporter, et auxi les hoirs du mary en ce que seroit fait en le heritage de la famme. Et auxi, comme dit est aillours, le mari est seigneur des moubles, faisant suffisante pourvéance à sa famme. Pour ce ne auroit le ne ses hoirs fors en tant comme ils en trouveront au descens de l'un de ceulx doux, et ne doit l'en faire ne oïr compte que le mari ait fait des biens par avant le leit de sa mort [1].

[216] **Des ediffices que les nobles font en leur heritage ou en seul à leurs fammes.** — Gientil homme pout faire en son heritage qui se gouverne noblement menoirs, moulins et autres ediffices : sa famme ne ses hoirs n'y auront riens par coustume, si ce n'est en tant comme son doaire en sera plus valuable. Et si le mari fait faczons ou ediffices en le heritage sa famme, pour ce que ce soit fait en fié noble, n'y prandront rien le mari ne ses hoirs.

[217] **Coment doivent estre partiz les conquestz que le mari fait durant le mariage entr'eulx qui sont en la presmece de l'un ou de l'autre.** — Nul homme ne pout achater terres, mesons, rentes ne autres heritages, le mariage durant de li et sa famme, que ils ne saient aussi granz es conquestz les uns comme les autres et eulx et leurs hoirs comme dit est [aillours] par coustume [2]. Et quand le achat est fait en la presmece de l'un ou de

1. *G⁴ add. in margina* : Il est ordonné que toute femme amprès le deceix de son mary qui renunciera aux biens meubles et debtes de son mary, que elle ne pourra avoir ne prandre es acquestz faiz durant leur mariaege et en sera privée, pour ce que les hoirs du mary ont la charge de poier les debtes. Item est interpretté que si lad. femme prant esd. biens meubles, elle respondra et fournira à l'advenant que elle y prandra, et aussi par autant que luy competera respons, pourra pourssuir et demander vers autres o qui elle aura à besongner.

2. *J place ici la note* : Il est ordonné, *etc., donnée plus haut par G⁴.*

l'autre, quant l'un des deux mariez est descendu, ceul qui demoure ou son prochain hoir pout mettre hors par presmece les hoirs au mort [de] ce que aura esté conquis en leur presmece, paiant le me-denier de la chouse conquise, de ce que elle aura cousté à conquerre par le marchié et pour bans, vins, ventes, dedanz l'an et le jour de la mort du mort; et auxi le vivant les hoirs du mort par maniere semblable.

[218] **Des donnes que le mari et sa famme s'entrepovent faire l'un à l'autre de leurs chouses.** — Le mari et sa famme s'entrepovent donner les fruz et levées de leurs conquestz par donne commune le cours de leur vie au plus vivant d'iceulx, ou le premier mourant au survivant en son testament [1], pour ce que il ait heritage qui vauge plus que les conquestz, retournant le heritage es hoirs [2]. Et aussi s'entrepovent ils donner les fruz de la tierce partie de leurs heritages ou cas que ils [ne] s'entrefeissent autre donnaison. Et si les hoirs du premier mourant voulissent metre hors par le me-denier le plus vivant, ils le povent metre hors de leur presmece comme dit est aillours, sauf au plus vivant à joïr de sa donne, car ceulx qui ne les metroient hors dedanz l'an et le jour de leur presmece, les autres en demourroint apropriez. Et se il donnoit les conquestz il ne pourroit rien donner des autres heritages, ou [cas] que ceul à qui la donne auroit esté faite voudroit avoir les conquestz.

[219] **Coment doivent estre departiz [après la mort] les [levées] qui sont es heritages à ceulx qui ne les tiennent que à viage.** — Toutes les chouses escreus et exues et annexiées en le heritage de la nature de la terre et [qui] tendront o la terre, après la mort de celui qui tendroit le heritage par vertu de donnaison comme dit est, ou par bienffait ou douaire, doivent

1. *G¹ en marge* : Ou premier cas de ce chappitre n'a point d'esgart s'il y a heritaiges qui retournent es hoirs ou non, savoir est quand la donnaeson est faite commune et à res est [?], car aussi bien en peut venir le prouffit à l'un comme à l'autre.

2. *a b add.* : du premier mort après la mort du derroin decedé.

demourer à [1] le heritage. Et auxi celui qui le tendroit, se il y fesoit ediffices sanz ce que ceul qui seroit heritier ne s'en fust obligié à lui, c'est assavoir comme mesons, moulins, plantes et autres chouses, sanz ce que le heritier en fust tenu à en rendre riens à lui ou à ses hoirs, il les [perdroit] [2] qui ce feroit, quar il est de coustume que quiconques fait ediffices en autruy heritage sanz le congié de ceul à qui est le heritage les pert, se il n'i a cause comme dit est. Et comme un frere ou une seur ou ceul qui tient un frarays ou partie, si ses autres frareschours li lessaient tenir, il n'est tenu à riens lour en rendre des levées de ce que il en aura levé par avant le plet meu. Et ceul qui le tient se y pout herbreger et y ediffier, et ne perdra pas ses menouvres et ne li seront pas comptées au partage d'entr'eulx, et est reson, car il est heritier et les chouses sont pour non divises et le prouffit qui a mestier à pluseurs ne doit pas demourer à faire. Et auxi peut il estre entendu, quant celui qui est tenours de le heritage par quelconques cause que ce soit, mès que cause ait du tenir, se il y avoit fait gaingneries ou mis greffages es heritages, il les devroit avoir au pris de[s] terres voisinaux comme dit est aillours.

[220] **Du partement des biens à ceulx qui n'ont nuls hoirs de leurs corps.** — Quant homme ou famme mourent sanz hoir de leur char [3], et ils ont pere ou mere, leurs biens [meubles] doivent estre et tourner à leur pere ou à leur mere, se ils sont vifs, ou à ceul qui vif est, pour ce que le mort fust de loial mariage, et pour ce fut il establi de droit à la fin de les conforter de la doulour que ils ont de leurs enffanz. Et sont tenuz paier les [4] amendemenz et le obsseque du mort et son testament, pour ce que le testament soit fait de la volenté au pere en qui poair

1. *E C G⁴ I O R U* o.

2. *Sic F.* — *A H* auroit. — *G⁴ rectifie ainsi* : celui heritier n'en rendroit ne n'en seroit tenu de riens en rendre à celuy qui ce feroit ne à ses hoirs.

3. *L'A :* Si noble femme se marie avec ung partable homme la succession sera departie partablement.

4. *C D E J M N O P Q R S T U add. :* debtes et les. — *G⁴* les debtes, les enterremenz et.

il seroit, si le pere estoit vif, car si le pere estoit mort le enffant pourroit faire testament pour ce que il eust quatorze anz acompliz, et doit tenir, pour ce que le testament ne soit fait contre bonnes mours ou contre coustume; et auxi les conquestz que il auroit faiz, et les autres heritages devroient aler à la ligne dont ils seroient partiz [1]. [Et] ou cas que le mort ne auroit enffant ou enffanz engendrez en léal mariage, ne pere ne mere, leurs biens meubles et leurs conquestz devroient aler à leurs hoirs prochains, c'est assavoir la moitié à la ligne devers le pere et l'autre moitié à ceulle devers la mere, à estre departiz comme dit est aillours, le noble comme le noble, le partable comme le partable. Et se il y avoit conquestz qui fussent faiz ou ramage de l'un ou de l'autre, ceulx ou celui en qui ramage il auroit esté fait et conquis en pourroit geter o le me-denier les autres, dedanz l'an et le jour que la eschaite leur seroit venue. Et si ceulx hoirs ne les en voulissent ou peussent geter, les autres hoirs de leur ligne, ceulx qui seraient de ceul ramage aux presmes, pourroient paier le me-denier es autres, et auroient ce que ceulx y auroient qui recepvroient le me-denier, pour ce que il n'y eust autre contrat. Et se il y avoit conquest en fié noble, qui se gouvernast par l'assise au comte Geffroy, ou cas que il ne serait retrait par presmece, il devroit estre departi comme dit est moitié à la ligne devers le pere et l'autre à la ligne devers la mere. Et pour ce que la ligne vient de pluseurs ramages, ils doivent estre departiz à chescun ramage, et le principal hoir de chescun ramage devroit avoir toute la eschaite. Et si le mort estoit gentilhomme, le hoir principal devroit avoir la eschaiste du noble sanz ce que nuls des autres y deussent rien prendre, combien que il fust près du lignage ou loign du lignage. Et les fiez roturiers doivent estre departiz teste à teste, c'est entendu se il y a quatre que freres que seurs, et il y eust un ou pluseurs

1. *C I R* et pareillement les conquestz qu'ils auraient faits appartiennent au pere ou à la mere ou à celuy qui est vif, ainssin que il est dit desur des biens meubles, mais les autres heritages...

à qui la eschaite deust venir qui fust mort qui [eust] pluseurs enffanz, les heritages qui escherroient de ceste eschaite se devroient departir comme le mort auroit de freres et de seurs, ou de cousins ou de cousines à qui la eschaite deust venir, et devroient avoir les nepvoux et les niepces la testée à leur predecessour, et les nepvoux et les nyepces devroient departir lour testée que ils ont par cause de leur predecessour teste teste entr'eulx. Et auxi [se] devroient departir les moubles es gienz de basse condicion comme fait le heritage, car se il y avoit debtes dont le heritage fust ou peust estre encombré, chescun en devroit [paier] à l'aferant que il prendroit en le heritage.

[221] **Des cas de presmece.** — Il n'a point de presmece en pur féage [1] de fié noble pour tant que ceul qui fait le féage retienge à soy les obbeïssances, quar les cousins au baillours ne ses parenz ne li feraient pas les servitudes comme gienz estranges : ainssi les seignours seraient [deceus] à qui les devoirs devroient estre [paiez]. Mès en tout loage [2] ou [engage] qui se monte plus d'une année, et en autre féage doit estre presmece octriée par coustume, quar il appartient mieulx que les presmes au baillours aient le prouffit de son heritage que plus estranges de lui, quant il s'en depart par certaine somme d'argent sanz autres emoluemenz. En eschange qui est faite terre pour terre, avaluant ou au pris [3], n'a point de presmece, si ce n'est en herbregerie où pluseurs soient herbregiez, et un d'eulx en face eschange o personne estrange, et les autres ou autre deissent que ils ne fussent pas avenaument herbregiez; pour ce y devroit justice descendre et y voirs, et ou cas que le regart des proudes hommes seroit que el li faudroit, il la devroit

1. *L'A :* Féaige et censie c'est tout ung, mais proprement féaige est des choses nobles.

2. *L'A :* Si douairiere afferme son douaire, il n'y a point de premesse ut supra XLVI.

3. *G[4] add. :* Tales actus hodie presumuntur fraudulenti, si ematur terra data in permutacionem infra annum computandum a tempore contractus permutacionis.

avoir, baillant eschange suffisante et aisible le plus que il pourroit trouver à la partie. Et si ainsi estoit que un faingnist à faire eschange ou autre contrat et il ne fust pas tel comme il faindroit, toutes les foiz que les presmes pourroient monstrer la fraude, ils y seroient oïz comme dit est aillours, non obstant longue tenue. Et auxi ne auroient les presmes presmece fors en tant comme ils pourroient trouver que il y eust fait de bonté, si autre fraude n'y ert trouvée. Il est de coustume que nul ne nulle ne pout ne ne doit estre aproprié d'autruy heritage par vente ne par achat, si ce n'est par vertu de bannie comme dit est au titre *Des aproprieinenz*, si ce n'est par longue saisine comme dit est aillours. Mès combien que aucuns facent faire bannie, ne fut onques ou temps passé establie coustume des princes de Bretaigne que en pure eschange, ne en féage, ne en donnaison, ne en engage, ne en louage, que bannie en deust estre faite; ainz est la coustume que puis que les chouses auroient esté ainssi faites que il convient tenir par an et par jour paciannement comme dit est aillours, et par tant l'en ert deffendu de eschanges, de féages ou de donnaisons, pour ce que il n'y eust autre fraude ou marchié. En engage [fut] presmece octriée au temps [passé] aux presmes qui la requeissent par plegement; et bien s'i donnast regart le presme à la requerre ou toust ou tart, quar les levées de l'engage qui sont ou ont esté levées par avant le plegement ne portent point d'acquit comme dit est aillours, quar nul n'est tenu à riens rendre des levées de le heritage que il ait levé par avant le plet esmeu [1], pour ce que il ait cause resonnable à [le] tenir, et celui qui est seigneur du marchié par le sien a raison à le tenir, pour ce que celui [de qui celui le tient] [2] eust cause à faire l'engage, tant que le presme le enportast. Et pour ce ne pout nul joïr de coustume de ce que ils

1. *L'A :* Practicatur limitando la coustume que le plegement de premesse o le my-denier, et credo quod idem sit en autre premesse, ne sert que de interruption et n'y a fruictz jucques à consignation.

2. *Sic D. Passage altéré et remanié dans tous les manuscrits.*

font [1] oultre ce que est, qui n'a été establi et du Duc [2] de Bretaigne et des autres princes de la Duchié, et uncore o avis et conseil, quar nul ne le pout faire si ce n'est le Duc o le conseil comme dit est. Mès si aucun avoit achaté aucun heritage, et il eust tenu par son achat dez anz, et il en peust prouver une bannie, il seroit deffendu de tous, et par quinze anz prouvant le titre sanz bannie, quar chescun se doit oppouser [3] qui se vioult oppouser, quar il semble que quant opposicion ne li fust faite que les chouses feussent faictes deuement. Et pousé que il y eust eu opposition, si ceul qui la voudroit debatre après le temps dessur dit, se il ne monstroit aucune chouse de fait de pourssiexte, il sembleroit que il n'eust pas reison quant à l'oure [4] et que le possessour eust bon titre, quar par deffaut de prouve mainte bonne cause et veritable est aucunes foiz perdue, et pour ce doit croire justice en ce qu'elle voit, quar elle est tenue garder à chescun son droit [5].

[222] **Coment chescun et chescune doit son seigneur craindre et amer.** — Hommes et fammes, tous et chescun, doivent craindre et porter reverence et honneur garder à leurs seigneurs et à leurs dammes, et plus à Dieu et à la benoiste vierge Marie et es sainz et es saintes. Et puys amprès sont tenuz à ceulx qui s'enssuyvent par ordre, comme les enffanz au pere et à la mere, la famme à son seigneur espoux; et chescun et

1. *P Q R U* joïr par coustume des bannies que ils font.
2. *C G P R* oultre ce qui a esté establi du Duc. — *E O sont conformes à A H.*
3. *J M add. :* en celuy temps. — *K* durant le dit temps.
4. *I R* à le retraire.
5. *D G[4] J L M U a b add. :* Quar quant aucun tient certains heritages, et il edifie en iceulx, ceulx qui auroint à eulx oposer se devroint oposer et savoir pour quelle cause ils le feroint, car qui auroit ediffié et tenu paciannement et usé comme de son droit par dix ou vingt ans devroit estre creu de son titre, tel comme il l'auroit fait, pour ce que les choses fussent ainsi prouvées ou confessées, de l'usement et de la saesine, comme de couper boais anciens et fructiers, planter, maczonner et enteriner, ediffier et en user, en devroit estre creu par son serment qui ne le voudroit chalenger comme il est dit ailleurs, au VI [xx]XIIII chapitre, car l'usement qu'il useroit au veu et savence de partie, il luy abregeroit la defence de son tiltre et le devroit faire de droit et de coustume. — *Cette addition se retrouve en note marginale dans B.*

chescune à ceulx à qui ils sont tenuz par foy et par serment; et puis à ceulx de qui ils ont les vestemenz et les vivres dont ils doivent vivre et sont soustenuz ou siecle; et puis es seignours et es dammes soubz qui ils demourent et de qui ils tiennent lours heritages ou autres biens, et puis es suserains seignours de qui lours seignours tiennent. Et auxi doivent les seigneurs et les dammes amer lours subgiz et lours hommes, et les deivent garder de torz et de violences d'eulx et de tous autres, et les enssaigner à bien faire et à bien dire. Et se ils se mesprennent, dont il convienge que amende soit levée, les seigneurs n'en doivent riens retenir à eulx fors à soudeier et à paier les officiers qui font lours offices; et se il en demouroit, le demourant doit estre donné pour Dieu en fesant charité, quar l'en dit communalment : *Qui a coustume à prendre amendes, si le vioult maintenir, en a maire besoign à derrain que à premier et en quiert la haine de Diex et du monde.* Et pour ce le doit l'en ainssi faire comme il est dit, quar justice ne fut establie que pour charité comme dit est ailleurs [1].

[223] **Coment l'en doit faire foy à ses seigneurs.** — Quant homme ou famme vient à saisine de terre par raison de son droit, et la terre doit estre tenue en foy [2], c'est assavoir comme de seigneur [3] ou comme jouveigneur de ainzné, l'en doit aler au prouchain seigneur à qui la foy doit estre [faite], et auxi à ceul à qui la ligence doit estre, tout par avant que l'en lieve riens des fruz ne des levées des heritages dont la foy et la ligence sont deues, et dire tout ainssi ou par parolles semblables : *Je doy estre votre homme de celles chouses,* et se ils li viennent de succession ou de conquest, il le doit dire, et de qui ce est, si

1. *L'A :* Vide Augustinum : ubi charitas non est, ibi fides et justitia non habent locum.

2. *L'A* : Tenir à ligence comme de seigneur lige est tenir d'ung seigneur qui ne cognoist point de superieur, comme du Prince. Et en celuy cas le vassal doit faire la foy au seigneur tactis evangeliis, et dicitur homo legius quasi legalitatem servans.

3. *C I O Q add.* : lige.

c'est de conquest; et si celui de qui il a conquis se en soit dessaisi de sa pure volenté [il] le devroit avoir o lui à se dessaisir de la foy, et doit dire la maniere du conquest; et se il est aproprié par jugié il en doit infourmer le seigneur, ou de la succession aussi, ou cas que il s'en ferait nonssavant et que il requ[erroit] en estre inffourmé; et si le homme ou la famme tiennent comme jouvaignours d'ainzné, aussi le devroient ils dire au seignour. Et le seigneur doit dire : *Vous devenez mon homme,* et metra ses mains [le nouvel homme] entre les mains son seigneur et li doit dire le seigneur : *Vous me assurez à porter foy et léauté du fié dont vous requerez à estre mon homme et que vous tenez de moy et tendrez.* Et le homme doit dire à son seigneur : *Amen, selon que le fié le doit,* et le seigneur li doit dire : *Et je vous en receif, sauf mon droit et le droit de autruy,* et le doit le seigneur besier en la bouche; et ce fait le seigneur le presentera à la ligence ou li dira que il y aut. Et si les chouses sont tenues en foy comme de seigneur lige, le homme jurera au seigneur parensommet ce que il li aura fait la foy à li porter foy et léauté sur kalandrier ou sur autres livres. En tenue de foy a trais manieres de tenues qui sont appellées nobles tenues, quar ils ne doivent deniers, corvées ne avenage, ne ne doivent estre taillis plus que es aides acoustumées en Bretaigne. Une des manieres si est tenir comme jouvaignour de ainzné; l'autre si est tenir à ligence, et si celui qui tient comme jouvaignour de ainzné tient en parage, il convient que il face la ligence au suserain seigneur; la tierce est à tenir en foy comme de seigneur lige. Ceul qui tient comme jouvegnour d'ainzné fera la foy comme il est dit au prochain cas dessur dit, et ceul qui tient à ligence jurera à son seignour comme dit est ou cas prochain precedant, et ceul qui tient comme [de] seigneur lige fera comme dit est ou prouchain precedant jouste la foy.

[224] **De ceulx qui se saisissent des fruz et des levées sanz faire foy.** — Et se il advient que ceulx ou ceulles qui doivent

foy ou ligence se sesigent des terres par avant que ils aient fait la foy à lours seignours ou seignour, ou la ligence, et ils en eussent levez aucuns fruz, levées ou autres esmolumenz par raison des terres ou heritages de là où le seigneur n'eust point de homme, son seigneur suserain pourroit, se il vouloit, autretant tenir la terre, rentes ou autres chouses juques à tant que il en eust autretant levé comme auroient ceux ou ceulles levé, sanz ce que il en soit tenu à rien lour en rendre de rien que le seigneur en eust eu ou levé, et en peust avoir les fruz et les esmolumenz sanz lour en faire point de rettour, se il voult, et en après le homme pourroit joïr de sa terre. Et est entendu ou cas que les chouses doivent estre tenues comme de seigneur lige ou comme jouvaignour d'ainzné, ou cas que le ainzné auroit eu autreffoiz saisine de la foy, ou ceulx de qui le ainzné auroit cause, de ceulx qui li devroient foy faire des chouses ou de ceulx de qui ils representeraient la personne, quar par la coustume la sueur ne tient pas du frere, se il n'ert cogneu ou partage d'entr'eulx ou de la sueur ou de son mari. Et si foy ou ligence ert deue, et sur ce le seigneur [le auroit saisi, le seigneur] [1] auroit les levées et non pas l'ainzné. Et quant la sueur est descendue, le frere ou ceul qui represente la personne doit requerre le hoir à la sueur ou ceul qui tendra le fié à heritage, non obstant conquest ou longue tenue, que il vienge à sa foy. Et la requeste ainssi faicte [2], si le jouvaignour ou ceulx qui auroient cause de luy ne viennent à la foy de l'ainzné, ceul ainzné ou qui auroit cause de lui pout atouchier, non obstant conquest ne longue tenue, ou fié et s'en saisir, ou cas que le requis sera en demoure de li faire la foy, tant que la foy li soit

1. *Sic K.* — *Manque partout ailleurs.*

2. *L U a b add.* : par court suseraine à qui la foy est de paravant, et si le suserain seigneur ne veult garantir et deffandre le juveigneur, le suserain sera requis s'il y a que debattre. Et si le suserain seigneur le vouloit debattre, sy n'auroit il pas cause pour ce que il fust informé que celle chose fust de la succession au predecesseur à celuy qui feroit la requeste, s'il n'opposoit aultre peramptoire, et si le juveigneur... [*La suite comme au texte*].

faicte; et pourra l'ainzné, ou ceul qui a cause de lui, tenir pour les erreràges que ceul ou ceulle auroient levé entre la foy faite et la requeste tant soulement. Et ne sont pas tenuz ceulx qui tiennent le fié à faire la foy à l'ainzné juques à tant que il les ait requis, si eulx ou ceulx de qui ils ont cause ne avoient esté autresfoiz en la foy de l'ainzné ou de ceulx de qui il auroit la cause [1].

[225] **Du deu au seigneur que il doit avoir de son homme de foy quand il vient à li faire foy.** — Nul ne pout ne ne doit avoir terres ou autres heritages sanz en avoir seigneur, et doit aler faire foy à celui de qui ceul [dont] a cause la tenoit, ou ceul qui en represente la personne; et si elle doit estre tenue à foy ou à ligence il en doit faire son devoir à son seigneur. Et en pout avoir le seigneur lige pour son chambellage cinq soulz de recognoessance quant le homme vient de nouvel à sa terre [2]. Et si le seigneur soit mué par mort ou par autre vaye, le homme doit faire son devoir de la foy ou de la ligence à celui qui represente la personne du seigneur mué ou changé ou à celui qui en aura la cause ou que il trouvera, mès que il ne li deparge pas sa tenue et que il ne le face pas par fraude. Et auxi devroit il faire son devoir si execucion estoit faicte contre son seigneur, et le seigneur en fust desaproprié à coustume de terre, de celui qui poair y eust, pour ce que il li fust commandé et pourforcié de justice suseraine, et non obstant le desapropriement ou commandement, il le devroit dire à celui en qui foy ou ligence il seroit. Et si ceul à qui il feroit foy ou ligence ne le vousist garantir, il devroit faire son devoir de la foy ou de la ligence,

1. *L'A* : Seigneur peut traicter son homme par sa court affin de faire l'office de sergentie allegant usement et possession de contraindre chascun homme, posito que le deffenseur ne nyast estre homme; alias secus. Et hommaige est ou lieu de recepte. Contre libelle du seigneur affin de jouyr par autant qu'il y a eu de deffault de faire hommaige, peult le subgect excepter que par ce que il a jouy est veu que le seigneur lui a baillé puissance ainsi que s'il l'eust receu à l'hommaige.

2. *L'A* : Nota que ce devoir n'est deu fors quant l'homme change, car par deffault de seigneur ne siet point devoir de hommaige.

et ne devroit ne ne seroit tenu à riens paier à celui derrain seigneur, si ce n'ert que il eust levé des fruz d'iceluy fié puys le commandement, duquel commandement il fust en defaut de faire la foy ou ligence, ou se il avoit levé depuis que le nouvel seigneur auroit fait assavoir ses hommenages par avant que il eust fait son devoir comme dit est, desquelles levées le seignour pourroit faire sa volunté comme l'en doit faire des levées ou des fruz deuz par raison des hommenages.

[226] **Des ainznez à qui les jouveignours doivent faire foy.** — Le ainzné ne doit avoir que la foy [1] sanz autre recognoessance de son jouveignour pour hommenage, fors [ce] que est dit que il en pout avoir par raison de deffaut de la foy, quar se il y a baill ou rachat ou autres esmolumenz sur le jouveignour, ils doivent demeurer au seigneur lige; et auxi de tous les autres devoirs qui ne demourraient au jouvaignour.

[227] **Des meloains jouveigneurs qui sont en deffaut de faire la foy à leurs ainznez.** — Et se il y a en une terre pluseurs seigneurs dont les uns tiengent des autres comme jouvaignour d'ainzné, le jouvaignour à qui les terres seront fera la foy au prouchain, et celui la fera à l'autre plus prochain de lui, et ainssi de prochain en prochain doit faire chescun la foy juques au suserain seigneur lige, et puys le suserain seigneur doit avoir la ligence de tous et de chescun. Et se il y a aucuns esmolumenz en la terre aux jouvaignours qui deussent demourer es jouvaignours, le prouchain ainzné qui tendra du seigneur les pout avoir et retraire et les doit avoir du suserain seigneur, et chescun auxi l'un de l'autre comme dit est, par eulx ou par procureur. Et si celui jouvaignour lessoit aller son droit, le prochain de lui le devroit avoir, se il le vouloit avoir, quar il est plus presme à avoir et retraire le droit son prouchain que plus estrange de lui. Et se il y avoit aucuns des jouveignours qui fussent en deffaut de faire la foy à leur prochain, de qui le jouveignour à qui

1. *G*[1] *P T* que le besier.

fussent les terres ou rentes tensist de ceul ainzné [1], et celui suserain se voulist saisir des terres ou rentes pour le meffet de lui, il ne le doit pas faire de droit ne de coustume, quar ceul à qui les rentes ou terres sont ne doit faire foy que à son ainzné prochain de lui. Mès icelui pout bien dire au jouveignour que il face assavoir à son ainzné que il tient en sa main ce que il doit tenir de lui pour deffaut de homme, et le adjourner tant que il soit departi par droit. Et quant il aura gaingnié la foy par la coustume, le jouveignour la li doit faire, et ne enportera rien de celui jouveignour, fors la foy et la obbeïssance et ce que ils en doivent à celui seigneur, à la tenir de lui comme il la tenoit de l'autre, et le ressort de la obbeïssance des hommes, des moutes et des autres esmolumenz. Et auxi ne aura rien le suzerain seigneur ne les autres jouveignours sur celui jouveignour, ou cas que celui jouveignour auroit [fait] sa ligence à qui les terres et rentes seraient.

[228] **De ceulx qui sont mis en sauf respit de faire la foy** [2]. — Touteffoiz que homme est mis en sauf respit de la foy que il doit à son seigneur ou de la ligence, il doit retourner au seigneur, se il est ou païs, à faire son devoir de la foy dedanz l'an et le jour, quar le homme n'est pas tenu de y aler fors en lieux où le seigneur le pourroit et devroit justicier, si n'est de sa volenté, et faire son devoir de la foy. Et se il est soubz l'aage de quatorze anz, le tutour jurera la féauté, [et, auxi pout le seigneur tenir la terre] [3] pour le deffaut de homme ou cas que l'enffant est pourveü de tutour [4]. Et ou cas que le

1. *S* de qui le juveigneur teneist à qui fussent les terres ou rentes.

2. *L'A :* Nota quod fine hujus capituli, cum tribus causis sequentibus, que quant aucun féal est decedé, supposé que il ne fust en la foy et hommage du seigneur du fief, mais l'avoit possedé par an et jour, que le seigneur en l'an de son deceix ne se peult atacher o le fruict de la terre d'iceluy fief tenant, car il est à presumer que le possesseur a fait la foy. Et n'est l'heritier tenu en repondre pour ce que le mort en eust esté creu en son vivant.

3. *Sic B D G¹ J L M N P T U. — Manque dans A H.*

4. *L'A :* Si minor habet feudum non cogitur facere fidelitatem donec in majori ætate venerit, in tit. XXVI, si de feudo defuncti... Feudorum lib. II. Hodie vero in quacumque ætate sit, tenetur facere fidelitatem per conventionem de mutation de bail en rachat et postquam pervenerit ad ætatem legitimam iterum facere fidelitatem.

seigneur seroit absent du païs, ceul qui doit la féauté ou [la] ligence doit aler à ceul qui plus y a de poair pour le seigneur et requerre sauf respit; et il li doit estre fait assavoir sauvement pour ce que il [y] soit mis [1] juques à la venue du seigneur, et se il a ainssi fait, le seigneur ne le pout metre en poayfet. Et doit retourner au seigneur à la prochaine venue du seigneur et li offrir la foy, et si le seignour ne la voult recepvre, si le pourroit faire le homme adjourner par la court du prochain seigneur de celui seigneur qui est en reffus de recepvre, et le requerre que il le recepust, et se il ne trouvoit cause efficace que il ne le deust recepvre et ne le voulist recepvre, si le pourroit l'autre seigneur recepvre, et ne seroit tenu le homme à obeïr pour celui seigneur juques à tant que il le eust retrait de ceul seignour davant qui le adjournement auroit esté fait [2].

[229] **Coment le homme pout estre sauvé de l'acheson que son seigneur li fait [3] de la foy ou de la ligence.** — Toutef-foiz que seigneur achesonne son homme qu'il n'a pas fait foy ou ligence du fié que il tient de lui, et le homme voudra dire que il a fait la foy et que il est prest de [le] jurer, le homme se il le voult jurer en sera creu par son serment par la coustume, et par tant en sera le homme quicte envers son seigneur de ceulle achaison.

[230] **De l'achaison du deffaut de la foy tant comme les terres sont en baill ou en rachat.** — Quant terres, rentes ou autres chouses chiéent en main de seigneur pour deffaut de homme ou pour baill ou pour rachat, tant comme le suserain seigneur lige tendra ceulles chouses, le jouvaignour ne aura que faire de faire foy à son ainzné, si le jouvaignour ne voult, ne ne l'en pout achesonner son ainzné ne son prouchain ainzné

1. *F J M P S T* et si doit estre sauvement mis.
2. *D U a b add.* : et si le predicessour estoit en plegement de non obbeir comme à son seigneur, et il trespassast le plet pendant, le hoir ne lerra pas pour tant qu'il ne lui face la foy, sauf à poursuyvre les esplez qui pourront estre faits, sans obeir pour celui seigneur autrement (*Même addition en note dans B*).
3. *G U add.* : du deffaut.

d'emprès en maniere que il leur vaille, fors en tant comme il est dit aillours.

[231] **Coment seigneur doit achesonner son homme quant il ne li a pas fait la foy du fié qui la doit.** — L'en ne doit nul empescher en sa saisine pour deffaut de hommenage ne pour autres chouses, si ce n'est pour les cas divisiez, de là où il en a eu, ou autre en son nom, sesine par an et par jour, sanz le appeller en jugement, si ce n'estoit que il venist faire la foy ou la ligence à son seigneur. Adonc pout bien prendre le seigneur les levées par deffaut de la foy ou de la ligence [du temps passé que il a tenu sanz faire la foy ou la ligence] [1] à son seigneur, si le homme ne pout monstrer reisons efficaces par quoy il ne fust tenu [2] en nul deffaut ou que ce ne deust estre.

[232] **Du justicement des terres qui sont en bail ou en rachat ou en la main du seigneur.** — Nul ne pout dire, si terres ou autres chouses chiéent en bail ou en rachat ou en main de seigneur pour deffaut de hommenage, que ceulle sesine que le seigneur tient pour ceulle cause comme dessur est dit, que ce soit en autre nom que ou nom du seignour, et quant le bail ou le rachat sont finez ou achevez [et] la terre delivre, que l'ainzné qui est entre deux ne se puisse saisir des fruz pour deffaut de homme, si ceul ainzné ou celui dont il a cause ont eu saisine de avoir la foy, et se [autres] avoient reson es chouses que ils ne peussent bien venir par vaye de aplegement ou de presmece, sanz ce que ceul jouvegnour se puisse de rien joïr de sa saisine que le seigneur en ait eu ou tenu par raison de baill, de rachat, ou par deffaut de homenage, car nul ne doit aler contre le droit de son seigneur par droit ne par coustume.

[233] **Pour quoy homme doit faire foy de la terre sa famme.** — Homme puys que il a espousé famme, il doit faire

1. *Sic B C D E G G*[1] *I J K M Q R S.* — *Omis dans A H.*
2. *B J M* trouvé.

la foy de la terre sa famme [1], et les ligences es seignours à qui ils sont deues. Et est pour ce que la famme ne pourroit rien faire sanz l'auctorité de son mari, excepté d'aucunes chouses dont il est dit aillours. Et pour ce ne pout elle chairs en nul peril vers les seigneurs, pour ce que il ne appartient pas à la famme aler en ost ne en chevauchiée où il auroit fait d'armes, quar son poair n'est rien, ne ne doit aler à plez ne en jugement comme droit dit, et ainssi le seigneur seroit deceu de la recepvre, car il auroit poay de consseil et de aide de le, et il le pout avoir de son mari, et mesmement pour ce que les fruz de la terre [à la famme] sont au mari comme il est dit aillours.

[234] **Coment homme et pour quoy se doit et se pout dessaisir de sa terre.** — Si aucun homme se voult dessaisir de la foy ou de la ligence d'aucun de ses seigneurs, ou la voulist baillier à aucun de ses enffanz ou à autres personnes, se il n'y avoit certaine cause resonnable, le seigneur n'en fera pour ce riens se il ne voult, quar comme il est dit le seigneur est tenu à garder le droit à ses hommes et à ceulx qui le doivent estre, et ainssi se il recepvoit autre que ceul qui doit estre et est son homme, il pourroit porter prejudice... [2], quar celui hoir ne pourroit pas venir à sesine de là où autre seroit en foy de seigneur, et par raison le seigneur seroit tenu à desdopmagier yceulx hoirs. Et si le homme estoit si foul que il se voulist dessaisir de la foy sanz [cause], le seigneur pourroit prendre [la terre] en sa main, et se il ert trouvé que le homme le eust fait par fraude, il auroit perdu les levées et fruz sa vie, sauf à la famme à avoir sa pourvéance et es hoirs la proprieté.

[235] **Du forffait que le homme fait de la terre sa famme.** — Nul ne pout perdre la terre sa famme pour faire forffait, si la famme ne s'i conssent, fors les fruz [la vie] d'eulx deux, fesant la pourvéance à la famme sur [sa] terre et sur la [terre] son

1. *L'A* : Si l'homme a faict l'office de sergentie pour la terre de sa femme, l'hoir d'icelle n'est tenu la faire fors à son tour et rang.

2. *Je pense qu'il faut suppléer ici* : à ses hoirs.

mari, et la doit avoir la famme non obstant la obligacion, jugié ou autre chouse où le mari soit tenu sanz le.

[236] **Des quelles causes pout seigneur sieudre son homme par sa court.** — Seigneur pout sieudre son homme par sa court pour deux chouses, et est tenu le homme à li respondre, c'est assavoir du meffait que le homme li auroit fait ou à ceulx qui seraient en son poair à lui ou à sa justice. La segonde cause est pour la cause qui touche son office. Ce sont les chouses qui touchent le seigneur : les devoirs de son fié; ou le mesfait ou le mesdit que l'en li auroit fait ou dit à li ou à ses gienz, et aussi à ceulx qui seraient en sa garde ou qui yraint prendre droit par s.. court; ou qui forcerait les jugiez de sa court ou les commandemenz aux chouses qui auroient esté bailliées par sa court à executer; ou qui atempterait contre son arrest ou contre le plegement de sa court; ou qui peçaierait son marchié ou sa faire, ou d'autretelles chouses ou semblables. Et en pout le seigneur ou son lieutenant en cognoestre et arrester les meffesanz juques à bon plegement de droit, et les chouses qui toucheraint le fait d'autruy seraient doublées à la fin que finporter y serroit. Et pousé que il fust d'autruy juridicion et il en voulist decliner, si n'auroit la declinatoaire point de lieu et devroit fournir par ceulle court. Et les autres chouses qui touchent son office sont ceulles chouses qui touchent crime ou [1] denonciacion de partie comme dit est aillours, sanz la cause du seigneur dont nul ne se fait partie, ou qui chiet en denonciacion de partie dont justice est tenue à pourssieudre comme dit est aillours. Et se il n'ert de la juridicion, il en pourroit decliner ou cas que il ne toucherait par raison du mesfait qui fust fait en sa terre ou en sa juridicion et de sa justice comme dit est aillours. Il les devroit envoier à lour juge qui lour devroit estre juge, quar des chouses qui li toucheraint comme dit est lour pout il estre juge [et] en cognoestre, ou les sieuldre aillours se il voit que bien soit.

1. *B Q* à. — *K L T* o.

[237] **Des chouses qui touchent le seigneur et des cas qui touchent son office.** — Les chouses qui touchent le seigneur sont une chouse et ceulles qui touchent son office sont autres. Les chouses qui touchent le seigneur : nul de ses hommes qui seraient ses hommes féaulx ne devroient aler ne estre contre le seigneur, fors en tant que ils pourroient dire les desblames à la partie quant le seigneur les sieudroit, et pourroient aleguer les droiz et les coustumes devant le seigneur ou par sa court, et ainssi le seigneur ou son lieutenant en pourraient faire ce que ils verraient que ils en auroient affaire. Et ne devroient les hommes féaulx en oultre le jugement fait le contredire ne en appeller ne ressortir par autre vaye à autre juridicion, donner consseil ne aide à la partie, si les chouses ne touchent à eulx ou à leurs hoirs, quar il laist à chescune partie deffendre soy et ses hoirs et leurs biens, si n'est en l'aide du seigneur. Et les chouses qui touchent l'office du seigneur sanz le fait de sa personne, pout chescun à partie donner aide et consseil, comme une personne qui est prins ou achesonné de crime dont justice le vioult crimer, combien que la justice fasse la sieulste, pour ce n'est pas la cause à la justice, quar justice doit estre plus esmeue de abssoudre que de condampner ; quar qui crimeroit personne à tort en devroit estre crimé et en seroit l'arme de celui condampnée, combien que justice ne s'en efforceast pas contre lui. Et pour ce pout l'en bien donner consseil de contredire ou de appeller quant le jugement ou la sentence ne seraient bons, et comme des autres jugemenz qui touchent contre parties estranges ; et auxi des chouses qui chiéent en denonciacion sur action civile, comme dit est aillours que justice en doit pourssieudre, et en povent les hommes féaulx donner consseil et aide, pour tant que la action ne touchege autrement le fait du seigneur.

[238] **Des chouses dont l'en pout devéer consseil.** — Quant une partie est prinse à meffait present ou en saisine, justice li pout bien devéer consseil. Et se il y avoit nul qui le voulist consseiller, le juge n'est pas tenu à le oïr, se il n'ouse jurer

que ceul ou ceulle qui est prins est sauf du fait dont il est assouré, et que il entent et cuide que le prinsonnier ne ait coupe; et en telx cas le doit justice ainssi faire. Et en autre cas ne pourroit l'en à partie devéer conseil, pour ce que le consseil eust autrefoiz juré les ordenances et l'assise, si ne estoient ceulx qui fussent prins par la lecte des parties adversses ou de la justice, quar ceul qui est garni des consseilz en pout lere et prendre juques à quatre [1], pour ce que la court soit de consseilz pourveue suffisaument. Et auxi la partie qui requiert à estre pourveue en pout aussi prendre juques à quatre emprès la lecte à sa partie adversse, et le parssommet des consseilz doit estre entre eulx esgaillié, si les parties le requierent. Et se il n'y a par quoy chescun en peust estre garni, si doit lere celui qui en seroit garni de un ou de deux, et seroit l'autre pourveu [2], ou li metroit l'en son terme en avant en lieu où il pourroit trouver des consseilz, se il le requiert. Et auxi ne devroit pas l'une des parties estre pourveue des hommes féaulx à l'autre partie, mès ils devroient estre comptez à leur seigneur, pour ce que ils fussent gienz qui peussent garder querelle et qui deussent estre comptez en assise.

[239] **Coment seigneur pout justicier son homme en cause de heritage** [3]. — Nul n'est tenu à respondre de cause de heritage par la court de celui qui le voudra traire à soy ou à son principal hoir par vertu de la demande, si la partie ne le acceptoit à juge en ceulle demande de heritage, quar par la coustume de là où chier respons est fait, pour ce que le juge en puisse justicier, l'en ne se pout ressortir à suseraine court, si ce n'est des griefs faiz depuis le chier respons, ou de jugement,

1. *B en marge* : Par constitution de Parlement les advocats sont distribués ung par ung, et chouaisira le saesi.

2. *K add.* : des autres qui seroint en la court.

3. *L'A* : Communis opinio est que l'homme ne peut excepter de grief impeschant bailler sa tenue par escript à son seigneur par court suseraine, quasi dicat secus par la court d'iceluy seigneur, sauf à excepter de grief lorsqu'il sera convenu par la court du seigneur, emploiant la reservation par la tenue.

mès il pout bien estre retrait es basses courz, quant le titre est fait et acordé de là où les chouses debatues seraient tenues o les esplez [1]. Mès qui s'en applegeroit, l'estat en devroit estre gardé, quar qui ne le garderoit il atempteroit, et seroit le atemptat le premier alable [2]. Et se il n'y avoit atemptat ou grief fait depuis le chier respons, il devroit retourner au premier juge, et si devroit il se il ert passé de l'atemptat, ou cas que il ne pourroit trouver le grief fait de la justice, et devroit paier les despens du plegement et amender au juge comme dit est aillours; et aussi se il avoit esté retrait de suseraine court, et depuis le retrait il se applegeast ou ressortist à suseraine court sanz trouver grief [3].

[240] **De ceulx qui ne doivent pas obeïr des contraz pour leur seigneur** [4]. — Nul ne doit respondre à plainte de seigneur des obligacions par la court de celui seigneur, que celui seigneur deist que le homme li devroit ou auroit fait o lui sur autres faiz estranges qui ne touchent les devoirs de son fié, ou pour les offices qui li toucheraient et à sa juridicion, ou des esplez de sa court ou de ses amendes, selon que il est dit es amendes, et des chouses qui touchent le seigneur ou ses offices, espiciaument de là où le homme ne seroit mansionnier. Et si celui homme est homme à son gientil homme, combien que coustume soit que le suserain seigneur ne daye pas sieudre le homme de ses arriere fez davant son soubz seigneur, la coustume se estent es chouses qui touchent son office comme dit est. Mès se il vouloit sieudre ceulle personne comme dit est, il le devroit faire convenir davant celui à qui il seroit manssionnier, et non pas davant lui, es chouses qui toucheraint fez [5] estranges de son office, de ses devoirs ou de ses amendes comme dit est aillours.

1. *F* mès il peut bien estre retreit es basses cours o les espleitz, quant le titre...

2. *L'A* : Ung atemptat peut estre justicié avecques le principal, fors du plegement fait contre le seigneur ut hic, et quant l'atemptat est irreparable.

3. *D G[4] U a b add.* : il devroit estre pugny.

4. *G[4]* par la court leur seigneur.

5. Fez *est ici pour* faiz *qu'on trouve dans G[4] K S T, et non pour* fiez *qu'on trouve dans C 1 O.*

[241] **Des monstres que homme doit faire à son seigneur de son fié.** — Le seigneur pout sieudre son homme à li monstrer le fié que il tient de lui par sa court, et est le homme tenu à le li monstrer, excepté le jouveigneur à son ainzné qui ne le li doit pas faire se il ne voulst [1], pour ce que l'ainzné ou ceul qui represente sa personne le li a baillé ou doit avoir [2], de celi ou de ceul de qui il represente la personne, à lui ou à ceul de qui le jouveignour represente la personne. Et en ce que l'en monstre le fié à son seigneur, si le homme en delessoit aucunes chouses, le seigneur les pourroit prendre en sa main comme si le homme le avoit desavoé [3]. Et si le suserain seigneur sievoit l'ainzné, le jouveignour seroit tenu à monstrer à l'ainzné le fié, et l'ainzné le monstreroit au suserain seigneur, quar si le suserain seigneur le vouloit voirs, il esteut que il li soit monstré par coustume, à la fin que le seigneur suserain sache des quelx lieux il pourra justicier ses hommes.

[242] **Des rentes baidre à son seigneur par escript.** — Et aussi pout seigneur sieudre son homme par sa court à li baidre ses rentes par escript et est tenu le homme à les li baillier. Et si le seigneur voit que il li suffige, il se pout tenir à la baillée, ou le pout sieudre en disant que plus li en doit [4]. Et ou cas que le seigneur pourroit prouver contre son homme que plus li en devroit que le homme ne li auroit baillé par escript ou confessé, le homme seroit en la amende au seigneur de saixante soulz par

1. *D U a b add.* : des choses que il tient de lui en jouveigneuraige.
2. *O S* ou dit avoir baillé.
3. *L'A* : Pour desavouer seigneur, il ne peult arrester les fruictz fors en prejudice de certification, et convient au seigneur les vendiquer vers le desavouant. Si le seigneur demande piecce de terre par desavoue, gentil homme aura à veoir vers le seigneur. Qui desavoue son seigneur d'un journel de terre, et avoue autre, il pert tout ce que il tient de luy, car l'on dit en proverbe : Pour le petit pert on le grand.
4. *L'A* : Si l'homme nye tenir heritaige, le seigneur peut demander jouyr comme si l'homme l'avoit purement desavoué, et a esté ainsi jugé à Rennes. Nota quod presumptio est tam vehemens pro subdito auquel le seigneur demande ses rentes, que si le dict subgect peut apparoir et monstrer avoir poyé les iij. ans derniers, que le seigneur n'est à recevoir à luy faire demande du temps precedant les dictz trois ans.

la coustume, pour ce que il fust en demoure de le paier par pluseurs années, et que il se tensist à la bailliée ou que il le feist pour li receler sa rente, se il n'y avoit vice de afforer ou de escripvre. Et si le seigneur les en vouloit sieudre davant lui, si s'en pourroient les subgiz ressortir à suseraine justice par pleges, ou cas que ils ne le accepteraint à juge en ceulle cause comme dit est aillours, puys que ils auroient baillé par escript leurs rentes et que le seigneur voulist prouver contre eulx que plus li en deussent [1].

[243] **Coment le prouchain seigneur doit faire des chouses qui appartiennent au suserain seigneur.** — Nul subgict seigneur ne doit cognoestre des chouses qui touchent au suserain seigneur, ne qui touchent son fait ne sa justice, se il n'en a commandement. Ainzçois, aussi tost comme le cas y eschiet, il le doit rendre à son suserain seigneur, ou à ses officiers qui en doivent faire droit et en avoir la cognoessance de droit ou de coustume. Et si le cas y eschiet [où il ait] [2] arrest de personnes, aussi devroit il rendre les personnes se il les poait trouver, et se il le fait autrement ou ceulx qui auroient cause de lui, il le devroit amender, quar en cest cas et [3] qui touchent foy mentie pourroit l'en desavoer ses officiers, se ils ne avoient commandement espicial.

1. *A coté de ce chapitre G[4] porte en marge une note dont le commencement a été coupé par le relieur* : De plusieurs nobles personnes ajourner à presenter leur menée une foiz ou plusieurs par chascun an. Et si celui qui doit presenter la menée ou l'un de ses hommes deffaillent, tout le parsur de ses hommes sont tauxez. Et posé qu'ils se presentent, les officiers du seigneur exigent de ceulx qui se presentent aucune somme de peccune, ce qu'est contre raison et justice. Est ordonné par Parlement que doresnavant nul ne soit contraint à presenter sa menée, sauff à bailler par escript sa tenue au seigneur, dont il prandra relacion et sera tenue la court la lui bailler, et la baillée faicte, led. subgit sera mis hors d'ajournement, qui ne vouldra impugner la baillée, sauff par autre temps à impugner si le seigneur le voit avoir affaire. Et n'est pas à entendre que si le subgit, après qu'il a baillé par escript sa tenue, a acquis aucuns fiez ou qu'ilz lui vendroient par succession que en celui cas il ne seroit tenu la bailler pareillement ainsi que dessus. Et si les heritages chéoint en rachat en la main du duc, la chose sera pareillement gardée par les officiers.

2. *Sic K. — Omis dans A II.*

3. *K add.* : en ceulx. — *G[4]* en cest cas qui touche foy mentie.

[244] **Coment l'ainzné doit sieudre son jouveignour.** — Quant un ainzné seigneur vioult sieudre son jouveignour par lui ou par son alloué par sa court à li respondre, il [1] doit dire pour quelle cause et en quel lieu et à quel jour, [et] que le terme au jouveignour soit advenant, par quoy il puisse avoir consseil à li respondre, ou autrement le jouveignour n'est tenu à y aler. Et pousé que la semonsse fust ainsi faite comme dit est, se il advient que le jouveignour deffauge juques à trais foiz [2] par la court de son ainzné avant que il fust jugié par intimacion à vaincu, si se pourroit le jouvaignour excuser que il ne le eust fait par despit contre son ainzné par son serment, et si ceul jouvaignour fait le serment, par tant il seroit quicte des deffailies vers son ainzné. Et pout le jouvaignour se assairs jouste son ainzné ou son lieutenant [3], quar le jouvaignour tient de l'ainzné par parage. Et li doit baidre son ainzné jugeours et recordours par quoi il puisse prouver ses esplez, si le jouveignour le requiert, ou autrement le jouveignour n'est tenu à se delivrer. Et se il engignoit cleins ou contrediz, il s'en pout delessier le jour que il les auroit engigniez, et sera quicte fesant le serment en telle maniere comme dit est par dessur.

[245] **De la tenue que l'ainzné doit cognoestre à son jouveigneur.** — Et si le jouvaignour allegue sa tenue, l'ainzné la li doit cognoestre avant que le jouvaignour soit tenu à li respondre. Et en autre tenue ne pout nul homme pourfforcier son seigneur de li cognoestre sa tenue, si le seigneur ne le vouloit pourfforcier par avant de avoir plus grans servitudes ou paier plus de rentes que le homme n'auroit acoustumé paier ou faire à son seigneur.

1. *DEOQUab add.* : luy.
2. *L'A* : Practicatur d'une seule deffaille secundum M. Alain Marec.
3. *L'A* : Homme en paraige tient aussi noblement et autant a de justice comme son aisné. Tenir en paraige est tenir comme juveigneur d'aisné, qui est du lignaige de l'aisné, ut hic. Secus si ledit juveigneur avoit transporté la terre qu'il auroit eue de son aisné en main estrange, car celuy qui seroit causéant du juveigneur ne tiendroit pas en paraige, mais en juveigneurie, et ne auroit point la faculté de se corriger de deffailles ne se soir jouxte le seigneur ut hic. — Le juge assigne la cause à son arbitrage pendant la declinatoire, sans avoir esgard es termes de la matiere ordinaire, ou par mandement.

[246] **Coment terme doit estre assigné.** — Nul terme n'est advenant se il n'est fait assavoir de tierz jour, excepté des cas qui s'enssuyvent : c'est assavoir du meffet du jour et du fait de entre passanz marchanz [1], ou du fait de faire ou de marchié, dont la justice pout delivrer de houre en houre, ou de meffait entre termes, ou [de] despeille qui doit estre prouvée dedanz dix et sept jours sanz compter les festes puis qu'elle est nuyée, pour ce que dilacion ne penge de la partie au nuyours, dont le premier assignement du jour à l'endemain pout estre fait dudit meffet, pour ce que l'en ne pout delivrer aux jourz des festes qui sont de neuf leçons celebrées du pouple et des clercs en sainte Yglise, quar ceulx procès que l'en y feroit pourroient et devroient estre rappellez par les juges de sainte Yglise. Et est la cause que les courts seculieres ne voulent rien faire des jugiez de la court de l'Iglise, si ce n'est des cas de droit qui leur appartiennent, comme des mariages, des testamenz, des clercs qui sont previlegiez sur le personel, de ceulx qui sont reprins de leur serment, ou qui vont contre les commandemenz de la loy, et de ceulx qui [ne] [2] sont pourveuz de tutours, de curatours ou de administratours, ou de ceulx dont la justice leur appartient quant à les justicier de droit ou de coustume, et comme des testamenz ou des pelerinages, et des fez es usuriers, ou des orfelins, ou du personel de fammes vouves, dont les juges d'Iglise ont la cognoessance, desquelles chouses la court [seculiere leur] devroit obeïr [et] ne s'entremetre [3].

[247] **Coment deffailles doivent estre données.** — Nulle deffaille ne doit estre donnée juques à l'eure de medi du jour, si les parties n'en sont d'un gré de l'assignement du terme et de l'oure, si ce n'est des esplez du jour d'avant, qui seraient assignez comme de demourant [4]. Et ne doit l'en faire par la cous-

1. *N* de trespassans marchans. — *M R S* d'entre marchans passans.
2. *Sic J U.* — *Manque dans A H.*
3. *G*[4] *U a b add.* : en ce que seroit devant eux fait.
4. *G*[1] *L a b add.* : si n'est en karesme que l'heure est à tierce.

tume delivrances, donner deffailles ne faire enquestes, passer contraz, lettres et esplez, puis que le solaill est rescoussé et juques à tant que il soit levé, ne faire delivrances, si n'est en lieux deuz [1], quar lieux deuz ne sont pas à faire delivrances seculieres en l'iglise ne en terre benoiste, quar en tout plet a haine, et haine est pechié mortel, et en ceulx lieux ne doit l'en faire que les oraisons et ouvres de misericorde. Et auxi ne doit l'en faire delivrances, passer contraz, lettres, esplez ne autres chouses qui touchegent justice en lieux rebouz, comme en tavernes ne en autres lieux deshonestes, quar telles chouses et semblables doivent estre faictes en lieux publiques. Et auxi de personne qui n'est en son escient, tant qu'elle y soit [2] si elle y doit estre, l'en la doit metre à repouser tant qu'elle y soit [3]; et se il est hors d'escient, comme foul ou comme forsenné, si doit avoir administratour comme dit est aillours.

[248] **Combien il doit avoir de intervale entre termes de cause de heritage.** — Aussi convient il en cause de heritage que il ait entre chescun des termes huit jourz de intervalles, si ce n'est de monstre ou de commission ou de finporter, si plus n'y a de intervalle. Et auxi quant semonsse est faite à plus de demie journée, elle doit estre de huit jourz, si ce n'est des cas precedanz. Et auxi quant condampnacion est faite sur aucune personne, soit de meuble ou de heritage, par avant que nulle execucion soit faite sur personne, la personne condampnée doit avoir terme de huit jourz, si ce n'est de punissement de corps, et est la cause pour ce que chescun se puisse pourvoirs et que le pouple en soit mains endompmagié. Et des punissemenz de corps, puys que la sentence est donnée, elle doit estre prestement executée, à la fin de essaucier justice et pour donner

1. *L'A* : L'on se peut pleger contre celuy qui traite en commission hors bourg et lieu acoustumé, fors en exhibition.

2. *S supprime ici* tant qu'il y soit. *Il vaudrait mieux supprimer la répétition de ces mots après* repouser.

3. *G³ L add.* : comme s'il est ybvre. — *J M P portent* : tout tant que il fait doit estre mis à riens et le doit l'en mettre à reposer tant que il soit sain.

exemple au pouple d'eulx se guestier de faire telx mesfez ou semblables, dont il conviengе que justice soit faite, et les envoier justicier es lieux où le pouple en soit plus espoenté. Et pour ce appartient il que ceulx où le mesfait a esté fait en aient la justice plus que nul autre, quar ceulx qui sont savanz du mesfait en sont plus espouvriz que autres.

[249] **Des jouveignours qui ont eu long temps moulins et les moulanz, et lours ainznez s'efforcent de faire nouveaulx moulins.** — Il est de coustume entre freres et seurs, quant ils viennent au partage d'entr'eulx, que ils povent apporter les moulins et les moulanz d'entr'eulx et de leurs predecessours, de ceulx qui chéent en partage, et selon le prisage que les jouveignours et les sours font le ainzné le lour peut assairs; et ceulx qui auront les moulins ou le moulin auront la moulste des hommes, et ne pout nul des autres faire moulin en prejudice de ceulx ou de celui qui a les moulins ou le moulin, pour atraire les moulanz à lours moulins ou moulin. Et se il est ainssi que il [1] ait eu longuement moulin, dom il ait eu longuement saisine des moulanz, que celui que ses predecessours, tant fust [le] lignage eslongnié que ils peussent faire mariage entre les hommes et les fammes d'entr'eulx, et que l'en ne peust rien trouver du partage fors tant comme de la saisine, si ceul vouloit de nouvel faire moulin qui ne le auroit pas eu, et de là où l'autre partie auroit eu que lui que ses predecessours sesine des moulanz, il ne devroit pas les avoir, si ce n'ert en cas du ressort, quant le moulin ou les moulins à l'autre partie fussent occuppez, dont il convendroit que il donnast assignement à ceulle partie de ne li porter prejudice ou temps advenir, si celui li [2] vouloit lessier le ressort de la mouste, ou se il ne monstroit par lettres ou par autres reisons de fait de quoy [3] ce ne deust estre.

[250] **Coment moulin qui est en parczonnerie doit estre gou-**

1. *N* aucun.
2. *J M P add.* : ne.
3. *G*[1] que.

verné. — Puys que un moulin qui est en parçonnerie dechiet, et il y a aucunes des parties qui le voulent reffaire, ils doivent requerre ceulx ou ceulles qui y prannent à aider à le faire à l'aferant que ils prannent ou moulin, et la requeste faite par court, quar nulle requeste, ne contrat, ne nulle promesse n'est [responsable], si elle n'est faicte par court, ou vestue, ou jurée ou fiancée [1], ceul qui auroit requis pourroit les ediffices du moulin faire; et ceulx qui auroient esté requis n'y prendroient rien ou prouffit du moulin juques à tant que ils eussent rendu et paié leur part des ediffices; et ne demourra [pas] pour tant que ils n'aient les moulanz comme ils avoient acoustumé. Et ne pout celi qui aura esté requis faire autre moulin pour atraire la mouste à ceul nouvel moulin que il face. Et touteffoiz que ceulx ou ceulles qui ne auroient rien mis ou moulin voudroient rendre les meneuvres et paier en tant comme il leur en appartendroit, ils prendroient ou moulin ou temps avenir depuis que la solucion auroit esté faicte. Et tout aussi comme ils n'y prendroient en ce que le moulin a gaingnié, ne rendront ils que le pris que les ediffices vaudront au temps du retrait et de la solucion, à l'aferant que ils devront prendre ou moulin.

[251] **Coment les moulanz doivent estre gouvernez entre ainznez et jouveignours quant un fait moulin de nouvel.** — Il appartient au prochain seigneur avoir et retraire la mouste des hommes à ses hommes, ou cas que ceulx ou ceulles ne ont moulins où ceulx moulanz moulissent. Et se il estoit ainssi que le frere ainzné et les jouveignours ne eussent point de moulin ou temps du partage d'entr'eulx, et il y en eust un d'iceulx ainzné et jouvaignours qui feist moulin de nouvel, les hommes de la ligne dont ils partiraint devraient aler à ceul moulin, pour ce que ils ne fussent destrainz de aller à autre moulin, auxi que les hommes ne seraient justiciez que davant leur seigneur prochain ou suserain, qui en devroit avoir touz les esmolumenz fors que

1. *D add.* : ou vin beu à cause de ce. — *G*[1] *en marge* : Nota de nudo pacto.

la mouste. Et auxi devroit donner assignement celui qui voudroit avoir la mouste et les moulanz que il ne porteroit point de prejudice à leur seigneur ou aux parçonniers, ou cas que ils voudraint faire faire le moulin, quar l'en ne doit pas apporter à partage d'entre freres et sours le prouffit de la mouste ou cas que il n'y a moulin où les moulanz deussent aler par destroit.

[252] **De ceulx qui povent estre destrainz à aler au moulin.** — Nul, se il n'est mansionnier à celui à qui est le moulin ou en fié ou en rerefié, ou de ceulx dont nous avon dit qui sont moulanz des moulins de commune, ou hommes es ainznez ou es jouvaignours, ou se il n'y a contrat ou cause certaine, ne doit estre pourfforcié de aler moudre. Et pousé que il y ait meson en aucun destroit ou que son fié [le] deust, si obeïroit il à ceulx à qui il est mansionnier et de mouste et d'autres chouses, si ce n'est des cas dont il est dit par avant et par après. Mès tous ceulx qui sont hommes ou en parage ou autrement doyvent aler aux moulins à leur seigneur, au prochain plus que à nuls autres, se il n'y a autres condicions ou contraz comme dit est, et puis au prochain d'emprès comme il point [1] de degré en degré, pour ce que il appartient de reson que chescun seigneur ait le prouffit de ses hommes que plus estranges, ou cas que le homme ne le pourroit retenir à soy. Et auxi le doivent les hommes mieulx voloir, quar ou cas que seigneur ne a moulin dedanz la banleue, les hommes ne sont pas tenuz à y aler se ils n'y vont de leur bonne volenté.

[253] **Coment le prouchain seigneur doit retraire ses hommes de son suserain seigneur quant le subgit seigneur a fait moulin de nouvel.** — Et si le suserain seigneur avoit moulin à esve dedanz la banleue [2], quar moulin à eve a plus aucion [3] de destroit que moulin à vent, et il eust eu saisine anciannement des hommes à son gientilhomme, et le gientilhomme feist moulin autretel

1. *B E N O* pevent. — *C I J K L M P R S T* ils sont.
2. *M N* dedans la banleue à eve.
3. *O G* a plus grant auccion.

comme son seigneur lige auroit, dont le seigneur lige eust saisine des moulanz à son gientil homme, ceul son gientil homme doit aler à son seigneur et li dire : *Monseigneur, j'ay fait moulin, et il plest à mes hommes à y venir* [1], quar ou cas que les hommes ne s'en debatraient, le seigneur ne s'en devroit point debatre, et se il le fesoit il ne porteroit point bonne garde à son homme de foy. Et les devroit avoir le prouchain seigneur es hommes, non obstant longue tenue, [car en cest cas ne nuyst longue tenue] entre seigneur lige et son homme de foy. Et si les hommes le debataient, il seroit tenu à leur faire droit entr'eulx et leur seigneur, et ou cas que il s'efforceroit de les detenir à soy il n'en devroit pas estre juge, pour ce que partie s'en voulist debatre, comme il est dit en semblable maniere aillours.

[254] **Dedanz combien de vaye doivent estre les hommes destrainz de aler au moulin.** — Les hommes qui sont dedanz la banleue ne se povent debatre en maniere que il leur vaille que ils n'augent au molin leur seigneur, se ils n'ont autre moulin où ils doivent aler ou condicions certaines, tout soit le moulin hors de la seigneurie, ou de la baronnie, ou de la chastelenie. Mès si le seigneur fesoit moulin de nouvel, et il commandast et deist à ses hommes : *Venez à mon moulin*, et ils deissent que ils ne fussent pas tenuz à y aler en disant que ils ne fussent pas demouranz dedanz la banleue, adonc seroit le seigneur tenu à leur faire mesurer à ses despens la leue, tout par avant que ils fussent tenuz à aler à son moulin, sauf l'amende et les despens de la [vaincue]. Et non obstant longue tenue [et saisine] que seigneur ait eu de ses hommes, ou cas que les hommes se douldraient et diraient que ils ne fussent pas dedanz la banleue, le seigneur pout faire mesurer à leurs despens la leue, et touz jourz doivent pourssieudre la saisine tant que il soit trouvé que ils soient hors de la banleue, se il n'y a deffaut de justice. Et la banleue a trais cent sexante et neuf perches de terre, chescune

1. *F add.* : vous plaise m'en bailler le retroit.

perche de vingt et quatre piez [1]. Et la doit l'en mesurer dès les lieux où la somme est levée juques aux lieux où la somme doit choairs, par les vayes que le seigneur [lour] pourra garantir sanz ce que ils pussent estre appellez à tortfesanz de nulli pour y aler ne pour y venir. Et quant seigneur a moulin de esve ou moulin de vent, il pout ses hommes destraindre de y aler moudre sanz aler à autre, et auxi es lieux où il n'a moulin de esve. Et ceulx qui ne doivent avoir moulin ne doivent avoir que une moule [2] à moudre leurs avaines en un village, et doivent mouldre au moulin à leur seigneur prochain, tant que les moulins ou moulin qui sont dedanz la banleue soient en estat; et ou cas que ils ne sont en estat, ils doivent aler au moulin au seigneur prouchain ensuivant, se ils ne alaient au moulin à leur seigneur, quar l'en ne [les] pout pas destraindre de aler à autre moulin, se ils ne estaient tenuz par condicions, pour ce que ils augent au moulin leur seigneur prouchain, combien que le moulin soit loign de la banleue. Et doit chescun moudre en son lieu comme ils viennent au moulin, si le blé au seigneur ou à qui a seigneurie n'y venoit [3], et si le mounier le fait autrement, il leur doit amender et desdomagier. Et auxi se ils ont domage en leurs blez ou en leur farine, [ils seront creuz] par leurs sermenz d'une somme au regart de justice, et d'autres sommes tant que le mounier ait dit envers la partie que ils mesuregent leurs blez davant lui, et il en rendra ce que sera regardé que il en devra rendre, et la requeste ainssi faicte, l'en ne les doit plus oïr à leurs sermenz, fors en tant comme ils auront mesuré. Et n'est pas entendu que le mounier soit infamme pour ceulx sermenz, quar l'en ne sceit se ils l'ont bien fait ou mal, quar la coustume fut faicte en cest cas pour atraire les moulanz à venir au moulin. Et doivent les hommes attendre l'esve trais nuiz et trais jourz,

1. *F add.* : Mès par correction de Parlement, elle a vj^{xx} cordes, chascune corde seix^{xx} piez, et de quoy l'en use pour le present.

2. *K add.* : à bratz.

3. *E* Si le blé au seigneur n'y est qui daie mouldre le premier, et si le mounier...

pour ce que la esve vienge au moulin pour mouldre les blez aux gienz, et ne sont tenuz attendre le vent que une nuit et un jour par la coustume. Et si les hommes vont moudre à autre moulin que à ceul où ils doivent mouldre, ils le doivent amender chescun de telle condicion comme il sera, se ils n'ont excusement resonnable [1]. Et auxi ou cas que ils n'ont poursseu le moulin ou que l'en voudra dire chescun an une foiz que ils ne l'ont poursseu, pout avoir le seigneur ou qui a cause de lui, des hommes qui ne sont féaulx le serment que ils ont poursseu le moulin, ou cas que le seigneur ou son procurour ne voudraient prouver que ils eussent esté et moulu à autre moulin. Et ou cas que ils seraient reprins, ils rendraient l'amende et la mousture à qui auroit la cause du moulin, si ce n'est comme dit est aillours, ou s'il n'y a autres condicions, quar condicions sont plus fortes que droit ne que coustumes, se ils ne sont contre bonnes mours. Et est la cause pour quoy il doit avoir l'amende pour ce que le tortffait n'est fait que à ceul qui a la cause du moulin. La mousture est le xvj^{ome} par la coustume de ce que l'en a moulu, et se pout le mounier ou autre pour lui qui a la cause du moulin atachier à la farine, se il la trouve venant ou apportant d'autre moulin. Et auxi bien a moulin qui foule draps destroit comme autre moulin, se il n'a ou terrouer autres usemenz, et en doit durer le destroit cinq leues d'icelle mesure comme dit est aillours. Et en pout l'en sieudre et contraindre les hommes comme des autres moulins, ainxi que le drap entier de vingt aulnes ne doit paier que six deniers, qui ne voudra faire autre bonté; [et se il n'est entier], chescune aulne doit paier un denier par usement.

[255] **Comment et en combien de temps droiture est acquise par saisine.** — Droiture est acquise par saisine à ceulx qui ont saisine [pacianne], que eulx que ceulx dont ils ont cause, par saixante anz de saisine, dont il suffist prouver quarante et cinq

1. *L'A* : Quia molendinarius ergo latro. Ita arguit Raphael Fuligo in L. Julianus in principio, FF. De act. empti et vend.

de certain, et quinze de cuidance et de créance en oultre les quarante et cinq anz par la coustume, pour ce que c'est au jour d'uy le memoaire de homme et de famme, si n'est entre freres et seurs que nulle longue tenue ne leur porte prejudice, et auxi des nobleces aux seigneurs qui ne chiéent pas d'an en an comme dit est aillours, et comme des bailz ou des rachaz qui ne chiéent pas d'an en an, ou en semblables cas. Et quant un ou pluseurs se appellent exempz, et ils sont entre les metres au seigneur et en sa seigneurie, et iceul seigneur a acoustumé à user des chouses qui sont environ les lieux comme dit est, ceulx qui se appellent exempz sont tenuz à prouver le titre et par où et comment ils sont frans [1]. Et ne leur suffist pas dire ainssi : *Nous et les noz ne paiasmes onques rien*, quar assez toust pout il estre donné ou fait sattisfacion en lieux rebouz, et pour ce doivent ils prouver le titre, ou le seigneur en pout user comme des autres, non obstant longue tenue. Et auxi ne doivent les seigneurs [2] de nulle liberté sur leurs hommes user, se ils n'en ont usé eulx ou leurs predecessours, si n'est des chouses dont il est dit aillours. Et auxi de toutes les nobleces qui sont deues au prince, non obstant que autres aient acoustumé à en user, pour ce que il ne en chiet [3] rien, n'en devroit il pas joïr, se ils n'en ont titre certoin.

[256] [4] **Comment vayes, rotes et communes doivent être bonnées et qui le doit faire.** — Et auxi des terres, prez, landes qui sont desclos, où pluseurs ont acoustumé à y aler et à y venir et à y faire pluseurs chemins et à y pasturer ou temps de guerb, pour ce que les terres ne furent onques closes, se il y a aucun

1. *L'A* : Nota quod hic dicitur esse intelligendum in his in quibus dominus temporalis est fundatus de jure communi. Alias hoc falsum, capiendo generaliter prout in texto. Vide cap. 3 Cum ecclesia Sutrina pastore, Decret. Gregorii, lib. 2, tit. 12, De causa possessionis et proprietatis.

2. *B C E G G¹ I J L Q R T U placent ici* joïr, *et suppriment* user *à la fin de la phrase.*

3. *E* cheist. — *G* trouvast. — *G¹* chaist.

4. *Sic N. Dans tous les autres manuscrits ce chapitre est maladroitement coupé en deux, et son commencement réuni au chapitre précédent.*

à qui les chouses saient qui les voulist clorre, [il les peut] [1] clorre et y ediffier. Et pour ce doit justice entendre au prouffit commun pour ce que chescun vit du labour de la terre, et doit voirs justice les chemins et les vayes, et aprendre coment ils sont et où ils vont, et ceulx qui seront departiz, et se rendront enssemble. Justice doit aviser o le consseil des sages lequel sera le plus prouffitable, et le bonner et diviser, et les autres lessier clorre, affin de lessier, procurer et faire [2] le prouffit commun. Et ne doit nul les y empescher à clorre ne à ediffier, non obstant longue tenue ne sesine, que ils ne puissent faire des chouses comme chescun de ses autres voisins auroient acoustumé à faire des lours et à en user. Chescun seigneur qui a justicement en sa terre sur ses hommes doit avoir la justice sur ses hommes et des autres en sa terre comme dit est aillours. Et doivent garder et bonner les vayes et les rotes qui [ne] [3] vont de ville marchande à ville marchande et aussi les communes. Et se ils en estoient en deffaut, [le prochain seigneur] le pourroit faire o le consseil et par la savance des sages gienz du païs. Et aussi pourroit il relever les bonnes qui seraient chaistes ou abatues, [et en punir ceulx ou celles qui les auroint abatues] ou ostées, quar qui les osteroit ou abatroit à fait appenssé, et il en fust trové, il le devroit amender de saixante soulz à justice, parssommet lés dopmages et l'amende à la partie; et qui metroit fausses bonnes au lieu des ostées, il seroit pendable, quar il seroit pire que larron. Et touz les autres chemins doivent estre en la garde du prince.

[257] **En combien de temps accion de meuble est estainte.** — Accion de chouse meuble est esteinte puys que trente anz sont passez, pour ce que une prouve est plus forte à faire d'une solucion ou de une quitance que de une possession de heritage,

1. *Sic* *G G*[4] *J P S U.* — *A E H T* et il les peust. — *P Q* il les pourroit.
2 *B O* et procurer à faire. — *D* de aisier et procurer à faire. — *G*[3] procurer et lesser faire.
3. *Sic E G*[4] *I K N Q S.* — ne, *ajouté en interligne dans J P, manque dans A H.* — *G O* ne vont que de.

excepté de leys de testamenz, que celui à qui le leis est fait, ou ceul qui represente sa personne, son accion est au delivre touteffoiz non obstant long temps, pour ce que il ne fust savant du leys et l'en ne voulist rien prouver de la savance, et bien s'en devroit il expurgier par son serment, se il en ert requis, et le expurgement fait le respons li siet, sauf les resons à la partie adversse. Et si le contrat avoit esté fait par avant trente anz, et un autre contrat eust depuis esté fait sur celui contrat en renovelant la accion ou derrain, la accion en dureroit autres trente anz; et si plet en ert [1] qui durast [2], par la coustume le temps [3] ne seroit pas compté. Et auxi des heritages, de là où il seroit esmeu ou temps [que] la accion pourroit proucedier, le temps du debat ne porteroit point de prejudice à l'auctour, pour ce que il pourssuist sa demande selon ses esplez; quar si plet tardoit sanz adjournement qui tensist entre parties et le temps se passast par quoy accion peust estre esteinte, il n'y devroit pas estre oy en simple accion, se il ne touchoit esplez faiz en temps deu, pour ce que il semble quant esplet [4] est meu qui n'est poursseu que il daye avoir aucun gré ou fin de plet ou de querelle, ou que ceul qui l'a esmeu, puis que il l'a lessié le temps passé [5], n'eust pas reson, et doit ce faire plus nuysance et porter prejudice à l'auctour que prouffit au temps adv nir.

[258] **Coment quant homme est dessesi de son seigneur il doit requerre sa saisine.** — Quant aucun seigneur a dessaisi son homme des chouses dont il entent à le justicier, et ceul seigneur en sioulst son homme, tant que celui seigneur ait ressesi son homme, si le homme le requiert à estre ressaisi o pleges, ou cas que le seigneur ne le voudra ressaisir, le homme n'est tenu à li en respondre, quar il semble que ce soit une maniere de despeille, si le seigneur ne pout trouver cause efficace par

1. *C I R* en estoit meu.
2. *E* en estoit durant. — *G*[1] en ert meu qui durast longtemps.
3. *K add.* : du plet. — *G*[1] celuy temps.
4. *I M* plet.
5. *G*[1] *M P Q R S T U a b* il a laissé le temps passer.

quoy le homme ne deust pas estre ressaisi de son seigneur, dont il doit passer premier [et] avant entr'eulx.

[259] **Coment accion de despeille doit estre propousée.** — Accion de despeille doit estre propousée avant toute ouvre, fors en cognoessant son adjournement, quar il [l]'esconvient [tout premier] cognoestre par la coustume; et quant l'adjournement est cogneu, l'en doit propouser son accion de despeille qui la voulst propouser, quar puis que l'en a fait procès, il en estuet pourssevre ou estre vaincu, si l'en ne se vante que la despeille eust esté faite depuis le proucès, quar par la coustume [le] derrain fait doit aler le premier en ceulle querelle, et se il y a despeille ou autres procès faiz de paravant ils ne sont pas responssables tant que il soit passé du derrain fait. Mès il ne s'enssuyt pas, si l'en propouse accion de despeille et il soit jugié que respons n'en siée pas en l'accion de despeille, que il en soit pour ce departi en simple accion, fesant les despens dou propousé.

[260] **Des aides acoustumées en Bretaigne.** — En Bretaigne pout l'en user de pluseurs aydes, et espiciaument seigneur sur ses hommes, quant les cas y eschiéent, et sont tenuz les hommes les faire à leurs seigneurs selon que chescune aide doit estre faicte comme il est dit aillours. L'en doit aider à son seigneur à marier sa fille [1], une fille tant soulement, et doit estre faicte du pris de la rente que le homme doit à son seigneur par deniers au temps que le homme est requis de aider, et ainsi doit le homme doubler sa rente de ceul terme, l'une pour la rente et l'autre pour la aide. La segonde aide est quant le seigneur est fait chevalier, et aussi son filz ainzné, qui doit estre autretelle, qui ne voudra faire autre bonté. La tierce aide est quant le seigneur est alé en ost ou en chevauchiée, ou en guerre ou en deffense de guerre, pour le prouffit commun ou pour le suserain seigneur en ce que il en soit pourfforcié, et il soit prins de

1. *L'A* : Secus in filio, quia pro filio maritando pater non dat dotem.

annemis et l'en le pout avoir par rançon, chescun de ses hommes li doit aider à paier la rançon, selon que chescun aura des biens, là où les biens meubles au seigneur ne pourront suffire ne courre, et doit estre la rançon asise par le regart des prouffitables gienz et hommes du seigneur. La quarte aide est quant le seigneur est prins et detenu, et l'en le pout avoir o pleges à certaine paine, les hommes et chescun d'iceulx, ceulx que l'en voudra prendre, sont tenuz de le delivrer de tant comme le seigneur les pourra assigner tant sur lui que sur autres, de le plevir ou aussi de le rendre, et non pas plus, tant que il les ait acquitez et desdopmagiez, si dopmage y avoient. La quinte aide est quant le seigneur achate terre en sa presmece ou retrait les heritages son presme, ses hommes sont tenuz à li avancier tout quanques ils li doivent de rente en toute l'année juques au pris du paiement, donant lettres de quitance es hommes. Chescun est tenu [à son seigneur aider] à soy et ses biens sauver, et à son presme; et les pout et doit justice pourfforcier. Comme se il ert esmoute de guerre, les seigneurs, et chescun, pourroient et devroient pourfforcier leurs hommes de eulx armer et de aider à faire fortereces, par quoy chescun y peust soy et ses biens sauver et ses amis. Et comme il est dit aillours chescun seigneur doit amer ses hommes et les hommes leur seigneur, et si aucun meschief avenoit au seigneur, comme si le fou ardoit ses mesons, ou se ils [chéaient] par cas de fortune, ou se il advenoit cas semblables, les hommes à ceul seigneur li devroient aider, espicialment o le corps et o les charretes et o leurs bestes, à apporter à place la matere qui li faudroit à se mesnagier. Et auxi quant aucune personne fait ou fait faire une maison ou pluseurs, et il la voulst lever, chescun des voisins li doit aider à la lever, pour ce que ils en soient requis, quar elle ne pourroit estre leviée sanz force de gienz, pour ce que il y ait groux boais, quar meson fut faicte pour le prouffit commun, quar il convient à chescun estre herbregié en raison [1]; et les uns doivent aider

1. *Sic A E H I.* — *Partout ailleurs* : en maison.

es autres en ceulx cas, et auxi quant aucune personne a besoign d'aide, dont il est ou pout choirs en perill luy et ses chouses, dont le perill fust hastif, comme dit est aillours des cas de [cri] de fou ou de mutre ou d'autre besoign. Et ceulx à qui ils font la aide sont tenuz à les soudeier selon le servige, ou cas que ils n'y seraient tenuz par homenage ou par autre vaye. Ceulx qui en voudroient estre soudeiez en devroient estre soudeiez ou regart de justice ou des proudes hommes, ou cas que ils se desmesureraint des chouses davant dites.

[261] **Coment seigneur doit tenir le fié que il acquiert de son homme.** — Toutesfoiz que seigneur acquiert de son homme le fié que son homme tient de luy roturierement, celui seigneur le tient aussi noblement comme il fesoit ses rentes et ses obbeïssances que son homme lui en devoit, c'est assavoir de son suserain seigneur; et sera demaine quant il acquiert le fonz, comme tout autre demaine seroit qui est tenu en foy, pour tant que les rentes fussent gouvernées selond l'assise au comte Geffroy, et sera departi entre les hoirs aussi comme les rentes fussent. Et aussi quant le homme acquiert de son seigneur les rentes et les obbeïssances, et y a cause, pour ce que le suserain seigneur ne pert point de son droit, ainczois y a plus de obbeïssance, et en auroit tout le rachat et le baill si le fié le devoit, ou les ventes quant le cas y escherroit; et auxi n'y perdroient riens les autres seigneurs [1].

[262] **Coment suserain seigneur doit tenir le fié roturier que**

1. *L U a b add* : excepté que gens de basse condicion, pour ce que coustume est qu'ils ne peuvent donner ne faire bonté à l'ung de leurs enffanz que à l'autre. Et le droit ez enffans leur est acquis es biens de leurs predecesseurs puis qu'ils sont nés par la coustume, ou cas qu'ils ne vendroient ou perdroient par autre voye, et n'y auroit l'ainé avantaige fors en tant comme il auroit conquis du fié noble, et le paransommet seroit departi testée à testée comme il est dit ailleurs. Et fors au cas qu'il seroit departi entre les hoirs du conquerant, ung la noblesse tiendroit o le fonds, à estre departi entre les hoirs d'iceulx comme le fié noble advantageux doit estre departi, pour ce que le fié acquis fust advantageux. — *Sur quoi l'Anonyme observe* : Nota que le fié noble entre gens de bas estat sera departi comme noble et viendra au fils aisné d'iceluy bas estat, et est practiqué au contraire.

il acquiert de le homme son homme de foy et les autres nobles aussi. — Si suserain seigneur achate le fié roturier de le homme à son gientil homme, ou le acquierge par autre vaie, et le prouchain seigneur de celui homme qui le tendroit roturierement li lessast atraire [1], ceul suserain seigneur n'y auroit noblece, ne mès que celui auroit de qui il auroit esté conquis, fors de tant si le homme li devoit corvées villaines de sa personne, comme aucuns fiez qui sont de telle condicion comme de aler au fain, seyer les blez, fembréer, ou aler charreyer vins, curer douves ou viez [2] ou autres telles chouses villaines quant à la personne qui fait les corvées, le seigneur à qui ils seraient deues ne l'en pourroit pas justicier, fors comme la personne du gientilhomme le requiert qui auroit les chouses acquises, quar nul gientil homme ne doit estre justicié de faire corvées, fors de aler es armes ou es plez ou en gibier en l'aide du seigneur, où les autres [nobles] soulent et doivent aler et aidier. Et pour ce ceul se pout opposer contre ceul seigneur qui se voult acraistre en son fié [qui li] doit ceulx servitudes, en disant que il ne s'i pout acraistre par la coustume pour les dictes chouses. Et auxi contre tous autres nobles se pourroit il oppouser, quar se il ne se oppouse et il les y lesseige acraistre sanz arenter les corvées et les servitudes, il [les] perdra, pour ce que les nobles le vuillent debatre contre lui ou contre ses hoirs, quar il est plus presme à retraire son fié que plus estrange de lui.

[263] **Des ventes des féages à qui ils doivent appartenir.** — Comme il est dit que seigneur pout atraire le fié que son homme tient de luy et le ademainier, et le homme les rentes et les obbeïssances, pour ce que il le puisse faire, quar comme il soit establi du Roy, du Duc et des autres princes que nulles gienz de sainte Yglise ne se puissent acraistre en fié qui [se] [3] gouverne

1. *B E N* le y lessast acroistre. — *K* le laissast se y acraistre. — *G*[1] de luy luy lessast accrastre.
2. *D G*[1] *J K N S T U* biez. — *R* viviers.
3. *Sic E G*[1] *O Q S T.* — *A H* soit gouverné.

seculierement pour le amortir sanz la volenté de ceulx et des seigneurs de qui les fiez sont tenuz, ne nul autre en plus ne les pout amortir, et aussi nul roturier ne se pout acraistre en fié noble sanz en paier rachat. Et puis que ceul est seigneur du demaine il en pout féagier ou heritagier autre ou autres par certaines condicions [et] rentes comme il verra que bon sera, mès que ceul qui prendra le féage ne face bonté ne autre personne pour lui, dont il poust yssir ventes à seigneur. Il en pout retenir la obbeïssance à soy, pour ce que ceul fié se gouverne selon l'assise au comte Geffroy. Et si ceul tenours ou ses [hoirs] vendaient ceul féage, le seigneur qui auroit fait ceul féage ou ses successours en devroit avoir les ventes et tout le ferme droit, comme il seroit acoustumé ou terrouer des autres tenues. Et si le seigneur qui auroit fait le féage en avoit prins aucune bonté pour faire le féage, dont ventes peussent yssir à seigneur, quar pour avancier sa rente ou pour le sellage de son seel ou pour le vin du marchié, juques au pris du sellage de cinq soulz, quar ce tout en pout prendre le seigneur de toutes lettres de heritage, et du vin juques au pris de cinq soulz, ne n'en estraient nulles ventes à seigneur. Mès se il y avoit autre bonté, ventes en devroient yssir au seigneur, si le seigneur ou autre de qui il eust cause ne avoit retrait le fié de ses hommes, dont il le peust baidre au pris de la premiere baillée, et en prendre ce que il en pourroit avoir du sourplus de la rente ancianne ; quar le conquest que il auroit fait de son homme s'enssuit en favour de luy, et ne luy devroit porter nuysance à sa juridicion, quar si autres le conqueraint ce ne seroit que soubz ceulx... [1] et en auroit les ventes selon que l'en use au terrouer. Et pour ce en pout il faire sa volenté et en peut retenir toute la juridicion ou [point] de par avant, quar se il ne le eust conquis, le suserain seigneur n'y eust ou conquest que prendre. Et de tant comme ils auroient apeticié leur fié par la solucion que ils en auroient eu oultre les

1. *A laisse ici la place d'un mot en blanc qui n'existe pas dans H.* — *G G*[1] *Q R U* sourceuz. — *O* soubz culx — *M T* desoubz lui. — *B N* sous ceulx nommés.

chouses declairées, le devroit avoir le suserain seigneur du pris que le féage vauldroit, mès pour la bonté faicte [il] sembleroit que fust vente fraudolouse pour ce que elle fust taisible, et nul ne doit joïr de fraude par reson, se il ne la declairoit ou contrat que il fait o celui contre qui il en pourroit user, et si celui contre qui il vouldroit user de la fraude ne s'i assentoit, quar assentement pout estre fait par trais vaies, le premier par paroles, le segond par user de fait, le tierz par chouses que l'en ouait ou que l'en voit, et lesse l'en passier et user sanz les debatre ou par fait ou par paroles.

[264] **Des chouses qui ne sont esclardies en jugement.** — Et si aucunes paroles sont dictes en jugement et elles ne soient esclardies en jugement ne respondues à plain, non pour tant que aucuns aleguegent que ils deussent passer pour cognoues, l'en les pout cognoestre ou desdire par avant jugement [1]. Et auxi povent les parties acraistre ou admenuyser à leur jugement par avant jugement [2], et se povent delessier se ils vaient que bien soit des chouses qui sont cognoues ou desdictes, ou en prouver de ce que ils verront que bon sera. Et si un des conseilz es parties cognoessoit aucune chouse qui fust nesible à son client ou desdeit le client, [un] [3] des autres conseilz le pourroit corrigier avant jugement fait, et n'y devroit avoir sa partie adversse nul avanz ne autre gaingne, si la partie ne se estoit acreue du plus grant conseill, et se il ert acreu du conseill il ne devroit avoir que despens; et aussi pout le conseil corrigier son client sanz autre perill. Et quant aucune personne ou pluseurs de basse condicion voulent vendre leurs féages ou autres leurs heritages, et ils y eussent fait mesons, ou planté boais

1. *B C D E F G G⁴ I J K M N O R S U a b add.* : et se ils ne sont esclardies le juge n'est pas tenu à faire jugement tant que ils soient esclardies. — *B D G⁴ M U add.* : et non doit il faire delivrance sur principal de querelle tant que les parties soient fondées qui soient estables.

2. *L A* : Practicatur que l'on se peut corriger statim de pledoyez fors en deux cas après serment, enqueste ou presence pour icelle sentence donner.

3. *Sic C M R.* — *A H* ou.

qui portast frut, ou autres ediffices qui deussent demourer au lieu ou qui fust reputé pour heritage, combien que le vendour face dous ventes et divisast le heritage à une partie et les ediffices à autre partie, il devroit paier les ventes pour ce que la fraude peust apparestre. Et auxi si le vendour avoit [engagié] les chouses que il vendroit, il devroit paier les ventes de l'engage du temps à venir, pour tant que la somme de la vente en fust maindre.

[265] **De ceulx qui sont hoirs au bastart.** — Puys que seigneur a obbeïssance et tout ferme droit sur ses hommes, tout n'ait il pas hauste justice, il doit avoir touz les esmoluemenz de sa seigneurie qui y eschiéent en tant comme il a de justice, comme des bastarz qui n'ont nuls hoirs de leur corps faiz en léal mariage; [quar par la coustume se ils n'ont hoirs de leur corps faiz en léal mariage], le seigneur soubz qui ils ont acoustumé à demourer ou temps de leur mort et de leur descens est lour hoir; et pour ce fut ce establi à ce que nul ne feist lignée hors de mariage, en favour de mariage et en haine de ceulx qui font advoultere. Et doit avoir le seigneur qui a le ferme droit sur ses hommes les biens du bastart, c'est assavoir les moubles quelque part que ils soient [1], et tieulx heritages comme le bastart auroit conquis en leur seignourie, le testament au bastart et son obsseque acompli et ses debtes paiées.

[266] **Des heritages que les bastars s'efforcent de conquerre en la ligne du pere ou de la mere.** — Nulz bastarz ne doivent avoir nuls des heritages à leur pere ne à leur mere, ne ne s'i [povent] acraistre en nulle maniere, pour tant que les hoirs [2] à ceulx qui y pourroient avoir eschaite ou presmece le voulissent debatre ou la seigneurie. Et auxi ne doivent avoir point de prouffit leur pere ne leur mere ne nul de leurs autres amis en leur eschaite, si n'estaient leurs enffanz qui fussent nez en léal mariage comme dit est aillours, si ceulx bastarz ne

1. *L'A* : Nota que le meuble ensuyt la personne par ceste coustume.
2. *Tous les autres manuscrits sauf U* : lignages.

lour estaient tenuz ou obligiez en léal debte ou pour leur servige, ou que ils leur fussent tenuz ou obligiez en aucune autre maniere de reson [1].

[267] **Des testamenz aux bastarz.** — Bastart pout faire testament et donner de ses moubles là où il verra que bon sera, mès que il ne le face et que il ne appierge que il le face en haine contre sa seigneurie et contre droit et contre coustume, quar ce que est fait contre droit et contre coustume ne doit tenir. Quar se il donnoit le tout il ne devroit pas tenir, si ce n'estoit que ses biens fussent si petiz que ils ne valissent que néant, ainz [devroit] demourer tout le [parsur de ses biens], ses debtes, son obsseque et son testament acompliz comme dit est, à la seignourie à qui ils doivent appartenir, fors tant que si le bastart avoit enffant ou enffanz si gienvres ou non puissanz de se pourvoirs de leurs corps, ils devroient estre pourveuz sur les biens de ceul bastart, ou de la bastarde aussi bien, quar ce que est dit ou parlé de ceste matere et en cest livre de le homme, nous le entendon aussi bien de la famme, se il n'y a autre divise [2].

[268] **Coment enffanz qui ne se povent pourvoirs doivent estre pourveuz.** — Et aussi doivent estre touz enffanz pourveuz sur les biens du pere ou de la mere, ou cas que ils n'ont san ne escient de se savoir pourvoirs [pour] la necessité de eulx; et ou cas que ils n'auroient rien, justice les doit faire pourvoirs sur leurs prochains lignages et sur lours biens. Et si l'en ne savoit sur qui, comme enffanz qui sont getez, les gienz de la paroesse par les tresoriers doivent faire la pourvéance là où seraient ceulx enffanz [trouvez] [3], et est tenue justice à les pourfforcier à ce faire si mestier ait, quar touz crestians

1. *L'A* : Et si le pere au bastard confessoit en sa derroine volunté devoir à son bastard quelque somme de monnoye et le jure, la confession qu'il en fait ne vault ne ne porte obligation, ut Practica Baldi, f° XLVI, n° XXX.

2. *G¹ add.* : Et aussi dimes nous que l'en doibt entendre à la significacion du fait, non pas des vices de l'escripture ne des parolles rudement dictes.

3. *Sic C G¹ I J M P T U.* — *Omis dans A H.* — *E* usans. — *Q* getez.

doivent aider à touz autres au perill comme dit est aillours, et qui ne lour aideroit ils en pourraient perillier, et ce seroit pechié.

[269] **Des heritages soubz qui les bastarz se acquierent.** — Les heritages soubz qui les bastarz se acquierent, ou cas que ils n'ont hoirs de leur corps engendrez en léal mariage, doivent estre par la coustume à la seigneurie soubz qui la acquisicion a esté faicte. Et si le bastart a maison ou herbregerie en aucune seigneurie qui soient par heritage ou que il y eust acoustumé à demourer, tout prenist il mort en autres lieux, pour ce que ce ne fust son heritage, touz ses meubles, quelque part que ils soient, doivent estre à ceulle seigneurie où a la herbregerie en entente de demoure qui appierge par mariage ou autrement, le obsseque et les debtes, le testament et les autres chouses acomplies si comme dit est.

[270] **Des donnaisons que le bastart fait de son heritage ou que l'avoetre feroit aussi.** — Bastart ne pout faire donnaison de son heritage en tenant le usefrut sa vie, se il ne le fesoit par la maniere du contrat quant il aquerroit ceul heritage, ou se il ne le fesoit par maniere de donne qui fust commune, qui se peut estendre sur la tierce partie de l'usefrut de ses heritages, en ce que la donnaison fust egal [1] et que la fraude n'y peust apparestre, pour tant que la seignourie la voulist debatre qui en deust ou peust apparestre estre son hoir, quar il sembleroit que il feist ceulle donnaison plus par haine contre la seignourie que en entente d'autre prouffit. Et non pout nul avoetre donner ne aumosner ne meuble ne heritage, ne faire testament, se il ne le donne et le baille en sa saine vie, sanz

1. *I add.* : Et en cest cas est il de necessité que la donnaison soit esgalement faicte, pour la suspeczon que l'on a contre le bastart que il vouleist deffrauder la seignorie. Et pareillement convient que la donnaison soit mutue entre autres mariez qui ne sont pas bastarz, quant ils s'entre donnent durant leur mariage; mais l'un peut bien donner à l'autre en testament, ce que ne peut le bastart qui ne peut faire donnaison en testament où il apparesse qu'il veille deffrauder la seignorie de son droit.

en avoir jamès saisine en usant comme seigneur des chouses données ou aumosnées.

[271] **Des bastarz qui n'ont reséantise propre, à qui leurs moubles doivent eschairs et tourner.** — Et si le bastart ou la bastarde ne avoient point de heritage, et il y eust moubles que il eust gaingniez o pluseurs personnes et en pluseurs seignouries, le suserain seigneur soubz qui il auroit gaingnié ceulx moubles devroit estre son hoir à ceul bastart ou bastarde, quar ou cas que pluseurs s'en voudroient debatre et l'en ne sauroit où ceulx meubles deussent tourner, le suserain seigneur les devroit avoir. Quar pousé que ceulx bastarz ne eussent point de heritage et ils eussent acoustumé à demourer soubz aucune seignourie par quelque vaye que ce fust, ceulle seignourie devroit estre [lour] hoir, pour ce que il appartient mieulz que ceul seigneur, soubz qui et de qui ils ont eu et nourri celx biens, les ait et que il [en] soit hoir et seignour que plus estrange de lui. Excepté que si le bastart ou la bastarde prenoient residance à demourer perpetuelment à sa vie et es hoirs de lui [comme] par mariage ou par autre heritage, le seigneur soubz qui ils seraient alez demourer seroit leur hoir, quar en autre cas n'est resséantise propre, si l'en n'y est nourri ou esté tant que l'en y ait demouré par dix anz continuelment prochains davant la mort [1].

[272] **De ceulx qui doivent estre hoirs es enffanz au bastart quant ils n'ont hoirs de leurs corps [engendrez] en mariage.** — Quant les bastarz ont enffanz engendrez en mariage, leurs enffanz doivent estre leurs hoirs pour ce que ils sont reconciliez au sacrement de sainte Yglise. Et si ceulx

1. *B G¹ N en marge :* Nota par combien de temps l'en acquiert mencion sans y avoir droit de heritage. — *J en marge :* L'on peut dire domicille estre acquis par trois manieres : scavoir quant l'on habite en quelque lieu o volunté de y demeurer perpetuellement, l'autre est par la demourance de dix ans, et ces deux cas sont en ce chapitre. Le tiers si est quant l'on a mis et porté en quelque demourance la plus part de ses biens, et ce est de droit : Non ambigitur domicilium quis habere ubi larem ac rerum et fortunarum suarum summam constituit, Lege Cives, C., De incolis.

17

enffanz qui sont enffanz au bastart mouraient sanz hoirs de leurs corps faiz en léal mariage, leurs biens doivent tourner au prochain lignage d'[iceulx] selon le ramage du fié dont ils sont yssuz, tant devers pere que devers mere [1], et puis que ils sont faiz en mariage il est entendu que ils doivent avoir vescu mieulz de ceul à leurs lignages que de ceul es estranges gienz. Et aussi s'enssuit il et est de raison que leurs prochains, selon que il est divisié, aient leur eschaite que autres, à estre la eschaite departie entr'oulx comme eschaite doit estre departie qui vient de ligne en ligne. Et auxi devroient avoir les hoirs des bastarz faiz en léal mariage presmeces es terres à leurs lignages [2], qui vendroient du ramage devers le pere ou devers la mere à ceulx bastarz dont ils seraient yssuz, quant personnes estranges les conquerroient, plus tost que ceulx estranges, là où et en cas que presmece seroit ajugiée et devroit estre de coustume [3].

[273] **Du gouvernement des domaines qui sont en deffensse touz les jourz de l'an.** — Les demaines qui se gouvernent noblement selon l'assise au comte Geffroy, pour ce que ils saient clos à se deffendre de cheval enhoudey, le seigneur à qui il est le pout deffendre touz les jourz de l'an, à la fin que ceulx qui y mestraient leurs avairs ou autres avairs, ou qui les y garderoient, ou ceulx [qui] les gouverneraient, li feront l'amende ou la li doivent faire de telle condicion comme les gienz sont. Et se pout le seigneur ou son lieutenant, à qui le domaine sera, se tenir à la prinse tant que il soit assigné de

1. *P en marge :* Nota que selon aucuns la succession desdits enffans en celui cas doit totalement redunder à la ligne de la mere comme à la plus certaine.

2. *L'A :* Nota ex illo textu que ou deffault de ramaige lignaige succede, et avant le seigneur du fié, si le decedé n'estoit issu de bastardie. Et de ce y a texte formel ou Petit volume. Tamen à la premesse ceste raison cesse, car il faut estre du ramaige; alias le seigneur est plus presme que le lignagier.

3. *G[4] U a b add. :* Combien que coustume soit que les seigneurs vieulgent avoir de ceulx bastarz, ou cas que le lignage deffault à ceulx enffanz, où est l'eschaite de eulx, pour la cause que ils yssirent des bastarz.

fournir droit, et sur le assignement lour pout metre terme davant lui ou son lieutenant, et en auront la cognoessance, et seront creuz de l'assignement du terme, le seigneur comme le seigneur et le vallet par son serment. Et aussi pout le demaine noble, où il a si grant estendue de terre où nul autre ne a que querre environ ceulx lieux, tout fust le demaine desclos, il pout et doit bien estre en deffense, se il n'y a autre usement ou terrouer. Les avairs qui seraient trouvez esdiz demaines autrement doivent faire la assise ou paier le desdomage, lequel que le seigneur ou son lieutenant verra que bon lour sera, si ce sont bestes qui doigent paier assise. Et quant à l'assise ou au desdomage, ceul qui fera la prinse en ses deffairs ou en ceulx à son mestre, ou les en vit yssir à sa veue, en doit estre creu par son serment. Et quant ceul qui aura fait la prinse la trera à amende, si la partie adversse desdit le torffait, il devra estre prouvé par ley enramie, ou par prouve comme prouve de garantie doit estre faicte; et si prouve est faicte du torffait, ceul contre qui la prouve seroit faicte doit faire la amende et paier les despens et les desdopmages à ceul à qui le torffait seroit fait. Et pout celui à qui sont les avairs cognoestre du dopmage ce que il verra que bien sera et desdire l'outreplus, et celui à qui est fait le dopmage ou son lieutenant se pout prendre à la cognoessance et prouver l'outreplus, se il voit que bien soit, comme prouve doit estre faicte par la coustume [1].

[274] **Combien de temps guerb dure et des bestes qui vont à guerb.** — Et en temps de yvenage avairs de cherrue qui vont à guerb la nuyt ne doivent paier amende, assise ne desdopmage, pour deffairs où ils seraient prins la nuyt, si celui qui les trouveroit en ses deffairs ne pouait trouver que ceulx deffairs fussent si fortement clos que ils se peussent deffendre de toutes bestes, ou que ils y eussent esté mises appensséement et que il apparust. Adonc devroit estre faicte l'amende se il ert ainssi

1. *D add.* : ou soy tenir à la cognoessance, s'il veult.

trouvé, quar en ce que les avairs y entreraient sanz ce que ils y fussent mis appenséement ne devraient ils riens paier ne autres pour eulx, et est de raison, quar il estuet faire les gaingneries en iceul temps pour le prouffit commun, quar qui ne gaingnerait les terres le monde ne pourroit ne ne auroit de quoy vivre, et les terres ne povent estre labourées sanz l'aide des bestes, et chescun ne les pout pas tenir du sien; ainz estuet que ils les lessiegent aler au guerb quant ils ont fait leur journée, et qui les voudroit destraindre le prouffit de la terre demourroit à estre fait. Pour ce ne doit nul ne nulle les y empescher, fors se il les trouve en ses deffairs, pour ce que ils n'y eussent esté mis appensséement, les chacier sanz les virer ou tourner malement; et qui autrement le feroit le devroit amender à justice et à partie et desdopmagier, de quelque condicion que la personne soit. Le temps de yvenage dure et commance dès mestembre juques à la premiere sepmaine de delair, et pour ce que à mestembre l'en comance à faire les atrez et les [1] gaingneries, et fait l'en les yvenages en ceul temps; et en ceul temps ne povent faire les avairs grans dopmages, quar les gaingneries, les fains et les autres biens doivent estre en sauf. Et o ce mesmes, si les avairs ne despendaient les herbes qui sont hors, le temps d'yver les despendroit, et il est de reison que les chouses qui ne povent point porter de prouffit à ceul à qui les chouses sont, et qui pourraient porter et faire prouffit à autre ou autres, et le prouffit ne lour nuyroit en rien, nul ne nulle ne le devroit destourber ceul prouffit à estre fait, ne justice les y soustenir, car ce seroit pechié.

[275] **Les terres où amendes et assises courent touz les jours de l'an.** — Et aussi amendes, assises et desdopmages courent touz les jours de l'an es demaines des gientils hommes comme dit est, des bestes qui courent en assise comme nous

1. *B C D E G¹ I J N O* les atraiz pour faire les.

diron, et ou temps que ils y doivent courre, exceptées bestes de cherrue comme dit est. C'est assavoir les amendes, assises et desdopmages en terres closes, haies, geneistez et landes, selon les cas et selon que ils ont acoustumé à en user ou païs et ou terrouer, quar en pluseurs païs et terrouers a pluseurs usemenz qui ne sont pas par toute Bretaigne generalment, et pour ce les doit l'en garder, si ce ne sont contre bonnes mours comme il est dit aillours.

[276] **Des gaingneries qui courent en amende ou en assise.** — Et aussi courent en amende, en assise ou en desdopmage, les gaingneries dès le temps que ils sont faites juques au temps que ils sont en grain, c'est assavoir du tortffait l'amende et la prinse, sanz torffait l'assise ou le desdopmage, lequel que celui qui aura fait la prinse voudra ou autre pour lui.

[277] **Des nobles qui mectent forestiers en leurs demaines.** — Combien que pluseurs et aucuns nobles megent forestiers en leurs demaines ou en lours boais, le forestier ne doit avoir [salaire] [1] fors que sur la amende qui est deue au seigneur ou assise ou desdopmage. Et ne doit nul ne nulle deveier les avairs que l'en a prins par raison de parc, o assignement suffisant de ester à droit, à ceul à qui les avairs sont ou à sa gent, quar le menour le pout faire et metre le assignement. Et ceul qui les delivre, si le seigneur à qui les avairs sont li deffaut du garantage [2], il se pout prendre es avairs que il auroit delivrez et les restablir à ceul qui les tenoit par parchage. Et pour ce est la coustume en favour de ceulx à qui sont les avairs, quar ils ne povent pas tourjourz estre à lour ostel, et les avairs pourroient trop empirier entre dous qui ne les delivreroit.

[278] **En quel temps l'en ne doit pas lessier aler ses bestes à jou.** — Nul ne nulle ne doit lessier aler ses avairs à jou ne metre hors la nuyt sanz pastour, espiciaument es autres temps

1. *Sic FL.* — *K* riens. — *Manque partout ailleurs.*
2. *J en marge :* C'est assavoir de le delivrer de la caution qu'il auroit baillée pour avoir les bestes.

que ou temps de yvenage ceulx avairs qui sont divisiez, et qui le feroit à escient et de certoin propoux le devroit amender par amende et desdopmagier. Et ou cas que l'en le feroit de nuyt, espicialment ou temps que les blez sont poiez en grain, celui à qui les avairs seraient prins en gaingneries ou en prez, pour ce que il fust prouvé que appensséement y eussent esté mis ou que il en peust apparestre, ceul qui seroit seigneur justiçable sur les lieux comme de noble demaine ou de tenours pourroit avoir les avairs ou les bestes et en faire comme des soues, ainssi que ceul qui les auroit prins en son dopmage, ou autre pour lui, devroit estre desdopmagié sur la value des bestes et en devroit avoir la petite amende tout premier, si ceulles bestes la valoient; et devroit estre puni le malfectour comme larron de sa seignourie, quar il est pire que larron de destruire les biens sanz prouffit qui doivent faire et porter prouffit. Et en autre temps ne devroit que assise, ou en faire amende de telle condicion comme la personne seroit. Et se ils avoint leurs avairs adirez, ceulx qui les auroient adirez ne feroient que desdopmagier en quelque temps que ce fust, dom ils devraient estre creuz par leurs sermenz, pour ce que l'en ne voulist riens prouver contre eulx de autres chouses.

[279] **En quel temps gienz de basse condicion povent metre lourz fiez en deffens.** — Chescun et chescune povent mettre leurs terres en deffens et les brandonner dès me-fevrier. Pré est tout brandonné de sa nature dès le temps d'ilec juques au temps du guerb à venir. Et le temps de guerb [durant] [1] ne pout par reson nul deffendre, si ne sont ceulx que nous avon dit et divisié; et les terres qui sont en main de seigneur, plus n'y a le seigneur de droiture quel le homme sur ses autres voisins, si ceulx n'y avoient pasturé ou temps de deffens, ou prins ou eu des levées, ou que les terres fussent saisies des levées du temps de par avant que eussent esté bannies ou brandonnées. Et puis que le

1. *Sic JP.* — *A H* de par avant.

temps dou deffens est chaist, chescun et chescune pout leire de l'assise ou dou desdopmage [1], celui qui aura fait la prinse des avairs ou autre pour lui, en quelque lieu que la prinse ait esté faicte, juques ou temps de la Saint Jehan, ou cas que amende n'y auroit. Et en oultre des blez [ne] des prez ne court point de assise fors desdopmage. Et est la cause pour quoy l'assise fut establie pour ce que l'en ne seust pas bien presagier les desdopmages en iceul temps, et non seust l'en des autres deffairs qui ne pourroient pas bien apparestre que ceulx dopmages peussent valoir, et pour ce chiéent les dopmages sur les gaingneries et sur les prez entre le temps de la saint Jehan et le temps de la queste qui povent apparaistre bien que ils doivent valoir.

[280] **Des terres qui ne courent en amende ne en assise ne en desdopmage.** — Et aussi ne courent pas ne ne chiéent en amende, en assise, ne en desdopmage terres coustivables qui ne sont brandonnées, tant que me-avril soit passé, pour ce que l'en ne sceit si ceul à qui les terres sont les voudra metre en labourage ou en guerez d'esté, quar se il les metoit en guerez le prouffit que les avairs y auroient ne lui nuyroit de riens, ainz li feraient les avairs prouffit, quar en ce que les advairs vont par les terres et les hantent, les terres et les labourages qui y sont depuis faiz en vallent mieulz.

[281] **Des chouses qui chiéent en desdopmage sanz amende et sanz assise.** — Nul ne nulle ne pout ne ne doit avoir amende ne assise par coustume, se il ne se pout vanter que il ait eu ou prins, ou autre pour lui, les avairs ou les bestes dont il ait eu gage ou plege, ou que ils [li] aient esté forciez, mès ils povent bien avoir le desdopmage, quar l'en ne pout faire à autre dopmage que l'en ne soit tenu à desdopmagier ou desavoer les bestes ou autres chouses qui araient fait le dopmage, et le endopmagié se pout atachier es dictes chouses.

[282] **De ceulx qui escouent leurs avairs qui sont prins**

1. *G⁴ en marge :* Nota que puix la me-febvrier jucques à la Saint Jehan peut chascun eslire desdommage ou assise.

par parchage. — Nul ne nulle ne doivent escourre leurs avairs ne autres chouses à autre personne puis que il les a prins par parchage, ne forcier le parc sanz mettre plege ou gage de fournir droit du pris que le meffait seroit trouvé. Quar puis que il les a prins par raison de parchage il ne les pout pas tenir pour autre cause, et se il le fait il seroit tenu à faire la amende et desdopmagier en oultre, et pour ce ne doit nul ne nulle forcier le parc ne escourre, et se il le fait, il [le] doit amender de telle condicion comme il est, quar le prenours doit estre creu par son serment par la coustume, ou cas que il ne voudroit traire la prinse à amende du meffait qui seroit fait, et que il la treroit à la fin de l'assise ou desdopmage. Et si le prenours pout prouver l'escousse ou le parc peceyé, il doit avoir la amende de ceul qui auroit fait la mallefaçon en oultre l'assise ou le desdopmage. Et ne doit pas estre oy le coupable à prouver que le prenours ait fait la prinse en autres lieux que en ceulx lieux que le prenours voudra jurer que il les print ou que il les vit yssir à sa veue, pour ce que il soit homme ou famme qui dayent faire serment et que les lieux où la prinse fut faicte deussent estre en deffensse.

[283] **Des gienz de basse condicion qui voulent deffendre lours heritages.** — Homme ou famme de basse condicion, ou cas que leurs terres seraient closes et les voudroient toutes mettre en deffensse, ils ne doivent pas avoir guerb sur leurs autres voisins. Mès ils povent bien clorre une piece ou doux pour leurs menuz avairs pasturer et pour leurs bestes de cherrue, lessant terres suffisantes à guerb où les avairs es autres vaisins puissent pasturer, comme ils voudroient avoir es terres à leurs voisins, quar en cest cas nul ne doit avoir [sur] autre avantage.

[284] **Des bestes qui courent en assise et combien chescune doit.** — Bestes de aumailles [1] [ou] chievres, quant elles sont prinses en nouvel cion de tailleiz ou en nouvel planteiz, et celui

1. *N en marge :* d'aumaille, à haute maille, savoir à corne, qu'est leur maille et leur deffence. — *L'A :* Id est de haute maille, habent deffensionem in capite, comme beufs et vaches (*En réalité aumailles vient de animalia*).

qui a fait la prinse ou son mestre [la] trait à la fin de en avoir l'assise, chescune doit paier douze deniers par l'assise de la premiere année pour chescune foiz, de la seconde six deniers, et de la tierce traiz deniers; et du sourplus des années beste d'aumaille un denier, et la chievre ou le bouc doux deniers. Et auxi doit beste d'aumaille en quelque deffais qu'elle soit trouvée un denier; et si elle est prinse en lande ou en genestey elle doit doux deniers, pour ce que le genestay ne la lande ne aient passez plus de deux anz, pour chescune foiz; les bestes chievres ou bouc, se ils sont trouvez et prins en lande ou en genestey, en haies ou en autres boays, chescune doux deniers; les brebis ou chastriz les quatre autretant comme une beste d'aumaille pour chescune foiz. Nul fonz de l'année ne doit point d'assise, fors desdopmage. La beste chevaline doit doux deniers en quelconques lieu qu'elle soit prinse. Et si elle est enhoudée et prinse en tailleiz, el doit quatre deniers, pour ce que ils despiecent plus o leurs piez que ils ne font o autres chouses. Sur autres bestes ne court assise, fors desdopmage ou amende.

[285] **Des avairs qui sont prins par parchage en fié roturier et ceul qui le prent les voult traire à amende.** — Quant avairs sont prins par parchage en fié roturier, et le prenour en voult avoir amende ou assise, quant les parties ne sont d'un gré, ou aussi celui qui a fait la prinse pout metre terme par la court au seigneur de qui les terres sont tenues, sur les pleges ou sur le gage que il en aura eu, et en oïr jugement de ce que en devra estre, quar il n'en pout estre juge si les parties n'en sont d'un gré; et ou cas que son adverssaire deffaudra, il sera creu du premier adjournement par son serment, et en oultre se pout et doit atachier à ses pleges ou plege et le faire convenir davant son juge tant que il ait ataint sa querelle.

[286] **De ceulx qui clament garant.** — Et puys que la principal personne sera venue pour garantir son plege, et le plege en aura clamé garant, le plege doit estre en pos tant que il soit veu que le principal fera du garantage. Et se il deffaut d'avoir

son garant au prochain terme depuis que il le aura requis, il sera vaincu du garantage; et aussi est il de touz ceulx qui sont deffaillanz et sont adjournez d'avoir leur garant. [Et] ou cas que le principal se sera obligié, si l'en ne trouve par quoy faire execucion, ou si le principal ne a mis assignement par quoy celui qui l'amene à garant en soit au delivre, si l'en ne pout trouver par quoy faire execucion sur les garantours, doit estre la deffense[1] executée sur celui qui l'a amené, et doit estre [constinué] tant que sentence soit deuement donnée, quar se il deffault du garantage, celui qui l'amaine n'a jamès lieu de se garanter, sauf à avoir ses avanz envers ceul qui l'a promis à garanter. Mès si aucune chouse [y avoit] qui touchast crime, comme si la chouse eust esté emblée, ou que justice le retraist[2] sur celui qui en auroit esté trouvé en saisine, et un autre qui cognoestroit que il la li eust baillée et le voulist garanter, adonc seroit le achesonné quicte du meffet, et se devroit prendre la justice o ceul qui seroit venu pour le garanter, tant que il eust trouvé garant ou autre bonne excusacion du meffait. Et aussi devroit faire justice de l'un garant sur l'autre, quar en cest cas pout chescun clamer garant sur autre, quar elle pout estre bailliée de pluseurs, des uns es autres personnes. Celui qui vendroit pour garanter en cause de crime devroit estre personne qui peust ester en jugement, quar se il ne pout ester en jugement l'en ne lesseroit pas pour tant à tenir le prinson, tant que il eust enfourmé justice que il fust sauf du meffet.

[287] **Coment l'en doit delivrer sur bestes qui sont prinses par parchage.** — Si aucun ou aucune trouvoit avairs en ses deffais, et il les enme[ne]ge en parc ou autre pour lui en son ostel ou en l'ostel de celui pour qui il a fait la prinse ou chiés un des autres voisins, et ceul ou ceulle qui vendroit pour les delivrer ne treïsse le mestre ou ceul qui les auroit emparchiées, il pout metre plege ou gage suffisant à ceul ou ceulle qui sera demourant en l'ostel

1. *G G*[1] *J Q T U a b* sentence.
2. *K* retreist. — *C G*[1] l'arrestat. — *D U* le trovast.

et en pourra mener les bestes sanz tortffait. Et si l'en les escouait nul ne s'en doit meller ; ainz doit aler ceul qui les vioult delivrer au seigneur desur les lieux ou à son alloué, ou à son sergeant, et mettre le plege ou le gage ; et le seigneur ou son sergeant sont tenuz à prendre le assignement et à assigner terme es parties et metre les bestes au delivre. Et ne doit nul ne nulle clore son us o fermeure sur les bestes de parc et soy absenter sanz lessier gienz o qui l'en puisse faire delivrance.

[288] **Comment ceulx qui les prennent les doivent emparchier.** — Et aussi ne doit l'en metre beste chevaline soubz point de fermeure que l'en [1] treïsse où la lier, ou sanz faire assavoir à ceul à qui elle est [que l'en la tient en parc] et la nuyt la mettre en sauf, quar elles sont en la garde à celui qui les a prinses et qui les tient en parc tant que ils soient delivrées, si celui à qui sont les bestes ou autre en son nom ne les forcent ; et ce que est en garde de autruy celui qui en a la garde le doit rendre. Et ne doit nul ne nulle mener en parc autruy bestes plus loign que des lieux dont il [manouvre] les terres gaingnables ou de illec environ ; mès ou cas que ils ne auroient reséantise propre en iceulx lieux, ils les pourroient metre chés un des voisins en la seignourie, se il y en avoit, et se il n'y avoit tenours en la seigneurie, chés un des autres voisins, et celui chés qui elles seroient mises seroit tenu à prendre le assignement.

[289] **Des louaiz qui vont à jou par le païs.** — Et entre trois villages pout avoir et aler un louaill à jou et à guerb, pour tant que il soit suffisant assaudre les vaches. Et ne le doit l'en point emparchier es temps que les vaches sont en amours, fors que le chacier et rusier chescun de ses deffais, sanz li meffaire malement. Et le doit avoir le plus noble des lieux [et] qui plus y a de seignourie, pour ce que le plu[illegible] doit avoir le plus des obbeïssances, quar si le maindre les voloit avoir, il y pourroit avoir contempz et l'en doit touz contempz eschiver.

1. *C K add.* : ne.

[290] **De ceulx qui font faux à connins.** — Tout gientil homme ou gientil famme povent faire faux à connins en leurs herbregemenz [1], et ne doit nul les y empeschier, ne y aler ne y chacier contre leur volunté, ou cas que il n'y auroit garenne à autres seignours, et auxi es clos adjoingnanz à ceulx herbregemenz, pour ce que ceulx clos soient à ceul gientil homme ou gientil famme et que le fié soit noble. Et qui feroit du contraire contre les chouses deffendues en ceste matere, selon le cas et l'estat des personnes le devroit amender et desdopmagier sanz cognoessance de cause, ou estre puni selon que il est establi de droit ou de coustume, et pour les raisons et causes qui sont dictes en ceste matere ou povent estre entendues.

[291] **De ceulx qui font coulombiers.** — Nul ne nulle ne doit faire coulombier, se il n'avoit eu anciannement coulombier, ou se il n'est si grant seigneur ou païs que ses couloms se puissent pourvoirs sur li ou sur ses hommes, quar les voisins qui ne tiennent riens de li n'ont que faire de li pourvoirs ses coulomps ne li fournir, quar l'en ne les pout emparchier comme autres bestes. Et pour ce [ceulx] à qui il porteroit prejudice, quant l'en [feroit] le coulumpbier, se pourroient aplegier et oppouser à l'encontre que ils ne le pourroient faire, quar puis que le coulumbier lour a esté souffert par an et par jour nul ne nulle ne s'en pout debatre en maniere que il li daie valoir. Quar quant l'en voit ediffier qui a à se oppouser se doit oppouser, quar se ils lessaient ediffier sanz se y oppouser à l'encontre, et se y opposasent depuis, quant les ediffices seraient faictes, et ils voulissent faire abatre les ediffices, il sembleroit que ils procedassent de malice. Et pour ce qui se opposeroit depuis que il auroit veu et souffert à faire les ediffices, devroit desdopmagier en tant comme il auroit veu et lessié fere les ediffices par avant son opposition; et auxi devroit estre de touz autres ediffices, si les ediffices estoient ostées ou abatues.

1. *J en marge* : In consuetudine ducatus andegavensis dicitur que homme noble qui tient son fié en foy et hommage est fondé de droit naturel et commun d'avoir busson deffendable à connins et... fort au vol de son chapon.

[292] **De ceulx qui tendent es coulons de coulumbier.** — Nul ne nulle ne doit tendre à coulomps de coulumbier o file, ne o glu, ne o cordes, ne o laczons ; et non doit l'en à autres oaysiaux ne bestes en empeschant le droit d'autruy, si ne sont ceulx ou coulles qui le doivent faire.

[293] **Es quelles gienz l'en doit obeïr.** — Tant comme homme est plus digne, sage, resonnable, et sceit plus de bien et de honeur, et plus en vault ; et li doivent touz autres porter honeur et reverence, comme au Roy, au Duc, comtes et autres princes ; et comme es gienz de saint Yglise, evesques, abbez, [arcediacres], déans, et autres qui sont constituz en autres dignetez ; et comme es chappelains qui sacrent le saint corps Ihucrist en sainte yglise ; et comme à barons, chevaliers et autres gientilz hommes qui ont les chevaulx et les harnois par quoy ils pourroient aider au païs contre les annemís qui le vouldroient guerreier et qui le sauroient ou pourroient faire ; et comme es sages qui ensseignent les bons ensseignemenz par quoy la foy est gardée ; et à ceulx qui metent la paiz entre gienz [ou] païs, et ostent les contempz et les trebuz et les meschiefs qui pourroient avenir ; et auxi à ceulx qui ont les chiens et les engins à prendre les mauveses bestes et la faramine, et qui les prannent, qui destruent les avairs et les nourretures que les bonnes gienz nourrissent pour le commun proufit, quar pour néant a l'en labouré ne gaingnié à reson un champ de blé, se il n'est bien tretié ; et aussi d'un cheval ou d'autres chouses, pour les lessier perdre et maingier es loux ou à autres mauveses bestes, quar l'en dit par prouverbe : *Pour néant faine qui ne maine* [1]. Et auxi doit l'en à chescun et à chescune selon son estat [2], comme à ceulx qui gaingnent et labourent les terres et à ceulx qui gardent les biens et qui les gaingnent et qui les mouteplient ; et à ceulx qui tiennent les mesons où les povres et les riches sont herbregiez et soustenuz, et es autres gienz de quelconques mestier que ils

1. *J* seme qui ne quieult.
2. *D Q R add.* : obeïr. — *J* honeur.

usegent pour [le] commun prouffit, chescun selon que il est et son estat le requiert. Et pour ce dimes nous que chescun et chescune en doit et est tenu à en souffrir et à leur aider à leur besoign par tout et en toutes choses à touz et chescun des davant diz, comme ils sont et plus nobles et plus dignes plus que autres qui ne valent ni ne scevent [1], quar nul ne les doit soustenir en lours mauvès mestiers ne en leurs nycetez, et espicialment ceulx et ceulles qui usent de hoqueler les bons et les léaulx gienz, comme les larrons, mutriers, engignours de contempz, et comme garçaille, rubaudaille, truandaille, mauvès contratours, pareçoux et autres mauveses gienz. Et si justice les pout sourprendre d'aucuns de leurs meffaiz, elle ne les doit point espargnier ne faire remede de justice, mès les punir comme rigour de coustume ou de droit le requiert, pour donner exemple es autres que nul ne soit foul ne mauvès. Et ne doit justice ne nul autre mettre lours faiz, lours diz ne lours paroles au pris de ceulles personnes ne autres gastours de biens ou de leur bonne renommée, ne les tenir de value entre bonnes persones et de bon renom, ne lour en faire dopmage pour riens que ils digent ne que ils facent, quar en telle houre pout l'en faire dopmage à aucune personne que son estat en chiet à touz jours mès, et que le païs en est plus feible. Et pousé que aucunes bonnes personnes, comme de ceulx que nous avon dit qui valent et povent valoir, feissent aucunes mesprinsons, ne lour devroit pas justice faire rigour, ne autres qui ont justice à gouverner, ne autres qui le pourroient faire; ainczois y devroit justice metre remede et lour monstrer courtoisement lours fautes, quar il n'est nul si digne, pour ce que il ait eu affaire [2], qui ne se soit aucuneffoiz mesprins, excepté ou cas que les chouses ne seroient fait notaire ou commune renommée en fait criminel [3].

[294] **Dou pouair es justiciers.** — Nous devon touz et toutes

1. *K* servent.
2. *C add.* : o le monde.
3. *V add.* : et dont il devroit souffrir mort publique.

croire en Diex, et le servir, et le honourer, et le creindre, et le amer, et obeïr es comandemenz de sainte Yglise selon que nostre Seigneur et ses apoustres le ont establi [1] et les autres. Et voulut nostre Seigneur que justice fust divisée par deux manieres de justice, c'est assavoir par les braz seculiers et par les braz de sainte Yglise, et commanda que chescun eust poair, et ordena à chescun son poair, dont nous avon escript de chescun en aucunes chouses, et pour ce que nous ne povon pas tout escripre, voulut il entre les autres chouses que toute justice de Yglise eust remede et misericorde à qui la lui requiert [2], et que ils fussent absouls leur donnant penitance que ils peussent faire sanz perill de corps, et que ils fussent garantez en tant comme ils pourroient estre garantez et devroient de touz autres perilz [3]. Et voulut et commanda que la justice seculiere eust les armes et que elle [4] justiçast de rigour et punist les meffezanz comme il est dit aillours de corps, de terre et de toutes autres chouses moubles et inmoubles, de là où execucion devroit estre faite, et que l'en le feist resonnablement [5] et rigourousement par la justice seculiere. Et pour ce ne doit nulle justice estre enviouse sur l'autre, ne nul seculier troubler la justice de sainte Yglise, ou cas qu'elle doit appartenir à l'Iglise. Ils y doivent touz obbeïr, quar touz crestians sont premier portez à sainte yglise puis que ils sont partiz des ventres lours meres [6], et touz y deivent faire leur demourance après la mort se ils ne la perdent par leurs mauvestiez. Et tout aussi dimes nous que justice de sainte Yglise ne doit se entremetre des chouses qui appartiennent à la court

1. *Sic A E H.* — *I* et les sainz et apostres l'aont commandé et establi. — *M* et ses apostres et les autres ont establi.

2. *B G*[3] *L O* requeist.

3. *L'A* : Notandum quod privilegium majori ecclesie habet locum in circuitu ejusdem per quadraginta passus. Et passus est mensura quinque pedum, et pes est mensura quindecim digitorum... In ecclesia autem minore sive capella habent in circuitu xxx passus. Ita tenet Angelus de Arena, in tractatu maleficiorum...

4. *AH* les autres et que elle les.

5. *E G G*[4] *I J K L M N O P Q R supprimment* resonnablement et.

6. *E* du ventre lour mere.

seculiere, qui ne seraient establies de droit à sainte Yglise, ne y empeschier la court seculiere, quar nous n'entendon pas que la justice seculiere troublege la court de l'Iglise en ce qu'elle garde les droiz qui li doivent appartenir, quar ce nous est-il ensseigné [que] nostre Seigneur dist de sa bouche et trouvé est il en l'evangille [de sa passion] que il dist que l'en rendist à Cesar, qui estoit roy seculier, son devoir et à Dieu le sien droit. Et pour ce est il entendu que nous devon obeïr à chescune de doux justices selon son justicement, quar notre Seigneur voulit et octroia que les juges de sainte Yglise procedassent par semonsses, par inhibicions et par monicions; et ou cas que les gienz seraient desobeïssanz voulit et ottria saint Pere [1] le apostre, à qui notre Seigneur en bailla le poair en terre, et es apostres qui après lui ont esté, que les desobeïssanz fussent excommuniez, et que les sainz sacremenz leur fussent devéez et entrediz juques à tant que ils fussent venuz à amendement à sainte Yglise; et ou cas que ils requerroient merci et misericorde, que misericorde leur fust ottriée et faite et que ils fussent absouls; quar si un larron, ou un mutrier, ou une autre mauvese personne, quelle que elle fust, homme ou famme, pouaint venir à garant à sainte Yglise, tant comme ils seraient en la terre benoiste, ils seraient asseur du fait vers la justice seculiere, et le devroit estre se il n'avoit meffait à sainte Yglise; et ou cas que il auroit meffait à sainte Yglise, ne devroit il pas estre saulvé.

[295] **Coment enterinance ou execucion doit estre faicte.** — Quant homme ou famme sont condampnez par court seculiere de corps ou de terre, ou d'autres chouses, la justice qui a fait la condampnacion doit faire la enterinance par le ou par ses subgiez ou par ceul qui le doit faire, selon que il est acoustumé à estre fait ou terrouer, quar nul n'est tenu à faire enterinance en autres fez sanz le requerre, si ce n'est des chouses dont il est

1. *Forme ancienne de Pierre : Saint Père en Retz ; La juste Saint Père.*

dit aillours, et faire la enterinance selon la vertu et la merite de la cause, si l'en trouve de quoy en sa justice. Et se ils sont desobeïssanz, il doit aller si fort que il ne soit forcié et par quoy son jugié soit et puisse estre enteriné, ou ceul à qui il est commis ou commandé ou qui le doit faire, quar comme il est dit aillours nul ne doit estre en deffaut de faire justice. Et se il ne [le] trouve en sa justice, il doit, si partie le requiert, le supplier à ceul qui en auroit poair en aide de droit et li retrayre la cause, quar se il ne doit estre son juge en la condampnacion du jugié, l'autre seigneur ne doit pas obeïr à qui il seroit supplié; et ou cas que il devroit estre son juge en la condampnacion, ceulle justice à qui il seroit supplié y devroit obbeïr et faire la enterinance, ou cas que partie ne se oppouseroit à l'encontre. Et le doit l'une justice faire à l'autre, ou cas que il sera supplié en aide de droit, adfin que justice puisse estre gardée et faite contre les coupables.

[296] **Les quelles chouses doivent estre premier executées.** — Execucion doit estre faite premier sur les chouses que l'en a jugiées, se ils sont trouvées. Et ou cas que ce sera en quantité de meuble ou de terre ou d'autre chouse inmouble non divisié, comme de cent libres ou de diz libres de rente, ou autres chouses, ceul qui vait pour la justice doit requerre ceul sur qui le jugié doit estre executé, se il le trouve, ou ceul qui auroit poair de li; et la requeste faicte, se il est en reffus ou abssent, et les executours ne trouvegent à qui faire la requeste, il doit faire la execucion prestement et sanz delay selon que nous divison en après. Et quant il convient que execucion soit faicte par vertu de jugié contre aucun debtour pour quantité de mouble, la execucion doit estre faicte premier sur les moubles à celui debtour [1], et ne doit l'en prendre nulles bestes de cherrue [2],

1. *L'A* : Facit textus in L. A divo Pio, FF. De re judic., § In venditione.

2. *L'A* : Ad hoc authenticum agricultorum que res pignori obligari possunt. Nec potest aliquis pro debito capi donec laboret agrum, alias incurrit infamiam ipso jure et mulctatur, ut ubi textus.

tant comme l'en treïsse autres moubles mouvables à celui debtour, pour ce que les labourages des terres ne demouregent à faire, espiciaument au temps du labourage, quar les labourages sont faiz pour le prouffit commun. Et non doit l'en sur lours draps que ils vestent chescun jour, ne sur le lit où ils gisent, ne sur leur pain en paste ne cuit pour nulle obligacion, quar ils ne pourroient vivre sanz iceulles choses, et l'en ne doit à nul oster sa vie, se il ne l'a desservi par sa mauvestié, et nul ne la pout obligier, ne confession que il en face ne li doit nuyre [1], se il n'est accusé par autre que par lui. Quar aussi advient-il [de] [2] homme ou [de] [2] famme, quant le deable se met en eulx et se occient à leur escient, et puis doivent ils estre panduz et trainez comme mutriers, et ont perduz leurs meubles à leurs hoirs et sont à la justice, trouvant que ils se saient occis à leur escient [3], dom justice doit faire enqueste bien et diligeaument se ils se sont occis ou autre i. 'our a fait. Et auxi ne doit l'en faire execucion, prendre ne arrester le cheval à gientil homme ne à nul autre homme de estat, qui est pour son propre corps à chevauchier, si son corps n'avoit desservi à estre arresté pour forffait, ou pour jugié, ou pour obligacion où il seroit tenu, quar qui arresteroit son cheval, il ne auroit sur quoy s'en aler, et ainssi il seroit arresté; et pour ce ne le doit l'en prendre ne arrester, tant comme il ait moubles ne inmoubles, se il ne le baille et livre de sa bonne volenté.

[297] **Coment execucion doit estre faicte sur heritage ou sur les chouses annexiées à le heritage.** — Et quant l'en ne trouve

1. *L'A* : Utrum per solam confessionem aliquis potest ad mortem condemnari. Joannes de Imola, in L. Si is cum quo, FF. De confessis, tenet quod non, per istam rationem quod quis non est dominus suorum membrorum L. liber homo, FF. Ad legem Aquiliam. Vide tamen textum determinantem contrarium in L. Qui sententiam, Cod., De penis; et hoc quando constat de delicto.

2. *Sic E.* — *A H* quant. — *B D G I O Q R* que.

3. *L'A* : Nota qui mortem sibi conscivit ipso facto judicatus esse videtur. Bartolus in L. II, Cod., qui testam. facere possunt, nisi in dolorem alicujus infirmitatis, puta furiositatis, ut in L. I, FF. De bonis eorum qui mortem sibi consciverunt.

moubles mouvables l'en doit bannir sur les inmoubles, et les bannies faictes comme dit est ou Titre *Des apropriemenz*, l'en les doit presagier par bonnes gienz [jurez] comme il est dit aillours [1]. Et doit le debtour estre appellé à monstrer ses pieces et à dire sur les presageours se il sceit que il y ait à dire; et doit l'en faire somme de la debte, des bans, des ventes, et des presageours, et du salaire au sergeant. Et se il y a gaingneries qui ne saient pas en grain, l'en doit regarder que pout valoir la semence, le cherruage et les autres chouses et coustages qui ont esté faiz et mis environ ceulx labourages et doivent se presagier à part par meuble. Et ou cas que les gaingneries seraie[illegible] en grain, l'en devroit voirs que ils vaudroint par la quie[illegible] et que ils pourroient valloir que en grain que en autres chouses, abastuz les coustages que ils auroient coustez à mettre à prouffit et à bien, et baidre au créancier au pris de sa debte, ou cas que il n'y auroit autre debat, sauf à avoir reveue à qui elle appartendroit, de un cousté et d'autre, à qui la demanderoit à la avoir, à ses despens comme il apparten-droit de raison. Les autres chouses qui seroient annexiées à le heritage qui ne pourroient estre desplaciées à prouffit devroient estre presagiées o la terre, comme ils se pours-siéent [2] gastes et vestues, à douze anz quictes, rabatuz rentes et serviges et touz autres trehuages, et baidre au créancier pour sa debte. Et si le créancier demandoit autres coustages, dopmages ou despens sur le debtour, le debtour y devroit estre appellé par adjournement à les voirs esclardir ou baidre ses peremptoaires, se il en avoit à baidre.

[298] **Coment les doaires et les bienffaiz doivent estre executez.** — Et si les terres estoient en doaires ou en bienffaiz ou que autres les tensissent [comme] viage, ils devroient estre

1. *L'A* : Il a esté jugé à Rennes que en vertu de la bannie en une juridicion faite, l'en ne peult avenanter en l'autre juridicion. Facit cap. VII [6] que l'une juridicion ne tient rien de l'autre.

2. *EMORT* poursevraient.

baillées à [me]-pris, c'est entendu à six anz quictes; et la proprieté qui est entendue après le viage du bienffectour, ou de la doairiere, ou d'autre viage, aussi à me-pris seroit bailliée.

[299] **Coment l'en doit executer sur engages.** — Et si heritages estoient en gage[1] juques à certoin temps, l'en doit regarder combien de temps il y auroit à venir, et seroit rabatu la moitié selon le pris que ils seraient presagiez que ils devroient valoir le temps de l'engage, pour ce que l'en use quant l'en baille terres en gage, l'en les baille à me-acquit. Et convendroit que le créancier à qui l'en baidroit les heritages attendist les levées par années, quar qui li feroit le rabat du tout ce seroit faire prejudice au debtour. Quar aussi devroit l'en faire sur les heritages que le debtour tendroit par engage la execucion au créancier, et ne seroit tenu le créancier, si ce n'ert de sa volunté, en plus les prendre, pour ce que le sien li est deu en present, et il est mestier à chescun que le sien li vauge et li porge prouffit. Et a l'en usié ou temps passé, puis que engage passe neuf anz, que ventes en yssent au seigneur. Et[2] aussi yssent ventes à seigneur quant bienffait ou doaire ou un viage sont venduz, qui doivent estre presaigiez à six anz quictes, et aussi ceulx viages desaproprient la vie de homme ou de famme. Et pousé que l'engage fust à plus de douze anz, ou de quinze ou de diz et huit anz, [lors] devroit estre presagiée la proprieté [comme] viage, quar la proprieté vaut plus que un engage de vingt anz; et aussi l'engage, puis que il n'enporteroit proprieté, combien que il durast, ne devroit estre presagié que un viage.

[300] **Quant terres ou autres chouses moubles sont executez**

1. *L'A* : Combien que ung engaige soit à moins de neuf ans, touttefois si dedens le temps du racquit et pour le faire ung aultre y a esté surrogé, quel prolongue ledit temps du racquit, et ledit prolonguement n'est que ung temps, L. Sed si manente, FF. Que res pignori obligari possunt, ainsi il y a ventes. Facit cap. CCXLVI.

2. *Quelques manuscrits et les incunables font de ceci un chapitre distinct, sous le titre :* Comment douaires, viages et bienfaiz doivent estre prisaigez.

coment l'en doit executer sur les debtours à celui debtour. — Et quant moubles mouvables et les terres et autres chouses sont executez, l'en doit executer sur les debtours à celui debtour les debtes à celui debtour, appellez ceulx qui sont à appeller, quar se il y avoit jugié il seroit executé deument comme il est dit aillours; et se il n'y avoit jugié, ou confession, ou obligacion de court, l'en devroit aler par vaie de faire arrester la debte juques au pris de la [demande] et faire adjourner celui debtour davant celui qui le pourroit et devroit justicier, et enfourmer de sa debte, et faire fin porter du debtour [1] comme [il] appartendroit, quar il suffiroit le requerre ou cas que ceul debtour ne li metroit autre debat. Et l'informacion faicte et le fin porter du debtour, ce que seroit trouvé et apuré devroit estre executé comme execucion doit estre faicte, et tout aussi debtour [2] sur autre debtour [3].

[301] **Coment execucion doit estre faicte sur la meson au debtour.** — Et quant l'en ne trouve moubles ne inmoubles ne autres biens, fors que la meson au debtour où il a demourance, si pout l'en faire execucion sur ceulle meson et doit estre bannie et presagiée comme les autres heritages et les ventes paiées.

[302] **Coment l'executour doit baidre au créancier ceul au debtour.** — Et quant execucion est requise à justice [4], ceul qui vait pour la justice doit baidre les moubles et inmoubles au debtour à garder au créancier o jugement juques au pris de sa

1. *L'A* : Nota que en arrest il y a finport, ut hic.
2. *O* et aussi tout debtour. — *M* et tout aussi le debtour.
3. *L'A* : Nota modum executionis. Prior reus est excutiendus, secundo ejus fidejussor, tertio extraneus possidens res fidejussoris, ut in authentica Hoc si debitor possideat, Cod. lib. viii, tit. xiv, De pignoribus et hypoth. — Item executio primo debet fieri in mobilibus et moventibus, et debent illa primo quæ minus nocerent debitori, ut tenet ibi glossa, et idem immobilibus secundum Bartolum... Secundo in immobilibus, et ultimo perveniturad nomina. Et standum est relationi clientis asserentis mobilia non invenisse. Et an opus sit ad declarandum executionem esse sufficienter factam, Bartholus in dicta lege 15, A divo pio, § In venditione, declarat.
4. *L'A* : Selon la practique le sergent est creu de l'intimacion de la vente des biens seulement et non de la vente, qui se fait publicquement.

debte, et pour les maulx, les despens et les dopmages, soubz la main de la justice, et les doit jugier à vendre et à estre venduz à l'oetiesme jour, si plus n'y a, pour ce que ce ne saient bestes qui ne doivent estre plus de huit jourz gardées, se il n'y a debat, après que elles sont prinses, ou les presagier comme le presage doit estre faict; et le doit le créancier faire assavoir à son debtour, et li mettre terme en avant, si ceul ne avoait que le sien fust explectié comme gages touz jugiez à vendre, ou que ce fust pour les debvoirs au seigneur, quar en cest cas ne seroit nul mestier de les jugier.

[303] **Coment ils doivent estre gardez après que ils sont explectiez.** — Et puys que les gages sont explectiez, si doivent ils estre gardez par huit jourz après l'expletement à desgage, espiciaument ceulx gages qui ne seraient venduz pour devoirs à seigneur. Et est de usage que les chouses qui sont explectiées, quant ceulles sont soubz le numbre de vingt soulz, ou cas que le vendour ou autre pour lui ne recepvra [1] ses gages ou ne fera gré vers le créancier ou vers celui qui auroit cause de lui ou jour de l'explectement, se il les voulst avoir depuis, il paiera un denier en nom de paine pour chescun soult juques au nombre de vingt soulz, et au sourplus de vingt soulz douze deniers en nom de paine pour chescuns vingt solz, et les coustages que ils cousteraient à garder ou les despens que ceulx gages despendroient, comme chevaulx et autres bestes, les quelx coustages ou despens seraient renduz au regart de justice, o le conseil des proudes gienz, ou cas que les parties ne seraient d'un gré. Et si le debtour lessoit passer les huit jourz en oultre ce que les gages seraient explectiez, le debtour les perdroit si celui qui auroit eu par explectement les gages ne li fesoit graice. Et est tenu celui qui fait vendre les gages le faire assavoir au debtour ou à ceul qui represente sa personne que ils seraient venduz et combien et à qui, afin que le debtour ou autre pour lui les peust

1. *D G' J K M O T* retrera.

desgagier. Et sont tenuz ceulx qui vont pour la justice et le créancier, ou ceul qui vait pour li, les vendre le plus prouffitablement que ils pourront estre venduz, et en aura le debtour le serment se il voit que ils ne saient venduz suffisaument, se il le requiert; et se ils estoient venduz fraudolousement, et il le voulist prouver, il y devroit estre oy. Quar si ce sont gages qui puissent estre portez ou menez à prouffit, l'en les doit mener en lieux où l'en les puisse vendre prouffitablement, comme à la paroesse au jour du [dimanche] à l'exue de la messe, ou [1] à la mestre ville de la chastelenie, si le créancier ne les vouloit prendre par presage de bonnes genz, ou que le créancier et le debtour fussent d'un gré du pris des chouses. Et si ce estoient chouses que l'en ne peust desplacier à prouffit, si devroient le sergeant et le créancier mener des gienz à qui ceulles chouses auroient mestier et les vendre, se ils poaint trouver à qui les vendre, juques au pris de la debte et du salaire au sergeant et pour les autres coustages qui seraient eclardiz, et n'en vendre plus, si ce n'estaient ceulles chouses qui ne peussent estre departies, comme une beste ou autres telles chouses. Et se ils eraint vendues et ils valissent plus que il n'en seroit deu ou que il en devroit tourner au créancier et à justice, la justice et le créancier seraient tenuz à rendre le sourplus de ce que les chouses seraient vendues et qui ne seroit deu rendre [2] au debtour. Et non obstant presage ou autre espletement, si les chouses estoient à autres personnes qui seraient ainssi esplettiés sur le debtour, il ne lour devroit pas porter prejudice; ne aussi longue tenue ne le devroit deffendre ou cas que il n'y auroit autre titre, et les devroit avoir celui à qui ils seraient à son deresne, si le debtour sur qui seraient prisées [3] les chouses, pour ce que il fust personne resonnable [4] de desdopmagier le vendour

1. *J M add.* : au jour du marchié.
2. *D G¹ J L P Q S U suppriment ce second* rendre.
3. *B C D E G G¹ I J K L M N P Q R S T U* prinses.
4. *Sic A E G G¹ H Q R. — B C D I J K L M N P T U* solvable.

et le créancier et le achatour, se il confessoit que ils feussent à ceul qui les voudroit faire assoues, pour ce que il fust personne resonnable et qui peust et deust faire serment. Et en autres cas il devroit enfourmer par autres, et l'infourmacion faicte comme dit est il devroit avoir le suen, sauf au créancier à se faire desdopmagier sur le debtour, et le achatour sur le créancier, quar le achatour devroit requerre le vendour sanz autre plet en faire, quar si plet s'en fesoit sanz le commandement du vendour ou de celui qui le devroit garantir, celui qui le devroit garantir ne seroit pas tenu à desdopmagier, si ce n'ert depuis la requeste faite. Et pour ce ne doit nul pledeier ne metre autre debat de là où il pout et doit avoir garant, fors clamer garant et puis son garant requerre, si ce n'est envers ceul garant, quar aussi doit requerre le créancier le debtour de li garantir ce que a esté explectié sur le debtour, [quant] l'en le debat [1] au créancier, ou cas que le debtour n'a assez fait du garantage, quar le garantage du moublage n'a pas deffensse par tenue comme de heritage.

[304] **Coment presage doit estre fait.** — Nul presage ne suffist se il n'y a trois hommes non souppez et qui saient jurez à faire bon et léal presage, soit sur moubles ou sur heritages. Et si le heritage est noble et de foy, [et] [2] que ceul sur qui le presage soit fait [soit] gientil homme ou gientil famme, si doit estre fait le presage par gientils hommes ou cas que les parties ne seraient d'un gré; et si ceulx gientilz hommes qui seraient eleuz à faire le presage ne fussent savanz des pieces presagier, si lour devroit l'en baidre des [3] savanz du païs non suspez [à] les consseillier bien et loialment à leur poair, qui doivent estre jurez o les gientils hommes qui seraient presageours; et se doivent ceulx presageours consseillier et enquerre o ceulx qui leur sont baillez à eulx se consseillier combien les terres pourroient

1. *M* qui ne nye le debat.
2. *Sic D G Ua.* — *B G*[1] *P* ou. — *Manque dans A H.*
3. *M P T* trois.

couster à se labourer, et combien ils pourroient rendre, et combien il leur estuet avoir de sejour, et quelles levées y craissent, et combien ils povent valloir. Et les gientils hommes qui doivent savoir les coustumes et les droiz doivent aforer le gast et le vestu l'un à l'autre, et abatre les coustages, et regarder quelx blez y craissent, et coment ils sont aforez ou païs par assiete selon la mesure, et abatre les trehuages, se il en y a, et les rentes qui en seront deues, et baidre au créancier ce que la terre vaudra en oultre les chouses rabatues au pris de sa debte pour bans, ventes, salaires de court et de presageours, c'est assavoir à douze anz quicte. Si la assiete est faicte sur [certains] tenours, si doit l'en regarder les rentes et les trehuages que les tenours doivent, et les assairs selon que l'en a acoustumé ou païs, à douze anz quicte, pour ce que le fié le vauge. Et auxi de chescuns vingt soulz de rente que le fié vaudra es tenours, en oultre les rentes et les devoirs deuz au seigneur pour les obbeïssances, douze deniers de rente. Et si le presage est fait et il y ait jouvaignours, le fié que les jouvaignours auroient que ils tendraient par parage, l'en devroit presagier chescuns vingt soulz que ceulx y araient six deniers de rente ; et dou sourjouvaignour son jouvaignour [1] trois deniers de rente de chescuns vingt soulz [que ceul tiers jouvaignour] y auroit. Execucion pour servige à seignour pout estre faite plus prestement et plus rigorousement que autre execucion, quar le seignour ou son sergeant pout prendre et vendre de ore à ja, tant que les chouses soient deuement explectiées, et que ce soit pour cause dom le seigneur ait eu saisine ou autre pour lui de qui il representege la personne, comme pour les rentes du fié où la prinse seroit faicte ou que y est obligié, dont le seigneur du fié a eu saisine d'avoir la rente ou autres [2] comme dit est, ou de y prendre en nombre de trais anz prochains de la prinse, pour ce que le fié soit trové vestu et saisi, et que il n'y ait

1. Son jouvaignour *manque dans* G^1 *K R U.*
2. *C add.* : pour lui.

escousse faicte ne brandon peceyé ; quar si le homme est exempt par le temps qui dit est par coustume, il convendroit aler par vaie d'ajournement et aprouver son accion contre lui. Et auxi pout le seigneur ou son sergeant executer pour ses amendes jugiées ou gagiées ou greyées, pour ses ventes ou pour ses autres devoirs de fié noble de l'année presente, et des obligacions par reson des dites chouses ainsi faites pout la execucion estre faicte.

[305] **Des quelles chouses doit sergent à seignour avoir salaire et des quelles non.** — Nul sergent à seignour pour execucion que il face [à son seigneur] ne doit avoir salaire, quar il ne fait en ceul cas que representer la personne du seigneur, et le seigneur qui a la justice se pout mieulz faire paier que nul autre, quar ses rentes doivent estre premier paiées avant toutes autres debtes et autres chouses. Et en après devroient estre paiées les rentes qui seraient deues es suserains seignours de ceulx fiez, et après les rentes qui seraient deues de sourcens. Et de ceulx devoirs et de touz enterinances que sergeant fait à requeste de partie à autre personne que à son seigneur, le sergeant en pout avoir suffisant salaire selon sa paine et son travaill et selon que il est acoustumé ou païs et ou terrouer, ou cas que les sergeanz ne seraient tenuz à le faire sanz avoir salaire, comme aucuns sergeanz qui sont féez et le doivent faire par vertu et par raison de leur féage, ou pour autre cas.

[306] **Les quelles obligacions doivent estre les premieres executées et paiées.** — Les autres obligacions et jugiez doivent estre executez et paiez chescun selon la obligacion ou jugié qui fust du premier temps [1], quar le premier temps doit estre le premier executé et paié. Et pousé que il y ait aucuns qui aient lettres, obligacion ou jugié, et autres n'en aient riens, enffour-

1. *L'A* : Selon l'usement de la Court de Rennes l'on peult aler à l'execucion des choses dont l'on a esté en possession es cinq ans derroins, mais il fault alleguer l'usement. Clarum est que les ventes et lodes ne chéent point en action, ainçois en execution. Et le seigneur peult executer en son fief sans aultre moyen pour ses ventes par son sergent aiant devers luy le contrat de l'acquest.

mant du premier temps de l'obligacion ou contrat par tesmoignz ou autrement, ils doivent estre les premiers paiez et executez, pour ce que quant aucun recept riens de l'autruy le suen li est obligié, pour ce que de la recepte il en entenge à faire rettour. Et aussi quant il se oblige pour autre, ou il est jugié ou condampné à rendre aucune chouse [à] autre, ou il a fait le meffait dom il daye estre tenu. Et pour ce s'en doit chescun enquerre quant il volt negocier ou contrater o autres, et se garder de le faire folement ou nycement et dom il ne puisse avoir retour, quar de raison nul ne pout obligier le droit d'autruy sanz cause certaine ou sanz son assentement. Et pour ce o les autres resons doivent estre les enterinances gardées après le explettement soubz main de justice huit jourz et huit nuiz, quar ceulx à qui ils seraient, si à autres estoient, les pourroient faire arrester, ou ceul à qui le debtour seroit premier obligié comme dit est, et la premiere obligacion devroit estre la premiere executée comme il est dit non obstant le explectement, et pour ce que ils les puissent trouver à arester dedanz les huit jours ou avant le desplacement. Et si le sergeant les lessoit desplacier par avant les ottobes, les créanciers araient retour sur le sergeant, ou cas que ils ne trouveraient sur le debtour à eulx revengier, si le sergeant ne trouvoit raison peremptoaire contre eulx ou autres raisons par quoy il n'y fust pas tenu.

[307] **Des chouses qui sont obligiées par espicialté.** — Et les chouses qui sont obligiées par espicialté doivent estre plus fortes que ceulles qui sont obligiées en generalté, comme une ferme qui seroit faicte de desmes, de moulins ou d'autres chouses semblables [1], quant le baillours les baille et dit au prenours : *Tu serreras telles chouses et les traicteras à bien si tu pouz, et m'en feras telle somme, et pour ce en [2] toutes les autres*

1. *L'A* : Fermes precedent toutes autres obligations, ut hic notatur des obligations qui preferent les autres. Nota hic et L. Interdum, FF. Qui pot. in pignore, et combien qu'ilz soient les derroines, toutesfoys ilz vont premier en ordre.
2. *J* entre.

chouses[1] *me remengent obligiées*[2], *et si fez*[3] *tu et le tuen obligiez juques au pris de ma somme, et en veill avoir autre plege ou tenu de fournir le gré,* et les parties soient d'un gré de ce tenir et les assignemenz faiz et donnez. Et non obstant que le prenours ait donné bon assignement au baillours, nul autre debtour n'a que prendre sur ceulles fermes tant que la somme soit paiée à plain au créancier.

[308] **Des chouses qui sont prinses à faire par aventure.** — Quant un charretier veit querre un tonnel de vin[4] ou autres chouses à aventure, ou quant aucun prent à labourer ou à semer aucunes terres, et les chouses sont venues par le prouffit de ceulx et traictiées à bien, ceulx vesturiers ou les autres qui aront fait le prouffit dom les chouses sont trettiées et ainssi venues à bien, se povent faire paier sur ceulles chouses non obstant nulles autres debtes, et n'y doit nul avoir ne riens prendre tant que ils saient paiez. Quar les chouses naturelment leur sont obligiées, et qui leur voudroit faire du contraire les chouses [demoureroient à] estre traitiées à bien, et nul ne doit destourber le bien à faire, quar si le bien n'ert fait, auxi ne trouveraient ils sur ceulles chouses où eulx faire paier.

[309] **Des execucions sur les avairs qui sont à crays.** — Ceulx qui baillent leurs avairs à crays à autres ou à mestairie nul autre pour le [fait] du prenour n'y doit riens prendre, fors le seignour ou seignours en tant comme ils ont pasturé, ou ou levé des fruz des terres dont les rentes sont deues, fors en tant comme ceul prenours prendroit sur ceulx avairs. Et pout le créancier, selon le usement dom l'en use, faire assiener les avairs ou sur le prenours ou sur le baillours qui li seront obligiez, non obstant que la prinse fust faicte de nouvel, [sauf] à l'une partie ou à l'autre à se faire desdopmagier sur celui pour qui le

1. *Sic A G H.* — *B C D E G*[1] *I J K L M O Q R T U* en toutes autres aventures. — *P S* en toutes aventures.
2. *G*[1] ne demourras obligé.
3. *M* et si seras.
4. *I add.* : en Anjou.

fait [seroit fait], quar il doit estre desdopmagié si l'en trouve de quoy sur l'autre partie, pour ce que il est de usage que le avair qui est baillié à crays ou à mestairie, se il n'y a autre gré ou condicions entre les parties, doit estre gardé trais anz continuez par avant que l'un ne l'autre puisse assiener, se ils ne estoient d'un gré de le faire autrement.

[310] **Coment quant homme a obligié son corps à tenir prinson, il doit estre arresté.** — Et quand il advient que aucune personne a obligié son corps à aucune autre personne pour certaine debte à tenir prinson, celui à qui il est obligié ou autre qui ait poair de lui pout requerre ceul qui fut obligié que il tienge prinson. Et ou cas que il ne la tendra puis que il aura esté requis, le créancier ou ceul qui aura poair de lui le pout faire arrester par le seigneur ou par son sergeant ou par autre qui pouair y auroit en la ville [et lui devéer] que il ne s'en auge sanz congié du créancier ou de ceul qui poair y aura, ne que il ne passege les bonnes de la ville où il est aresté selon que ils sont divisées, ou que il aut tenir prinson selon que il est obligié. Et ou cas que il ne tendroit sa prinson, il devroit estre mis en prinson [fermée] et tenu tant que il eust la debte et la amende paiée, ou fait gré vers justice et vers partie, si ceul debtour a de quoy, quar l'en dit que le Roy pert son droit là où il ne trouve que prendre, et auxi touz autres [1].

[311] **En quel lieu suffist arrest qui ne requiert prinson fermée.** — Nul arrest qui ne requiert prinson fermée ne suffist se il n'est fait en ville où il ait denrrées à vendre, espiciaument pain et vin, par quoy le prinsonnier en puisse avoir o deniers ou o gages. Et ou cas que le prinsonnier ne aroit riens ne de quoy il peust vivre, ceul qui le feroit arester li devroit faire ses despens au regart de justice, ou le prinsonnier ne doit pas estre

1. *D P a add.* Et ne li peut le créancier changer son hostaige ou sa prinson fors là où il la luy a devisée à premier; et s'il advient qu'il donge une foiz congié de son hostaige, il n'a jamès lieu de plus l'ostaiger à cause de celle debte, s'il n'y a contrat nouveau, ou autre condicion ou devis entre eulx.

pourfforcié de tenir prinson pour chouses qui chiegent en execucion, excepté par autretant de temps comme l'en mettroit ou pourroit l'en mettre à faire la execucion des chouses. Et execucion pout estre faicte dedanz un mois sur moubles et sur heritages, et pout l'en estre aproprié de touz ceulx qui sont en la Duchié, ou cas que il n'y auroit empeschement ne que opposicion y fust faicte encontre, quar l'empeschement et la discursion pendanz ceul qui seroit obligié doit tenir prinson.

[312] **Coment execucion doit estre faicte sur les biens du mari et de la famme quant ils sont tous doux obligiez enssemble.** — Quant homme et famme sont obligiez en un meisme contrat et chescun pour le tout, la execucion doit estre faicte sur les biens du mari tout premier tant comme ils pourront fournir avant que ceulx à la famme encourgent, non obstant lians ne obligacions que la famme en ait fait ne donné sur le ne sur ses biens, pour ce que la famme est desresonable et de feible nature, et que le et toutes ses chouses sont au gouvernement de son mari, et que il la pout faire obligier par là où il voulst. Et pour ce doit estre faicte la execucion premier sur les biens du mari que sur ceulx à la famme.

[313] **De l'arest qui seroit fait des deniers de la vendicion de la terre à la famme de là où elle n'y seroit point obligiée ne tenue.** — Et si la famme ert obligiée à aucun créancier, et elle eust vendu son heritage tout ou partie pour se acquicter, et son mari fust obligié à autres tout avant ou fust en amende vers son seigneur, non obstant que le heritage fust converti en moubles tout par avant que mencion fust faicte que il deust courre en l'acquit de la famme, il ne courroit pas en l'acquit de son mari juques à tant que la debte où la famme seroit obligiée fust à plain paiée, quar les [pronun]ssemenz [1] des coustumes et des droiz sont et doivent estre plus favorables à ceulx qui ne les cognoessent pas que à ceulx qui les doivent cognoestre, et les

1. *Sic G.* — *A G⁴ H I J K M O Q T* punissemenz.

coustumes et les droiz sont devéez es fammes à y aler et les exercer, si n'est en aucun cas de necessité comme il est dit aillours, et pour ce ils ne les povent ne ne les doivent savoir.

[314] **De la prinson à la famme.** — Reison ne donne pas que famme soit mise en prinson pour [la] debte ne pour le fait de son mari, tout [le] requierge elle, ou qu'elle s'i soit obligiée, quar ceulx qui prannent les obligacions doivent cognoestre et savoir les droiz et les coustumes, quar pluseurs perilz en pourroient avenir, comme ceulle qui est de legier tournée et fortretc à faire folie, fornicacion ou autres cas perilloux. Et famme si doit garder l'ostel et le fou et les enffanz, dont pluseurs perilz povent estre et avenir, ou cas qu'elle seroit absente de son ostel. Et pour ce ne la doit l'en pas mettre en prinson ne faire tenir arrest hors de sa menssion, quant sa personne ne l'a desservi par forffait de crime. Et tout aussi ne li doit l'en donner consseil de aler en lieux qui ne seraient honestes, et li doit l'en devéer baus et veilles et toutes autres mauveses compaignies; et qui le feroit autrement que dit est et ensseigné, et elle feist aucune mallefaçon ou mesprinson, il en devroit estre puni, selon le cas et la personne.

[315] **Dou desdomage que famme doit avoir quant son mari la fait obligier.** — Quant famme est obligiée pour le fait de son mari, ou pour les prinses que ils ont fait ou contraté ou mariage ou par avant le mariage, quant la famme ou le mari sont morz ou touz doux, le mari et ses hoirs sont tenuz à acquicter et desdopmagier la famme et ses hoirs à l'aferant que ils prendroient es moubles ou es heritages ou cas que les moubles ne pourroient fournir à acquicter les debtes, quar si la famme ou ses hoirs relenquissaient es moubles, ceulx et ceulles qui le povent faire, le mari ou ses hoirs sont tenuz à acquicter la famme ou ses hoirs. Et non obstant que la famme ou ses hoirs relenquissent es moubles comme il est dit [que] faire le povent, si prendront ils es conquestz que ils araient faiz durant le mariage d'entr'oulx, comme dit est aillours, qui se doivent departir moitié par moitié

entr'oulx. Et non obstant que la famme ou ses hoirs aient relenqui es moubles et que ils araient eu leur part des conquestz, si le mari li avoit fait vendre son heritage [tout ou partie], le mari et ses hoirs seraient tenuz à les desdopmagier, le et ses hoirs, sur ceul au mari ou à ses hoirs, parsommet ce que la famme ou ses hoirs araient eu leur part des conquestz, appellez ceulx qui sont à appeller deument davant justice à qui la cognoessance en appartendroit [1].

[316] **De ceulx qui ne se voulent faire hoirs es deffunz.** — Et il appartient à touz ceulx et à chescun qui doivent estre hoirs à aucune personne et lour laist à relenquir et à reneyer à leur eschaite. Et povent faire protestacion que ou cas que il y aura du demourant des moubles ou des heritages du deffunt, les debtes paiées, que ils doivent tourner à ceulx, et ou cas que il n'y auroit par quoy les debtes paier, que ceul es hoirs au deffunt n'y devroit encourre. Et povent requerre, la protestacion faicte, comme presmes les moubles et touz les autres biens du deffunt à la justice, et en faire inventoaire davant la justice ou davant son commissaire, pour en paier les debtours par leur main ou cas que il n'y auroit executours ou executour. Et se il y avoit executours ou executour, ils en pourroient oïr le compte, se il leur plesoit. Et se il y avoit du demourant, les debtes et le testament acompliz et le obsseque paiez, il devroit tourner es hoirs pour tant que ils en eussent fait protestacion, quar il est de reson que les presmes au deffunt aient plus toust ses biens se il en demouroit que plus estrange, ou cas que ils ne les relenquiraient ou que ils n'y auroient renoncié, quar se il y avoit aucun qui deust estre hoir, qui relenquist et renonciast à la eschaite, le prouchain d'après lui porroit se il vouloit acceptier la eschaite, et auxi des autres enssuivant.

[317] **Des condampnacions qui sont faictes contre procurours,**

1. *F add.* : Par correpcion de Parlement si la famme relenquist es mebles, il faut qu'elle relenquisse es conquestz, ou que elle prenne es mebles et conquestz et qu'elle poie sa part des debtes.

tutours, curatours, executours, administratours, tresoriers, sergeanz et recepvours. — Quant procurours, tutours, curatours, executours, tresoriers, administratours, sergeanz et recepvours sont condampnez [pour le fait] de ceulx ou de ceul pour qui ils se entremetent, la execucion ne doit pas estre faicte sur lour personne ne sur lours biens, mès elle doit estre faicte sur les biens à celui ou à ceulx pour qui [ils sont condampnez et dont] ils s'entremetent, ou cas que ils ne seraient tenuz ne obligiez par autre vaye, ou en tant comme ils seraient tenuz à celui pour qui ils seraient condampnez. Et aussi ou cas que partie seroit condampnée à eulx ou aucun d'eulx d'iceulx pour qui ils s'entremettent, ne en devroit estre le prouffit lour ne lour tourner, si ceulx ou ceulles pour qui ils s'entremetent ne s'i assentaient, et que ils le voulissent, quar ce que chescun fait ou nom d'autruy ne pout il ne ne doit avoir à soy, se il n'y a autre cause.

[318] **Des obligacions qui sont faictes de pure volunté.** — Quant aucun est obligié à aucun autre en aucune chouse, comme de robes, de chevaulx ou d'autres chouses, dom le pris ne l'estimacion ne sont divisiez, si les chouses sont dont la obligacion soit faicte de pure volenté, ou si ce [n']est par reson de servige fait ou de autre bonté, ceul qui seroit obligié par reson de pure volenté sanz autre chouse pourroit faire l'acomplissement au maindre pris que faire le voudroit, pour ce que il face le divis ou l'acomplissement en son vivant; et se il ne fesoit le divis ou l'acomplissement en son vivant, ou que la obligacion fust pour servige ou pour autre bonté, l'en devroit regarder à qui l'obligacion seroit faicte et l'estat de l'un et de l'autre, et estimer le pris par le regart de la justice o le conseil des proudes gienz.

[319] **De ceulx qui se obligent pour autres sanz ce que le tenu les mege en obligacion.** — Et si aucun fesoit autre contraindre par semonsses ou par autre vaye, et un des amis au contraint vensist en la abssence de celui [1] à celui qui le feroit contraindre et lui

1. *L'A* : Qui s'oblige pour son amy en son absence peut excepter de l'exception que son amy eust peu faire.

deist : *Vous contraingnez ceul ou ceulle : pour quoy le contraingnez vous?* Et celui qui le contraint respondist : *Il me doit cent soulz,* ou : *une grant somme,* ou semblables chouses, et ceul ami li respondist : *Je vous croy de ce que vous me dictes et vous en paieré dedanz certain temps, et m'en oblige moy et touz mes biens à vous paier ou à vous faire paier;* et par telle obligacion ou semblable celui lessast ester à contraindre celui obligié, et puis celui que l'en eust lessié ester pour la cause de son ami qui eust fait ou dit comme dessur est dit, deist que il ne deust pas tant et il le peust monstrer o effet, le ami, combien que il fust obligié sur ceulle esperance et entente, ne devroit paier fors au pris que le principal debtour seroit obligié ou tenu au temps de la obligacion, si l'auctour ne monstroit que l'ami en eust donné lettres ou autres peremptoaires propousast par quoy il y fust tenu [1]. Et si paiz en estoit faicte entre un qui se feist ami à aucune personne o aucun auctour sur torffaiz, ou sur dopmages, ou sur quantité de meubles non estimée et les chouses non apurées, et celui qui se feroit ami et l'auctour en feissent composicion à certaine somme, ceul ami ne auroit pas lieu, puis que la composicion seroit faicte et à gré, et que ceul ami se fust obligié de faire le paiement et par court qui poair y eust, ou que il eust les chouses jurées ou fiancées, ou que il eust ou de l'auctour certaines chouses qui li peussent faire ou porter prouffit en la querelle et que ils s'en fussent departiz l'un de l'autre sanz faire semblant de repentement, que ils ne acomplissent les divis et les convenanz faiz entr'eulx, sauf à avoir droit envers le premier tenu. Quar chescun qui se doubte se doit guestier de se obligier folement pour autre, et espicialment ou cas que il a poair de se obligier, quar qui se oblige pour autre, celuy [pour qui il] seroit obligié ne li seroit tenu, ne mès en tant comme il le auroit prié ou commandé, ou en tant comme il seroit tenu à l'auctour dedanz la finaison [2], quar se il

1. *Tous les manuscrits, sauf I J M, et toutes les éditions placent ici à tort le titre du chapitre suivant.*
2. *M* l'estimacion.

en demandoit plus il sembleroit que il fust cabusours et que il voulist achater les contempz; et puis que une chouse est litigiouse ou contenciouse entre parties, ceul qui [la vent la pert], et auxi ceul qui la achate quant il le sceit.

[320] **De ceulx qui se obligent de cause extorsienneuse.** — Et auxi si aucun se oblige à autre, si la cause n'est resonable et honeste, [raison veut] [1] que l'obligacion n'en daye ne n'en puisse tenir, comme qui se obligeroit en certoine somme à aucun pour tuer ou pour batre aucune personne ou pour faire aucune autre mallefaçon ou pour cause de fornicacion, que la auccion en valist riens [2] et que respons [n'] en [3] seïst, ne n'en devroit justice nul ne nulle pourfforcier ne procedier en telle accion. Et auxi si aucun ou aucune en avoit riens baillié [à autres] pour telles causes, il ne le pourroit repetier en maniere que il li vausist et le auroit perdu par droit, quar nul ne doit prendre loïer pour mal faire ne pour pechié, quar ceul qui le donne et ceul qui le prendroit pour teilles chouses devroient estre puniz en une meisme maniere selon que le meffait le requiert.

[321] **De ceulx et de ceulles qui se obligent à volunté.** — Et si aucun ou aucune se obligent à autre à sa volenté pour aucune chouse, combien que il ne divisege quantité certaine, la obligacion doit estre ramenée à arbitrage de proudo homme et à estat deu, pour ce que nul ne doit faire [à autre ce] que il ne voulist que l'en li feist.

[322] **Des chouses que arrest requiert.** — Arest requiert deux chouses : c'est assavoir cognoessance de cause et enterinance, quar quant une chouse est arrestée celui qui en avoit la possession en est dessaisi, et en est la saisine transportée en la main de celui qui a fait l'arrest, juques à tant que delivrance en soit faicte. Et si la cognoessance n'appartient à celui qui fait l'arrest de la chouse arrestée, il est tenu à amender et à

1. *Sic D U.* — *J en marge.* — *Manque dans A H.*
2. *D G* l'accion n'en vault riens ne respons n'en siet.
3. *Sic J K L M P R S T U.* — *C O* ne. — *A H* que respons en seïst.

desdopmagier à court et à partie, ou cas que il ne pourroit trouver son garant. Et pour ce appartient-il à ceul qui fait l'arest et à toute justice que elle justicege en tel cas, et doit savoir certainement que la cause soit telle que arrest s'i daye assairs de reson, et [soy] assigne[r] [1] de plege suffisant de droit de la personne qui requiert l'arrest par fait ou par denonciacion ou autrement, se il n'y a sang espandu ou par fait ou par denonciacion trouvé, ou auxi peril de corps ou de membres, ou trouvé à fait present, ou condampnacion ou enqueste de fait ou de commune renommée, quant à detenir les chouses arrestées, fors à donner pleges de droit.

[323] **De arest dom cognoessance de cause ne siet pas.** — Nul ne doit avoir cognoessance de cause sur autre se il n'est son manssionnier en fiez ou en rerefiez, si ce n'est du fait de sa terre qui soit [responsable] comme il est dit aillours des quelx faiz seigneur pout et doit justicier, ou que il li fust commis ou supplié d'autre justice qui poair y eust, ou se il ne s'est soubzmis à ceulle juridicion pour cause certaine, comme aucune personne qui achate aucunes denrrées en aucune seignourie, ou fait desplacement d'aucune chouse ou de pluseurs, ou y ait fait transacion ou pourcompte dont il se soit obligié ou soubzmis, ou se il n'en est plege ou tenu et soubzmis pour les dictes chouses ou pour aucune, ou de autre qui eust fait le meffait ou li fust mis sus, de quoy il n'appartient arrest que selon la vertu de l'obligacion ou des meffaiz, [et] des autres chouses n'y siet respons ne par vaye d'arrest ne autrement, si n'est en tant comme des crimes comme il est dit es cas des crimes. Et se il est mis sus à aucune personne qui ne fust de la juridicion où le tortffait fust fait, ou la plevine, et celui le neast, et il ne fust prouvé en present, ou cas que il ne seroit de la juridicion, si devroit [lors l']arrest estre relachié, sauf à avoir droit par davant son juge qui le devroit et pourroit justicier de droit et

1. *Sic B C D E I J G G[1] M O P Q S T U.* — *A H* assignement.

de coustume, et ceul accusié [a cause] à estre adrecié et desdopmagié comme il appartient. Et pousé que il est mis sur aucun desplacement ou tortfait ou plevine, ou cas que il ne se seroit soubzmis à ceulle juridicion, et pourroit dire et monstrer que depuis le temps qui seroit bonné de ceul qui li en demanderoit respons que il y eust esté en ceulle seignourie alant et venant, et que il eust esté veu de la seignourie ou des sergeanz ou de la partie, et n'en eust esté prins ne arresté ne lui ne ses chouses juques à cest temps, pour ce que il fust cogneu de la partie ou prouvé, si la partie [ne] se vantoit d'autre obligacion, ne seroit responsable par ceulle seignourie. Et non seroit il sur les hommes de ceulle seignourie, se ils ne se estoient obligiez par court à tenir prinson par vaye d'arrest, sauf droit d'autruy. Et si aucune seignourie en fesoit aucuns jugiez ou aucunes condampnacions contre aucuns qui ne fussent ses manssionniers, et ceulle seignourie le suppliast à ceulle qui les pourroit justicier, se il ne destraingnoit la cause comme dit est, et dom la justice li appartensist comme dit est, si ne devroit pas la justice li obbeïr, quar si le fait [ne] avoit en soy que il en deust estre [juge], le jugement ne condampnacion ne devroit tenir. Et auxi ne devroient estre arbitres les seneschaulx sur les subgiez de leurs seneschaucies ne de leurs baillies, pour ce que il pout porter prejudice es suzerains seignours ou es subgiez qui en perdraient le ressort ou le retrait. Et les seneschaulx qui auroient juré à faire droit, et à garder le droit au seigneur et es hommes, et à faire justice vroaie et léal, se ils prenoient le arbitrage sur eulx, ils en pourroient estre prouvez parjures, quar ce seroit occuper le droit d'autruy, quar ils ne pourroient ressortir ne estre retraiz à autres courz tant comme le arbitrage durast. Et doit tout juge faire droit à sa conscience, et soy s'enfourmer se il se doubte ou se il n'est savant. Et puys que le seneschal ou autre juge est prouvé parjure, il est infamme, et puys que il est infamme, il ne doit estre seneschal ne juge, ne arbitre ne autre officier, tutour, procurour, curatour, ne estre tesmoign, quar rien que il face ne devroit tenir ne estre d'aucune vallue, espiciaument ou cas que partie s'en debatist. Et pour garder le honour es seneschaulx et le prouffit es seignours, devroient avoir les seignours qui ont justicement autres procurours pour garder leurs causes et ceulles qui lour toucheraient, quar tout juge doit faire reson selon le proposé d'un cousté et d'autre, et garder les droiz et les coustumes, et soustenir les bonnes resons contre les fallaces et les mauveses gavillacions.

[324] **Des arretz qui chiéent en auccion** [1]. — Les chouses qui chiéent en auccion justice les pout arrester juques à pleges de droit, et non pas autrement, pour le perill se ils estoient adjugiez à la partie adversse, et les chouses fussent malmises pour quoy justice n'en peust faire execucion, le jugement ne vaudroit riens quant [2]... sauf à estre desdopmagié. Mès l'en ne doit pas faire autres arestz si crime n'y est entendu ou veu, ou que les chouses peussent estre celées ou descognoues [3]. Et en nul [4] arrest qui chiet en accion, [à] [5] celui qui a la possession par avant l'arrest et ou temps de l'arrest ne li doit l'en deveier recréance o pleges donnant de droit, et suffist lui et le sien, pour ce que il soit personne solvable et qui puisse ester en

1. *L'A :* Istud capitulum ita dicit : Les choses qui sont en debat et procès pendant par action, l'acteur les peut arrester juques à pleges de droit : car si pendant le procès le deffenseur les desplaçoit ou transporteroit et sentence fust donnée pour l'acteur, on ne la pourroit mettre à execution par default de trouver les choses jugées, ains que n'y auroit que desdopmager, et pour ce est en ce cas led. arrest concedé. Plegeur ou arresteur contre possesseur par an et jour en prejudice de certification en conservation de ce que il esligera pour son droit d'action, doit dire avoir desduit sond. droit ou le desduire in promptu ; aultrement n'est recevable.

2. *A H laissent ici un peu de blanc. — B D G G⁴ I J K L O P Q R T U suppriment* quant.

3. *D G I* des tournées.

4. *B C E G G⁴ I J K L M N O P Q R S T add. :* autre. — *D* autre cas arrest ne chiet.

5. *Restitution hypothétique. A H, ainsi que la plupart des manuscrits et les anciennes éditions, portent* et, *et mettent après* accion *le point final que je place après* descognoues, *ce qui a nécessité les remaniements signalés à la note précédente. — G supprime* et.

jugement, si les chouses ne sont adjugiées à partie ou que ils doigent demourer en main de justice et espicialment à son homme de foy. Et aussi ne doit l'en à son homme querre abusions, nę li pourchacier à li faire dopmage, ne à ses adheranz, ne à ses biens, quar qui le feroit ne garderoit pas bonne foy.

[325] **Des cas qui despiecent les contraz entre les parties.** — Quant aucunes personnes contratent enssemble en bonne foy, verité y doit estre gardée et adjoustée, et n'y doit l'un quel l'autre estre sourprins ne engignié par fraude. Et pour ce ne doit nul contrater ne negocier o son annemi d'autres chouses que des chouses contenciées entr'eulx, pour ce [que] qui parle ou fait les contraz où fraude pourroit estre adjoustée ou trouvée, celuy qui pansseroit la fraude et en voudroit joïr, se il ne la declar[oit] à l'autre partie o qui il feroit la composicion ou le contrat, transacion ou autre negociement, il n['en] devroit pas joïr comme il est dit aillours, quar marchié doit estre egal entre parties. Et il laist à chescune partie faire son prouffit pour ce que fraudolousement ne soit fait, quar si une partie s'en repentoit ou voulist despecier le marchié, si elle ne pout trouver cause resonnable par quoy le contrat ou le marchié d'entr'eulx ne peust tenir, il ne le pourroit faire de raison, et tendroit le contrat ou le marchié si la partie adversse vouloit. Et quant à despecier le contrat ou le marchié, il convendroit que il deist que il fust deceu oultre moitié de juste pris, ou deceu par vin ou par folle entente, ou que fraude y eust eu, ou que il fust minour ou en poair d'autruy, ou que le marchié fust condicionel, ou que il y eust condicions qui ne feussent pas deuement acomplies de l'autre partie, des quelles condicions [con]vendroit que ceul qui voudroit despecier le marchié ou le contrat que il les ensseignast et monstrast o effet et advenaument. Quar si c'est un marchié de meuble où le folaement peust apparestre, ceul qui voudroit despecier le marchié ne devroit pas acceptier plus de un jour et une nuyt, pour ce que

ce fust personne qui peust contrater ou negocier. Et si ce estoit heritage que le prenours tensist tant que il peust estre deffendu du baillours et des presmes, aussi bien devroit tenir le contrat. Et si le marchié ert fait sur condicions, comme qui se obligeroit à aucune partie en certaine quantité de meuble ou de terre, [ou] pour faire certains serviges, ou pour certaines chouses rendre, les condicions devroient estre acomplies et gardées entre les parties avant que execucion fust faite de l'obligacion, si divis ou gré fait n'y avoit entre les parties.

[326] **Des testamenz approuver et de ceul qui les doit executer ou faire executer.** — Les testamenz doivent estre approuvez par les juges de sainte Yglise qui ont cognoessance des droiz. Et ne doit l'en faire execucion par vertu de testament si ce n'est de la volunté à celui sur qui la execucion soit faite par vertu du testament, tant que le testament soit approuvé, quar testamenz qui sont faiz par bouche d'autruy sanz la volenté de ceul en qui nom ils sont faiz ne doivent tenir, ne à celuy qui a escript le leys ne à ses adheranz n'y doit foy estre adjoustée; et auxi quant il est fait contre droit et contre coustume ne doit tenir. Mès la volenté au deffunt doit estre acomplie pour ce que elle soit faicte deuement. Et des chouses qui sont faictes deuement de ce que le deffunt fust confessant [1], proudes gienz en doivent estre tesmoignz, non obstant lignage [ne] roturage, se ils ne sont ou ont esté du conseil, et pour tant que il soit fait en sa derraine volenté, quar qui est en son leit malade ne pout pas querre tesmoignz à sa volenté, fors ceulx qui le vont voairs [2] davant li, et les amys y vont vairs et y viennent plus volentiers que les estranges gienz. Et quant les testamenz sont approuvez la justice seculiere doit baidre les biens qui [furent] au deffunt à ses aumosniers, se ils le requierent, ou lere la pourvéance es hoirs ou à le hoir, affin que le obsseque soit paié [et] les debtes et les leys et les amendemenz du deffunt. Et puis les aumosnes

1. *B C D E F G G⁴ I L M N O P Q R S* fist, toutes proudes gienz.
2. *S* qu'il voit venir.

comme ils sont contenues au testament doivent estre paiées par les levées des terres et rentes, ou cas que les moubles ne pourroient suffire à acomplir le testament, sanz vendre le heritage, si les créanciers à qui le deffunt ert tenu ne le metoient en vente, ou si les aumosniers ne le fesoient pour eschiver mere perill ou cas que ils ont juré le testament. Et ils ne doivent eulx entremetre du testament, fors de le obsseque faire et paier, tant que ils le aient juré et prins le feys du testament davant justice. Et auxi ne devroient ils rien recepvre, fors ce que lour est establi, ne par achat ne autrement. Et pour ce que justice seculiere face son devoir, la justice de sainte Yglise ne doit pas plus estre rigorouse que la justice seculiere [et soy efforcer] en oultre les coustumes; ainczois les doivent touz juges comme il est dit aillours tenir, sauf à les atremper; ou cas que la justice seculiere seroit trop rigorouse, la justice de l'Iglise y devroit metre atrempement à quanques elle pourroit de reson le faire, espicialment en amendes qui sont hainouses, sanz faire tort en nul cas.

[327] **Coment obligacion pout estre faicte.** — Obligacion pout estre faicte en pluseurs manieres comme dit est aillours. Entre les autres chouses homme et famme sont obligiez comme qui recept l'autruy, ou de peccune ou de servige ou d'autres chouses, en esperance et sur entente de en faire rettour ou resconpassacion à ceul de qui ils le recepvent ou autre pour eulx, tout ne sait il ja autrement [obligié ne] l'obligacion prouvée. Et auxi sont obligiez en pure volunté comme qui promet à donner ou à faire certoin servige ou autres chouses. Et auxi est l'en obligié quant homme se oblige pour autre, pour ce que la personne se puisse et se daye obligier, quar famme ne se pout obligier pour autre, si ce n'est pour son pere, ou pour sa mere, ou pour son seigneur espoux ou pour ses enffanz, et auxi ne se povent obligier minours ou qui sont en poair ou en garde d'autruy comme dit est aillours. Et auxi pout l'en estre obligié pour injures ou pour extorssions dictes et faictes, et est l'en

tenu à la partie à qui ils sont faictes et dictes, quar se ils sont pluseurs à faire une extorssion ou conseillanz ou soustenanz, touz et chescun en doivent faire adrecement, et pour l'amende de un et de pluseurs, les autres qui seraient trouvez coupables ne seraient pas pour ce quictes. Et de ce que l'en est tenu à partie, l'en est tenu es hoirs d'iceli, ou cas que sattisfacion ne est faite à partie en son vivant, quar comme il est dit aillours nul vif n'a point de hoir. Et auxi sont obligiez les hoirs de l'obligié, ou cas que sattisfacion ne auroit esté faicte, excepté des cas qui enssuyvent. Il est de usement, et le a reson en soy, que quant denrrées sont en vente, et espicialment en faire ou en marchié ou en ville marchande, si celui à qui sont les denrrées ou autre pour lui ne pout dire par fait que celuy les eust par vertu de obligacion où il fust demouré en somme deue à lui ou à autre en son nom ou à qui il representast la personne, ou que il les en eust menées oultre sa volunté, ou s'en fust alé par force ou en emble, respons n'en serroit pas à partie. Quar nul ne doit lessier aler le sien sanz en avoir assignement de lui ou d'autre en entente d'en avoir resconpassacion, qui ne le li embleroit ou qui ne le forceroit, dom il doit pourssuir la force dedanz le temps de droit comme il est dit aillours ou [titre] des torffaiz simples et auxi des crimes. Quar quant aucun achate denrrées [et] les prent au feur que ils sont [baillées] [1] ou en faere ou en ville marchande, comme de ceulle marchandie il ne quiert pas tesmoign à prouver son paement, pour ce que chescun doit passer que bonne foy soit gardée, et pour ce ne doit justice pourfforcier nul de en respondre, se il n'y a autre gré ou autre obligacion.

[328] **De ceulx qui povent prendre pour leur obligacion sanz requerre justice.** — Ceulx povent prendre et nomeyer de leur volenté ou de leur auctorité sur ceulx qui lour sont tenuz ou obligiez pour servige, comme nous diron de ceulx qui font

1. *Sic E.* — *A B J P T* taillies. — *G*[1] cuilliez.

servige par feur nommé, par ferme ou par journées. Quant la ferme ou la journée est achevée, ils se povent faire paier et prendre de leur auctorité sur ceul à qui ils ont fait la besongne ou sur ceul qui la leur fist faire, et [1] le explectier [2] en la chastelenie ou en la baronnie comme autres gages, pour ce que ils facent la prinse le jour ou l'endemain de l'acomplissement de la ouvre ou de lour journée, et qui les y empescheroit lour devroit amender comme de escousse faicte au sergeant à seignour. Et aussi povent prendre ceulx qui ont boays en vente et ont acoustumé à en donner terme juques à certain temps, par eulx ou par autres, pour le deu de la année. Et en autres cas, pour ce que partie le debatist, il cherroit en auccion, ou cas que l'en ne auroit jugié apuré ou seignourie, et ce qui chiet en accion ne doit pas choirs en execucion tant que il soit passé de la accion.

[329] **De ceulx qui sont obligiez pour autres.** — Homme se pout obligier pour autre, pour ce que il soit en estat de se obligier, quar obligacion de famme ne d'autre qui soit en poair d'autruy ou doivent estre, si ce n'est des chouses dont il est dit, n'est de nulle value. Et quant aucun est obligié pour autre, le créancier pout requerre par lui ou par autre le plege que il li face sattisfacion ou face faire, et le plege est tenu le faire, ou cas que il [ne] monsteroit des biens au principal debtour. Quar se il les monstre o effet et l'en ne [debage] ceulx biens, ycelui créancier ne doit avoir ne faire execucion sur le plege, fors en tant comme li faudra de sa debte, ou des maulx ou desdopmages ou despens, es quelles chouses les parties doyvent estre appellées à les vairs et oyr esclardir par adjournement selon le jugié. Quar se ils sont obligiez et ayent voulu par le jugié que la partie en soit creue par son serment, il y doit estre receu au premier adjournement, si partie ne se passe par aucune dillacion que elle daye avoir de droit ou se il ne baille peremp-

1. *D add.* : la chose prinse.
2. *C* et explectier leurs gages.

toaires, et es autres cas ils doivent estre constinuez comme es autres querelles.

[330] **Du créancier qui fait nouvel contrat o son debtour de là où il avoit pleges paravant.** — Et si le créancier donnoit terme au debtour et feist nouvel contrat de ceulle chouse sanz ce que le plege y fust obligié, le plege devroit estre quicte de la plevine. Et en autres cas il ne seroit pas quicte, si quictance ou sattisfacion n'en ert faicte, ou que le plege deist et requeist au créancier que il se feist paier sur le debtour, et que par deffaut et en la demoure du créancier les biens au debtour fussent autre part tournez, par quoy le plege ne peust estre desdopmagié. Et combien que il soit divisié en l'obligacion que ils saient obligiez chescun le tout pour le tout, les biens du principal debtour doivent estre tout premier executez. Et se ils sont pluseurs autres pleges et le principal debtour les lessege encourre, chescun en doit paier sa part comme ils sont tenuz en l'obligacion, et ne pout pas le créancier se faire paier sur un ou cas que il trouveroit sur chescun à se faire paier, combien que ils fussent tenuz et obligiez chescun pour le tout. Quar si le créancier ne trouvoit sur aucun, ils seroient tenuz fournir, ou cas que chescun seroit tenu pour le tout, quar se il n'ert divisié en l'obligacion chescun ne devroit paier que en tant comme ils seraient de parçonniers, à chescun son advenant. Et quant tous sont obligiez, combien que ils saient chescun pour le tout, mieulz vaut que chescun en paige son advenant que un d'iceulx paiast toute la debte, quar il seroit trop endopmagié; et auxi vaudroit il mieulx que le principal debtour qui en a le prouffit le paige que ceul qui n'en a rien eu et qui n'y a coupe que par sa volunté ou que par pourfforcement, et le créancier a les assignemenz ou les doit avoir, et est plus puissant de se faire paier sur le debtour ou sur touz les autres obligiez que un d'iceulx obligiez ne seroit ou ne se pourroit faire desdopmagier.

[331] **De ceulx qui panssent les baraz et les fraudes es contraz quant ils les font.** — En nulle obligacion ne doit l'en

pausser ne faire barat, ne de l'une partie ne de l'autre, quar se il est ainssi que aucun se obligeast pour aucune certaine cause et que il eust greyé par vertu de ceulle obligacion à rendre lettres de l'obligacion sur la plus grant fourme et o les plus forz liens, obligacions et renonciacions donnez [comme] l'en a acoustumé à en user, et puis celui aporge lettres en acomplissant le convenant de touz les moz qui pourroient et devroient estre de droit et de coustume selon le gré d'autreffoix fait entr'eulx, et en après ceulx moz eussent autres moz escriptz qui peussent rappeller les autres moz precedanz en tout ou en partie, se il est ainssi ce ne sera pas acomplir le gré, et si l'en la prent sanz oïr toute la lecture, si ne devroit pas l'obligié joïr de ceulle chouse, et devroit justice adjouster foy es chouses precedantes et non pas en la malice qui auroit esté faicte, si ceul qui voudroit joïr d'iceulles derraines chouses ne se poait vanter avoir esté acomplies et que ils fussent enpléés ou gré d'entr'oulx d'autreffoiz et par avant l'escripture. Quar autrement sembleroit que ce fust fait par malice, et nul ne doit de ce que est fait contre bonnes mours joïr, quar l'en ne auroit que faire de escripre les chouses qui diviseraient le fait, ou les obligacions, ou les renonciacions, ou cas que les autres chouses les rappelleraient en un meisme fait. Et quant aucune partie fait accion envers une autre partie [en] un jugement, et dit que il vendit et bailla à l'autre partie, ou que il li fut tenu pour autres chouses ou pour autres personnes, et divise le fait et comment, et propousege en son propoux que plet en sourdist autreffoiz entr'oulx, et que il explecta tant ou par jugement ou par transacion que la obligacion devoit tenir en tout ou en partie, ou devoit avoir certaines chouses en resconpassacion d'iceulles chouses, et queist respons de l'un et de l'autre, le deffendour devroit respondre à l'un et à l'autre [1]. Et aussi que s'il cognoust

1. *L'A* : Neantmoins instance d'arrest estre possessée, tamen on y desduict droicture incidenter pour saulver la possession deduicte principaliter, et sic partie adverse doit respondre à tout, tant droicture que possession.

le jugement ou la composicion ou transacion, il doit fournir et ne doit estre oy à nulle autre reson de par avant le jugement ou composicion ou transacion. Et ou cas que il seroit desdisours du jugement ou de la composicion ou de la transacion, ses peremptoaires et ses dilacions sont sauves, et a lieu de propouser par avant le chier respons, quar par la coustume nulles peremptoaires n'ont lieu d'estre propousées après le chier respons, si l'en ne fait protestacion, laquelle protestacion n'a lieu si l'en use du contraire à ce que partie adversse en face sa protestacion et le debage. Et est de coustume que quant une accion a esté propousée et les parties en sont tournées sur proceis, et depuis une des parties se vante de barre de jugé sur le principal de la accion, qui dige avoir esté fait pour lui, et depuis le procès, quar de par avant ne serroit le respons; et bien se gart ceul qui le propousera que il le puisse prouver, quar se il est departi de la barre de jugié que il aura propousé, il devroit estre vaincu de la querelle, quar toutes resons sont estaintes [par] le propousé de la barre du jugié; quar ce ne seroit pas jugié si ce n'ert apuré [1], quar si l'en est tourné sur jugement qui soit fait pour une des parties, et il soit mis en amendement, ou que ceul contre qui le jugement seroit fait se fust passé par dilacions, ou que il eust contredit, ou que il eust appellé, il ne doit pas estre appellé jugié tant que il soit apuré, quar moult toust fut ce mal jugié et se retourne [2].

[332] **Des chouses que l'en est tenu rendre à temps certoin et sont rendues sanz ceul qui les doit rendre.** — Quant aucun est tenu rendre à un autre à certain terme ou autres certaines chouses, à justice ou à autre partie, si ceul se rent qui doit estre rendu sanz empeschement, où que les chouses saient rendues, il doit suffire, quar nul ne doit demander ce que il a

1. *L'A* : Il n'est pas jugé, s'il est appellé, ou passé par dilacion, ou s'il est en amendement.

2. *Sic A C G⁴ H Q R.* — *B N* et sera tourné. — *I* et se tourne. — *J K L U* seroit retourné. — *O* se retourneroit. — *T* et se retourner.

ou, pour ce que il ait pacianne possession; quar se il y avoit empeschement, les chouses ne seroient pas deument faictes ne rendues, et ce que n'est deument faict et rendu ne doit tenir, et aussi les chouses qui sont faites par fallaces. Et pour ce furent les droiz et les coustumes establiz contre ceulx qui en usent, et doit toute justice les punir comme dit est touz et toutes qui en usent appenséement, selon que coustume l'a ottrié et à la fin que fouls et mauvès en saient chastiez, et que les autres y prangent exemple, et que paiz soit faicte et tenue et bonne foy gardée entre gienz es temps avenir.

[333] **De ceulx qui sont contrainz pour autruy debtes.** — Nul ne doit estre contraint pour autruy debtes, si ce n'est que il soit participant ou que il soit plege, ou se il n'a fait cas par quoy il daye estre tenu, fors en tant comme il sera tenu ou devra au temps de la contrainte à celui pour qui il sera contraint. Et aussi ne doit estre puni autre pour autruy meffait, si ce n'est que il en soit conssentant, soustenant ou participant, autrement que il est dit aillours; ne les cousins ne les parenz n'y ont que [perdre] [1] par reson, et aussi les hommes à celui, ne nul autre, ou cas que ils ne sont conssentanz ne participanz, ne par contrat ne par delit. Contrat est une chouse et delit une autre chouse. Et pout l'en contrater en pluseurs manieres, c'est assavoir par mutacion, par vendicion, par louage, par donnaison, par féage, par composicion et par transacion. Et les chouses qui sont faictes par contrat doivent estre entendues en la meillour significacion et le plus planierement que ils pourront estre entendues, combien que les paroles puissent estre entendues en pluseurs manieres, comme qui diroit : *Je vous donne cent soulz pour cest cheval que vous avez*, et en fussent sur gré, et ceul qui eust la possession du cheval deist que il ne li eust rien vendu, et que l'autre li eust donné les cent soulz, il devroit estre tout entendu que le donnours devroit avoir le cheval et y devroit justice

1. *Sic* *BDFIJKLNOU*. — *AH* preudre.

obeïr; et à ce que justice voudroit obeïr, nul ne devroit aler encontre. Et delit est une chouse qui est faite contre la volenté de l'une des parties [1].

[334] **Pour quoy justice fut establie.** — Justice fut establie pour cherité, quar si justice n'estoit les menuz giens ne auroient de quoy vivre, quar les granz genz et les puissanz leur ostassent le lour et ce que ils eussent gaingnié, et n'en fust que guerres et contempz, et pour ce demourassent les biens à estre faiz et gaingniez, et ainssi le pouple ne eust de quoy vivre. Et pour ce doit estre faicte justice rigorousement, espiciaument toute execucion là où elle doit estre faicte rigorousement [2], et n'y doit avoir point de soustenance ne de favour, haine ne convoitise, ainczois doit estre léal et droite plus que le cordel quant il est tendu, si plus droite ne [3] pout estre, sanz cliver nulle part. Et pour ce à nul ne doit appartenir à en cognoestre, si execucion ne li appartient, quant à s'entremetre d'en fere delivrance en ordinaire. Et il appartient à la justice seculiere la execucion, à chescun en sa terre là où il a justicement sur les seculiers, sur corps, sur terres, sur meubles et sur touz autres inmoubles, là où execucion pout et doit estre faicte. Quar il semble à pluseurs que la justice d'Iglise n'y a que vairs sur les seculiers, espiciaument es chouses dom execucion doit estre faicte par corps, ou par terre, ou par meuble, excepté la cognoessance des testamenz, des mariages, et des autres chouses dom il est dit que la cognoessance leur appartient; et excepté en tant comme ils vont à l'Iglise à garant de là où l'Iglise les doit garanter, ou en tant comme la justice seculiere seroit en deffaut de droit, quar aussi semble il de raison que nul ne nulle ne devroit estre excommunié, de là où l'en puisse faire execucion sur terres, sur moubles, et sur inmoubles. Et aussi n'ont que faire les menuz genz ne leurs voisins qui n'y ont coupe d'en estre tra-

1. *A H placent ici sans titre le chapitre* 335.
2. *B G Q N suppriment* rigorousement.
3. Ne *manque dans E.*

vaillez, ou cas que il n'y a deffaut de justice seculiere. Quar quant un ou pluseurs sont excommuniez et ils n'ont de quoy paier, fesant cession de leurs biens, ils doivent estre absouls, espicialment se ils estoient excommuniez de cent excommunies [1] et de canon et de concille, de jugiez et de juges ordinaires ou extraordinaires, et ils requeissent ou perill de la mort estre absouls à leur chapelain ou à autre, fesant cession de leurs biens, le chapelain en ceul cas ne leur pourroit devaier leur absolucion, et leur vaudroit autant comme de ceul juge qui les auroit excommuniez. Et convendroit que il leur baillast les sainz sacremenz de sainte Yglise, si ceulx les requeraient ou chapelain, ou les chappelains seraient inreguliers. Et se il estoit prouvé que ils [2] eussent en ceul cas devaié la solucion et sacremenz dessus diz davant leur evesque, ou davant ceulx qui les pourroient et devroient justicier, et le excommunié mourist en ceul estat, ils auroient perdu touz les beneffices que ils auroient en sainte Yglise. Et pour ce doit avoir la justice seculiere le sourplus de la cognoessance des seculiers, et mesmement pour ce que pluseurs ne vivent pas en bon estat, quar ils s'atendent à ceul pas, et la mort est decevante qui en prent moult qui ne povent venir à ceul estat, et par toutes raisons doivent les justices seculieres avoir la cognoessance des laiz seculiers. Mès quant aucuns justiciers seculiers ne fesaient pas justice deument, ainz fesaient du contraire, et aucuns officiers, espicialment ceulx qui ne savoient faire justice deument, jugeaient amendes sur leurs hommes et les tauxaient oultre droit et coustume pour eulx faire doubter et craindre, et mesmement par convoitise, et pour ce que l'en ne ousot aleguer droit, reson ne coustume contr'eulx et contre leurs jugemenz, et les autres officiers qui [paour] [3] y avoient et doubtaint que l'en lour ostat leurs offices ; et pluseurs en y avoit qui [le] fesoient par graerie, à la fin que

1. *Il faut probablement corriger en* « sentence d'excommunie. »
2. *J T W rétablissent le singulier dans toute cette phrase.*
3. *Sic J P T W.* — *A H* poair.

ils disaient que ils fesaient mieulz valoir les offices et les chouses au seigneur que nul autre. Et autres seigneurs qui espioint leurs subgez et ceulx qui avoint gaingnié et eu les biens, par quoy ils poaient faire bien et à eulx et à autres, et lour queraient abusions et soustenaient les fouls et les mauvès en leurs mauvestiez à leur faire et à leur dire vilennie pour lour oster le lour, et mesmement soustenaient graiers et graieres qui portaient les mauveses goullées, pour oster à leurs subgez le lour, et ce que les bonnes gienz avoient gaingnié à granz suours et à grant paine de leurs corps. Et pour ce il a convenu aler et recourre et querre secours à la justice de sainte Yglise, quar pour l'amende de mains de [v. solz] fust il tauxé plus les doux parz [1] que l'accion ne vausist. Et tieulx justiciers estaient et sont pires que les larrons qui guetent les chemins pour rober les genz et les marchanz, et ont mieulz desservi à estre puniz que ceulx larrons, quar ils doivent garder le pouple et tenir en paiz, et ce sont ceulx qui font les extorssions et les meschieffs et par eulx sont faiz, quar ils metent le pouple à povreté, et lour donnent occasion d'estre larrons pour ce que ils n'ont de quoy vivre et vivre lour estuet. Et pour ce ne doit nul estre convoitoux ne envioux de l'autruy, quar qui voulst mettre paine à gaingnier en bonnes ouvres, pout trouver à gaingnier, et li doit le suen suffire, pour ce que il ne li soit osté. Et ceulx qui ne entendent [que à nuire] [2] et sont convoitoux et envioux de l'autruy en sont volentiers les plus besongnoux et en viennent volentiers à mauvese fin. Et pour ce ceulx qui ont justice à gouverner la doivent gouverner en telle maniere que ceulx qui seraient mauvès et desobeïssanz comme dit est, que ils saient puniz par quoy autres y aient exemple, et non pas que les justiciers en deussent riens retenir, fors à soudéer leurs officiers qui font les offices, et es forteresces par quoy justice fust faicte et gardée, et le parssommet mis et donné en charité, comme justice doit

1. *T W* plus tauxé des deux paiz.
2. *Sic a b.* — *J P T W* que à avarice. — *A H* de quoy vivre.

estre faicte pour charité, et [en amendemenz à] amender les mauveses vaies, et en soustenant les povres mesnagiers pour l'amour de Dieu. Et si un homme qui a famme ou enffanz, ou l'un ou l'autre, à gouverner, fait aucune mesprinson ou soit foul et envioux, dont les chouses ne chiéent en crime, justice ne le doit pas tauxer selon le cas; ainz li devroit l'en faire faire penitance corporelle la plus essauciée que justice verroit que seroit à faire, à la fin que les autres y prenissent exemple. Quar qui lour toudroit le lour, lour donroit occasion d'estre [larrons] à lui et à sa famme et à ses enffanz, ou à aucuns d'iceulx, ou estre mauvès en autres chouses, et doit justice mettre paiz et oster les contempz entre gienz et chastier les mauvès et les fouls, et ce ne seroit pas les chastier de lour donner occasion de faire noaiz et pis.

[335] [**Pour quoy l'en doit faire plus de honnour aux princes que à nul**] [1]. — Pour ce doit l'en au Roy, au Duc, fere honnour et obeïr plus que à nul autre de leurs subgiz, quar ce sont ceulx qui povent faire de leur terre o reson leur talant, et povent et doivent faire ordenances et establissemenz contre les usemenz et autres chouses qui sont faiz contre bonnes mours et sanz raison et en prejudice [du commun] prouffit, [comme] aucuns barons et autres seigneurs, qui ont usié que les bestes que ils trouvaient en leurs boays ou en leurs forestz ou en leurs autres demaines estaient lour et perdues à ceulx à qui ils estoient, et il semble que ceulx usemenz fussent fortune de seigneur. Et pour ce appartient il au Roy, au Duc, et chescun en sa terre les corrigier, et à touz autres qui les povent corrigier, quar ceul est proude homme et doit estre amé et honouré qui fait et fait faire reson de soy mesmes, et ne devroit l'en doubter que il voulist faire à autre que il ne voudroit faire à soy. Et pousé que le Roy, le Duc, ne autres seigneurs ne facent corrigement de ceulles

1. *Dans la plupart des manuscrits ce chapitre forme la fin du chap.* 333. *Seuls J P U en font un chapitre distinct, lui donnent un titre et le rejettent à la fin, où il me paraît mieux à sa place.*

chouses ou semblables, ou d'aucunes, et aucuns seignours vieulgent usier de ceulx usemenz ou semblables, et digent que ils en ont usé, eulx et lours predicessours et ceulx de qui ils ont cause, cent anz a et par avant, et que autreffoiz pluseurs s'en sont dolez, et les chouses debatues en jugement es courz au Roy, au Duc, et des autres seignours, et trouvé le usement par tesmoignz, par lettres ou autrement, et jugié que ils le poaient user, non obstant ce, si partie le requiert, ils doivent dire à qui ils en ont usié et contre qui jugement fut fait, quar usement, jugié ne obligacions ne povent lier fors ceulx qui y sont obligiez ou contre qui les chouses sont faictes, o cause resonnable certaine. Quar coustumes [et] usemenz qui sont contre bonnes mours ne doivent pas estre eslargiz, ainczois les doit justice destraindre à quanques elle pout o raison, et il doit à chescun suffire d'avoir amende, ou assise, ou desdopmage, ou ce que reson a ottroié, sanz usemenz, fortunes ne fallaces qui soient contre bonnes mours.

Et pour ce deprion Dieu et la benoiste Vierge Marie qui le porta en ses coustez et conçut, que il nous doint faire sa volenté et venir au réaume de clarté [1].

Amen.

1. *Cette invocation finale a souvent varié. J'ai relevé huit formules différentes que je crois inutile de reproduire. Celle-ci est dans A H K b d. Celle que Sauvageau a reproduite d'après les incunables se trouve dans C P T W. Quelques scribes ajoutent à Dieu et à la Vierge* « *les sainz et les saintes et toute la glorieuse Compaignie de Paradis.* » *On peut comparer la formule du testament de Blanche de Navarre, reine de France, du* 18 *mars* 1396 *n. s., qui recommande son âme,* « quand elle du corps partira es mains et ordenances de Jhesu Crist » nostre seigneur, et de nostre dame Sainte Marie sa tres doulce mere vierge » glorieuse, de tous sainz et de toutes saintes et de toute la Court de Paradis. » (*Soc. Hist. de Paris*, 1885, t. XII, p. 4).

ASSISES
ORDONNANCES DUCALES
ET
CONSTITUTIONS DE PARLEMENT

NOTICE

L'ANCIEN RECUEIL D'ORDONNANCES DUCALES. — Il existe un ancien recueil fort incomplet d'ordonnances des ducs de Bretagne, dont l'origine remonte au XIVe siècle. A partir de 1485 cette collection a eu une composition fixe; mais auparavant elle avait subi des variations nombreuses.

Les copistes qui confectionnaient les manuscrits de la Coutume prirent de bonne heure l'habitude d'y ajouter quelques textes pouvant servir à la compléter, à peu près comme les éditeurs de nos codes les font suivre des principales lois usuelles rendues depuis leur promulgation. On remarque déjà quelques textes de ce genre dans un manuscrit du XIVe siècle, *T*. Les premiers documents qui furent ainsi recueillis étaient plus anciens que la Coutume elle-même; ils étaient en général du XIIe et du XIIIe siècles. C'étaient l'*Assise au comte Geffroy* de 1185, l'*Assise des rachaz* de 1275, les *Coutumes de la mer* ou *Rôles d'Oléron*, la pseudo-ordonnance de Jean II. Le noyau primitif du recueil fut ainsi composé de pièces de nature et d'origine très diverses.

Au XVe siècle, le pouvoir législatif des ducs se développa pendant le règne long et paisible de Jean V; les *Constitutions de Parlement* et les *Ordonnances* se multiplièrent. Alors les fabricants de manuscrits eurent soin de se tenir au courant. Ils ajoutèrent au recueil les constitutions à mesure qu'elles parurent. Sous le règne de Pierre II (1450-1457) cette habitude fut générale. La Bretagne possédait dès lors, outre sa Coutume, toute une législation qui lui était propre et dont on ne pouvait pas se passer dans la pratique. Les éditeurs de la Coutume eussent donc été bien maladroits s'ils n'avaient pas donné avec elle le recueil des ordonnances usuelles; c'était un élément de succès qui n'était pas à dédaigner pour la vente. Les manuscrits de cette époque qui ne contiennent que la Coutume sont des exceptions.

Ces recueils d'ordonnances ont été faits avec peu d'ordre et de discernement. Ils constituent un des moyens les plus sûrs pour dater les manuscrits et ils fournissent quelquefois des indications très précises. Ainsi on voit des manuscrits à la fin desquels on avait laissé un certain nombre de feuillets en blanc; le possesseur du livre y a fait plus tard transcrire une ou deux ordonnances nouvelles pour compléter son petit *Corpus juris britannici*. La différence d'encre et d'écriture permet alors de fixer, avec assez de vraisemblance, la confection du manuscrit dans l'intervalle entre la plus récente des ordonnances faisant corps avec la Coutume et la plus ancienne de celles qui y ont été ajoutées après coup [1].

TRANSFORMATIONS DU RECUEIL. — A mesure que le XVe siècle s'avance, les ordonnances ducales, qui ont tout à fait l'allure de nos textes législatifs modernes, tendent à éliminer de plus en plus les textes archaïques dont les praticiens n'avaient plus besoin; il n'en resta guère que deux : l'*Assise au comte Geffroy* et les *Coutumes de la mer*.

1. Voir ce qui est dit du manuscrit *F* ci-dessus pp. 29-30.

Quand vint l'imprimerie, ce petit recueil fut conservé comme un complément nécessaire de la Coutume, et il ne tarda pas à se fixer d'une manière définitive. Guillaume le Febvre, le premier éditeur qui imprima la Coutume, se contenta de quelques textes anciens, les ordonnances de 1259 et de 1307 sur les plédéours, l'*Assise des rachaz*, la Constitution de Jean II et la *Petite Coutume*. Il est évident qu'il se servait d'un manuscrit unique, probablement ancien et dans lequel ces textes figuraient seuls; mais cet éditeur, qui habitait Paris, ne connaissait pas les besoins de la pratique de Bretagne. Les éditeurs de Rennes, qui donnèrent la seconde édition en mars 1485, furent mieux avisés. Sachant bien ce que recherchaient leurs clients, ils imprimèrent toutes les grandes ordonnances du XVe siècle. Ils surent même les choisir et les réunir en collationnant plusieurs manuscrits, et ils eurent le soin d'en faire reviser le texte par le greffier du Parlement qui, à cette époque, se trouvait être Jacques Bouchard, frère d'Alain Bouchard, l'auteur des *Grandes Croniques de Bretaigne*. Ils mentionnèrent le fait dans une déclaration imprimée par eux à la fin du recueil des ordonnances [1]. Cela contribua sans doute au succès du livre auprès des magistrats et des avocats, car tous les autres éditeurs copièrent ce recueil dans le même ordre, et pendant quelque temps ils reproduisirent la mention finale attestant la vérification faite par le greffier de la Cour. Seule, l'édition de Tréguier de 1485, qui s'imprimait en même temps que celle de Rennes, donna un recueil différent comme ordre et comme composition.

Depuis 1485, cette partie de la collection ne se modifia plus, mais la série des ordonnances ducales reçut comme addition les ordonnances royales, dont le nombre alla grossissant très vite à partir de 1491.

Sa longueur toujours croissante avait fini par rendre incommode cet appendice de la Coutume. En 1539 on s'avisa, pour l'alléger, d'en faire un résumé dans lequel on conserva seulement les règles encore en vigueur. Cet abrégé, qui a la valeur d'une œuvre législative, se trouve dans les minutes officielles de la réformation de 1539 à la suite

1. « Avecques les constitucions pareillement visites et correctees par Iacques Bouchart greffier de parlement » (Édition de Rennes de 1485, f° 236 v°).

de la Coutume, et on l'imprima à la même place dans toutes les éditions qui furent données de 1539 à 1580 [1].

En 1580 on s'y prit autrement. On fit rentrer dans le texte de la Coutume toutes les règles établies par les ordonnances que l'on jugea bonnes à conserver. La Coutume se trouva ainsi privée de l'appendice qui lui avait servi de complément pendant près de trois siècles; elle en avait, pour ainsi dire, absorbé la substance.

Réimpression moderne. — L'ancien recueil des ordonnances ducales dormait depuis longtemps dans les cabinets des curieux, avec les éditions devenues rares de la *Très Ancienne Coutume*, lorsque Michel Sauvageau le remit au jour en 1710 [2]. Il donna consciencieusement ce qu'il avait trouvé dans deux ou trois éditions anciennes, mais sans critique, sans rechercher les manuscrits, sans corriger les erreurs, sans remplir les lacunes. Sur un seul point il améliora l'état du recueil. A la place du texte corrompu de l'*Assise au comte Geffroy*, qu'on trouve dans les incunables, il donna un texte très pur, tiré du manuscrit de la reine de Suède, dont Lobineau s'était déjà servi pour donner l'Assise dans son volume de *Preuves*, paru en 1707.

Jusqu'à présent les anciennes assises et constitutions de Parlement n'ont jamais été réunies en un recueil complet; jamais leur texte n'a été étudié et rectifié; jamais on n'en a donné de tables sérieuses et détaillées.

Catalogue de L.-P. Abeille. — En 1757, Louis-Paul Abeille publia à Rennes, sur l'ordre du Parlement, une *Table raisonnée des Ordonnances, édits, déclarations et lettres patentes du roy enregistrées au Parlement de Bretagne depuis sa fondation jusqu'en 1750*. L'auteur, « désirant donner une suite de tout le droit écrit de cette province, » plaça en tête une *Notice des Etablissements, Constitutions et Ordonnances des ducs de Bretagne*, accompagnée de quelques indications bibliographiques, mais son travail est fort incomplet.

1. Ce résumé des anciennes ordonnances ducales forme les articles 669 à 779 de la Coutume de 1539, dans l'édition de Bourdot de Richebourg (*Coutumier général*, t. IV, p. 327 à 333).

2. Le recueil de constitutions et d'ordonnances donné par Sauvageau, se trouve à la suite de son édition de la *Très Ancienne Coutume* (Nantes, 1710, 4°), mais il porte une pagination spéciale.

Tout en donnant le texte rectifié des principales ordonnances ducales, j'ai cru utile de dresser un catalogue aussi complet que possible de ces anciens documents. La grande difficulté d'un pareil travail est la distinction à faire entre les actes qu'il faut retenir et ceux qu'il faut exclure. Aucun signe extérieur, aucun caractère ancien ne permet de reconnaître les actes véritablement législatifs. Tous les pouvoirs étaient confondus dans la main du duc, et il serait dangereux de transporter nos idées sur le droit constitutionnel et la législation dans un temps qui les ignorait. Par la force des choses, la limite reste flottante et le choix à faire est toujours délicat. Cependant il est possible de faire un triage, si l'on songe que l'essence de l'acte législatif est d'établir une règle qui dure, c'est-à-dire qui s'applique à tout un groupe de personnes ou à toute une série d'actes. On élimine ainsi les actes dont le renouvellement était périodique, comme les mandements ordonnant la levée de l'aide des villes, les concessions d'octrois aux villes pour l'entretien de leurs murailles, les convocations des montres générales. On élimine de même les simples actes d'administration susceptibles de s'exécuter en une seule fois et répondant à des besoins passagers. On doit, au contraire, admettre dans le catalogue les actes qui donnaient à une institution sa forme permanente, tels que les privilèges des villes, ceux de l'Université de Nantes, les concessions du droit de menée, etc.

CATALOGUE ET TEXTES

1

Assise au comte Geffroy, Rennes, 1185. — Convention entre le duc et ses barons pour prohiber la division des baronnies et des fiefs de chevaliers dans les successions (Planiol, *L'Assise au comte Geffroy*, dans la *Nouvelle Revue historique de droit*, 1887, t. IX, pp. 117 et 652; tirage à part, Rennes, Caillière, 1888). — Cette Assise est intitulée *Assisia comitis Gaufredi* dans un acte de 1239 (Morice, *Preuves*, t. I, col. 910). Dans les registres de Philippe-Auguste et dans les manuscrits qui en dérivent (Voyez ce qui est dit ci-dessous de l'exemplaire de Rohan), elle porte pour titre : *Constitucio Britanniæ super hereditatibus inter fratres dividendis*, et dans un manuscrit ayant appartenu à Christine de Suède : *Hæc est Assisia terrarum Britanniæ quam fecit Gaufridus comes, filius regis Anglorum.* On l'appelle l'*Assise de Bretaigne* dans un acte de 1262 (Morice, *Preuves*, t. I, col. 983). — L'orthographe primitive du nom de Geffroy était *Gefrey* ou *Gefray*. C'est ainsi que ce nom est écrit dans l'*Assise des Rachaz* de 1275. Voyez aussi divers actes des années 1265 et suivantes dans les *Preuves* de D. Morice (t. I, col. 992, 1002, 1032). On lit *Gefrei* sur un sceau (*Ibid.*, col. 1191). *Gefré* ou *Gefrei* est fréquent dans les chartes de Redon; voyez les Tables du Cartulaire publié par M. de Courson. « Gefrey de Lanvaux » est nommé en 1272 dans un acte du fonds Bizeul, à la Bibliothèque de Nantes.

L'exemplaire original qui existait encore au château de Vitré au XVIe siècle portait les sceaux de Constance et de Geffroy, en cire blanche. La duchesse était représentée debout avec un oiseau sur le poing et la légende était : *Constancia ducissa Britanniae comitissa Richemondiae;* celui du duc portait sur chaque face son effigie à cheval, avec une lance d'un côté et une épée à la main de l'autre, et la légende : *G. Henrici regis filius, dux Britanniae Comes Richemondiae.* Les attaches étaient de laine, bleue et blanche pour l'un, rouge et blanche pour l'autre [1].

BIBLIOGRAPHIE. Chacun des barons assistant à l'Assise dut en recevoir un exemplaire. Tous les originaux sont perdus ; celui qui parait s'être conservé le plus longtemps est l'exemplaire d'André de Vitré, sur lequel on prit des copies imprimées en 1536 et en 1552. Actuellement nous possédons des copies plus ou moins nombreuses et d'anciennes traductions françaises provenant de sept exemplaires différents.

EXEMPLAIRE DE VITRÉ. Hévin, qui avait rencontré un exemplaire de chacune des deux impressions faites au XVIe siècle, constata que celle de 1552 était la meilleure et la publia (*Arrests du Parlement de Bretagne*, de Sébastien Frain, 3e édit., 1684, t. II, pp. 517 et suiv.). C'est le meilleur texte que nous ayons. Il a été reproduit par Bourdot de Richebourg (*Coutumier général*, 1724, t. IV, p. 229), par Warnkœnig et Stein (*Franzœs. Staats-und Rechts-Geschichte*, t. I, Urkundenbuch, p. 27) et par moi (*L'Assise au comte Geffroi*, n° 3).

EXEMPLAIRE DE LÉON. Texte très corrompu ; le seul qui eût encore été imprimé au temps d'Hévin. Il se trouve dans quatre manuscrits, *D G O P*[2]. Impressions diverses : toutes les éditions de la Très Ancienne Coutume, sauf Paris 1480 et Tréguier 1485 ; édition de la Coutume réformée, de Julien du Clos, 1571 et 1574 ; B. d'Argentré (*Hist. de Bretagne*, 1588, liv. III, chap. XXX, f° 225), reproduit par Girard et Joly en 1638 (*Trois livres des offices de France*).

EXEMPLAIRE DE ROHAN. C'est celui qui a fourni la lignée la plus nombreuse de manuscrits et la plus ancienne. Il a été transcrit entre 1212 et 1220 dans les registres de Philippe-Auguste (Registre coté C par M. Léop. Delisle ; Arch. nation., Trésor des Chartes, JJ 8, f° 297), puis en 1220 dans le registre E (*Ibid.*, JJ 26, f° 292), en 1247 dans le registre F (Biblioth. nation., ms. lat. 9778, f° 243), et enfin au commencement du XIVe siècle dans le registre D (Biblioth. nation., ms. lat. 10915 ; remis aux Arch. nation.). Le clerc inconnu qui, dans la seconde moitié du XIIIe siècle, fabriqua la compilation cotée G par M. Léop. Delisle, y fit entrer l'Assise bretonne qui y occupe le n° 60 (*Catal. des Actes de Phil.-Aug.*, p. xxiij). Comme cette compilation eut une grande vogue en Normandie, l'Assise se répandit avec elle dans beaucoup de manuscrits normands. Six existent encore à la Bibliothèque nationale, mss. lat. 4650, 4651, 11032, 11033, 11034 et 11035. Trois autres ont péri le 27 octobre 1737, dans l'incendie de la Chambre des Comptes de Paris : 1° Le registre coté P, chartes de Normandie ; Hévin y avait pris une copie de l'Assise qui existe encore dans ses papiers aux Archives d'Ille-et-Vilaine et dont il publia un extrait (Hév. sur Frain, p. 516). La Bibliothèque nationale possède une copie moderne du registre P, ms. lat. 9067, ci-devant. Suppl. lat. 1412 ; 2° Le *Livre saint Just*, qui contenait la compilation G (Brussel, *Usage général des fiefs*,

1. Description donnée par la copie prise en 1536, et reproduite par Hévin sur Frain, t. II, p. 545.

pp. 674 et 990). La table du *Livre saint Just* publiée par Marnier ne mentionne pas l'Assise, mais elle est incomplète (*Soc. des Antiquaires de Normandie*, t. XIV, p. VI); 3° Le *Terrier Cartulaire de Normandie*, où l'Assise figurait au f° 220 (Brussel, *op. cit.*, p. 883). — L'exemplaire de Rohan fut publié par Brussel en 1724 d'après le *Terrier Cartulaire* (*op. cit.*, p. 883). — Vers 1380, à l'occasion des démêlés du duc et du roi, on fit à Paris une copie latine en double exemplaire, prise sur les registres de Philippe-Auguste, qui existe encore (*Trésor des Chartes*, J 240, n° 30 et 31). L'un d'eux porte au dos : *Pro negocio Britannie*; à l'autre est attachée une traduction française collationnée. M. Teulet a publié l'Assise d'après ces copies tardives, sans en soupçonner la provenance (*Layettes du Trésor des Chartes*, t. I, n° 337, p. 144). — Tous ces manuscrits sont étrangers à la Bretagne. Un seul manuscrit de la Coutume donne l'exemplaire de Rohan, c'est *L*.

EXEMPLAIRE DE DINAN. Copie du XIIIe siècle dans le ms. 520 (olim 184) de la reine Christine, aujourd'hui au Vatican. C'est le meilleur texte après celui de Vitré. Publié par D. Lobineau en 1707 (*Hist. de Bretagne*, t. II, p. 317), par Sauvageau en 1710 (Recueil d'Assises et de Constitutions, p. 56, à la suite de son édition de la Très Ancienne Coutume) et par dom Morice en 1742 (*Preuves*, t. I, col. 705). — Une ancienne traduction française faite sur cet exemplaire de l'Assise a beaucoup circulé dans les manuscrits de la Coutume. On la trouve dans *D F G G2 G3 J K Q*, dans l'édition de Tréguier, et dans celle de J. du Clos de 1574.

EXEMPLAIRE DE CHATEAUBRIANT. Se trouve dans les manuscrits du *Chronicon briocense* (Biblioth. nation., fonds latin, n° 6003 et 9888) et dans les manuscrits de la Coutume *C I W*. Inédit.

EXEMPLAIRE DE PORHOET. Copie du XIVe siècle dans le *Cartulaire de saint Melaine* (Biblioth. de Rennes, ms. 288, f° 183). Inédit.

EXEMPLAIRE DE CHATEAUGIRON. Connu seulement par une ancienne traduction française que les Bénédictins ont trouvée dans les archives de Vitré (Lobineau, *Hist. de Bretagne*, t. I, p. 169; Morice, *Hist. de Bretagne*, t. I, p. 117).

Exemplaire anonyme dans le manuscrit de la Coutume coté ci-dessus *R*.

TEXTE LATIN.

[1] Notum sit omnibus tam presentibus quam futuris quod cum in Britannia super terris inter fratres dividendis detrimentum terræ plurimum soleat evenire, ego Gaufridus, filius Henrici regis, dux Britanniæ, comes Richemundiæ, utilitati terræ providere desiderans, petitioni episcoporum et baronum omnium Britanniæ satisfaciens, communi assensu eorum assisiam feci, tempore meo et successorum meorum permansuram, et concessi quod in baroniis et feodis militum ulterius non fierent divisiones,

sed major natu integre [1] dominatum [2] obtineret, et junioribus suis majores providerent et invenirent honorifice necessaria juxta posse suum.

[2] Ea vero quæ tunc juniores possidebant in terris sive denariis, tenerent quamdiu viverent. Heredes quidem terras tenentium, illas possiderent in perpetuum; heredes vero denarios et non terras habentium, minime post patres haberent.

[3] Item si terra majoris [3] devenerit in balliam, frater major post eum balliam habebit; quod si fratrem non habuerit, ille de amicis balliam habeat cui decedens cum assensu domini voluerit eam commendare.

[4] In filiabus vero qui majorem habuerit [4] terram habeat, et juniores maritabit de terra ipsa ad consilium domini et propinquorum generis.

[5] Si autem in terra majoris maritagium aliquod accidere contigerit quod juniori placeat, illud habebit, nec major alii conferre poterit dum junior habere velit. Quod si habere noluerit et alibi invenerit, major frater ei de rebus et catallis suis dando perquirat [5] pro posse suo cum consilio propinquorum amicorum.

[6] Item si major juniori terram dederit, de qua eum in hominem recipiat, et sine herede obierit, alicui de propinquis suis cui voluerit eam dabit, ita quod ad principalem dominum non redeat; si autem non ceperit eum in hominem, ad majorem fratrem hereditas revertetur.

[7] Hanc assisiam ego Gaufridus, dux Britanniæ, et Constancia uxor mea et omnes barones Britanniæ juravimus tenere. Decrevimus etiam necessarium ut et majores natu et juniores eam jurarent tenendam; et si juniores nollent jurare, amplius nec in terris nec in denariis partem essent habituri.

1. *Variantes :* integrum, terræ integræ.
2. *Variante :* dominium.
3. *Certaines copies donnent ici* minoris, *ce qui est une erreur certaine.*
4. *Variante :* Quæ major erit.
5. *Variantes :* procuret, procurabit, perquirat.

[8] Hanc igitur institutionem sive assisiam nominatim A... [1] et ejus heredibus per totam terram suam concessimus permansuram. Et ut hoc ratum permaneat et stabile, attestatione sigilli mei et Constanciæ uxoris meæ voluimus roborari, testibus NN... [2] et pluribus aliis [3].

Datum apud Redonas, anno domini m° c° lxxx° v° [4].

Ancienne traduction française [5].

(XIIIe siècle).

Ce est l'ancien establissement monseignor le duc de Bretaigne qui fut fiz le rey Henry.

[1] Nous faisons assavoir à touz que come en Bretaigne soille avenir plusor detriment sur terres, nos Geffrey, le rey Henry fiz, duc de Bretaigne, comte de Richemont, desirans proveier au profit de la terre, faisans le gré aus evesques e aus barons, o le commun assentement, feismes assise à durier en nostre temps e de nos successors, e otreasmes que en baronies e en fiez des chevaliers ne fussent fetes parties des ores en avant, mais l'ainzné tenust enterinement la seignorie e porveist au joveignors e lor trovast ce que mestier lor seroit selon sun poier.

1. *Chaque exemplaire portait ici le nom du baron auquel il avait été remis :* Andreæ de Vitreio, Alano de Rohan, Rolando de Dinanno, *etc.*

2. *Les noms des prélats et barons présents à l'Assise varient d'un manuscrit à l'autre, et ils sont souvent méconnaissables. Ceux qu'on peut relever en comparant les différentes copies sont les suivants : Herbert, évêque de Rennes; Pierre, évêque de Saint-Malo; Guehenoc, évêque de Vannes; Maurice, élu de Nantes; Raoul de Fougères, Roland de Dinan, André de Vitré, Geffroy de Châteaubriant, Alain de Rohan, Eudon de Porhoët, Guiomar de Léon, Jacques et Alain de Châteaugiron, Gautier, abbé* [*laïque*] *de Tudi, et peut-être Alain de Penthièvre* (*Alanus filius comitis*).

3. *Variante :* et omnibus aliis baronibus Britanniæ.

4. *La date manque dans la plupart des manuscrits. Certains imprimés portent à tort* 1175; *Warnkœnig s'est également trompé et Brunner d'après lui en donnant* 1187 *comme date de l'Assise. En* 1175, *Geffroy n'était pas encore marié; en* 1187, *il était mort.*

5. *Trouvée par les Bénédictins dans les archives du château de Vitré. Il en existe une autre traduction plus récente et moins curieuse* (Planiol, l'*Assise au comte Geffroi*, n° 4).

[2] Adecertes teles choses que les joveignors tenoient lors en terres ou en deniers tendraient à tant come ils vivroient, e les heirs de ceus qui tenaient terres tenissent celles à tous jors mais, e les heirs de ceus qui auroient deniers e non pas terres ne les auroient pas après lor peres.

[3] De rechef si la terre de l'ainzné vient en bail, le frere ainzné après celui aura le bail; e s'il n'a frere, celui des amis ait le bail à cui celi qui meurt le vodra commandier o l'assentement de sun seignor.

[4] En filles, celle qui est ainznée ait la terre, e mariera les joveignores de icelle terre, au conseil du seignor e des plus prochiens du lignaige.

[5] Si adecertes en la terre de l'ainzné avient aucun mariage qui plaise au joveignor, il l'aura; ne l'ainzné ne le porra donner à aucun, domantres que le joveignor le veage avoir. E sil ne veot avoir e truisse aillors, l'ainzné frere le porchace en li donnant [1] de ses choses e de ses chataux selon son poier, o le conseil des plus prochiens amis.

[6] De rechef si l'ainzné frere donne à son joveignor une terre de laquelle il le prenge à home e le joveignor murge sans heir, il donra celle terre à aucun de ses prochiens, ainsi qu'elle ne retorge pas au principal [seignor] [2], mais si l'ainzné frere ne reçoit son joveignor à home de celle terre, ale retournera à l'ainzné.

[7] Adecertes la presente assise nos Gefrey, duc de Bretaigne, e Constance nostre fame, e tous les barons de Bretaigne jurasmes tenir; e egardames que chose necessaire seroit que les ainznez e les joveignors jurassent la tenir; e si les joveignors ne voulsissent jurer, ils n'auroient partie des ores en avant ne en terres ne en deniers.

1. *Je rétablis ainsi l'ordre des mots qui me paraît bouleversé dans le texte publié par Lobineau où on lit :* E s'il ne veot avoir e l'ainzné frere le truisse aillors porchace en li donnant..., *ce qui est inintelligible, tandis qu'en transposant quelques mots on obtient la traduction exacte du passage latin.*

2. *Omis dans le texte publié par Lobineau.*

[8] E cet establissement e assise à Jacques e Alain de Chasteau Giron e lors heirs otreasmes à estre par tote leur terre. E que ce soit ferme e estable nos le confermasmes de nostre seau e du seau de Constance nostre fame. E de ce sunt tesmoins...

2

Privilèges de Saint Aubin du Cormier. Nantes, 17 mai 1225. — Accordés par Pierre Mauclerc au moment de la fondation de la ville; confirmés par Jean IV, le 13 septembre 1392; par Jean V, le 6 janvier 1408 v. st.; par François Ier en 1448 et par Pierre II en 1450. — Le grand nombre de seigneurs venus de toutes les parties de la Bretagne qui ont confirmé ces privilèges ne permet pas de douter qu'ils aient été proclamés dans une *Assise* ou réunion solennelle, comme celles qu'on appela plus tard le *Parlement général*.

Mss. : Arch. Loire-Inf., E 157 (copie), B 131.
Impr. : D. Lobineau, t. II, col. 378; D. Morice, *Preuves*, t. I, col. 853; R. Blanchard, *Lettres et mandements de Jean V*, n° 1051.

Universis Christi fidelibus ad quos præsentes litteræ pervenerint, Petrus, dux Britanniæ, comes Richemundiæ, salutem in salutis auctore.

[1] Ad universorum notitiam volumus pervenire quod nos omnibus hominibus manentibus apud S. Albinum, quoddam castrum nostrum novum situm in foresta nostra Rhedonensi, concedimus et hac presenti carta nostra confirmamus quod ipsi omnem libertatem habeant et quod ipsi de tallia et calvachis et omni consuetudine et exactione liberi sint et immunes, in hunc modum quod unusquisque qui in loco prænominato manserit nobis et hæredibus nostris annuatim in Natali Domini v. solidos usualis monetæ pro mansione sua reddere teneatur censuales; excepto tamen hoc quod, quotiescumque nobis necesse fuerit, nobiscum ibunt in exercitu nostro.

[2] Concedimus etiam dictis hominibus quod in tota foresta nostra Redonensi, extra brolia, communem pasturam habeant

et licentiam et nemus mortuum. Et si forte contigerit quod equus dictorum hominum, sive bos, sive vacca, sive asinus intra unum annum ætatem habentes, in broliis dictæ forestæ pascentes capti fuerint, unumquodque illorum pro duobus denariis usualis monetæ redimetur et domino cujus fuerit restituetur. Et si ovis vel capra vel porcus similiter in dictis broliis pascentes capti fuerint, unumquodque eorum pro duobus denariis usualis monetæ redimetur et domino cujus erit restituetur; et nulla alia amanda pro tali forisfacto a dictis hominibus exigetur.

Quod ut ratum et stabile permaneat, præsentem paginam sigilli nostri munimine fecimus roborari.

Actum Nannetis in vigilia Pentecostes, anno gratiæ m° cc° xx° v°, mense Maio.

[3] Item universis Christi fidelibus præsentem paginam inspecturis Andreas de Vitreio. Gaufridus de Poenceio, Jacobus et Galerannus Castrigironis, Fulco Paganelli, G. de Melecio, Johannes de Dolo, Johannes Paganelli, O. de Quoiquen, Ricardus Marescallus, Alanus de Belloforti, O. de Tinteniac, Rollandus de Dinan, W. et R. Monfortis, Eudo de Loheac, Gaufridus Castribrientii, Gaufridus de Ancenis, W. de Derval, Bonabes de Roger, Brient le Bof, Herveus de Blain, vicecomes de Donge, Gaufridus de Bello Morterio, Garsirius de Raies, Johannes de Montauban, O. vicecomes de Rohan et frater ejus, Gaufridus filius Oliverii, P. de Malestricto, Rad. Niel, Alanus de Rupe, Henricus d'Avaugor, S. de Coiron, Oliverius Tornemine, Guido d'Arguenton, Eudo filius Morvan, vigerius de Minibriac, Guehenocus filius Merian, Oliverius filius Alani, Henricus filius Morvan, Mauricius filius suus, Henricus senescallus Corisopitensis, Petrus filius Hamelini, Tengicus frater suus, Soudan vicecomes de Fago, Herveus de Ponte, Herveus de Leonia, Conanus de Leonia, Solimanus de Leonia, Evenus de Ponte, Guillelmus senescallus Redonensis, Goranton de Vitreio, Bertrannus et Tiso de S. Egidio, Petrus de Cornillé, Alanus de

Acigneio, Guido de Orenges, dominus Droco de Mello, Jodoinus de Dol, W. de Plesseit, W. Richardi, Herveus de Joe, salutem.

[4] Noveritis nos ad petitionem et instantiam P., ducis Britanniæ et comitis Richemondiæ, gratis concessisse et præsenti scripto confirmasse omnibus hominibus et quibuscumque eorum heredibus et successoribus, qui jam conversantur vel de cætero conversaturi sunt in villa S. Albini quam dictus comes de novo fundavit in foresta Redonensi, quod in quibusque dominiis nostris liberi sint et quieti et immunes finabiliter ab omnibus peagiis et consuetudinibus.

Quod ut ratum habeatur et firmum, præsentem paginam sigillorum nostrorum impressione roboravimus.

Actum est hoc anno gratiæ MCCXXV. Valete.

3

Obéissance de Rohan. Nantes, 19 sept. 1231. — Pacte entre Jean le Roux et Alain V de Rohan, par lequel le futur duc promet au vicomte de ne pas s'accroître en fief à ses dépens et fixe à Ploërmel l'obéissance féodale de la vicomté de Rohan. C'était la récompense de la fidélité montrée par Alain de Rohan à Pierre de Dreux dans sa lutte contre la France et les barons. Cf. nº 8.

Ms. : Vidimus de 1394, Bibl. de Nantes, fonds Bizeul, carton des rachats.
Impr. : Inédit.

Universis presentes literas inspecturis vel audituris, Johannes de Britannia, filius domini Petri, ducis Britanniæ, comitis Richemundiæ, salutem.

Noverit universitas vestra quod ego, tactis sacrosanctis evangeliis, juravi quod dilectum ac fidelem meum Alanum, vicecomitem de Rohan, et heredes suos sive successores suos juvabo contra omnem creaturam que potest vivere et mori, bona fide et sine fraude, ad defendendum omnes possessiones suas et sesinas pacifice in perpetuum detinere. Et ad hoc obligo me dicto vicecomiti et suis heredibus, et heredes meos et omnia bona mea presentia et futura. Insuper nos vel heredes nostri non poterimus aliquo modo accrescere nos in aliquo feodo dicti vicecomitis vel heredum suorum dominico vel gentili, vel in retrofeodo; nec poterimus ipsos vicecomitem vel heredes suos nec eorum homines compellere ad obediendum racione feudorum suorum de vicecomitatu de Rohan et de Porzenquoit [Porhoët] et de Kemeneguegant in aliquo loco in ducistatu Britannie nisi apud Ploarmel solum. Et juravi quod faciam sigillari presencium litterarum tenorem sigillo meo proprio, quum sigillum proprium habebo, dum modo a dicto viro vel a suis heredibus fuero requisitus. Et contra earum tenorem per me vel per alium non veniam in futurum. Et in fidem ac testimonium premissorum presentes litteras feci sigillari sigillo dicti domini Petri, ducis Britannie, patris mei, quod sigillum proprium non habebam.

Datum apud Namnetas, die Veneris post octabas Nativitatis Beate Marie, anno Domini m° cc° xxx° primo.

4

Monnaie tournois. Nantes, vers 1237. — Le duc aurait interdit la circulation de la monnaie tournois à Nantes : « Facit... banniri in civitate Nannetica quod moneta turonensis non reciperetur in ea. »

Texte perdu. Simple mention en 1248 dans les plaintes de l'évêque de Nantes (D. Morice, *Preuves*, t. I, col. 937).

5

Taxes sur le commerce. Nantes, vers 1237. — « Statuit idem comes, novum vectigal imponens, quod si mercatores, venientes ad civitatem nanneticam in navigio cum mercimoniis, reponerent in aliis quam ipsius comitis domibus merces suas, solverent sibi pro qualibet merce certam pecunie quantitatem. »

Texte perdu. Analyse dans les plaintes de l'évêque de Nantes (D. Morice, *Preuves*, t. I, col. 937).

6

Assise des Juifs. Ploërmel, 22 mars 1240 n. st. — Mandement du duc à ses officiers exposant les décisions prises pour l'expulsion des Juifs et la libération de leurs débiteurs et de leurs gages.

Mss. : Copie du XIVe siècle dans le *Cart. S. Melaine*, f° 17 (Bibl. de Rennes, ms. n° 271). — Vidimus délivré à l'instance du duc par l'abbé de Sainte-Croix de Quimperlé, le 10 juin 1397 (Arch. Loire-Inf., E 126).
Impr. : D. Lobineau, t. II, col. 392 ; D. Morice, *Preuves*, t. I, col. 914.

Universis presentes litteras inspecturis Johannes, dux Britanniæ, comes Richemundiæ, salutem.

[1] Noveritis quod nos ad precationem episcoporum, abbatum, baronum ac vassallorum Britanniæ et pensata voluntate tocius terræ, ejecimus omnes Judeos de Britannia, nec nos nec heredes nostri tenebimus in Britannia ullo unquam tempore, nec sustinebimus quod aliqui de subditis nostris ipsos teneant in terris suis in Britannia.

[2] Præterea omnia debita quæ debentur dictis Judeis in Britannia constitutis, quocumque modo et qualitercumque eis debentur, penitus remittimus et quietamus; et terræ eisdem Judeis obligatæ et quæcumque pignora mobilia et immobilia ad debitores vel eorum heredes revertentur, exceptis terris et aliis pignoribus quæ jam vendita sunt Christianis per judicium curiæ nostræ.

[3] Præterea nullus de morte Judeorum interfectorum usque modo accusabitur vel convenietur.

[4] Præterea bona fide pro posse nostro rogabimus et inducemus dominum regem Franciæ quod istam ordinationem sive assisiam velit et confirmet per litteras suas.

[5] Præterea manucapimus pro nobis et pro patre nostro quod nullis Judeis in terra patris nostri debita jam contracta in Britannia nullatenus persolvantur.

[6] Istam assisiam taliter ordinatam juravimus bona fide in perpetuum servare, et si contra ordinationem istam nos venire contigerit, episcopi Britanniæ communiter vel sigillatim possunt nos excommunicare et terras nostras in suis diocesibus supponere interdicto, non obstante aliquo privilegio impetrato vel impetrando.

[7] Insuper gratamus et concedimus quod heredes nostri qui pro tempore nobis succedent, postquam advenerint ad legitimam ætatem, jurabunt hanc assisiam prout superius ordinata est se fideliter servaturos. Et dicti barones, vassalli vel alii quicumque qui debeant fidelitatem comiti Britanniæ, non jurabunt fidelitatem nec facient homagium dictis heredibus nostris, donec ipsi sufficienter requisiti per duos ad minus episcopos, vel per duos barones ad minus nomine aliorum, istam assisiam se juraverint fideliter servaturos; quo jurato a dictis heredibus, ipsi barones et alii qui debent fidelitatem comiti Britanniæ ex tunc jurabunt fidelitatem et facient hommagium dictis heredibus sicut debuerint sine mora.

[8] Præterea episcopi et barones et vassalli juraverunt et concesserunt quod nullo unquam tempore Judeos tenebunt sive permittent teneri in terris suis in Britannia.

Datum apud Plairmel, die Martis ante resurrectionem Domini anno graciæ m°cc°xxx°ix°.

7

Police du commerce. Nantes, entre 1237 et 1248. — Cette ordonnance, spéciale à la ville de Nantes, se rattache (comme les n°s 4 et 5) à la lutte de Pierre Mauclerc et de son fils contre l'évêque. Le duc interdit l'échange et la vente des marchandises en gros, établit des droits de sortie sur les vins expédiés en Angleterre et institue des facteurs privilégiés pour la vente en gros du poisson.

Texte perdu. Analysé dans les plaintes de l'évêque (D. Morice, *Preuves*, t. I, col. 937).

8

OBÉISSANCE DE ROHAN. Avril 1254. — Confirmation par Jean le Roux des lettres de 1231. Cette fixation de l'obéissance féodale fut, dans la suite, souvent imitée. Voyez l'accord de 1283 entre le vicomte de Rohan et Thomas de Beaumer, fixant à Pontivy l'obéissance des fiefs de ce dernier (Mor., *Pr.*, I, 1069), le contrat de mariage d'Alain de Rohan avec Agnès d'Avaugour, en 1288, fixant à Chatel-Audren l'obéissance des terres données à Agnès (*Ibid.*, 1083) ; les lettres de Jean V pour la chatellenie du Gavre, en 1422 (Lob., t. II, col. 987 ; Blanchard, *Actes de Jean V*, n° 1532).

IMPR. : D. Morice, *Preuves*, t. I, col. 956, d'après un vidimus de 1506.

9

TRAITÉ AVEC LE SAINT-SIÈGE. Rome, 7 avril 1256. — La lettre de soumission du duc Jean le Roux, qui avait été excommunié, est rapportée dans l'absolution donnée par le cardinal de Sainte Sabine. Détails intéressants sur les excommunications, le tierçage, les legs aux églises, les testaments, l'usure, le parjure, etc. Il faut en rapprocher plusieurs brefs des papes Honorius III, Grégoire IX et Innocent IV, qui se rapportent à ces démêlés (Lob., t. II, col. 374, 375, 379, 381, 393 ; Mor. *Pr.*, I, 835, 861, 909, 928). — Cf. n° 18 *infra*.

MS. : Arch. Loire-Inf., E 73 (vidimus).
IMPR. : D. Lobineau, t. II, col. 401 ; D. Morice, *Preuves*, t. I, col. 963.

10

ASSISE DES PLÉDÉOURS. 1259. — Texte en français, qui est probablement la traduction d'un original latin perdu. Fixation d'un tarif pour les salaires des avocats. — Comparez l'ordonnance angevine de 1251 (Marchegay, *Archives d'Anjou*, t. II, p. 166). Sur l'imitation supposée de celle-ci par l'assise bretonne, voyez Viollet, *Établissements de saint Louis*, t. I, p. 288.

MS. : Bibl. nation., fonds français ms. 14398 (ms. *L*, daté de 1454).
IMPR. : Anciennes éditions *a* et *c* de la Coutume de Bretagne ; Morice, *Preuves*, t. I, col. 971.

A touz ceulx qui ces presentes lettres verront et orront, Jehan, duc de Bretaigne, conte de Richemont, salut en Nostre Seigneur.

[1] Sachent touz que par le conseil des proudes hommes et pour le commun prouffit de la terre avons fait establissement en l'evesché de Léon et par toute Bretaigne sur les pledéours en noz courtz sur noz hommes qui s'i accorderont et es courtz qui s'i accorderont, et cest establissement durera à tous jours mès sanz ce que il puisse estre rappellé.

[2] Et est l'establissement tiel que nul pledéour ne pourra prandre d'un homme que cinq soulz d'un jour pour pledoier et uns coustz regnables de venir et de s'en aler, si l'en le voit querre qu'il ne soit trouvé là où le plet sera, c'est assavoir au chevalier sept soulz, à l'escuyer troys soulz, à le homme à pié douze deniers, et est de journée renable. Et si celui qui le fera venir lui poye ses coustz de aler et de venir, il ne puet prandre d'aultres que cinq soulz d'un jour.

[3] Et null pledéour ne prandra aultre don en terre, en deniers, ne en joyaux, ne en nulles aultres choses, ne autre covenance faire qui soit contre l'establissement devant dit par quoy il puisse prandre nulles choses oultre la value de cinq soulz devant ditz; ne null pledéour ne pourra prandre terre de nulz pour mesurage ne null aultre don.

[4] Et si ainxin avenoit que nul pledéour fust accusé vers le conte ou vers ses baillifs qu'il ait riens prins pour pledoier, ne nulle covenance faicte oultre la somme devant dicte de cinq solz, ainxin comme il est divisé par dessus, le conte ou ses baillifs feront enqueste, et s'ilz trouvent par l'enqueste par luy ne par aultre qu'ilz aient fait du contraire, celui ou ceulx qui en seront reprins oultre l'establissement devant dit, ilz ne seront jamais receuz ne ouys à pledoier pour nully en la court au conte ne en la court à ceulx qui auront gréé l'establissement devant dit, et l'amandera au conte à l'esgart de sa court. C'est à savoir que endemendres que l'en fera l'enqueste, le pledéour ne lerra pas

à pledoier, et l'enqueste doit estre faicte dedans ung moys de l'eure que l'accusement sera fait.

[5] Et null ne pourra avoir que quatre pledéours ensemble, par quoy aultres gienz en veulent avoir.

[6] Et null pledéour ne puet prandre riens pour lesser à pledoier contre autruy.

[7] Et touz les pledéours qui sont et jamais seront, avant que ilz soint ouyz à pledoier en la court au conte contre ceulx ne o qui auront gréé ceste convenance, ne es courtz à iceulx qui ceste convenance auront octroiée, jureront sur saintz avant qu'ilz soient ouyz à pledoier es courts davant dites cestes convenances tenir sans venir encontre. C'est à savoir que si aucun pledéour ne veult jurer l'establissement, pour ce ne lerra il mie à pledoier pour ceulx qui auront gréé l'establissement, si plet estoit esmeu entre aucuns qui auront gréé l'establissement et aucuns qui n'auront mie gréé l'establissement. Le serament n'encombre pas le pledéour qui auroit juré l'establissement qu'ilz ne puissent prandre de celui qui n'aura gréé l'establissement ce que il leur vouldra donner oultre les cinq soulz.

[8] Et pourra celui qui a gréé l'establissement lever des pledéours qui n'auront pas gréé l'establissement, jucques à celle heure que celui qui n'a mie gréé l'establissement l'ait gréé. Et puis qu'ilz auront juré l'establissement ilz se contendront en toutes choses selon la forme de l'establissement devant dit.

[9] Et pour ce que cest establissement soit ferme et estable et que nouz ne noz hoirs ne autres ne puissent jamais le rappeller ne venir encontre nous seellames cest establissement de nostre seel propre et octroyames et octroions que les evesques et les barons de Bretaigne le seellent de leurs seaulx. Et fust fait et donné l'an de grace mil cc. lix.

11

Abolition des aveux. Paris, 16 décembre 1275. — Traité entre Philippe le Hardi et Jean le Roux, sous la forme d'un échange de lettres.

Mss. : Lettres de Philippe le Hardi : Arch. Loire-Inf., E 110. — Lettres de Jean le Roux : Arch. nation., *Trésor des chartes*, J 241, n° 19. Parchemin original, scellé. Au dos est écrit : *Littere ducis Britannie de quittacione advocacionum quas consueverat recipere a quibus libet in Britannia.*

Impr. : Lettres de Philippe le Hardi : D. Morice, *Preuves*, t. I, col. 1037 ; D. Lobineau, t. II. col. 1229. — Lettres de Jean le Roux : A. de la Borderie, *Actes inédits des ducs de Bretagne*, n° CXL, p. 227.

A. Lettres de Jean le Roux.

A tous cels qui verrunt et orront cestes presentes lettres Jahan, duc de Bretaigne, saluz en Nostre Segneur. Sachent touz que comme nos et noz ancesseurs eussons acostumé ou fussons en saisine de aveir avveu et de receivre, en queulque maniere que il fust fait à nous, en aucuns certeins lieus en Bretaigne, de nos subgecz qui tienent de nous en fiez et en riere fiez, pourquei la jurisdiction de nos soubjectz esteit empeschée, nos regardant o conseil de preuzdes homes que ledit avveu esteit contre dreit, voulons que le dit avveu e la dite coustume ne seit mais en nul lieu en Bretaigne, e le quictons et delaissons à touz jourz mais pour nous e pour noz heirs, en tele maniere que nous e nos heirs aions les resorz des jugemenz e des defauz de dreit e nos autres jurisdictions que nos avons acoustumé à aveir en Bretaigne e es lieux devant diz. E en testemoine de ce nos feismes cez lettres seeler de nostre seiau.

Ce fut donné à Paris, le jour de lundi emprès la feste de seinte Luce virge, en l'an de grace m. cc. seixante quinze.

B. Lettres de Philippe le Hardi.

Philippus Dei gratia Francorum rex. Notum facimus universis tam præsentibus quam futuris quod, cum in nonnullis locis Britanniæ de gentibus vassallorum dilecti et fidelis nostri comitis Britanniæ fierent advocationes ad dictum comitem, et reciperentur qualitercumque fierent in feodis et retrofeodis suis, propter quod impediebatur jurisdictio subditorum suorum, et per formam consimilem de locis eisdem ab ipso comite subditi sui ad nos similes advocationes defferrent, quas advocationes idem comes asserebat nec nos nec antecessores nostros tempore suo vel prædecessorum suorum aliquatenus habuisse; idemque comes hujus modi advocationes quæ fiebant ad eum, quas credebat juri contrarias, in quibuscumque locis in Britannia fierent, pro se et hæredibus suis subditis remiserit et quittaverit, nos similiter tales advocationes ad nos fieri et etiam recipi prohibemus, remittentes et quittantes pro nobis et successoribus nostris in perpetuum jus si quod habebamus in recipiendis advocationibus antedictis, salvo tam in ressorto quam in aliis jure nostro et jure etiam alieno. Quæ ut perpetuæ stabilitatis robur obtineant, præsentibus litteris nostrum fecimus apponi sigillum.

Actum Parisiis anno Domini millesimo ducentesimo septuagesimo quinto mense decembri.

12

ASSISE DES RACHAZ. Nantes, 12 janvier 1276 n. st. — Convention du duc et des barons abolissant le bail seigneurial et le remplaçant par un droit de rachat. Sur cette Assise, voyez Planiol, l'*Assise au comte Geffroy*, n°s 70 à 77. — Bien qu'il y ait des doutes sur l'époque à laquelle on commençait l'année en Bretagne au XIIIe siècle, il semble que cette Assise ait été faite en janvier 1276 nouveau style, et qu'elle ait suivi le traité conclu avec le roi pour l'abolition des aveux. — Dans le *Cartulaire de Bretagne*, dressé au commencement du XVe siècle par ordre d'Hervé le Grant, cette pièce est intitulée :

« Accordance pour le bail par les barons de Raiz et de Nantois » (Arch. Loire-Inf., E 236, f° xix r°). Dans l'édition de la Coutume, de 1480, elle porte pour titre : « Establissement du duc de Bretaigne sur le fait des juveigneurs et des aysnés et correction de l'establissement du comte Geffroy. » Dans quelques manuscrits on l'appelle « Lettre pour la mutacion du bail en rachat. » Je lui restitue le nom qu'elle paraît avoir porté primitivement. Voyez l'acte du sire du Palais, de 1315, où elle est appelée à deux reprises l'*Assise des rachaz* (Lobineau, *Preuves*, col. 468; Morice, *Preuves*, t. I, col. 1258).

Mss. : Originaux. Les six exemplaires décrits par D. Lobineau (t. II, col. 424) et par D. Morice (*Preuves*, t. I, col. 1037) existent encore aux archives de la Loire-Inférieure. Deux sont exposés sous verre dans la salle publique. Les quatre autres sont dans la série E, n° 151. Il y en a un septième que D. Lobineau n'a pas connu et qui porte le sceau d'Olivier de Montauban (E 126). Un huitième exemplaire, délivré à Alain de Rohan en avril 1276, se trouve à la Bibliothèque de Nantes, fonds Bizeul, n° 1533. — Copies du XIVe siècle dans le manuscrit de la Coutume *T*, du XVe dans *C D F J L O P² Q*. Le cartulaire de Bretagne, dressé par ordre d'Hervé le Grant, au commencement du XVe siècle, reproduit en entier les sept exemplaires du Trésor des Chartes et en donne même un autre (le 9e) gréé par le sire de Rostrenen en 1279 (Arch. Loire-Inf., E 236, f[os] xix à xxix).

Impr. : Anciennes éditions de la Coutume; D'Argentré, *Hist. de Bretaigne*, édit. de 1588, liv. IV, chap. xxvi, f° 249; Hévin sur Frain, p. 550, d'après ses manuscrits de la Coutume; D. Lobineau, t. II, col. 424; D. Morice, *Preuves*, t. I, col. 1037; Poullain du Parc, *Coutume*, t. I, p. 272 (d'après les Bénédictins); Sauvageau, *Constitutions et ordonnances*, p. 58, texte corrompu, d'après les incunables.

A tous ceus qui cestes presentes lettres verront ou orront, Jahan, duc de Bretaigne, saluz en Nostre Seignor.

Sachent touz que comme nos eussons acoustumé nos e nos ancesours avant nous à prandre e à aveir par reson de bail les fruiz e les essues des terres e des rentes à nos hommes gentiz amprès lor decès, quant lor heirs estoient en non aage, jucques à tant que ils eussent vint ans acompliz e passez; e ansement preneons nos les fruiz e les essues des terres az joveignors à noz hommes, amprès les decès as joveignors, de ceu que is tenoient en joveignorage de nos hommes, quant les anfanz as joveignors estoient en non aage, jucques à tant que is eussent vint anz acompliz e passez ; por laquele chose les executions des testamens e les darreennes volentez des morz estoient retardez e ne pooient estre acompliz ne les dettes paiés.

[1] Nos, regardens le commun profit, acordames nos e nos gentishommes de commune volenté que nos, totes les feiz que nos homes morrunt, en quelque aage que lor heirs soient, aurons nos e nos heirs les fruiz e les essues de lor terres e de lor rentes d'une année, sans bois coper ne vendre, sans estans peescher e sans courre en garenne ne en forez.

[2] Ensi totes voies que se celui de nos homes qui morra aveit baillé bienfet à ses joveignors, ou partie en heritage, ou doaere à aucune fame qui aveir le deust par la coustume de la terre, nos ne prandeons pas les fruiz ne les essues de l'année de celes terres que les joveignors tendroient ou les fames par reson de lor doaere, jucques tant que les joveignors ou les fames moreissent; e si com aucun des joveignors ou des doaereres deffaudra, sur celui fié que il tendroit en joveignorage ou en doaere prandrons nostre année come sus l'autre davant dit.

[3] E por ceste chose davant dite nos volons et otroions por nous e por nos heirs que nous e nos heirs recevrons l'omenage des heritiers en quelque aage que is soient quant l'eritage lor avendra; e quant is seront en aage, is nous referont l'omage e la fey, e ne paeront pas les fruiz de l'année de lor terre des fiez dont nos les aurons euz.

[4] E quitons por nos e por nos heirs les bailz à jamès perpetuaument par la maniere davant dite.

[5] E est à saveir que se fame qui seit heir de terre se marie, por ceu ne paera elle pas les fruiz de l'année de sa terre des fiez dom elle les aura paiez.

[6] E les non aagez ne seront pas tenus, jucques tant que is aient vint ans acompliz e passez, à respondre des sessines que lor ancestres à qui is sont heirs tendront en pez au temps de la mort, segond l'ancienne coustume de Bretaigne.

[7] E est assaveir que celui qui morra puet lessier la garde de ses enfanz e de ses biens à qui li plera, sauve nostre obeïssance

en totes choses, sens contredit que nos ne nos heirs i puissions mettre, e son testament acomplir, tenant ceste convenance davant dite.

[8] E se ainsi avenoit que il ne feist testament ou devis, les amis prochiens au mort poent ordener des fruiz e des essues de la terre des biens du mort au profit de le heir e de l'ame dou mort, senz contredit que nos ne nos heirs y puissions mettre, ceste convenance tenant.

[9] E volons encore, de tant come à nos e à nos heirs appartient, que se aucun des ainnez prend son joveignor à home e iceul joveignor morre sans heir de son propre corps, que por l'asise au comte Geufrey ne remainge pas que la terre ne retorge arriere à l'ainné ou à le heir de l'ainné, sauve l'ordenance resnable au joveignor.

[10] E volons que les barons e lor heirs puissent fere autre telle convenance o lor homes, se is en sont d'un gré entre eus e lor homes, sauve nostre obeïssance en totes choses.

[11] E en tesmoignage de ceste chose, que ceste convenance e cest accord seint ferme e estable perdurablement à tout temps mès por nos e por nos heirs, seellames cestes presentes lettres de notre seaul. E nos Girard Chaboz, seignor de Rayes; Olivier, seignor de Cliçon; Geufrey, seignor d'Ancenis; Galeran de Chasteau Gyron; Guillaume, seignor de Roichefort, viconte de Donges; Olivier de Roigé; Bonabès, seignor de Derval; Olivier de Machecol; Brient le Buef; Geuffrey de Syon; Guillaume de Derval, chevaliers; Eon de la Roiche e Geuffrey de la Tour escuyers en celuy temps, avons graé e otroyé por nos e por noz heirs, e gréons e otroyons totes les choses davant dites, e nos y consentons, e que elles soient fermes e estables à tot temps mès pardurablement, seellames cestes presentes lettres de nos seaulx.

Ce fut fait à Nantes, le jor de samady avant la feste S. Hylaire en l'an de l'Incarnation nostre seigneur Ihu-Christ mil dous cens sessante e quinze, o meis de Genvier.

13

Tierçage et past nuptial. Nantes, janvier 1288. — Décision du Parlement général condamnant cet usage.

Texte perdu. Simple mention dans Pierre Le Baud, *Hist. de Bretagne*, p. 251. Cf. Morice, *Histoire*, t. I, p. 211. — Il y eut, en effet, un Parlement à Nantes en janvier 1288 (D. Morice, *Preuves*, t. I, col. 1084).

14

Justice abbatiale de Redon. 17 septembre 1289. — Traité entre l'abbé et le duc, réglant les droits de justice du duc sur les fiefs de l'abbaye. Détails intéressants.

Mss. : Arch. Loire-Inf., E 72 (Vidimus de 1392). — Arch. d'Ille-et-Vilaine, Titres de l'abbaye de Redon. — Bibl. nation., fonds français, ms. 5512, pièce n° 18.
Impr. : D. Lobineau, t. II, col. 433 ; D. Morice, *Preuves*, t. I, col. 1087.

A toz ceus qui cestes presentes lettres verront ou orront Jahan, duc de Bretagne, conte de Richemont, saluz en Nostre Seignour.

Sachent tous que come contens fust esmeu entre bone memoyre Jahan, jadis duc de Bretaigne nostre pere, ou tens que il viveit, e nos son fiz esné e son heir en après, de une partie, e religious homes le abbé e le convent de l'abaye de Redon par reson de lor moustier, de l'autre, sus plusors articles contencioux de juridiction temporele e de plusors autres choses, à pez e à acort vensismes en la maniere que s'enseust :

[1] C'est assavoer que les religious davant dits ne obeïront pas davant nous ne en nostre cort sus actions pures personeles, ne de moubles qui ne aparteinsent ne ne seient demandez par resson de immoble, ne ne seront pas contrainz à ce ; mès lesdits religiouz, c'est assavoer le abbé e le convent e les priouz e toz lor ministres e lor homes mansioniers, obeïront davant nos e en

nostre court de totes actions reales e de totes les choses immobles, en queique lou que eles sayent, e de toutes demandes de heritage. Et les homes mansioniers asdiz religious obeïront por nous e en nostre court sus toutes actions que il estayt acoustumé anciennement, sauf lour restreyt de lour court, là où il siet par costume de la terre, e sauves lour justices, sauf le dreit de nos sougez, excepté ce que lesd. religious ont es paroisses de Redon, de Bayng, de Brein, de Langon, e es leus de Brulis, en la paroisse de Noeal e de Saint Cogo e de Reczac, desqueles chouses exceptées lesdiz religious obeïront davant nous e davant nostre seneschal de Renes, à Renes e non ayllors, en cause de appeau de deffaut de dreit, e en cause de jugement de la cort asdiz religioux contredit tant seulement.

[2] Le plentiff por deffaut de droit jurra sus Sainz que il a bone cause de soi plaindre e de apeler, si come il croit; e cil serement fet davant nous ou davant nostre seneschal de Renes, lesdiz religious seront ajornez par lettres de nostre seau ou seau à nostre seneschal de Renes closes; e pendant le apeau lesdiz religiouz ne contreindront pas en leur propre querele les plentis ou cas davant dit à obeïr davant eus, mès ils porront les justicer por lor rentes acostumées e pour lour deveirs.

[3] De rechef si partie se pleint de l'apelor en autre cas que en celui de l'apeau davant eus, ils jurra que cele pleinte, ils ne fet par malice ne par acheson de l'apeau; lequel serement fet le abbé conoytra de la cause, sauves totes les raysons e les deffenses de celuy qui aura apelé. E si cest appelor par jugement de nostre court esteit tenu auquune chose rendre ou amander, l'exeqution sereit fete en ses biens par led. abbé dedenz treys semaynes, e si le abbé ne le fesayt, nos ou nostre seneschal de Renes la ferions ou ferions fere.

[4] E se il aveneyt que lesdiz religious cheyssent en la cause de l'apeau, la cause principal demorroit en nostre court e lesdiz religious n'en feront autre amende ne n'en encorront peyne envers nos pour ce, sauf le dreyt de la partie averse.

[5] De rechef le contredit qui sera feit en la court aud. abbé vendra en nostre court à Renes, et ileques sera declaré si le jugement de la court à l'abbé est bon ou mauvès, e renvayé à l'abbé dedenz un mays emprès ce que le contredit serait presenté à nous ou à nostre seneschal à Renes. E si le jugement que l'abbé aureit feit esteit mauvès, pour ce ne fereit l'abbé point de amende à nous, mès ce que sera jugié en nostre court tendra.

[6] De rechef tous les homes asdiz religious des davant diz leus exceptez, est assavoer des paroisses de Redon, de Bayng, de Brein, de Langon, e es leus de Brulis en la paroisse de Noeal, e de Saint Cogo e de Reczac, respondront e obeïront davant nous e davant nostre seneschal de Renes en nostre propre querele, pour meffet fet à nous ou à ceux qui serayent en nostre servige, e seront ajornez par l'abbé par lettres closes si come il est davant dit, e jurra le denoncior que il creit avoir bone cause de denoncier. Mès des autres loeus nous justicieron en nostre propre querele senz prendre serement de denoncior. E en autres cas, si come il est dit davant, les homes mansioniers des religious es leuz exceptez desusditz ne obeïront en nostre court, ne mès es cas dessusdiz, si come il est dessus dit.

[7] De rechef nos volon e otreyon que les avenages e les gelinages es leus esquieux nobles homes feu Guillaume de Loheac e Guillaume de la Motte, chevaliers, leverent auqune feyz es parreyses de Bayng, de Brein, de Langon e en autres leus, lesquelz diz avenages e gelinages bone memoyre Jahan, jadis duc de Bretagne, nostre seignor e nostre pere, leva auqune feiz e fist lever par ocasion desdiz chevaliers, e les avenages e les gelinages que il levoit ou fist lever sus les homes de la prioure de Saint-Goeal, des hores en avant ne leverom ne feron lever par nous, ne par autre, ne rien ne demanderon des hores en avant. E volom que si nous ou noz genz sorprenont ou usiont outre ce qui est desus dit sus lesdiz religious ou sus lor homes,

que ce ne lour peust fere nesance e que la tenor de castes lettres sayt a touzjorz mès guardée.

[8] C'est assavoer que les homes mansioniers de la prioure de Nostre Dame de Nantes, qui meygnent de l'iglese de Nostre-Dame davant dit jusqu'à l'iglese Saint-Denis, e jusqu'à la meson mestre Pieres l'Examinor comprenant ladite meson audit mestre Pieres, e jusque à la meson dou Sepulcre, obeïront si come il ont acostumé ça en ariere.

[9] E par ceste pez nos quiton lesdiz religious de totes mises, de touz despens e domages que nous e nostre seignor e pere davant dit avon eu en quelque maniere par reyson dou content desus dit en la court de Rome e ayllors en quelconque leu, e iceux religioux quittent nous e les nos de toutes les levées que nous e nostre pere davant dit avon eu e receu par nous e par autres des choses apartenantes à eux ou à lor moustier, tant en avenages gelinages que en rentes e en quelconques autres choses; e relessent totes les demandes que ils ont ou poent avoer contre nous e les noz sus les chouses davant dites e par raison d'eles, tant par reson de domages, de couz, de despens e de totes autres choses.

[10] E volons nous e les diz religious, communement d'une part e d'autre, que touz les esplez e erremenz fez sus les dites chouses ou par reson de eles en la court de Rome e en la court nostre seigneur le roy de France ou ayllors par l'autorité de icelle court en quelconques autres courz, en quelque maniere que ils sayent fetz entre nostre seignor e pere davant dit e les siens d'une part e les diz religious e les lour d'autre, sayent anullez, e y renuncions e les anullons par cestes pez à tosjors mès. E à toutes cestes chouses tenir e aconplir en bone fey, nous, duc de Bretagne davant dit, obligeons nous e les noz e les prometons en bone fey tenir e garder à tousjorz mès e que en outre ne vendron ou tens avenir.

E en tesmoing de cestes choses e que ce soit ferme e estable nos donasmes asdiz religious cestes lettres seelées de nostre seau. Ce fut doné ou jour de samedy après l'Exaltation Sainte-Croix en septembre, en l'an de grace mil e douz cenz e quatre vinz e neuf [1].

15

Fiefs nobles interdits aux roturiers. Date inconnue, avant 1294. — « Quod dominus dux Britannie fecit constitutionem quod nullus burgensis non gentilis seu roturarius non possit emere feodos gentiles, nec se crescere in eisdem. » L'emploi du mot *constitutio* indique que la décision avait été prise en Parlement général.

Texte perdu. Rappelé dans un afféagement de 1294 (D. Lobineau, t. II, col. 1636; D. Morice, *Preuves*, t. II, col. 1063).

16

Ordonnance de Jean II, 1301. Le texte connu sous ce nom n'est pas de 1301 et n'est pas une ordonnance. (Voyez sur ce point Planiol, *L'Assise au comte Geffroy*, n°s 78 et suiv. et ci-dessous, p. 469). Il faut donc tenir pour faux ce que dit D. Morice sur cette pseudo-ordonnance (*Histoire*, t. I, p. 220). Seul l'art. 1er de cette compilation résume une ordonnance ducale; voyez le numéro suivant.

17

Assise des plédéours. Vannes, 2 janvier 1301 ou 1307. — Ordonnance déterminant les personnes parentes ou alliées pour lesquelles un avocat pouvait plaider sans avoir juré l'Assise. La date est douteuse. La plupart des manuscrits et des incunables donnent 1301. Toutefois *J L a* donnent 1307.

Texte perdu, dont nous possédons deux résumés différents. L'un qui commence par les mots « Monseigneur a commendé... » se trouve à l'état isolé dans *J G^3 L a* et n'a pas été réimprimé depuis 1480. L'autre

1. *L'Exaltation de la Sainte-Croix* = 14 *septembre. En* 1289, *la lettre dominicale étant B, le* 14 *septembre tombait un mercredi; le samedi suivant était donc le* 17 *septembre.*

commençant par les mots : « Par la coustume de Bretagne... » sert ordinairement d'article 1er à la pseudo-ordonnance de Jean II et se trouve par conséquent dans tous les manuscrits et imprimés qui ont donné cette compilation. Toutefois l'incunable *c* le place isolément entre l'Assise des rachats et les constitutions de 1405.

Par la coustume de Bretaigne autreffoiz ordonnée en Parlement est commandé à tenir [1] que nul pledéour ne soit oy à pledoier en nul lieu en Bretaigne, se il n'a juré l'assise, soubz umbre de baillie [2] ne autrement, si ce n'est pour son pere ou pour sa mere, ou pour son frere ou pour sa seur, ou pour son filz ou fille, ou pour le pere ou pour la mere sa famme ou pour son sororge. Et ceste ordonnance est ordennée à tenir es seneschalx et pledéours et à touz autres, et est defendu que nul ne face le contraire; et si les pledéours le font, le proceix est nul et de nulle value, et seront les pledéours en l'amende de monseigneur et en sa volunté.

Ce fut fait et ordenné ou Parlement tenu à Vennes après la saint Martin ou segond jour commanczant l'an mil iii[c] et ung.

18

Concordat avec Clément V. Avignon, 1308. — Modération du droit de tierçage sur les meubles des morts en droit de neume (9[e]), avec exemption pour les nobles et les pauvres; réglementation du past nuptial. Cf. n° 9.

Ms. : Arch. Loire-Inf., E 40.

Impr. : D. Lobineau, t. II, col. 460; D. Morice, *Preuves*, t. I, col. 1218; Sauvageau, *Constit. et Ordonnances*, p. 74.

1. *Dans F J G³ L a le texte commence ainsi :* Monseigneur a commendé et ordenné en cest Parlement que...

2. *Telle est la véritable leçon et non pas* soubz umbre de bataille, *comme a imprimé M. Viollet d'après les manuscrits de la pseudo-ordonnance de Jean II.*

19

Garde des églises et régale. Rennes, 10 avril 1315. — Déclaration sur la garde des églises, le droit de régale et les appels de leurs cours temporelles, faite en Parlement général par les neuf évêques et chapitres de Bretagne.

Mss. : Arch. Loire-Inf., E 56 (Vidimus du XVe siècle). Autres copies, *ibid.*, 59 et 74.
Impr. : D. Lobineau, t. II, col. 464 ; D. Morice, *Preuves*, t. I, col. 1252.

20

Constitutions de Jean III. 1315. — Le texte connu sous ce nom n'est pas une constitution de Parlement ; c'est la *Petite coutume* (voy. ci-dessous *Fragments divers*, n° XVI, p. 509). C'est à lui que D. Lobineau fait allusion en parlant des constitutions de Jean III sur les retraits et les partages, qu'il suppose avoir été publiées dans les États de Ploërmel et de Kemperlé de 1315 (*Histoire*, t. I, p. 298). Voy. le numéro suivant.

21

Constitutions de Jean III. Date inconnue. — Ordonnance sur les sénéchaulx, les tabellions, le droit de scellage, etc. Prologue intéressant. L'attribution à Jean III se justifie par la double mention de « nostre ayeul Jehan, » qui revient deux fois dans les derniers articles : Jean III est le seul duc de ce nom qui ait eu un autre Jean pour aïeul. Il régna de 1312 à 1341.

Mss. : Ms. de la Coutume *FL* ; quelques articles dans *J*, f° lxj r°.
Impr. : Anciennes éditions *a* et *c* de la Coutume ; D. Morice, *Preuves*, t. I, col. 1161, d'après *L*.

A tous ceulx qui ceste presente escripture verront et orront, Jehan, duc de Bretaigne, conte de Richemont, viconte de Limoges, salut.

Comme autrefois nous fussent rapportées et données à entendre pluseurs clameurs et doliances que les subgitz de nostre duchié avoint souffert et soustenoint de jour en jour pluseurs griefs et leur faisoit l'en pluseurs exceis, dommaiges et oppressions indues, par quoy le gouvernement, le bien et l'estat de justice avoint esté et est amenuysié et souvent deperiz en pluseurs et diverses manieres, tant par les officiers establis en nostre duchié que autrement, en grant prejudice, dommage et vitupere de nous, de l'estat et gouvernement du païs, en peril de nostre erme, pour quoy nous, desirans sur ce pourveoir de remede convenable deputasmes et envoyasmes de nos féaulx et léaulx conseillers chevaliers et clercs par nostre dit duchié pour enquerre et apprendre des choses dessus dites, afin d'estre reformation convenable faite par nostredit duchié, et les mauvaises corrupteles et les mezusemens hostez, qui féalment nous ont rapporté pluseurs choses qui ne sont pas à maintenir contre le bien de justice et le gouvernement de nous et de nostredite duchié ; de et sur quoy, eue deliberation o nostre grant conseill, avons ordonné et ordrenons pour le commun prouffit de nouz et de noz subgitz en la forme et maniere qui ensuit :

[1] Premierement que noz seneschaulx, pour pluseurs inconveniens qui se pevent ensuyvre et pour pluseurs justes causes ad ce nous esmouvans, ordrenasmes autrefois et encore ordrenons qu'ils demeurent et facent leur residence en leurs seneschaulcies convenablement, sellon que le conseil ordrenera, et ne mangeront o aucuns subgiz de nos seneschaulcies sur lesquieulx ils pourroint exercer juridicion.

[2] Item ne mangeront pas o les clercs deputez soubz eulx en nos escriptures, et ne porteront desd. escriptures auchuns esmolumens o eulx ne o les sergenz, ne ne pledoieront les ungs devant les aultres, fors en leurs propres causes, ou si le client pour qui ils pledoient ne leur appartient de char ou d'affinité, ou leur homme ou seigneur, sans fraude. Et ne auront robes ne pansions d'aucuns subgiz de leurs seneschaucies et ne prandront

d'eulx fors ce que les droiz en donnent, c'est à savoir viandes qui puissent estre consumées en ung jour, ou en cas de necessité s'ilz duregent plus, ou qu'il n'y ait mauvaise suspicion.

[3] **[Des baillifs et allouez.]** Allouez bons et suffisans et touz aultres officiers seront mis et establis en nos offices par nostre duchié par bonnes inquisicions, toutes prieres de nos gientz et aultres charnalitez et affinitez cessans.

[4] A savoir est que nos dits allouez auront pour aller ouir ung pourcompte, avenantement ou enqueste, pour ung jour n'auront que cinq souls pour eulx et pour les clercs deux souls.

[5] Item baillifs ou allouez ne pledoieront ne seront ouiz à pledoyer devant les seneschaulx, ceulx qui y seront mis, et ne prandront aucuns dons ne louiers, robes ne pansions, fors comme dessus est dit des seneschaulx.

[6] Item pour ce que pluseurs faulseonneries, extorsions et aultres inconveniens ont esté faites au temps passé parce que l'en affermoit nos seaulx, escriptures et aucunes de nos juridicions et noz dits subgiz pour ce estoint grossement endommagiez et grevez, avons ordrené et ordrenons que desormès nos seaulx des contracts, nos merches des expletz, nos escriptures ne seront baillez à ferme ; ainczois seront ces choses gouvernées par personnes ad ce convenables et par nos conseillers ad ce faire deputez.

[7] Item pour eschiver à pluseurs debats et inconveniens qui sont escheus ou temps passé et pourroint escheoir ou temps à venir, establissons que ceulx qui seront deputez et ordrenez passeurs et gardes des escriptures de noz dictes courtz et seaulx des contracts ne seeleront ne ne passeront lettres contenantes oultre la somme de cent souls que les obligez et condampnez n'y aient mis avant leurs propres seaulx ou aultres seaulx à leurs requestes, par quoy suspicion ne puisse estre desormès de ce et sur ce nasquir ou temps à venir.

[8] Et pour ce que nous avons entendu par nos diz reformatours et aultres que plusieurs inconveniens et perils sont escheus

par nos diz contracts qui estoint passez en chascune paroisse par gients non suffisants, establissons que desormès ceulx qui donront lettres de nos contracts viengent es lieux solempniaulx, où nos contracts sont ou seront establis de par nous, pour passer lesd. lettres devant tabellions illecque ad ce deputez de par nous, fors es cas que par auctorité ou impotence des personnes ou par aultre juste cause ne pourroint ou n'y vouldroint venir qui vouldroint donner lesd. lettres, ouquel cas un des tabellions de nous deputez sur les lieux ira jucques à eulx pour ledit passement estre fait devant lui.

[9] [**Du seellage des merches.**] Et pour ce que aucuns fermiers ou temps passé, qui ont eu à fermes nos merches de nos plets, ont prins trop grant sallaire desd. merches pour chascun memorial seeller, especialement quant se vouloint avoir et prenoint seellage sellon le nombre des personnes et des articles contenus esd. memoriaulx, c'est à savoir pour chascune personne ou pour chascun article deux deniers, combien que il n'y eust fors que un seellage, pourquoy, consideré que pour la multitude des personnes ou pour articles, le labour du seellage n'en est plus grant ne mineur, avons ordrené et ordrenons que l'on ne prandra pour le seellage d'ung memorial fors deux deniers, soit grant ou petit, combien que pluseurs personnes ou pluseurs articles y soient nommez et contenuz.

[10] [**Du salaire des clercs.**] Nous avons ordrenné que les clercs deputez à faire les proceix et les memorialx de nos courts ne prandront greigneurs salaires pour plus grant nombre de personnes contenues es memoriaulx, mais ils prandront et auront salaire sellon le labour qu'ilz feront, c'est à savoir pour quatre lignes d'un espan et troys doiz ung denier; et ne prandront pour registrer une exoine fors ung denier, combien qu'elle soit mandée envers pluseurs personnes. Et est bien entendu que ou cas que ung memorial d'une exoine, d'une deffaille ou autrement pourra estre fait en moins de quatre lignes lesd. clercs en auront ung denier.

[11] Item avons establi que les tabellions de nos contracts ne auront de chascune lettre de obligacion soubz la grent forme pour l'escripture que ouyt deniers; du seelage de lettres de heritage, xij deniers; d'ung breff memoire des contracts, quatre deniers.

[12] [**L'emolument du seellage.**] Nous avons ordrenné et ordrennons que l'emoulement du seellage sera esgal par toute nostre duchié, et prendra l'en dedans la somme de cent souls deux deniers pour livre, et en oultre la somme ung denier pour livre jusqu'à cent livres, et en oultre maille pour livre.

[13] L'en prendra du seellage d'une lettre de heritage seellée du seel des contracts dedans la somme de vingt souls deux souls, et si elle passe lad. somme cinq sols.

[14] Item pour le seellage d'une procuracion, d'une coppie, d'un vidisse, seellez du grant seau, six deniers.

[15] Item pour le seellage d'une donayson mutuelle, où il est contenu meuble ou heritage qui ne touchera que à viage, seulement deux souls.

[16] Item pour le seellage d'une lettre de quittance contenante la somme de vingt livres monnoye ou plus, douze deniers, et en descendant seix deniers, ou cas que elle sera seellée du grant seau.

[17] Et ne randront les tabellions nulles lettres des contracts jucque à tant qu'elles soint seellées.

[18] [**Des sergentises.**] Item pour ce que ou temps passé nos sergentises ont esté données à pluseurs personnes poy savantes et moins suffisantes quant ad ce, et quant ils ont esté données à personnes suffisantes, ceulx les affermoint à aultres personnes moins suffisantes, et en tiel nombre que ce que puet estre gouverné par un seul estoit affermé à deux, trois, quatre ou cinq, qui tous convenoit vivre soubz celles sergentises, et ainxin ont esté nos dits subgitz mangiez, destruits et grandement pillez, et justice celée, et les rapports malvesement et fauxement recordez, car tiel, quant il estoit en nostre sergentise, l'en le créoit pour

planiere prouve de tout l'estat d'ung homme et de ses biens, auquel l'en ne debvoit croire riens en la cause quel ung des voisins, s'il fust hors d'icelle sergentise; pour ce avons ordrenné et ordrennons que ceulx qui tendront et à qui nous donrons desoremès en avant sergentises en nostre duchié, les serviront en leurs propres personnes sanz les bailler à ferme. Et en cas que les sergentises ne pourront estre gouvernées et servies par ung seul et convendroit qu'il y en eust d'aultres, ceulx autres y seront mis de par nous o l'advisement de nostre bon conseil. Et ne prandront ceulx sergentz des subgitz de leurs sergentises robes, pansions, louiers ne aultres choses, fors tant seulement ceulx salaires comme leur sont establis de ancienneté esd. sergentises.

[19] [**Comme l'en deffand levacions es sergentz.**] Item jaçoit ce que aultrefois eust été ordrenné par bonnes et justes causes que nuls sergents forestiers ne aultres officiers ne preneissent ne ne queistent sur noz subgitz de nos offices vinages, bladages, gerbages ne aultres exactions indues, et en ont levé pluseurs aultres et usé du contraire, dont nous entendons à [illegible] faire pugnir et lad. ordrennance renouvellons, et encore ordrennons que aucuns de nosd. officiers, sur quant qu'ils se peuvent meffaire, ne prangent, levegent ne apercevent ne ne s'entremettent user desoremais desd. choses ne d'aucune d'icelles, en privé ne appert, en aucune maniere.

[20] Item pour ce que les sentences se font et debvent faire sellon les attestations et les records des tesmoings, est aussi grant mestier que bonnes gens, léaulx, sages et experts en tiel mestier soient mis examinateurs des tesmoings, dont l'en a usé aultrement en plusieurs lieux, dont se sont advenuz pluseurs perils certains en effects, pour ce ordrennons que à examiner tesmoings soint mis bonnes gens, sages, savans et experts, et en tiel cas que les querelles seront formées grosses et perilleuses, et soit donné es dits examinatours ung ajournement sellon que les justiciers sur ce leur apparestra que sera à

faire de raison, et feront lesd. enquestes par eulx mesmes seullement.

[21] [**De taux fait à record des sergentz.**] Item nous avons entendu un grant inconvenient contenant que aucun de nos seneschaulx et autres officiers et justiciers ont tauxé pluseurs de nos subgitz aux simples rellacions des sergents, lesd. tauxez non appellez ne convaincus par œupvre de jugement, dont pluseurs maulx par rancune, ignorance, mauvestié des sergenz et aultrement qui se sont ensuiz au temps passé, laquelle maniere d'aller avant reprenons, cassons et annulons, et ordrennons que sur cette maniere de rapport soit la partie appellée et aprouche par ordre et tiltre de droit et de coustume lui soit faite raison. Et auxi taulxoient aucuns pour deffailles mis en papiers et registres, disant : « Tiel deffault si jour a », combien que dempuix rien ne soit trouvé dud. adjournement, laquelle chose reprenons aussi, car c'est contre raison.

[22] [**Comme l'en deffand es officiers les fermes.**] Consideré que quant aucuns des gients de nos officiers prennent aulcunes de nos fermes, l'en ne veult ne ne ose bouter sur eulx comme sur aultres qui ne sont pas o nous, ils ont fait durant leurs fermes aulcuns oultraiges, exactions et novalitez indeues, et l'en ne s'en osoit pas si de legier douloir comme des aultres, pourquoy demouroint ses meffaits à pugnir et les choses à tort prinses et levées non restituées, pour quoy et pour aultres bonnes causes, nous ordrenons que au temps à venir aucuns de nos gients ne prengent nosdites fermes, ne o aultres qui prinses les auront ne se accompaignent, ne ne leur soient baillées ne affermées.

[23] [**Des regratiers et regratieres.**] Item a esté autrefois ordrenné et commandé sans enfraindre garder que nuls regratiers ne regratieres ne allassent contre les denrées pour les achatter à regrat hors du marché de ceulx qui estoint ja envoyez pour les apporter à vendre es villes, et qu'ils ne les achatassent

esdites villes, quant apportées y seroint, jucques à l'heure du[1] parson de prime, et en ont usé du contraire comme il nous a esté donné à entendre, dont ils seront pugnis comme de raison sera, et encore de nouvel ordrennons que nuls regrattiers, de quelque regarterie qu'ils usent, ne achattent denrées ou vitailles pour gients ou pour chevaulx pour revandre, quant ils seront apportées es villes, jucques à l'heure devant dite, ne en privé hors du marché ne en lieu rebot ou en cute, jucques à tant que lesdites marchandises soient apportées à vendre publicquement ez lieux là où ils debvent estre vandues, et qu'ils n'aillent achatter pour revandre les marchandises que les marchants apportent es villes pour vendre à mains de la banleue des villes où ils entendent les apporter, et ceulx qui useront du contraire auront perdu les denrées qui les trouvera. Et pour que ceste ordrennance soit mielx gardée et plus tost vangée de la cogitation de la justice, ceux qui trouveront lesd. regartiers ou regartieres enfraignant lad. ordrenance et le rapporteront à justice et le pourront informer, auront la quarte partie d'icelles denrées et nous le remaignant.

[24] Item avons entendu que par les villes de nostre duchié a pluseurs couratiers qui prennent louiers et courtaiges des vandeurs et des achatteurs, et ainsin font vandre les denrées à prix non juste et par ce decepvent les marchants, et meismes qu'ils achattent les denrées à commun o les marchants des villes où ils prennent leur partie, et feignent es marchants de hors qu'ils n'y praignent rien et les leur font achatter à plus grant pris qu'ils ne valent, et en oultre prennent leur courtage des achattans, et ainxi par leur grant mauvestié et tricherie les decepvent, pour quoy nous ordrenons que nul ne soit couratier de marchandise s'il n'est juré et establi par nous, et ne soit null couratier de marchandise où il prange part sur paine d'en estre pugny corporellement comme larron.

1. *e* du matin par son.

[25] **[De prescription o tiltre.]** Item pour ce que en aucune de nos villes a aucuns de nos officiers qui prennent trehuage des denrées qui sont apportées et passent par les villes pour vandre, et prennent poulailles et autres choses au pris de nos subgitz en souffrant plusieurs griefs, nous voulons et ordrennons qu'ils se seuffrent de les lever et prandre fors en la maniere que l'en souloit faire ou temps de nostre ayeul le duc Jehan que Dieu absolve.

[26] **[Ordrenance sur les pledéours.]** Pour reformer et obvier es malices des pledéours de nostre duchié, fut de longtemps a ordrenné et fait assise, selon que plus à plain est contenu en icelle, avons ordrenné et commandé par pluseurs fois et publié de par nous en nos Parllemens et ailleurs, que pledéours ne pledeassent causes ne ne fussent ouis à pledoier jucques à tant que ils eussent juré l'assise par dessus dite tenir et garder sans enfraindre, laquelle chascun puet savoir, car elle fut de long temps a publiée, et non contretant ce nostre ordrennance et commandement, et dempuix en ont aucuns et la maire partie doubté et usé du contraire, dont moult nous doit desplaire, pour quoy ordrennons commandons et enjoignons par leurs sermens à nos seneschaulx que chacun des pledéours en la baillie, qui ainxin auront fait et feront es temps à venir, aprouchent devant eulx et les pugnissent en telle maniere que les aultres y praignent exemple de non venir encontre nos justes ordrennances et commandemens ou temps à venir, et qu'ilz nous puissent apparestre de leurs bonnes volantez et diligence sur ce.

[27] Et encore ordrennons et est certainement commandé que nuls pledéours louez et qui ayent acoustumé prendre sallaire pour pledoier, ne pledoient ne ne soient ouis à pledoier causes jucques à tant qu'ils aient juré ladite assise des pledéours.

[28] Item parce que aucuns pour eschiver à jurer l'assise, ne font force de [1] soustenir toutes manieres de querelles, soient

1. *F* ne fesoint que.

bonnes et maulveses, et les soustenir, et baillent la parolle à autres qui ont juré l'assise et ne sont pas si bons pledéours comme iceulx et ne dient ne mès ce que iceulx conseilliers leur mettent ez oreilles, en fraude de lad. assise et pour eschiver à la jurer comme dit est, et que mieulx leur valeist qu'ils deissent la parolle comme la conseiller et mettre ez oreilles de ceulx qui la dient, pour ce avons ordrenné et ordrennons que l'en ne souffre pas faire ainxin en fraude de l'assise dessus dite.

[29] [**De tenir les fermes des fours et des moulins.**] Item nous a esté rapporté ou temps passé que de present aucuns fermiers de nos fours et moulins font et ont fait novalitez indeues en grant prejudice et grefvance de noz subgits, et que contre aucuns commandemens que nous feismes autreffois, pour ce ordrennons, voulons et commandons que celles fermes soient livrées et gouvernées et les esmolumens de nos dits fours et moulins en la forme et maniere qu'ils estoint ou temps de nostre tres chier seigneur ayeul le duc Jehan que Diex absolve, et ce facent tenir et garder sans enfraindre chacun de nos officiers comme à eulx appartient et puet appartenir.

[30] [**Des faulses tabvernes.**] Item pour les multres et les perilleuses meslées et les grandes mallefaizons que l'en fait de jour en jour en tabvernes reboutes en villages, avons ordrenné et ordrennons que null doresenavant ne tienge tabvernes esd. villages, si ce n'est sur grans chemins publiques qui augent des unes villes es aultres.

[31] Item null homme previlegé ne se puet acroistre en fié sans la voulenté au seigneur [1].

1. *Cet article final ne se trouve pas dans tous les manuscrits ou incunables. Appartient-il réellement aux constitutions de Jean III? Finissaient-elles là? On n'en sait rien. Ces textes étaient souvent mutilés ou abrégés par les copistes. Ainsi l'un des manuscrits de Saint-Brieuc résume ainsi un des articles ci-dessus:* Item les gens du seigneur ne doivent estre fermiers ne parçonniers ès fermes. *J'imagine qu'il est arrivé quelque chose du même genre à l'article final sur les privilégiés. — F en fait le premier article de la Petite Coutume (f° 109).*

22

Privilèges de Nantes. Vannes, 12 novembre 1331. — Transaction de Jean III avec les marchands et bourgeois de Nantes sur les redevances perçues par la prévôté de cette ville.

Ms. : Cartul. de Nantes, arch. Loire-Inf., E 158.
Impr. : *Privilèges de la ville de Nantes*, édités par les Bibliophiles bretons, Nantes, 1883, nº 1.

23

Privilèges de Nantes. Vannes, 17 juillet 1345. — Ordonnance de Charles de Blois concernant la levée des impositions, la garde et la réparation des murs.

Ms. : Archives du Bois de la Musse, à M. le vicomte P. de la Guère (copie).
Impr. : La Nicollière-Teijeiro, *Le Livre doré de l'Hôtel-de-Ville de Nantes*, 1883, t. I, p. 55 ; *Privilèges de la ville de Nantes*, p. 8.

24

Privilèges de Nantes. Nantes, 31 janvier 1347. — Jeanne la Boiteuse, femme de Charles de Blois, en l'absence de son mari fait prisonnier l'année précédente à la bataille de la Roche-Derrien, accorde aux bourgeois de Nantes un certain nombre d'articles relatifs à la garde de leur ville et aux contributions pour l'entretien des murs.

Ms. : Arch. municip. de Nantes, EE, guet et garde, copie de 1566.
Impr. : La Nicollière-Teijeiro, *Livre doré de l'Hôtel-de-Ville de Nantes*, t. I, p. 58; *Privilèges de la ville de Nantes*, pp. 10-11.

25

Monnaies étrangères. Avant 1360. — Ordonnance de Charles de Blois décidant que « nulle monnoie de hors le royaume n'auroit cours par le Duché. »

Texte perdu. Simple mention dans un mandement de Charles de Blois du 20 juin 1360 (D. Morice, *Preuves*, t. I, col. 1533-1534).

26

SERFS. 12 octobre 1375. — Ordonnance de Bertrand Duguesclin sur les serfs de la vicomté de Rohan.

MS. : L'original, qui était au château de Blain, a été détruit pendant la Révolution.
IMPR. : D. Morice, *Preuves*, t. II, col. 99; Aurélien de Courson, *Essai sur la langue, etc... de la Bretagne armoricaine*, 1840, p. 577.

27

IMPOSITIONS LEVÉES PAR LES BARONS. 1er février 1385. — Ordonnance ainsi analysée dans l'*Inventaire* du Trésor des Chartes : « Mandement du duc Jehan contenant deffence à tous seigneurs et autres de quelque qualité que ils soient de ne lever decimes et autres subvencions sur le peuple pour quelque cause que ce soit. »

MS. : Arch. Loire-Inf., E 129 (Anc. cote : armoire G, cassette D, n° 11).
IMPR. : Inédit.

Jehan, duc de Brettaingne, conte de Montfort et de Richemont, à noz seneschaulx, connestables, allouez, procureurs, receveurs, gardes des portz de villes et de passaiges, sergens et à tous autres officiers à qui de ce appartient et puet appartenir, salut.

Comme aucunes gens veulent et s'efforcent de exiger, avoir et recevoir en nostre duché, tant sur gens d'Eglise que autrement, plusieurs subvencions tant de dixiesmes que autres, les quiex entierement ne furent oncques accoustumez endroit noz predecessours, ne selon droit et raison ne puent ne ne doivent estre levez sanz nostre licence, congié et volenté et jusques à tant que autrement en soit ordenné par nous et nostre consseill, et pour ce vous mandons, comandons et chargeons et à chascun de vous pour tant comme le touche, sur vos sermenz et sur ce que vous povez mesprendre vers nous et nostre indignation encourre, que vous deffendez et par ces presentes deffendons à touz et à chascun, sur tant qu'ils puent forfaire et nous desplere, que ilz ne soient tant hardiz de exiger, recevoir aucune dixiesme, fors et en la maniere que estoit acoustumée encienement endroit noz predecesseurs que Dieux absole, jusques à tant que autrement en aions ordené sur ledit fait, par l'avisement de nous et de nostre consseill comme dit est. Et si vous trouvez aucuns avoir fait ou faisant au contraire, les nous rendez avec la chevance à cause de ce, pour en ordener comme de reson appartendra. Ainsi que nous ne voulons pas par ce ne autrement tolir ne empescher les choses resonablement deues à Sainte Eglise, comme ilz estoint acoustumez en droit noz diz predecessours. Et combien que puis nagueres par nos autres lettres nous eussions conssanti que durant nostre plesir les procuracions, que ont acoustumé à estre levées en nostre duché par monnoie, le feussent par or, considéré la grafve complainte qui sur ce nous a esté faicte pour ce que à present nous ne feismes monnoie d'or et qu'il ne puet bonnement estre trouvé ne recouvré en nostre païs, vous mandons que nonobstant nosd. lettres d'autresfois, lesquelles nous rappellons et anullons en ce cas, vous deffendez et faictes deffendre que nuls ne aucuns ne contraignent à icelle levée ne paiement leur estre fait des dites procuracions fors en nostre d. monnoie et pour le pris et cours qu'elle est ordenée. Et de ce faire avecques les appartenances et appendances et non obstant que expresse mencion n'en soit faicte en ces lettres, vous donnons plain pouoir et mandement expecial, mandons et commandons à touz noz justiciers, officiers et subgez que en ce faisant obeïssent et entendent diligemment.

Donné en nostre ville de Vennes, le premier jour de fevrier l'an mil ccc. quatre vins et cinq. Par le duc, de son commandement et en son conseill, presens vous, l'evesque de Vennes, le chantre de Nantes, le president de Parlement et seneschalx de Brouerec et de Rennes, les procureurs de Rennes, de Nantes et de Brouerec, les gens des comptes, les dous receveurs generalx et plusieurs autres.

28

Constitutions de 1386. Rennes, 15 mai.

Texte perdu. Analyse dans un ancien registre des Etats (Arch. Loire-Inf., E 130; D. Lobineau, t. II, col. 667; D. Morice, *Preuves*, t. II, col. 514).

[1] Monseigneur a fait savoir generalement en son Parlement que touz et chascun ses officiers, soit presidentz, seneschaux, alloez, bailliz, procureurs, capitaines, connestables, receveurs que autres officiers quelxconques, traittent les subgetz de Monseigneur raisonnablement, sanz leur faire grieffz ne violences; et si autrement le font a commandé Monsieur à ceux à qui les meffaiz seront faitz que viennent le notifier à Monseigneur, affin que ceulx qui feront les tortfaitz en soient punis. Et aussi a Monsieur commendé à touz les barons et autres subgitz de Monseigneur ainsi le faire, chascun en sa jurisdiction.

[2] Item a Monseigneur fait scavoir qu'il vieult et ordenne que ses monnoies soint tenues et gardées en l'estat où elles sont sans empirement et sans muer, ne estre abatuz tant comme l'en trouvera de quoy ouvrer, si Monseigneur ne avoit aucune necessité par quoy convensist que le fist. Et est commandé aux officiers prendre et recevoir la monnoie pour le devoir de Monsieur sans reffus, et aussy à touz les subgetz de Monsieur ainsi le faire, et deffendu que nul ne donne cours à or à plus de vingt solz pour franc, et nul cours à monnoye, fors comme par Monsieur a esté ordrené sur les paines qui y appartiennent.

C'est probablement à ces mêmes constitutions que se réfère un mandement de Jean V, du 8 juin 1416 : « Comme autresfois et dès long temps, Mgr le duc nostre pere, cui Dieux pardoint, eust fait et fait faire deffensses en son general Parlement, en ses granz conseilz et ailleurs, par lettres pattentes et autrement, à ses barons, vassaulx, féaulx, chastellains et aultres ayans chasteaulx et forteresses en son pays, de non contraindre ne compeller par elx ne par aultres, nulz ne aucuns de ses subgiz à faire guet ne garde de nuyt ne aultrement à leursd. forteresses, ne au cause de ce en lever ne exiger aucune peccune, fors tant seullement à faire le guet sellond la qualité de la forteresse et le numbre des hommes y habitans... » (R. Blanchard, *Actes de Jean V*, n° 1216).

29

PRIVILÈGES DE NANTES. Nantes, 30 septembre 1395. — Lettres patentes de Jean IV réservant aux habitants le droit de vendre vins et draps en détail à l'exclusion de tous étrangers.

Ms. : Arch. municip. de Nantes, AA, n° 1.
IMPR. : La Nicollière-Teijeiro, *Privilèges de la ville de Nantes*, p. 14.

30

PRIVILÈGES DE SAINT-MALO. 1395. — Accordés par le roi Charles VI. Saint-Malo a appartenu à la France de 1387 à 1420.

Texte perdu. Simple mention dans des lettres de Charles VIII, de 1488 (D. Lobineau, t. II, col. 1623).

31

FRANCHISES DE HÉDÉ. XIVe siècle. — Exemption de fouages accordée par Jean IV à une date inconnue. Confirmée par Jean V le 10 juin 1407 (*Actes de Jean V*, n° 739).

Texte perdu.

32

FRANCHISES DE PLOËRMEL. XIVe siècle. — Accordées par Jean IV à une date inconnue. Confirmées par Jean V, le 19 juillet 1407 (*Actes de Jean V*, n° 880).

Texte perdu.

33

Franchises de Saint-Renan. XIVe siècle. — Accordées par Jean IV à une date inconnue. Confirmées par Jean V le 20 juin 1408 (*Actes de Jean V*, no 1034).

Texte perdu.

34

Constitutions de 1398. Rennes, 17 septembre. — Sur la requête de plusieurs prélats et barons, les sénéchaux et juges sont invités à ne plus « remuer » leurs plaids pour cause de mort ou d'enterrement, sauf à ajourner les causes des « amis » du mort ou autres qui seraient à l'enterrement.

Texte perdu. Analyse dans un ancien registre des États (Arch. Loire-Inf., E 130; D. Lobineau, t. II, col. 801; D. Morice, *Preuves*, t. II, col. 690).

35

Chancellerie ducale. 13 janvier 1403 v. st. — Dispositions diverses dans le règlement établi par le duc de Bourgogne pour la maison de son neveu Jean V encore mineur.

Ms. : Arch. Loire-Inf., E 5.
Impr. : D. Lobineau, t. II, col. 816; D. Morice, *Preuves*, t. II, col. 739.

36

Constitutions de 1405. Rennes, 15 septembre. — Les extraits qui en restent sont dénués de préambule et de toute formule diplomatique. Dispositions sur les avocats, sur les exoines et autres dilations, sur les curateurs, etc. Modifications diverses de la Coutume. La tenue d'un Parlement général à Rennes en septembre 1405 est connue par d'autres actes (R. Blanchard, *Actes de Jean V*, nos 97 à 100), et la date exacte de ces constitutions est rappelée dans les constitutions de 1451.

Cependant W[2] donne les constitutions de 1405 comme ayant été faites à Ploërmel au mois de février. G et G[2] les datent également de Ploërmel sans indication de mois. Voyez le numéro suivant.

Mss. : *B C D F G G[2] G[3] J K L O P[2] U W W[2]*.
Impr. : Toutes les anciennes éditions de la Coutume jusqu'en 1539, sauf *a*; Sauvageau, *Constitutions et ordonnances*, p. 1; D. Morice, *Preuves*, t. II, col. 756.

Cieulx sont les corrections et moderacions qui sont utiles et necessaires à estre faictes [à cest prochain Parlement] [1] sur le fait de la justice et des advocatz et des pledaiours de Bretaigne [2], ordonnez et faictes par Monseigneur de Bretaigne en son conseil, en la ville de Rennes, son general Parlement durant, le xve jour de septembre l'an mill iiij^c^ et v anz [3].

[**De la distribution des advocas.**]

Premier, est de necessité [4] pourveoir aux advocas en augmentant [5] aucunes ordonnances qui furent autrefois de ce faites par le conseil :

[1] Quant au fait de la distribution des advocas, il est avisé que le saisi des advocas choaisira premierement d'un des advocas tant seulement assistans à la Cour, quel luy plaira, et celuy qui demandera la distribucion en choisira un autre, et au parsus seront distribués un à un subsequentement.

[2] S'il y a aucun advocat qui se occupe à estre procureur d'autruy et que le juge voye que il soit à recepvoir, il sera compté en distribucion le premier pour celui de qui il sera pro-

1. *Addition de L W[2]*.
2. *W[2] termine ainsi :* Comme cy après ensuist, et furent faictes cestes ordonnances en Parlement de Bretaigne tenu à Playmel au mois de febvrier l'an mil cccc et cinq.
3. *Je donne ici le préambule d'après le ms. O, qui est de* 1437 *et qui est probablement la plus ancienne copie qui nous soit parvenue de ces constitutions. On remarquera que le texte nous est présenté comme un projet préparé pour les discussions du Conseil ducal et devant être ensuite soumis au Parlement. Aussi il ne porte aucune des formules habituelles par lesquelles commencent et finissent les ordonnances ducales.*
4. *O* necessaire.
5. *O* amandant.

cureur, se il n'est procureur des prelats et barons qui eust accoustumé à occuper comme procureur par leurs courtz et barres, et lors il pourroit prandre autre de là où il ne seroit moult notable [1].

[**Du debat qui seroit sur l'advocat.**] Item se il est debat entre parties sur le fait du conseil autrement que par distribution, comme par les manieres qui s'ensieuvent :

[3] Premier que si partie demande que aucun des advocas assistans à la barre luy soit contraint, parce qu'il die que il ait eu du sien et promis à estre o luy en sa cause contre l'adverse partie, et offrege en faire foy; et l'adverse partie die pareillement que il ait eu du sien et promis à estre o luy, l'advocat fera foy duquel il aura eu le premier et à qui il aura promis, et se passera par son record se il en est remembré. Et se il dit et fait foy n'en estre remembré, il sera sceu par le serment d'iceluy qui jurera le luy avoir premier baillé, comme il est accoustumé, et seront les deux parties examinées secretement, sans que l'un scache que l'autre aura dit.

[4] Et sera commandé aux seneschaux deffendre aux advocas de non prandre des deux parties, sur peine d'être privés d'advocacerie et avoir fait contre l'assise.

[5] Se aucun advocat estoit baillé par distribucion, dont il appierge par proceix et acte, et la partie adverse veuille dire que il eust dempuis pledoyé sa cause ou esté à sa collation partie vers autre en jugement, il ne y sera nullement receu se il ne le monstre et apparest presentement par proceix et acte [2] fait dempuis lad. distribucion. Et est bien à scavoir que nul ne sera receu à dire que advocat lui ait esté baillé par distribucion ou pledoyé sa cause, se partie adverse le debat, si celui qui le allegue ne le apparoist par procès et acte presentement, sauff à faire la distribucion egale comme dessus est dit.

1. *C add.* : advocat.
2. *O add.* : de la court.

ITEM est de necessité pourveoir sur le fait de l'addit des proceix, contredits et appeaulx :

[6] A l'addit du proceix, toutefois que il sourdra debat entre parties de l'addit du proceix, si parties sont presentes, non obstant leur debat il sera passé à record du juge sans recevoir les parties à créer cleins. Mais le juge s'enquerra o le clerc qui aura ce fait et o les autres de la court que il verra l'avoir à faire, et le fera passer non obstant la contrarieté des parties. Pourveu que si partie vouloit dire que la court fust diminuée de ceulx qui auroient esté presens à la delivrance, nommant de qui, il aura le temps de les amener aux prochains termes ensuivans à ses despens pour estre enquis. Et tant par leur recort que par le recort de la court, le proceix sera passé à l'esgart du juge, sans clein créer ne jour changer.

[7] Si partie demande terme de parler à l'addit du proceix et que autrefois il le ait eu en la cause, il ne y sera point reçu, se non pour l'advocat qui aura pledoyé sa cause et que partie ne le puisse avoir ne recouvrer, desdommageant deument à l'esgart du juge.

[8] Posé que partie ait à l'addit du proceix dilation de parler deuement à la forme que dit est, ce neanmoins le juge s'enquerra o celuy qui aura fait le proceix et o les autres membres et records de la court de la maniere de la delivrance et retendra le record devers la court; et aux prochains termes ensuivans, posé que partie deffaudroit, le procès sera passé à l'esgart du juge par le record de la court ainsi qu'il aura trouvé.

[9] Si partie mande exoine aux prochains plez après qu'il auroit eu parler, et l'exoine soit recevable, le juge fera l'enqueste de la maniere de la delivrance du proceix, si fait ne l'a, et sera fait le jugé de l'exoine aux prochains termes ensuivans; et vienge partie ou non, le proceix sera passé par le record de la court à l'esgart du juge, comme dessus est dit.

[10] A l'addit du proceix nul ne sera receu à exoine, sinon de sa maladie de quoy il appierge evidaument, et que autrefois

il n'ait eu exoine en la cause jugée responsal. Et posé que il y fust à recevoir par exoine qui apparust comme dit est, le juge en fera enqueste et procedera à l'addit comme dit est davant en l'article du parler.

[11] Si partie vient après que il aura eu parlier ou exoine à l'addit du procès, et veuille contrarier le proceix ou y adjouster et veuille presenter tesmoings, tant par l'enqueste qui aura esté faite que parce que le juge trouvera o les membres [1] et records de la court comme dit est, le juge fera passer le proceix sans cleins créer sur debat de tesmoings ne autrement, ne jour changer ; ne autrement n'y seront receus les parties.

[12] Soient mis les poins [2] de l'assise par chascune barre publiquement.

[13] Et combien que es temps passez, par aucunes cavillacions et malentendemens de avocatz, les appellations qui ont esté faictes ou Duchié de Bretaigne ne ayent esté aucunes foiz additées ne passées, il est esclardi que elles le seront pour le temps à venir en la forme et maniere des autres proceix devant ditz. Et par semblable le seront les proceix des contrediz.

[14] Item que nulle personne ne sera receue à soy exoiner d'autre maladie que de sa maladie se il n'appiert evidentement que il soit malade, et ne aura que une exoine en cause principale où il y ait contredit, ou appel, ou autre deppendance.

[15] Item est ordonné que des ores en avant en cause d'appellation devolue en Parlement de Bretaigne, oud. Parlement ne sera octriée nulle dilation à aucune personne, sauff, si la court voyoit que mestier fust d'actendre ung jour ou deux, à leur bailler delay en tant à l'esgart de la court. Et hors Parlement aront une foiz terme de parlier, jurant ce estre pour advocat qui ayt accoustumé à patrociner en la court où le plet pent.

[16] Item combien que ou temps passé l'en ait usé et accoustumé en cause sourannée à avoir trois exoines, il est ordonné que

1. *G* membrances.
2. *Sauvageau* : peines.

des ores mès, en quelque cause que ce soit, il ne aura que une exoine jugée responsal. Et n'est pas à entendre que non obstant que partie ne soit receue à avoir que une exoine comme dit est, que si le juge est informé de la maladie d'aucune personne qui ait mandé exoine comme dit est [1], que le juge ne lui puisse bien remuer son terme en celui cas de son office une fois, comme es temps passé est acoustumé.

[17] Contre retroit de court ne aura parlier ne exoine, mais toutes foiz si partie vouloit jurer n'estre certain que la court deust descendre, ou trouver cause que descendre ne deust, il en aura temps jucques es termes, et au jour que l'en demande la court, seront interrogez l'actour et le deffenssour, se ilz ont que debatre à la court pourquoy le delay que l'en baillera jucques es termes, faisant ce que dit est comme contre l'actour et le deffensour assemblement.

[18] Item combien que en la conté de Nantes fust accoustumé, quant l'en faisoit aucune demande ou action à aucune personne du fait de ses predicesseurs decedez, celuy deffenseur avoit une dilacion qu'on appeloit terme de mort, il est advisé que dores en avant celle dilacion ne sera octryée à nully, si le cas du deceix n'est advenu puis les derrains termes que l'en fera l'action et demande.

[19] Item pour ce que es temps passez par pluseurs esplez du jour de la pledaerie pluseurs causes par les subtilitez des advocatz ont esté dissimulées et allongées en voye de perdicion, est advisé que dores en avant pour explet du jour personne ne sera sourprins que il ne se puisse en celuy jour, par avant preuve jugée ou jugement fait, corriger et amender à l'esgart de la court, en abregeant cause et approuchant du principal, et non autrement.

[20] Item combien que es temps passé, quant parties estoint appointées à jugement et que le jugement demouroit en garde de

1. J Que si par l'empeschement de celle maladie ne puisse venir à la court.

court ou que il tardoit par dilation de partie, et l'une des parties vouloit augmenter aucunes raisons paravant, on avoit acoustumé ne le y recevoir, si ce ne fust au jour de l'esplect, et pour ce que aucunes fois par inadvertance d'advocatz ou autrement les causes des parties estoïnt perdues, est advisé que dores en avant partie sera reçeue à augmenter à ses raisons de droit tousjours, et de fait jucques aux prouchains pletz, et dedans après l'appointement du jugement, ou les esclardir et interpreter ainsi qu'il verra l'avoir à faire, avant qu'il soit jugé ne affermé par celle court, sans nouvel ajournement; ainsi qu'il desdommagera partie, si le jour change, à l'esgart du juge.

[21] Item pour ce que es temps passé pluseurs causes ont esté dissimulées et allongées parce que aucune des parties allegeoit compromis, et offroint et estoint receuz à le prouver o tesmoings et y avoint leurs producions; et, tant sur debat de tesmoings qui en estoint presentez que autrement, estoint les causes tellement dissimulées et delayées que plusieurs n'avoint peu fournir à la mise et en ont esté plusieurs et maintes causes perdues, est advisé que dores en avant nul ne sera receu à alleguer compromis en dissimulant et retardant la cause commencée et intimée, si celui qui allege compromis ne monstre presentement compromis vallable par lectre passée et scellée de sceau portant foy et qu'il soit vallable à l'esgart du juge, ou par enloyement de serment de partie sans jour changer.

[22] Item est advisé que quant le compromis est trouvé ou congneu comme dit est, celuy qui s'en vouldra aider sera tenu aporter dedanz les pletz relation de l'arbitre, passée et scellée de sceau portant foy, de s'en vouloir charger et d'en cognoestre, et de là où il ne le fera le compromis sera nul.

[23] Item si aucune personne allegue que son adverse partie lui ait fait, greyé ou octroyé remu, il n'y sera point receu s'il n'en apparaist par acte.

[24] Item pour ce que es temps passé, quant aucuns minours ont esté ajournez pour choaisir de curatours, les amis es minours,

pour dissimuler et deloyer les causes, leur faisoint chouaisir aulcun hors de la juridicion et de loingtaines parties, jaçoit ce que lesd. mineurs eussent de leurs parens en la juridicion, par quoy les parties qui avoint à pourssuir lesd. curateurs [1] ont pluseurs foiz delaissé à pourssuir leurs causes et à avoir leur droit, et ont esté plusieurs causes perdues par dissimulacion, est avisé que doresenavant nul mineur qui soit ajourné à choaisir de curateur ne sera receu à cheoisir hors de la juridicion où il est convenu, se il a parens en celle juridicion, lesquelx il puisse choesir. Ains s'il vieult choaisir en autre juridicion pour delayer la cause comme dit est, il n'y sera point receu; ains le contraindra le juge à choaisir l'un de ses prouchains parens en celle juridicion. Savoir est que les mineurs de la conté de Nantes seront tenuz cheoisir homme qui soit subgit à la juridicion de Nantes, et les mineurs de la court de Rennes, soubz la barre de la court de Rennes, et ceulx de Ploermel soubz la barre de Ploermel, et ceulx de Broerech soubz les demaines et juridicion de Broerech, et ceulx qui sont soubz les barres de Cornouaille de ceulx de celle juridicion, et ceulx qui sont soubz la barre de Léon soubz la juridicion d'icelle barre, et ceux qui sont soubz les barres et juridiction de Lantreguer soubz la juridicion d'icelle. Et s'il n'y avoit de leurs parents en celle juridicion, ils choaisiront de leurs parens en la prochaine juridicion de celle dont ils seront subgetz.

[25] [**Comment tesmoings doivent estre receuz en cas qui n'est capital.**] Pource que es temps passez pluseurs juges ont doubté de recevoir tesmoings en cause qui touche infamie et que aucuns advocaz le debatent, et pour ce tardoit la verité estre sceue et les mauvais d'estre pugniz, comme plusieurs fauczonniers, batteurs de gens par nuy et autres malfaicteurs, est esclardi pour le doubte d'aucuns advocaz et juges qui en sont en doubte que nul ne sera receu à refuser garantie en nul cas, se

1. *O:* acteurs par la grant mise et vexation que avoint et auroint à pourssuir lesd. curateurs.

il ne porte punicion capitalle et que la conclusion soit à celle fin, ouquel cas l'on fera selon la coustume et ainsi qu'il est accoustumé elle sera gardée.

[26] Pource que es temps passé pluseurs juges et advocaz ont doubté en repellement de tesmoings, quand partie dit qu'ils sont du conseil de son adverse partie, et partie les veut repeller, est advisé que partie n'y sera point receue, si elle ne dit que il est son conseiller, advocat, procureur ou solliciteur, ou de sa commansalité; et pour avoir la partie parlé o le tesmoign de la matiere debatue ne sera mie le tesmoign repellé, se il n'a esté du conseil en la maniere dessus dite.

Membrance des homenages que sont longnz de Monseigneur.

[27] Item des homages des minours et comment l'en doit tenir le leur par deffault d'hommage.

[28] Item est à aviser quand debat est sur possession de rante sur heritage noble, se tesmoinz dignes de foi aultres que nobles sont presents ils seront repceuz à estre tesmoinz.

[29] Item est à aviser se en explet de court tesmoinz dignes de foy, combien qu'ils ne sont nobles ne officiers de court, sont recepuz à estre tesmoinz [1].

37

Constitutions de 1406. Ploërmel, février 1405 v. st. — La date de ces constitutions aujourd'hui perdues est donnée par certains manuscrits de la Coutume, comme *W*², qui les confond avec celles de 1405. Il n'en reste que l'analyse d'un article relatif au droit de guet.

Texte perdu. Mentionné dans une lettre du 8 août 1408 pour Charles de Rohan (D. Morice, *Preuves*, t. II, col, 810; *Actes de Jean V*, n° 1037). Analysé dans un mandement de 1416 (*Actes de Jean V*, n° 1216).

1. *F add.*: Articulus ultimus non reperitur in aliis libris, sed vidi judicari in Parlamento Britannie testes rosturarios admitti ad deponendun super possessione feodi nobilis, dum tamen possessio non importaret judicium proprietatis per ejus diuturnitatem (f° 121). — *Les articles 27 à 29 se trouvent avec de légères variantes dans F O c et manquent dans les autres manuscrits.*

Comme... depuis le decès de nostred. Seigneur et pere, eussons, en nostre general Parlement tenu à Plermel, fait expresses deffenses et commandement à touz noz barons, féaulx, vassaulx et subgiz qui avoint chasteaulx et forteresses en nostre païs, de non lever, faire prendre ne exiger sur nostre peuple, nos hommes ne subgiz, nulles ne aucunes novalitez extorcions indeuz par voye indirecte ne obligatoire, ne à leur faire poyer guet par maniere d'assens ne aultrement, fors tant seullement à leur faire faire le guet, chascun en son rang, au cas que besoign et necessité en seroit; et de ce eussons donné noz lettres patentes de ainsi le faire tenir et garder, à grosses paines contenues et comprinses en nozd. lettres; quelles lettres eussent esté publiées et faictes assavoir en noz plaiz generaulx de Rennes et ailleurs, et commandé ainsi les tenir et garder. (*Mandement de Jean V, de 1416.*)

38

Procureurs du duc. Auray, 9 mai 1407. — Ordonnance leur enjoignant de faire vérifier une fois par an leurs procédures en la Chambre des comptes.

Ms. : Arch. Loire-Inf., B 1216 (copie de 1553).

Impr. : La Gibonays, *Recueils des édits de la Chambre des comptes de Bretagne*, 1721, 1re partie, p. 9; R. Blanchard, *Actes de Jean V*, n° 638.

39

Privilèges de Nantes. Rennes, 2 décembre 1407. — Jean V accorde aux Nantais l'exemption des fouages, le droit de choisir des jaugeurs, la création d'une foire franche de quinze jours, etc.

Mss. : Arch. municip. de Nantes, AA 2 (original). Copies diverses aux Archives de la ville et du département.

Impr. : S. de la Nicollière-Teijeiro, *Privilèges de la ville de Nantes*, pp. 20-22; R. Blanchard, *Actes de Jean V*, n° 965.

40

Franchises de Vannes. Rennes, 4 décembre 1407. — Exemption de fouages accordée par Jean V en considération « de sa joyeuse nativité en lad. ville de Vennes. »

Texte perdu. Analyse dans un ancien registre (R. Blanchard, *Actes de Jean V*, n° 967).

41

Privilèges de Nantes. Ploërmel, 21 février 1410 v. st. — Jean V accorde aux habitants le droit de nommer un ou plusieurs procureurs, d'instituer des prudhommes pour visiter et taxer le pain et le poisson de mer, de choisir les portiers de la ville et de régler leurs gages, etc.

Ms. : Arch. municip. de Nantes, AA 2.
Impr. : La Nicollière-Teijeiro, *Privilèges de la ville de Nantes*, p. 23; R. Blanchard, *Actes de Jean V*, n° 1108.

42

Franchises de Fougères. Rennes, 8 juin 1416. — Ordonnance sur les guets et autres taxes rendue sur les plaintes des habitants de Fougères.

Ms. : Arch. Loire-Inf., E 157.
Impr. : R. Blanchard, *Actes de Jean V*, n° 1216.

43

Ville de Guérande. Nantes, 23 février 1417, v. st. — Ordonnance sur la police et le commerce, établie d'un commun accord par le duc et l'évêque de Nantes. Texte intéressant.

Ms. : Arch. Loire-Inf., E 74 (copie du XVe siècle).
Impr. : R. Blanchard, *Actes de Jean V*, n° 1286.

44

Ressort des justices, 1419. — Les terres tenues par l'abbaye de Saint Gildas des Bois dans le territoire de Penestin relèveront de la Cour de Nantes, et seront exemptes de la juridiction de Guérande.

Texte perdu. Mention dans une charte du 6 décembre 1419 (Arch. Loire-Inf., E 82. Blanchard, *Actes de Jean V*, n° 1380).

45

Privilèges de Nantes. Vannes, 19 septembre 1420. — Jean V, en confirmant leurs privilèges, permet aux bourgeois d'élire parmi eux un conseil de dix ou douze notables pour gérer leurs affaires.

Ms. : Cartulaire des privilèges de Nantes, Arch. Loire-Inf., E 158.
Impr. : La Nicollière-Teijeiro, *Privilèges de la ville de Nantes*, pp. 29-37.

46

Privilèges des monnayeurs. Vannes, 30 septembre 1420. — Accordés en plein Parlement. Comparez une lettre de Jean V pour les monnayeurs de Nantes du 9 juin 1407, dans les *Actes de Jean V*, n° 736.

Ms. : Bibl. nation., fonds français, ms. 22331 (Blancs-Manteaux, copie d'une pièce trouvée par les Bénédictins chez le marquis de Molac).
Impr. : *Privileges, franchises et libertez des officiers... de la monnoye de Nantes*, Nantes, 1609; D. Lobineau, t. II, col. 1643; D. Morice, *Preuves*, t. II, col. 1046; A. Bigot, *Essai sur les monnaies de Bretagne*, pp. 376-379; Blanchard, *Actes de Jean V*, n° 1440.

47

Droit de menée. Vannes, 30 septembre 1420. — Accordé au sire du Périer.

Ms. : Bibl. nation., ms. fr. 22331 (d'après les Mémoires de Molac).
Impr. : D. Morice, *Preuves*, t. II, col. 1048. Blanchard, *Actes de Jean V*, n° 1441.

48

Franchises de Saint-Malo. Vannes, 12 juin et 3 octobre 1420. — Défense aux fermiers et receveurs des traites de percevoir les droits sur les marchandises entrant dans la ville ou en sortant. Renouvelée à Dinan en 1421.

Ms. : Copie de 1698, aux Archives des Côtes-du-Nord.
Impr. : Aurélien de Courson, *Essai sur l'histoire, la langue... de la Bretagne Armoricaine*, 1840, pp. 529 et 531. Blanchard, *Actes de Jean V*, n° 1402.

49

Privilèges de Guérande. 5 octobre 1420.

Ms. : Original, aux Archives municipales du Croisic. Vidimus de 1457 (Arch. Loire-Inf., B).
Impr. : Caillo, *Notes sur le Croisic;* R. Blanchard, *Actes de Jean V*, n° 1451.

50

Constitutions de 1420. Vannes, 8 octobre. — Une des plus importantes parmi les constitutions de Parlement. Dispositions très diverses sur les officiers de justice, le finport, les bêtes mises en parc, les menées, le droit de guet, l'afféagement roturier, les droits de la femme renonçante, etc.

Mss. : Manuscrits de la coutume *C D F G G*² *G*³ *J K L P*² *U W W*².
Impr. : Toutes les anciennes éditions de la Coustume, sauf *a;* Sauvageau, *Constitutions et Ordonnances*, p. 8; D. Morice, *Preuves*, t. II, col. 1053.

Jehan, par la grace de Dieu duc de Bretaigne, comte de Montfort et de Richemond, à touz ceulx qui ces presentes lettres verront ou orront, salut.

Scavoir faisons que nous desirans le bien et utilité de nostre peuple et subgitz pourchasser et augmenter, et leur dommage et oppression impescher et destourber, nostre general Parlement tenant, par l'avis et meure deliberacion de noz prelatz et barons et de noz autres féaulx et subgitz, avons decleré et ordonné et par ces presentes faisons, declerons et ordonnons certains establissemens, loys et coustumes, lesquelles avons fait lire et publier en plaine audience en nostre present Parlement, des quelx establissemens, loys, coustumes, declaracions et ordonnances la teneur ensuit [1] :

[1] [**Des offices de sergenterie.**] Pour ce que les offices de sergenties de nostre pays sont données à pluseurs qui ne sont souffisans ne dignes de faire l'office, et aussi afferment l'office à autres à grant somme de finance, lesquelx fermiers sont encore mains souffisans et dignes que les principaulx, et pour poyer la ferme pillent nostre peuple, extorquans d'eulx plusieurs chevances en les adjournant souventes fois d'office, sans commandement de nos seneschaulx, allouez ne procureurs, en leur imposant aucun cas combien que ilz saichent bien que nosd. subgitz n'y ayent coulpe, et pour rachater leur vexation nosdiz subgitz se rançonnent à grant somme de peccune; item exigent de nosdits subgitz à l'aougst par chascun an ung bouessel de blé ou deux, ce que ilz en pevent avoir; à vendenges le costerel ou la jallaye de vin ou ce que ilz en pevent avoir; ou autrement à karesme prenant le chappon ou la poulle [2], ou ce que ilz en pevent avoir [3] de practique par monnoye ou autrement, et ainsi par telles voyes oppriment et depredent nostre pouvre peuple dont nous suymes protecteurs et deffendeurs, nous, desirans à ce pourveoir et faire ce que Dieu nous a commis, c'est assavoir justice, voulons et ordonnons que homme ne soit receu à estre sergeant jucques ad ce que premier il se comparesse devant

1. *L'intitulé n'est donné que par W. — Les autres manuscrits indiquent la date et mettent un titre abrégé. Exemple, d'après G :* Constitucions faites en general Parlement de Bretaigne tenu à Vennes le huitiesme jour d'octobre l'an mil cccc. vingt, après la rendicion du duc de la prinse faicte par Olivier de Blays qui fut comte de Paintevre.

2. *c add. :* à Pasques les poucins nouveaulx ou les chevreaulx.

3. *e* à hacquinannou pratiquent par.

nostre seneschal ou bailliage où il vouldra estre officier, et nostre seneschal et les gens de nostre justice se informeront des scavances, meurs et conversacion de luy, et s'il n'est suffisant à faire l'office, de scavance et de bonne vie, voulons qu'il n'y soit point receu.

[2] Item nous deffendons pour eschiver les maulx et inconveniens dessus dits que homme qui afferme ledit office de sergentie ne soit receu à estre sergeant, et deffendons sur peine d'estat de personne et de la grosse amende que doresnavant homme ne soit si hardi de prendre office de sergentie à ferme.

[3] Item que nul sergeant ne soit si hardi doresnavant de faire sur nos subgitz telles manieres d'exactions de prendre bled, vin, poulailles ne autres choses comme dessus est dit, ne de prendre sur nos subgitz soubz ombre et couleur d'office aucune chose, sinon le salaire leur deu et appartenant sellond le cas. Et si aucun est trouvé ou atteint d'avoir affermé sergentie, celui qui l'aura baillée poira lx. livres d'amende, et le fermier autres saexante livres, et seront mis hors et privez de toute office.

[4] Et pour ce que il y a trop de sergeans generaux et lieutenans d'eulx, par quoy nostre peuple est pillé et oppressé, ordonnons que les seneschaulx chascun en son bailliage advisent ceulx qui seront bons et souffisans à demourer, et de quel nombre il suffira pour l'execution desdits offices, et tout le parsus mettent hors et deposent des dictes offices.

[5] Item lesdits sergeans qui ainsi seront trouvez idoines et souffisans et se porteront bien et deuement en leurs offices n'en seront desappointez sanz cause souffisante, trouvée, prouvée et desclairée par le seneschal es generaulx plets o l'advis de la court et partie appelée; et au regart desdits sergeans ceste constitution tiendra et sortira effect tant en noz courts et juridicions que es courts et barres des prelats, barons et autres nos subgitz en nostre Duché.

[DU GOUVERNEMENT DE JUSTICE].

[6] **[Des assignations des plets]**. Pour ce que plusieurs de nos subgets qui ont justice à gouverner en malusent et convertissent ce que deust estre justice en avarice, et pour extorquer chevances de leurs subgitz font assavoir leurs pletz et les font tenir tant souvant que il convient aux subgitz delaisser leurs labours, marchandies ou autres mestiers pour aller aux pletz, ou autrement deffaillir et estre grandement tauxez, de quoy les plusieurs sont adjournez d'office par abusion sanz cause raisonnable et pour extorquer le leur indeuement, nous, desirans ad ce pourveoir et garder nostre peuple de vexation et de dommaige, voulons et ordonnons que doresnavant nul ne soit si osé de tenir pletz generaux de heritaige plus de viij fois l'an, si tant les veult tenir; et si aucuns ont plez de meubles, ils les pourront tenir une fois entre les termes de heritaige et non plus.

[7] Et pour ce que souventes fois les seneschaulx ou allouez font assavoir les pletz du jour à l'endemain, ou de deux ou de trois jours, et les bailliages sont loign les uns des autres et en diverses paroaisses, ou les subgiz et ceulx qui ont affaire esd. pletz sont en loingtaines parties, et les aucuns autres subgiz sont à leurs affaires et marchandies, et ne peuvent savoir nouvelle des pletz pour la brieffveté de l'assignacion et la distance des lieux, avons ordonné et ordonnons que doresnavant aucuns pletz, soient de heritaige ou de meuble, ne soient assignez ne tenuz à moins de ouytine, et se ils sont faits assavoir et tenuz à moins de ouytine de paravant, les subgiz ne seront tenuz à y obeïr ne les deffailles qui y seront données ne vaudront ne vers court ne vers partie en aucune maniere.

[8] Item s'il avenoit que lesd. pletz fussent continuez par le fait du seigneur ou du juge de celuy seigneur sanz autre contraignante necessité, le jour de lad. continuacion sera compté pour une assignacion dud. numbre de ouyt foiz, si ladicte continuacion et remu n'est fait savoir de ouytine, ou que led. remu ou continuacion soit fait pour cause de assignacion de pletz de maire siege.

[9] Item pour ce que il y a une maniere de juridicion que l'on appelle Nouveaux Jours, qui est de cas sourvenans entre termes, est ordonné que homme ne sera tenu proceder ne respondre d'aucun cas perpetré ou avenu davant le juge d'iceulx nouveaux jours paravant les termes derrains precedans celle delivrance de nouveaux jours. Et de ceulx dont sera congneu es nouveaux jours en sera faicte une delivrance entre termes tant seullement, et le parsus renvoyé à l'ordinaire, excepté des causes des forains ou autres cas qui requerront celerité à l'esgart du juge ordinaire.

[10] [**De ceulx qui doivent estre juges ordinaires.**] Item pour ce que plusieurs prannent office de juge qui ne sont dignes ne souffisans de ce faire, ordonnons que doresenavant nul ne soit juge ordinaire, c'est assavoir seneschal, alloué, baillif ou autre juge ordinaire, que tout premier il n'ait juré l'assise.

[11] [**Des cappitaines que leur appartient.**] Item pour ce que aucuns cappitaines ou leurs lieuxtenans s'efforcent atribuer à eulx juridicion et cognoessance de plusieurs cas, est deffendu que nulz cappitaines ou leurs lieuxtenans n'aient congnoessance de nulz cas, si n'est d'arrester les parties sur fait present et emprès envoyer la congnoessance aux officiers de la justice. Et en cas que ils feroint du contraire, mandons aux procureurs les en poursuir et aux juges les en juger amendables, et les delivrances et expedicions qui par eulx seroint faictes seront de nulle valleur.

[12] [**De finporter.**] Item comme en actions de heritaige ou actions civiles que les principaulx hoirs de nobles gens intentent ou font à aucuns autres, les deffenseurs demandent finporter de ceulx qui pourroint proceder et pretendre aucun droit en la succession, ordonnons, supposé que finporter y appartienne ou soit jugié, que nonobstant le proceix ne retardera pas, sauff à faire led. finporter ou requeste avant la diffinitive, et suffira la requeste pour finporter.

[13] [**Comment l'en doit informer des esplez faitz o le predi-**

cesseur.] Item comme aucuns proceix ou espletz sont faiz entre deux personnes par aucune court, avient souvent que avant la cause finée, l'actour ou le deffendeur decedent, et celuy qui sourvit demande respons vers le hoir du decedé des esplez faitz vers son predecesseur et dit que, pour ce que c'est esplect faict en court, que le hoir s'en peut enquerre et que il en doit respondre à certain, de quoy s'enssuit souventes foiz grant dommage pour le hoir du decedé, car aucunes foiz l'instance et le proceix sont de longtemps et les juges et les notaires des courts sont decedez, par quoy l'oir du decedé ne scait o qui s'enquerre dud. esplect, et espoir que son predicesseur n'en print point de proceix, et ainsi est-il astraint à donner respons à certain du fait d'autruy et de chose dont il ne peut estre acertainé. Et ainsi avient souventes foiz que led. successeur ou heritier donne respons de l'esplect ou proceix de son predicesseur tout autrement que la chose ne fut, dont s'ensuit aucunes foiz grans inconveniens et dommages aux successeurs ou heritiers, pour obvier esquelx nous avons ordonné et decleré, ordonnons et declerons que celui qui alleguera l'esplect du predicesseur contre le successeur ou heritier sera tenu en apparoir, ou autrement ledit successeur ou heritier s'en pourra passer par non-savance, faisant foy et serment de n'en estre pas certain.

[14] [**Combien de temps dure l'action de desdommagement de bestes, et combien d'amende sur ceux qui usent du contraire.**] Item pour ce que pluseurs pour donner vexacion et dommage à leurs voisins plus que pour leurs droiz garder font action et demandent des dommages que ilz dient que les bestes de leurs voisins ou autres leur ont faites et en demandent respons jucques à trante ans, de quoy plusieurs de noz subgitz ont grant dommaige et vexacion sans juste cause, nous, à ce voulans pourveoir et eschiver le dommaige et vexacion de nostre peuple, voulons et ordonnons que celles actions de endommagement de bestes que on vouldra dire avoir pessu les herbes ou mangé les blez ou la levée des vignes, ou les fruiz et glandes des boays, ou le

geton des boays tailleiz, et generalement touz endommagemens faitz par quelconques bestes mal gardées qui portent dommaige à autruy, durent jucques à ung an et non plus ; c'est assavoir que l'action en soit intentée dedans l'an du dommage fait, ou autrement partie ne sera tenue d'en respondre. Et celui qui traira autre en cause, par quelconque court que ce soit, pour le contraindre à avoir respons en voulant faire contre nos ordonnances après l'an passé, celui qui ainsi le fera l'amendera de lx livres, sauff la moderacion du juge.

[15] [**Combien dure l'action d'avoir moulu ou foulé à autre moulin que à cellui du seigneur.**] Item pour ce que plusieurs donnent vexacion à leurs subgiz en disant que ils ont esté mouldre leurs blez ou fouller leurs draps à autres moulins que aux leurs et en demandent respons jucques à trante ans, avons paraillement ordonné et decleré que l'action en soit intentée dedans l'an du deffault d'aller auxdits moulins, autrement n'y aura respons, si le seigneur ou ses officiers ne se vantent d'obligation ou jugié apuré.

[16] [**Touchant la baillée de la tenue au seigneur.**] Comme plusieurs nobles tiennent d'autres à congé de personne et de menée, les seigneurs de qui ils tiennent les font adjourner à presenter leurs menées une fois ou plusieurs par chascun an, et si celui qui doit presenter sa menée ou l'un de ses hommes deffaillent, tout le parsus de ses hommes sont tauxez. Et posé que ils se presentent, les officiers du seigneur exigent de ceulx qui se presentent aucunesfois dix deniers, aucunesfois vingt deniers, ou ce que ils en pevent avoir, qui est contre toute raison et justice, nous, desirans y pourveoir et oster celles abusions de justice, ordonnons que dores en avant nul ne soit contraint à presenter sa menée, sauf à bailler par escript sa tenue une fois au seigneur, dont il prandra relacion et sera tenue la court la lui bailler, et la baillée faicte le subgit sera mis hors d'adjournement, qui ne vouldra impugner la baillée, sauff par autre temps à l'impugner, si le seigneur le voit l'avoir

à faire. Et n'est pas à entendre que si le subgit, après que il a baillié par escript, a acquis aucuns fiefs ou que ilz lui advien-droient par succession, que en celuy cas il ne soit tenu à les bailler pareillement que dessus; et si les heritages cheoient en rachat en la main du duc, la chose sera paraillement gouvernée par les officiers du duc.

[17] [**Des assens que l'en leve pour guet.**] Item comme plu-seurs de noz subgitz qui ont chasteaux et forteresses en nostre pays afferment et accensent ceulx qui ont accoustumé à faire le guet esd. chasteaux à grand somme de peccune, et font asseoir les sommes d'iceulx accenseurs en leurs papiers rentiers et en font compter les receveurs avec eulx comme de rente ordinaire, en adjournant et traitant les subgiz aucunesfois par leurs courts, et demandent respons dud. accensement ou ferme de guet à fin de continuacion, ainsi que ils pourroient faire de leurs rentes ordinaires, et se monte souventes fois ledit accensage ou ferme à plus de moult que la rente que ils doivent à leur propre sei-gneur; et aussi par ceste voie oblicque et ceste mauvaise exac-tion peut ensuir moult de maux et inconveniens, c'est assavoir perdition de forteresses et usurpacion damnable sur les subgitz et leurs hommes, desclerons et ordonnons pour nous et nos subgitz que ce que en a esté ou sera levé par telle maniere de accen-sage ou de ferme ne pourra estre trait à consequence ne attri-bué à rante, devoir, ne possession de rante, nonobstant queiconque saisine que en ayent eu noz subgiz ou leurs predi-cesseurs ou successeurs.

[18] [**Combien l'en doit lever d'assens pour guet.**] Et supposé que on tollere pour le present, pour la necessité de la guerre, que les subgitz se puissent accenser au guet, il ne sera levé sur celui qui se accensera en plus large que la somme de seix soulz par an, sauff au seigneur ou son cappitaine de contraindre à faire le guet sans poier accens, eu esgart à la qualité de la for-teresse et numbre des contribuans, si le seigneur ou son cappi-taine aime mieulx que les subgitz fassent le guet que ilz payent accens.

[19] [**Comment procureur se peut adherer à la partie.**] Comme souventesfoiz noz procureurs et ceulx de noz subgitz, pour faveurs desordonnées comme pour dons, loyers, amours ou haynes, se adherent o une des parties que il leur plait, et souventesfois font de la cause de la partie la cause de la court, et tellement que entre les parties ne peut avoir egalle distribucion, et que ceulx contre qui lesd. procureurs se adherent ne peuvent avoir leurs proceix liberalement ne franchement comme ilz eussent se ilz ne eussent affaire que o parties, et leur imposent nosdits procureurs aucuns delitz pour fortifier la cause de la partie o qui ils sont, nonobstant que ilz ne soient deuement informez ou que mesmement la chose imposée ne soit pas souventesfoiz par raison recevable, par quoy noz subgiz sont souventesfoiz opprimez et grevez, à quoy nous desirans obvier et pourveoir, deffendons à touz iceulx procureurs que ilz ne soient tant hardis, sur peine d'estre pugniz et de privacion d'office, de se adherer à nulle partie sinon que ce soit par l'advisement du seneschal ou de l'alloué. Et quant affin de mettre sus cause d'office ou la jugier, ordonnons que tout premier l'informacion du cas soit faicte par le seneschal, alloué ou baillif de la court, ou leurs commis et depputez, le procureur appellé, ou autrement que cause d'office ne soit mise sus ne adjugiée, si le fait toutesfois n'estoit notoire ou que il y eust denoncieur; et au procureur est deffendue toute connaissance de cause.

[20] [**Comment l'en doit assigner le jour aux causes d'office.**] Pour ce que les parties qui ont affaire es offices de la court, de doubte d'estre mis en deffaille et en amende, viennent souventes foiz dès le premier jour desd. plez, qui durent une sepmaine ou deux ou plus, et attendent jucques à la fin d'iceulx plez pour avoir leur delivrance, par quoy despendent le leur et y ont très grans dommaiges et mises, pour eschiver le dommage et vexacion du peuple, ordonnons que dores en avant les juges des courts dient et notiffient en jugement, les plez tenans, le jour que les causes pendantes par le papier seront delivrées aux

termes subsequens, affin que aucun ne se travaille de y venir plus tost se il ne vieulst, et que on ne donra point de deffaille plus tost que celuy jour ainsi assigné.

[21] [**De la baillée que l'en peut faire de fé noble.**] Comme par la coustume generalle toute personne noble puisse faire de son demaine noble son fié et de son fié son demaine, et soit ainsi que pluseurs en aucuns endroiz de nostre pays de ainsi le faire facent difficulté, de doubte de en perdre la obeïssance, voulons et ordonnons que dores en avant chascun qui aura demaine noble, quelconque il soit, le pourra bailler par heritage et en faire son fié à le tenir de luy roturierement et en retenir à soy l'obeïssance prouche.

[22] [**Comment terme de parler doit estre baillé sanz faire loy ne serment.**] Item comme l'en ait accoustumé que quant aucun demande terme de parler en cause, que il luy convient nommer de qui, c'est assavoir qui est l'advocat qui lui agrée estre à sa cause et en faire serment, ou autrement celle dilacion n'est baillée, de quoy espoir plusieurs se parjurent, nous, desirans sur ce pourveoir, avons ordonné que dores en avant celle dilacion sera baillée à la partie qui la demandera et la aura sanz ce que il soit tenu ne contraint à en faire serment ne loy.

[23] [**De ceulx qui ont lettres d'estat ou remu.**] Comme plusieurs impetrent lettres d'estat, neant moins que autrefoiz les ayent eues avec et plusieurs remus, par quoy justice est retardée au prejudice des demandeurs tellement que les causes sont aussi comme immortelles, pour ce est il que nous voulons et ordonnons que se il advient, par inadvertance ou autrement, que aucuns d'iceulx qui ont autrefois eu lettres de nous encore en impetrassent d'autres, que de celles ne se joïssent ne ne vaillent, si par exprès en icelles lettres ne sont contenues toutes lettres d'estat remus et autres, que ils auroient eues en celle cause, et dès quel temps ou environ la cause auroit esté encommencée, afin que apparoisse que ce vient du propre mouvement de nous, si la cause par occasion de laquelle on bailleroit lettres d'estat

ne estoit telle que elle fust pour le bien de la chose publique, comme aucunes fois en fait d'ambaxades pour le bien du pays ou telles choses semblables.

[24] [**Des femmes qui renoncient après le decès du mary et demandent es acquetz.**] Souventes foiz est advenu que aucunes fammes emprès le deceix de leurs maris faisoint renonciation de prendre es biens meubles de leur communalité et de contribuer es debtes, et ce nonobstant vouloint et disoint pouvoir prendre et avoir une moytié des acquestz qui estoint faits durant leur mariage, par quoy les hoirs de leurs maris, pour la grande charge des debtes, estoint grandement chargez et endommagez, et espoir ceulx acquestz avoint esté faitz des meubles dont celles debtes estoint deues, avons ordonné que pour le temps à venir toute famme, laquelle après le deceix de son mary renunciera aux biens meubles et debtes de sond. mary, ne pourra riens avoir ne prandre es acquestz faitz durant leur mariage et en sera privée, et ainsi dès à present le constituons, pour ce que les hoirs du mary ont la charge de poyer les debtes.

[25] [**Comment l'action appartient à la femme après le decès du mari et vers elle.**] Item pour ce que aucuns faisoient doubte que la famme qui prent certaine porcion et quantité es meubles de son mary ne peut avoir action vers autres et que à elle ne apparteneist respons par autant que elle prant es meubles, et que aucuns vouloint excepter de luy respondre et dire que l'action competoit à le hoir principal du mary; et aussi, quant aucuns vouloint faire demande, elle souloit excepter, disant que le respons ne competoit vers elle, ains vers les hoirs du mary; pour eschiver aux doubtes qui en estoint, nous declarons que elle en rendra et fournira à l'advenant que elle prant es biens meubles, et aussy paravant que luy competer respons pourra poursuivir et demander vers autres o qui elle aura à besogner.

[26] [**Deffense de non tenir taverne en village sur champs.**] Pour ce que il a aucuns taverniers de villaige qui maintes foiz sont cause de faire commettre plusieurs grants maux, comme

larcins, meurtres et plusieurs autres grans inconveniens, est ordonné que dores en avant soit fait deffence par exprès que aucun ne soit tant hardy d'exposer vin en taverne sur les villaiges, si ce n'est es lieux qui sont advisez par la justice estre convenables pour ce faire et que ceulx qui seront trouvez attempter à l'encontre de celle ordonnance et deffence en soient puniz de grosses amendes, telles que les juges des lieux, savoir est du duc, du prelat ou du baron, adviseront et ordonneront.

[27] [**Des hosteliers.**] [1] Item pour ce que avons entendu que aucuns hosteliers ou hostesses ont accoustumé que quant aucuns de nos subgitz estoint à leurs maisons pour prandre leur recréacion, iceulx hosteliers, leurs serviteurs et adherez aloint boire et mengier avecques eulx sans aucune chose poier ne estre comptez en l'escot d'icelle despance, que estoit ou grieff et dommage de nos subgitz, avons constitué et ordonné, constituons et ordonnons, que des ores en avant nulz d'iceulx ne usent d'icelle mauvaise dampnable condicion, sur paine de estre privez de jamais user de hostelerie ne de tel frequentement et estre pugniz à l'esgart de justice.

[28] [**Des sermenz et blasphemes que font les nobles.**] Item pour ce que plusieurs se avancent à renoyer Dieu et la Vierge Marie, jurer la teste, le sang, les yeulx, les braz et autres humanitez d'iceulx, se donnent au deable en contempnant Dieu et nostre foy catholique, par quoy l'on peut presumer les maux, hostilitez, pestillences et guerres s'ensuir, avons deffendu à touz noz subgitz de non le faire es temps à venir, es nobles sur paine pour la premiere foiz de xxx. s., pour la seconde de lx. s. et pour la tierce de vj. livres. Et si en plus large y continuoint, que Dieu ne vueille, les nous envoyer comme violans de noz ordonnances contre Dieu et Sainte Eglise par arrest, à se rendre à nouz en nostre personne à tenir nostre arrest, à certaines et

1. *Cet article et les suivants manquent dans la plupart des manuscrits et des éditions. Ils se trouvent seulement dans L W et dans l'édition de Tréguier, et nulle part ils ne sont au complet.*

grosses paines, jucques à nostre delivrance de nous et de nostre consaill. Si mandons et commandons à touz noz officiers et autres nobles de nostre païs ainsi le faire et tenir sur paine d'estre pugniz comme desobeïssans.

[29] [**Des sermentz et blasphemes des partables.**] Item quant est des personnes partables deffendons par semblable, à peine de xv. s. pour la premiere foiz, pour la segonde de xxx. s. et pour la tierce de lx. s. Et si en plus large y continuoint, d'avoir la langue percée, ou le mercher ou front de fer chaut, ou autre grosse paine telle que les juges des lieux aviseront.

[30] Item pour ce que aucuns de nos subgitz n'ayent en eulx charité ne compassion de la povreté de leurs prouchains et ont enlevé les denrées amprès troys ou quatre fois plus que les denrées ont acoustumé valoir es temps passez, par quoy, s'il n'estoit remede, convendroit es povres mourir de faim et es nobles estre desheritez, consideré qu'ilz ne sont poyez de leurs hommes fors en la maniere acoustumée des rentes que leur debvent, avons ordrenné pour ceste presente année que hommes ne maine vivres hors de nostre pays à paine de confiscation de corps et de biens, et chascun d'abondent emporte les vivres aez foires et marchez sanz les vandre ailleurs par courrataille et les vandent à juste prix à lad. paine. Et en deffandons, consideré que les bestes de notre pays se vivent de aussi bon marché à ceste année comme paravant le temps de la chierté qui est, que homme ne vande à plus hault pris beste, char, beuff ne suiff, oignt, laene, peaulx ne cuir, courrages ne tannes, solles, bosces, drap de nostre pays, chandelles ne aultres choses qui se trouvent et nourrissent en nostre pays, fors qu'il est acoustumé au temps paravant lad. chierté. Et mandons à touz nos officiers ainsin le faire tenir et pugnir les desobeïssans tant que ce soit exemple à touz aultres, et faire injonction et requeste aes officiers des prelatz et barons de nostre pays ainsi le faire et tenir en leur terrouer, et en cas de leur deffault de ce en faire l'execution.

[31] Item combien que nous ne faisons pas pour aucunes

choses pris en present sur le blé et sur le drap de hors nostre pays, nous mandons et commandons à touz noz subgitz de non les traire ne envoyer hors nostre pays quant ils seront entrez et les mettre à juste pris à lad. paine. Et donnons à touz ceulx qui trouveront auchuns mesner nulz vivres hors de nostre pays le tiers d'iceulx vivres, excepté vitaille competante pour les vesseaulx pour leur veage faire et les poissons des secheries; les deux parties avons par confiscation, avecques les vesseaulx, charrettes, chevaulx, corps et biens qui les conduiront et seront participans ad ce faire.

51

Mines. Dinan, 20 mars 1422 v. st. — A propos d'une concession particulière le duc établit des règles générales sur les indemnités dues aux propriétaires.

Impr. : D. Lobineau, t. II, col. 992; D. Morice, *Preuves*, t. II, col. 1134. Blanchard, *Actes de Jean V*, n° 1552.

52

Constitutions de 1424. Vannes, 12 février 1425 n. st. — Ordinairement séparées en deux séries, l'une « touchant le fait des métiers » (salaires, monnaies, exportations, mesurage des marchandises, etc.), l'autre « touchant le fait de la justice » (création du *Parlement des interlocutoires*, destiné à alléger les rôles trop chargés du Parlement général).

Mss. : Manuscrits de la Coutume *D F G G² G³ J L P² U W W²*.
Impr. : Toutes les anciennes éditions de la Coutume, sauf *a*; Sauvageau, *Constitutions et ordonnances*, pp. 16 et 23; D. Morice, *Preuves*, t. II, col. 1152 et 1157.

Jehan, par la grace de Dieu duc de Bretaigne, comte de Montfort et de Richemont, à touz ceulx qui ces presentes lettres verront et orront, salut.

[1] [TOUCHANT LE FAIT DES MESTIERS] [1]. Comme à nous se sont complaints les prelats, barons, chevaliers, escuyers, chapitres, colleges, gens d'eglise, bourgeois et autres gens rentez de nostre païs, disans que jaçoit ce que anciennement leurs predicesseurs ayent baillé leurs fiez, terres et heritaiges pour estre poyez de leurs rentes au bon et fort denier, ce neant moins pour l'encherissement des vivres et autres denrées et marchandises qui sont necessaires à vie de homme, et aussi manouvres et journées de ouvriers qui sont necessaires pour le bien commun, quelles choses le peuple a encheris oultrageusement par leur mauvaistié et avarice, et mesme pour cause de l'or que le peuple par avarice et pour abondance de la monnoie convoite tant ardamment et le mettent à prix excessif de plus du tiers que il ne vaut, combien que ils n'ayent cause de ce faire et que nostre monnoye soit bonne et de bonne loy, leurs rentes et devoirs comme ils dient ne leur valent pas tant de la moitié comme avoient accoustumé faire, et ne pourroient leur estat soustenir ne faire leur edifficesetchoses necessaires, si autrement pourveu n'y estoit, en leur faisant bailler leurs vivres, denrées et manouvres à bon prix et raisonnable, ainsi que souloient avoir anciennement et encore puis dix anz en ça ou leur faire poyer leurs rentes par deniers au bon et fort denier à ce que ils en puissent avoir et recouvrer leurs necessitez.

Scavoir faisons que nous, ayant consideration à ce que dit est et à la excessive vente des vivres [et] manouvres que le peuple fait nonobstant nos ordonnances, en eulx demonstrant par iceulx incorrigibles et indurez en leur mauvais et damnable propos et intention, combien qu'ils n'ayent cause de ce faire, attendu que nostre monnoie est bonne et de bonne loy comme dit est, avons voulu et ordonné, voulons et ordonnons que police et ordonnance soit mise sur les vivres, denrées, ouvriers et manouvres et y

1. *Les manuscrits et les éditions coupent ordinairement ces constitutions en deux, l'une sur les métiers, l'autre sur la justice, et dans beaucoup d'entre eux l'ordre des articles est très variable.*

establir prix raisonnable, ainsi que sera advisé et regardé par nos seneschaulx, allouez et procureurs, chascun en son bailliage, appellez quant à ce des gens d'Eglise, des nobles et des bourgeois et gens notables de bonnes villes et citez de nostre païs, en mandant et par ces presentes mandons à noz officiers ainsi le faire et ladite police et ordonnance faire tenir et garder chascun en droit soy, et aussi aux officiers des prelats et barons, chevaliers et escuyers, pareillement chascun sur ses hommes, faire tenir lesd. ordonnances; et au deffault d'iceulx, mandons à nos officiers des lieux y pourveoir chascun en sa juridiction, et ladite police faire tenir et garder en faisant intimacion expresse à nostre dit peuple que, en cas que ils ne se corrigeront desdites excessivetez et ne mettront leurs vivres et denrées, manouvres, journées et ouvriers à juste pris et raisonnable, nous, de present comme pour lors et dès lors comme à present, voulons et ordonnons que ilz poyent et sont tenuz poyer le terme de la my aoust prochainement venant des rentes heritelles que ils doivent à bon et fort denier, ainsi que anciennement le souloient faire, sauff et reservé la moderation ordonnance et interpretation dud. bon denier à estre fait par nous ainsi que nous appartient de nos droits, souverainetez et noblesses.

[2] Comme nous avons sceu que plusieurs se avancent à tirer et mettre hors de nostre païs par mer ou par terre plusieurs vivres, vitailles et autres choses necessaires pour la vie et necessité des hommes, comme bestes d'aumaille, oaes, moutons, poulailles, porcs, beurres, œufs, graisses, cuirs, ouvres de cordouanerie, fil, lin, chanvres et autres plusieurs especes de denrées, vivres et vitailles qui sont necessaires pour la provision de nostre païs, à quoy tirer et mettre hors plusieurs couratiers regratiers se sont aucunement appliquez par convoitise et par la grant avarice de monnoie que ils ont, et du grant gaing et prouffit que ils en trouvent en ce faisant, et sont presque tous les gens du plat pays marchans et delaissent leurs labours à faire, quelles choses sont cause et moyen de la chereté qui est en

nostre païs, pourquoy nous, desirans à ce pourveoir, faisons expresses deffenses à touz et chascun noz subgitz de non tirer ne mettre hors, par eulx ne par autres, ne bailler à estranger pour les tirer ne mettre hors, nuls ne aucuns desd. vivres, denrées ne autres choses quelconques, sauff seulement les vins, poissons, fourmens, seigles et saulx, sous le congié et licence de noûs deliberé par nostre grant conseil et par lettres seellées de nostre chancelier, sur peine de la confiscation de la denrée qui ainsi sera trouvée estre tirée hors, vaisseaux charrettes et chevaulx qui la meneront et porteront, et en oultre sur peine de la grosse amende à l'arbitrage du juge en qui juridiction et pouvoir la dite denrée sera trouvée, desquelles confiscations voulons et ordonnons que ceulx qui trouvent lesd. vivres et denrées menées hors de nostre païs, ayent et leur demeure la quarte partie des choses confisquées, pourveu que dedans ouyt jours, ou quinze au plus loign, ils fassent bon et loyal rapport à nostre justice des lieux des choses qui ainsi seroint trouvées estre tirées et menées hors, et que en ce lesd. rapporteurs ne facent ne ne commettent fraude ne córruption aucune, sur paine ceulx qui en seront reprins d'en estre puniz par confiscation de biens ; et au regart de ceulx qui meneront lesd. vivres et denrées dehors, les prelats barons chevaliers et escuyers de nostre duché ayans jurisdiction en auront la cognoessance et amende sur leurs hommes et subgitz.

[3] [1] Item comme plusieurs faignent souventes fois mener lesd. vivres et danrées es villes et contrées de ce païs pour les y vendre et exposer en vente sanz les tirer ne mener hors, combien que de jour en jour ils facent au contraire et les menent et tirent hors de ce duché, pour pourveoir à ce a esté ordonné que ceulx qui vouldront lesd. vivres et danrées mener par mer en vesseaulx es villes et contrées de ce païs le signifient par avant partir au juge ordinaire des lieux dont ils partiront, ou à son lieutenant,

1. *Les articles 3, 4 et 5 ne se trouvent que dans les manuscrits D F G et dans l'édition de Tréguier.*

et que à leur retour ils apporteront par bullete ou relacion valable du juge ordinaire, ou de son lieutenant, du lieu ou de la ville de ce païs où ils auront mené lesd. danrées, les avoir vendues adenerées ou delaissiées en ce païs sanz les avoir menées ne tirées hors, sur paine ceulx qui feront au contraire d'en estre puniz par confiscation des biens, denrées et amende arbitrale.

[4] Item pour ce que plusieurs juges et officiers, ou leurs lieutenans, espoir vouldroint exiger induement et par avarice peccune et chevance pour bailler leurs bulletes et relacions aux marchands, a esté defendu à touz et à chascun de non en prendre riens, sauf qui escripra la bullete en prendra six deniers seulement pour chascune. Et en outre a esté deffensé à touz et chascun, qui s'entremettront desd. bulletes et relacions baillier, de non en baillier nulle ne aucune par corrompcion de dons, par faveur ne autrement, fors léaument ainsi qu'il appartient, sur paine de privation d'office et confiscation de biens.

[5] Item pour ce que espoir pluseurs en intencion de exiger pratiques sur le peuple, se voudroint avancer à guetter les marchanz, les arrester ou donner empeschement à eulx ou leurs marchandises, en allent et passent par ce païs et duché, en leur voulant faire accroire ou en les accusant qu'ils menent et tirent hors de ce duchié, jaçoit ce que le fait ne seroit pas evidant, pour ceste cause a esté deffensé que nulli ne s'avance à guetter les marchanz, arrester eulx ne leurs marchandises en ce païs, ne leur donner impeschement, sauf seulement es villes, portes et entrées et yssues de ce païs, et en cas qu'ils trouveront evidentement lesd. vivres et denrées estre menées hors comme dit est, comme es portz et havres de ce païs et duchié à Saint-Malo, à Dol, à Saint Aubin du Cormier, à Vitré, à Foulgières, à la Guerche, à Chasteaubrient, à Vovantes, à la Chapelle-Glain, à Ancenis, Varades, Oudon, Mauve, Nantes, Clisson, Vieillevigne, Machecoul, Bourgneuf, Saint-Nezaire, Guerrande, et autres portz et villes qui sont es marches de l'entrée et yssue de ce païs et duché, sur paine de ceulx qui fairont du contraire

et qui seront reprins d'avoir donné impeschement aux marchans ne à leurs marchandises d'en estre pugniz de corps et de biens, à l'arbitrage des juges en qui jurisdiction ils seront trouvez delinquans.

[6] Au regart des laboureurs de nostre païs qui se font marchans et delaissent leurs labours à faire et par leur regraterie et marchandie encherissent leurs vivres et denrées en prejudice du bien commun, deffendons que dores en avant iceulx laboureurs ne s'entremettent de fait de marchandie, fors tant seullement de la revenue de leurs terres et labouraiges pour la substantation et estorement de eulx et de leurs hostieux et de l'ouvre des mestiers dont ils sont, sur paine de confiscation des denrées dont ils se marchandent, et de amende arbitral, et que ce soit jucques ad ce que nous voyons que autrement soit à y pourveoir.

[7] [**Deffense aux marchans de ce païs de non marchander par or.**] Pour ce que plusieurs et aussi comme le plus de nostre peuple, en meprisant nostre monnoie et par convoitise et avarice desirans avoir or, font reffus de vendre leurs denrrées si ce n'est par or, quelle chose est cause de grant chereté en nostre païs, deffendons que doresnavant nul ne soit tant hardy en nostre païs de marchander par or, les uns subgitz de nostre païs avec les autres, sauff à marchander par monnoie tant seulement, et que ce soit des vivres et denrées qui croissent en nostre païs, sur paine de confiscation de la denrée et de amende arbitral.

[8] [**Ordonnance touchant les vivres.**] Pour ce que plusieurs nos subgitz, tant marchans que gens de mestier, comme taillandiers texiers pelletiers massons charpentiers et autres ouvriers, en fraude deception dommaige et prejudice de tout le bien commun ont acoustumé à faire monopole et congregation ensemble, les uns d'un mestier et d'une marchandise avec les autres, sur le fait du prix et de la vendition de leurs denrées et marchandises, en faisant gré et octroy les uns es autres de non bailler ne donner leurs marchandises l'un à meilleur prix que

l'autre, neant moins que la chose soit adjoustée et tauxée par entreulx, quelles choses sont mauvaises et damnables et en dommaige de tout le bien commun, pourquoy nous desirans ad ce pourveoir, deffendons à touz et chescun noz subgitz que nul ne soit tant hardy ne osé de faire doresnavant telles manieres de monopoles ne congregations ensemble, en fraude et deception du bien commun et par quoy les vivres et denrées en sont plus cherement venduz, sur paine ceulx qui en seront reprins d'en estre puniz par confiscation de biens et amende arbitral.

[9] [**Comment les draps doivent estre mesurez.**] Voulons et ordonnons que doresnavant, pour le bien et profit commun, les draps qui par detail seront venduz en nostre païs, soient aulnez et mesurez par le fest, tant les draps dougez et de couleur que les gros draps; que l'en ne fasse aucune chose au contraire sur paine de l'amende.

[10] [**Comment l'en doit user d'une mesure et aulne.**] Voulons et ordonnons que par tout nostre païs l'en use doresnavant d'une mesure et pareille aulne es draps dougez et de couleur, scavoir est de l'aulne de Rennes et de Nantes. Et seront veues les aulnes de Rennes et de Nantes et mesurera l'en o celle qui sera la plus grande, et aux gros draps, comme josselins bureaux, d'une autre aulne qui contienne [ ] espens, et la dite aulne de couleur doit contenir [ ] espens. Et pareillement au regart des toilles grosses et dougées, voulons que ainsi soit usé comme es draps de couleur et gros draps, et que lesdites aulnes soient merchées et adjustées par nos seneschaulx ou allouez ou leurs lieutenans chascun en son bailliage, et que deux estelons soient faiz des deux aulnes, de quoy les patrons soient mis en un post en lieu public à l'esgart du juge, que chascun qui en aura à besogner y puisse venir adjuster son aulne, et que en nostre ville de Rennes lesdits estelons soient mis pour servir à tout nostre païs, sauf à la comté de Nantes; et que en nostre ville de Nantes, en y ait pareillement deux aulnes pour servir en toute la comté, et en la ville de Ploërmel pareillement.

[11] **[Des picotins d'avoine.]** Au regart des picotins d'avoine pour faire la livrée aux chevaulx, voulons et ordonnons que l'en use d'une pareille et esgale mesure par tout nostre païs et duché, lesquels picotins soient ordonnez par nostre seneschal de Rennes pour servir en tout nostre païs hors la comté de Nantes, et par nostre seneschal de Nantes ordonnez à servir par tout nostre comté, de quoy les estelons demeureront merchez et adjustez en nosdites villes es lieux où regarderont nosd. juges seneschaulx afin que chascun y puisse prendre à y adjuster son picotin dont il aura affaire. Et ceulx qui useront d'autre mesure en poyeront soixante sols d'amende et, se ils y continuent, à l'arbitraige du juge.

[12] **[Ordonnances, touchant les poiz et crocz.]** Pareillement a esté ordonné que l'en use par tout ce païs et duché d'un mesme poids et croc, de quoy la livre contienne six onces, tant en balance que à croc, et que estelons soient merchez faiz et adjustez esd. villes de Rennes et de Nantes, pour servir à tout ce païs ainsi que dessus est dit.

[13] **[Ordonnance sur le fait des texiers.]** A esté ordonné que doresnavant les texiers ouvrent et usent en leurs mestiers de l'ancienne laine et non de autre, et que chascun officier en son bailliage y pourveoie, et les contraignent à ce faire par grosses amendes au cas que ils usent au contraire.

[14] **[Touchant les meseaux.]** Pour ce que l'en a sceu que aucuns meseaux s'entremettent en plusieurs contrées de ce duché à user de fait de mestier et aucuns du fait de marchandise, quelle chose n'est pas convenable pour ce que c'est maladie contagieuse, a esté fait deffenses que doresnavant, pour les perils et dangers qui pourroient ensuivir, lesd. meseaux ne se avancent de fait de marchandise, et que on ne les y souffre ne soustienne aucunement, et que nos juges dessus les lieux les fassent separer d'avec les autres.

[15] **[Du fait des pintiers.]** Comme plusieurs pintiers et ouvriers d'estain mettent en leurs ouvres empirement de plomb

et autres metaux, a esté deffensé que doresnavant nul ne se advence à y mettre empirement, ains fassent les ouvres de bon estain sur paine d'amende arbitral et confiscation de la denrée.

[16] Item comme en nostre païs on n'ayt pas accoustumé à escorcher chevaulx ne chiens, combien que le cuir soit prouffitable à faire de bonnes ouvres necessaires et convenables au bien commun de nostre païs, comme de ces cuirs de chevaulx on fait boutailes ainsi que ou pays d'Engleterre et aussi pluseurs aultres choses, et des cuirs des chiens on fait de bons gantz, et que pluseurs gens delaissent à escorcher lesd. chevaulx et chiens pour honte et vergoigne d'estre reputez villains ou infames, pour ceste cause avons ordonné et ordonnons que doresnavant chascun qui voldra escorcher chevaulx ou chiens le puisse faire sanz estre reprouché d'aucune injure ou infamie, en deffendant à touz et à chascun, sur paine de grosse amande, de non en faire aucun reprouche à ceulx qui le feront; et quittons les ditz cuirs et franchissons en touz marchez et foires de toutes coustumes et debvoirs [1].

[17] [**Des notaires et tabellions.**] Pour eschiver es faussonneries que on fait es lettres et par especial au païs de Treguer et de Gouellou, en contrefaisant la main des passeurs quant ils sont mors, ou autrement, a esté ordonné que doresnavant quant aucuns notaires ou tabellions passeront lettres ou contrats qu'ils fassent mention par qui elles sont escriptes en mettant en leurs passemens les noms de ceulx qui les auront escriptes, afin que l'en puisse savoir la faute qui y sera, si aucune y est.

[18] [**Ordonnance sur le fait des journées aux ouvriers.**] Premier, a esté ordonné que doresnavant, jucques à ce que par le duc et son grant conseil en soit autrement ordonné selon la disposition du temps et le gouvernement du peuple, les ouvriers qui ensuivent n'ayent par journée entre le temps du commencement de mars en venant jusques à la Toussaint, fors

1. *Cet article ne se trouve que dans F W² r.*

le prix qui cy après est declairé, scavoir est : masson de pierre froide vingt deniers oultre ses despens, ouvrier commun de pierre de taille deux sols oultre ses despens ; charpentier commun vingt deniers, maistre charpentier deux sols ; couvreur de pierre, de tuille ou d'autre chose, pareillement ; ouvrier de bras quinze deniers et pour ses despens aultres quinze deniers ou ses despens, et ainsi est pour journée et despens deux sols six deniers ; fauchoux, oultre leurs despens, ij s. vj d. ; journée de charréour o sa charrette six sols huit deniers.

Pour occasion dud. prix, si les dits ouvriers refusent à faire lesd. ouvres et journées aux prix dessus ditz, a esté ordonné que chascun juge en son bailliaige tauxe et face poyer chascun d'eulx soixante sols d'amende.

[19] [**Touchant les cuirs.**] A esté ordonné que homme ne vende cuir de vache o le poil, tout le meilleur, en plus large que dix sols, et les autres en descendant chascun selon sa valeur. Cuir de vache tanné, tout le meilleur, dix-huit sols, et les autres en descendant.

[20] [**Commission aux juges touchant les vivres.**] Au regart des autres choses qui sont necessaires pour vie et despense de homme, et autres choses necessaires au bien commun, ont esté commis les juges ordinaires pour y pourveoir chascun en son bailliage pour y mettre tauxation et prix raisonnable ; et aux officiers des prelatz barons féaux et subgitz de ce païs et duché lesd. ordonnances faire tenir et garder chascun sur ses hommes et subgitz, et celles ordonnances avoir lieu jucques à ce que par le duc et son grant conseill en soit autrement ordonné selon la disposition du temps et le gouvernement du peuple.

[21] TOUCHANT LE FAIT DE LA JUSTICE. — [**De ceulx qui appellent sur interlocutoires, comment ils doivent se y gouverner.**] Comme plusieurs de nos subgitz fassent et font plusieurs appellations frivoleuses de nos juges ordinaires à nostre Parlement sur interlocutoires, retardant principal de cause, pour dissimuler et retarder le bon droit d'autruy, et pour

ce que noz Parlemens tiennent de loign à loign, dont il advient que les bonnes causes des acteurs et demandeurs sont par telles appellations et dissimulations tellement allongées et retardées que, pour ennuy et mutation de personnes et autrement, les bonnes et justes querelles de noz subgiz sont perdues, et justice, non pas seulement retardée, mais du tout empeschée de son droit cours;

A quoy nous desirans pourveoir et expeller telles manieres de malicieuses cautelles dont noz subgiz sont grevez et deffraudez de leur bon droit, avons par deliberation de Parlement ordonné et fait loy que desormais en avant toutes les appellations qui seront faites sur les interlocutoires qui n'emporteront principal de cause, seront terminées comme de Parlement une fois l'an devant nostre president et nostre conseil, qui sera à Vennes ou aillieurs en une autre de nos villes, la semaine d'après *Jubilate*, à commencer nostre dit conseil ou jeudy d'après *Jubilate* et continuer d'illec en avant, auquel temps se comparestront noz seneschaulx de Rennes et de Nantes et noz autres seneschaulx et procureurs generaulx et particuliers, et autres de nostre conseil que nous y ferons appeller pour la decision desd. appellations et aussi pour reformation et confirmation des faitz qui toucheront la justice et police de nostre païs.

Et ceulx qui feront lesdites appellations sur interlocutoires seront tenuz les relever dedanz quarante jours après appellation comme de Parlement, et aussi se presenter devers le greffier ainsi que en Parlement, et donner adjournement à partie dedanz lesd. quarante jours pour proceder en ladite appellation.

Et en cas que l'appellation ne seroit faite dedanz quinze jours prochains paravant led. jeudi après *Jubilate*, audit cas partie appellante ne sera tenue relever son appellation à celuy prochain terme et assignation, ainczois suffira que il la releve deuement à l'autre subsequent terme, ne partie adverse ne sera tenue se elle ne veut proceder.

Et si l'appellation est faite dedanz les quarante jours du Parlement ou dud. jeudi après *Jubilate*, le juge de qui on aura appellé pourra envoyer les parties à se delivrer sur l'appellation et y vaudront pour tous adjournez sanz interpretation de relevement; et ceulx qui auront fait leurs appellations paravant les quarante jours de nostre Parlement aud. jeudi après *Jubilate*, seront tenuz les relever comme dit est, et se ils ne les relevent, ils en seront tauxez comme de Parlement; et ceulx pareillement qui en seront vaincuz ou tournez des dites appellations en seront tauxez de semblable amende.

Et afin que doresnavant aucun ne s'avance de faire appellation en intention que nous en quittons l'amende, ordonnons et faisons loy que doresnavant nous ne quitterons ne ne donnerons nulles amendes de nostre Parlement ne qui seront tauxées comme de Parlement, à quelconque personne que ce soit. Et si par inadvertance, importune requeste ou autrement nous en faisons donnaison aucune, ne voulons que il en soit rien alloué ne passé en la Chambre de nos Comptes, si ce n'est par deliberation de nostre grant Conseil en nostre Parlement.

[22] [**Comment advocat doit declerer pourquoy le libelle n'est responsal**]. Comme plusieurs advocas et pareillement plusieurs parties, en retardant justice, veulent souventes foiz excepter de non respondre au libelle de partie qui demande, pour ce que ils dient que le libelle ne conclut pas de necessité ou que il est ineptement formé, jaçoit ce que ils ne dient ne ne declerent les causes en quoy il pesche ne où est la faute, à quoy nous voulans pourveoir pour le bien de la justice et abreviation des causes, avons ordonné que doresnavant les avocas ne parties ne soient receuz à le dire se ils ne declarent les causes pourquoy le libelle n'est responsal.

[23] [**Des termes et productions que l'en doibt avoir avant publier**]. Comme ailleurs en nostre païs, hors la comté de Nantes, on ait acoustumé quant aucune partie produit ou presente tesmoings contre autruy, que la partie contre qui ils sont presentez demande terme d'appens sur les tesmoigns, et

souventes foiz engigne cleins de reprouve sur le fait d'iceulx tesmoigns, et sur le debat de ce sont plusieurs causes allongées au grant dommaige et vexation des parties, avons ordonné et ordonnons pour abbreviation des causes et vexation des parties eschiver, que doresnavant par tout nostre païs et duché, dedanz les trois productions courantes entre les termes de l'arrest et les autres subsequens termes, les parties presentent et fassent enquerre leurs tesmoigns, et es termes après l'arrest partie adverse contre qui les tesmoigns seront presentez vienne dire sur les tesmoigns et les reprouver tous à une foiz, si faire le veut, ou autrement les gréer.

Et pour ce que en autres parties hors la conté de Nantes l'en n'a pas accoustumé cet usement et que plusieurs ne l'entendroient pas sans autre declaracion, il est bien vrai que si partie qui doit prouver n'a conclu son enqueste au quart terme, c'est assavoir après les trois productions, il a encore temps de presenter et faire enquerir ses tesmoigns entre les quarts et les quints termes. Et après les quints termes il convient que partie qui doit faire la prouve ait conclu son enqueste et que partie adverse vienne dire sur les tesmoigns ou les gréer. Et si plus tost partie a fait son enqueste et que il veuille arrester son client, il sera enjoint au deffenseur prendre devers le clerc qui aura fait l'enqueste la nommée des tesmoigns presentez et enquis, pour venir gréer ou dire dessus aux subsequens termes, et sera tenu le faire.

[24] Quant partie voudra reprouver tesmoigns, il sera tenu premier jurer de calumnie et qu'il entend prouver les choses que il allegue, et que ce que il en fait n'est pas par fraude ne malice ne pour allonger querelle.

[25] Que en clein engigné sur debat de deffaille, ou de dillations ou d'autres explez et actes de la cour, n'y aura nuls despens à partie qui fera la prouve, sinon du jour du clein engigné et du jour de la publication et non plus.

[26] En semblable maniere il a esté ordonné que doresnavant

en clein de reprouve ne aura que trois productions, et en contre-reprouve deux productions.

[27] [**De faulx tesmoins et faussonniers**]. Pour ce que plusieurs souventes foiz sont reprins de porter faux tesmoignages, les uns qui sont gens laiz, les autres clercs mariez et les autres non mariez comme simples clercs portans tonsure, et aussi souventes foiz sont reprins de faussonnerie en leurs lettres et passemens, et s'accoustument à ce faire parce que n'en sont pas pugnis ainsi que le devroient, nous, voulans à ce pourveoir, avons ordonné et ordonnons que doresnavant les gens laiz qui ne sont clercs qui seront reprins d'avoir porté faux tesmoignage soient pugniz pour la premiere foiz comme d'avoir une oreille coupée et perdre touz leurs biens meubles et estre declarez infammes. Et combien que ilz ne doivent jamais estre receuz en tesmoignage après que une fois en auront esté reprins, toutesfoiz s'il advient que par inadvertance du juge ou par grace et restitution de nous ou autrement, ils seroient encore receuz et puis que ilz feussent reprouvez, ordonnons que à la seconde foiz ilz aient les oreilles coupées et que ilz perdent leurs biens meubles et aussi leurs heritaiges à viaige, sauff à estre fait provision raisonnable à leurs femmes et enffanz. Et pour faire lad. execution de couper les oreilles, le juge qui connoistra du cas pourra commettre et ordonner qui bon lui semblera et en voudra prendre la charge, sanz ce que ceulx executeurs soient reprochez de injure et infamie.

[28] Au regart des clercs mariez qui seront reprins de faux tesmoignage ou de faussonnerie en leurs lettres et passemenz, ilz seront privez de tout office et perdront leurs meubles et auxi leurs heritages à viage, sauff à estre fait provision raisonnable aux femmes et enfans.

[29] Au regart des clercs non mariez qui seront reprins de faux tesmoignage ou de faussonnerie, ordonnons que ilz soient privez de touz leurs heritaiges à viaige; après ce ordonnons que ilz ne soient point receuz à faire passemens contraz ne procès,

jucques à ce que tout premier ils ayent donné au juge qui les y recevra suffisante caution laye sur certaines et grosses paines que les juges aviseront, comme de cent livres ou plus, si mestier est.

[30] [**Touchant exception de despeille**]. Pour ce que plusieurs en retardant les causes alleguent souventes foiz et proposent exception de despoille pour empescher le procez, par quoy maintes foiz les bonnes et justes causes sont retardées au grant dommaige des parties, avons ordonné et ordonnons que doresnavant exception de despoille proposée, se elle ne est prouvée dedanz les dix-sept [1] jours après que elle sera proposée et rendue, ne tardera point le proceder en principal de cause, soit par faute ou retardement du commissaire ou de la partie que la prouve ne soit faite, sauff à estre lad. despoille conduite à fin de restitution ou de despens; et quant la prouve sera faite de lad. despouille, il tardera de proceder en principal jucques partie soit restituée.

[31] [**Comment bannies doivent estre faictes**]. Pour ce que en aucunes parties de Bretaigne l'en a accoustumé faire les bannies es marchez, et en autres lieux es paroisses au dimanche, et a l'en aucunement usé que chascun bannier du seigneur, dont les aucuns se appellent banniers féez et les autres sont sergenz, font lesd. bannies par plusieurs foiz et par plusieurs et diverses heures, et non pas assez publiquement, peut estre par ignorance ou en deffraudant le droit d'autrui, et mesme que ilz sont creuz pour toute information par leur simple et singuliere relation soubz leurs seaulx ou autres à leur requeste, ou autrement, des bannies que ilz relatent avoir faictes.

Est commandé et ordonné desormais en avant lesd. bannies estre faictes publiquement et continuellement à une heure pour tout le jour, scavoir aux marchez à congregation de peuple et es paroisses à l'issue de la grant messe, et que desdites bannies les informations soient faites par tesmoigns par la cour et juridiction

1. *Sic DFLc.* — *Partout ailleurs* sept.

d'iceluy seigneur ou du suzerain aux plets de heritage, ou autrement ne seront valables.

[32] [**De ceulx qui ont deffailli et le sergent a recordé l'adjournement**]. Comme en aucunes parties de nostre païs aucuns veulent user que quant ilz ont deffailly par aucune juridiction, et le sergent recorde l'adjournement, que ilz se veulent deffendre et sauver de la deffaille en disant que ilz veulent alleguer leurs deffens, offrans à jurer que ilz ne ouïrent riens de l'adjournement ne n'y furent adjournez, quelle chose est occasion de peché mortel, car il convient que la partie ou le sergent sont parjures, et pour ce nous, voulans pourveoir à celle abusion et garder la coustume generale de nostre païs, deffendons que doresnavant les parties ne usent ne ne soient receues ainsi user dudit deffens, et au juge les y recevoir, en cassant et annulant ledit abus.

53

Privilèges de Nantes. Vannes, 18 février 1425 n. st. — Confirmation des lettres antérieures avec dispositions nouvelles sur le guet, la taille, etc.

Ms. : Cartulaire des privilèges de Nantes, Arch. Loire-Inf., E 158.

Impr. : La Nicollière-Teijeiro, *Privilèges de la ville de Nantes*, pp. 38-43.

54

Francs-archers. 20 mars 1425. — Ordonnance importante rendue sous l'inspiration du connétable de Richemont pour l'armement d'une troupe régulière fournie par les paroisses.

Ms. : Biblioth. de Nantes, fonds Bizeul.

Impr. : D. Lobineau, t. II, col. 799; D. Morice, *Preuves*, t. II, col. 1166; Blanchard, *Actes de Jean V*, n° 1622 (plus complète que dans les Bénédictins).

55

RESSORT DES JUSTICES. 8 juin 1425. — Lettres pour le sire de Penhouët, par lesquelles ses sujets de cinq paroisses sont distraits du ressort de Guingamp et attribués à la juridiction de Morlaix.

IMPR. : D. Morice, *Preuves*, t. II, col. 1175 (d'après les Mémoires de Molac); Blanchard, *Actes de Jean V*, n° 1628.

56

FOUAGES. Malestroit, 9 janvier 1426 n. st. — Ordonnance intéressante pour la réformation des feux.

MS. : Collection de M. A. de la Borderie (provenance : château de Vitré).
IMPR. : R. Blanchard, *Actes de Jean V*, n° 1660.

57

APPROPRIEMENTS. Vannes, 1431. — Notice d'un arrêt de règlement rendu par le Parlement des interlocutoires, qui se trouve partout reproduit à la suite des constitutions de 1425, sans titre ni séparation. Il ne contient d'ailleurs aucune innovation et se borne à fixer la jurisprudence.

MSS. et IMPR. : Les mêmes que ceux du n° 52.

Au Parlement des interlocutoires tenu à Vennes le jeudi après *Jubilate*, l'an mil iiij^{cc} xxxj, touchant le doubte que pluseurs fesoint pour la presmesse que pluseurs personnes demandoint ou pouaint demander en fait de heritaige, la cour de Parlement a eu sur ce deliberacion avec les advocaz et coustumiers, et par leur advisement a esté dit et baillé par arrest de Parlement par la coustume du païs, par la tenue et pocession notoire de dix ans avecques une bannie, le detentour et pocesseur est deffendu de toute presmesce, et auxi par la pocession notoire de xv ans sans bannie, et suffist au detentour pour la defense de toute la premesce. Et ainxi a esté commandé garder et tenir pour loy et coustume au temps advenir, et à ce furent presens le President, les seneschaulx de Ploërmel, de Broerech, de Cornouaille et de Treguier, les allouez de Vennes et de Lamballe, maistre James Le Bel et pluseurs avocatz assemblez pour le fait dud. Parlement.

57 *bis*.

MENÉES. 28 novembre 1433. — Concession du droit de menée à la Cour de Rennes pour la terre de Beaumont acquise par Gui de Laval.

Texte perdu. Mentionné par Hévin, *Questions féodales*, p. 6.

58

AIDE DES VILLES. Malestroit, 24 août 1434. — Ordonnance imposant une aide aux villes pour les frais de la guerre contre les Anglais. Ce texte est le premier qui ait établi cet impôt d'une manière régulière.

MS. : Nantes, Arch. municip., AA, 22.
IMPR. : Blanchard, *Actes de Jean V*, n° 2160.

59

FRANCHISES DE LIFFRÉ. 7 octobre 1434. — Exemption d'impôts pareille à celle dont jouissaient les habitants de Saint-Aubin-du-Cormier.

MSS. : Arch. Loire-Inf., E 157 (Confirmation du 13 janvier 1443). Rennes, Arch. municip., 66 (copie du XVIe siècle).
IMPR. : Blanchard, *Actes de Jean V*, n° 2163.

60

FOUAGES. 30 juillet 1438. — Ordonnance révoquant la franchise dont jouissaient les sujets du prieuré de Saint-Ladre et ceux du sire de Montfort dans les trois paroisses de cette ville.

MS. : Arch. Loire-Inf., B Franchises (Vidimus du 30 août 1438).
IMPR. : R. Blanchard, *Actes de Jean V*, n° 2318.

61

MENÉES. Rennes, 12 décembre 1442. — Droit de menée aux plaids généraux de Rennes accordé à l'abbesse et couvent de Saint-Georges et à leurs hommes et sujets.

Ms. : Arch. Ille-et-Vil., 2 H 1.
IMPR. : La Bigne-Villeneuve, *Cartul. de l'abb. de Saint-Georges*, appendice, n° LIX.

62

CAQUEUX. 16 avril 1447. — Le duc permet aux caqueux de prendre des terres à louage dans l'évêché de Vannes comme ailleurs.

Texte perdu. Mentionné dans un mandement du 24 mars 1476 v. st. (Arch. Loire-Inf., B 1170, f° 51, v°).

63

AIDE DES VILLES. Nantes, 17 mai 1447. — Le duc révoque les exemptions de taille accordées à diverses catégories de bourgeois de la ville de Nantes, « car si la chose estoit ainsi continuée nous hommes s'en yroint demeurer en autres fiefz. »

Ms. : Cartul. des privilèges de Nantes, arch. Loire-Inf., E 158.
IMPR. : La Nicollière-Teijeiro, *Privilèges de la ville de Nantes*, p. 52.

64

AIDE DES VILLES. Nantes, 24 février 1448 n. st. — Le duc soumet au paiement des tailles, subsides et autres charges tout habitant de la ville de Nantes ou des fauxbourgs qui s'entremet « du fait de marchandie ou d'autre exercice de bourse coutumiere, » non obstant toutes lettres ou grâces obtenues ou à obtenir.

Ms. : Cartul. des privilèges de Nantes, arch. Loire-Inf., E 158.
IMPR. : La Nicollière-Teijeiro, *Privilèges de la ville de Nantes*, p. 52.
Confirmation par Pierre II en 1451 (*Ibid.*, p. 56).

65

Menées. 8 juin 1448. — Concession à Prigent de Coëtivy, baron de Raiz, du droit de menée aux plaids généraux de Nantes, en la même forme que le baron de Rohan à la barre de Ploërmel.

Ms. : Arch. Loire-Inf., E 175 (6 pièces). Cf. *ibid.*, E 249.
Impr. : D. Lobineau, t. II, col. 1085; D. Morice, *Preuves*, t. II, col. 1415.

66

Franchises de Fougères. Dinan, 12 décembre 1449. — Exemption accordée à la ville de Fougères de toutes tailles et subsides pendant vingt ans, confirmée par Pierre II.

Ms. : Arch. Loire-Inf., E 159.
Impr. : D. Lobineau, t. II, col. 1103; D. Morice, *Preuves*, t. II, col. 1515.

67

Bulles. 17 août 1450. — Défense de fulminer des bulles sans le consentement du duc.

Texte perdu. La défense fut reproduite en 1499 par la duchesse Anne (Arch. Loire-Inf., E 40; cf. D. Lobineau, *Hist.*, p. 647).

68

Service militaire. Ploërmel, 15 février 1451 n. st. — Ordonnance déterminant les obligations militaires des nobles et des paroisses, leur habillement et armement.

Ms. : Archives du présidial de Rennes (perdues).
Impr. : D. Morice, *Preuves*, t. II, col. 1555; cf. *Ibid.*, t. III, col. 140 (Rappel de l'ordonnance de Pierre II dans un mandement de François II de 1467). Autre rappel en 1471 (*Ibid.*, t. III, col. 228).

69

Boulangers de Rennes. Vannes, 24 février 1451 n. st. — Approbation de leurs statuts par le duc; allusion à des ordonnances plus anciennes de Jean V et de François Ier.

Ms. : Rennes, arch. municip. n° 183. Original. Inédit.

70

Constitutions du 25 mai 1451. Vannes. — Lues le 26 mai en Parlement général. Répétition partielle des constitutions de 1405 et de 1420. Dispositions sur les sergents, les avocats, les notaires, les contredits, la mesure de la lieue.

Mss. : Manuscrits de la Coutume *C D F G G² G³ J L P² R U W W²*.
Impr. : Les éditions de la Coutume antérieures à 1539, sauf *a*; Sauvageau, *Constitutions et ordonnances*, p. 28; D. Morice, *Preuves*, t. II, col. 1582.

Ensuivent les establissemens, ediz, constitutions, statuz et ordonnances faitz et baillez pour loy generalle par Pierre, par la grace de Dieu duc de Bretaigne, comte de Montfort et de Richemont, tenant son general Parlement à Vennes, presens les seigneurs du sang, prelatz, barons, bannerez, bacheliers, chapitres, bourgeys de bonnes villes et autres gens des troys Estatz y assemblez, le vingt cinq et vingt septieme jour de may l'an mil quatre cens cinquante et un [1].

[1] Comme ainsi soit que par avant ces heures plusieurs ediz et deffenses ayent esté faictes à certaines paines de non jurer les membres de Dieu, esqueulx ediz et deffences n'ait esté aucunement obey, mais plusieurs ayent fait et font de jour en autre le contraire à la damnation de leurs ames, à quoy desirons pourveoir, et pour ce avons fait ordonnance et deffence en loy generale que personne ne blaspheme ne jure par division de la

1. *Préambule de W²*.

humanité de nostre seigneur Jesus Christ, comme par la teste-Dieu, les bras, le ventre-Dieu, les yeulx ne autres membres de Nostre Seigneur, sur paine de poyer l'amende, pour la premiere fois demie livre de cire, pour la seconde fois une livre, la tierce fois deux livres, et pour la quarte à l'arbitraige du juge par infamie ou autrement.

[2] Item deffendons de non renoyer, maugréer Dieu ne le desadvouer ne se donner à l'ennemy, sur paine ceulx qui ainsi le feront de poyer la premiere fois une livre de cire, pour la seconde fois deux livres, pour la tierce fois quatre livres de cire, pour la quarte fois à l'arbitraige du juge par infameté de personne, punition de corps ou autrement.

Et seront lesdites amendes converties et employées in pios usus par l'ordonnance des juges de sur les lieux, et cestes ordonnances commandées tenir et garder par les juges de sur les lieux chascun en son bailliage, et commandé au procureur en faire la poursieuste et les tirer esdites amendes.

[3] Au regart des sergenties et sergents sur le fait des queulx avoient esté en l'an mil quatre cens vingt faictes aucunes constitutions contenantes... [*Répétition des dispositions de 1420 sur les sergents* [1]], lesquelles constitutions nous louons, ratifions et approuvons, et ordonnons que celles constitutions soient tenues, gardées et observées par toute nostre duché et seigneurie d'icelle.

[4] Et d'abundant pour ce que, neantmoins lesd. constitutions et contre la forme d'icelles, aucuns se sont avancez à porter verges et faire aucuns esplez, sur debat desqueulx, assavoir si lesd. espletz doivent valoir ou non, se sont et pourroient ensuir plusieurs procès, avons deffendu et deffendons, sur paine de la grosse amende et de la chartre, que nul ne soit si hardi d'exercer office de sergentie ne porter verge, sinon que il y soit receu en la forme dessus dicte; et si aucuns font le contraire, declerons

1. Voyez ci-dessus pp. 373-374, art. 1 à 5.

lesd. adjournemens et autres espletz par eulx faitz de nulle valeur, et que les parties en iront excepter et alleguer la nullité de ceulx; sauff toutes fois en cas hastif, auquel cas le faire assavoir vaudra; et seront tenuz ceulx qui se voudront aider de tel faire savoir le faire relever par le sergent ordinaire dedans temps suffisant à ce faire en la maniere acoustumée.

[5] [**Des sergenties que on ne doit affermer.**] Pour ce que aucuns se sont et pourroient advancer de prendre par ferme offices de sergenties en aucuns endroits de nostre païs, et tant par dons et octrois de nous que de noz prelats, barons, chevaliers et escuyers qui ont jurisdiction à garder, sanz avoir esgart esd. constitutions ne es peines apposées par icelles, dont s'est ensuy et pourroit ensuir l'oppression de nostre peuple et subgitz, à quoy desirons obvier, nostre intention n'est aucunement donner nul office de sergentie à homme qui ne soit tenu l'exercer en sa personne, et si par inadvertance ou autrement par quelconques causes avons fait ou faisons au contraire, nous ne voulons aucunement que nos lettres sur ce données ou à donner vaillent ne sortent aucun effet. Ainsi si par vertu ou soubz couleur d'icelles données ou à donner aucuns substituez d'iceulx à qui avons donné ou donnerons lesd. sergenties, faisoient aucuns expletz de justice, nous ne voulons que ceulx expletz vaillent, mais les declerons de nul effet et valeur. Et pareillement si auchuns de nos prelatz, barons et autres desus ditz se avanczoint à faire au contraire, ne seront lesd. espletz d'aucun effet ou valeur.

[6] Et en ce qui touche lesd. sergens generaulx, ils seront esleuz les plus gens de bien, scavans et de bonnes mœurs que on y pourra trouver pour faire led. office, qui seront tenuz se tenir en honneste estat, garniz de bon cheval, pour servir à la justice à l'heure que ilz en seront requis. Et auront de salaire lesd. sergens generaulx pour les explets que ils feront deux solz pour lieue, c'est assavoir douze deniers pour l'allée et douze deniers pour le venir, à compter le nombre des lieues des lieux dont ils

partiront pour aller faire lesd. espletz es lieux où ils seront requis, et dedans la lieue ils auront vingt deniers et non plus.

[7] [**Pour le sepme des taux et l'emport des biens executez.**] Pour ce que en plusieurs barres et jurisdictions de nostre pays, tant es nostres que celles de noz prelatz, barons et autres subgitz, les sergens qui font la recette et execution des taux d'icelles ont levé et exigé, levent et exigent le septiesme ou autre somme desd. taux, outre la somme contenue en leur rolle, à la charge de nosd. subgitz, comme si aucun estoit taxé six blancs lesd. sergens levent un blanc en outre sur ceulx qui seroient ainsi tauxez, non pas seulement sur la somme contenue aud. rolle; mesmes veullent et s'efforcent de se faire poyer du tout d'icelui debvoir de septiesme ou autrement sanz avoir esgart à aucun apurement qui soit fait d'icelui taux. Et pareillement lesd. sergens les gaiges qui ainsi sont prins et executez portent en autres loingtaines parties et diverses juridictions, dont souventes fois en perdent leurs biens ainsi prins et en sont privez nosd. subjetz; nous, desirans à ce pourveoir, avons voulu et ordonné, voulons et ordonnons et de ce faisons loy generale que en ce qui touche led. septiesme ou autre somme appartenante auxd. sergens, pour la charge que ils ont de faire lad. recepte, es lieux où ils ont acoustumé de les prendre et avoir ils en soient poyez et contentez sur lesd. deniers desd. taux, à la charge de nous et de nozd. prelats, barons et autres subgetz, et non mie outre la somme dud. taux, à la descharge de nosd. pauvres subgetz tauxez comme dit est, sanz ce qu'ils puissent rien prendre par cause dud. septiesme ou autre debvoir sur les sommes qui sont à poyer à nozd. subgetz tauxez; mais seulement leur dit debvoir prendront sur les deniers dont ont la charge de faire lad. recepte, lesd. appuremens faits, en deffendant et deffendons de non en prendre ne lever en plus large que led. septiesme ou autre debvoir par cause de lad. execution.

[8] Et mesmes que ceulx sergens ne portent ne fassent porter les gaiges que ils prendront pour led. taux ou autre cause hors

la juridiction en laquelle feront led. explet, mais en icelle les gardent et facent bannir par temps et terme, comme la coustume le requiert, sur paine ceulx qui feront au contraire de ce present chapitre de la privation de leur office et de l'amende pecunielle en outre à l'arbitraige du juge de sur les lieux.

Et en ce que touche led. septiesme n'entendons aucunement comprendre les sergens feodez, queulx par raison de leurs heritaiges sont tenuz faire la recepte et cueillette desd. taux.

[9] [**Establissement sur les notaires.**] Pour ce que la multitude des notaires est cause de grant oppression à plusieurs de noz subgetz, ainsi que plusieurs y ont esté receuz qui ne sont suffisanz, dont se peut ensuivir involution de procès et perdicion de plusieurs bonnes causes, à quoy desirans pourveoir avons ordonné et ordonnons que generalement en toutes les barres et jurisdictions de nostre duché et seigneurie d'icelle, les seneschaulx de sur les lieux, chascun en sa barre et auditoire, se enquierent es pletz generaulx de leur scavance, mœurs et bonne vie, o les avocaz et autres assistans à la cour secrettement, affin que plus franchement ils en puissent parler; et ceulx qui se trouveront par l'advis des dessus ditz estre suffisans en science, mœurs et bonne vie les pourront lesd. seneschaulx instituer et donner autorité de passer les actes de leurs dites cours, et deffendre à touz autres sur telles paines qu'ils adviseront de non s'avancer à passer lesd. actes, et se ils s'y avancent leur escripture et rapport ne fera pas foy de passeur; les queulx passeurs pourront passer les actes par toutes les cours subgetes et barres esquelles ils auront esté croyez et ordonnez passeurs.

[10] Item que lesd. passeurs avant exercer led. office, seront tenuz mettre et escripre leurs noms et figurer leurs signes et passemens dont ils ont accoustumé et entendent user en ung livre de parchemin qui demourera devers la court où ils auront esté receuz, afin que si debat estoit de leurs signes et passemens on en puisse faire comparaison. Et s'ils sont clercs qui demandent à estre passeurs, ils ne seront receuz aucunement

esd. courtz seculieres, se ilz ne baillent pleiges suffisans seculiers de bien et loyaument soy y porter, quel pleige sera tenu fournir et encourir es amendes et interests en quoi pourroit encourir led. notaire en mal usant dud. office, tant vers cour que vers partie, selon l'ordonnance faite en l'an mil quatre cens vingt quatre, laquelle avons confermé et confermons. Auquel mesme livre seront escripts les noms desd. pleges comme desd. notaires.

Toutesfois par ceste constitution n'entendons pas que les secretaires receuz à nostre chancellerie et qui y serviront, selon le nombre que par nostre chancelier sera advisé, ne puissent passer par toutes cours seculieres.

[11] [**Du sallaire des commissions des juges.**] Et pour ce que souventes fois il advient que aucuns juges, en expediant les causes de la jurisdiction ou aucunes commissions, ou autres que ils y commettent, et jaçoit ce qu'ilz ne vacquent à l'exercice desd. commissions, pour y commettre autres à les exercer prennent salaire desd. commissions, et ce neantmoins convient esd. parties stipendier et poyer es commis du juge qui vacquent en lad. commission le salaire d'icelle, et ainsi le salaire par ce moyen est deux fois poyé, qui est à la charge du peuple; nous, voulans à ce pourveoir, avons voulu et ordonné que doresnavant le salaire desd. commissions ne soit poyé fors à celui qui vacquera en personne à l'exercice desd. commissions, et deffendons esd. juges qui n'y vacqueront de rien en prendre pour y commettre autres ne autrement, s'ils n'y vacquent en leur personne, sur paine de la grosse amende.

[12] [**Touchant les tabellions.**] Avons ordonné et ordonnons que les tabellions et passeurs de contraz ou obligations par tabellionage, tant de meubles que de heritaige, retiennent devers eux en beaux et grans papiers la note et registre des contrats signez et passez de leurs signes, afin que si les parties perdoient leurs lettres ils en puissent avoir recours par autant desd. registres.

[13] [**Touchant les seaulx des requestes et des passemens des contratz.**] Pour ce que nous avons entendu que à l'occasion des seaulx des requestes qui es temps passez ont esté mis es lettres des contrats ou obligations, en la position desqueulx ont esté plusieurs faussonneries et autres fraudes commises, car aucunes fois est advenu que ceulx à qui lesd. seaulx estoient n'estoient aucunement clercs ne lettrez et leur faisoit on seeller ce que n'estoit aucunement convenu entre les parties; et posé que ils feussent lettrez, advenoit souventes fois que après leur trespas ceulx qui avoient intention de mal user trouvoient faczon par subtils moyens de leurs femmes et enfans ou autrement de les recouvrer et les apposoient esd. lettres, au grant prejudice de nozd. subgetz; à quoy desirans pourveoir avons ordonné et ordonnons que doresnavant tout contrat de heritage, de quelconque chose que ce soit, grande ou petite, et aussi contrat ou obligation de meuble qui excedera la somme de cent soulz monnoye soit passé de deux passeurs et seellé du seel de la cour par laquelle lesd. contraz ou obligations auront esté passez, et autrement ne facent foy, fors en tant que aucune partie octroyoit sur soy quelque contrat ou obligation et seroit passé d'un passeur et verifié du seel et signe manuel d'icelle partie, led. contrat ou obligation feroit foy en celuy cas.

Et soubz lad. somme de cent souz monnoye suffira pour faire foy que ceulx contrats ou obligations de meuble soient passez d'un passeur et seellez des seaux des contratz, ou autrement ne feroint foy.

[14] [**Au regart des avocaz.**] En confermant les ordonnances qui furent autrefoiz sur ce faites, est advisé que nul ne soit receu à estre juge ne advocat se il n'a juré l'assise par devant l'un de nos juges et que tout préalablement il en ait lettres et pouvoir de nous, soubz le seau de nostredite chancellerie, par la certification du juge qui en aura prins et receu le serment.

[15] Que nul ne soit receu à jurer l'assise, se il n'est suffisant coustumier ou licencié en l'art des droits civil et canon, et que

le juge qui le recevra voye que il soit de bonne scavance, conscience et honneste estat.

[16] [**Des procureurs des prelaz et barons qui cherront en distribution.**] Combien que par les constitutions de Parlement soit dit que les procureurs des cours des prelaz et barons peuvent estre leurs procureurs en autres et ne seront point comptez en distribution, s'ils n'estoient moult notables, laquelle louons et approuvons, est advisé si le procureur du prelat ou baron frequente cette barre, et es autres causes communement est prins en distribution au premier, second ou tiers choix, il sera compté au baron ou prelat au premier, second, tiers ou quart au plus, au bon arbitraige du juge.

[17] [**Des procurations en Parlement.**] Avons ordonné et ordonnons que pour le temps avenir nulles procurations de noz subgets ne soient receues pour valables en nos Parlemens si elles ne sont faictes et passées par nos cours et auditoires soubz les seaux establis à icelles.

[18] [**Des distributions des advocatz.**] Et touchant la distribution des advocas et le desrene que les parties voudroient faire, dont avoient esté faites certaines ordonnances et constitutions au Parlement tenu à Rennes l'an mil quatre cens et cinq en la forme qui ensuit : [*Reproduction des articles 1 à 5 des Constitutions de 1405*], avons icelles constitutions louées, confermées et approuvées, et avons commandé qu'elles soient gardées et observées, sauff en tant que si une partie avoit amené un avocat avec elle d'ailleurs, qui ne seroit point frequentant la barre, pour sa cause pledoyer, est advisé que il ne cherra point en distribution et demeurera à celui qui l'aura amené pour celui jour; et pourront les parties faire distribution generale des advocaz frequentans non seulement à l'auditoire où est demandée et faicte, mais de tous les autres avocaz que verront l'avoir affaire.

[19] [**Du sallaire des advocatz.**] Item touchant le salaire des avocats est advisé que l'advocat frequentant la barre ou qui seroit

trouvé illec pledoyant sanz ce que il soit amené de partie, sera contraint pour cinq soulz de salaire à pledoyer la cause de partie.

[20] Au cas que, par distribution ou autrement, l'advocat frequentant la barre ou survenu d'avanture qui seroit o une partie seroit baillé à l'autre partie, non obstant que l'advocat seroit poyé, la partie à laquelle l'advocat seroit baillé le pourra avoir en baillant cinq solz, et non plus large, pour la cause pledoyer le jour, supposé que plus auroit receu cieul advocat de l'autre partie; mais l'advocat seroit tenu restituer le parsus, sauff en tant que s'il avoit fait à la partie escritures ou autres choses en sa cause qui lui pourroient servir, le juge y doit avoir esgart, et aussi à la grandeur et poids de la cause, la scavance de l'advocat et les parties entre qui est le debat.

[21] Que nul advocat ne s'excuse de pledoyer la cause de partie adverse par fiction, sanz que tout premier il ait veu les merites de la cause, ou que le cas l'ait en soi qu'il en doye faire conscience selon son entente et qu'il en face foy.

[22] [**Des offices de judicature et de procuration.**] Pour obvier aux abus qui se font et peuvent faire en justice à l'occasion des officiers qui y sont ou pourroient estre instituez, comme juges ou procureurs, qui n'ont capacité ne cognoissance de faire et exercer lesd. offices de leurs personnes, avons decleré et ordonné que doresnavant lesd. offices de justice, tant de judicature que de procuration, ne soient baillées à personnes quelconques, s'ils ne sont experts esd. offices et cognoissans de les faire et exercer de leurs personnes; et si aucuns y ont esté et soient instituez qui n'y sont cognoissans, idoines et suffisans comme il est dit, nous voulons que ils en soient destituez.

[23] Et pour ce que es temps passez plusieurs qui estoient instituez esd. offices les ont souventefois baillées à ferme, ce que redonde à grant oppression de noz subgets, avons deffendu et deffendons que nully ne se avance esdites offices affermer sur paine de perdition d'icelles, d'infamie et de soixante livres de amende, tant sur le fermier que sur celui qui l'affermera.

[24] [**Pour les causes des povres pledoyer.**] Voulons et ordonnons que noz procureurs generaux et particuliers, et pareillement les procureurs des prelats, barons et autres, chascun en sa jurisdiction, soient tenuz doresnavant pledoyer les causes es pauvres et miserables personnes, moyennant que ceulx pauvres fassent foy ou qu'il soit notoire de leur pauvreté. Et si lesd. procureurs estoient absens et que espoir la cause pourroit toucher au Duc et à son office, est commandé aux juges y contraindre l'un des avocaz assistans à la cour.

[25] [**Touchant l'assens des guets des places ruyneuses.**] Combien que en plusieurs parties de nostre duché y ait plusieurs chasteaux, places et forteresses demolies et abattues, où paravant la demolition d'icelles les subgetz d'iceulx à qui appartiennent lesd. places avoient accoustumé à faire guet et poyer assens, ce que dempuis icelles demolitions a été tiré à consequence, et les a l'en contrains à ceulx assens poyer, jaçoit qu'ils ne pussent avoir aucun refuge, ce que n'est pas chose raisonnable, pour ce que la cause de faire led. poyement d'assens deffaut, car il n'y a mestier de guet ; avons deffendu et deffendons que, durant le temps que celles places seront en demolition, ne seroit rien poyé ne levé pour ledit devoir de assens de guet en aucune maniere, si les seigneurs à qui sont les forteresses ne commencent en cest an present à les fortifier et reparer et qu'ils y continuent sanz cesser.

[26] [**Touchant le port des contrediz.**] Au regart des contrediz, lesqueulx par l'ancienne coustume de nostre païs souloient et devoient estre portez à la cour souveraine par l'envoi du juge qui avoit fait la sentence, lequel les y devoit faire porter clos et seellez, à quoy dempuix a esté introduit autre usement par aucuns de nos juges, c'est assavoir que le contredisant en pouvoit faire le port, et s'il tardoit et deloyoit à le faire, la partie pour qui avoit esté la sentence faicte faisoit led. port par la licence de la cour, et ainsi en a esté usé par aucun temps, à quoy ont esté faits plusieurs abus, pour ce que souventes fois

quant l'une des parties avoit obtenu rendue de contredit, laquelle estoit faite à son contraire, il n'apparoissoit point celle rendue à la cour sujete et ainsi la celoit par longtemps en grant delay et dissimulation des causes, et aussi aucune fois apportoit de rechef par après led. contredit, ou mesme la partie adverse, à lad. cour suseraine, et par changement de juges ou par mutation d'opinions est souventefois advenu que l'en y faisoit rendition contraire en grant scandale de justice et de quoi sont ensuivies plusieurs debats et grandes alterations entre les parties ; à quoy desirans obvier et y mettre provision, avons deliberé et deliberons, ordonné et ordonnons que pour le temps avenir le procès de contredit sera escript en tierce personne, et après ce qu'il sera escript, addité et passé, sera clos et seellé avec les choses servantes à icelui, et sera baillé au contrediseur qui fera le port, et aussi en pourra avoir l'autre partie le double ouvert, si prendre le veut ; et sera tenu le contrediseur faire diligence de porter et avoir led. contredit ; et s'il ne le fait dedans le tiers terme de la cour suseraine après led. contredit, la sentence donnée à l'encontre de lui par la cour subjete, soit interlocutoire ou deffinitive, sortira son effet, s'il n'appiert relation ou excusation valable signée du juge suserain de sadite diligence et que par icelui juge ait tardé. Et n'est pas à entendre que du retardement que le contredisant fera de porter et avoir la rendue desd. contrediz qu'il ne soit puny par poyfait. Et ne baillera la cour suseraine sa rendue de nulz contreditz à autre que au contredisant ou celuy qui pour luy le portera.

[27] [**Touchant la mesure de la leue.**] Et pour ce que aucuns font doute de la grandeur et mesure de la leue, pour la diversité qui en peut estre, avons declaré et declarons que la corde et mesure que autrefois feu maistre Pierre de l'Hospital, en son temps president de Bretaigne, en bailla, soit entretenue et que selon icelle l'en use de ladite leue à celle mesure, c'est assavoir d'une corde contenante six vingt piez assise par six vingt fois.

[28] [**Des publications et verifications des lettres de remission**

et autres graces perpetuelles.] Pour ce que il appartient à touz princes estre misericordieux à leurs subgetz à leur impartir grâces de cas remissibles, et que aucunes fois nous donnons et octroyons remissions et abolitions de plusieurs cas de crimes à plusieurs noz subgetz et autres delinquans en nostre païs, moyennant faire les reparations et satisfactions es parties offensées soit par pecune, rentes, fondations ou autrement, telles que le cas le requiert, lesquelles satisfactions ne se font aucunement bien et deuement, parce que les aucuns d'iceulx delinquans sont aucunefois gens notables et de lignage contre lesquels nos pauvres subgetz n'osent adresser leurs querelles ne questions, ou aussi sont favorisez des officiers de nostre justice ordinaire où lesd. cas sont commis, parce que les aucuns officiers sont parens ou affins des delinquans, en telle maniere que par autorité favour ou craintes lesd. satisfactions et reparations ne sont faites selon nos ordonnances et que l'exigence des cas le requiert, ce que redonde et peut redonder à la charge de nostre conscience; à quoy desirans pourveoir, nous, ces choses considerées et pour toujours donner plus de terreur, vergogne et crainte à noz subgets de delinquer et faire malefices, avons voulu et ordonné, voulons et ordonnons par ces presentes que doresnavant toutes les lettres de grace, remission et abolition, et aussi pareillement tous dons de previleges heritaux, franchises, annoblissemens, exemptions ou autres graces perpetuelles données par nos predecesseurs puis trente ans, et aussi par nous et nos successeurs au temps à venir ducs de Bretaigne, à quelconques personnes et par quelconques causes, cas ou accusations que ce soit ou puisse estre, jaçoit qu'elles soient baillées pour publier en nos barres ordinaires, les parties impetrantes lesd. graces soient tenues de leurs personnes touchant lesdites remissions et abolitions, s'il n'y a loyale exoine, à porter et presenter à nostre prouchain Parlement ensuivant de l'impetration d'icelles, pour les y publier, visiter et à plein remonstrer l'excusation et verification d'icelles, tant pour le bien de nosd. subgets, reservation de nos droits que autres nos interests qui nous y peuvent toucher et appartenir. Et en cas de deffaut de ce faire voulons et ordonnons que lesd. graces, remissions, quittances et abolitions soient de nullité et que les parties impetrantes icelles ne s'en puissent joïr ne aider aucunement.

[29] [**Deffense à gens de basse condition de non acquerir heritages nobles sans congié du prince.**] Pour ce que de bonne raison gens roturiers de simple estat et basse condition ne doivent posseder ne acquerir ne heritellement tenir terres, juridictions, fiefs nobles, par cause desquels fiefs les servitudes de noblesse nous appartiennent et sont deues, ce que bonnement et licitement les roturiers ne peuvent faire ne exercer, nous, pour celles et autres justes causes et raisonnables, avons, par advis et deliberation des princes de nostre sang, prelats, barons et autres gens d'Estat assemblez en ce present et general Parlement, deliberé et ordonné, deliberons et ordonnons par loy et constitution generale que doresnavant les gens roturiers de simple estat et basse condition, usans de bourse commune, praticiens ou autres, qui ne sont de noble generation de leurs droites lignées et se gouvernans et vivans comme gens nobles, ne puissent par quelconque titre acquerir, retirer ne avoir à eux heritellement en nostre païs et duché de Bretaigne heritaiges ou fiez nobles tenuz noblement et à foy de nous ou des seigneurs de nostre païs, ne d'iceulx heritaiges ou fiez nobles se approprier en quelconque maniere, sanz noz congé et licence, sur paine ezdits contracteurs d'iceulx heritages nobles perdre et acceder à nostre profit le sort desd. contrats et de nullité d'iceulx, avec de poyer noz grosses amendes arbitraires, sur chacun d'iceulx executables à communs despens.

[30] [**Des praticiens qui se veulent exempter des tailles des bonnes villes.**] Et pour ce que souventefois advient que quant par l'advisement des Estats de nostre païs et pour le bien de la chose et utilité publique d'icelui, l'on impose aucunes taillées sur les bonnes villes et sur les denrées et marchandises y

vendues, plusieurs des demourans et habitans en icelles villes se veulent exempter et franchir de rien en poyer, les aucuns pour ce que ils se dient nobles personnes, jaçoit qu'ils se marchandent publiquement; les autres se disent avocaz d'assise et patrocineurs [1] de cours laies ou d'Eglise, disans la science les devoir exempter et sauver, pour lesquelles raisons les dessus dits different à contribuer esd. subsides et taillées, et convient es pauvres et miserables personnes desd. villes en porter toute la charge, dont plusieurs fois avons oui les clameurs et complaintes de noz subgets, à quoy desirans pourveoir avons deliberé et ordonné par loy generale que tous les demourans et habitans esd. villes et fauxbourgs de Bretaigne exemps de fouaige, soient gens de noble naissance usans de marchandise et bourse commune, avocatz, clercs, tabellions ou autres gens de pratique, extraits de roturiere condition, qui n'ont couleur ne occasion de nulle exemption que par raison de science ou pratique seulement, poient et contribuent pour les temps à venir à toutes taillées, aides et subventions quelconques, mises ou à mettre sus pour le bien de la chose publique de nostre païs, et que ils y soient contributifs, taillez et esgaillez chascun selon sa puissance et faculté raisonnablement, nonobstant quelconques lettres d'anoblissement ou de franchise impetrées de nous ou de nos predicesseurs ou que on pourroit impetrer, ou aussi possession par tolerance ou autrement, par jugemens, sentences ou autres espletemens faits et ensuivis au contraire. Toutesfois s'il advenoit que lesd. gens nobles se voulissent departir et delaisser de user du fait de marchandie et bourse commune et se vivre et gouverner en leurs noblesses comme es nobles appartient, nous n'entendons pas que la possession de la contribution que ils auront faite esd. subsides comme marchands doye prejudicier à leur estat de noblesse, mais toutesfois que ils useront de marchandie et bourse commune ils contribueront comme devant.

1. *C* praticians.

[31] [**Des monnayers qui se veulent exempter de payer impotz, tailles et aides.**] Et pour ce que plusieurs soubz couleur d'estre monnoyers par ligne ou office de monnoyers par creation et institution de nous et de noz predicesseurs, se veulent exempter de contribuer aux aides, taillées et autres subsides mises sus pour le bien de la chose publique de nostre païs, jaçoit que ils soient marchands publics et publiquement marchands, achetans draps et autres denrées de plu ieurs sortes et les vendans en gros et en detail, sur lesqueulx lesd. imposts et subsides sont imposez, et que en vertu d'aucunes lettres concernantes leurs privileges, pour ce que en icelles est contenu franchise sur iceulx vendans et non vendans, marchands ou non marchands, iceulx ouvriers ou autres officiers de monnoye, en vertu d'icelle clause et autrement, se veulent entierement appeller exempts et non contributifs à aucun subside, par quoy plusieurs pledoiries se sont ensuivies à la vexation et grant dommaige de nos subgetz en maintes manieres, à quoy desirans pourveoir, avons par bonne deliberation et par loy generale en nostre Parlement declaré et ordonné, declarons et ordonnons par ces presentes que lesd. monnoyers et autres officiers de monnoye, demourans et residans en nostre païs, qui se marchanderont et useront de bourse commune et acheteront vins et autres denrées en gros et en detail pour le vendre, en poyeront les devoirs impostz et autres subsides sur ce mis et ordonnez pour le bien de la chose publique de nostre païs, sanz se jouïr ne aider en celui cas d'aucunes franchises, privileges ou exemptions à cause du fait de la franchise ou constitution de monnoyers, quelle tolerance ou usance qui en ait esté faicte le temps passé ; mais les monnoyers de droite ligne, deuement instituez et receuz es offices de monnoyers, seront exempts de leurs personnes de taillées et subsides, avec des impostz de la creue de leurs heritaiges seulement, pourveu que en ce ne commettent fraude ne abus.

[Cestes presentes constitucions ont esté baillées pour puplier audit general Parlement, les vignt cinquiesme et vignt septiesme jours de may devant dit [et] commandé les puplier es barres et juridicions de Bretaigne, et icelles tenir et garder selon leur contenu. Ainsi signé : Par le duc en son general Parlement.

A. DE COETLOGON.

Cestes presentes constitutions ont esté veues et leues es generaulx plez de Nantes et rendues pour pupliés sans opposition. Donné et fait esd. generaulx plez le .xxvij jour d'aougst l'an mil quatre cens lj.

G. DU CERISAY passe][1].

71

CONSTITUTIONS DU 27 MAI 1451. — Vannes. — Ordonnances fiscales concernant les roturiers possesseurs de fiefs nobles, les nobles en état de dérogeance, les praticiens et monnayeurs qui veulent s'exempter des tailles. Elles se confondent avec les précédentes dont elles forment les art. 29, 30 et 31.

MSS. et IMPR. : Les mêmes que pour le numéro précédent. Voyez ci-dessus le texte n° 70.

72

MINIHIS. 1451. — Restriction du droit d'asile, faite sur la demande du duc par le cardinal d'Estouteville, légat du pape.

Ms. : Arch. Loire-Inf., E 41.
IMPR. : D. Lobineau, t. II, col. 1134; D. Morice, *Preuves*, t. II, col. 1195.

73

PROCUREURS AU PARLEMENT. Nantes, 5 novembre 1451. — Création de procureurs-jurés ayant seuls le droit de représenter les plaideurs.

IMPR. : D. Morice, *Preuves*, t. II, col. 1600 (D'après les titres de Molac).

1. *Formules finales du ms. C.*

74

Franchises de Vannes. Nantes, 12 novembre 1451. — Exemption d'impôts accordée aux ouvriers étrangers venant s'établir dans cette ville.

Impr. : D. Lobineau, t. II, col. 1152 ; D. Morice, *Preuves*, t. II, col. 1601 (D'après les titres de Molac).

75

Minihis. 25 octobre 1453. — Bulle de Nicolas V condamnant l'abus du droit d'asile.

Ms. : Arch. Loire-Inf., E 41.
Impr. : D. Lobineau, t. II, col. 1164 ; D. Morice, *Preuves*, t. II, col. 1631.

76

Boulangers de Rennes. Malestroit, 23 septembre 1454. — Confirmation de leurs statuts.

Impr. : Rennes, Arch. municip. n° 183 (copie imprimée).

77

Domaine ducal. 21 mai 1455. — Le duc ordonne de tenir registre des rentes et recettes de son domaine.

Mss. : Ordonnance reproduite en tête de la plupart des registres qui furent dressés pour son exécution. Exemple : « La copie de la commission du duc Pierre par vertu de laquelle ledit rentier fut fait » (Arch. Loire-Inf., B 42, ancien ; Arch. d'Ille-et-Vilaine, C 3440, copie du XVIe siècle en tête d'un rentier du domaine de Rennes, dit *rentier de Bonabri*) ; *Ibid.*, C 2712, f° 137 ; Arch. Finistère, A 18 (rentier de Morlaix-Lanmeur), etc.
Impr. : Société archéol. du Finistère, *Bulletin*, 1887, t. XIV, pp. 307 et suiv.

78

Constitutions de 1455. Vannes, 22 mai. — Ordonnance sur les avocats et les notaires ; rappels des dispositions de 1301, de 1405 et de 1424.

Mss. : Manuscrits de la Coutume *D F J P² R W W²* ; Arch. Loire-Inf., Registre des mandements de 1492-1531 (B 1215).

Impr. : Toutes les anciennes éditions de la Coutume, sauf *a*; Sauvageau, *Constitutions et ordonnances*, p. 43, avec la formule finale des constitutions de 1451 pour préambule; D. Morice, *Preuves*, t. II, col. 1647.

Pierre, par la grace de Dieu duc de Bretaigne, conte de Montfort et de Richemont, à tous ceulx qui ces presentes verront, salut.

Comme à nous appartienne mettre police et reformation en chascune vacation de peuple de nostre païs, pour icelui moyennant la grace de Dieu maintenir et conduire en bonne paix et que justice puisse y estre gardée, à laquelle fin soit expedient tout premier [1] reprimer les abus, vexations et pilleries qui soubz ombre et couleur de justice sont faictes et commises, et qui universellement pourront estre commises et multipliées en grant prejudice et scandale du bien de justice et à la grant charge et oppression du peuple de nostred. païs; et de present par l'examen des causes d'appel devolues et introduites en la cour de nostre Parlement et par les clameurs et complaintes de plusieurs de nos subgets, nous soient venus à connoissance les grans dommaiges, vexations et charges importables, qui par le subvertissement, moyen et introduction de plusieurs gens iniques, sanz crainte de Dieu ne de l'estat de leur conscience, se portans avocas, sont entrevenuz à plusieurs de noz subgetz en leur donnant lesd. avocas soustenance et conduite de engigner grant involution de interlocutoires sur delais et diffuges de la matiere principale, et par divers dilatoires frivoleux successivement engignent cleins, contredits, appeaux et autres diffuges, en chargeant leurs juges de interlocutoires et commettant infraction du serment de l'assise, dont ensuit à la fin que par longueur de procès les parties sont reduites à totale destruction, par quoi ceux qui obtiennent en cause ne peuvent à peine recou-

1. *A partir d'ici les constitutions de* 1462 *reproduisent le texte de* 1455 *avec les changements signalés aux notes.*

vrer peu ou nient de leur principal et accessoire, combien que de tels abus et introductions iniques iceux cavilleux avocaz ne se puissent par ignorance excuser;

[1] Comme ainsi soit que par loy et coustume de nostre païs et par les constitutions faictes en noz Parlemens generaux la police et regime de leur vacation leur ait esté baillée et introduite, et tout premier par les poinz du serment de l'assise, c'est assavoir que... [Reproduction des *Pointz de l'Assise;* voy. ci-dessous, p. 483] et aussi comme il appiert au sixiesme chapitre de la Coustume de nostre païs que nul avocat ne se doit embatre sur la parole de l'autre.

[2] Par constitution faicte en nostre Parlement l'an mil iiij^{c}xxiv, que l'avocat qui dit le libelle non responsal doit dire la cause pour quoi.

[3] Par constitution faite en Parlement l'an mil iiij^{c} et cinq est deffendu à l'avocat de non prendre salaire des deux costez sur peine de privation et d'estre reprins comme d'assise enfrainte.

[4] Par autre constitution faite en l'an mil quatre cens un [1] que homme ne soit receu à pledoyer se il n'a juré l'assise, fors pour son pere ou pour sa mere, ou pour son frere ou pour sa sœur, ou pour ses fils ou filles; et se ils le font ils seront en nostre amende.

[5] Par constitution faite en nostre Parlement present que homme ne soit receu à jurer l'assise se il n'est coustumier ou licencié en l'un des droits civil ou canon et que le juge qui le recevra voye qu'il soit de bonne scavance et conscience;

[6] Que homme commis à l'exercice d'aucune commission ne prenne salaire pour y commettre autre sous lui, se il n'y vacque de sa personne;

[7] Que avocat ne s'excuse de pledoyer la cause de partie

1. Ce texte est en réalité de 1301 ou de 1307, mais, dès le XVe siècle, il était daté par erreur dans certains manuscrits de la Coutume comme étant de 1401 ou de 1407, par exemple dans un de ceux que possède la Bibliothèque de Saint-Brieuc.

adverse par fixion que tout premier il n'ait vu les merites de la cause et que elle ait en soy que il en doye faire conscience selon son entente et que il en fasse foy;

[8] Auxquelles assises coustumes et constitutions n'a esté es temps passé comme peu ou nyant obey, mais par obstination de gens de mauvaise conscience ont esté mises en depry et desobeïssance, en presumant les pervertir en toute iniquité et illusion de justice; et de ce advient que, en plusieurs de nos cours et barres et celles de noz subgetz, les notables advocatz bien fondez de grande et bonne scavance, loyauté, proud'homie et bonnes mœurs, qui bien et honnestement se gouvernent, dignes et suffisans de garder et conduire les bonnes querelles, et qui bien scavent entretenir l'Assise et Coustume de nostre païs, au bien et exaltation de justice et au profit des parties, sont mis en depris, sanz avoir à eux guieres de recours par l'ignorance du pauvre peuple, cuidant que ceulx qui plus hardiment et follement s'avancent à parler leur doigent gaigner leurs causes à tort ou à droit, dont ensuit toute confusion et illusion de justice.

[9] [**Touchant la création des notaires.**] Mesmes nous est venu à cognoissance que combien que en nostre present Parlement eussions ordonné [1] que les notaires eussent esté créez par les seneschaulx à grant examen de leur science et discretion, ce néant moins aucuns d'iceulx seneschaulx, par faveurs desordonnées, importunes requestes ou autrement, se sont avancez à créer notaires par rappors et relations d'autres, sanz avoir eu autre cognoissance de leur discretion par forme d'examen de leur personne, et de cognoistre réellement par experience que ils ayent bon et suffisant entendement, et qu'ils ayent pratique en la science, par quoy ils scachent donner ordre et assiette aux procès dont ils auront la charge, en maniere que

1. *En 1462 ce passage fut ainsi modifié :* Combien que au Parlement tenu par mon seigneur et cousin le duc Pierre, l'an mil quatre cens cinquante un, eust esté ordonné...

par leur défaut ou ignorance les parties ne chéent en inconvenient de leurs causes; à quoy faire lesd. seneschaulx n'ont pas donné ne ne donnent entendement, mais tout de legier les passent et créent notaires comme dit est.

[10] Auxqueulx abus et deffauts dessus dits soit très necessaire pourveoir pour le bien et exaltation de justice, et nos constitutions, coustumes et establissemens faire garder et tenir en estat, à ce que justice, bonne paix et raison puissent en nostre pays estre gardez et maintenuz, scavoir faisons que par advis et deliberation de nostre Conseil avons aujourd'hui deliberé et ordonné, deliberons et ordonnons par ces presentes que les points et articles de nos dites assises, coustumes, constitutions et establissemens en la forme et maniere ci-devant supposées soient doresnavant tenuz et gardez entierement sanz enfraindre et sanz aucune chose en excepter ne enerver, et que à celles fins icelles assises et constitutions soient enregistrez es papiers d'office de chascune de nos barres ordinaires et que aux pletz generaux de chascune d'icelles prochains ensuivans après la publication de celle, et successivement une fois chascun an, aux prochains pletz generaux de nosdites juridictions qui tiendront après la feste de Pasques, nos seneschaulx chascun en sa juridiction fassent aux avocas, qui auront esté ou seront receuz et constituez avocas, recevoir leurs sermens et jurer de nouvel les poinz de l'Assise en jugement, en presence et à la cognoissance de tous les assistans [1]; et aussi fassent à iceulx pletz par chascun an reïterer la publication de nos presentes ordonnances selon le contenu en cestes.

[11] Supposé que aucuns se disans avocas se soient avancez es temps passez ou aient esté receuz par inadvertance, importune requeste ou autrement, à estre avocas autrement que par

1. *La Constitution de* 1462 *en reproduisant ce passage ajoute ici :* Et s'ils en sont refusans ne seront aucunement receus à patrociner jusques à ce qu'ils aient fait ledit serment, et s'ils s'y avancent poyeront pour la premiere fois d'amende soixante sols, et pour la seconde sur paine de privation d'advocatie pour un an commençant au temps que ils se y sont ainsi voulu avancer.

examen et selon la forme et constitution sur ce faicte, ce nonobstant il est mandé à noz seneschaulx examiner bien à plein, par le conseil et advisement des anciens sçavans avocas, approuver la science et sçavance des dessusdits avocas, et en cas qu'ils les tiennent indiscrets et moins suffisans, selon nostre dite constitution, leur deffendent et nous par ces presentes en celui cas leur deffendons tout exercice dudit office à peine de nos grosses amendes [1].

[12] Et seront les noms d'iceulx avocas, qui ainsi seront receuz à jurer l'assise, enregistrez en nosdits papiers d'office, afin que es temps advenir on sçaiche lesqueulx on devra recevoir à pledoyer et lesqueulx on devra recuser [2].

[13] [**L'avocat qui plaidera sera nommé au procès.**] Et à ce que l'on puisse plenierement cognoistre et prouver, quant besoin en sera, le deffault de chascun desd. avocas quant il fera au contraire desd. ordonnances, assises et constitutions, afin de les en punir et corriger, nous voulons et ordonnons que es temps advenir, en chascun procès de nosd. cours et barres et de celles de nos subgetz, soient mis et escripts les noms des deux avocats qui plaideront la cause d'entre les parties; et est mandé aux notaires qui auront charge du rapport des proceix ainsi le faire, à paine de respondre de l'amende en quoi pourroit estre encouru l'avocat s'il estoit trouvé delinquant.

[14] Et s'il advient que aucun avocat, par presomption ou autrement, en contemnant nosdites assises et constitutions, s'avance à pledoyer au contraire d'icelles, nous mandons et commandons en celui cas à nos juges et aux juges des barres subjetes pugnir et corriger lesd. delinquans, ou envoyer le procès de l'expedition à la cour de nostre Parlement et autres choses servantes à la matiere, à la prochaine ouverture d'icelui ensuivante led. procès, afin que par icelle nostre cour de Parlement nous y donnions la correction ou punition pertinente selon que le

1. *Article non reproduit dans les constitutions de* 1462.
2. *Article non reproduit en* 1462.

cas le requerra, en mandant à noz procureurs et autres desd. barres en faire la poursuite et diligence [1].

[15] Au regart des notaires et passeurs de nosd. jurisdictions et celles de nosd. subgets, nous, en confermant et approuvant nosd. constitutions autrefois sur ce faites et en donnant esclaircissement à icelles, avons ordonné et ordonnons par ces presentes [2] iceulx notaires, paravant que ils soient receuz, estre examinez par les seneschaulx de chascune desd. jurisdictions, o l'advis et deliberation de la cour, selon l'experience de leurs merches de procès qui seront pledoyez respectivement en chascune desd. cours, et des quelles merches ils feront le rapport selon l'expedition tout à part eux, sans enseignement ne aide de autres; et icelles merches, après l'expedition faite desd. procès, additeront presentement incontinent l'expedition faite devant le juge et les assistans, paravant que le juge divertisse à autre expedition, afin que ils n'ayent temps ne espace de se conseiller o autres pour faire leurs dites merches; et sera fait ledit examen en la forme dessur dite par plusieurs et reïterées fois. Et si par icelui examen iceulx qui voudront pretendre à icelui office de notaire continuent de faire bon et léal rapport des expeditions de la cour, et que le juge, néantmoins tout ce, soit bien informé de leurs bonnes mœurs et preudhommie, ils seront receuz à estre notaires et autrement non.

[16] Et si aucuns de paravant ces heures avoient esté receuz à estre d'aucune desd. cours notaires ou tabellions, qui par l'examen devant dit fussent trouvez moins suffisans, néanmoins quelque reception qui leur ait esté faite, ils ne seront pas receuz à faire l'exercice dudit office, ainçois en celui cas leur est pro-

1. *La constitution de* 1462 *ajoute ici* : Sur paine ceux qui seront trouvez negligens et en deffault de ce faire, soit le juge ou procureur, d'en poyer amende selon l'exigence du cas.

2. *La constitution de* 1462 *ajoute ici* : qu'il y aura nombre de notaires, lequel nombre sera tout premier advisé par les seneschaulx des barres tant de nous que de nos subgetz, chascun en sa jurisdiction, o l'advisement de la cour, et après ledit nombre limité, o l'advisement des conseils et avocas et o grant discretion, seront iceulx notaires..., examinez... *La suite comme ci-dessus.*

hibé et deffendu jusques à ce que par lesdits seneschaulx ils y soient licenciez et receuz [1].

[17] [**Touchant le salaire des notaires.**] Et en outre, pour ce que nous est venu à notice que plusieurs des notaires de nos barres [2] et de celles de nos subgetz s'avancent à prendre pour leur salaire en plus large que ce que par nous a esté ordonné par constitution en nostre present [3] Parlement [4], nous voulons et ordonnons que chascun notaire desd. cours et barres escrive sur le dos de chascun procès qu'il baillera aux parties la somme que il aura eue et receue de lui à celle cause et le signe de sa main [5].

[18] Pour les grandes causes, clameurs et complaintes qui nous sont venues des grandes pilleries et vexations que font nos procureurs generaux et particuliers et aussi les procureurs des barres subjetes de nostre païs [6], en donnant adjournement à noz subgetz de leur authorité, sanz ce que iceulx adjournemens soient decretez par les juges ordinaires desd. barres, ainsi que dès pieça avions ordonné par constitution de nostre Parlement, nous deffendons par ces presentes auxd. procureurs generaux et particuliers, et à chascun en sa jurisdiction, de non es temps advenir faire adjourner d'office aucune personne [7] jusques à ce

1. *La constitution de* 1462 *ajoute ici* : Soubz le nombre qui sera advisé.

2. *Constitution de* 1462 : desd. barres duchalles.

3. *Constitution de* 1462 : faite en Parlement.

4. *La constitution de* 1462 *ajoute ici* : C'est assavoir d'un rolle de parchemin d'un pied de laise, pour les six premieres lignes, de chascune deux deniers, pour les lignes ensuivantes de chacune un denier, et à l'équipollent de peau de parchemin.

5. *En* 1462 *on ajouta ici* : Et s'il advient que lesd. notaires soient reprins en avoir receu en plus large que ce que auroient signé de leur main, et tant pour la merche minute que grosse, ou aussi en plus large que lad. constitution, ou aussi deffaut à en faire note signé leurs procès, icelui notaire ainsi reprins sera privé illo facto de tout office de notairerie, pour la première fois jucques à un an, et si après jamais en est reprins sera privé perpetuellement. Et seront tenus lesd. notaires, qui ainsi auront esté receuz, faire le serment de bien et loyaument se porter aud. office et de garder les constitutions dessus dites, par chascun an, aux prochains pletz generaux de chascune juridiction qui tiendront après la feste de Pasques, comme a esté dit des avocas.

6. *Article reproduit à la fin des constitutions de* 1462, *sauf modification et addition de quelques mots.*

7. *Texte de* 1462 : aucune personne en matiere d'excès et delits ne d'office, qui ne touche principalement le fait du seigneur selon la coustume du paÿs.

que ayent suffisamment informé lesd. juges de la verité de la cause et que iceulx juges par ladite information ou par information suffisante leur ayent decreté les adjournemens, sauff seulement en cas de fait present[1]. Et si lesd. procureurs se advançoient à autrement le faire deffendons auxd. juges de non les recevoir à aucun procès en faire ne deffailles en obtenir, sur paine d'estre iceulx juges et procureurs pugnis comme en cas appartient[2].

[19] Si mandons et commandons à nosd. juges et tous autres justiciers et officiers de nostre duché, et à chascun si comme à lui appartient, ceste nostre presente ordonnance et tout le contenu en ces presentes tenir et faire tenir et garder fermement sans enfraindre, en leur deffendant et à touz autres de non aucune chose attempter ou innover au contraire, en commettant ou obmettant, es peines y appendantes.

Donné en nostre ville de Vennes, le xxij^{e} jour de may, l'an mil iiij^{c} lv.

79

Appels au Parlement. — 20 novembre 1456. — Constitution réglant le délai dans lequel l'appel devait être relevé.

Mss. : Manuscrits de la Coutume *D F G J P² W W²*.
Impr. : Les anciennes éditions de la Coutume sauf *a*; Sauvageau, *Constitutions et ordonnances*, p. 50; D. Morice, *Preuves*, t. II, col. 1699.

Pierre, par la grace de Dieu, duc de Bretaigne, conte de Montfort et de Richemont, à tous ceux qui ces presentes lettres verront, salut.

Pour ce que dempuis le commencement de ce present general Parlement plusieurs appellacions ont esté interjetées par aucunes

1. *Article reproduit à la fin des constitutions de* 1462, *sauf modification et addition de quelques mots.*
2. *Les constitutions de* 1462 *ajoutent :* outre faire restitution et desdommaigement aux parties et lesd. esplez en iceulx cas declairons nuls et non traitibles à aucune consequence, et en pourroient les parties excepter.

parties qui pour delaier et alonger la matiere ont fait iceulx apeaulx relever au prochain Parlement advenir, lesquelx apeaux de bonne raison sont troictibles à ced. Parlement, consideré la forme que l'on a commancé à y besoigner, qu'est par plusieurs cessions et ouvertures entre lesquelles y a grant espace de temps, mais ce néantmoins plusieurs y delaient et different proceder, et auxi les aucuns des parties appellées doubtent que ce doye estre à autre Parlement après cestuy, et par ce n'y comparessent, combien que aucuns qui ainsi y sont ajournez, tant des appellans que des appellez, soy y soient presentez et y veillent proceder et demander leurs gaignes, ce que espoir pourroit tourner en grant dommaige et prejudice des parties si autre interpretation et declaration certaine n'en estoit faicte, du jour d'huy pour tout doubte rejecter et en ensuyvant l'ordonnance et constitution autrefois faicte ou Parlement tenu à Vennes l'an mil iiij[c] xxiiij, touchant le fait de l'introduction du Parlement des interlocutoires qui fut ordonné tenir par chascun an, et que les cessions et ouvertures de ced. Parlement, que l'on espere à touz temps en celle forme continuer et pour le bien de justice y decider toutes causes de appel sur principal ou interlocutoire sans autre nouvelle assignation de Parlement faire, se pevent assez introduire et exemplifier l'introduction dud. Parlement ordonné pour les interlocutoires que par chascun an en forme d'ouverture se tenoit, a esté en la court de Parlement ordonné, déliberé et baillé pour stille que les appellations qui seront faictes durant ce present Parlement seront troictibles à la prochaine cession et ouverture ensuysant led. apel, et seront tenues les parties les y relever, si elles y sont, dedans xl. jours paravent icelle ouverture ensuyvant led. apel. Et si les parties les relievent en autre fourme, c'est à savoir au prouchain Parlement advenir, a esté dès à present interpretée et baillée l'intencion de la court que ce sera à la prochaine cession, et si dedans les xl jours et par avent les xv du commancement de l'ouverture celles appellacions entreviennent, le juge duquel sera led. apel interjecté pourra sans relievement envoyer les parties à lad. prochaine ouverture et y seront tenuz comparoir.

Et si dedans les xv jours celles appellacions sont interjectées, ils ne procederont pas à celle prochaine ouverture, mais seront tenuz leurs apeaulx relever à l'autre subsequante.

Et au regart des appellacions que par avent ces heures et depuis l'assignation de ce present Parlement ont esté faictes, combien que les parties les aient fait relever au prochain Parlement, a esté de lad. court baillé par interpretation et declaracion que elles seront troictibles à la prochaine ouverture de ced. Parlement.

Donné à Vennes en la court de Parlement, le xxe jour de novembre l'an m. iiij[cc] lvj.

80

Sepme. Vannes, 20 novembre 1456. — Constitution modifiant en faveur des sergents les constitutions de 1451 sur la perception de leur salaire ou *sepme*.

Mss. : Manuscrits de la Coutume *D F G J L P² W W²*.
Impr. : Les anciennes éditions de la Coutume, sauf *a*; Sauvageau, *Constitutions et ordonnances*, p. 51 ; D. Lobineau, t. II, col. 1641 (avec la date de 1451, qui est fausse); D. Morice, *Preuves*, t. II, col. 1602 (d'après Lobineau), col. 1700, d'après *L*, avec la date de 1456.

81

Constitutions de 1456. Vannes, 11 décembre. — Correction des constitutions de 1451 sur le port des contredits et règlement des appellations de l'alloué de Rennes tenant les plaids généraux.

Mss. : Manuscrits de la Coutume *D F G J W W²*.
Impr. : Les anciennes éditions de la Coutume, sauf *a*; Sauvageau, *Constitutions et ordonnances*, p. 52; D. Morice, *Preuves*, t. II, col. 1701.

[Lettre de correction du port des contrediz sur la constitucion de l'an mil iiij[c] lj et auxi ordonnance des appellations de davant l'alloué de Rennes es pletz generaux.]

Pierre, par la grace de Dieu duc de Bretaigne, comte de Montfort et de Richemont, scavoir faisons que comme plusieurs procès et questions soient souventefois advenues, et encores en soient aucunes à present pendans tant en nostre court de Parlement que à nostre court de Rennes, sur debat des appellations qui sont faites de nostre alloué de Rennes expediant les pletz generaux, et à savoir si elles doivent estre relevées en Parlement ou si elles sont troitibles devant nostre seneschal dud. lieu, pour ce que en diverses manieres on en a aucunes fois usé; et pour ce en sont ensuiviz plusieurs grants longueurs et involutions de procès, au grant dommaige, ennui et vexation de plusieurs nos subgetz, à quoy desirans donner provision et determination, nous, eu sur ce advisement et deliberation en nostre Parlement, avons ordonné et ordonnons que doresnavant les appellations qui seront faites de nostre alloué dud. lieu de Rennes expediant et delivrant les plets generaux au grant siege de lad. court, durant les trois premieres semaines de l'assignation d'iceux, seront troitibles en Parlement et seront les appellans tenus les y relever dedans le temps à ce ordonné, ou autrement elles seront desertes. Et au parsus des appellations qui seront interjettées devant led. alloué esd. plets après lesd. trois semaines, elles seront decidées et en ira la cognoissance et determination devant nostre seneschal dudit lieu.

Et au regart du port des contrediz, pour ce que par la constitution derrainement faite en celle matiere en nostre present general Parlement commencé le vingt quatrieme jour de may l'an mil quatre cens cinquante un, avoit esté entre autres choses ordonné que le port en seroit seulement fait par le contrediseur, à l'occasion de quoi se sont trouvez de grants delais et dissimulations pour le deffaut de la diligence du port d'iceulx, dont y a eu de grants clameurs et complaintes, avons pour lesd. delais et retardemens de justice eschiver et les procès entre parties abbrevier, et en donnant en tant eslargissement et correction à lad. constitution et sanz es autres points d'icelle corriger, ordonné et ordonnons que pour le temps advenir la partie pour laquelle la sentence sera donnée pourra, si bon lui semble, faire diligence du port des contrediz; mais si par inadvertance ou autrement en estoit baillé rendues es deux parties qui espoir soient diverses ou contraires, avons dès à present comme dès lors declaré et ordonné que l'on estera à la premiere rendue ainsi que de raison est, et sera la derraine de nulle valeur et n'en pourra la partie qui ainsi l'aura obtenue jouïr ne la tirer à consequence, et ainsi l'avons establi, constitué et publié en nostre Parlement general tenu à Vennes le onzieme jour de decembre mil quatre cens cinquante six.

Ainsi signé : Par le duc, en son general Parlement.

A. LUCAS.

[Es generaulx plez de Rennes le xiiij^e jour de janvier l'an dessus dit mil iiij^c lvj fut le mandement cy dessus lu publié et fait savoir en jugement et commandé y obbeïr].

82

FOUAGES. Vannes, 19 décembre 1456. — Ordonnance relative au mode de perception des fouages.

MSS. : Biblioth. nation., ms. fr. 22321, f°s 597 v° à 599 (Copie du XVIIIe siècle).

IMPR. : Pol de Courcy, *Nobiliaire et armorial de Bretagne*, 2e édit., 1862, p. 211 ; 3e édit., 1890, t. III, p. 515 ; Geslin de Bourgogne et H. de Barthélemy, *Anciens Evêchés*, t. III, p. cxcviii.

Ensuilt les ordonnances et articles faictz touchant la recherche des nobles de lignage, ennoblis, exempts et supportez des fouages, et la declaration du duc Pierre, nostre souverain sieur et de son conseil sur ce faicte.

Et premier :

[1] Au regard des nobles de lignage, quels seuls servent aux armes, quant mandez sont, en bon habillement, non obstant

qu'ils se marchandent en gros et de plusieurs marchandises, sanz les detailler ne vendre par le menu, ils jouiront de franchise, sanz rien poyer.

[2] Item au regard des nobles de lignage qui marchandent par le menu, comme draps et linges, detaillantz es foires et marchés leursd. draps et linges, ils poyeront et contribueront durant le temps que ainsin se gouverneront.

[3] Item pareillement les nobles de lignage tenantz taverne et hostellerie publique, tant es villes que sur les champs, et ceulx qui achaptent bœufs et vaches, les nourrissent en terre d'autruy et les revendent en leurs personnes, publiquement es foires et marchés, poyeront et contribueront.

[4] Item au regard des nobles de lignage qui servent aux armes, pour faire tous labourages en leurs heritages, ils n'en doivent rien payer.

[5] Item les nobles de lignage qui vont gaigner leurs journées et labourer o autres tous labourages et appartenances partables à faire, poyeront durant led. gouvernement.

[6] Item au regard de ceulx qui sont ennoblis et qui vivent en bourse commune et coustumiere, et se marchandent par le menu, ils n'auront plus de privilege que ceulx qui sont de noble lignage, ainczois poyeront les taux à l'ordonnance des commissaires, sanz avoir esgard au premier mandement faict touchant le nombre de la descharge qu'ils ont baillée aux paroissiens.

[7] Item si debat est et contrarieté touchant le gouvernement des dessusditz, tant des nobles de lignage que par lettres, on parlera à toutes gens dignes de foy, tant nobles que partables, et s'adressera à ceulx qui vraysemblablement et plus apparemment diront verité.

[8] Item au regard desd. ennoblis, quels auront baillé rabat et descharge à la ditte paroisse, dont avoit esté ordonné de celui qui avoit baillé rachat d'un feu eust payé trois réaux d'or, et les autres au dessous selon la descharge qu'ils eussent baillée à lad. paroisse, et soit ainsi que plusieurs pauvres auroient

porté descharge d'un feu entier, et riches n'auroient que tiers de feu, et aussi les pauvres fussent grevez : non obstant quelques mandements et ordonnances qui eussent esté faictes, les commissaires en auront esgard à la puissance d'un chascun, et selon ce les tauxeront jusques au montement desd. trois réaulx d'or.

[9] Item au regard de ceulx qui se trouvent comme nobles, non obstant que leurs peres estoient partables et quelquefois de gouvernement partable, et sont en possession d'exemption et de noble gouvernement, sans titre de noblesse par ligne, ou par grace, ou par aultre privilege longtemps a, poyeront lesd. taux et aides.

[10] Item au regard des metayers qui demeurent en manoirs et qui paient pour leurs debvoirs de metayers à leurs seigneurs par chascun an certaine somme, s'ils vivent et se gouvernent du labour qu'ils font desd. manoirs, et que ainsi ils aient faict ab antiquo, sans qu'ils labourent aultres terres, non obstant que ils soient trois ou quatre, ils jouïront du privilege de metayers et les aultres non, pourveu que chascun desd. metayers ait terre suffisante pour metairie et que de icelle il s'en pourroit nourrir encore, oultre la portion du seigneur, posé que ils ne s'entremissent d'aultres negociations.

[11] Item au regard de ceulx qu'aulcuns veulent exempter soubs ombre d'estre leurs metayers, quels demeurent en convenants ou estages près leurs manoirs, estant d'un mesme faict et gouvernement des aultres convenanciers et estagers qui paient et contribuent es tailles et fouages, dont y a aulcuns d'eux qui auroient faict faire lesditz edifices, et aultres qui ont acquis le droit es edifices où ils demeurent de ceulx à qui ils estoient, par quoy conviendroit poyer leurs edifices avant de les pouvoir mettre hors; et aussi ceulx qui demeurent par fermes ou louages en icelles maisons, et obeïssant à la cour de leurs seigneurs comme leurs aultres hommes demeurants en leurs terres et domaines, sans aultre difference des autres contributifs fors que sont appelez metayers; pour les abus que ils ont faictz

es temps passés de non contribuer esd. fouages, ils poyeront lesd. taux et aides ordonnez par lesd. commissaires, et au temps advenir poyeront et contribueront es tailles et fouages.

[12] Item au regard des lieux nobles et places de manoirs anciens, quels ont esté longtemps en ruine sans aulcuns edifices, et ceulx à qui ils sont les ont bailliez ou partie d'iceulx à gens partables par titre de convenant, pour y faire edifice estage ou mansion comme les aultres hommes partables contribuantz es fouages; pareillement pour l'abus de l'exemption du temps passé, ils poyeront les taulx et aides sur eulx imposez, et au temps advenir poyeront et contribueront entre les aultres contributifs de la paroisse.

[13] Item au regard des juveigneurs, soient fils ou filles, qui ont eu de leurs aisnez certains convenants et estages contribuants es fouages es temps passez, et de leurs baillées, qu'ils appellent principales baillées; et pour celle cause les ont tenuz francs, disant que chascun noble peut franchir un homme de taille; que non obstant les demourantz esd. lieux, ils demeurent encore o aultres qui se gouvernent comme ceulx de paravant, sans difference ni autre edifice y estre faict, ceulx demourantz esd. principales baillées et qui par cause de ce ont esté exemptz, pareillement pour l'abus du temps passé fourniront lesd. taux et aides et au temps advenir poyeront et contribueront es fouages.

[14] Item au regard de ceulx qui demeurent en certaines bourgades ou villages, quels à cause des lieux où ils demeurent et leurs predecesseurs paravant eulx, sont et ont esté francs et exemptz de tailles et aides, tant et si longtemps que memoire d'homme n'est du contraire, non obstant leurs dittes exemptions, s'ils n'apparoissent tiltres, ils poyeront pour celle fois, sans prejudice porter à eulx ne à ceulx à qui ils sont.

[15] Item au regard des metairies et lieux nobles et anciens manoirs, quels avoient acoustumé estre exempz à cause de la noblesse du lieu et dempuis sont venuz par acquisition ou aultrement à gens partables, enfants de gens partables, quels poyent

et doivent poyer les fouages, iceulx metayers ne auront plus de privilege que leurs seigneurs et poyeront lesd. taux et aides.

[16] Item au regard de plusieurs prestres et gens privilegiez, quels afferment de plusieurs nobles et aultres des heritages tenements et lieux qui sont contributifs, es quels ils font leurs labourages, et aussi mettent grand nombre de nourriture pour bœufs vaches porcs et brebis, quels ils acheptent et vendent es marchés et foires publiquement, et en partie vivent es despens des pauvres gens et laboureurs, quels n'osent s'entremettre ne prendre à eulx pour leur privilege et richesse, et ainsi ne peuvent trouver terre à suffisance pour leur labourage et nourriture, et ainsi leur convient estre et demeurer pauvres, par quoy ne peuvent aider à supporter au bien public, est ordonné et deffendu à tous nobles et aultres de non bailler et affermer leursd. heritages auxdits prestres et gens privilegiez, à peine de perdre la levée des six ans prochains desdits heritages après la ferme faicte, desquels les receveurs dessus les lieux se chargeront et en rendront compte et reliquat.

[17] Item au regard des caqueux malornez et ladres, quels doibvent estre separez des aultres gens et doivent demeurer es maladreries, vivre du mestier de cordage et de faire mesures de bois à bled et aultres ouvrages qu'ils pourront faire en leurs maisons, et qui ont nonobstant affermé heritages et y font labourage, et aussi marchandent publiquement de plusieurs marchandises aultres que celles que doibvent faire, dont en sont partie d'eulx grandement enrichis, par quoy ont esté tauxez, quels taulx ne veulent poyer, ains le contrarient : est ordonné et deliberé et dès jà deffence faicte par le duc à touz ses subgectz de non leur bailler ne affermer aulcuns heritages, ne aussi marchander o eulx d'aultres choses que de leur mestier d'ancienneté accoustumé, et des matieres necessaires pour le faire, à peine de lx livres à estre appliquées au duc sur icelui ou ceulx qui feront le contraire, et commandé aux procureurs d'en faire les esligements chascun en sa juridiction. Quelles deffenses est

commandé aux commissaires les faire scavoir publiquement par ban et aultrement, tellement que nul n'en puisse ignorance pretendre; pareillement à tous aultres officiers, chascun en son bailliage, ainsi les faire maintenir et garder.

Faict et deliberé par le duc en son conseil à Vennes, le xviiie jour de decembre, l'an mil cccclvi.

[Signé] RAOULET.

83

PRÉVOTÉ DE RENNES. Vannes, 1er mars 1457 n. st. — Ordonnance rendue en conseil créant une prévôté à Rennes pour l'expédition des affaires mobilières.

MSS. et IMPR. : Les mêmes que pour le n° 81.

Pierre, par la grace de Dieu duc de Bretaigne, comte de Montfort et de Richemont, à tous ceux qui ces presentes lettres verront, salut.

[1] Scavoir faisons que pour le bien et exaltation et augmentation de nostre justice à nostre ville de Rennes, et à ce que nos subgets et tous autres frequentans led. lieu, où plusieurs gens de diverses contrées habondent incessamment, ayent et puissent avoir plus promptes expeditions et appointemens en leurs causes et affaires mobiliaires sur et des questions qui peuvent ou pourroient mouvoir entre eux, tant par raison de fait de marchandise que autrement, et pour plusieurs autres considerations et certaines causes à ce nous mouvans;

[2] Nous, par le bon advis et deliberation de nostre conseil, avons de nostre authorité et bonne providence fait, créé, establi et ordonné, faisons, créons, establissons et ordonnons par ces presentes à durer et continuer au temps à venir à perpetuel un siege et prevosté en nostred. ville de Rennes, outre nos autres sieges et juridictions ordinaires de paravant ces heures y tenues et establies qui demourent en leur estat, auquel siege et prevosté, et

devant le prevost et juge qui de par nous sera institué à exercer et delivrer lad. juridiction de prevosté, voulons et ordonnons que doresnavant toutes causes, querelles et questions mobiliaires, dont nostre court et barre ordinaire dud. lieu de Rennes cognoissoit et peut cognoistre en chieff en nostre chastelenie dud. lieu de Rennes, et aussi des causes criminelles qui surviendront ou ensuivront par raison ou action des causes mobiliaires et leurs sequelles introduites et commencées par lad. prevosté, soient et puissent estre introduites et determinées, et que les parties s'entrepuissent faire convenir et adjourner ordinairement, et nostre procureur de Rennes ou son lieutenant pour nos interest d'office les poursuivir et esliger en lad. court et auditoire de prevosté, par devant led. prevost ou son lieutenant.

[3] Lequel prevost deputons, instituons et ordonnons juge ordinaire en icelles causes o pouvoir d'en cognoistre, sentencier et determiner selon le stile et establissement de nostre païs, par chascun jour, sans cesser pour plets generaux et à tels termes et assignations qu'il verra l'avoir à faire, selon l'estimation, celerité ou exigence des cas et causes sourvenantes et introduites par devant lui.

[4] Et que des sentences ou jugemens qui par led. prevost seront faits ou donnez ou par son lieutenant, et dont les parties se tiendront grevées, on en puisse appeller et ressortir par appel, scavoir des appeaux en cause interlocutoire aux nouveaux jours et plets sur semaine de nostred. court de Rennes devant le seneschal ou alloué qui delivreront lad. court, lesquels en feront illec la rendue, et des causes en deffinitive au grant siege et pardevant nosd. seneschal et alloué de Rennes, qui en feront rendue à nos plets generaux dud. lieu et non autrement, et les ressors des rendues desd. appeaux, si aucuns sont faits du juge desd. plets sur semaine, à nosd. plets generaux par appel, comme des causes en diffinitive. Et du tout l'en pourra appeller, en gardant lesd. moyens, à nostre court de Parlement, comme l'en fait es sentences appellées en nosd. plets generaux de Rennes.

[5] Et afin d'obvier aux abus qui espoir pourroient entrevenir sur le fait des adjournemens qui se feront à l'auditoire de lad. prevosté, et que les parties y adjournées n'en puissent ignorer, ne que par variation des sergens contrarieté ou question ne se trouve entre parties, nous voulons et ordonnons que à faire les adjournemens ordinaires à lad. prevosté ne soient establis ne instituez que quatre sergens seulement, lesqueux seront choisis et sermentez pour cette fois par nos chancelier et president ou par l'un d'eux, auxquels et non autres en baillons la charge, et à nostred. prevost en baillons la correction d'iceux s'ilz y sont trouvez en deffaut. Lesqueulx quatre sergens n'auront puissance de faire nuls autres adjournemens à nulles de nos autres cours ordinaires, mais pourront bien estre sergens generaux, si mestier est et ils y soient instituez.

[6] Si donnons en mandement à nos presidens, justiciers et officiers de nostre duchié presens et à venir, à qui de ce appartiendra, ceste nostre presente ordonnance et création de prevosté faire scavoir et publier par ban et autrement, et y tenir, obeïr, garder estat, sans faire ne souffrir estre fait innovation au contraire, et à tous nos féaux et subgetz à qui il appartient y estre obeïssans, car tel est nostre plaisir, nonobstant quelconques statuts, ordonnances, lettres subrectices données ou à donner à ce contraires.

En tesmoing de ce, à ce que soit chose durable et inrevocable, avons baillé cestes nos presentes lettres signées de nostre main et seellées de nostre seel en las de soye et cire verte.

Donné en nostre ville de Vennes, le premier jour de mars l'an mil quatre cens cinquante et six.

84

Changeurs. Tours, 1er mars 1459 n. st. — Obligation imposée aux changeurs de prêter serment au maître des monnaies.

Ms. : Arch. Loire-Inf., E 127.
Inédit.

85

Connétables de Rennes. 24 avril 1460. — Ordonnance réglant les attributions des connétables et du lieutenant du capitaine.

Impr. : Arch. municip. de Rennes, 27 (Placard ancien).

86

Université de Nantes. 22 avril 1461. — Lettres du duc déterminant les privilèges de la nouvelle université.

Impr. : Anciens recueils des privilèges de l'Université de Nantes; Marcel Fournier, *Statuts et privilèges des anciennes Universités françaises*, t. III, pp. 40-44.

87

Constitutions de 1462. Vannes, 14 juin. — Reproduction des constitutions de 1451 et de 1455; dispositions nouvelles sur les exceptions de despeille et de père vif, sur le faux témoignage, sur les enquêtes, etc.

Mss. : Manuscrits de la Coutume *C D F G*[3] *J W W*[2].
Impr. : Les anciennes éditions de la Coutume, sauf *a*; Sauvageau, *Constitutions et ordonnances*, p. 61; D. Morice, *Preuves*, t. III, col. 11.

[Constitutions et establissemens faits et ordonnez en Parlement general par tres haut et tres excellent prince nostre souverain seigneur François, par la grace de Dieu duc de Bretaigne, comte de Montfort, de Richemont, d'Estampes et de Vertus, en la presence et advisement et deliberation des prelats, barons et autres gens de ses Estats, lesquelles constitutions furent publiées audit Parlement et baillées pour loy, et commandé les tenir et garder sans enfraindre, le lundi quatorziesme jour de juin l'an mil iiij[c] lxij.]

[1 et 2] **Et premier des blasphemeurs.** Comme ainsi soit que paravant ces heures au Parlement tenu par le duc Pierre

l'an mil quatre cens cinquante et un eust esté fait ordonnance... [*Reproduction des deux articles de 1451 sur les blasphèmes*], avons ordonné et commandé que celles constitutions et ordonnances soient doresnavant tenues et gardées de nouveau en tant que mestier est, en faisant loy et constitution generale, en mandant es juges chascun en sa juridiction en faire les punitions et aux procureurs en faire les poursuites.

[3 à 17] Pour reprimer les abus, vexations et pilleries qui soubz ombre et couleur de justice... [*Le rédacteur reproduit ici les constitutions de 1455 presque en entier, sauf l'omission de deux articles, et quelques changements et additions qui ont été indiqués ci-dessus*].

[*Les articles qui suivent sont seuls nouveaux et représentent les décisions prises en 1462*].

[18] [**Touchant les tabellions.**] Pour ce que souvente fois se trouvent plusieurs faussonneries es lettres et contraz passez par tabellionnage, lesquelles faussonneries on ne peut pas legierement trouver ne en avoir cognoissance, à quoy est de necessité pourveoir, avons ordonné que les tabellions qui passeront les contraz mettront et declareront es registres et grosses desd. contrats les lieux où ceulx contrats seront passez, c'est assavoir la ville ou bourg et en la maison de qui ce aura esté, et si c'est hors ville ou maison y declarer le lieu certain. Et aussi mettront esd. registres et grosses le nom de celui qui aura fait l'escripture, et ce sans deroger es autres poinz des autres constitutions faites paravant ce jour en ceste matiere.

[19] Combien que es temps passez ayent esté faictes certaines constitutions et ordonnances pour la pugnition des faussonniers et des faux tesmoignz, par lesquelles ayent esté ordonnées certaines peines, attendu la multiplication desd. faussonneries qui de jour en autres sont commises, pour deffault de ce que lad. pugnition n'est condigne au malefice; et par ce legierement plusieurs s'avancent à faire et commettre lesd. faussonneries, est de necessité y trouver plus apres pugnitions et de plus grant

crainte, à ce que l'en puisse lesd. faussonneries reprimer; et pour ce est ordonné que ceux qui feront, fabriqueront et passeront aucun faux acte, lettre ou procès, ou qui les conseilleront et en seront auteurs et consentans, et aussi qui les escriront ou en useront scientement, seront pugnis ainsi qu'il ensuit, c'est assavoir pour la premiere fois seront fustez à un jour de marché comme infames; et s'il n'y a marché seront fustez en lieu public de la jurisdiction par laquelle ils seront reprins, et à la descente de l'eschelle ou pilori, ils auront le poing dextre coupé, et seront leurs biens meubles acquis et confisquez au seigneur de la cour duquel il en sera ainsi convaincu et atteint, sauf à faire provision à la femme et enfants; et si secondement ils en sont repris, ils en seront pugniz, c'est assavoir penduz et estranglez au gibet.

[20] Pour les faux tesmoignz est ordonné qu'ilz seront battuz par trois jours de marché ou autrement ainsi que dit est, et outre seront fustez, et à la descente de l'eschelle ou pilori auront une oreille coupée, et seront leurs biens meubles confisquez, sauf à faire provision es femmes et enfans comme en l'autre cas precedent. Et si secondement ils en sont repris, ils seront penduz comme lesd. faussonniers.

[21] En ce qui touche la gaigne des deffauts, combien que es temps passez aucuns ont voulu dire qu'on ne devoit bailler gaigne de vaincue à partie par deffailles, si elles n'estoient continuées, est ordonné que pour le temps advenir les parties qui deffaudront es causes de meuble, d'heritaige ou de crime respectivement, en principale querelle deuement intimée par tant de fois qu'est ordonné par la coustume escripte, combien que celles deffailles ne soient continuées ou qu'il y ait procès ou autre intervention, supposé que elles ayent esté pugnies par despens, pourveu que partie fasse protestation ou que le juge fasse reservacion de droit en outre; ce néantmoins, celles deffailles qui ainsi auront esté impetrées, soit devant le juge ordinaire, delegué, lieutenant ou autre juge qui aura la cognoissance de la cause en principal, vaudront à obtenir gaigne en principal, pourveu que après le

premier deffaut les demandes soient intimées es adjournemens et deffailles qui par après se feront, selon que est escript en la coustume. Et si aucune partie a deffailli, et depuis aucun des deffauts et paravant la gaigne baillée il decede, il est ordonné que la partie qui voudra reprendre les deffailles et esplets vers l'heritier, fera en l'adjournement qu'il lui fera donner intimer expressement les dits deffaults obtenus vers le predicesseur et le nombre d'iceulx, et y intimera sa demande ou conclusion, ou autrement il ne pourra en vertu d'iceulx deffaults obtenir ne avoir gaigne en principal vers ledit successeur et heritier.

[22] Et au regart de ceulx qui engignent cleins et qui font les contredits ou appeaulx retardans querelle principale, avons ordonné que si partie en est evincée, les jours d'iceulx en ensuivant la coustume escripte vaudront deffailles à obtenir lesdites gaignes, en interpretant que à ce serviront lesd. deffailles, néantmoins quelque interruption et pugnition des despens. Et aussi que les poyfaits des monstres ou de faire serment et les autres poyfaits retardans le principal de la cause, autres que les poyfaits des contredits, vaudront deffailles, pourveu que lad. protestation ou reservacion de droit en outre ayent esté faits, comme dit est en la prochaine precedente constitution, en demandant lesdits despens tant desdits deffaults, cleins, contredits que desd. poyffaiz. Et est ce entendu à commencer trois mois après ceste publication.

[23] Combien que par la coustume de nostre païs soit dit quand partie veut engigner cleins ou contredits et partie adverse l'en veut empescher, disant que il en a engigné en tel nombre, en retardant le principal, que par la coustume du païs l'en pourroit estre vaincu par deffaille, respectivement selon les actions, s'il n'apiert avoir esté desd. cleins ou contredits ou d'aucuns d'iceulx relevé, et que par tant il ne pourroit ne ne devroit estre receu à plus en créer et engigner par la coustume du païs qui ainsi le dispose; et souventefois quand il est ainsi allegué et que partie adverse le denie, combien que il soit

apparu ou trouvé et ce apuré entre parties, nonobstant si partie veut dire que il est néamoins ce recevable à contredire ou créer clein; et quant le juge y donne sentence qu'il n'y est à recevoir et que partie en contredit ou appelle, pour ce que souventefois le juge en obeïssant à la coustume de nostre païs dit que ceste partie n'est recevable audit ressort faire, de quoy néanmoins partie veut encore faire ressort et contredit, ce que sembleroit estre contre ladite coustume, dont pourroient ensuyr plusieurs procès et longueurs de pledoiries : pour y eschiver est ordonné que lors que lesd. cleins ou contredits seront apurez par prouve ou confession de partie et ce passé en chose jugée; néantmoins tout ce, si partie vouloit contredire ou appeller la sentence qui seroit donnée à l'encontre de lui, qu'il ne seroit à recevoir à faire autre ressort ou clein engigner; pour tant ne tardera l'execution de lad. sentence, nonobstant quelque opposition ou appellation qui y pourroit estre faicte, et sauf à estre receu ledit contredit ou appel par autant que par le juge ad quem sera dit qu'il y seroit à recevoir, et non autrement.

[24] Touchant les exceptions de despoilles, est ordonné que si aucun propose exception de despoille et que partie adverse debatte la recevoir, et que elle soit dite et jugée recevable, et il soit contrarié ou ressorti par l'acteur, le procès tardera; mais après que lad. exception sera receue et rendue, ne tardera le proceder en principal jusques ad ce que sentence y soit donnée au proufit de l'exceptant qu'il prouve de son exception, auquel cas, posé que celle sentence soit ressortie, le procès tardera, et autrement non, sauff en l'autre cas presupposé, scavoir quand lad. exception est jugée recevable et ressortie de l'acteur; sinon toutefois que partie exceptante proposast avoir esté despouillée de la plupart de ses facultez, auquel cas la coustume et constitutions anciennes sur le fait desdites despouilles seront gardées, et ce sans desroger au temps ordonné en touz lesd. cas où lad. exception est receue pour la preuve d'icelle.

[25] Pour ce que souventefois plusieurs qui sont obligez à

autres en somme de finance, par jugié, obligation, ou par confession faite en jugement, ou aussi en aucun nombre de rente, ou faire assiette d'aucune chose heritelle, proposera quelque peremptoire en retardant le poyement et execution desd. dettes et en tournant sur preuve, et que le juge devant lequel les matieres sont deduites veut, en obeïssant à la coustume de nostre païs parlante des choses cleres mettre à execution, bailler et commettre execution pendant le delay, après que apiert et est relevé de sa debte par caution de restituer, advient souventefois que ceste partie ainsi proposante la peremptoire fait ressort de lad. execution commise par caution, et par ce est le fait cler retardé contre la disposition de nostre coustume, avons ordonné et ordonnons que néantmoins quelque ressort qui y puisse estre mis, l'execution de lad. sentence ne sera aucunement retardée, mais sera réaument executée par lad. caution de restablir.

[26] Et aussi touchant les plegemens et arrests qui pourroient estre mis d'aucune tierce personne en empeschant l'execution desd. dettes soit de meuble ou de heritaige, avons ordonné que pendant le procès, pour le dommaige et perdition qui en pourroit ensuyr, le detteur sera contraint à garnir la main de la cour à la conservation du droit de celui qui obtiendra en cause, et néantmoins quelque opposition, arrest ou appellation qui y pourroit estre mis.

[27] Pour obvier à la longueur et involution des procès et es mises des parties pledoyantes, est advisé que es matieres qui devroient cheoir en contestation ne sera fait recit du procès de partie, fors au premier procès et libelle, et au tiltre et contestation de la matiere, et sauff à datter le tiltre en la sentence sans en faire reprise, et si la partie ne requiert que en lad. sentence en soit fait recit et reprise.

[28] Pour ce que souventefois advient de grandes difficultez et longueur de procès pour les sentences qui, sur le raisonné et pledoyé des parties, se donnent par avant que les raisons

soient accordées et passées, car par après les parties chéent en debat du rapport desd. raisons, au dommaige desd. parties et à l'ennui de la cour, avons ordonné que lors que les parties s'appliqueront à sentence, soit diffinitive ou interlocutoire, si les parties sont arrestées en leur raisonné et que le juge soit deliberé à leur donner sentence presentement, il n'y procedera pas jusques à ce que ledit raisonné soit accordé par la merche des clercs ou addit de leur rapport; et ce fait pourra proferer la sentence, soit diffinitive ou interlocutoire, par bouche ou par escript, à sa bonne discretion, les mots de laquelle se pourront rapporter et signer par les notaires presens; mais si le juge n'est deliberé sur lesd. raisons et que il appointe que les parties mettront leurs raisons par escript et assigne à autre temps pour y donner sentence, desd. raisons et pledoyé des parties sera accordé et passé paravant que ledit juge y profere sa sentence; et sur ce baillera son appointement par escript, soit en diffinitive ou interlocutoire.

[29] Pour ce que souventefois est ensuivi procès et contestation sur debat des productions, pour ce que aucunes parties ne aussi les advocas ne sont pas advertis les avoir eues, et en chéent en dommaige et longueur de procès, nous avons ordonné que pour mieux advertir les parties et les avocas pledoyans sera doresnavant mis es procès soubz quelle production l'en poursuivra, et ainsi le diront les avocas en pledoyant.

[30] Pour obvier es vexations que pourroient faire les procureurs generaux et particuliers du duc, et aussi les procureurs des barres subgetes, en donnant adjournemens de leur authorité.... [*Reproduction de l'article 18 des Constitutions de 1455*].

[31] Pour ce que plusieurs marchands, fermiers, receveurs, maistres de mestier et autres negotiateurs ou administrateurs qui notoirement et publiquement se marchandent ou usent d'offices de receptes et fermes, font souventefois plusieurs marchez et contrats pour le fait de leur vacation, et par après

quant on les veut contraindre à fournir lesd. contraz, ils dient avoir pere vivant et font à leur pere faire revocation d'iceulx, et quant l'en a o eux longuement procedé, ils mettent lad. exception de pere vif, et par ce moyen sont plusieurs de nos subgetz deffraudez et endommaigez, à quoy est necessaire pourveoir, avons ordonné et fait loy et constitution touchant ceste matiere que les contraz que les dits fils de famille, soit mariez ou autres, se marchandans ainsi notoirement ou usans desdits offices et mestiers, feront autemps advenir vaudront et tendront, et en celles matieres pourront estre adjournez et convenuz sanz l'autorité du pere, et seront les procès faits o eux valables, sanz ce que lesdits peres puissent iceulx contrats ne espletz revoquer en aucune maniere.

[32] Et au regart de touz autres enfans de famille qui ne sont compris soubz les points et conditions dessus dits, suffira un seul adjournement intimé en demande de authoriser ledit fils de famille en la demande que semblablement sera en celui adjournement intimée. Et si à celui terme le pere ne allegue cause suffisante pour remonstrer la raison pour laquelle il ne seroit point tenu authoriser sondit fils, la cour l'authorisera et sera tenu proceder et le procès fait vers lui valable.

[33] Pour ce que en plusieurs barres et jurisdictions de nostre paÿs est doute et difficulté si en matiere de repreuves et contrepreuves ne despouilles l'en doit bailler et adjuger reffors, car en plusieurs lieux l'en y concede celui reffors et en autres non, lequel reffors esd. repreuves semble estre contre l'entendement de nostre coustume, qui dit que en principalle garentie appartient reffors, et par ce est veu le denier en autres, est ordonné, pour lesd. doutes eschiver et y donner interpretation et les procès abbrevier, que esdites repreuves et contrepreuves ne despouilles partie ne sera receue à demander reffors, mais en ce est par ceste nostre constitution denié.

[Cestes constitutions et establissemens furent leues et publiées en jugement es pletz generaux de Rennes, tenuz aud. lieu de

Rennes par Me Pierre Ferré, seneschal, le vingt huitiesme jour du mois de juin audit an mil quatre cens soixante deux, et fut commandé y obeïr et les tenir sanz enfraindre à commencer trois mois après lad. publication.]

88

Chateaux forts. Date inconnue. — Défense faite « aux nobles de ce pays ayans chasteaux et forteresses de les reparer et fortiffier. »

Texte perdu. Mentionné dans une lettre du 12 août 1462 autorisant le sieur de Kerimel à fortifier son château de Coetfrec (Registres de la chancellerie, Arch. Loire-Inf., B 2 [1164], fo 86 vo).

89

Caqueux. Vannes, 24 novembre 1462. — Congé aux caqueux et lépreux de l'évêché de Vannes de cultiver des terres, pourvu que le bail ne dépasse pas trois années.

Texte perdu. Analyse dans les registres de la chancellerie (Arch. Loire-Inf., B 2 [1164], fo 121 vo).

90

Justices seigneuriales. Date incertaine. — Prohibition faite aux barons de tenir leurs plaids de meubles plus d'une fois entre les plaids généraux de leurs seigneuries.

Texte perdu. Mentionné en 1464 dans une licence contraire accordée à madame d'Étampes pour sa seigneurie de Clisson (Arch. Loire-Inf., B 3 [1165], fo 40 ro).

91

Fouages. 10 mars 1466, n. st. — Ordonnance sur la façon de lever les fouages, supprimant différents abus.

Ms. : Arch. Loire-Inf., B 4 [1166], fls 22-28; cf. *ibid.*, B 119, fls IV-VI. Inédit.

92

Justices d'Église. 10 mars 1466. — Ordonnance réprimant les entreprises des juges d'Église au détriment des juridictions temporelles, suivie d'une longue instruction pour les officiers du duc.

Ms. : Arch. Loire-Inf., B 4 [1166] f[ils] 23 r°-25.
Inédit.

93

Police des ports. 5 janvier 1467, n. st. — Ordonnance défendant aux marins étrangers de descendre armés de leurs navires.

Ms. : Arch. Loire-Inf., B 5 [1167], f° 18.
Inédit.

94

Octrois de Nantes. Nantes, 10 décembre 1469. — Ordonnance remédiant aux fraudes dans la perception du devoir d'*appetissement*.

Ms. : Cartul. des privilèges de Nantes, Arch. Loire-Inf., E 158, f[ils] 75-77.
Impr. : Verger, *Archives curieuses de Nantes*, t. I, p. 129; La Nicollière-Teijeiro, *Privilèges de la ville de Nantes*, pp. 64 et suiv.

95

Montres générales. Nantes, 27 juillet 1471. — Ordonnance réprimant les fraudes et les négligences qui se commettaient dans les montres.

Impr. : D. Morice, *Preuves*, t. III, col. 226 (D'après un registre de la chancellerie aujourd'hui perdu).

96

Menées. Le Brossay, 13 décembre 1471. — Concession aux bourgeois de Nantes du droit de menée à la prévôté, le premier jour des plaids, après la menée du sire de Raiz.

Ms. : Cartul. des privilèges de Nantes, Arch. Loire-Inf., E 158, f° 81.
Impr. : La Nicollière-Teijeiro, *Privilèges de la ville de Nantes*, p. 69.

97

Octrois de Nantes. Le Brossay, 13 décembre 1471. — Pour remplacer d'anciennes chartes perdues, le duc confirme aux bourgeois de Nantes le droit de percevoir le denier pour livre et la taxe de deux sols par muid.

Ms. : Cartul. des privilèges de Nantes, Arch. Loire-Inf., E 158, f° 82.

Impr. : La Nicollière-Teijeiro, *Privilèges de la ville de Nantes*, p. 70.

98

Caqueux. 5 décembre 1475. — Mandement leur ordonnant de porter une pièce de drap rouge sur leurs vêtements et leur défendant d'exercer d'autre métier que celui de cordier.

Ms. : Analyse dans un registre de la Chambre des Comptes, Arch. Loire-Inf., B 8 [1170], f° 51 v°.

Impr. : D. Lobineau, t. II, col. 1350; D. Morice, *Preuves*, t. III, col. 283).

99

Caqueux. 18 juin 1477. — Ordonnance atténuant les sévérités de l'ordonnance de 1475.

Ms. : Arch. Loire-Inf., B 8 [1170], f° 51 v°.

Impr. : D. Lobineau, t. II, col. 1362; D. Morice, *Preuves*, t. III, col. 309.

100

Traites. 4 juin 1478. — Défense de percevoir aucun droit sur les marchandises circulant à l'intérieur du Duché.

Ms. : Arch. municip. de Nantes, CC. 29.

Impr. : La Nicollière-Teijeiro, *Inventaire sommaire des Archives communales antérieures à* 1790, Nantes, 1888, t. Ier, p. 98.

101

Police de Rennes. 1478. — Ordonnance publiée à Rennes défendant d'élever des porcs dans la ville, de sortir après neuf heures du soir sans lumière, et interdisant aux gens du peuple de porter des armes.

Ms. : Arch. Loire-Inf., E 215.
Impr. : A. de la Borderie, *Mélanges d'histoire et d'archéologie bretonne*, 1855, t. I, p. 145.

102

Milices. 22 mai 1480. — Ordonnance réglant la levée des *esleux et bons corps*.

Ms. : Arch. Loire-Inf., B 9 [1171], f° 71 v°.
Inédite.

103

Gardes-Côtes. 28 juillet 1480. — Ordonnance pour l'organisation des milices gardes-côtes.

Ms. : Arch. Loire-Inf., B 9 [1171], f° 117 r°.
Inédite.

104

Piraterie. Nantes, 1480. — Ordonnance défendant aux sujets du duc de recevoir et de ravitailler les pirates et ordonnant de les livrer à ses officiers de justice.

Ms. : Arch. Loire-Inf., B 9 [1171], f° 176 r°.
Impr. : Dupuy, *Réunion de la Bretagne à la France*, t. II, p. 359 (simple extrait).

105

Papegaut. Nantes, 1er mai 1482. — Exemption de toutes taxes personnelles pendant un an pour le *roi des archers* au jeu du papegaut de Nantes.

Ms. : Nantes. Arch. municip. EE, carton du papegaut.
Impr. : La Nicollière-Teijeiro, *Privilèges de la ville de Nantes*, p. 72.

106

MONNAYEURS. 22 mars 1483. — Ordonnance rendue en grand conseil confirmant les lettres de Jean V de 1420. Plusieurs autres confirmations des privilèges des monnayeurs, par la reine Anne et autres se trouvent dans le recueil de 1609 cité ci-dessous.

IMPR. : *Privileges, franchises et libertez des officiers de la monnoye de Nantes*, Nantes, 1609 ; Bigot, *Essai sur les monnaies de Bretagne*, p. 389.

107

BARBIERS DE RENNES. 19 janvier 1485 n. st. — Règlement leur défendant de travailler le dimanche.

Texte perdu. Mention dans un registre de la chancellerie (D. Lobineau, t. II, col. 1418 ; D. Morice, *Preuves*, t. III, col. 460).

108

PARLEMENT. Nantes, 22 septembre 1485. — Création d'un parlement ordinaire et sédentaire, (distinct des États) séant à Vannes chaque année du 15 juillet au 15 septembre.

IMPR. : D. Lobineau, t. II, col. 1435 ; D. Morice, *Preuves*, t. III, col. 478, soit d'après l'original aujourd'hui perdu, soit plutôt d'après le registre de chancellerie de 1485 sur lequel il avait dû être transcrit.

François, par la grace de Dieu duc de Bretaigne, comte de Montfort, de Richemont, d'Estampes et de Vertus, à tous ceux qui ces presentes verront, salut.

Comme de toute antiquité nous et nos predecesseurs, roys, ducs et princes de Bretaigne, qui jamais de nos noms et tiltres de principauté n'avons recognu ne recognoissons créateur, instituteur ne souverain, fors Dieu tout-puissant, aions droict et nous appartienne, par raison de nos droictz royaulx et souverains, avoir et tenir court de Parlement souveraine en exercice de justice et jurisdiction en tout nostre pays et duché, et en icelle cour de Parlement ordonner, faire et establir loix, constitutions, establissemens, stiles et reformations, tout ainsi que bon nous a semblé et que avons chascun en son temps cogneu estre bon et raisonnable; à faire l'exercice de laquelle nostre court de Parlement ait esté de temps passez fait et tenu par tels ans et saisons que chascun de nous durant son regne a veu estre convenable selon les dispositions et tranquillitez des temps, sans ce que à nostre cognoissance icelle nostre court de Parlement aict jamais par cy-devant esté fondée ne ordonnée tenir et estre exercée par sessions annuelles ordinaires et certaines;

A laquelle chose pourvoir et ordonner avons dès nostre advenement à nostre regne et principauté toujours eu singulier desir et affection, ce que bien loisiblement n'avons jusques à ores peu faire ne conclure, obstant les grands charches et affaires que nous a necessairement et à noz subgectz convenu soustenir et porter pour la tuition, garde et deffense de nozd. païs et principauté; et de present, par la bonté et grace de Dieu nostre créateur, avec la bonne et loyalle obeïssance de noz bons subjectz et serviteurs, ayons et tenions nosd. païs et principauté en telle et si bonne paix, obeïssance, union et tranquillité, et en telle alliance et confederation de tous princes chrestiens que mieux ne plus pacifiquement n'est possible, de quoy nous repputons indignes et non puissans de recognoissance et action de grace suffisante vers nostred. créateur;

Et tout ce non obstant, desirans à nostre pouvoir y satisfaire, cognoissans certainement la vertu de justice estre par laquelle tous roys et princes regnent et prosperent, et l'exercice continuel et distribution d'icelle vertu estre requis et très necessaire en nostred. païs et principauté, singulierement à ce que les querelles et plaidoieries d'entre nos subjectz, quelles pour la confusion et difficulté de la loy et coustume escrites de nostre païs, sont de granz longueurs et prolixitez, soient et puissent estre presentement finies, terminées et conclutes, et par nostred. court de Parlement celles longueurs de plaidoieries et tous abus en justice, selon qu'ils pourront venir à cognoissance, reprimez, corrigez et extains sellon les establissemens et ordonnances de nostred. court de Parlement comme souveraine à ceste fin par nous deuement authorisée;

Voulans en ce et en toutes autres choses satisfaire à la charge et administration que Dieu par sa bonté et misericordieuse dispensation nous a commise; considerans aussi, et de quoy sommes deuement advertiz la grant multitude et quantité des causes d'appel de longtemps introduites en nostred. court de Parlement, dont plusieurs par deffaut de sessions et ouvertures d'icelle court sont par le deceix des parties et la longueur du temps demeurées pendues et indecises, et par tant plusieurs mineurs et heritiers exheredez et frustrez de leurs droictz; ayant aussi esgart au grant nombre d'appellations qui continuellement sont de jour en autre introduites et devolues en nostred. court, sans la decision et conclusion desquelles ne peut estre justice enterinée entre nos subjectz;

[1] Pour celles et autres plusieurs raisonnables considerations et causes ad ce nous mouvans, avons aujourd'huy en nos Estatz et grant Conseil, iceux nos Estatz pour ce et autres choses par nous mandez et convoquez, et par l'advis et deliberation des sieurs de nostre sang et de nos prelatz, barons et gens de nosd. Estatz et grant Conseil, ordonné, fondé et estably et par la teneur et disposition de ces presentes ordonnons et establissons nostred. court de Parlement d'icy en avant seoir et tenir ordinairement pour le moins en chascun an une session et ouverture commençant le quinziesme jour de juillet et finissant le quinziesme jour de septembre, qui font deux mois entiers, à commancer la premiere ouverture de ceste presente fondation et assignation ordinaire et perpetuelle au quinziesme jour de juillet venant et finissant le quinziesme jour de septembre, ainsi que devant est dit, à continuer en icelle forme par chascun an es temps futurs, sans ce que jamais après la promulgation et publication de ces presentes soit requis et necessaire en faire autre assignation par bannies ou autrement;

[2] A estre nostre dicte court de Parlement tenue, executée et servie par nostre president, en sa compagnie douze conseillers, outre nos seneschaulx de Rennes et de Nantes, lesquels singulierement sont et seront perpetuellement du college de lad. court assemblement avec lesd. autres douze conseillers, quelx en ceste charge et office seront par nous instituez et ordonnez, et avec eulx nostre greffier de Parlement, desquelx douze conseillers et non en plus large, oultre nosd. seneschaulx, aura cinq ecclesiastiques et sept seculiers; quels auront à celle cause, et semblablement led. greffier pour sa charge, gaiges annuelx, teulx que par cy après leur ordonnerons.

[3] Et pour plus grant certitude et utilité de nostre court de Parlement et de tous nos subjectz, cognoissans nostre ville de Vennes estre lieu autant ou plus à ceste fin propice et necessaire que nul autre de nostre païs, avons ordonné et estably icelle nostre court de Parlement ordinairement seoir et tenir en nostred. ville de Vennes et non ailleurs, sinon que pour cause de peste ou quelque autre grant cause ou consideration, nous, de nostre propre mouvement, le commandons et ordonnons pour aucunes oupvertures seoir et tenir aultre part.

[4] Et oultre voullons, establissons et ordonnons à jamais et pour tout temps à venir estre observé et gardé que lors et quant aucun des conseillers qui par nous seront instituez et ordonnez en nostred. court decedera ou sera promeu à quelque autre degré ou office, au moyen de quoy son lieu et place en nostred. court seroit vacant, que la provision et institution du subsequent en celui lieu et office soit par nous faicte par la deliberation et ellection de nosd. presidentz et conseillers de nostred. court de Parlement et non autrement, queulx feront ellection de trois bons et notables hommes à leurs consciences, et icelle ellection et nomination par eux faite envoiront par devers nous, en ce que nous y commettons et instituons celuy desd. troys par eulx esleuz et nommez qu'il nous plaira; à estre celle forme de faire

observée et gardée tant en nostre temps que de touz nos successeurs perpetuelment.

[5] Si donnons en mandement à nos president et gens de nostred. Parlement, seneschaulx, allouez, baillifs, prevostz, procureurs et autres justiciers et officiers de nostre païs et duché à qui de ce appartiendra, cestes noz presentes faire scavoir, promulguer et publier tant en nostred. court de Parlement que es generaulx pletz de noz courts de Rennes, Nantes et autres barres et juridictions ordinaires de nostre païs et duché, à ce que aucun n'en puisse ignorance pretendre, et icelle faire registrer et immatriculer es cayers, livres et papiers de nosd. courts et chascune, à memoire perpetuel; et pour la multitude desd. courtz et juridictions ordinaires, voullons et ordonnons que aux vidimus et coppie de cestes faitz et donnez soubz le seel d'icelle nostre court de Parlement soit obey et pleniere foy adjoustée comme à ce present original.

Et à ce que l'effet et teneur de cesd. presentes soit à jamais et inviolablement gardé et obey et enterriné, en robeur et tesmoignage de la perpetuité d'icelles, nous y avons apposé le signe de nostre main et fait mettre et apposer nostre grant seel en laqs de soye et cire verd.

Donné en nostre ville de Nantes, le vingt deuxiesme jour de septembre l'an mil quatre cens quatre vingt cinq.

FRANÇOIS. Par le duc, en ses Estatz et grand Conseil.

J. BOUCHART.

109

SERFS MOTTIERS. Nantes, 18 octobre 1486. — Ordonnance abolissant le servage mottier dans les domaines du duc pour le transformer en domaine congéable à l'usement de Tréguier.

MS. : Analyse dans un registre de la chancellerie, Arch. Loire-Inf., B 10 [1172], f° 31.

IMPR. : D. Lobineau, t. II, col. 1456; D. Morice, *Preuves*, t. III, col. 538.

110

SERGENTS. Nantes, 31 octobre 1486. — Ordonnance réduisant le nombre des sergents généraux et d'armes et soumettant les sergents aux fouages.

Ms. : Arch. Loire-Inf., B 10 [1172], f° 47.
IMPR. : D. Lobineau, t. II, col. 1457; D. Morice, *Preuves*, t. III, col. 539.

111

OCTROIS DE NANTES. Nantes, 5 février 1487 v. st. — Imposition de 1[d] par semaine sur chaque maison et de 1[d] sur chaque somme de marchandise pour le nettoiement des rues.

Ms. : Arch. municip. de Nantes, AA 4.
IMPR. : La Nicollière-Teijeiro, *Privilèges de la ville de Nantes*, p. 74.

112

MONNAIES. 15 mars 1487 v. st. — Ordonnance réglant le cours des monnaies d'or en Bretagne.

Ms. : Arch. Loire-Inf., B 11 [1173], f° 133.

113

FOUAGES. 7 juin 1488. — Franchise accordée aux habitants du Croisic, du Pouliguen et autres lieux de la paroisse de Batz.

Ms. : Arch. Loire-Inf., B 125 (vidimus de 1488). — Confirmation du 18 avril 1491 par Maximilien et Anne, roi et reine des Romains (*Ibid.* B 123).

TEXTES DIVERS

Dans les manuscrits et dans les anciennes éditions la Coutume est accompagnée de textes variés, mêlés aux ordonnances ducales et aux constitutions de Parlement déjà données ci-dessus. Ces fragments coutumiers sont d'importance inégale et de caractères très divers. Quelques-uns ont été pris pour des ordonnances et ont été souvent cités sous ce titre. D'autres sont peu connus ou même inédits. Je les donne tous ici, après avoir rectifié leur texte par la comparaison des manuscrits et en leur adjoignant quelques autres pièces trouvées dans différents dépôts d'archives.

I

ASSISES DE BOIS DE CÉNÉ

(XIIe siècle).

Ces assises sont relatées dans des lettres délivrées en 1265 par Maurice de Belleville, seigneur de la Garnache, et par Olivier, seigneur de Machecoul, dont il reste un vidimus de 1387 (Arch. Loire-Inf., E 186). Bernard de Machecoul et Pierre de la Garnache, indiqués comme les auteurs de ces assises, sont d'une époque bien antérieure. On trouve un Bernard, seigneur de Machecoul, en 1120 (Morice, *Preuves*, t. I, col. 541). Il y a eu quatre seigneurs de la Garnache appelés Pierre, qui ont vécu de 1110 ou environ jusqu'au delà de 1205 (*Revue des provinces de l'Ouest*, avril 1854, p. 464). — La rédaction de 1265 paraît avoir été faite en latin, par un auteur ignorant, d'après un original en langue vulgaire; le traducteur a laissé certains mots en français et souvent il a commis des barbarismes ou des solécismes (*assessiones* au lieu de *assisiæ*; *hominis faciens fidejussionem*, etc.). — Le vidimus de 1387 débute ainsi : « Sachent touz que ge, Denis Gaborit, prestre, juré passeur et notayre soubz les sceax des contraz establiz en la chastellenie de la Ganasche, pour tres noble et puissant monseignor de Cliçon, de Belleville et dud. leu, connestable de France, ay veu et leu de mot à mot une lettre non viciée, non corrompue, non malmise en nulle partie d'elle, scellée de doux sceax, dont la tenour s'ansoit (sic) » En voici la conclusion : « Faicte pour copie seu pour vidisse soubz le sca des contraz establi en Coustumer pour noble home et puissant monseignor Jacques de Surgeres, sire de la Floceliere, à ma requeste, en l'absence du sca de la Garnache, le dimanche après la saint Bertholomé apostre, l'an mil trois cens quatre vings et sept. [Signé] Gaborit signavi pro copia seu pro vidisse, collatione facta cum originali. »

Universis presentes litteras inspecturis Mauricius de Bellavilla, dominus de Ganaspia, et Olivarius de Machecolio, dominus de Benasta et S. Philiber[illegible] de Grandiloco, salutem in vero salutari.

Notum sit omnibus [illegible]n presentibus quam futuris quod hec sunt assessiones quas P[illegible]rus, quondam dominus de Ganaspia, et Bernardus, quondam dominus de Machecolio, fecerunt super Boais de Senné, prout in suis litteris vidimus contineri. Sciendum vero est quod tales fuerunt.

[1] Domini ipsius terre debent percipere in ipsa terra fromantagium, quinzeniam, mestivam feodalem. Ex parte autem Ganaspie est mestiva vigeriorum, ex parte vero de Machecolio mestiva est domini, et septima pars illius mestive est famulorum feodalium.

[2] Fromantagium enim et quinzenia reddantur scripto duorum dominorum, et ipsi homines vel femine ipsorum de suis tenamentis portabunt, et ad mensuram Ganaspie reddetur. Hoc autem publice in parrochiis clamabitur in tribus dominicis diebus et in tribus foris infra ipsas tres ebdomadas.

[3] Si vero aliquis reddere contempserit, cum gagio de septem solidis reddet. De isto autem gagio habebunt domini quinque solidos et famuli feodales duos solidos.

[4] Vigerii autem colligent mestivam feodalem et per domos hominum debent querere illam mestivam. Ipse vero qui reddere contempserit, cum gagio de septem solidorum reddet.

[5] Seneschalus autem Ganaspie et seneschalus de Machecolio ibunt querere mestivam per terram illam sine menaciis, et vigerii feodales ibunt postea similiter sine menaciis querere. Nulli vero alii homines de curia nec homines seneschallorum nec vigeriorum ibunt querere.

[6] Si autem homines illius terre hominibus de curia vel hominibus senescallorum vel vigeriorum... [1], debent gagium de lx. solidis duobus dominis reddere.

[7] Domini vero habebunt in illa terra vigeriam, sed sciendum est qualis sit vigeria illa. Talis etenim est : Raptum, furtum, murticia, traditiones, omne malefactum de caminis feodalibus. La messlée caminorum feodalium in qua sanguis nec ictus apparens erit, gagium est de septem solidorum.

[8] De aliis vero malefactis veciaux [2], est gagium de lx sol. et ix solid. et dividentur per medium inter duos dominos lx solidi et inter famulos feodales ix solidi.

[9] Preda autem de Bois de Senné non debet extrahi ab ipsa terra, nec mandato dominorum nec vavassoriorum, in prima die et in prima nocte; domini vero et vavassorii in crastino die possunt extrahere predam ab ipsa terra, nisi fidejussionem pro preda illa interposuerint homines.

[10] Si autem homines de Boais de Senné in aliquo forefecerint in terra et in nemoribus domini de Machecolio, illud gagium quod hominibus ipsis adjudicandum fuit, domini de Machecolio

1. *Il manque sans doute un ou plusieurs mots. On pourrait par exemple suppléer* forefecerint.

2. *Ce mot qui revient encore à l'art.* 11 *est très difficile à lire. On pourrait peut-être y voir une formation maladroite d'un mot latin tel que* vecraris, *tiré de* vairie.

est, si homines in presenti forifacto capti fuerunt. Similiter erit in terra domini Ganaspie.

[11] Si homines vero intrare poterint in terra de Bois de Senné sine aliqua disturbacione, gagium captum duorum dominorum erit commune, et de omnibus malefactis venient in curiam per manum vavassoriorum, exceptis malefactis veciaux.

[12] Si autem quislibet ipsorum dominorum aliquem hominem super malefactis nemorum suorum impetere voluerit, cum juramento deliberabitur, nisi poterit probari testimonio famuli feodalis et unius fidelissimi hominis, vel cum testimonio duorum fidelissimorum hominum sine testimonio famuli feodalis.

[13] Homines vero ipsius debent pergere cum dominis predictis in besogniis et in chevalcheia, in quocumque loco ipsi domini vel seneschali eorum cum aliis hominibus suis perrexerint. Si aliquis ipsorum hominum remanserit, per manus vigeriorum trahetur ad jura. Qui vero duorum primum eos submonebit, ad ipsam submonicionem primam venient.

[14] Vavassorii habent lour biem in terra, sed sciendum est quale. Tale etenim : ad domos faciendas in estagiis suis, et in illis estagiis claudendis et curandis, cum tot bobus cum quet terram suam unusquisque coluerit, vel cum corpore suo, si dominus submonere ipsum fecerit.

[15] Habent autem lour biem ad fenum suum faciendum. Si ipsius fenum falcaverit, non est cogendus fenare, sed fenum ducet.

[16] Habent etiam le biem ad vindemias faciendas, quamdiu duraverunt.

[17] Si aliquis hominum intraverit vindemiando in vineam suam quando prepositus illum submoneret, usque in crastinum haberet sperandum.

[18] Habent etiam lour bian ad ligna aportanda in Natale Domini, et hoc semel ; et ex quo Adventus Domini[1] decantabuntur

1. *Il s'agit des Avents.*

usque in Circumcisionem Domini, nullum biennum facient, preter biennium ad ligna adportanda in Natali Domini, et hoc semel.

[19] Habent autem lour bian ad deferendum victui necessaria ab una chastelania in aliam chastelaniam. Sed a chastellania de Machecolio in chastellaniam de Ganaspia, vel a chastellania de Ganaspia in chastellaniam de Machecolio, vavassorii dabunt comedere omnibus biennariis suis, exceptis illis qui fenabunt fenum.

[20] In omnibus aliis vero bienniis, preter in biennio estagierorum suorum, habebunt duas quadrigas in unaquaque vavassoria; qualem vero partem ipsi vavassorii habebunt in terram, talem etenim habebunt in bienniis.

[21] Ille autem vavassorius qui primum eos submonebit, primum habebit.

[22] Homines vero fidejussores erunt pro vavassoriis usque ad quinque solidos. Et qualem partem ipsi vavassorii habebunt in terram, talem partem de ipsis quinque solidis plevibunt homines.

[23] Homines autem illius terre debent submonere prepositos vavassoriorum ad bladum ipsorum cosdumendum. Si prepositi ad primam submonicionem venire contempserint, secundo submonebunt homines prepositos vavassoriorum feodi primogeniti. Si istis duabus submonicionibus venire contempserint, homines vero bladum cosdumabunt cum preposito alterius partis et cum testimonio unius fidelissimi hominis faciens fidejussionem.

[24] De terragiis de dans Navinez [1] submonebunt homines prepositum; si accipere noluerit, submonebunt dominum suum. Et si infra octo dies dominus removere noluerit, de cetero homo suam terram colet sine aliquo gagii impedimento.

[25] Si vavassorius hominem suum cum tribus submonicionibus in curiam trahere voluerit, et ille homo ipsas tres submoniciones ordine judiciario prosecutus fuerit, ipse vero dominus

1. *Nom de lieu.*

in illis tribus fuerit absens submonicionibus, ab ipsa querela deliberatus erit homo.

[26] Domini etenim et vavassorii equas hominum de Bois de Senné et famuli ipsorum nec vi nec violentia nec aliquo necessitate ullo modo capient.

[27] Si autem contigerit ut dominus de Ganaspia, vel dominus de Machecolio, marchiam deffendere velit, homines illius marchie habebunt quindecim dies termini ad extrahendum se et sua de marchia in pace, quocumque homines voluerint.

[28] Si autem alicui ipsorum hominum bella forte adjudicata fuerint, extra portas Ganaspie et extra portas Machecolii secundum modum Ganaspie sine banno tenebunt domini en Boys de Senné.

[29] Insuper autem notum sit omnibus quod viginti quatuor homines trium baillearum de Bois de Senné juraverunt quod rastimium frumantagii injuste in ipsa terra tenebatur, quia ipsi et alii plures illud rastimium injuste viderunt levare. Et ideo conquassatum est illud rastimium, et amodo non reddetur.

[30] Vigerii duorum [dominorum] in terra non constituent servientes manentes assidue in terra loco eorum.

[31] Seneschalus Ganaspie faciet fidem seneschalo de Machecolio, et seneschalus de Machecolio faciet fidem senescalo de Ganaspia ne alter alteri jura sua vel dona vel lucra celet.

[32] Et ut firmius et raptum [1] haberetur interposita fide firmavit Petrus, dominus de Ganaspia, et Calo frater ipsius, et Bernardus, dominus de Machecolio, et Radulfus filius ejus, et vavassorii ipsorum duorum.

[33] Et si fortasse contigerit ut homines de Bois de Senné dona vel logeras celare voluerint alicui dominorum et infra vii dies cum eo pacificati non fuerint, cum gagio de lx solidis reddent illi cui celaverint.

[34] Et vavassorii [non] ponent servientes en Bois de Senné, nisi servientes feodales.

1. *Lisez* ratum.

[35] Non licebit vavassoriis placitare homines suos, nisi apud Gasnapiam et apud Machecolium.

[36] Nos vero Mauricius de Bellavilla et Oliverius de Machecolio predicti, dictas assessiones prout superius scripte sunt ratas habemus, et eas confirmamus, adjicientes etiam quod si fur in dicta terra de Bois de Senné captus fuerit, homines de dicta terra non tenentur ipsum servare nisi per unum diem et per unam noctem. Nec in ipsos ad dictum furem servandum per majus spatium temporis compellere possumus ullo modo. Sed tamen ipsi tenentur hoc denunciare servienti de Ganaspia et servienti de Machecolio et ille qui primum furem habebit et secum ducere poterit.

[37] Possunt autem homines in dicta terra capere lepores, cuniculos, vulpes et perdrices, ita quod nos nec heredes omnino in dicta terra garennam facere non possumus aut habere, excepta garenna quæ est inter Paulx et Machecolium.

In cujus rei testimonium nos dedimus dictis hominibus de Bois de Senné presentes litteras sigillorum nostrorum munimine roboratas.

Datum anno Domini m^{llo} cc^{mo} sexagesimo quinto, mense ottobri.

II

BREFS DE MER

Ces trois textes accompagnent habituellement les *Rôles d'Oléron* dans les manuscrits et les incunables bretons. Les deux premiers se trouvent dans *DLOQUW* et dans la plupart des anciennes éditions de la Coutume. Le troisième ne se trouve que dans le ms. *O* 154 de la Bibliothèque royale de La Haye, signalé par M. Pols.

Les deux premiers ont déjà été publiés (mais toujours d'une manière défectueuse), par Sauvageau, *Constitutions et ordonnances*, p. 85; par l'éditeur des *Questions féodales*, d'Hévin, pp. 352-353; par

D. Morice, *Preuves*, t. I, col. 792-793, et par M. Pols, professeur à Utrecht, dans la *Nouvelle Revue historique de droit*, 1885, t. IX, p. 459. M. Pols a cru y voir des textes inédits et les a donnés comme une addition curieuse aux *Rôles d'Oléron*, avec lesquels ils n'ont en réalité rien de commun.

Le texte n° 2 fait allusion à l'acquisition des Coutumes de Saint-Mahé par Jean le Roux en 1265 (Morice, *Preuves*, I, 994), comme à un fait déjà ancien. Ces textes semblent appartenir à la première moitié du XIVe siècle.

1

Ceulx sont les Coustumes et les Noblesses es contes de Bretaigne.

Premierement toutes neffs ou vexeaux, quant ilz avanturent en la coste de Bretaigne, tout est conquis esditz contes, sanz ce que null marchant ne homme y prange riens, si n'est ceulx qui les saufvent qui debvent avoir leur saufvement segond qu'ilz ont deservy. C'est à savoir se ilz vont à l'aventure de la mer loign les querre ilz en ont le tiers, et se ilz ne perdent terre ilz en ont sallaire segond leur travail.

Et pour ce que le pays de Bretaigne estoit en si grant dangier que à peine povoit maréer une neff deux ans qui ne vanseist au dangier de lad. seigneurie, fust il accordé entre led. conte et toutes manieres de neffs, par l'assentement du roy de France, du duc de Guienne et de touz les subgitz du royaulme de France, à la priere et supplicacion de touz leurs portz en la maniere qui ensuyt :

C'est assavoir que ledit conte met seaulx qui sont appelez *breffs* ou lieu où il voulseist en leur terrouer, et ainsin estoient tenues toutes les neffs qui chargeassent dès la Duchié de Bretaigne jucques au Réaulme d'Espaigne de prandre lesd. brieffz sur paine de perdre la neff et touz les biens. Et pour cela fust-il accordé entre lesd. nommez quelque neff qui se avanturast en sondit terrouer, trouvant les brieffs ou tesmoignage du papier des lieux où ses briefz seroint, ne doit lad. seigneurie rien prandre ne souffrir que l'on prange rien de la neff ne des biens qui seroient dedanz, ne des marchanz, sauff le droit des sauf-vours, lequel est ordrenné affin que ilz travaillent à saufver les biens.

Et par ces convenances de briefz sont asseur toutes manieres de neffs et marchandises du droit et noblesse dud. prince, et debvent monstrer à l'amiral les briefz de touz les voyages qu'ilz feront durant l'an toutes les foiz que il les voudra requerre, ou aultrement il les peut mettre en poyfait.

Et pour ce que le roy d'Espaigne ne ses portz ne furent pas dessur ceste acordance, maréent eulx soubz la premiere condicion. Si font les Angloys ou cas que ilz vandroient chargez ou vuides de leur pays, mès se ilz chargent là où les briefz sont, ilz sont tenuz de les prandre, car se ils sont trouvez sanz lesd. briefz, ilz sont à la voulenté dud. prince, corps et biens.

2

L'ordrenance pour quoy le viconte de Léon ost coustume et seaulx à Saint Mahé, lesquieulx ont noms seaux de conduit, non pas briefs, fut pour ce que ledit viconte estoit ou trespas de là où il convenoit à toutes nefs assembler, chargées ou vuides, et affin de garder que les ungs ne meffeissent es autres, pour ce que ilz estoint de plusieurs estranges contrées. Et fust accordé que il debvoit tenir vesseaulx pour les garder et conduire en droit sa terre et ledit trespas, et pour souffrir que toutes manieres de gienz puissent prandre vitaille en sondit terrouer, et pour ce fust il accordé que il eust certaine somme pour ses seaulx.

Et ou cas que nulle neff passeroit oultre sanz prandre les

seaulx, elle auroit forfait en corps et en biens, et pourroit ledit viconte la suivre quelque part que elle iroit et l'amener o lui comme soue forfaite [1] à justicer en son terrouer; et sont tenuz de monstrer touz les seaulx des véage- qu'ilz auront faictz par année. Et ainsin est tenu led. viconte de tenir les vesseaulx et tenir son debvoir de leur porter paix oud. trespas et à son terrouer. Et ce en est son droit dempuis memoire de homme.

Dempuix les seigneurs de Bretaigne ont conquis lad. viconté et sont toutes les deux noblesses au prince. Et dempuix que la noblesse fut toute au prince a voulu que les Espaigneulx et aultres qui peussent prandre port en sa terre sanz avanturer, chargez ou à charger, d'estrange pays que là où les briefz sont, soint saufvez, demandanz les briefz à tierce marée dempuix que ilz getteront ancre ou port et fesant o effect les aller querre quelque part que ilz seront, et ou cas que ilz ne passeront par le raz de Saint Mahieu; mès ou cas que ilz passeront, ne seront pas saufvez pour celle voulenté.

3

C'est la maniere comme l'on livre les briefz : d'ung vaisseau qui pourra porter forniture de vin, briefz enterrins; au dess[o]us la forniture, demy brief; au basteau de trois ou de quatre tonneaulx, brief de vitaille; si le bateau est chargé de sel et porroit porter forniture de vin, demy brief; et si porroit porter cincq tonneaulx et ne pourroit on plus bouter en ces petitz basteaulx ou flenins, briefz de vitaille, car il n'y a pas sauveté sur sel. Demi brief de sel, ij solz vi^{d}., avecq le sallaire du clercq [2].

1. *O* comme son forfaitour.

2. *Ce passage se trouve dans le ms. O* 154 *de La Haye. M. Pols qui l'a publié n'a pu en comprendre le sens et n'a même pas osé le ponctuer.*

III

PSEUDO-ORDONNANCE DE JEAN II

Mss. : *F G G³ L O Q T W*. Abrégé dans *D*. Copie moderne dans *Z*, d'après *L*.

Impr. : En 1485, dans l'édition de Tréguier ; en 1736, à Rennes, chez Guill. Vatar, relié à la fin des *Questions féodales* d'Hévin ; en 1742, par D. Morice (*Preuves*, t. I, col. 1166, d'après Vatar). S'étant ensuite aperçu combien la copie qu'il avait suivie était mauvaise, Dom Morice réimprima la pseudo-ordonnance d'après *L* (*Preuves*, t. II, col. 1783). En 1883, M. Viollet en a donné un bon texte d'après *F L O Z* (*Etablissements de Saint-Louis*, t. III, p. 189).

Nature de ce document. — Le texte connu sous le nom d'*Ordonnance de Jean II* n'appartient pas à Jean II et n'est même pas une ordonnance ducale. C'est une compilation de règles coutumières, empruntées en partie à la Coutume d'Anjou [1]. Son attribution à Jean II vient de ce que la plupart des manuscrits placent en tête de cette série, sans séparation aucune, le résumé d'une ordonnance sur les plédéours faite sous le règne de Jean II, en 1301.

L'erreur est fort ancienne et remonte au XIVe siècle. Au XVe siècle tout le monde considérait cette série de textes comme une ordonnance ducale. Ainsi, dans un procès qui se plaida au Parlement de Paris, en 1451-1452, entre les enfants de Jean de Bretagne [ou de Blois] et de Marguerite de Clisson, l'article 20 fut produit comme extrait d'une ordonnance ducale [2].

1. Sur 52 articles de la pseudo-ordonnance, 18 ont une origine angevine. En voici l'indication avec celle de leur source ; les chiffres romains renvoient à la pseudo-ordonnance ; les chiffres arabes renvoient, le premier à la Coutume d'Anjou (Edit. Beautemps-Beaupré, texte B), le second aux *Etablissements de Saint-Louis* (Edit. Viollet, liv. I) : IV, 12, 20 ; V, 13, 21 ; VI, 14, 22 ; VII, 15, 23 ; VIII, 18, 26 ; IX, 22-23, 27-28 ; X, 33, 38 ; XI, 42, 46 ; XII, 43, 47, al. 1 ; XIII, 44, 47, al. 2 ; XIV, 45, 47 ; XV, 63, 63 ; XVI, 70, 66 ; XVII, 83, 68 ; XVIII, 91, 87 ; XIX, 103, 98 ; XX, 1, 10 ; XXI, 3, 11.

2. « Extraict des ordonnances du Parlement de Bretaigne tenu en la ville de Vannes, l'an mil ccc et ung : Gentil homme ne puet donner à ses enfans puisnez de son heritage que le tiers [etc.]. En tesmoing de ce nous commis dessuz nommez... avons signé ces presentes de noz seingz manuelz, le xxve jour de janvier, l'an mil cccc cinquante et deux. [Signé] Josse, Aton. » (Arch. nation., K 878, n° 2, f° 3).

Sur cette première erreur vint s'en greffer une seconde. Il y a dans la Très Ancienne Coutume, au chap. 210 sur les partages nobles, un passage faisant mention d'une ordonnance rendue « par le duc Jehan pere au duc Artur, » désignation qui ne peut s'appliquer qu'à Jean II, dont la mort (1305) était encore récente quand la Très Ancienne Coutume fut rédigée. D'après les auteurs de la Coutume, Jean II aurait « corrigé, » c'est-à-dire modifié sur un point particulier l'Assise au comte Geffroy de 1185, mais ils ne nous disent pas sur quel point aurait porté la modification.

A quel texte ce passage fait-il allusion? Je suis convaincu que ce n'est point à notre pseudo-ordonnance, et cela pour deux raisons : d'abord, on ne trouve dans ce texte aucune disposition qui puisse être considérée comme une réforme législative de l'Assise de Geffroy; en second lieu, l'attribution de la pseudo-ordonnance à Jean II n'a pu être faite qu'assez longtemps après la rédaction de cette compilation et quand on ne savait plus au juste ce qui s'était passé au Parlement de 1301; or les auteurs de la Coutume écrivaient peu d'années après la tenue de ce Parlement.

D'un autre côté, on doit remarquer qu'ils parlent de cette « correction » de l'Assise comme d'une chose très connue de leur temps, qui n'a pas besoin d'être expliquée en détail; ils ne s'y arrêtent pas et ne nous en indiquent même pas l'objet. Or, il y a eu réellement une ordonnance ducale modificative de l'Assise de Geffroy. C'est l'*Assise des Rachaz.* Cette ordonnance a été de tout temps connue en Bretagne; elle porte même pour titre dans quelques manuscrits : *Correction de l'Assise au comte Geffroy*, titre qui répond à merveille au passage de la *Très Ancienne Coutume* : Voilà bien l'Assise du duc Jehan corrigeant l'Assise du duc Geffroy. Ne serait-ce pas à elle que les rédacteurs de la Coutume entendaient faire allusion? La chose serait toute simple et toute naturelle, si l'Assise des Rachaz datait du règne de Jean II, mais elle est de 1276. Or, en 1276, ce n'était pas Jean II, c'était son père, Jean Ier le Roux, qui régnait. Pour que cette explication puisse marcher, il faut admettre que les rédacteurs de la Coutume citaient l'ordonnance de mémoire et se sont trompés sur son auteur, ou bien qu'ils se servaient de manuscrits fautifs, car l'Assise des Rachats porte quelquefois la date de 1286, année de l'avènement de Jean II. Si les auteurs de la Coutume avaient en main un manuscrit de ce genre, ils ont très bien pu attribuer à Jean II l'Assise de 1276 [1]. Cette Assise, qui est un des actes les plus importants des ducs de Bretagne, était si connue qu'on ne peut expliquer que par elle l'allusion énigmatique contenue dans le chap. 210.

Le passage de la Coutume qui vient d'être discuté jeta Bertrand d'Argentré dans une grande perplexité. Comme il écrivait un traité sur les partages nobles, il devait forcément s'occuper de l'Assise de Geffroy et des modifications qu'elle avait subies. Sur la foi du vieux coutumier breton, il se mit donc en quête de l'ordonnance modificatrice rendue par Jean II. Ses recherches furent longtemps vaines [2]. Enfin, en compulsant les pièces du procès de 1451 entre les enfants de Jean de Blois, il trouva rapporté, parmi différentes règles de droit, un [illegible]te présenté comme une constitution de Parlement de 1301 et q[illegible]ait au tiers la part que le père peut donner à ses puînés [3]. Il crut trouver là l'indication de la réforme faite par Jean II, parce que l'Assise de 1185 avait laissé la part des puînés sans la déterminer et en la faisant dépendre du bon plaisir de l'aîné. J'ai déjà expliqué ailleurs que la fixation au tiers de la part des puînés s'est introduite en Bretagne par l'usage, et n'a jamais fait l'objet d'une réforme législative [4]. — Après cette découverte, d'Argentré ne possédait pas encore le texte de la constitution tant cherchée; il n'en avait qu'un court fragment. Ce ne fut que plus tard qu'il trouva enfin dans « un vieil livre coutumier, » c'est-à-dire dans une vieille édition ou dans quelque manuscrit de la Coutume [5], la série entière d'où les articles, utilisés en 1451, avaient été extraits.

Voilà comment un texte d'origine angevine et de source privée fut d'abord pris pour une ordonnance ducale, parce qu'il était habituellement (mais non toujours) précédé dans les manuscrits par le résumé

1. Il est impossible de se tromper sur la date vraie de cette Assise, dont les originaux subsistent encore à Nantes; mais les auteurs de la Coutume ne connaissaient pas ces documents enfouis dans les archives du Duc; ils n'avaient en main que des copies probablement défectueuses comme celles qui restent encore çà et là.

2. Hévin les a racontées en détail (*Consultations*, p. 493 et 513).

3. Hévin, *ibid.*, p. 525. Le texte ainsi trouvé par B. d'Argentré est l'article 20 de la pseudo-ordonnance de Jean II.

4. Voyez mon *Assise au comte Geffroy*, n°s 84 à 86.

5. Si d'Argentré s'est servi d'une édition, ce ne peut être que celle de Tréguier (1485), la seule qui ait donné la pseudo-ordonnance.

d'une ordonnance de 1301 ; et comment on y vit ensuite une modification de l'Assise au comte Geffroy. Depuis lors, la pseudo-ordonnance a toujours gardé son faux nom, et Hévin lui-même s'y est laissé prendre. Il avait cependant remarqué l'affinité qui existe entre ce texte et la Coutume d'Anjou, mais comme de son temps cette coutume. sous sa forme la plus ancienne, passait pour être un « établissement » de Saint-Louis, il ne pouvait trouver mauvais qu'un duc de Bretagne ait copié l'ordonnance d'un roi de France. L'honneur d'avoir le premier déterminé la nature purement coutumière de ce texte revient à M. Viollet [1]. Il n'a pu cependant en établir la filiation ni préciser les causes de cette méprise historique.

Abrégé de l'ordonnance de Jean II. — Les règles coutumières que d'Argentré prit pour une constitution ducale se présentent sous une forme réduite dans le ms. *D*. C'est un pur abrégé, sans valeur propre et dont il ne subsiste aucun autre exemplaire. Il se trouve dans ce manuscrit joint à d'autres pièces, principalement aux *Notas* (ci-dessous n° 15), et tous forment ensemble une sorte de compilation. — Au XVIIIe siècle, l'auteur inconnu du manuscrit des Blancs-Manteaux (*Z*), copia cet ensemble de pièces dans *D*, mais comme il venait de reproduire dans son registre, d'après d'autres manuscrits, le texte intégral de la pseudo-ordonnance de Jean II, il s'abstint de copier les articles qui en étaient tirés et se contenta de faire des renvois. M. Viollet, qui ne connaissait pas *D*, a publié cette compilation d'après *Z*, mais les renvois, tels qu'ils lui ont été fournis par ce dernier manuscrit ne sont pas exacts [2]. En réalité, les articles de la pseudo-ordonnance, conservés dans l'abrégé sont les nos V, VI, VII, VIII, X, XI, XIII, XVIII, XXI, XLIII, XXII, XXIII, XXVIII, XXXI et XLII, si l'on suit le numérotage adopté pour la prétendue ordonnance de Jean II par M. Viollet.

Date de la pseudo-ordonnance de Jean II. — Cette série de règles coutumières existait certainement au XIVe siècle, puisqu'on la trouve dans *T*. Il est même possible qu'elle soit assez ancienne et qu'elle remonte à une époque antérieure à la rédaction de la Coutume bretonne ou tout au moins à un moment où les manuscrits de cette

1. *Etablissements de Saint-Louis*, t. III, p. 188.
2. *Etablissements de Saint-Louis*, t. III, p. 218.

Coutume n'avaient pas encore eu le temps de se répandre. S'il eût existé en Bretagne un coutumier national, on ne comprendrait pas que des praticiens du pays aient eu l'idée de se fabriquer une sorte de manuel en empruntant la meilleure part de ses éléments à la Coutume d'Anjou. On sait que cette Coutume, dont la première rédaction est antérieure de trois quarts de siècle environ à la Coutume de Bretagne, jouit d'une grande réputation et exerça son influence dans les provinces voisines; l'apparition de la *Très Ancienne Coutume* dut dispenser les Bretons de ces emprunts.

[1] [*La plupart des manuscrits donnent ici l'analyse de la constitution de 1301 sur les plédéours. Voyez ci-dessus, pp. 343-344*].

[2] Pour trop dire ou pour poy dire avant jugement, null ne doit perdre sa cause, se corrigeant aveneaument avant jugement comme dit est.

[3] Obligacion que famme fait pour aultre personne n'est tenable, si elle ne renuncie aux droits et privileges de Velleyan et Dividrian, queulx sont faictz pour les fammes, et que de ce elle soit acertainée en sa propre loquance.

[4] Gentil fame puet pledoier de son douaire en la court que elle vouldra et est en son choix, ne null seigneur ne puet avoir retraict de nulle court suseraine, non obstant que le heritage que elle demande en douaire soit en son fié.

[5] Sy gentil homme marie son filz aesné et le mariage soit fait de son assentement, il luy doit bailler le tiers de sa terre en pourvéance, et autant s'il a esté fait chevalier de son assentement.

[6] Et si ainxin advenoit que gentil homme eust pere et mere, ou éoul ou éoulle, et il prenist famme, et il mourust avant sa famme, et ilz n'eussent nul hoir, quant le pere ou la mere ou l'ayeul ou l'ayeule seroint mortz elle avroit son douaire ; mais si les eschoittes vendroint de freres ou de suers, ou de oncles ou de nepvou ou d'aultres du lignage, elle n'avroit riens, s'ilz n'estoint eschaites paravant la mort de son mary.

[7] Et toutes les eschaites qui adviennent entre freres es choses

nobles sont à l'esné puis la mort au pere ou à la mere, ou de l'ayeul ou de l'aieulle ou d'aultre du lignage, que l'on appelle eschoittes advenues droittes.

[8] Baronnie ne se despart mie entre freres si le pere ne leur fait parties, mais l'esné doit faire avenant bienfait es puixnez et doit les filles marier.

[9] Noble homme d'assise a en sa terre le murtre et le rap et l'ancys. Rap si est famme forcée. L'ancis si est famme ançainte quant l'en la fiert où l'enfant li est [1]. Murtre si est de homme quant l'en le tue. Escharpellerie si est de homme quant l'en lui toult le sien ou en chemin ou en boays, ou de jour ou de nuyt. Et touz ceulx qui font tieulx meffaiz devent estre panduz et trainez, s'ils pevent estre trouvez, et s'ils ne pevent estre trouvez, ils debvent estre semons par jugement là où ilz auront acoustumé à demourer et par les voisins d'entour; amprès debvent estre adjournez au mouttier de leur paroisse; amprès en plain marché, en la chastelennie dont ilz sont, jucques à houyt fois, et puis la ixe en l'eglise cathedral de leur evesché; et sur tant les juger à mort et envoier les chevestres à Rennes.

[10] Si aucun est en une ville et vait voulentiers en la tabverne et ne gaigne riens, ains despend sanz avoir riens de propre, justice le doit prandre pour savoir de quoy il vit.

[11] Si li bers fait l'aide sur ses vavasseurs, il les doit mander devant soy, et si le vavessour avoit aucun ramager qui devroit estre en l'aide, il luy doit mettre jour pour venir en l'aide du chieff seigneur, et doit avoir terme ad ce faire du chieff seigneur. Et quant il aura adjourné ses ramageurs pour y venir, s'ilz ne vouloint venir, ne lerra mie pour ce à faire l'aide, et il leur convendra contribuer; mès s'il gréoit l'aide sanz les requerre, ilz ne contribueroint pas par droit.

[12] Null homme qui tient en paraige ne fait aide à son parageur, s'il ne fait au chieff seigneur.

1. c que l'en fiert tant que ly enfant est peri.

[13] Si ung homme a parageurs qui tienent de luy en parage, il ne leur puet mettre terme hors dou paraige par droit.

[14] Homme qui tient en paraige tient aussi noblement et auxi gentilment comme celuy de qui il tient et a autant de justice en icelle terre qu'il tient en paraige.

[15] Null gentil homme ne rand coustume ne peage de riens qu'il achatte en sa maison pour son faitiz, s'il ne l'achatte pour revandre. Et s'il avoit bestes en sa maison qu'il eust achattées et les eust gardées jour et an, il ne payera coustume ne peage de riens qu'il achatte ne qu'il vande pour son faitiz comme dit est.

[16] Quant une terre est eschoitte en main du seigneur à cause de rachat, si son homme avoit boays qui fut mis en vante ou commancé à le vandre, il puet continuer à le vandre sanz faire greigneur marché que le possesseur faisoit.

[17] Gentil homme n'a pas aage de soi combattre jucques à tant qu'il ayt vingt et ung ans passez.

[18] Si ung roturier appelloit ung gentil homme de cas de crime pour quoy bataille seroit jugée entreulx, le gentilhomme ne se combattra pas à pié s'il ne voult; mais si ung gentilhomme appelloit ung villain, il se combatroit à pié, si le villain vouldroit.

[19] Si gentilhomme faisoit sa maison ou son moulin ou son estang, et ung sien homme eust aucune piecze de terre qui fust necessaire à cela faire, il l'auroit, donnant eschange suffisant.

[20] Gentil homme ne puet donner à ses enffans puixnez de son heritage que le tiers, mais il puet donner ses achats à celui qui luy plera de ses enffans et ses conquestz; si feroit il à ung estrange s'il vouloit. Mais s'il avoit fait achatz qui fussent de son fié, et il les donnast à aultre que à son esné, l'esné les auroit o le my denier payant de ce que son pere auroit poyé. Et si les puixnez demandoint leur partie de leur esné, il leur fera le tiers de la terre par droit. Si c'estoint fiez enterins l'esné ne fera la

foy et ne garira aux aultres en paraige [1]. Et si ainxin estoit qu'il ne leur baillast fiez enterins, il leur garroit en paraige. Et s'il estoit ainxin que le frere aisné ne fust entiers [2] et leur en fist la tierce partie trop petite, les puixnez ne la prandroient pas s'ils ne vouloient, ainz remaindroit à l'esné, et les puixnez lui partiroient la terre en deux parties et l'esné prandroit celle qu'il vouldroit. Et ainxin a l'esné les doux parts et aura le hebregement en avantage.

[21] Si gentil homme a suer et la marie et luy donne moins que son avenant, celuy qui la prent ne puet aultre demander, mais quant le mary sera mort, elle puet bien demander son droit avenant, si son frere luy eust poy donné, c'est à dire moins que son advenant.

[22] Null seigneur de ramage ne prand amande de son prochain de ramaige en chieff pour deffaillir en sa court la premiere fois, s'il ose jurer que ce ne fust en despit de son esné; mais s'il deffault aultre fois il l'amendera.

[23] Sy ung gentilhomme desadvouoit son seigneur lige d'une journée de terre et advouoit ung autre seigneur, celui seigneur le pourroit vaincre et mettre à fin de la desadvouance devant la suseraine seigneurie. Celui qui l'aura desadvoué perdra celle terre et tout le remanant qu'il tendroit de celui seigneur qu'il auroit desavoué, car qui mant la foy pour un petit pert le grant [3].

1. Cette phrase est altérée dans la plupart des manuscrits et des incunables. Sa véritable forme s'obtient par comparaison avec les manuscrits de la Coutume d'Anjou et des établissements de Saint-Louis (Viollet, *Établ. de Saint-Louis*, t. III, p. 199). Sur le sens de ce passage voyez Hévin, *Consultations*, p. 517 et 522, et Hévin sur Frain, t. II, p. 556.

2. *Entiers* signifie *intègre, loyal.* La *Coutume d'Anjou* porte ici *que le frere esné fust rioteux*, c'est-à-dire querelleur, trompeur. *Rioteux* vient de *Riote* [*riotta*] qui veut dire querelle, contestation. Ce passage est altéré dans tous les manuscrits bretons, ce qui prouve qu'il a été mal copié dès l'origine dans la Coutume d'Anjou. Pour le texte exact, voyez Viollet, *Etabliss. de Saint-Louis*, t. II, p. 21; cf. Beautemps-Beaupré, *Coutumes de l'Anjou et du Maine*, t. I, p. 70.

3. *G L* ajoutent : « Car l'en dit par le petit pert l'en le grant, » ce qui paraît une répétition inutile.

[24] Si l'adveour n'avoit presenté nullz tesmoings dedans les quatre productions, a ill null remede qu'il ne soit vaincu? Oïl, car s'il veult, il mettra sa partie en choix de loy et convendra qu'il face le serment. A il aultre remede? Oïl, s'il a lettres pour faire sa prouve et il les puet presenter, il doit estre receu. Posons qu'il a lettres et tesmoings à prouver son aveu, les puet il mettre ensemble? Oïl, s'il veult [1].

[25] Posons qu'il ait lettres et tesmoings et les ait publiez avant bailler ses lettres, peut il amprès bailler ses lettres à faire sa prouve? Nennil, s'il n'a baillé ses lettres avant publication.

[26] Posons qu'il ait baillé ses lettres à faire sa prouve, peut il amprès bailler tesmoings à prouver son adveu? Nennil, si les lettres baillées pour prouve sont pupliées et leues.

[27] Posons qu'il dige qu'il ait lettres et ne les eust presentées avecque les tesmoings, puet l'en excepter contre lui qu'il ne puet presenter tesmoings? Nennil, si les lettres ne seroint publiées avant publication des tesmoings.

[28] En action de meuble puet l'en excepter contre les tesmoings de lignage dedens le tiers degré, ou pour estre du conseil, ou pour estre personnes infames? Oïl; mès pour estre roturiers, non.

[29] Et si aulcun a eu ampans sur les tesmoings, et il deffault à dire dessus es aultres termes où il doit dire dessus ou les gréer, ils doivent estre tesmoings en la cause.

[30] Si aulcun deffailloit amprès le clein engigné et il soit desdiseur, si l'adveour presente tesmoings le jour, ils debvent estre tesmoings. Et ne doit celui qui sera deffaillant estre ouy à dire riens contre les tesmoings qui seroint presentez le jour de la deffaille par la coustume.

[31] Si aulcun est adveour en aucune cause et deffault es prouchains termes du prouchain clein engigné à pourseuldre son adveu, le jour de la deffaille lui doit valloir production.

1. Dans *O* 24-27 ne font qu'un.

[32] Il est dit que roturiers ne debvent parller sur gentilz hommes en cause de heritaige. Lesqueulx sont appellez roturiers? Celui est appellé villain roturier qui demeure soubz la taille son seigneur ou qui paye convenant [1].

[33] Posons que ung homme soit yssu de noble sang ou lignage, et il s'est mis soubz la taille d'aucun, doit il estre tesmoing sur fait noble? Nenil, s'il a demouré soubz la taille cinq ans, car par tant il a renoncé à sa noblesse; et s'il n'a demouré cinq ans, il puet reconcilier sa noblesse et puet parller sur debat de heritage noble.

[34] Quant ung aveour presente tesmoings et le desdiseur excepte contre eulx, si les excepcions sont desdictes, à prouver chascune des excepcions il puet amener xv tesmoings. Quant l'aveour amene tesmoings et le deffensour excepte encontre et amene tesmoings à les reprouver, doit il estre ouy ne receu? Oïl.

[35] Quant l'aveour veult reprouver celle prouve doit il estre receu? Oïl.

[36] En action de meubles parllent roturiers sur nobles.

[37] Qui est vaincu de l'accessoire qui despend du principal, le principal n'a mès point de lieu.

[38] Quant un tutour est baillé à ung enffant, et l'on veult faire demende vers luy des choses dont le pere au mineur mourit vestu et saesy, le tutour ne respondra pas jucques à tant que l'enfant ait aage. Quant il vendra en aage, si fera la demende vers l'enffant. Et si aucunes choses sont occupées au temps du tutour, il est tenu à faire restitucion à l'enffant quant il vendra en aage, car tutour ne curatour ne sont donnez que pour le prouffit du mineur, pour le dommaige non [2].

[39] Amprès vingt anz et un jour enffans sont en aage.

[40] La seur ne vandra pas en sa vie à son frere à luy faire

1. Sic *O.* — *c add.* : ou ceulx pour qui il poye la taille. — Hévin donne : *ou qui a convenant en oeulx pour la taille poyer.*
2. Cf. petite Coutume, art. 9; *Etabl.,* t. I, p. 78.

foy ne à ceulx qui descendront de lui de fié gentil, mais au suserain seigneur ; mais ses hoirs le feront [1].

[41] Quelle maniere de boays puet une douairiere coupper en son douaire? Toute maniere de boays revenant, sanz coupper null boays qui porte fruit ne null boays ancien.

[42] Si ung gentil homme marie sa fille o du meuble tant seulement, savoir mon si amprès la mort de son pere elle auroit son advenant en l'heritaige, rapportant icelui meuble? Oïl, mès si elle tenoit aucune partie de l'heritage, elle ne doit plus avoir, si le pere ne lui a reservé son advenant, si n'est de la voulenté à l'esné.

[43] Celui qui s'applege doit il bailler par escript son plegement par coustume? Oïl, il le doit bailler avenaument avant les termes, c'est à savoir troys jours ou plus en accion de meuble et de ouyt jours en fait de heritaige.

[44] Quant ung homme presente à tesmoing un bastard qui luy est ou tiers ou ou quart degré contre ung aultre, doit il parller? Il ne doit pas estre reffusé si autre achaison n'y a que du lignage.

[45] Ung cousin germain d'ung mort de deux costez, et ung aultre qui n'est que d'ung costé dit : « Mon cousin germain est mort sanz hoir de son corps, et a acquis heritaige d'estrange ligne; je vueil avoir la moitié de ses conquests; » l'aultre qui est cousin de deux costez dit : « Je suis cousin de deux costez; vous n'estes que d'ung costé. » Que doit l'en juger? Celui cousin de deux costez aura les deux partz et l'aultre d'ung costé le tiers. Si celui mort fust viff et vandroit de ses conquestz d'estrange ligne, il y auroit premesse [2] chascun doit succeder, c'est assavoir les deux parts au cousin de deux costez et le tiers à l'aultre.

1. *L* : ses hoirs amprès luy le feront. — *c* La seur n'oboira pas en sa vie à son frere ne à ceul qui descendront de luy ne ne luy fera foy ne hommaige de fié gentil; mais ses hoirs ampres elle le feront à leur dit aisné.

2. Il manque ici un mot ou deux, par exemple : *en tant que.*

[46] Quant un homme fait demande d'un aultre, et est sourannée, soit de meuble ou de heritaige, il puet troys fois mander exoine ou se exoiner, et à droit, et en chascune exoine exprimer sa demende. Et sur la tierce exoine doit l'en juger venir ou envoier sur les deux exoines mandées en querelle, et doit exprimer en chascune exoine et à droit.

[47] Qui demande terme de parller en sa deffense retarde ses aultres demandes en sa sieulte, jucques aux autres termes ensuyvantz par la coustume.

[48] Si aucun mandoit exoine à la court d'aultruy maladie, il doit venir aux prouchains termes pour affermer l'exoine, ou aultrement doit estre convertie l'exoine en deffaille.

[49] Quant aucun fait demande vers ung aultre, soit de meuble ou de heritage, s'il prand rien de fait qui soit en la saesine au deffanseur, le deffanseur puet excepter contre lui qu'il n'est pas tenu à luy respondre, ne de proceder envers lui sur le principal, qu'il ne soit premier et avant restitué en saesine et est l'exception raisonnable appelée exception de despeuille.

[50] Posons que l'actour lui desdit la saesine, le deffansour aura il quatre producions à faire sa prouve? Nenil; ainz doit faire sa prouve dedanz xvij jours amprès que le clein sera engigné. Et s'il ne fait sa prouve dedans icelui temps, il est hors de sa despeuille, et s'il veut requerre, doit la court lui bailler commissaire devant qui il face sa prouve dedanz icelui temps.

[51] Posons qu'il trouve deux tesmoings de son adveu, et dit que jurant que son adveu est voir, avecques le record de deux tesmoings qu'il a trouvez de son adveu, peut l'en dire que par tant il ayt prouvé? Oïl.

[52] Posons qu'il prouve son adveu, il sera restitué de ce dont il aura esté despouillé avant entrer en cause, s'il puet estre trouvé; et s'il ne puet estre trouvé, il sera restitué de la value de la chose.

IV

PROCÈS DE MARIE DE SAINT-POL

[Commencement du XIVe siècle.]

Archives nationales, K 1152, n° 49. Sans date.

Marie de Bretagne, dite de Saint-Pol à cause de son mariage, était fille du duc Jean II. Elle épousa Gui de Chastillon en 1292 et mourut en 1339 (Lobineau, *Hist. de Bretagne*, p. 280). Elle eut de longs démêlés avec son père et avec son frère Arthur II. J'en ignore la date; Lobineau les mentionne brièvement et Morice n'en parle pas. C'est pour ce procès que fut fourni le rouleau dont j'ai tiré l'extrait qui suit :

[1] Item que par la coustume ou usaige de Bretaigne toute notoyre, toutes foiz que fille noble demeure à marier après la mort du pere, le frere ainzné vient à toute la succession du pere et non la fille. Et si celi filz marie celle fille sa seur o le conseil du soverain et o le assentement des procheins amys, combien que il li donne pou de heritage ou de inmeuble, elle ne peut jamès demander partage par reson de succession de pere ne de mere, et especialment quant il l'a emparagée...

[2] Item que par la coustume ou usaige touz notoyres, especialment de Bretaingne, posé que elle ne fust mariée ne de pere ne de frere, elle ne peut demander en succession de pere ne de mere partie ou porcion, mais suffisant aparage ou pourvéance.

[3] Item que par la coustume des parries, baronnies et autres nobles, et especialment par la coustume ou usage de Bretaigne toute notoyre et gardée entre les nobles, toutes foiz que per, baron ou autre noble meurt, lessiez plusieurs enfanz, li ainzné succede universelment en toute la succession du mort et est

tenu faire pourvéance à puysnez de suffisans vivres à leur vie tant soulement, sanz ce que ils ayent riens à heritage, fors que quant il y a fille y la doit marier, et ce que il li donnera sera à heritage ou cas que elle aura enffanz de son corps, mès si elle meurt sanz hoir de son corps, tout retornera à li et as siens.

[4] Item que par la coustume ou usage, si celle fille est apparagiée par le frere, combien que pou li ayt donné, elle ne en peut plus avoir ne demander comme dit est.

[5] Item la coustume ou usage de Bretaingne entre les nobles institue le filz ainzné seul et pour le tout comme hoir universel de son pere, et est ceste institution de autre telle force et vertu comme seroit en païs gouverné par droit escript institution faite en solempnel testament.

V

MESURE DE L'ARPENT DE VIGNE

(Après 1323).

Mss. : *D* f° 156 r°; *G*³ f° 227; *L in fine; O; R* f° 160 v°. Copie moderne dans *Z*.

Impr. : Edit. de Tréguier, 1485; Viollet, *Établ. de saint Louis*, t. III, Règles coutumières, n° XIX, p. 218, d'après *Z*.

Un arpant de terre ou de pré ou de vigne tient c. piez de long et autant de travers [1]. Mais les saiges de l'an mil iij^{c} xxiij regarderent et accorderent que de vigne l'en peut mettre vj^{xx} piez de long et aultretant de leeze, et si consentent pour aucunes necessitez que ils virent es vignes. Et cest coustume cuert en Angeou et au Maene, en Bretaigne et en Poaetou.

1. *D c add.* : L'arpent tient quatre quarterons.

VI

SAUVEGARDES DU ROI

(Commencement du XIVe siècle).

Ce petit texte, qui est inédit, se trouve dans les manuscrits A H, à la suite du texte de la Coutume.

Memoire est que les coustumes de Bretaigne dient que le duc tient son duchié de Bretaigne du roy de France en trays poinz. C'est assavoir que il en obeïst pour le roy en cas de deffaut de droit [1], et en cas de la sauvegarde du roy à estre executée en Bretaigne par le seneschal d'Angeou ou par le baillif de Coustentin, et non par autres. Et en cas de sauvegarde enffrainte, le roy pout faire adjourner en chief davant li ceulx qui la auront enffrainte par ledit seneschal d'Angeou ou par led. baillif de Coustentin, c'est assavoir par celi qui aura executé la dite sauvegarde.

VII

LES POINTS DE L'ASSISE

Mss. : *C D G G² K L W.*
Impr. : *a d f g h i j k l m n.* — Reproduits en outre dans les constitutions de 1451, de 1455 et de 1462. Compris en 1539 dans la revision de la Coutume et publiés dans plusieurs éditions, notamment dans celle de Mestrard en 1546 (f° lxxxvj). Réimprimés par Sauvageau, *Constitutions et ordonnances*, p. 7.

Tous les manuscrits qui nous restent de ce texte sont du XVe siècle, mais il remonte certainement au XIVe siècle, car, dans les constitutions de 1405, le duc ordonne que les points de l'Assise soient

1. *Il faut probablement suppléer* ou de mauvès jugement *après les mots* deffaut de droit.

affichés en chaque barre publiquement, ce qui suppose qu'ils étaient déjà vieux et que l'on commençait à les oublier. La constitution de Jean III, antérieure à 1340, semble même y faire allusion.

C'est l'advisement des pointz que les advocaz doivent jurer, si juré ne l'ont, paravant estre receuz à pledoyer, nommez et appellez les Pointz de l'Assise.

PREMIER :

[1] L'advocat jurera garder à son pouair et savance l'estat et l'honneur de la court.

[2] Item qu'il ne conduira ne ne soustendra nulle mauvese cause, en quelque endroit du plet que il vienge à sa cognoessance que elle soit mauvese; ains la delaissera sanz plus la conduire.

[3] Item à son pouair et savance il aidera, conseillera et soustendra la bonne et juste querelle à son cliant.

[4] Item que pour plus grant sallaire, favour ne amour il ne laissera la cause à son cliant que il ne la conduige à son pouair, sanz donner conseil confort ne aide à l'autre partie en celle cause, et ne recevra de partie adverse nul don corrumpable.

[5] Item se il avient que par ordrenance de justice, après que il aura esté à la collacion d'une partie et oy de son conseil, il soit baillé à l'autre partie, il ne revelera le conseil de celuy o qui il aura esté premier et n'en avisera l'aultre partie, ne ne se aidera du conseil qu'il aura ouy de l'une partie pour l'autre.

[6] Item que pour allonger ne dissimuler cause, il ne querra dilacion ne ne croyera mauvais clein.

[7] Item il ne demandera à son juge nul jugement que il saiche qui soit contre raison et la coustume du pays, ne ne le chargera des interlocutoires en ce cas comme dit est.

[8] Item que il ne conseillera nulle faulczonnerie en cause, en tesmoings, instrumens ne autrement, ne n'en sera acteur, agent,

ne participant. Et se il scet que son cliant ou autre le face, il le revelera à justice.

[9] Item que l'advocat ne se absentera par fraude ou faveur de partie de la court le jour que il aura pledoyé cause jucques à tant que le proceix en soit addité, ou que il ait fait son devoir de l'addit du proceix du jour jucques à tant que le juge s'en aille du siege, ou sanz congié de luy, ou au mains que il ne se rende à la court à l'addit.

[10] Item que nul advocat ne fera collacion sur barre.

VIII

PROCÈS DE COLIN DE TOURS

(XIVe siècle).

Colin de Tours était receveur de la châtellenie de Chatoceaux pour le comte d'Anjou vers 1355-1376. Les archives de la Loire-Inférieure possèdent de nombreux titres provenant de lui, mais qui intéressent des terres situées hors de Bretagne (E 227-234). Seules les deux consultations ci-dessous se réfèrent aux coutumes bretonnes, puisque le procès se plaidait à propos de la Benaste, qui était un fief du comté Nantais.

N° 1. Avis de Guillaume Hastelou [1].

Vers 1366.

A mon cher cousin Jamet Hastelou,

Cher cousin, mon avis est du cas d'entre Colin de Tours et ses adversaires que combien que en aucun temps il li eust trois seurs et un frere, dont il li et [2] une des seurs mariée qui et en partie [3]

1. Arch. Loire-Inf., E 226. Original sur parchemin. L'adresse est au dos de la lettre.
2. *Lisez* : dont il y ait.
3. *C'est-à-dire* : qui ait en partage.

aucuns heritages et en joy par mariage, et depuis morte senz hoirs de corps, cella doit tourner à l'esné qui à present est, en ce que touche fey noble, sanz estre mis en collacion ; et pour ce que à present ne sont que doux seurs, et les autres hoirs sont decedez sanz hoirs de corps, qui onques ne demanderent leur partie, doyvent estre jugez sur l'outreplus de la richesse, rabatu la partie à la seur mariée, comme dit est, sur le nombre de doux ou temps de present, selont que me semble et à mon avis.

Si chosse vous plet que je puisse faire, mandez le moy, je le feré. Et me mervoille bien que vous ne venez autrement sur le païs pour vos chosses. Nostre Seigneur soit garde de vous.

Le votre Guillaume Hastelou.

N° 2. Avis de Guillaume Lotodé [1].

1366

C'est l'avis de Guillaume Lotodé : Si il est ainxin que en la terre de Benate eust quatre effenz, c'est assavoir un filz et traiz filles, lequel filz morit et demorerent trais filles, dom il fut une mariée et ot certaines chouses, et depuis est morte senz hor de sa char, et ainxin demoura dous filles, si demande la joveignere vers l'ainznée ou son heir son partage, la chouse sera jugée soubz le nombre de dous, quar touz jours depuis la mort dou pere la terre est demourée entiere senz estre partie ne entamée, ne requis ne demandée par court, sauff que il fut baillé à la fille qui fut mariée qui tornera à l'ainzné, et ne doubtez. C'est la coustume de Bretaigne, si c'est fé noble, selon mon petit avis.

Donné soubz mon seau le xij^{e} jour de septembre l'an iij^{cc} saixante et seix, selon mon petit avis donné comme desus.

1. Arch. Loire-Inf.; E 235, Original, parchemin, sceau brisé. Déjà publié par M. A. de Blois (*Association bretonne*, 1854, t. V, pp. 134-140) et par M. de la Borderie (*Revue de Bretagne*, 1886, t. I, p. 229).

IX

COUTUMIERS DES MARCHES [1]

1406.

Vers la fin du XIVe siècle des conflits s'élevaient fréquemment à propos des Marches entre les officiers du duc de Bretagne et ceux du comte de Poitou. Ces deux seigneurs finirent par convenir vers 1405, de nommer « chascun de sa part trois gens de estat, savoir est un chevalier, un clerc et un coustumier,... pour savoir et enquerir la propre verité des anciens usemens et gouvernemens de la marche d'entre Bretaigne et Poictou. » (Arch. Loire-Inf. E 186). Les documents qui suivent sont le fruit de cette enquête. Ils ont déjà été publiés par Gabriel Hullin, mais avec des lacunes et des erreurs de lecture, dans son *Traité de la nature et usage des marches séparantes les provinces de Bretagne, Poitou et Anjou,* Nantes, 1616, 8°, réimprimé en 1637, en 1651, en 1666 dans l'édition de la Coutume de Jean Gaisne, et en 1710 par Sauvageau, à la suite de son projet de réformation de la Coutume, Usances locales, p. 35.

1

Ensuyvent auchuns enseignemens et coustumes de la marche, lesqueulx feu Morice Moriceau [2], estant chastelain de Clizon, bailla à dom Jehan d'Escoussiz.

[1] Premier. Il est troys marches, savoir marches communes et marches aventaigieres à la Bretagne et les marches aventaigieres au Poetou.

Les marches communes sont Boays de Cené, Paulx, le pays

1. Arch. Loire-Inf., E 186.
2. Ce nom a été estropié par Hullin qui donne *Moticand* (p. 44). C'est sous le nom de Moticand que M. Chénon cite ce texte.

d'environ [1] joucques à la riviere de Marne [2], et auxi environ Saint Coulombain, tout ce qu'est entre Laigne et Boulaigne, et auxi environ Clizon, savoyr est Gesteigné, Boczay, Cugand et la Bruffiere. Et les marches aventagieres à la Bretaigne sont Viellevigne, Montebert, Saint-Lemine près Clizon et les autres paroesses d'environ, contributives es foaiges de la duché de Bretaigne. Et les marches aventaigieres au Poetou sont Bouaine, Remoyllé, Roche-Serviere et les autres paroesses d'environ, contribuantes es tailles du Poetou.

[2] Et il est à savoir que es marches a ugn devoir appelé *Mée* et *Touarçayz*, lequel devoir de Mée se lieve de par la Bretaigne à la diziesme gerbe sur le champ et le Touarczoys se lieve à l'onziesme gerbe en la marche aventaigiere à la Bretaigne. Cestuy qui a ceste Mée et lieve la diziesme gerbe vait le premier au champ et en fait porter son devoir avant que celuy qui a le Touarczoys doige entrer dedans le champ.

[3] Item celuy qui a ce droit de Mée en ceste marche aventaigiere à la Bretaigne est herbregeur et hault justicier. Et s'il sortet debat entre cil qui lieve le Touarczoys [à] l'onziesme gerbe et le laboureur qu'il ne vousist prandre son droyt, le laboureur doit venir à celuy qui est officier de celuy qui lieve le devoir de Mée et qui est herbregeur et luy dire : « Sire, il est voir que celuy qui a l'onzesme gerbe ne me veut terrager mes blez ne prandre son droit pour le Touarczoys. Je vous prie, venez les compter afin que ne perde pas ma part. » L'officier de cil qui a ce devoir de Mée doit aller sur le lieu et compter lesd. blez, et luy faire sa part et meptre cieulx du laboureur au delivre; et les pourra enmener et faire son explect et mettre le droyt du Touarczays là où de bon lui semblera.

1. Hullin a lu par erreur *le Poix de Moron*, ce qui a été pris pour le nom d'une localité (Chénon, *Nouv. Revue historique de droit*, janvier 1892, p. 37, note 2).

2. *Marne* n'est pas le nom d'une rivière, c'est une paroisse du canton de Machecoul et le ruisseau qui la sépare de Paulx s'appelle le *Tenu*.

[4] Item est à savoir que le seigneur à qui est le debvoir de Mée, et qui est hault justicier et herbregeur, doit bailler lettre au principal heritier, [de celuy] de qui la mutacion est venue de degré en degré es heritiers de celuy decedé, pourveu qu'ilz soient puyssanz de labourer et acquitter et poier les devoirs à luy et autres à qui ils sont deuz.

[5] Item s'il avenoit que par differance [*lisez* disherance] le herbregement demourast en la main des seigneurs à qui est ce droit de Mée, et il allast comme il avient auchune foys, si ne peut il accroestre nul plus grant devoir qu'il est acoustumé enciennement que celuy qui a le Touarczoys n'y ait la moitié du profit.

[6] Item si ainsi estoit que celuy qui a cest droit de Mée peust augmenter son dict devoyr et que celuy qui lievet le Touarczoys n'y eust sa part ou profit, l'on diroit que ce ne seroit pas marche, et qui vouldroit faire droicte marche, il fauldroyt tout partir par moeté, et par ce, en ce faisant, l'on feroit le Poctou aussi grant comme la Bretaygne.

[7] Item en ceste marche aventagiere à la Bretaigne, celuy qui lieve ce droyt de Mée est hault justicier et herbregeur, et a cognoessance de sanc, larrons, mesures de blez et de vignz, et toute cognoessance de cause des demeurans esd. lieux ceste marche avantaigiere à la Bretaigne.

[8] Item au regart de cil qui lieve le Touarczoys, il n'a nulle cognoessance de cause ne juridiction haute ne moyenne, fors son dict devoyr et, par faulte de paement, prinse et vengence jucques à la valeur de son devoyr et [deux] souls seix deniers d'amende, et ne doit portier les gaiges hors du fié et juridicion où les choses sont situées.

[9] Item au regart des marches aventaigieres de Poctou, ce sont cieulx qui lievent la xj^{e} gerbe, qui s'appelle le Touarsoys, [qui] sont herbregeurs et justiciers et ont toutes les cognoessances que ont ceulx qui lievent la Mée en l'aventaigiere de Bretaigne, à l'opposite l'un de l'autre.

[10] Item en la paroesse du Boays et de la Bernardiere près Cliczon a pluseurs tenemens desqueulx la Bretaigne est tenue de Cliczon et le Touarczoys est tenu des Exars, esqueulx herbregemens, quent il avient que le chief de la messon va de vie à trespas, son principal heritier sayt bien combien il doit poyer pour muance de homme sans ligne changier, et auxi lesd. lieux ne se despartent point et vont de l'esné à l'esné.

[11] Item en ceste marche aventaigiere à la Bretaigne, cil qui a ce devoir de Mée qui se lieve à la xe gerbe, comme est davant dit, est herbregeur, et non aultre. Et quant la mutacion du laboureur avient et que la lettre de son viauge est finée, celuy qui a ce droit de Mée la doyt bailler, et doyt venir le principal heritier du laboureur devers son seigneur et luy dire : « Mgr, vous savez que la lettre de nostre viauge est finie, et que mon pere (ou mon ayeul, ou celuy de qui il doit estre principal heritier) est allé de vie à trespas. Je vous suppli que me reformez ma lettre et me mettez en possession comme estoit mon predicesseur, et je feré mon devoir. » Et doit bailler pour la lettre et le seel du seigneur comme ung escu ou deulx escuz.

[12] Item au regart des marches communes, pour les devoirs autant y prant la Bretaigne comme le Poetou et le Poetou comme la Bretagne, et pour ce y sont les herbregemenz plus communement à affermer que ailleurs, combien que pour longue ferme ou longue pocession qu'ilz aint ilz ne se pevent dire heritiers, si n'apparaessent lettre suffizante.

[13] Item au fait de la juridicion de la marche commune, si le caz y avenoit que auchun delit fust faict en celle marche, comme multre ou aultre grant cas, le premier sergent de roy ou de duc, celuy qui premier y arriveroit, l'en devroit porter sans debat.

[14] Item si le debat sortoyt entre les parties en ceste commune marche et l'ajornement premier donné fust par le sergent du roy, le procès s'en yroit à la court du roy et fauldroyt que le procès y fust conduyt et achevé. Et pareille-

ment si l'ajournement premier donné estoit par le sergent du duc, il conviendroit que le procès fust conclut et achevé en Bretaigne.

2

Ensuyvent aultres enseignemens et coustumes des marches devant dites, lesquelles balla pour generales ung des officiers de Montagu [1] *aud. dom Jehan d'Escoussiz.*

[1] Premièrement que esd. marches a plusieurs et diverses condicions de marche, quar il y a certaines marches qui sont avantaigieres, les unes au Poetou, les autres à la Bretaigne; et y a autres marches qui sont communes au Poetou et à la Bretaigne, et sont lesd. marches communes d'aultre gouvernement que ne sont les marches aventagieres.

[2] Item il est voër que le seigneur avantagier, soyt de Poetou ou de Bretaigne, a en icelle marche aventaigiere, pour luy ou pour ses vassaulx qui tiennent de luy ou soubz luy, tout droit de chastelenie et de justice, ou juridicion personnelle et reelle, comme avoir la cognoessance de toutes actions personnelles, de donner asstes [*sic*] pour randre et avoir les espaves et biens meubles vacquens, demeurez des personnes trespassez senz heritier, avoir cognoessance de sang et de playe, donner tutelle, metre mesures à blé et à vin, cognoessance de plegemenz et toute aultre cognoessance dependante de justice et juridicion.

[3] Item que le seigneur qui a en lad. marche le droit de chastelenie et les justices et juridicion dessusdites, est par la coustume et usance de lad. marche, tenu reputé et apellé aventaiger, et est icelle marche tenue reputée et apellée aventaigere du cousté dont est led. droyt de chastelenie et lesd. justice et

1. Hullin (et M. Chénon d'après lui) imprime à tort *Mortagne*. Mortagne-sur-Sèvre, qui touche aux Marches d'Anjou et Poitou n'a jamais eu de contact avec la Bretagne. Le ms. de Nantes porte très lisiblement *Montagu*.

juridicion, soit devers la Bretaigne ou devers le Poetou, et [se] gouverne icelle marche selon les usages et coustumes du cousté duquel elle est aventaigiere.

[4] Item que lesd. lieux et terrouers et tenemens, esqueulx le seigneur non aventaigier n'entre point ou champ ne en la vigne pour terragier ne complantier et desqueulx les teneurs sont creuz par leurs sermens pour toute preuve de son droit, comme dit est, sont appellez *marches fyancieres*, laquelle sanz doubte est toujours aventaigiere du cousté de celluy qui entre ou champ pour terraigier, complantier et prandre son droyt, selon le gouvernement et coustume de lad. marche.

[5] Item que selon lesd. gouvernement, usement et coustume de lad. marche, celluy qui a lad. fiance et auquel est rendable debvoir o fiance comme dit est, est tenu et reputé pour non aventaigier.

[6] Item que selon le gouvernement et usement anciens de lad. marche fianciere celuy qui a droyt de herbregier peut et doyt herbregier et est tenu et reputé communement et notairement aventaigier.

[7] Item que esd. marches aventaigieres, tant fiancieres que aultres, le seigneur non aventagier n'a ny doit avoir par la coustume et usement de lad. marche justice ne juridicion aucune, personnelle ne reelle, mès soulement prinse et vengence sur les lieux pour son debvoir non poyé; et si le non aventaigier, de queque cousté que ce soyt, a auchune cognoessance personnelle ou reelle en icelle marche aventaigiere et sur les habitans en icelle, ce ne luy peut valloir ne ne s'en peut ayder, car ce seroyt venir contre le droit et ancien gouvernement de la marche.

[8] Item que selon l'usaige et le gouvernement de lad. marche, le seigneur qui a en icelle droyt de chastelanie et qui met les mesures et entre le premier en champ, est tenu et doit estre avantaiger en icelle.

3

La condicion du terrouer apellé marche es coustumes de Poetou et de Bretaigne est telle comme ensuyt cy amprès, ainssin que on a peu et sceu plus lealment et diligeaument savoir et enquerir par les savens et coustumiers anciens.

[1] Premier, au dit terrouer qui est appellé marche a certaine partie divisée qui est en aventaige de Bretaigne et aultre partie qui est en aventaige de Poetou.

[2] Item est à savoir que l'aventaige pour une partie et pour aultre est d'icelle condicion et a en soy que chascun en son aventaige a haulte justice et le civil personnel pour le tout, et le herbregeur et desherbregeur qui est d'icelle condicion que le seigneur peut meptre hors son mansionnier, non contrestant quelque longue tenue ou cours de temps, et y mettre aultre à son profilt, telle comme il trueve, s'il ne puet trouver qu'il soyt proprietaire par rousturage, ou cil qui n'a l'aventaige ne trouvet plus grant service ou profit, et en ce cas doit requerre celui qui a l'aventaige qu'il reczoyge celuy qui plus en vieust donner. Et si il ne le reczoyt dedans sept jours, celuy qui n'a pas l'aventaige le peut meptre en celuy lieu et le herbregier, les sept jours passez, si celuy premier qui y a esté mys ne veust autant donner comme l'autre en a offert, ouquel cas il demourroyt.

[3] Item à savoir est que chascun en son avantaige a la cognoessance et la juridicion de réel entre les parties et d'office en cas, fors quant aux rentes [et] redevances deuz seur iceulx fiez à la partie qui n'a pas l'aventaige, si comme cy emprès sera descleré.

[4] Item est assavoir que les habitans en iceulx aventaigiers doyvent rentes et redevances à cieulx à qui est led. aventaige et à celuy à qui n'est pas l'aventaige, et peut celuy qui n'a pas l'aventaige justicer pour son devoir et ce qui y touche, combien que ce ne soit plus en son aventaige.

[5] Item [si] celuy qui n'a pas l'aventaige, soyt de la partie de Poetou ou de Bretaigne, se efforce de justicier pour sond. devoir, et celuy sur qui il veut justicier ou lever sond. devoir s'oppose, disent luy non devoir celle redevance, de ce appartient la cognoessance en assise de marche, qui est commune o Poetou et le seneschal de Bretaigne, dont il y a plusieurs, cy comme cy emprès sera descleré.

[6] Item en cas que auchun des vassaux prent ou gaige ou terrouer qui est en l'aventaige de l'autre pour sond. devoir, et iceluy sur qui l'on a prins nyait led. devoir et soy applege en deffandent celuy devoir, celuy qui a l'aventaige doyt à la complainte de celuy qui a esté gaigé, requerir le sergent de la partie qui gaige de restablir ce que prins a esté, laquelle chose est faicte une foys par la coustume, et s'ilz en sont defaillens, la justice d'icelle partie sur qui la prinse a esté faicte peut prandre au double ou environ en l'aventaige de l'autre partie sept jours emprès lad. requeste. Et quent restitution est faicte desd. chouses, la partie qui nyet le devoir comme dit est se peut ainssin pleger aux sergens en l'aventaige desqueulx il n'est que l'on ne peut prandre sur luy pour iceluy devoir, et lors fera savoir au sergent de l'autre partie, et viendra la cognoessance de celuy aplegement et du devoir en assise de marche, et sera l'estat de l'aplegement gardé cependent.

[7] Item celuy contre qui led. plegement sera faict se porra contrepleger, et s'il se contrepleget le debat sera mis en main de court et main commune des seigneurs d'une part et d'aultre, le debat durant, et viendra la cognoessance en assise de marche entre lesd. seneschaulx et en cognoestront, sauf les rentes des barons et moiens, ouquel cas la court et cognoessance leur sera rendue en tant comme touche les fruz.

[8] Item si auchun sergent de la seignorie de Poetou prenoit en l'aventaige de Bretaigne, le sergent du duc pourroyt et devroyt requerre led. sergent de Poetou de restablir, et si il ne restablit dedans sept jours, led. sergent du duc pourroyt prendre en l'aventaige de Poetou, affin de faire restablir lesd. prinses.

[9] Item en lad. marche, ou terrouer appelé marche, a aultre maniere d'avantaige, c'est assavoir à saint Columbain entre deux ayves appelez la Laïgne et la Boulaigne, ouquel terrouer la partie devers la Bretaigne a haulte justice, grosse amande et toute fourfaiture de chemin de tous les pasturaux communs, et cieulx de Poetou en aucuns lieux ont herberge et desherberge, ainsi toutesfoys que si cieulx de Bretaigne trouvent qui leur donneret plus grant devoyr que ceul que iceulx de Poetou y auront mis et herbregé, celuy que ceulx de Poetou y auront herbregé s'en yra et l'aultre demeurra, si celuy à qui il a esté premier baillé ne veult autant bailler comme l'autre en offre, ou quel cas il demeureret.

[10] Item en celle marche a aultre terrouer de telle condicion, c'est assavoir en auchune partie de la paroisse de Legé, que si l'on trouve auchune [personne] qui faict auchun meffaict criminel, le sergent de quelque partie que ce soyt, devers le Poetou ou devers la Bretaigne, s'il est present, le pourra prendre et en aura son seigneur la cognoessance, le pugnissement et tout l'esmoluement. Et si les sergens d'une partie et d'aultre ne sont presens, les habitans ou ceulx qui auront prins le malfectour le garderont et envoerront es seigneurs d'une partie et d'autre, esqueulx la justice appartient, messagiers les plus esgalement viuz que ils pourront et les feront jurer à aller le plus prestement, vistement et hastivement qu'ilz pourront, senz fraude et senz faintise, et le fere assavoir esd. seigneurs à lieux certains à ce establiz et mesneront iceulx messaigers ensemble l'un quant et l'autre ; et leurs ce faict assavoir, lesd. seigneurs pourront querir led. malfactour, et le seneschal qui premier arrivera pour ung des seigneurs, de quelque partie que ce soyt l'en pourra enmener, et aura celuy seigneur la cognoessance et tous les esmoluemens. Et l'autre partie d'icelle paroesse est en l'aventaige de la Bretaigne.

[11] Item et pourra chascun desd. seigneurs pugnir ceulx qui auront prins led. malfectour, si en ce faisant ils ont commis fraude, et si convaincuz en sont il les pourra pugnir.

[12] Item si debat estoit entre lesd. seigneurs devers le Poestou et devers la Bretaigne de celuy qui seroit premier venu ou qui premier auroyt prins led. malfactour, la cognoessance iroyt en marche [davant] lesd. seneschalx de Poetou et de Nantes ou des barons souvrains es seigneurs surdits. Et si ajournement ou aplegement estoyt pour ce faict de l'un contre l'autre à l'assise de marche devant lesd. seneschalx, lesd. barons pourroient avoir le retour de leur court.

[13] Item et est assavoir que le seigneur, de quelque partie que ce soyt, davant [lequel] auchune personne faict et ordonne ou poursuyt comme partie auchuns des habitans ou teneurs en auchune partie d'icelle paroesse, soyt en personnel ou civil ou criminel ou en re... d'office ou instance de partie, aura la cognoessance et desterminera la cause et meptra son jugé à execution et aura l'amende et tout l'esmolument, sens ce que celuy de l'autre partie s'en doyve mesler.

[14] Item en terrouer appelé marche a aucun lieu ou terrouer appelé Bouais de Cené, qui est de tielle condiction que celuy des seigneurs, de quelque partie que ce soyt, de Poetou ou de Bretaigne, à qui est apporté auchune plainte contre les habitans et teneurs de celuy terrouer ou auchun d'iceulx, a en sa court la cause commancée en quel cas que ce soyt, reel, criminel, corporel ou civil à instance de la partie, en aura la cognoessance seul ou pour le tout, comme dit est ou terrouer contenu ou prochen precedent article; et aura l'execucion son jugé, fors au cas que bataille seroyt jugée de l'une partie ou de l'autre, ouquel cas bataille seroyt tenue communement, et l'execucion, des seigneurs d'une partie et d'autre, et les esmoluemens communs. Mès si le cas est criminel et l'un des seigneurs vousist proceder d'office, en celuy cas il ne pourroyt sens l'autre seigneur ou son lieutenant. Et [en] ce cas sont la cognoessance, la justice et les esmolumens communs, et non en aultre, fors en cas criminel que l'on procede d'office comme dit est.

X

AVIS DE PIERRE DE L'HOPITAL

(XVe siècle).

MSS. : *D G*4. Copie moderne dans *Z*.
IMPR. : Viollet, *Établissements de Saint-Louis*, t. III, p. 216-218, d'après *Z*.

Ce petit texte intéressant donne un procédé pour le partage des meubles quand il y a des enfants de lits différents. Pierre de l'Hopital fut sénéchal de Rennes et de Nantes sous Jean V et mourut en 1444.

Doctrine et enseignement pour departir les meubles entre deux enfens qui sont de deux mariages et le sourvivant du derroin mariage. Et est de Maistre Pierre de l'Ospital, autreffoiz president de Bretaigne et seneschal de Rennes.

Les biens meubles doivent estre departiz entre lesd. freres et le pere ou la mere du derroin mariage, quil sourvivroit, en la maniere qui ensuist :

Savoir est que les biens meubles doyvent estre mis en deux lotz, en chescun une moytié, de quoy les enfens et le sourvivant du derroin mariage doivent avoir une desd. moytiez, de laquelle les enfens du derroin mariage auront le tiers et le parsur demourera au sourvivant et l'autre moytié sera despartie teste à teste entre les enfans des deux mariages, autant à l'ung que à l'autre.

Et pour montrer clerement que ainsi se doit fere, il est vroy que s'il n'y eust enfens du derroin mariage, le sourvivant eust la moitié des meubles, et ainsi ce que moins en prant le sourvivant doit estre au proufilt de ses enfens, qu'est le tiers de la moytié comme dit est, et l'autre moytié seroit aux enfens à departir teste à teste ut supra.

Et à le remonstrer par exemple, si les meubles se montent xij l., la moitié sera vj l. En prenant les enfens du derroin mariaige xl s., qui est le tiers d'icelle somme de vj l., le parsur qui est iiij l., et qui est le tiers de touz les xij l. apartient au sourvivant au regard des enfens du derroin mariage. Et en l'autre moytié ont les enfans du premier mariage auxi grant droit comme celx du derroin mariage, et ainsi se doyvent despartir teste à teste comme dit est. Et au regard de l'autre moytié les enfens des deux mariages ont aussi grant droit les ungs comme les autres et departiront ut supra.

Vel sic : Poson que une femme a eu deux enfens de son premier mari, et pareillement deux du second mari; elle est decedée, relicto secundo marito superstite cum heredibus tam primi quam secundi matrimonii. Comant sera fait le partaige des meubles, dato que les premiers eurent leur droit après le deceix de leur pere? Le derroin pere aura son tiers et puis sur les deux pars les derroins enfens auront un sixte et le sourplus sera divisé entrelx teste à teste. Vel aliter le tiers à la mere, le tiers aux hoirs du second mariage et l'autre tiers à touz. Vel aliter le tiers à la mere; sur les deux autres tiers les enfens du second mariage prendront ung sixte et puis le parsur à touz les enfens, teste à teste.

XI

PROCÈS DE NICOLE DE BRETAGNE

(25 janvier 1452 v. st.).

(Archives nationales, K 878, n° 2).

Positions formulées en faveur de Jean de Brosse et de Nicole de Bretagne par leurs commissaires Albert Josses et Nicoles Aton, licenciés en lois.

[1] Par la coustume notoirement tenue et gardée ou pays et duchié de Bretaigne, representacion a lieu en toutes successions, soient directes ou collaterales, et en touz degrez et branchages usque in infinitum.

[2] Item quant une personne noble vait de vie à trespassement et delaisse enfans masles, au filz ainsné et heritier principal ou qui le represente compecte et appartient le tout de lad. succession noble, et n'y ont riens les puisnez fors leur bienfait à la table dud. ainsné ou de celuy qui le represente.

[3] Item et si aucun noble vait de vie à trespassement sanz hoirs procréer de sa char et delaisse ung frere ou plusieurs puisnez, et fils ou fille de son frere second ainsné du dit frere, quil a survesqui, aud. fils ou fille comme representant son pere, frere second né dud. deffunct et ainsné dud. frere ou freres survivans, compecte et appartient le tout de lad. succession noble et n'y a riens led. frere ou freres puisnez.

[4] Item car selon la coustume du pays de Bretaigne les successions collaterales competent et appartiennent à l'eritier principal et n'y ont riens les puisnez.

[5] Item par la coustume du pays de Bretaigne institucion d'heritier n'a point de lieu et ne peut aucune personne instituer aucun autre son heritier en son patrimoine, acquestz ou autres ses biens meubles ou immeubles quelzconques, soit en faveur de mariage ou autrement.

[6] Item par lad. coustume... homme noble ne puet faire don... de ses biens... à l'un de ses parenz ou lignagiers, son presumptif heritier, soit en faveur de mariage ou autrement, oultre la legitime partie et porcion qui appartiendroit et pourroit appartenir aud. donataire en la future succession dud. donnant.

XII

MESURE DE LA LIEUE

(XVe siècle).

Dans son chapitre 254, la Coutume fixait la longueur de la lieue à 8856 pieds, à raison de 369 perches de 24 pieds chacune. Pierre de l'Hôpital, sénéchal de Rennes et de Nantes sous Jean V, donna une autre mesure : 120 cordes, de 20 toises chacune, ce qui donne 14,400 pieds, à raison de 6 pieds par toise. Cette mesure fut confirmée par les constitutions de Parlement de 1451 (art. 27). Un certain nombre de manuscrits contiennent des fragments sur la mesure de la lieue. En voici deux qui donnent la valeur relative du pied, de la brasse et du doigt.

1

La mesure de la leue declerée et rapportée en diverses manieres selon qu'il en suit :

Par coustume la banleue a iij^clxix perches de terre, chascune perche de xxiiij piez. Vault au nombre de piez... [*8856 pieds. Le chiffre est en blanc dans le manuscrit*], et par doiz, à xv doiz au pié vault... [*en blanc*].

Par constitucion, une corde contenant vi^xx piez assise par vi^xx foiz.

Magistrale dictum sic : Une corde de seix [*lisez* vingt] taises, chescune taise de seix piez, assise par vi^xx foiz vault... [*en blanc*] [1].

2

La balenleue est ccc soixante neuf perchées, et chescune perche est de vingt quatre piez de long. Aussi est la balenleue avaluée à piez en toute somme viij^m viij^c cinquante seix piez.

Ladicte balenleue acomptée et avaluée à brasses mil six cens dix brasses et quatre piez. En ce compte cinq piez pour brasse [2].

1. *D'après le ms. G³*.
2. *D'après le ms. R, du British Museum.*

XIII

DÉCLARATION DES RENONCIATIONS

(XVe siècle).

MSS. : *D*, f° 155 r°; copie moderne dans *Z*.
IMPR. : P. Viollet, *Établissements de Saint Louis*, t. III, p. 215, d'après *Z*.

Ensuist la declaracion des renunciations que les notaires doivent mettre ez contratz et obligacions :

[1] Quant une famme s'oblige pour ung autre, et elle ne renunce au droit de Velleien, l'obligacion est nulle et pour tant en ce cas convient mettre ladite renunciation de Velleien. Quant elle s'oblige pour son mary, neantmoins que elle ait renuncié au droit Velleien, l'obligacion ne vaut rien si expressement ne renunce à l'autentique *Si qua mulier*.

[2] Quant deux ou plusieurs s'obligent l'un pour l'autre et chacun pour le tout, sans division de personne ne de biens, il convient qu'ils renuncent à l'epistolle de Dive Adrien et à l'autentique *De duobus reis stipulandi et promittendi*, car autrement ils ne sont tenus chacun que pour sa porcion.

[3] Quant deux ou plusieurs s'obligent l'un pour l'autre et chacun pour le tout, neant moins qu'ils aient renuncé à l'autentique *De duobus reis stipulandi et promittendi* et l'epistolle de Dive Adrien, ils ne seront tenus que chacun pour sa porcion si expressement ils ne renuncent à l'autentique *Hoc ita*, qui dit que quant deux ou plusieurs s'obligent l'un pour l'autre et chacun pour le tout, et qu'ils ont renuncé ez renunciations susdites, ce neantmoins, s'ils sont tous deux nés et solvables, chacun ne poira que pour sa porcion si à ce n'ont expressément renuncé. Et ainsi à ce est appropriée l'autentique *Hoc ita*.

[4] Quant deux pleges s'obligent pour ung principal obligé, neantmoins que les deux pleges se sont obligez l'un pour l'autre

et chacun pour le tout et qu'ils aient renuncé à l'autentique *De duobus reis* et à l'epistolle Divi Adrien, à l'autentique *Hoc ita*, si expressement ils ne renoncent à l'autentique *Presente*, l'obligacion n'est pas bonne. Et dit l'autentique *Presente* que neant moins les choses dessus dites, s'il y a ung des pleges qui soit absent et hors la juridiction, il sera baillé temps à celi plege qui est present de convenu de amener son compaignon et plege, quel temps sera arbitré par le juge.

XIV

CONSULTATION SUR LA TRANSACTION

(XVe siècle).

Ms. *D*.
Impr. : La plupart des anciennes éditions de la Coutume ; Sauvageau, *Constitutions et ordonnances*, p. 83.

De la puissance vertu et force de transaction.

[1] Transaction est faicte sur la chose litigieuse entre parties, et, après la transaction ainsi faicte, l'une des parties deist qu'elle y a esté deceue de moitié de juste pris et impetre relevement, et mesmes, en tant que avoit juré le tenir obtient relaxation de son serment ad cautelam, et veult jouïr des dits relevement et relaxation. Quæritur s'il est à recevoir.

[2] Respondeo que n'est à recevoir et venir contre celle paction et transaction de droit. Textus in l. 39 : Quamvis eum qui pactus est..., Codice, lib. ijo, de transactionibus, cum ibidem glossa. Non doncques ne peut il avoir relevement à faire ce que ne peut faire de droit. Ne est il encore à recevoir à alleguer deception outre moitié de juste pris. Premier, il a renuncié à toutes exceptions, et aussi le peut faire : in lege Si quis in conscribendo instrumento..., 29, Cod. lib. sec., tit. tertio, de Pactis.

[3] Il le jura : adoncques ne peut il venir contre son serment.

Textus in lege secunda, Rem majoris pretii..., Cod., lib. IV°, tit. 44, de rescindenda venditione.

[4] Il est aussi de droit que quant aucun transige, et est annis major, et jure tenir la transaction, et vait contre la transaction, elle tiendra et il sera infame, et encore doit perdre ce que devoit avoir par celle transaction. Textus in lege 41, Si quis major xxv annis, Cod., lib. ij°, tit. IV°, de transactionibus.

[5] Deception oultre moitié de juste pris n'a pas lieu en transaction ne accordance, car transaction est sur plet meu ou esperé mouvoir (ut in lege ija, Cum tu proponas, Cod. lib. ij°, tit. iv°, De transact.) et est seulement afin que le plet cesse, ne ne doit l'en avoir esgart à la valeur de la chose litigieuse (ut in lege 65, in summa Ut generaliter, Dig. lib. 13, tit. vj, de condictione indebiti). Et est vray si l'en voudroit de rechef faire action de la chose dont la transaction est faicte, l'en pourroit excepter, car tout le plet est hors. Textus in lege 15, Ut responsum congruum accipere possis, cod. lib. ij, tit. iv°, de transactionibus, et in lege ija, Transactum accipere quis potest. Dig. lib. ij, tit. 15 de transactionibus. Et s'il seroit relevé à venir contre, ce seroit recommencer nouvel plet, que ne doit estre.

[6] Si partie veut dire que son prelat a dispensé sur le serment par lui fait, l'en peut dire que ce a fait en tant que pouvoit relaxer. Donc, puisque ne pouvoit relaxer, n'a point relaxé. Que ne pouvoit relaxer, appiert, car sans serment pouvoit renoncier, ut in dictis l. 29, Si quis in conscribendo..., Cod. lib. 2, tit. 4, de Pactis, et in l. 2a, Rem majoris pretii, Cod. lib. 4, tit. 44. Puis donc que sans serment la renonciation et la transaction valoient, pour l'avoir juré d'abondance ne le peut le prelat relaxer au prejudice de partie adverse. Car encore si, en aucun cas que de droit ne vaut, l'en fait serment, il est de droit confirmé et a robeur et vertu, ut in cap. 28, cum contingat interdum, extra Decretalium Gregorii, lib. 2, tit. 24, de jurejurando, et in lege 6, Pacta quæ contra lege..., Cod. lib. 1, tit. 3 de pactis. Donc, par plus forte raison, le serment sur une chose,

quelle vaut sans serment, sera tenu quia duo vincula fortiora sunt uno. Puis donc que droit est acquis à partie en la chose dont l'en a transigé, ne ly peut oster sans coulpe, ut in lege 11, Id quod nostrum est sine facto nostro ad alium transferri non potest, ff. Dig., lib. 5, tit. 17, de regulis juris.

XV

LES NOTAS

(XVe siècle).

MSS. : *D*. Copie moderne dans *Z*.
IMPR. : Viollet, *Établissements de saint Louis*, t. III, pp. 213 et suiv., d'après *Z*.

NOTICE. — Sur 40 articles dont se compose cette série, 32 sont d'origine angevine et tirés des prétendus *Établissements de saint Louis*. J'en donne en note la concordance [1]. Seuls les art. XIX, XXI, XXVIII, XXXI et XXXVII à XL ne sont pas tirés des Coutumes d'Anjou. La série des Notas, dont l'unité originaire est visible, se trouve dispersée de la façon la plus singulière dans le manuscrit *D*, le seul qui nous les ait conservés. Ils y occupent toujours des feuillets ou des pages entières (154 r° et v°, 155 r°, 157 v°, 158 r°, 214 v°) sans rejets et sans mélange de textes étrangers sur les pages où ils se trouvent, si bien qu'on peut croire à une perturbation dans les feuillets, mais qui semble avoir été commise au moment même de la confection du manuscrit.

1. Les chiffres romains sont ceux des *Notas*; le premier chiffre arabe renvoie aux Coutumes d'Anjou (Édit. Beautemps-Beaupré, texte *B*), le second aux *Établissements de saint Louis* (Édit. Viollet, liv. Ier).

I, 2, 11.	IX, 134, 127.	XVII, 99, 94.	XXVII, 107, 102.
II, 12, 20.	X, 107, 102.	XVIII, 28, 33.	XXIX, 162, 156.
III, 15, 23.	XI, 106, 101.	XX, 14, 22.	XXX, 9, 17.
IV, 17, 25.	XII, les mêmes.	XXII, 117, 113.	XXXII, 95, 91.
V, 136, 129.	XIII, 51, 52.	XXIII, 5, 13.	XXXIII, 140, 134.
VI, 34, 39.	XIV, 53, 54.	XXIV, 6, 14.	XXXIV, 123, 119.
VII, 19, 26 al. 2.	XV, 54, 55.	XXV, 12, 20.	XXXV, 159, 153.
VIII, 29, 34.	XVI, 139, 132-133.	XXVI, 75, 73.	XXXVI, 160, 154.

[1] Nota que gentil homme peut donner à sa fille plus grant mariage que avenant. Et s'il luy donne moins que avenent, si ne peut elle retourner à la freresche.

[2] Nota que gentil famme peut pledoier pour son douaire en la court de saincte Eglise s'il luy plaist.

[3] Nota que toutes eschaistes qui adviennent à frerres gentilz dempuix la mort du pere sont à l'aisné, s'ilz ne sont du pere ou mere, ou aieul ou aieulle, que l'on appelle eschaites droictes.

[4] Nota que si gentil famme est mariée à villain coustumier, les enfens qui ystront d'eulx deux auront ou fié devers leur mere autant l'un comme l'autre, s'il n'y a foy à fere, ouquel cas l'aisné la fera et aura le herbregement s'il y est et une chesé. Et s'il n'y a herbregement ne chesé, il aura du fié à l'avenent. Et en ceste maniere sera touzjours departi, jucques ad ce qu'il descende à la tierce foy. Et puix après à touz jours gentillement, ou ne se departira mye.

[5] Nota que nul ne peut aulmosner ne donner de son heritage à l'Eglise sans la volunté et consentement du seigneur de qui l'heritaige est tenue.

[6] Nota que s'il meschet tant à famme que elle tue son enfent, elle ne sera pas arce pour le premier et la doit justice rendre à saincte Eglise.

[7] Nota que baron ne peut establir coustumes en sa terre sans le consantement de ses vavasseurs, ne aussi le roy les mectre ne establir en la terre au baron sans le consantement du baron.

[8] Nota que nul vavasseur ne doit fere forban, ne ne peut à homme forjurer chastelenie sans le consantement du baron en quelle chastelenie il est, et s'il le fait, il en perdra sa justice.

[9] Nota que justice laye, par le commandement de la justice d'Eglise, peut destraindre ung homme qui a esté excommunié par xl. jours, par prandre sa terre et levées d'icelle et doit tenir toute sa terre en sa main, tant qu'il soit absolz. Et luy absoulz, il poiera neuff livres, savoir lx s. à la justice seculiere et vj livres

à la justice d'Eglise, quelx vj l. seront poiez à la justice d'Eglise par la main de la justice seculiere.

[10] Nota que si le bastard vendoit de son heritaige, ses freres ou cousins, ou autre lignaige, excepté ses enfens faiz en loial mariage, n'y auront premesse.

[11] Nota que si bastard meurt sans hoir de son corps procréé en loial mariage, ses heritaiges seront es seigneurs de qui elles seront tenues.

[12] Nota que si bastard meurt qui ait heritaiges, sa femme, s'il est marié, aura son douaire dessus; et puis, elle morte, les seigneurs de qui les heritaiges seront tenues auront iceulx heritaiges que el tenoit à douaire.

[13] Nota que si ung homme lige veult appeller son seigneur lige de traïson, et il n'offre à deffendre, il pert son fié.

[14] Nota que homme qui dement son seigneur ou mect mains malicieusement en luy, ou en son alloué ou filz, ou son messaiger, ou luy escout sa proye ou pesche ses estangs ou prant ses connins es garaines, ou couche o sa femme ou sa fille pucelle, pert ce qu'il tient de lui, s'il est prouvé.

[15] Nota que seigneur qui baille à son homme subgit pucelle à garder, soit lad. pucelle du lignaige du seigneur ou d'autre, s'il la depucelle, jaçoit que soit de la volonté d'elle, il perdra ce qu'il tient du seigneur, et si c'est par force, il sera pendu.

[16] Nota que de plaintes ne causes de juiffs, soit en action ou en defense, la court n'en descent, mès en est la cognoessance au prince et barons, et auront les meubles au juiff, savoir celi en qui jurdicion il sera.

[17] Nota que les trovailles d'or et d'argent sont aux barons et autres nobles qui ont justice en leurs terres, posé qu'ilz y soint trouvées.

[18] Nota que homme qui emble à son seigneur, puix qu'il est de son pain et vin, est pendable, car c'est traïson. Et celi à qui le meffait est fait le doit pendre, s'il a vayrie en sa terre.

[19] Nota qui default au jour qu'il doit donner cheff respons est vaincu o le serment de la partie.

[20] Nota que si gentil homme qui ait pere ou mere, aïeul ou aïeulle, ou aucun d'iceulx, se marie et meurt avent sa femme, et il n'ait nulz hoirs d'elle, sa femme sera endoairée es eschettes de pere, mere, aïeul ou aïeulle après leurs deceix.

[21] Nota que si quelque seigneur donnoit aucune chose à quelque ung pour luy et ses heritiers, après le deceix du mari donnant, la femme de luy n'aura douaire en la chose donnée.

[22] Nota que nul homme ne peut avoir four à ban où il puisse contraindre ses hommes à cuire à ban, s'il n'a bourgc ou partie de bourgc.

[23] Nota que gentil homme tient sa vie durant ce que luy a esté donné en mariaige à la porte du moustier pour ce que sa femme fust pucelle [et] qu'il en ait eu enfens.

[24] Nota que gentil famme prouvée d'avoir eu enfent avent estre mariée pert son droit heritel.

[25] Nota que gentil homme peut pledoier par court d'Eglise de son mariage luy donné et promis à la porte de l'Eglise.

[26] Nota que toutes les choses qui sont en main de justice vallent autant que si elles estoint montrées.

[27] Nota que les freres d'ung bastard n'ont point de premesse es acquestz dud. bastard.

[28] Nota que en publicacion l'on peut publier lettres et tesmoins, mès après avoir publié l'un l'en ne peut publier l'autre.

[29] Nota que le roturier subgict qui mect mains en son seigneur doit perdre le pouain, si le seigneur ne l'avoit premier frappé.

[30] Nota que gentil femme, combien que el prenne es meubles, si ne met el rien en l'aumosne son seigneur.

[31] Nota que en action de meubles, roturiers parleront sur nobles personnes.

[32] Nota que les meubles d'ung usurier prové sont au seigneur en qui juridicion il est.

[33] Nota que si aucun estoit fait chevalier et ne fust pas gentil homme devers son pere, neantmoinz que sa mere fust gentil famme, il ne le pourroit estre. Et pourroit le roy ou le seigneur en qui juridicion il seroit, luy prendre ou faire prendre ses esperons et iceulx mectre sur ung femier, et seroint ses meubles au seigneur en qui seigneurie il seroit; car il n'est mye saige qui ayde que famme franchise homme, mais homme franchist bien la famme, car si ung homme de grant lignaige prenoit la fille à ung villain, les enfens pouroint estre chevaliers.

[34] Nota que si gentil homme marie sa fille, ou la mere si elle ne avoit pere, ou son frere germain qui auroit pouair de la marier, et ung d'eulx dist à la porte du moustier : « Je vous donne ceste damoiselle et tant de terre avecques elle, » et en ce mariage eussent enfens, puix le mari mourust et elle se remariast, et pareillement eust enffans du second, les enffans du second mariage n'auroint aucun droit en le heritage de la mere donné à la porte du moustier.

[35] Nota que nulle dame coustumiere n'a responce en court laye, puys que elle est mariée, sans l'auctorité de son seigneur, si ce n'est de folie de son corps; mais qui lui auroit dit injures ou l'auroit battue, elle en auroit responce sans son seigneur; et aussi si elle estoit marchande auroit elle responce sans son seigneur de ses marchandises baillées.

[36] Nota que si aucun homme appelloit ung autre « larron » ou une femme « putain » ou luy disoit aultre desloyalté, et l'injurié en demandast raison à justice, s'il n'y avoit prouve et le malfaicteur jurast ne l'avoir dit, il s'en iroit quitte, et s'il ne juroit il payeroit lx. s. à la justice et c. s. 1 d. au plaintiff.

[37] Nota que les seneschaulx doivent faire residence en leurs seneschaussies et ne doibvent manger avec leurs subgetz.

[38] Nota que des testamens le pere sera tesmoing pour le fils soit des acquestz par son seu ou par effect [*cpr. p. 515, art. 35*].

[39] Nota que en cause de mariage et de conter le lignage, amis charnels sont tesmoings de droit et de coustume.

[40] Nota les cas à reprouver tesmoings, savoir une personne en son fait, les aidans, soustenans, conseillers, compaignons, accusans, participans, procureurs, familliers, administrateurs ; les serffs ; les hommes et subgetz obeïssans à sa court ; l'ennemy mortel ; infame prouvé par court, ung crimé en cause de crime prouvable ; ung idiot, muet, sourd, degasteur de biens ; ung mineur dedans xiv ans ; ung povre quel par sa povreté l'en pourroit suspeczonner de estre aisé à corrompre ; celi qui pledoie contre la partie de heritage ou crime.

XVI

LA PETITE COUTUME

Mss. : *F G*[3] *L* ; quelques articles isolés dans *J*. Copie moderne dans *Z*.

Impr. : Editions anciennes de la Coutume, de Paris, 1480, et de Tréguier, 1485. Editions modernes : Rennes, 1736, à la fin des *Questions féodales* d'Hévin ; Morice, *Preuves*, I, 1252, d'après le précédent ; Morice, *ibid.*, t. II, col. 1779, d'après *L*. Toutes ces éditions sont mauvaises. M. Viollet en a donné quelques articles (*Etabl. de Saint-Louis*, t. III, p. 225).

Notice. — C'est le plus important de tous les fragments coutumiers bretons, après la *Très Ancienne Coutume*, d'où il a été tiré sous forme d'extraits. On peut voir, dans la confection de cet extrait, une manifestation de la tendance des praticiens qui se sentaient gênés par la longueur des développements de la Coutume, la plus longue des Coutumes françaises, et qui est moins une Coutume qu'un livre de droit analogue à celui de Beaumanoir. Les uns s'en faisaient faire des manuscrits abrégés, d'autres en faisaient eux-mêmes des extraits.

Il est arrivé à ce texte la même mésaventure qu'à la pseudo-ordonnance de Jean II : lui aussi a été pris pour une ordonnance, mais cette fois l'erreur vient d'Hévin. Il avait en sa possession un manuscrit de la Coutume (G[3]) contenant une série d'ordonnances ducales à peu près par ordre chronologique. La première est un résumé très bref des constitutions de Jean III fixant un tarif pour les mémoriaux, le scellage, et autres actes des scribes et tabellions. En suite de ce résumé vient, sans titre et sans séparation aucune, le texte que nous appelons aujourd'hui la Petite Coutume. Hévin a cru que le tout était une ordonnance, et il a mis en marge « Jan 3. » Plus tard, on en trouva probablement une copie dans ses papiers, qu'on publia en 1736, à la suite de ses *Questions féodales*, sous le titre de « Constitution du duc Jean troisième faite environ 1315. » Les Bénédictins en trouvèrent une meilleure rédaction, reconnurent la véritable nature de ce texte qui reproduit souvent celui de la Coutume et le baptisèrent *Petite Coutume*, titre assez exact et qu'on peut lui conserver.

[1] **Des privilegiez.** — Nul homs privilegiez ne se peut acroistre en fé temporal sans la volunté du seigneur.

[2] **Des donnoisons de pere et de mere à leurs enffans.** — Pere et mere pevent donner à leur fille aisnée de leur fé gentil plus ou mains que son avenant en mariage.

[3] Pere et mere ne pevent donner riens de leurs heritages sans la volunté de leur filz aisné à leurs enffans juveigneurs, s'ilz sont nobles.

[4] Si aucun juveigneur demande de son aisné avoir son advenant es biens de ses parens ou ancesseurs selon la quantité d'iceulx et le nombre des enfans, et ce luy soit adjugé, l'ainsné doit monstrer où l'en commencera l'advenant en choses nobles, et sera commencé là où il monstrera, et parfournira l'en de prouchain en prouchain, au plus près de là où l'en aura commencé; et pour ce doit l'en regarder où l'en commencera.

[5] **Comment le juveigneur tendra sa partie.** — Le juveigneur masle tendra sa partie, si baillée luy est, de son aisné en ramage, et luy en fera l'hommage et au suserain seigneur la ligence.

[6] La suer ne ses hoirs ne vont pas à l'aisné de son fié noble, mais au suserain seigneur, mais ses hoirs le font en ramage et au suserain seigneur la ligence [1].

1. *F*: La seur n'obeïst pas au frere aesné, mais ses hers le font en ramage et au seigneur la ligence.

[7] **De garde de enffans.** — Ung enfant noble qui est hors du pouoir son pere doit avoir garde de tuteur, c'est assavoir le filz jucques à tant qu'il ait passé xiiij ans et la fille xij ans, et jucques alors ils ne puent contracter par serment ne autrement. Amprès celuy aage il sera hors de garde de tuteur, et aura curateur, s'il le requiert, et puet faire serment.

[8] **De mineur deceu.** — Enfant si puet rappeller les choses qu'il fera dedans ledit temps et en pourra estre restitué, s'il est deceu dedans son aage. Enfant est en aage à gouverner sa terre à xxj ans et ung jour et à ester en jugement; et amprès ledit aage peut requerir restitucion, s'il est deceu avant sondit aage accompli, jucques au quart an amprès.

[9] **De la saesine au mineur.** — Enfant noble vendra à la saesine, ou son garde pour luy, de ce dont ses parens ou ceulx de qui il a cause, s'ils sont nobles, en mourirent saesis et vestus paesiblement, et ne respondra pas sa garde des saesines jucques à tant qu'il ait sondit aage accompli. Si les choses audit enfant sont occupées au temps de son tuteur ou curateur, ils seront tenus de luy faire restitucion quant il vendra en aage et de luy rendre compte de ses biens et levées, car ils sont tenus à les garder et faire son prouffit, non pas son dommaige.

[10] Si l'aisné frere veult faire demande au juveigneur par sa court, il le doit faire adjourner de ouit jours devant ou de plus, et specifier la demande en l'adjournement, ou autrement il ne respondra pas s'il ne veult. Et tout ait il fait ses choses, si le juveigneur se fiert en plet et soient sur jugement, si le juveigneur veult querre respons de sa tenue de juveigneurage, il l'aura premier et avant. Et s'il veult scavoir par qui il sera jugié et recordé, il le scaura; et si l'en lui baille jugeours ou recordeurs qui du ramage ne soient, il ne respondra pas devant eux s'il ne veult.

[11] Item pour trop dire ne poy dire le juveigneur ne perdra pas sa querelle ne son respons, et y eust-il des contreditz, pour quoy il ose jurer que ce ne soit en despit de son esné.

[12] Le juveigneur n'est tenu de respondre hors du fié où il tient en juveignourage.

[13] Es choses qui accueillent ventes a presmece [1].

[14] Une ferme qui passe neuf ans acquieult ventes. Si comme un frere avoit afermé terre ou maison à personne estrange, l'autre frere ou cousin seroit presme à la ferme retenir, si la ferme passoit neuf ans, poyant le prix de la ferme.

[15] Quant aucun vend son heritage à un estrange, le frere au vendeur ou son cousin ou de son lignage aucun de la ligne devers qui l'heritage mouvoit, le pourra retraire et avoir par presmece, payant les deniers de la vente que le heritage aura léaument cousté [o] les léaulx coustemens, s'il vient dedans le temps ad ce ordrenné, c'est à savoir dedans houit jours amprès le derrain ban s'il est ou pays, et s'il est hors dedans ung an et ung jour.

[16] Un seigneur peut retenir par presmesse en son fié, s'il n'y a presme de char.

[17] Le fils au seigneur se puet auxi accroistre ou fié son pere, s'il n'y a presme de char.

[18] La tenue de houit jours amprès le derrain ban ou avenantement sans chalonge fait, suffit à faire ung homme heritier en achat ou avenantement, quant entre les presens au pays, et ung an et ung jour quant aux absens du pays.

[19] Quant aucun se veut approprier en ung heritage, il convient par la coustume faire trois bans sur la vente par la justice es lieux ad ce acoustumez, c'est à scavoir à la paroisse où le heritage est assis par trois dimanches à l'ixue de la messe publiquement par ban, et quinze jours entre deux d'iceulx au moins et entre les autres huit jours. Et en aucuns lieux est acoustumé de faire deux bans aux jours de marché de la chastellainie, et convient au moins le tiers faire à la paroisse pour savoir si aucun debatra.

1. *Ce qui veut dire le retrait a lieu à la suite de tout contrat sur lequel le seigneur perçoit les ventes et octrises.*

[20] En eschange de heritage fait sans fraude de saesi à saesi, la saesine de ung an et ung jour amprès l'eschange suffit.

[21] Par saesine de ung an et ung jour en choses livrées par argourou paesiblement est homme deffendu.

[22] Qui est saesi paesiblement par sexante ans d'ung heritage est dessus deffendu vers tous estrangers, sans aultre titre alleger.

[23] Saesine de quarante cinq ans alleguant le titre suffit, sans prouve faire du titre et sans chalonge entre estrangers, trouvée la saesine paisible.

[24] Saesine de vingt cinq ans paisible, allegeant titre, et le verifiant vault par son serement, sans chalonge.

[25] La tenue de trante ans en cas de meuble et de premesse suffit à prescrire et à repeller le demandeur de sa demande en tiel cas.

[26] Longue tenue entre freres et cousins germains, sans titre de partie ou autre suffisante cause, ne exclud pas l'un à demander de l'autre sa partie es successions de leurs parens. Et puis qu'il passe cousin germain, s'il se veut deffendre par longue tenue, la saesine des freres et cousins germains sera descomptée.

[27] Quant aucun veult faire aucune demande contre ung autre, il doit proceder ordrenement selon le cas, et sa partie fera semondre devant le juge o intervalle suffisante, c'est à scavoir de cas de meuble de trois jours, et en cas de heritage et de crime de houit jours au moins, si le cas n'estoit advenu de nouvel ou que aucun peril peust estre en la demoure, ou quel cas l'en puet faire demande selon le cas et la discretion du juge, eu esgard au fait.

[28] Quant ung acteur a fait semondre ou adjourner sa partie adverse suffisamment en jugement, et les parties viennent en jugement, l'acteur fera sa demande en cas de meuble, et si la demande est sourannée, le deffendeur aura une dilacion qui est

appelée terme de jugié, ou se pourra exoiner s'il veult par telle maniere, c'est à scavoir que l'en luy est venu dire que aucune des personnes, dont mention est faite ou titre des exoines cy amprès en cest livre, est si malade que l'en n'y attend vie et qu'il luy faut s'en aller pour voir son estat et laisser aucun son alloué pour scavoir à quoy l'en la jugera; et adoncques puet la partie la faire juger à l'exoine et au droit. Et encore s'il veult puet il s'exoiner ou mander exoine en celle cause jucques à tant qu'il en ait eues ou mandées trois et non plus. Et amprès la tierce exoine il lui conviendra respondre, si c'est de son fait que l'en le poursieult, et afermer les exoines ou en payer despens au desrene de sa partie adverse. Si c'est d'autruy fait il se puet faire non scavant, jurant qu'il n'est pas certain, et requerre que sa partie fasse information du fait, et luy conviendra la faire, ou cas que ce ne soit du fait à ses parens à qui il sera hoir, ouquel cas il aura ung terme à s'en enquerre, jurant comme dit est. Et si la demande est de fait advenu dedans l'an, il n'y aura point de terme jugé, ne exoine que une, de laquelle l'acteur luy pourra faire juger venir ou envoier pour delivrer des procez et expletz faits dedans l'an et respondre à la demande.

[29] Item en cause de heritage sourannée, le deffendeur aura ceste dite dilacion, et en oultre pourra demander à veoir, ou cas que la demande ne soit de la succession universelle, ou que le debat soit sourdu sur le lieu devant la justice.

[30] Quant aucunes parties sont tournées sur clein, l'advéour aura quatre productions à prouver son adveu, et auxi aura il en cas de informacion, et pourra produire sur chascun article de son adveu quinze tesmoings. Et quant les tesmoings seront publiez, s'il y a fapvour de prouve par la deposition de ceulx, il aura renfors de tesmoings à renforcer sa dite prouve, s'il le veult requerre avenaument avant gréer la publication sans renfort.

[31] Si deux parties sont choittes en clein commun sur fait contraire, et l'une des parties ait amené ses tesmoings et fait sa

prouve plus tost que l'autre, il se pourra arrester sur tant s'il veult, et avoir la publication sur ses tesmoings s'il veult, et droit sur ce, s'il prouve ou non, sauf droit du clein contraire, et ne tardera pas pour la preuve de la partie adverse qui sera à faire.

[32] En fait de court faut avoit trois tesmoings au moins de un dit à faire prouve.

[33] En fait privé faut trois tesmoings à faire pleniere prouve, ou deux au moins o le serment de la partie par coustume.

[34] Au renfort puet l'en bien produire cinq tesmoings.

[35] Le pere puet estre tesmoing ou testament de son fils fait de ses acquests par son sceu.

[36] En cause de mariage et [de conter] lignage puent les amis charnels d'ung et d'autre costé estre tesmoins de droit et de coustume, et non en autres causes, car ils savent mieux le lignage que ne font les estranges.

[37] Qui veult reprouver tesmoings, il doit dire contre eux [1] par la coustume avant qu'ils juregent dire vroy du conseil [2], et devent jurer en la presence de la partie par la coustume, afin que leur deposition puisse valoir.

[38] Null roturier ou issu de roturier ne doit estre receu à tesmoin en esplet de court, ne sur la personne d'aucun gentilhomme, son heritage ou saesine immeuble, mais il sera bien tesmoin en cause de meuble.

[39] Nul pecheur public prouvé par court ne doit estre receu à tesmoin en aucune cause.

[40] [Les passeurs publiques par court doivent estre recepus en tesmoignage en toute cause] [3].

[41] Le lignage qui passe cousin germain ne deffend pas, selon les establissemens, à estre tesmoins en cause de meuble, mais il deffend bien en autres causes.

1. *L* : il doit dire ses causes.
2. *F* : Voir en la cause.
3. *Cet article, qui manque dans C F et dans Hévin, est peut-être interpolé.*

[42] Les reprouves de droit, en oultre ce que est specifié en cest livre, sont recepvables en court laye comme elles sont cy escriptes en amprès : ung homme en son fait; les compaignons ou participans; les accuseurs; les conseillans, les aidans ou procureurs; les familiers ou domestiques; les serfs, les hommes ou subgiz obeïssans à la court; aucun ennemy mortel ou homicide; ung infame prouvé par court; ung criminel ou accusé de crime prouvable; ung idiot, ung muet ou ung sourd; un degasteur prouvé; ung mineur dedans quatorze ans; ung povre que par sa grant povreté l'en pourroit suspectionner soy de legier parjurer pour avoir. Telles gens ne devent pas estre tesmoins; ne celuy qui pledera contre aucun en cas de heritage ou de crime ne sera pas contre luy tesmoing. Une famme ne ung mineur dedans vingt ans en cas de crime ne seront pas tesmoins de droit, mais de coustume l'en use du contraire.

[43] Une demande personnelle est atteinte par trois deffailles simples, et la quarte o tierce voix et intimacion, c'est à scavoir que partie deffaillante soit adjournée deuement à la quarte fois à sa personne par le sergent du lieu, o trois gentilshommes ou deux au moins en sa compaignie, et la demande et lesdites deffailles à luy signifiées ou à son domicile, s'il n'est trouvé en sa personne, et qu'il soit adjourné o intimacion. Qu'il vienge ou non, la court procedera contre luy et le condempnera en la demande de partie comme estre devra, o le serment de la partie, pourvu toutesfois que la demande soit mise es deffailles, au moins en la premiere, et que les deffailles soient continuées sans proceix entre deux, et que les adjournemens soient suffisamment rapportez et tesmoignez, les trois premiers par le serment des sergens, et le quart par ledit sergent et lesd. gentilshommes.

[44] Une cause de heritage réelle est vaincue par sept deffailles, et puet la main de la court estre mise sur les choses par trois deffailles.

[45] En cause de crime convient avoir sept deffailles comme de cause de heritage.

[46] Qui deffaut au jour qu'il doit donner chieff respons, il pert le respons, et par consequant il est vaincu de la cause o le serment de la partie.

[47] Qui deffaut amprès exoine et au jour qu'il se doit delivrer dessus l'exoine, l'exoine lui doit estre convertie en deffaille, si autre procès n'a entre deux.

[48] Qui deffaut en cause de plegement fait de sa partie au premier jour, le plegement est hors; si celui contre qui l'en s'est plegé deffault, le plegement aura lieu.

[49] Qui deffaut amprès monstre faicte au jour de proceder dessus, il pert la saisine. Ce n'est pas usé à present, ains sera quitte, poyant cousts.

[50] Qui est vaincu de l'accessoire qui despend du principal, le principal n'a point de lieu.

[51] Si aucun dit à aultre : « Vous avez jour envers moi et quiers que vous respongez, » et la partie adverse dit que non et desavoue son adjournement et pour quoy il est deffendeur, et jour ne soit remué, poyant despens à l'esgart de la court, il puet venir à son respons.

[52] Si aucun faisoit appel, il doit faire son adverse partie adjourner, et ne souffira pas l'adjournement s'il n'est fait par lettres du comte ou de celui devant qui il aura appellé ou du lieutenant d'iceulx.

[53] En cause d'appel nul n'est receu procureur s'il n'est par lettres spéciales qui digent que celuy soit alloué en l'appel. Et si les lettres sont seellées en autre seel que en celuy à l'alloué, elles ne seront pas reçues si n'est de grace, si celuy qui les seellera ne les seelle à la requeste de celuy qui fera appel, et ainxi elles suffiront.

[54] Qui fait alloué à poursuivre une cause l'en luy doit laisser eschiver, car par droit si l'alloué vient à la court et fasse sa demande ou sa deffense sur l'allouyse, le procureur est rappellé. Mais la coustume est contraire, car jucques à tant que

l'alloué soit rappellé par mots exprès, il peut estre alloué; mais qui propose droit et coustume l'une contraire à l'autre, l'en doit croire au droit jucques à tant que la coustume soit approuvée; et pour ce, que l'alloué fasse sa demande ou sa deffense, l'alloué ne doit pas estre ouy, s'il ne apporte lettres de l'allouyse [1].

1. *F ajoute ici un résumé informe de la constitution de Jean III et de quelques autres textes* (f[is] 115-116).

GLOSSAIRE

A

Abusions (p. 299, l. 4; p. 310, l. 4), actions indues, usurpations.

Acaisier (pour *acoisier*), rendre coi, apaiser. *Acaisier le fou* (p. 190, l. 1), éteindre un incendie.

Achaison ou *Acheson* (p. 231, l. 15 et 23; etc.), reproche, accusation. Sur ce mot, voir Littré, *Hist. de la langue française*, t. II, p. 51.

Achesonner (p. 171, l. 3; p. 231, l. 29; etc.), accuser.

Acraistre, accroître. *S'acraistre en fié noble*, acquérir un fief (p. 255, l. 17 et 30; p. 258, l. 27).

Acuelloit (p. 196, l. 9). Voy. *Cuidroit* et *Raquieudre*.

Addit, rédaction d'un acte judiciaire. Ce mot ne se trouve pas dans le texte de la Coutume, mais seulement dans les notes (p. 82, note 4) ou dans les anciennes tables, qui renvoient aux chap. 170 et 199. Il est fréquent dans les Constitutions de Parlement du XVe siècle. (P. 364, l. 6; p. 447, l. 8; etc.)

Additer [*la merche d'un procès*] (p. 415, l. 13; p. 427, l. 13-14), rédiger un écrit constatant un acte de procédure.

Ademainier (p. 255, l. 27), *indominicare*, faire de son fief son domaine.

Adirer, perdre, égarer. *Avairs adirez* (p. 266, l. 17).

Adrecement (p. 75, l. 7; p. 79, l. 21), réparation. *Adrecement par peccune* (p. 147, l. 2).

Adrecier (p. 168, l. 7), réparer un tort. Voy. *Amender*.

Advenant (p. 211, l. 23; p. 213, l. 11), part d'un héritier, ce qui lui revient. Cpr. *Aferant* (p. 222, l. 11).

Adveour, *aveour* (p. 477, art. 31, et suiv.; p. 478, art. 34-35; p. 514, art. 30), demandeur, celui qui *avoue*, c'est-à-dire qui affirme quelque chose à son profit. Voy. *Avou*.

Advoour (p. 202, l. 28), forme ancienne de *Adveour*.

Advoultère (p. 258, l. 19), adultère.

Affermer [*une exoine*] (p. 81, l. 8), affirmer sous serment. Cp. *Afermement* (p. 83, l. 21). Cpr. p. 82, l. 1; p. 84, l. 26; p. 184, l. 10.

Afforer, *aforer* (p. 239, l. 3; p. 285, l. 4), estimer, évaluer.

Aguestours de chemins (p. 140, l. 22; p. 142, l. 17; p. 153, l. 6), voleurs de grands chemins.

Aguet (p. 173, l. 28; p. 181, l. 23), piège, embûche.

Ainczois, *Ainz*, avant, plutôt, de préférence.

Aisible (p. 223, l. 1), aisé, commode.

Ajugier pour tout le defenssour (p. 196, l. 14). Cpr. p. 193, l. 10.

Alloé ou *Alloué*, procureur (p. 134,

l. 13 et 26; p. 138, l. 12). C'était aussi le nom du magistrat tenant le premier rang dans les Cours ducales après le sénéchal (p. 431-432, n° 81).

Alloer la cause [sur quelqu'un], (p. 148, l. 12 et 15; p. 161, l. 24), charger quelqu'un d'agir.

Allouyse (p. 517, art. 54; p. 518, l. 8), procuration. Cf : « sans autre procuration ne allouise », dans un acte de 1322 (Morice, *Preuves*, t. I, col. 1350). Godefroy traduit à tort par charge de judicature (*Diction. de l'ancienne langue française*, t. I, p. 225).

Amenbrance (p. 183, l. 29; p, 184, l. 2), action d'*amenbrer*. Voy. ce mot.

Amenbrer (p. 183, l. 26 et suiv.). Ce mot, qui s'oppose à *desmenbrer*, vient-il de *membre* ou de *menbrance*, mémoire? Voy. *Desmenbrer*.

Amender par peccune (p. 180, l. 21 et 27), indemniser.

Amis charnels (p. 515, l. 14), parents. *Les prochains amis* (p. 158, l. 27). *Le conseil des amis* (p. 125, l. 15).

Ampans (p. 477, art. 29), variante de *apens*. Voy. ce mot.

Anceserie (p. 175, l. 22; p. 186, l. 30), lignée des ancêtres, et, par extension, ancienne origine.

Ancis (p. 474, l. 8), meurtre [d'un enfant non né].

Anerage, faute de copie dans certains manuscrits pour *avenage* (voy. ce mot). Le manuscrit de l'Arsenal porte en note, au f° 76 v°, d'une écriture du XVIIIe siècle : « c'est-à-dire corvées; *ober anairou* signifie en bas-breton : faire corvées ». — *Aner* = corvée (Le Gonidec, *Diction. breton-français*, p. 120). — M. Godefroy donne *Average* = corvée (*Diction. de l'anc. langue française*, t. I, p. 519).

Ansement (p. 336, l. 35), pareillement.

Ante (p. 208, l. 17; p. 210, l. 7), du latin *amita*, tante.

Apaier, calmer (p. 180, l. 15 et 29).

Apens, réflexion, critique. *Apens à dire sur les tesmoingz* (p. 203, l. 12).

Apert (p. 141, l. 26; p. 198, l. 19), évident, patent.

Appansé (p. 176, l. 28), prémédité, et non pas suspendu, comme le dit M. Brachet (*Diction. Étymologique*, 4e édit., p. 273, v° guet). *Aguet appensé* (p. 176, l. 28; p. 181, l. 23), guet-apens.

Apparager (p. 214, l. 24 et 28), marier à quelqu'un de même condition.

Appenséement (p. 263, l. 26), avec intention.

Appeler, tantôt faire appel (p. 306, l. 22); et tantôt accuser (p. 139, l. 28; p. 140, l. 6; p. 163, l. 30).

Appiert [*Il*] (p. 131, l. 12), il est clair. Cpr. *Appierge* (p. 90, l. 17).

Applegement. Voy. *Plegement*.

Appurer (p. 182, l. 17; p. 281, l. 13; etc.), constater. Voy. *Jugié*.

Ara, araint, pour *aura, auraient* (p. 185, l. 9; p. 267, l. 30; etc.)

Aray, *Arey*, arroi, disposition, arrangement. *Faire hardiece sanz aray* (p. 75, l. 10). *L'arey des chevaux* (p. 208, l. 6).

Ardoir (p. 189, l. 20), *ardre* (p. 142, l. 17), brûler.

Ardours de mesons (p. 140, l. 23; p. 153, l. 6), incendiaires.

Argourou (p. 513, art. 21), du breton *argyvreu*, douaire.

Arme (p. 74, l. 15; p. 135, l. 5; p. 235, l. 22), âme.

Ars (p. 153, l. 7), *Arz* (p. 168, l. 22), brûlé. *Arce* (p. 505, art. 6).

Arsseiz (p. 154, l. 10), incendie.

Asourement. Voy. *Assourement*.

Assairs (p. 243, l. 13; p. 285, l. 13), faire assiette. *Se assairs* (p. 240, l. 13), s'asseoir.

Assavoir mon. Voy. *Mon*.

Assens (p. 414, l. 10), mise à cens, acensement.

Assentement (p. 96, l. 21; p. 97, l. 6, etc.), consentement. Peut être fait de trois façons (p. 257, l. 7).

Asseur, à l'abri. *Estre asseur du fait* (p. 276, l. 22), ne pouvoir être inquiété par la justice.

Assiete (p. 198, l. 15; p. 214, l. 14; p. 215, l. 12; etc.), action d'assigner à quelqu'un des rentes dues par des tenanciers. « Chez nous asseoir n'est pas seulement affecter ou assigner, mais transporter et fundum æstimatum in solutum dare » (Hévin, *Notes inédites*, arch. Ille-et-Vilaine).

Assiener (p. 288, l. 27; p. 289, l. 5), partager. *B C D E F G I K P Q S* donnent *essener* ou une variante de ce mot. Dans tous les autres manuscrits le mot a été défiguré.

Assigner (*s'*), s'assurer de, se saisir, se munir. *S'assigner de l'amende* (p. 185, l. 15). — Cf. p. 146, l. 26, p. 189, l. 3.

Assignement (p. 100, l. 6; p. 120, l. 15; p. 245, l. 1; p. 271, l. 23), sûreté, gage. *Le créancier a les assignemenz* (p. 304, l. 29).

Assise, loi votée dans un Parlement général; ancien nom des constitutions de Parlement. Voy. le *Répertoire alphabétique*.

Assoue (p. 284, l. 2). Voy. *Soue*.

Assourement (p. 145, l. 22 et 29), accusation.

Assorer et *assourer* (p. 146, l. 16; p. 147, l. 23; p. 148, l. 28; p. 179, l. 15 et 19; p. 181, l. 11 et 14), accuser. Ce mot ne paraît pas avoir été rencontré jusqu'ici dans d'autres textes que la Coutume de Bretagne. Il vient peut-être de *assecurare*, mettre en lieu sûr, parce que les personnes accusées de crime étaient emprisonnées.

Atachier (*s'*), s'attaquer. *S'atachier aux pleges* (p. 269, l. 29). *Se pout le mounier atachier à la farine* (p. 248, l. 19).

Ataindre, convaincre, prouver. *Estre ataint du fait* (p. 149, l. 20; p. 151, l. 25. *Ataindre sa querelle* (p. 269, l. 30). Cf. p. 119, l. 16.

Atouchier, toucher, prendre en mains. *Atouchier à la saisine*, (p. 109, l. 11). Cf. *ibid.*, l. 6. *Atouchier ou fié et s'en saisir* (p. 227, l. 26-27).

Atourz (p. 92, l. 10), corsages, par opposition à *robes*.

Atraire, attirer (p. 108, l. 5; p. 244, l. 12), et par extension acquérir un bien (p. 255, l. 5).

Atrempement (p. 75, l. 5; p. 207, l. 3 et 6; p. 301, l. 16), corruption de *atemprement*, modération, action de tempérer.

Atrez (p. 264, l. 18), provisions.

Attenance (p. 75, l. 13), abstinence, empire sur soi.

Auccion (p. 106, l. 3), action en justice. *Avoir aucion de destroit* [en parlant d'un moulin] (p. 245, l. 29), avoir droit de contrainte.

Auctour (p. 294, l. 16), acteur, demandeur en justice.

Aumaille (p. 268, l. 30; p. 269, l. 4), *animalia*, bestiaux.

Aumosne (p. 114, l. 12), legs.

Aumosniers (p. 300, l. 30; p. 301, l. 5), exécuteurs testamentaires.

Aut, *Augent*, formes du subjonctif de *aler* (p. 169, l. 13; p. 246, l. 17; p. 354, art. 30).

Avairs (p. 191, ch. 184; p. 264, l. 1; p. 288, l. 21), *averia*, bestiaux. *Avairs de cherrue* (p. 263, l. 26). *Menuz avairs* (p. 268, l. 25). Dans son *Glossaire inédit*, Hévin donne *avoirer* et *avoirement* pour « fournir du bétail au fermier. »

Avaluement (p. 93, l. 15; p. 95,

l. 20; p. 105, l. 19), évaluation des terres dans la procédure de la saisie. *Avaluement ne aproprie pas* (p. 105, l. 19). *Eschange faite avaluant ou au pris* (p. 222, l. 23).

Avanz (p. 270, l. 11), avantage. *Nul avanz ne autre guaigne* (p. 257, l. 23).

Avenage (p. 226, l. 22; p. 342, l. 15), rente en avoine, et par extension toutes redevances dues par les terres roturières.

Avenant (p. 90, l. 6), convenable. Cpr. *Advenante pourvéance* (p. 211, l. 8); *Avenaument* (p. 90, l. 10). Voy. *Advenant.*

Avenantement (p. 103, l. 25). Ce mot, très fréquent dans les actes, ne se trouve qu'une seule fois dans la Coutume (Cpr. p. 512, art. 18). C'était une voie d'exécution qui consistait à donner au créancier son *avenant*, c'est-à-dire des terres et rentes du débiteur jusqu'à concurrence de sa dette (ch. 297).

Avenantour (p. 104, l. 22), expert chargé de faire un avenantement. Voy. les exemples décisifs que donne le *Dictionnaire de l'ancienne langue française*, de Godefroy, v° Avenantor.

Aventure (p. 133, l. 6), chance mauvaise. *Chose prise à faire par aventure* (p. 288, l. 8), entreprise aux risques de l'une des parties.

Avillainer (p. 191, l. 6), endommager, nuire à quelqu'un.

Avocaz d'Assise (p. 418, l. 4), avocats ayant juré l'*Assise des plédeours.*

Avoetre (p. 260, l. 17), celui qui a commis un adultère.

Avour. Voy. *Adveour.*

Avou (p. 164, l. 5; p. 177, l. 19 et 23; p. 179, l. 7; p. 184, l. 15; etc.), ce qui est affirmé par le demandeur.

Avouerie [*avoir*] (p. 171, l. 15; p. 172, l. 11 et 26), être réclamée (en parlant d'une chose). Cpr. p. 157, ch. 122.

B

Baidre (p. 214, l. 7; p. 240, l. 15; p. 279, l. 23 et suiv.), bailler.

Baige (p. 125, l. 18), subj. de *baidre.*

Bail (p. 231, l. 26; p. 232, l. 14), droit pour le seigneur de prendre en sa main le fief de son vassal échu à un enfant.

Baillée (p. 436, l. 16 et 21), bail à domaine congéable.

Bannissours (p. 104, l. 9 et 11), celui qui fait bannir un contrat.

Baral (p. 96, l. 9), fraude. *Ceulx qui panssent les baraz* (p. 304, l. 33).

Barre de jugé (p. 306, l. 12 et 18), exception de chose jugée. « *Barroyer*, user d'exceptions, dans Bouteiller, lequel mot Charondas n'a pas entendu » (Hévin, *Glossaire inédit*, arch. Ille-et-Vil.)

Bataille, duel judiciaire. *Bataille jugiée* (p. 160, l. 13; p. 165, l. 4), duel ordonné par justice. *Bataille desconfitte* (p. 163, l. 8).

Baudra (p. 128, l. 2), du verbe *baudre*, variante de *baidre*. Cf. *Baidra* (p. 125, l. 12; p. 211, l. 16).

Baus (p. 291, l. 17), pluriel de *bal*, danses.

Bienfait (p. 209, l. 22; p. 211, l. 21, etc.), jouissance viagère concédée par un aîné à son juveigneur.

Bienfeitour (p. 212, l. 24; p. 280, l. 2), celui qui tient une terre par bienfait.

Blecement (p. 127, l. 31), lésion, dommage. *Serment de blecement* (p. 127, l. 25), serment du tuteur qui rappelle l'ancienne *cautio rem pupilli salvam fore* du droit romain. Cpr. p. 126, l. 21.

Bonner, borner. *Bonner les vayes* (p. 250, l. 7 et 15), délimiter les chemins. Cf. p. 297, l. 5.

Bonnes, bornes. *Bonnes arrachiées* (p. 153, l. 28; p. 196, l. 19). *Bonnes chaistes, fausses bonnes* (p. 250, l. 19 et 24).

Bonté, don, avantage procuré à quelqu'un, gratuitement ou en sus des stipulations d'un contrat (p. 223, l. 7; p. 248, l. 26; p. 293, l. 21 et 26). *Prendre aucune bonté pour faire un féage* (p. 256, l. 7 et 15), se faire donner des deniers d'entrée. *Bonté faicte ou bourse desliée* (p. 124, l. 9).

Bosces (p. 384, l. 26), boises, bûches.

Bouclier (p. 52, l. 7). *Jeu de bouclier* [?].

Bougre (p. 168, l. 19), hérétique.

Bourse commune (p. 417, l. 18; p. 418, l. 14 et 32), entreprise commune, société de commerce. Cpr. p. 434, art. 6. *Bourse coutumière* (p. 403, nº 64; p. 434, art. 6). *Bourse desliée* (p. 124, l. 9).

Brandon, morceau d'étoffe ou bouchon de paille au haut d'un pieu fixé en terre, qu'on plaçait sur un champ pour indiquer que l'entrée en était interdite. *Brandon peceyé* (p. 117, l. 20; p. 286, l. 1).

Brandonner, mettre des brandons sur une terre. *Brandonner ses terres* (p. 266, l. 24 et 32), les mettre en défense. *Pré brandonné* (p. 266, l. 25). *Terres coustivables qui ne sont brandonnées* (p. 267, l. 16). Dans la Coutume bretonne ce mot n'a jamais le sens de « saisir ».

C

Cabusour (p. 295, l. 1), trompeur qui use de *cabuses* ou artifices.

Cavilleux (p. 423, l. 2), *Gavillouses* (p. 75, l. 25). Voy. *Gavillacions*.

Censage (p. 192, l. 12), féage roturier.

Ceul, pris au neutre pour désigner l'ensemble des biens d'une personne. *Ceul au minour* (p. 126, l. 24); *ceul au vaincu* (p. 163, l. 10); *ceul es estranges gienz* (p. 262, l. 6); *ceul au mari* (p. 292, l. 5); *ceul es hoirs* (p. 292, l. 15). On trouve de même, *le suen* (p. 79, l. 11; p. 94, l. 24; p. 310, l. 22); *le lour* (p. 75, l. 15; p. 128, l. 24).

Chaeste (p. 185, l. 11), chute, rejet (d'un contredit). Cpr. p. 190, l. 10.

Chairs (p. 98, l. 9), tomber.

Chaist (p. 122, l. 14; p. 267, l. 1), participe du verbe *chair*, tomber, échoir.

Chalangier ou *Chalongier* (p. 164, l. 22), contester. *Chalongier la loi* (p. 165, l. 1; cf. p. 181, l. 32).

Chalonge (p. 512, art. 18; p. 513, art. 23 et 24), réclamation judiciaire, opposition.

Chambellage (p. 228, l. 14), droit payé au seigneur par le nouveau vassal.

Chambres coayes (p. 175, l. 3; p. 191, l. 5), cabinets d'aisances. Cpr. *Recaiz*.

Chastriz (p. 269, l. 11), moutons.

Chataux (p. 324, l. 17), meubles.

Chaust (p. 174, l. 17), du verbe *chaloir*, être d'importance.

Cheir, tomber. *Il chiet en plus grant paine* (p. 103, l. 1). Cpr. p. 111, l. 18; p. 119, l. 20.

Chesé (p. 505, art. 4), maison.

Cheraistre (p. 151, l. 21; p. 152, l. 14), de *capistrum*, licou dans lequel on pendait aux portes de la ville l'effigie du condamné par contumace. On en voit un exemple dans l'arrêt de 1420 condamnant les Penthièvre pour félonie (Lobineau, *Preuves*, col. 960-961).

Chevauchiée (p. 233, l. 6; p. 252, l. 30), chevauchée, obligation féodale.

Chief, fin. *Venir à bon chief* (p. 75, l. 11), venir à bout d'une entreprise. *Ou chief du champ* (p. 172, l. 29).

Chiege, subj. du verbe *cheir* (p. 138, l. 23).

Chier respons (p. 85, l. 23; p. 160, l. 26; p. 203, l. 1 et suiv.), pour *chef respons*, réponse donnée par le défendeur sur le fond de la demande. Ainsi nommé parce qu'on le donnait en dernier lieu, après avoir épuisé tous les moyens dilatoires (p. 160, l. 17 et 26).

Choais de lay, voy. *Lay*.

Cion (p. 268, l. 31), coupe. *Cion de tailleiz*.

Clein (p. 123, l. 24; p. 178, l. 5; p. 201, l. 19), réclamation, demande en justice. *Clein commun sur fait contraire* (p. 514, art. 31).

Cliver (p. 308, l. 14), incliner, pencher, du latin *clivus*.

Colée (p. 120, l. 26), coup.

Commandemenz de la loy (p. 168, l. 18; p. 241, l. 18).

Commune de paroesse ou de faire ou de marchié (p. 82, l. 26; p. 116, l. 2; p. 144, l. 19; p. 152, l. 19; etc.). Se dit des crimes commis publiquement. D'après une note anonyme, 10 hommes faisaient paroisse, c'est-à-dire suffisaient à rendre un crime notoire (p. 144, note 1).

Communes (p. 250, l. 16), terres vagues.

Condicion, état des personnes. *Gens de basse condicion* (p. 95, l. 8; p. 99, l. 10; p. 207, l. 23; p. 217, l. 13).

Condicion, convention particulière. *S'il n'y a gré ou autre condicion* (p. 95, l. 22; cf. p. 192. l. 2). *Condicions sont plus fortes que droit ne que coustumes* (p. 248, l. 14).

Condicionner ou *conducionner* (p. 118, l. 28; p. 119, l. 3), faire une convention [sur une amende].

Congé. Voy. *Menée*.

Connins (p. 272, l. 1 et 2; p. 506, art. 14), lapins.

Conpains (p. 136, l. 1), compagnons, gens de même condition.

Conseil (p. 82, l. 29; p. 83, l. 3; p. 236, l. 4; p. 257, l. 21), avocat.

Constumaces (p. 117, l. 4), défaut, résistance du défendeur.

Contenz, *contemps*, procès, affaires contentieuses. *L'en doit touz contempz eschiver* (p. 271, l. 32).

Contredit (p. 182 et suiv.). ancienne procédure d'appel propre à la Bretagne.

Convenance, contrat. *La convenance du mariage* (p. 99, l. 2).

Convenant (p. 294, l. 26, p. 305, l. 7). Toujours pris dans le sens de contrat dans la coutume, qui ne parle pas du domaine congéable. Pris pour « domaines congéables » dans les constitutions de Parlement. Ex. en 1455 (p. 436, l. 7 et 14).

Convenir (p. 89, l. 6; p. 94, l. 6; etc.), assigner.

Coupe (p. 157, l. 9; p. 304, l. 28), *culpa*, faute. *Il chiet en coupe* (p. 126, l. 27).

Courage (p. 119, l. 6; p. 172, l. 18), intention. *Maurès courage* (p. 191, l. 13).

Courrataille (p. 384, l. 21), courtage, entremise.

Courre en l'acquit de... (p. 290, l. 28), être vendu pour paier les dettes de quelqu'un. Cpr. p. 253, l. 4.

Coustages (p. 95, l. 17; p. 167, l. 12; p. 171, l. 24; p. 279, l. 14 et 24), frais. *Les coustages des noces* (p. 208, l. 2).

Cousterel ou *Costerel* (p. 373, l. 20), mesure pour les liquides.

Coustume [*se sauver par la*], se purger d'une accusation par serment, par opposition à *attendre la garantie* (p. 144, l. 22; p. 146, l. 3; p. 152, l. 16; p. 173, l. 10; p. 179, l. 16).

Crays, croît des animaux. *Avairs baillez à crays* (p. 288, l. 21-22).

Cri (p. 173, l. 19), appel à haute voix en public. *Lever le cri* (p. 151, l. 7; p. 169, l. 2 et 13). Voy. *Fou.*

Crier [les bannies] (p. 171, l. 12).

Crimer (p. 169, l. 10; p. 205, l. 30; etc.), accuser d'un crime.

Criours de vin (p. 175, l. 2).

Cuidance (p. 249, l. 1), opinion.

Cuider (p. 123, l. 7; p. 127, l. 5; etc.), penser.

Cuidroit (p. 214, l. 20). Forme douteuse d'un verbe qui paraît être *queillir* ou *cuillir*, pris dans le sens de *accepter*. Voy. les variantes données aux notes 1 et 2, p. 214. Voy. les verbes *cueillier* et *cueillir* dans le *Dictionnaire de l'ancienne langue française*, de Godefroy, t. II, p. 392, col. 1 et 2). Cpr. *Acuelloit* et *Raquieudre.*

Cute (p. 352, l. 8), cachette.

D

Daye (p. 77, l. 16; p. 176, l. dernière, etc.), du verbe *devoir.*

Déan (p. 273, l. 11), doyen.

Debtour, débiteur. Pris parfois dans le sens de créancier : *Paier les debtours* (p. 292, l. 19).

Decepte (p. 97, l. 20; p. 98, l. 1), cause de déception, lésion.

Decerner, pris dans le sens de séparer : *decerneroit le sourplus* (p. 196, l. 13). Cpr. *Cerner* (p. 196, l. 4).

Deffairs (p. 263, l. 12, 28, 29; p. 267, l. 8, etc.), *deffais* (p. 271, l. 28), terres dont l'entrée est interdite. Vient de *defois*, interdiction, défense.

Degenner (p. 52, l. 7), pour *degaaner*, railler.

Delair (p. 264, l. 17), décembre.

Delès (p. 110, l. 20), action de délaisser.

Delivrances (p. 140, l. 2). Se disait de tous actes juridiques, faits en justice ou autrement : *passages de lettres ou autres delivrances* (p. 122, l. 12). Cf. p. 242, l. 1 et 8.

Delivre (p. 145, l. 1; p. 146, l. 1), libre. *Estre au delivre* (p. 173, l. 14-15; p. 270, l. 6), n'avoir plus rien à démêler avec la justice. *Mettre les bestes au delivre* (p. 271, l. 6).

Delivrer, faire les delivrances. *Delivré à droit* (p. 163, l. 24). Cf. p. 84, l. 5 et 16. *Se delivrer* (p. 77, l. 1 et 2).

Demaine (p. 254, l. 15 et 16; p. 381, l. 6), domaine, par opposition au fief. Voy. *Ademainier.*

Demené (p. 193, l. 27; p. 201, l. 10), façon dont une procédure a été conduite, les actes déjà faits.

Demourant [*de plez*] (p. 241, l. 30), affaires renvoyées à une autre tenue des plaids.

Deparge (p. 228, l. 19), subj. de *departir*, séparer, diviser. *Departi* (p. 113, l. 4), loti. *Departi* (p. 122, l. 9; p. 197, l. 23), congédié, renvoyé.

Deresne (p. 86, l. 16, 18, 20; p. 283, l. 29; etc.), action de rendre compte. *Deresner les despens* (p. 200, l. 17).

Derrain, dernier. *Le derrain fait doit aler le premier* (p. 89, l. 4; p. 252, l. 11).

Desblames, excuses, justifications. *Les desblames à la partie* (p. 235, l. 6).

Descendre (p. 219, l. 1; p. 227, l. 21), mourir.

Descens (p. 91, l. 7; p. 212, l. 24; p. 218, l. 11), décès.

Descensse, succession. *Partage de la descensse de l'année* (p. 84, l. 13). *Descensses venues de nouvel* (p. 125, l. 4 et 6).

Desdisours (p. 104, l. 10), celui qui nie ou contredit.

Desgage (p. 282, l. 12). *Garder à desgage*, laisser au débiteur le temps de libérer les gages.

Desme (p. 199, l. 24 et suiv.; p. 209, l. 1; p. 287, l. 27), dîme.

Desmenbrer (p. 183, l. 26 et suiv.). Ce verbe semble se rattacher à *memorari* plutôt qu'à *membrum*. *Desmenbrer les deflailles* (p. 200, l. 14), n'est-ce pas discuter le record apporté en justice ?

Desmesurer [*se*] (p. 207, l. 2; p. 254, l. 8), dépasser les bornes de la raison ou de la justice.

Desnuer (p. 186, l. 18 et 25), dépouiller.

Despecier (p. 88, l. 22; p. 117, l. 2; p. 128, l. 13; p. 129, l. 19; etc.), mettre en pièces, détruire, faire tomber un acte, contrat, etc.

Despeille (p. 113, l. 22; p. 194, l. 22; p. 246, l. 6; p. 251, l. 30; etc.), dépossession violente.

Despeillier (p. 102, l. 24), spolier.

Despire (p. 73, l. 8), mépriser, offenser.

Desservir (p. 156, l. 14; p. 168, l. 11; p. 278, l. 8), mériter.

Desseu [*à son*] (p. 98, l. 1 et 7), à son insu.

Destourber (p. 75, l. 26; p. 118, l. 2), empêcher.

Destraindre, tantôt resserrer, restreindre : *destraindre la cause* (p. 297, l. 17), *se destraindre à sa testée* (p. 192, l. 28); tantôt poursuivre, contraindre : *hommes destrainz de aler au moulin* (p. 246, l. 15). Cf. p. 312, l. 14.

Destroit (p. 245, l. 29; p. 248, l. 21 et 22), contrainte; spécialement à propos des moulins pour désigner leur banlieue.

Desvayer (p. 108, l. 27), détourner, égarer.

Detraire (p. 213, l. 25), tirer en sens contraire, contredire.

Dette (p. 187, l. 18), participe de *duire*, diriger.

Devaié (p. 309, l. 13). Voy. *Devéer*.

Devéement (p. 159, l. 12), refus.

Devéer (p. 159, l. 9, 10, 16, 18, etc.; p. 236, l. 4; p. 289, l. 15, etc.); *Devayer* (p. 187, l. 10); *Deveier* (p. 265, l. 19); refuser, défendre.

Devis (p. 214, l. 16). Voy. *Divis*.

Dex (p. 74, l. 7; p. 174, l. 17); Dieu. Cpr. *Diex* (p. 225, l. 16).

Divis, *Divise*, ce qui est dit ou écrit. *Le divis du marché* (p. 97, l. 19). *Le divis des parolles* (p. 200, l. 1). Cf. p. 259, l. 19; p. 294, l. 26; p. 300, l. 8.

Divisier (p. 52, l. 29; p. 97, l. 17; p. 199, l. 31; etc.), parler, expliquer. *Ceulx divisoint les coustumes* (p. 52, l. 23).

Diz [*Jeu des*] (p. 52, l. 7), jeu des dés.

Doigent (p. 118, l. 3), subjonctif de *devoir*. Cpr. *Daige*, *Vieulge*, etc.

Dolez (p. 312, l. 5), participe du verbe *se doler*, encore usité en Bretagne pour *se plaindre*. Voy. *Douldroit*.

Doliance (p. 169, l. 26; p. 186, l. 15), plainte. *Doliances par accusement et par denonciement* (p. 113, l. 16). *Doliances qui descendent sur crime* (p. 169, l. 26). Cpr. p. 138, l. 23.

Domantres (p. 324, l. 15), pendant, tandis.

Donge (p. 202, l. 20), contraction pour *donege*.

Donne (p. 215, l. 22; p. 219, l. 8 et 18), donation.

Doubler (p. 160, l. 3; p. 309, l. 27 et 30), craindre. *Se doubter* (p. 294, l. 27), se méfier; (p. 297, l. 31), être dans l'incertitude.

Dougez [*Draps*] (p. 391, art. 9), draps fins. M. Godefroy donne un seul exemple de ce mot, également d'origine bretonne.

Douldroit [*se*] (p. 217, l. 24), se plaindrait. Cf. *Doulst* (p. 172, l. 28). — *S'en dolist* (p. 81, l. 6; p. 121, l. 11; p. 159, l. 1). Voy. *Dolez*.

Doux (p. 90, l. 3; p. 100, l. 29), deux.

Droiture (p. 89, l. 26; p. 109, l. 5; p. 216, l. 22; p. 248, l. 28 et 29), toutes sortes de droits utiles, rentes, etc.

E

Ediffier (p. 51, l. 7), employé pour désigner tous les travaux utiles faits sur les champs.

Embatre [*s'*] (p. 76, l. 5 et 11; p. 187, l. 6), se précipiter, s'attaquer avec vivacité.

Emble (p. 118, l. 19; p. 302, l. 17, etc.), action de dérober quelque chose.

Empectrier (p. 122, l. 16-17), obtenir.

Emprendre (p. 75, l. 4; p. 76, l. 4), entreprendre, commencer.

Encourre (p. 290, l. 14; p. 292, l. 16), être exposé à la poursuite des créanciers [en parlant des biens]. Voy. *Courre*.

Endemendres (p. 332, l. 34). Voy. *Domantres*.

Engignier, machiner. *Engignier cleins et contrediz* (p. 201, l. 18 et suiv.; p. 240, l. 18). *Engignours de contempz* (p. 274, l. 9).

Enhoudey (p. 262, l. 20; p. 269, l. 15), qui a des *heudes* ou entraves aux pieds. *Enheuder* s'emploie encore en Bretagne.

Enlayer, enleyer (p. 123, l. 19; p. 129, l. 19; p. 177, l. 22). Mettre « à choix de loi », déférer le serment.

Enpléer (p. 305, l. 16), employer.

Enramie, convenue par serment. *Bataille enramie* (p. 139, l. 24); *ley enramie* (p. 263, l. 16).

Ensourquetout (p. 165, l. 13), pardessus tout.

Entendre, dans le sens de *intendere*, avoir l'intention de... (p. 94, l. 13). Cpr. p. 310, l. 23.

Entente (p. 164, l. 5; p. 184, l. 7), intention. *Herbregerie en entente de demoure* (p. 260, l. 12), domicile. *Pour entente de ses moz prouver* (p. 202, l. 22).

Enterinance (p. 276, l. 26; p. 286, l. 18; etc.), accomplissement. Quelquefois gage, sûreté : *Enterinances gardées soubz main de justice* (p. 287, l. 12). Cpr. *Enterinement* (p. 323, l. 18).

Entredire (p. 133, l. 16, 28), interdire.

Envait (p. 85, l. 2), du verbe *envair*, attaquer, marcher sur.

Envoier (p. 182, l. 9), absoudre.

Eraint (p. 283, l. 20), 3e pers. plur. indicatif imparfait de *estre*.

Ert (p. 51, l. 18, 19; etc.; fréquent), 3e pers. sing. mêmes temps et verbe.

Esbrandi (p. 189, l. 31), allumé [en parlant d'un incendie]. C'est le seul exemple de ce mot que donne M. Godefroy.

Eschaite (p. 210, l. 4; p. 211, l. 23; etc.), succession.

Escharpellerie (p. 474, l. 10), brigandage.

Escorchours de chevalx (p. 174, l. 24; p. 393, art. 16).

Escourre (p. 268, l. 1 et 8), reprendre par violence. *Ceulx qui escouent leurs avairs* (p. 267, l. 32). *Escouaient* (p. 271, l. 1). *Escoait* p. 118, l. 9).

Escousse (p. 117, l. 21; p. 268, l. 13; p. 286, l. 1; p. 303, l. 8), action de secouer, attaque avec violence (pour dépouiller quelqu'un, pour tirer un malfaiteur des mains du sergent, etc.).

Escreus (p. 219, l. 26), part. passé du verbe *escroitre*, pousser.

Escue de joute (p. 208, l. 5).

Esgailler (p. 90, l. 3; p. 236, l. 12; p. 418, l. 20), égaliser, faire des parts égales.

Esligement (p. 437, l. dernière), recette [d'une amende].

Esmoute de guerre (p. 253, l. 18).

Espan (p. 348, art. 10). *Espens* (p. 391, l. 22 et 23). *L'espan* était une mesure de la largeur d'une main.

Espioint (p. 310, l. 2), épiaient? Peut-être pour *espillioint*, du verbe *espillier*, piller.

Esplet, acte judiciaire. *Tourner sur esplez* (p. 78, l. 13; p. 88, l. 27). Cpr. p. 85, l. 15, et p. 88, l. 9. Voy. *Procès*.

Espletement (p. 283, l. 24). Voy. *Explectier*.

Espoenté (p. 243, l. 3), épouvanté.

Espoir (p. 389, l. 8 et suiv.), peut-être.

Espouvriz (p. 243, l. 6), pour *espaouriz*, épeurés, effrayés.

Essauciée (p. 311, l. 7), élevée. *Essaucier justice* (p. 242, l. 29).

Essiever (p. 51, l. 10), vider les eaux d'un marécage, dessécher.

Estable [*personne*] (p. 97, l. 22; p. 135, l. 17; p. 137, l. 4), qui est solide, solvable. *Contrat estable* (p. 205, l. 24), contrat valable.

Esteut (p. 134, l. 29; p. 238, l. 14). Voy. *Estuet*.

Ester à droit (p. 121, l. 15; p. 124, l. 25; etc.), se présenter en justice.

Ester [*Lesser*] (p. 294, l. 7 et 8), laisser là, ne plus s'occuper de.

Estorement (p. 390, l. 11), provision, choses nécessaires à la vie.

Estovoir (p. 92, l. 7), ce qui *estuet*, c'est-à-dire ce qui est nécessaire, tout ce dont une personne a besoin.

Estraient (p. 256, l. 19), du verbe *eistre*, synonyme de *eissir* ou *yssir*, sortir. Il signifie ici provenir, être produit.

Estuet (p. 127, l. 32; p. 177, l. 23; p. 252, l. 8; p. 264, l. 3 et 7), du verbe *estovoir*, falloir, être nécessaire.

Esve (p. 248, l. 30), eau. *Batre l'esve* (p. 51, l. 13), faire un travail stérile.

Eve (p. 153, l. 26; p. 245, l. 29), eau.

Exoine (p. 80, ch. 12 et suiv.), excuse dispensant une partie de comparaître en justice. Voy. *Affermer*.

Exoiniours (p. 84, l. 28 et 29), celui qui fait valoir une exoine.

Explectier (p. 171, l. 9 et 16; p. 282, l. 12 et suiv.), faire des *explets* ou actes judiciaires. Se disait spécialement pour la vente des choses prises en gage : *Expletement des gages* (p. 282, l. 13 et suiv. Cpr. p. 303, l. 4). *Explecter par jugement* (p. 305, l. 27).

Extorsienneux (p. 295, l. 5), entaché de violence.

F

Fain (p. 255, l. 8; p. 264, l. 20), foin.

Faingnist (p. 223, l. 2), du verbe *faindre*.

Faire, pour *foire*, du latin *feria*.

Faitiz (p. 475, art. 15), adjectif pris substantivement; ce qui est du ménage, de la maison.

Fallace (p. 307, l. 4; p. 312, l. 16), tromperie.

Faramine (p. 273, l. 21), les bêtes sauvages, du pluriel latin *feramina*.

Faudra (p. 303, l. 28), du verbe *fallir* ou *faillir*, faire défaut, manquer.

Faux à connins (p. 272, l. 1 et 2), garenne. C'est une variante de *faude*, en latin *falda*, d'après le breton cambrien *ffald* [?], qui désigne toute espèce d'enclos propre à renfermer des animaux (Ducange, *Glossarium latinitatis*, édit. de Niort, t. III, p. 402).

Favour de prouve (p. 123, l. 22), commencement de preuve. Cpr. p. 514, art. 30.

Fé, *Fey* (p. 486, l. 3 et 25), fief.

Féage (p. 95, note 2; p. 222, note 1), contrat d'inféodation; (p. 256, l. 7, 11, etc.), terre tenue en fief roturier. *Féage de fié noble* (p. 222, l. 13).

Féal (p. 235, l. 5); p. 236, l. 17; etc.), qui tient en fief et non pas *fidelis*. *Sergent féal* (dans un minu de la baronnie de Raiz, de 1475), sergent féodé.

Féauté (p. 230, l. 24; p. 231, l. 1), relation féodale de vassal à seigneur.

Féez [*sergents*] (p. 286, l. 23), sergents féodés.

Feis. Voy. *Feys*.

Fembréer (p. 255, l. 9), fumer, couvrir d'engrais. *Framboyer* se dit encore en Bretagne.

Ferme droit (p. 166, l. 7; p. 170, l. 25; p. 256, l. 12-13; p. 258, l. 16 et 19). Cette expression s'applique aux droits des seigneurs justiciers, mais le chap. 265 suppose qu'on peut avoir le ferme droit sans avoir la haute justice.

Fermeure (p. 271, l. 7). Ce qui sert à fermer, serrure.

Festes celebrées des neufs leçons (p. 241, l. 10).

Feur (p. 302, l. 23; p. 303, l. 1), prix, taux,

Feys (p. 84, l. 16), fardeau, charge. *Le feys du testament* (p. 301, l. 8), en parlant des exécuteurs.

Fez, tantôt pour *fiez* = fiefs : *fez es usuriers* (p. 241, l. 22; Cpr. p. 276, l. 32); tantôt pour *fets* = faits : *fez estranges* (p. 237, l. 28).

Fiancer (p. 114, l. 19; p. 244, l. 7; p. 294, l. 22), promettre en engageant sa foi par un geste de la main. Sur cette variété de contrat formaliste au Moyen-Age, voy. Esmein, *Etudes sur les contrats dans le très ancien droit français*, pp. 95-104.

Fié, fief. *Fié noble* (p. 90, l. 5; p. 218, l. 20; etc.). *Fié roturier* (p. 255, l. 22; p. 269, l. 21). Cpr. p. 254, l. 12.

Fiert (p. 120, l. 3, 19; etc.), 3e pers. sing. ind. prés. du verbe *ferir*, frapper.

Finaison (p. 294, l. 32), convention, accord.

Finporter (p. 84, l. 14; etc.), procédure destinée à faire mettre en cause tous les parents qui avaient intérêt en l'affaire. On trouve aussi *porter fi.* (p. 100, l. 24). Cpr. *Que fin li port* (p. 142, l. 20).

Flenin (p. 468, n° 3), sorte de bateau. Manque dans Godefroy.

Folaement (p. 299, l. 32), folle conduite.

Folaier (p. 133, l. 25), faire des folies.

Fondours (p. 170, l. 27), fondateur.

Fons (p. 269, l. 13), faons, jeunes animaux.

Fonz (p. 51, l. 3; p. 254, l. 15), fonds de terre.

Forban (p. 149, l. 23; p. 150, l. 2), bannissement.

Fortrete (p. 291, l. 9), détournée.

Fortune, chance bonne ou mauvaise. *Cas de fortune* (p. 119, l. 5; p. 253, l. 24), accident. *Fortune de fou* (p. 191, l. 24), incendie accidentel. *Fortune de seigneur* (p. 311, l. 25).

Fou (p. 189, l. 15, 24; etc.), feu, incendie. *Cri de fou* (p. 170, l. 11; p. 254, l. 4), appel au secours. *Cognoessance du fou* (p. 168, l. 23, 24), droit de condamner au supplice du feu.

Fournir à droit, s'acquitter d'une obligation, principalement de comparaître en justice. *Pleges de fournir à droit* (p. 78, l. 19). *Jurer fournir droit* (p. 79, l. 11). *Caupcion de fournir droit* (p. 122, l. 20). Cpr. *Cavebo et stabo juri*, dans un acte de Pierre Mauclerc (D. Lob., *Pr.*, 402).

Frarays (p. 220, l. 9), succession indivise entre frères.

Frarayschaux, *frarechours*, etc. (p. 95, l. 9 et 13; p. 209, l. 3; p. 220, l. 9), copossesseurs d'un *frarays*.

Frivoles (p. 186, l. 13 et 14), artifices de procédure destinés à retarder le procès. *Appellations frivoleuses* (p. 394, l. 32).

Froesser [son serment] (p. 79, l. 12; p. 183, l. 4), ne pas tenir son serment.

Fromantagium (p. 460, art. 1), rente en froment.

Fuitif (p. 149, l. 14; p. 157, l. 2), fugitif.

Fuster (p. 52, l. 3; p. 443, l. 6 et 16), battre de verges, donner la bastonnade.

G

Gaber [*se*] (p. 51, l. 11; p. 52, l. 3), se moquer, railler.

Gage (p. 181, l. 16), gage de bataille. *Geter son gage* (p. 160, l. 11; p. 165, l. 3).

Gaingne (p. 83, l. 29; p. 86, l. 16; p. 117, l. 7 et 12; p. 201, l. 16 et 17; p. 444, l. 4), gain.

Gaingneries (p. 212, l. 21; p. 264, l. 4; etc.), cultures, récoltes. *Gaingneries en grain* (p. 279, l. 11).

Gaingnier (p. 273, l. 24), labourer. *Terres gaingnables* (p. 213, l. 21). *Demourassent les biens à estre faiz et gaingniez* (p. 308, l. 8).

Garantie (p. 98, l. 12 et 17; p. 139, l. 3; p. 178, l. 11; p. 179, l. 2 et 15; etc.), enquête. *La principal garantie*, par opposition au *reffors*. *Garantie en doit parler* (p. 176, l. 29). *Refus de garantie* (p. 98, l. 12; p. 122, l. 24; p. 123, l. 1). *Prouve de garantie* (p. 263, l. 16-17). Cpr. p. 98, l. 14.

Garde [*de son prochain*] (p. 114, l. 5; p. 125, l. 20; p. 126, l. 3 et 4; p. 127, l. 7 et 8; etc.). *Garde du seigneur* (p. 117, l. 28; p. 155, l. 6; p. 234, l. 11). *Prendre la garde* (p. 84, l. 10).

Garenne (p. 272, l. 4), terre réservée à la chasse. « Et est lad. paroisse ma garenne, dans laquelle aucun ne peut mener chiens sans ma permission. » (Aveu de la seigneurie de Coëtqueu, du 13 janvier 1580, glossaire inédit d'Hévin).

Garir (p. 476, l. 1 et 2), garantir, protéger.

Garnir (p. 190, l. 11 et 17), garantir, protéger.

Gastes [*terres*] (p. 279, l. 22), terrains vagues, non bâtis ou en friche. *Le gast et le vestu* (p. 285, l. 5).

Gastour [*de biens*] (p. 274, l. 17), prodigue. Cpr. *degasteur de biens* (p. 509, l. 6; p. 516, l. 8).

Gavillacions (p. 298, l. 9), mauvaises chicanes. Voy. *Cavilleux*.

Gehine (p. 144, l. 24; p. 145, l. 5; p. 172, l. 19; p. 182, l. 18), torture.

Gelinage (p. 341, art. 7; p. 342, l. 16), rente en *gelines* ou poules.

Genestay, *genestey* (p. 265, l. 3; p. 269, l. 7, 8, 10), terrain couvert de genêt.

Genvre, *gienvre* (p. 52, l. 1; p. 259, l. 14), comparatif de jeune. C'était primitivement le cas sujet singulier de *jovenor*; il est dans la Coutume employé au pluriel.

Geter (p. 221, l. 14; p. 259, l. 28), jeter, expulser.

Gientilfamme dame de soy (p. 135, l. 13), femme noble non mariée.

Goullées (p. 310, l. 8), paroles, criailleries, calomnies.

Graerie (p. 187, l. 6; p. 309, l. 31), complaisance, flatterie.

Graier, *graiere* (p. 310, l. 7), flatteur.

Grayer (p. 123, l. 9), gréer, accorder.

Gré (p. 90, l. 8; p. 95, l. 22; p. 289, l. 3), accord, contrat. *Fournir le gré* (p. 288, l. 3), accomplir la convention. *Etre d'un gré* (p. 212, l. 2; p. 269, l. 22 et 26). *Gré ou fin de plet* (p. 251, l. 19).

Greffages, plantations. *Mettre greffages es heritages* (p. 220, l. 18).

Gregié (p. 216, l. 5), grevé.

Greignour (p. 105, l. 16; p. 161, l. 13), majeur.

Greyer (p. 305, l. 3), promettre, accorder. *Greyé à tesmoign* (p. 174, l. 11), accepté comme témoin.

Griés (p. 89, l. 7), griefs.

Gué (p. 75, l. 13), marée basse permettant de passer à pied.

Guerb, état de la terre abandonnée et déclose après la récolte, de *guerpir*, délaisser. *Temps de guerb* (p. 249, l. 26; p. 266, l. 26); *aler à guerb* (p. 263, l. 27). S'est dit, par extension, du droit de s'emparer des épaves : *avoir guerb es choses adirées* (p. 170, l. 16-17).

Guerez [*d'esté*] (p. 267, l. 18), jachère, terre sans culture.

Guerredon (p. 52, l. 16), récompense.

Guerreier (p. 273, l. 15), guerroyer.

Guestier [*son plegement*] (p. 103, l. 22).

Guestier [*se*] (p. 103, l. 18; p. 112, l. 1; p. 129, l. 2; p. 243, l. 1), se garder.

H

Haicté, gai, excité. *Haicté de vin* (p. 191, l. 14).

Haie (p. 265, l. 3; 269, l. 10), bois.

Herberge et desherberge (p. 495, l. 6), droit du seigneur herbregeur.

Herbregerie (p. 196, l. 5; p. 217, l. 14), logis. *Herbregerie par heritage* (p. 260, l. 8-9).

Herbregeur (p. 488, art. 3 et suiv.; p. 493, art. 2 et suiv.), seigneur justicier ayant le droit d'ensaisiner les tenanciers.

Herbregié (p. 90, l. 10; p. 253, l. 33), logé.

Heritagere [en parlant des filles] (p. 213, l. 12), propriétaire.

Heritaigier (p. 256, l. 5), rendre quelqu'un propriétaire.

Heritier (p. 220, l. 2; p. 512, art. 18), propriétaire.

Hoir principal (p. 90, l. 3; p. 91, l. 18; p. 208, l. 5 et 12; p. 210, l. 3; etc.), l'aîné.

Hongnerie (p. 155, l. 24), grognement, murmure.

Hoqueler (p. 274, l. 8), quereller, chicaner.

Huge (p. 92, l. 10; p. 217, l. 9), coffre.

I

Ileuc (p. 130, l. 18), en ce lieu-là.

Illec (p. 271, l. 18). Voy. *Ileuc.*

Ils (p. 170, l. 18; p. 271, l. 14; p. 283, l. 19; p. 302, l. 1; etc.), elles.

Infourmacion (p. 85, l. 18 et suiv.; p. 150, l. 4 et suiv.), information, preuve par l'enquête.

Inhibicion (p. 276, l. 11), défense.

Intimacion [*o trais tesmoingz*] (p. 149, l. 16; p. 200, l. 10; p. 201, l. 8; p. 240, l. 9; p. 516, art. 43), signification faite dans certaines formes. *Fait assavoir par ban· juques à l'intimacion* (p. 79, l. 7).

J

Jallaye [*de vin*] (p. 373, l. 21), sorte de mesure.

Joste (p. 74, l. 19), auprès de, *juxta.*

Jou (p. 153, l. 14), jeu.

Jou (p. 144, l. 24; p. 145, l. 5), pour *jouise*, jugement, épreuve par le feu ou l'eau.

Jou (p. 265, l. 30; p. 271, l. 25). J'ignore d'où vient cette expression qui n'est peut-être que le mot *jeu.* Le texte porte *aler à jou* pour « errer en liberté » (sens certain).

Jour jugié (p. 82, l. 9; etc.), terme donné par la Cour au défendeur pour délibérer sur ses exceptions ou sur sa réponse; toujours refusé au demandeur.

Jous (p. 144, l. 24). Voy. *Jou.*

Jouste (p. 226, l. 32; p. 240, l. 13), variante de *joste.*

Jouvaignour, puîné. Ce mot s'applique dans la Coutume à tous les enfants autres que l'aîné. « Dans l'Assise, *junior* est mis comme synonyme de *postnatus*, puisné. Nos vieux auteurs les distinguaient. Dans une transaction du 8 juin 1406, entre Raoul de Montfort et ses enfants, d'une part, et le sire de Rieux, d'autre part, les enfants de Montfort sont ainsi désignés : Raoul, aîné; Charles, puisné; Guillaume, juveigneur. L'usement de Rohan prend le mot juveigneur proprement pour le dernier né. » (Hévin, *Glossaire inédit*).

Joux (p. 144, l. 26; p. 145, l. 10). Voy. *Jou.*

Jugié apuré (p. 88, l. 17 et 22; p. 303, l. 13; p. 306, l. 23), jugement passé en force de chose jugée. *Jugié suranné* (p. 193, l. 10).

Juise (p. 172, l. 19). Voy. *Jou.*

Jurée [*reprins de*] (p. 144, l. 21).

Jurer de sa main et de sa bouche (p. 145, l. 29; p. 164, l. 18).

Jurer en m'arme (p. 135, l. 5).

Jurer sur les sainz (p. 82, l. 19; p. 155, l. 19).

Jus (p. 187, l. 2), en bas. *Mettre jus*, abattre, supprimer.

L

Laist (p. 86, l. 25; p. 182, l. 25; p. 292, l. 11; etc.), pour *loist*, 3e pers. ind. prés. du verbe neutre et impersonnel *loisir* (*licere*), être permis.

Lay. Voy. *Loy*.

Le (p. 92, l. 2; p. 96, l. 23; p. 126, l. 11; p. 205, l. 21; p. 218, l. 10; etc.), elle.

Lecle (p. 165, l. 15; p. 236, l. 6), ce qui est choisi, l'élite. *Lecte d'armes* (p. 160, l. 21); *la lecte des chevalx* (p. 208, l. 6).

Ledange, *ledenge* (p. 120, l. 7; p. 180, l. 8), insulte, outrage.

Legier [*de*] (p. 291, l. 9), facilement.

Leire (p. 267, l. 1), choisir.

Leis, *Leys* (p. 251, l. 1 et 3), legs.

Leist (p. 77, l. 11). Voy. *Laist*.

Leit (p. 208, l. 4 et 11), lit.

Lere (p. 183, l, 25), lire.

Lere (p. 90, l. 2; p. 104, l. 1; p. 300, l. 30), choisir.

Lès (p. 115, l. 12), cession, abandon.

Levées (p. 233, l. 26; p. 285, l. 2; etc.), fruits, récoltes.

Ley. Voy. *Loy*.

Ley, pour *lieu* (p. 160, l. 16).

Lier main (p. 121, l. 29; p. 122, l. 1 et 3), séquestrer [?].

Lige [*seigneur*] (p. 229, l. 14). Tout seigneur est *lige* quand son vassal ne tient pas de lui comme juveigneur d'aîné. Cpr. p. 506, art. 13.

Ligence (p. 226, l. 24; p. 228, l. 25; p. 229, l. 23), obéissance que le vassal doit à son seigneur. La tenue à ligence s'oppose à la tenue en juveigneurie.

Lignage (p. 221, l. 29; p. 243, l. 19), ligne formée par la parenté.

Logeras (p. 464, art. 33). Mot latin qui paraît forgé pour traduire le français *loiers*.

Loier (p. 295, l. 15), salaire, récompense. *Faux loyers* (p. 187, l. 7).

Louaill, au pluriel *louaiz* (p. 271, l. 24 et 25), taureau.

Louiers (p. 347, l. 13; p. 352, art. 24). Voy. *Loier*.

Loy, serment. *Seroit quicte faisant la loy* (p. 164. l. 21); *chalonger la loy* (*ibid.*); *metre à choais de loy* (p. 177, l. 10; p. 179, l. 1; p. 206, l. 23); *prouver par la loy* (p. 182, l. 2).

M

Maies (p. 108, l. 9), miennes.

Maine (p. 273, l. 27), pour *mène*, du verbe *mener*.

Maint (p. 199, l. 23), 3e pers. sing. ind. prés. du verbe *manoir*, demeurer.

Mainz, *Mains* (p. 74, l. 22; p. 185, l. 3), moins.

Maire (p. 121, l. 6; etc.), plus grand, majeur. *Mere sege*, justice supérieure (p. 80, l. 24).

Maistre (p. 138, l. 21 et suiv.), mandant.

Malorné (p. 437, l. 19) [?]. Peut-être pour *malouré*, malheuré, malheureux.

Mansionnier (p. 237, l. 21 et 27; p. 245, l. 8 et 14; etc.), tenancier domicilié sous une seigneurie. Cpr. p. 340, l. 3.

Marchié, lieu public pour la vente des denrées et menus objets. *Giens qui vont au marchié* (p. 153, l. 25); *en faire ou en marchié* (p. 97, l. 17).

Marchié, contrat. *Marchié fait cueur à cueur entre parties* (p. 99,

l. 18); *par vertu de marchié* (p. 103, l. 25); *rappeller le marchié* (p. 97, l. 29).

Marfoilleiz (p. 51, l. 1 et 8), marécage. Cpr. *Marascausia* (D. Lob. *Preuves*, 168).

Mariage (p. 212, l. 13), dot.

Maritagium (p. 322, art. 5), dot. Voy. aussi p. 507, art. 24.

Mege, *Megent* (p. 93, l. 1; p. 293, l. 30; p. 265, l. 16), forme contractée du subjonctif de *Metre*, pour *metege*. Cpr. *Dige*, *Penge*, *Perge*, *Porge*, etc.

Mehaignié, *Mehaingnié* (p. 117, l. 25 et suiv.; p. 173, l. 31), blessé, estropié.

Meignée, *Meingnée* (p. 84, l. 12; p. 187, l. 18), famille, gens qui *maignent* ensemble, c'est-à-dire habitent (Voy. *Maint*).

Meloain (p. 229, l. 16), qui est entre deux, au milieu. *Meloains jouveigneurs*, juveigneurs intermédiaires.

Menée, conduite des vassaux aux plaids du seigneur suzerain. *Avoir congé par menée* (p. 103, l. 10), obtenir le droit de se retirer après avoir présenté sa menée. *Sergent ameneur* (p. 79, note 1).

Menesteral (p. 175, l. 4), ouvrier, artisan. Dans le ms. *D*, le copiste, ne comprenant plus ce mot, l'a remplacé par *menestriers et vendeurs de vent*.

Menssion (p. 19, l. 4 et 5), domicile. Cpr. *Manssion* (p. 150, l. 5).

Merche (p. 348, art. 9), note écrite constatant un acte de procédure.

Merchié (p. 181, l. 1), marqué.

Mere. Voy. *Maire*.

Merrain (p. 180, note 1), bois à bâtir.

Mès, avec le sens de *magis*, plus, davantage, désormais. *Ne mès* (p. 161, l. 23; p. 184, l. 20; p. 195, l. 10; p. 341, l. 21), si ce n'est.

Meschief (p. 253, l. 23), malheur, dommage. *Cas de meschief* (p. 182, l. 20), cas fortuit. *Meschief sur meschief* (p. 74, l. 28).

Meseau (p. 392, art. 14), lépreux.

Mesnagier (p. 311, l. 2), habitant, chef de ménage. *Bons mesnagiers* (p. 51, l. 4).

Mesnagier [se] (p. 253, l. 27), s'aménager, s'installer.

Mesprinson (p. 274, l. 24), erreur, faute.

Mestembre (p. 264, l. 16 et 17), la mi-septembre.

Mestier (p. 52, l. 2 et 3; etc.), profession, genre de travail.

Mestier (p. 220, l. 15), besoin, nécessité. *Si mestier ait* (p. 259, l. 29); *auroient mestier* (p. 283, l. 15).

Mestiva (p. 460, art. 1 et suiv.), rente en grains. *Mestive*, *mestiver* signifiaient moisson, moissonner.

Mestre, maître, mandant. *La mestre ville de la chastelenie* (p. 283, l. 10).

Metours (p. 207, l. 2 et 4), miseur, chargé de la *mise* ou dépense.

Metre (p. 177, l. 16; p. 249, l. 8), pour *mete*, limite, borne.

Mettours (p. 206, l. 28). Voy. *Metours*.

Mise (p. 51, l. 18; p. 366, l. 18), argent à dépenser, dépense.

Mon [assavoir] (p. 133, l. 14; p. 479, l. 7), particule affirmative qui s'employait autrefois dans diverses locutions.

Monstre (p. 194, chap. 189 et suiv.; p. 479, l. 7), action de montrer [des terres]. Cpr. p. 510, art. 4.

Moublage (p. 212, l. 22; p. 218, l. 4; p. 285, l. 17), mobilier.

Moubles [mouables ou non mouables] (p. 107, l. 32; p. 278, l. 1).

Moule [à moudre les avaines] (p. 247, l. 9).

Mouste, *moute* (p. 230, l. 12; p. 244, l. 12; p. 245, l. 1), droit perçu sur la mouture des grains par le meunier.

Moz [*Prouver ses*] (p. 179, l. 3, 5, 8; p. 202, l. 22), termes dans lesquels le demandeur formule sa prétention ou son accusation. Cpr. p. 184, l. 15. — *Avouer ses moz* (p. 181, l. 31). Voy. *Avou.*

Murge (p. 324, l. 20), meure.

Mutre (p. 82, l. 26; p. 140, l. 21; p. 142, l. 16; p. 147, l, 8 et 26; p. 153, l. 4; p. 166, l. 27), c'est l'assassinat et non pas l'homicide. *Tout mutrier est traître* (p. 148, l. 8). Voy. *Traïson.*

Mutrir (p. 142, l. 23; p. 149, l. 1), assassiner.

N

Nasquir (p. 105, l. 21), naître.

Natres, méchant. *Villains natres* (p. 174, l. 22); *natres foulz* (p. 180, l. 4). Cpr. l'allemand *narr*, fou.

Neast (p. 147, l. 30), niât.

Née (p. 144, l. 17; p. 206, l. 19), du verbe *néer*, nier.

Neeyge (p. 144, l. 15), subj. du verbe *néer*, nier.

Neusme (p. 100, l. 11; p. 177, l. 2), neuvième.

Nez (p. 176, l. 28; p. 180, l. 32), nuit.

Nice (p. 173, l. 27), sot, stupide.

Noais (p. 311, l. 14), pis, plus mal.

Nobleces, *Noblesses* (p. 249, l. 5 et 19; p. 466, l. 10), droits honorables attachés aux fiefs nobles.

Nomeyer (p. 302, l. 30), prendre des *namps* ou gages, en latin *nammeare*.

Nonssavance (p. 104, l. 9 et 17; p. 226, l. 5), ignorance [alléguée en justice]. Cpr. p. 86, l. 1. Voy. *Respondre à certain.*

Notaire (p. 274, l. 29), notoire. Définition, p. 144, note 1.

Nuyée (p. 116, l. 21; p. 241, l. 7), niée.

Nuyour (p. 241, l. 8), celui qui nie.

Nyceté (p. 180, l. 1; p. 274, l. 7), sottise.

O

O, avec. Ce mot est toujours en usage dans les campagnes.

Oayt (p. 76, l. 10), variante de *oït*, du verbe oïr. Cpr. *Ouait.*

Obeïssance (p. 254, l. 13 et 21; p. 255, l. 28; p. 285, l. 17; etc.), ensemble des droits que le seigneur a sur le fief mouvant de lui et spécialement la justice. *Retenir à soy les obbeïssances* (p. 222, l. 14). *Le ressort de la obbeïssance des hommes* (p. 230, l. 12).

Occire (p. 153, l. 10; p. 278, l. 12 et 16), tuer. *Ocis* (p. 149, l. 1).

Occupé (p. 136, l. 19), empêché. Cpr. *occupast* (p. 137, l. 9).

Octrier (p. 223, l. 20), accorder.

Ombre [*en l'- de lui*] (p. 140, l. 15), en son nom.

Ord (p. 180, l. 13), sale, malpropre.

Ordenance (p. 338, l. 14), testament. Cpr. p. 176, l. 25.

Ore, heure. *Vendre de ore à ja* (p. 285, l. 25).

Orra (p. 143, l. 16), *orront* (p. 53, l. 3), futur de *oïr*.

Oscouter (p. 122, l. 26), écouter.

Ost (p. 233, l. 6; p. 252, l. 30), armée féodale.

Ost (p. 67, l. 19), forme du passé du verbe *avoir*.

Ot (p. 486, l. 18). Var. de *ost*, eut.

Otray [*du mariage*] (p. 205, l. 22), accord, contrat [de mariage].

Ottobe (p. 100, l. 5; p. 104, l. 15; p. 287, l. 20; etc.), huitaine.

Ottria (p. 276, l. 12). Voy. *Octrier*.

Ou. Ce mot est tantôt la conjonction *ou*, tantôt l'article contracté *au*. Ex. *ou plegement ou nom de ceul que il represente* (p. 93, l. 16); *ou il metroit mains ou sergent au seigneur* (p. 118, l. 13).

Ouail (p. 257, l. 9). Voy. *Oayl*.

Ouez [*le ban*] (p. 150, l. 27).

Ousot (p. 309, l. 28), imparf. de *ouser*, oser.

Ouytine (p. 375, l. 20 et suiv.), huitaine.

P

Pacian[*ne*] (p. 93, l. 10; p. 215, l. 1; p. 248, l. 30), paisible.

Paelle (p. 189, l. 21), poêle, ustensile de cuisine.

Paige (p. 304, l. 25), subjonctif de *paier*.

Pain et pot (p. 177, l. 5).

Pain et vin (p. 506, l. 32).

Paiz (p. 294, l. 15), accord, transaction.

Panssion [*gaingnier*] (p. 187, l. 10), mériter un salaire.

Parage (p. 240, l. 15; p. 245, l. 16), égalité de noblesse dans la tenure des puînés et de l'aîné.

Parchage (p. 265, l. 20 et 25; p. 268, l. 3; etc.), garde des bestiaux pris dans les terres en défense. *Parc peceyé* (p. 268, l. 13); *avairs prins par parchage* (p. 269, l. 21).

Parczonnier (p. 245, l. 3), qui prend part, qui possède en commun. *Parczonnerie* (p. 243, l. 31), indivision.

Parensommet (p. 226, l. 18). Voy. *Parsommet*.

Paroles du mariage (p. 176, l. 19 et 20), conventions faites à l'occasion du mariage. Cpr. *Convenance du mariage* (p. 99, l. 2). Voy. *Otray*.

Parsommet (p. 120, l. 23; p. 216, l. 2; etc.), le surplus, outre.

Parsur (p. 207, l. 22; p. 259, l. 11; p. 498, l. 21). Synonyme de *Parsommet*.

Partie (p. 105, l. 3; p. 211, l. 22), partage.

Partir (p. 193, l. 25; p. 209, l. 22; p. 210, l. 5; etc.), partager. *Fié partable* (p. 214, l. 26; p. 217, l. 29; p. 221, l. 11), fief roturier, par opposition au *fief d'Assise*, qui était impartageable. Cpr. *Personnes partables* (p. 220, note 3; p. 384, l. 5 et suiv.; p. 434, art. 7; p. 435, art. 9).

Passeur (p. 409, l. 28), notaire. « Le passeur différait du notaire, qui par l'ancien stile de Bretagne estoit le greffier. » (Hévin, *Glossaire inédit*). Cpr. *Passage de lettres* (p. 122, l. 12).

Pastour (p. 128, l. 27 et 29), garde d'un mineur, tuteur ou curateur. *Menour sanz pastour* (p. 129, l. 8 et 21). *Pastour* [d'avairs] (p. 265, l. 31).

Peceyer (p. 120, l. 21; p. 141, l. 6; p. 154, l. 11), briser, mettre en pièces. Se disait principalement pour la violation d'un droit : *prinson peceyée, parc peceyé, chemin peceyé. Qui peçaierait son marchié ou sa foire* (p. 234, l. 15). *Se il pecéot les trespas* (p. 118, l. 16).

Peccune nombrée secretement (p. 122, l. 21).

Pendour de larrons (p. 175, l. 1).

Penge (p. 241, l. 8), subj. de pendre.

Perge (p. 120, l. 27), subj. de perdre.

Perillier (p. 153, l. 14; p. 189, l. 28; p. 191, l. 21), périr. Courir un danger (p. 147, l. 2; p. 183, l. 17 et 20).

Pledéour (p. 76, l. 10; p. 332), avocat. Le second *é* était accentué, comme le prouve la forme *pledaiour* (p. 361, l. 10).

Plege, caution, garant. Voy. le Répertoire alphabétique, *eod.* v°.

Plegement (p. 87, l. 3; p. 103, l. 27; p 106, l. 1 et suiv.; etc.), procédure de certaines actions, ainsi nommées à cause de la constitution de pleges qu'elles exigeaient. Voy. Mortet, *Grande Encyclopédie*, v° Applegement.

Plegeour (p. 104, l. 8. et 13; p. 107, l. 7; etc.), celui qui s'est plégé.

Pleger [*se*] (p. 94, l. 1 et suiv.; p. 101, l. 22; etc.), faire un plegement. *S'en pleger lui et le suen* (p. 126, l. 23), obliger sa personne et ses biens. Cpr. p. 79, l. 11; p. 183, l. 3.

Plet, procès. *Esmouvoir plet* (p. 128, l. 21). Cpr. p. 176, l. 23; p. 220, l. 11.

Plevine (p. 84, l. 8; p. 296, l. 29; p. 304, l. 7), obligation contractée par le plege.

Plevir (p. 183, l. 3; p. 253, l. 10), garantir, cautionner.

Plez (p. 176, l. 6), plaids tenus par le seigneur. Cpr. p. 153, l. 25. *Aler à plez* (p. 233, l. 7; p. 255, l. 15).

Poaifait (p. 193, l. 19; p. 194, l. 9 et 10; etc.), défaut, insuffisance. *Metre en poayfet* (p. 231, l. 5).

Poair (fréquent), pouvoir, puissance.

Poay (p. 51, l. 2 et 3; p. 233, l. 9), peu, petit, insuffisant.

Poier, monter. *Blez poiez en grain* (p. 266, l. 4). Les autres manuscrits donnent *pouiez* (*E*), *pouyez* (*I*), *pouanz* (*O*). Cpr. *Pouent*.

Poier (p. 323, l. 19), subst. variante de *poair*.

Poindre, monter. *Comme il point de degré en degré* (p. 245, l. 19). Cpr. p. 79, l. 1.

Porge (p. 280, l. 17), forme contractée du subjonctif, pour *portege*.

Pos (p. 106, l. 3 et 8; p. 107, l. 23; p. 269, l. 33), paix, tranquillité.

Pot. Voy. *Pain*.

Pouent (p. 131, l. 17), 3e pers. plur. indic. prés. de *pouer*, variante de *poier*, monter, croitre.

Pourcompte (p. 296, l. 21), réglement de compte.

Pourchas (p. 133, l. 4), poursuite, recherche. *Pourchacier* (p. 299, l. 4).

Pourlongnier (p. 164, l. 7), retarder, prolonger [une cause].

Pourprins (p. 159, l. 24; p. 191, l. 1 et 3), enclos.

Pourssieudre (p. 107, l. 29; etc.), poursuivre. *Pourssioust* (p. 102, l. 14).

Pourvéance (p. 208, l. 2; p. 211, l. 8; p. 213, l. 26), provision viagère accordée à un puiné. *Tenir par pourvéance* (p. 209, l. 21). Cpr. *Providence* (p. 132, l. 18).

Porres [*Mesons où ils sont herbregiez*] (p. 273, l. 31).

Poy (p. 349, l. 26), peu.

Presage (p. 284, l. 19; etc.). évaluation de terres et de rentes.

Presageours (p. 284, l. 29 et 30), experts chargés de faire un prisage.

Presme (p. 100, l. 8 et suiv.), le plus proche, celui qui a le plus de droit sur une chose. *Presme de char* (p. 512, art. 16 et 17), le plus proche parent.

Presmece, retrait accordé au prême. *Presmece par raison de cens ou de seignourie ou de hommenage* (p. 104, l. 4).

Prinse (p. 269, l. 23), prise, capture. *Prinse* dans le sens d'achat (p. 206, l. 13); baillée (p. 288, l. 29).

Prinson, prison. *Prinson brisiée* (p. 141, l. 6; p. 150, l. 17; p. 152, l. 19; p. 173, l. 9). *Prinson fermée* (p. 289, l. 20 et 25).

Prinson (p. 84, l. 12; p. 158, l. 31; p. 159, l. 6), prisonnier. Cpr. p. 87, l. 12-13.

Procès, *proceix*, acte écrit, « expedition ou grosse de sentence ou exploit judiciel » (Hévin). *L'acordance du procès du jour* (p. 202, l. 26; p. 203, l. 21). *Tourner sur proceix* (p. 306, l. 11). Voy. aussi p. 80, l. 9; p. 184, l. 19. Cpr. *Esplet*.

Proude, sage. *Proudes gienz* (p. 293, l. 28; p. 300, l. 22). *Proude homme* (p. 156, l. 19; p. 295, l. 22).

Prouffit (p. 288, l. 13), travail utile. Les Bas-Bretons disent encore : la tenue profitée par un tel.

Proveier (p. 323, l. 13), *providere*, pourvoir.

Provost (p. 184, l. 24; p. 213, l. 16), sergent.

Q

Quanques (p. 151, l. 9; p. 157, l. 21; p. 253, l. 14; p. 312, l. 14), tous ceux qui ou tout ce que.

Queste (p. 267, l. 12), récolte.

Qui, souvent pris au génitif, pour *de qui*, *duquel*. Exemples : *par qui court* (p. 119, l. 15); *en qui juridicion* (p. 166, l. 13); *en qui poair* (p. 220, l. 28); *en qui foy* (p. 228, l. 25); *en qui ramage* (p. 221, l. 13); *en qui nom* (p. 300, l. 16).

Qui, pris pour *si on* : *Qui metroit à mort tous les convoitoux, il ne demourroit nul* (p. 172, l. 20).

Quierge, *Quiert*, *Queïst*, etc. (p. 82, l. 20; p. 106, l. 12; p. 184, l. 23; p. 193, l. 7), formes de *querre*, quérir.

Quieuste (p. 279, l. 13), récolte.

Quinzenia (p. 460, art. 1 et suiv.), quinzaine. Nom de mesure? ou de redevance à la quinzième gerbe?

Quis, *Quise* (p. 85, l. 13; p. 122, l. 6), participe de *querre*. De là est venue « Rente de quise » (rente quérable), dans les rôles rentiers de l'abbaye de Redon. — *A quis à vairs* (p. 197, l. 3), a demandé la *monstre* (Voy. ce mot).

R

Ramage, rameau, subdivision en branches de la ligne de parenté. *Qui estoit mon prochain de lignage par raison du ramage* (p. 104, l. 4). *La ligne vient de pluseurs ramages* (p. 221, l. 24). *Au prochain lignage selon le ramage du fié* (p. 262, l. 3 et 12). *Seigneur de ramage* (p. 476, art. 22).

Rapeller (p. 97, l. 26 et 29; p. 305, l. 10 et 21; etc.), révoquer, annuler.

Raquieudre (p. 91, l. 5), recueillir, reprendre. *Racuilloit* (p. 91, l. 6).

Rastimium (p. 464, art. 29), mot inconnu, qui semble fabriqué pour traduire un mot français dérivé de *rasus*, rais.

Reboust, *Rebout* (p. 157, l. 11; p. 242, l. 9; p. 249, l. 14), écarté, caché. Cpr. *rebot* (p. 352, l. 8).

Recaiz (p. 159, l. 25), retirés, tranquilles. Cpr. *Acaisier*, *Chambres coayes*.

Recepvre, recevoir. On trouve les formes *receif* (p. 226, l. 14); *recepust* (p. 183, l. 7); *recepu*, *recepues* (p. 197, l. 5; p. 206, l. 30).

Recordours (p. 240, l. 16), ceux qui apportent le recort.

Recort (p. 84, l. 12; p. 161, l. 29), attestation d'un acte juridique auquel le déclarant affirme avoir assisté. *Ajournement recordé* (p. 102, l. 12); *deffailles recordées* (p. 144, l. 6; p. 151, l. 17); *recort de la court* (p. 202, l. 15). *Orra la court le recort des commissaires* (p. 143, l. 16).

Recréance (p. 140, l. 19 et 20; p. 146, l. 20; p. 147, l. 9), action de rendre, restitution. Ce mot n'est ordinairement employé dans la Coutume de Bretagne que pour désigner la liberté provisoire laissée à un accusé. Voy. cep. p. 140, ch. 97.

Refforz (p. 123, l. 21 et suiv.), renfort, témoins supplémentaires donnés pour compléter une preuve commencée.

Regart (p. 74, l. 4 et 16; p. 223, l. 22), action de regarder, attention.

Regartier (p. 352, l. 16), *Regratier* (p. 351), revendeur, petit marchand.

Regnable (p. 332, l. 12), raisonnable.

Regret (p. 104, l. 10), récit, exposé des faits.

Regreter (p. 144, l. 14), exposer.

Relanquir, relenquir (p. 91, l. 21; p. 92, l. 3), renoncer.

Reliques refforcées [*serment sur*] (p. 177, l. 15), serment sur reliques extraordinaires.

Remede de justice (p. 141, note 2; p. 150, l. 3; p. 182, l. 19; etc.), modération de la peine, excuse d'un délit, d'une contumace, etc. Cpr. p. 173, l. 25; p. 191, l. 17; p. 274, l. 26.

Remu (p. 102, l. 16; p. 103, l. 12), remise [d'une affaire]. *Quant jour se remue* (p. 202, l. 6). *Remuer terme à malade* (p. 84, l. 30).

Renable (p. 332, l. 15), raisonnable.

Reprouver (p. 52, l. 15), proverbe.

Rerefié (p. 245, l. 9; p. 296, l. 14), arrière-fief.

Resconpassacion (p. 217, l. 15; p. 302, l. 19), indemnité. *Resconpassionner* (p. 215, l. 14), récompenser. Cpr. *Resconpassée* (*ibid.*, l. 20).

Reséantise (p. 261, l. 3 et 21; p. 271, l. 19), domicile, habitation.

Resnours (p. 52, l. 8). Je ne sais à quelle racine rattacher ce mot. Peut-être est-ce à *Renoi* [du verbe renoier], qui signifiait renégat, et par suite traître, pervers.

Reson, dans le sens de compte (p. 105, l. 10; p. 127, l. 10).

Respiclier (p. 119, l. 2). Variante de *respiter*.

Respiter (p. 121, l. 13), donner un répit, ajourner.

Respondre à certain (p. 86, note 1), par opposition à *se passer par non savance*. Cpr. p. 85, l. 17; p. 377, l. 7 et suiv.

Responsal (p. 83, l. 13, et suiv.; p. 84, l. 2 et 18; p. 85, l. 8), caractère des demandes recevables en justice et auxquelles l'adversaire est tenu de répondre.

Resséantise. Voy. *Reséantise*.

Rest, reliquat d'un compte. *Genz de bon rest, de mauveys rest* (p. 145, l. 16; p. 148, l. 25; p. 152, l. 17; p. 156, l. 25), de bon ou de mauvais renom.

Reveue (p. 95, l. 20; p. 279, l. 16; etc.), revision d'un partage ou d'une évaluation.

Roberie (p. 147, l. 8; p. 153, l. 6; p. 154, l. 11; etc.), vol.

Robeur (p. 457, l. 18), force, vigueur.

Robour (p. 140, l. 22; p. 142, l. 18; p. 157, l. 5), voleur.

Roegnié (p. 120, l. 22), coupé. Voy. la note p. 120.

Rousturage [propriétaire par] (p. 493, l. 15). Cpr. *Roturage* (p. 300, l. 23).

Rubaudaille (p. 274, l. 10), débauchés ou vagabonds.

Rusier (p. 155, l. 30; p. 271, l. 28), faire reculer, écarter.

S

San (p. 74, l. 7; p. 132, l. 1; etc.), sens. *Ferme san* (p. 75, l. 19), bon sens. *San naturel* et *acquisitif* (p. 74, l. 10 et 11).

Saulx (p. 388, l. 6), sels.

Seigneur, dans le sens de mari (p. 90, l. 19; p. 205, ch. 205; p. 206, l. 3 et 11; p. 224, l. 23); dans le sens de maître : *estre seigneur du marchié par le sien* (p. 223, l. 27-28).

Seïssent, seïst (p. 198, l. 26; etc.). du verbe *seoir*, convenir. Cpr. *Siée* (p. 139, l. 25).

Sejour (p. 285, l. 2), repos des terres, jachère.

Semonsse (p. 187, l. 23; p. 240. l. 7), assignation. *Semonsse à plus de demie journée* (p. 242, l. 20). Cpr. p. 159, l. 2.

Sentence de canon (p. 167, l. 11). Cpr. *Sentence de excommunie* (p. 136, l. 20); *cent excommunies* (p. 309, l. 4).

Serment [*Se passer par son*] (p. 144, l. 21), voy. *Coustume.*

Serreras (p. 287, l. 29), du verbe *serrer*, renfermer, et, par extension, récolter.

Serroit (p. 108, l. 23; p. 134, l. 10), condit. du verbe *seoir*, convenir, être dû.

Seurté (p. 159, l. 9 et suiv.), promesse sous serment de ne pas attaquer une personne. *Qui demande surté la donne* (p. 160, l. 4).

Sevrer (p. 140, l. 29), séparer.

Seyé (p. 181, l. 1), coupé. *Seyer les blez* (p. 255, l. 9).

Si (p. 81, l. 15; p. 98, l. 21; p. 100, l. 30; p. 107, l. 24 et 28; p. 135, l. 20; p. 197, l. 15; etc.), particule affirmative.

Sieulte, sieulste, sieuste (p. 150, l. 11; p. 235, l. 19; etc.), suite, poursuite en justice.

Sieudre, Sieuldre (p. 106, l. 2; p. 234, l. 3 et 32), suivre. *Sioulst* (p. 108, l. 8; p. 251, l. 26). *Sievoit* (p. 238, l. 11; etc.).

Siexte (p. 205, l. 1), poursuite. Voy. *Sieulte*.

Soes (p. 171, l. 25), siennes. Voy. *Soue*.

Solers (p. 206, l. 28), souliers.

Solles (p. 384, l. 26), poutres, solives.

Sororge (p. 344, l. 12), beau-frère.

Sorte (p. 191, l. 30), société, ce qui accompagne, par extension : accessoires.

Soubzerain [*seigneur*] (p. 101, l. 20), seigneur inférieur. Cpr. *Subgit* (p. 89, l. 19; p. 239, l. 11).

Soudéer, soudeier (p. 167, l. 21; p. 225, l. 11; p. 254, l. 5; p. 310, l. 30), payer, salarier.

Soue (p. 145, l. 7; etc.), sienne. *Prouver à soues* (p. 157, l. 20), *avoer à soue* (p. 97, l. 2); *faire assoues* (p. 97, l. 26; p. 284, l. 2), prouver ou réclamer comme siennes.

Soul (p. 191, l. 30), sol, terrain.

Souloir (p. 213, l. 6; p. 255, l. 16), avoir coutume.

Souppez (p. 284, l. 20), suspects.

Sourannel (p. 82, l. 10), de plus d'un an.

Sourcens (p. 286, l. 17), rentes ajoutées en sus du cens.

Sourdre (p. 187, l. 3; p. 206, l. 31), surgir, s'élever. *Que plet en sourdist* (p. 305, l. 26).

Sourfet (p. 92, l. 6), usage excessif.

Soustenance (p. 52, l. 28), appui, complicité.

Soustenir, appuyer, quelquefois démontrer (p. 201, l. 15).

Soutive (p. 76, l. 10), subtile.

Suen [*avoir par le suen*] (p. 115, l. 2), acquérir de ses deniers. Voy. *Seigneur* [*par le sien*].

Suserain (p. 229, l. 22 et 26; p. 256, l. 30). Ce mot est un comparatif; il désigne le seigneur supérieur, séparé du vassal par un intermédiaire qui est le *seigneur prochain* (p. 229, l. 20 et 28. Cpr. p. 88, ch. 28; p. 231, l. 26 et 29; p. 244, l. 31-32). *Ressortir à suseraine justice* (p. 239, l. 5). *Tant par court suzeraine que par prochaine* (p. 79, l. 24).

T

Talant (p. 311, l. 18), désir, envie.

Tente [*Mettre*] (p. 120, l. 20), sonder [à propos d'une plaie].

Terrage (p. 212, l. 22; p. 213, l. 2 et 6; p. 463, art. 24), redevance annuelle perçue en nature sur les fruits de la terre, champart. S'oppose à la rente ou cens, qui se payait en argent.

Terrian [*Seigneur*] (p. 167, l. 29).

Terrouer (p. 95, l. 5; p. 248, l. 22; p. 276, l. 31), territoire d'une justice.

Testce (p. 192, l. 28; p. 214, l. 26; p. 222, l. 5; etc.), part revenant à un héritier vivant ou à un successible décédé, représenté par ses enfants.

Tollour (p. 140, l. 22), voleur.

Toudroit (p. 311, l. 9), du verbe *tolir* (p. 357, l. 9), ôter, enlever.

Trainer (p. 162, l. 14; p. 278, l. 13), infliger le supplice de la claie.

Traïson (p. 147, l. 8 et 11; p. 157, l. 1; p. 162, l. 13; p. 174, l. 14), action traîtresse, crime commis par surprise.

Trebuz, *tribul* (p. 52, l. 12; p. 273, l. 19), trouble, agitation.

Trehuage (p. 209, l. 2; p. 279, l. 23; p. 285, l. 7; p. 353, l. 2), impôt, taxe.

Treïsse, *treüsse* (p. 140, l. 25; p. 142, l. 10; p. 271, l. 11; etc.), formes du verbe *treuve*, trouver.

Tretié (p. 273, l. 24), traité.

Troïsse (p. 167, l. 8). Voy. *Treïsse*.

Troictible (p. 430, l. 3; p. 432, l. 8), qui peut être traité.

Troussel (p. 217, l. 9), trousseau de la femme.

Truandaille (p. 175, l. 1; p. 274, l. 10), truands, misérables, vagabonds.

Tuer (p. 140, l. 13; p. 158, l. 21; p. 189, l. 5 et 7). Ce mot signifiait anciennement « frapper » et non pas « mettre à mort, » qui se disait *occire*.

U

Us (p. 271, l. , huis, porte.

V

Vaeist [*s'il*] (p. 203, l. 12), du verbe *vairs*, voir.

Vaige (p. 75, l. 19; p. 133, l. 23), subjonctif de *vairs*.

Vaincue [*La*] (p. 201, l. 11; p. 246, l. 26), perte du procès. Cpr. *Jugez à vaincuz* (p. 184, l. 26; p. 200, l. 15; p. 204, l. 4; p. 240, l. 9).

Vairs (p. 87, l. 2; p. 128, l. 3; p. 197, l. 4, etc.), voir. *Querre à vairs* (p. 82, l. 2; p. 198, l. 18), demander la *monstre* (Voy. ce mot).

Vallet (p. 263, l. 4), serviteur, officier.

Vauge (p. 280, l. 16), subjonctif contracté, vaille.

Vayrie (p. 506, art. 18), justice.

Véez (p. 169, l. 2), du verbe *veoir*, voir.

Véoit (p. 51, l. 9), imparfait de *veoir*, synonyme de *vairs*.

Vertu [*Applegement jugié en*] (p. 116, l. 15, 23; etc.), aplègement déclaré valable. Cpr. p. 102, l. 12-13).

Vestu, ce qui est couvert, garni. [*Terrain*] *vestu* (p. 285, l. 5). *Promesse vestue* (p. 244, l. 6). *Fié vestu* (p. 285, l. 32).

Viage, *Viauge* (p. 279, l. 30; p. 280, l. 2; p. 490, l. 11 et 14), tenue viagère.

Vieulge (p. 89, l. 15), subjonctif de *voloir*.

Viez (p. 255, l. 10), biefs, fossés.

Vilainailles (p. 186, l. 28), villains.

Ville marchande (p. 153, l. 28; p. 250, l. 16; p. 302, l. 12), ville où se tient un marché.

Voairs (p. 300, l. 26), variante de *vairs*.

Voer (p. 491, l. 14), vrai.

Voir (p. 135, l. 10; p. 143, l. 6), vrai, du latin *verum*.

Volenté [*obligation de pure*] (p. 293, l. 16 et suiv.; p. 301, l. 26), obligation contractée par le seul consentement.

Y

Yssir (p. 91, l. 23; p. 256, l. 21; p. 263, l. 13), sortir. *Il yst plainte* (p. 182, l. 20).

Ystra (p. 165, l. 27), futur de *Yssir*. Cpr. *Estraient*.

Yvenage [*Temps de*] (p. 264, l. 15; p. 266, l. 1), hivernage, temps d'hiver. Voy. *Guerb*. *Les yvenages* (p. [illegible], l. 18), travaux d'hiver.

RÉPERTOIRE ALPHABÉTIQUE

A

B

C

D

E

F

G

H

I

J

L

M

S

T

U

V

Typ. Oberthür, Rennes (521-95).

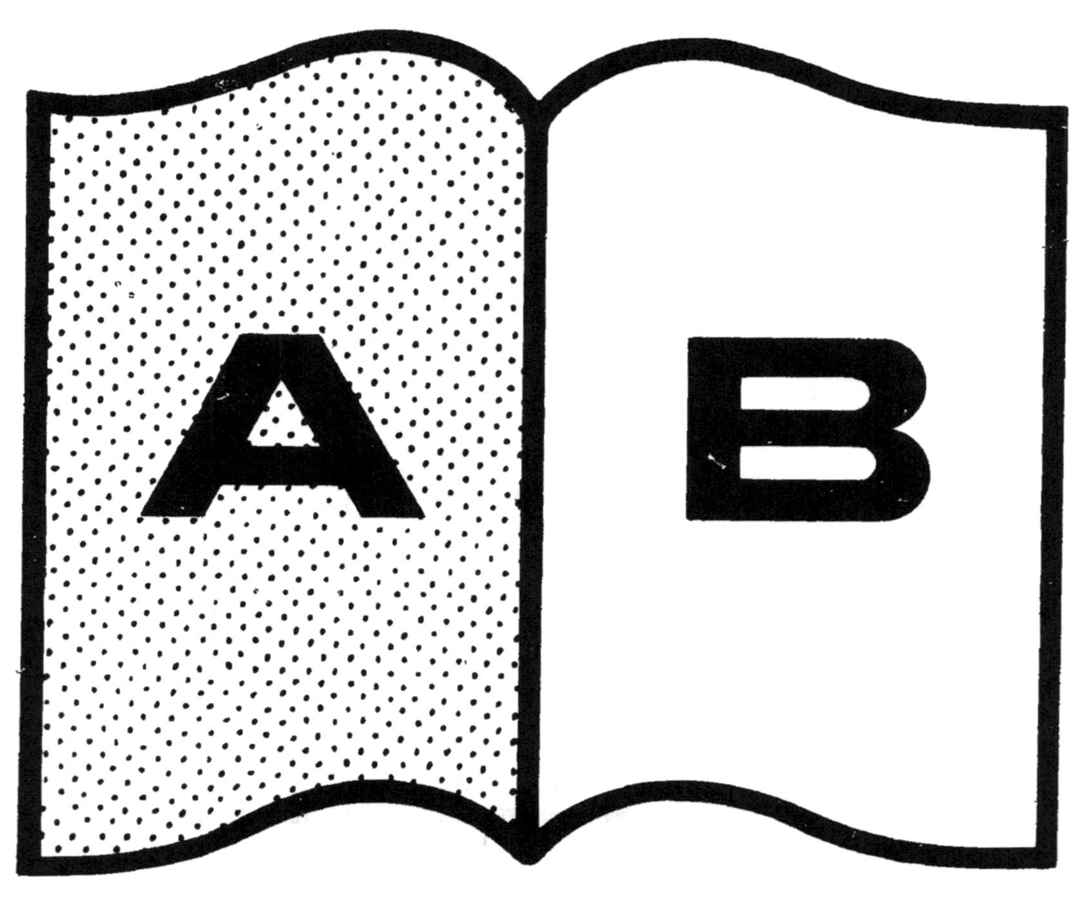

Contraste insuffisant

NF Z 43-120-14

www.ingramcontent.com/pod-product-compliance
Lightning Source LLC
Chambersburg PA
CBHW031346210326
41599CB00019B/2671

* 9 7 8 2 0 1 2 5 6 4 4 2 8 *